Evaluation, Bildung und Gesellschaft

D1670981

Wolfgang Böttcher, Jan Nikolas Dicke,
Nina Hogrebe (Hrsg.)

Evaluation, Bildung und Gesellschaft

Steuerungsinstrumente zwischen
Anspruch und Wirklichkeit

Waxmann 2010
Münster / New York / München / Berlin

Bibliografische Informationen der Deutschen Nationalbibliothek

Die Deutsche Nationalbibliothek verzeichnet diese Publikation in der Deutschen Nationalbibliografie; detaillierte bibliografische Daten sind im Internet über http://dnb.d-nb.de abrufbar.

ISBN 978-3-8309-2392-3

© Waxmann Verlag GmbH, Münster 2010

www.waxmann.com
info@waxmann.com

Umschlaggestaltung: Christian Averbeck, Münster
Umschlagfoto: ©*Sindy* – Fotolia.com
Druck: Hubert & Co., Göttingen
Gedruckt auf alterungsbeständigem Papier,
säurefrei gemäß ISO 9706

Mix
Produktgruppe aus vorbildlich bewirtschafteten
Wäldern und anderen kontrollierten Herkünften
www.fsc.org Zert.-Nr. SGS-COC-005773
© 1996 Forest Stewardship Council

Alle Rechte vorbehalten
Printed in Germany

Inhalt

Wirkung von Steuerungsmodellen

Wirkungen aus Sicht pädagogischer Einrichtungen

Wolfgang Böttcher, Jan Nikolas Dicke & Nina Hogrebe

Einleitung

In seinem Buch „The Audit Society" (1997) spricht Michael Power von der „audit explosion" in unserer heutigen Gesellschaft; einer Gesellschaft, „engaged in constant checking and verification" (S. 4). Power macht hier einen systematischen Trend in Richtung zunehmender Auditierungsprozesse und anderer Arten der Rechenschaftslegung aus, die inzwischen eine zentrale Rolle im privaten und öffentlichen Sektor – so auch im Bildungsbereich – einnehmen. Die vielfältigen Formen der Evaluationspraxis zählt er hier dazu.

Neben bestimmten (kulturellen) Haltungen und Einstellungen, die Power u. a. für diese Entwicklung verantwortlich macht, lässt sich Evaluation auch im Kontext eines bestimmten Steuerungsparadigmas im Bildungswesen begreifen: als ein zentraler Bestandteil der „Neuen Steuerung", die sich bemüht, Bildungseinrichtungen und die sich in ihnen vollziehenden Prozesse stärker als bislang über die Definition von Ergebnissen zu steuern. So lässt sich auf der einen Seite eine deutliche Tendenz der Bildungspolitik erkennen, den einzelnen Bildungseinrichtungen ein (mehr oder weniger) hohes Maß an Autonomie bzw. Selbstständigkeit zuzugestehen. Gleichzeitig ist der Versuch stark ausgeprägt, durch die Einführung unterschiedlicher Verfahren der internen und externen Evaluation ein Nachweis- und Rechenschaftswesen zu etablieren, das der Leistungskontrolle und -entwicklung dienen soll. Beispiele hierfür lassen sich in allen Bildungsbereichen finden: Verfahren der Selbstevaluation in Schulen und Hochschulen, Schulinspektionen und Schulleistungsstudien, Rankings und Akkreditierungsverfahren sowie Gütesiegel und Qualitätsentwicklungsinitiativen für Kindertageseinrichtungen.

Hinter dieser Entwicklung liegt die Überzeugung, dass Evaluationen zum einen Wissen über Wirkzusammenhänge von Bildungsprozessen generieren können und dass dieses Wissen zum zweiten in die Praxis aufgenommen und umgesetzt wird. Damit verbunden ist auch die Hoffnung der bildungspolitischen Akteure, dass die Arbeit in pädagogischen Handlungsfeldern auf diese Weise zielgerichteter, effektiver und effizienter gestaltet und die Qualität von Bildungseinrichtungen verbessert werden kann.

In der täglichen Praxis stößt diese Idee aus unterschiedlichen Gründen jedoch immer wieder an ihre Grenzen: Zum einen fällt es der noch vergleichsweise jungen empirischen Bildungsforschung nicht immer leicht, eindeutige Wirkzusammenhänge auszumachen und der Bildungspolitik auf diese Weise präzise Entscheidungshilfen sowie der täglichen Bildungspraxis konkretes Handlungswissen an die Hand zu geben. Zum anderen zeigen Bildungspolitik und -praxis immer wieder deutliche Vorbehalte gegenüber einer Rezeption von Ergebnissen der empirischen Bildungswissenschaft (vgl. hierzu auch Böttcher, Dicke & Ziegler, 2009).

Der vorliegende Band möchte daher die Annahmen, die der Implementierung von Evaluationsverfahren im Bildungswesen zugrunde liegen, einer kritischen Prüfung unterziehen. Er möchte zum einen ganz grundsätzlich die Frage nach den Möglichkeiten und Grenzen der Evaluation stellen, darüber hinaus aber auch die die Tragfähigkeit einzelner

Verfahren untersuchen und die intendierten wie nichtintendierten Effekte dieser auf den Ebenen von Gesellschaft, Politik, Wissenschaft und pädagogische Praxis reflektieren.

Den Auftakt hierzu bilden drei Beiträge, die grundsätzliche Probleme im Spannungsfeld von Evaluation, Bildung und Gesellschaft ansprechen.

So stellt Linda Mabry die Frage nach der gesellschaftlichen Verantwortung von Evaluation. Sie sieht den Evaluator in kontroverse Erwartungen eingebunden, die allesamt ihre Berechtigung hätten. Mabry unterscheidet diesbezüglich drei systematische Antworten, die von Seiten der Evaluation auf die Frage nach Verantwortung gegeben würden. Die eine Gruppe der Evaluatoren wähle eine technische Herangehensweise: Sie begreife sich als wissenschaftliche Techniker, die sichern müssten, dass ihre Ergebnisse methodologisch und methodisch den Standards genügten. Die zweite Gruppe verstehe sich eher als Advokat für soziale Belange: Sie sähen in der Evaluation die Aufgabe, Sozialgerechtigkeit zu stärken. Die dritte Gruppe, die Mabry als Postmodernisten bezeichnet, sähen ihre Aufgabe darin, Machtstrukturen aufzudecken und zu überwinden: Sie verstünden sich als Gegenspieler von Unterdrückung.

Mabry kritisiert keine dieser Gruppen. Aber sie macht darauf aufmerksam, dass es für die Evaluation wichtig sei, die eigenen Überzeugungen offenzulegen. Die von manchen Vertretern der Disziplin – insbesondere Scriven – vertretene Ansicht, es gebe so etwas wie eine „free-value-evaluation", sei ein Oxymoron. Am Beispiel der sanktionsbewährten Tests in den USA beschreibt Mabry, wie eine Evaluation, die glaubt, sich im Hinblick auf soziale Werte abstinent verhalten zu können, sich gerade wegen der Reduktion auf technische Aspekte nur scheinbar ihrer gesellschaftlichen Verantwortung entzieht. Tatsächlich tendiere eine solche Sicht jedoch dazu, ihre tatsächlichen Einflüsse und Wirkung auf die Politik herunterzuspielen.

Der einzelne Evaluator könne sich, so eine Pointe von Mabrys Beitrag, einer Auseinandersetzung mit Werten nicht entziehen. Und egal, wie er oder sie sich entscheide: Es müsse klar sein, dass jede Entscheidung Konsequenzen habe – für einen selbst, für die Beforschten, für die Auftraggeber und schließlich für die Gesellschaft. Aus diesem Zusammenhang könne sich niemand – willentlich oder unwillentlich – ausschließen.

Mit der Wertefrage beschäftigt sich intensiv auch Gert Biesta. Er fragt: Bewerten wir, was wir messen, oder messen wir, was wir mit einem Wert belegen? Diese etwas hölzerne deutsche Übersetzung des Titels seines Beitrags soll deutlich machen, was sich in der eleganten englischen Überschrift versteckt: Nämlich die Frage, ob wir in der Bildung nach Messbarem suchen und dies dann bestimmten Wertungen zuführen (aktuell: Baden-Württemberg und Bayern haben ein besseres Schulsystem als Bremen und Brandenburg), oder ob wir zunächst die normative Entscheidung treffen, was uns wertvoll ist, um dann danach zu fragen, wie man erforschen kann, inwieweit das Wertvolle auch erreicht wurde. Er plädiert also keinesfalls gegen Rechenschaftslegung, Evaluation und Messung. Es geht ihm vielmehr darum, zunächst Klarheit über den Zweck der Bildung zu schaffen: „What for?" Erst auf dieser Grundlage lasse sich klären, was denn überhaupt eine sinnvolle Evaluation oder eine sinnvolle Messung sei. Biesta kritisiert dabei eine einseitige Vorstellung von Accountability (Rechenschaftslegung). Er unterscheidet eine Rechenschaftslegung im Sinne von Administration und Management auf der einen Seite und Demokratie und Professionsentwicklung auf der anderen Seite. Er kommt zu der Überzeugung, dass wir es im Kontext globaler Entwicklungen mit einer Dominanz des ersten

Typs von Rechenschaftslegung zu tun haben und ein Niedergang einer Rechenschaftslegung die soziale und professionelle Verantwortung betonen würde.

Ähnlich wie Mabry formuliert Biesta, dass Evaluatoren sich immer auf Werte einlassen müssten. Validität sei mehr als ein technisches Problem; er spricht hier von normativer Validität. Wir verwechseln, so seine Ansicht, Indikatoren, die für eine Idee, ein Konstrukt, ein Programm oder ähnliches stehen sollen, mit der Qualität dieser Gegenstände. Mit Blick auf die internationalen Vergleichsstudien, die Biesta in diesem Kontext anführt, ließe sich das Argument leicht auf den Punkt bringen: Die Indikatoren, die hier herausgearbeitet werden, sagen noch nichts über die Qualität von Bildung aus. Denn Bildung ist ein sehr viel komplexeres Kompositum, als das, was diese Indikatoren nachweisen. Die grundsätzliche Frage, die gestellt werden müsse, sei die, dass wir uns Urteile darüber erarbeiten müssen, was überhaupt wünschenswert ist, wenn wir über Bildung und Erziehung und die Institutionen nachdenken, in denen sie stattfinden sollen. Im globalen Maßstab hätten wir verloren, darüber nachzudenken, was Bildung eigentlich sein solle. Statt dessen werde eine administrative Transparenz gefordert, die Systeme auditierbar und – um die kurzschlüssige Logik fortzusetzen – somit auch managebar macht. Biesta fügt sich demnach in den Kontext der Debatte ein, die Michael Power maßgeblich initiiert hat und die danach fragt, welche Rolle Verantwortung und professionelles Vertrauen in einer „Auditierungsgesellschaft" noch spielen.

Martin Heinrich spricht mit der Thematisierung von Bildungsgerechtigkeit als Fokus eines Konzeptes von evidenzbasierter Politik und evidenzbasierter pädagogischer Praxis ganz direkt ein Wertethema an. Er zeigt ein großes Defizit der Debatte auf, das sich seit PISA 2000 auch in die öffentliche Diskussion eingebrannt hat. Zwar werde permanent von Bildungsgerechtigkeit, Chancengerechtigkeit oder Chancengleichheit geredet, jedoch weder darüber, was Bildung sei, noch darüber, was unter Gerechtigkeit zu verstehen sei. Insbesondere fehlten handlungsleitende Ideen, wie eine evidenzbasierte, sei es pädagogische, sei es politische Praxis überhaupt möglich sei.

Das Konzept der Evidenzbasierung unterstelle, so Heinrich, so etwas wie einen offensichtlichen Nachweis, der in der Lage sei, Entscheidungen zu determinieren. Es sei dabei aber keinesfalls ausgemacht, dass z. B. die pädagogische Praxis überhaupt von der Wissenschaft lernen könne. Für Wissenschaft, pädagogische Praxis und Politik stellen sich jeweils gleiche Sachverhalte unter verschiedenen Evidenzen dar: Was dem einen evident ist, ist dem anderen noch lange nicht einsichtig. Das Diktum einer Evidenzbasierung durch die Wissenschaft leistet somit im Prinzip etwas sehr unwissenschaftliches: Sie schneidet eine mit der Praxis zu führende Diskussion ab (eine ähnliche Diskussion findet sich auch bei Urban 2008). Es ist plausibel, dass Heinrich als Wissenschaftler, der sich intensiver mit Governance-Fragen beschäftigt, nun nach der Handlungskoordination der verschiedenen Akteure bzw. der verschiedenen Akteursgruppen im Mehrebenensystem Bildung (hier speziell: Schule) fragt. Es bedarf, so Heinrich, eines Abstimmungsbedarfs im Mehrebenensystem, und er erläutert dieses am Beispiel aktueller schulpolitischer Entwicklungen, wie z. B. der Lernstandserhebung VERA. Es ginge darum, so Heinrich, die unterschiedlichen Evidenzen zu koordinieren, anstatt unterschiedliche Evidenzvorstellungen gegeneinander auszuspielen. Er schließt mit einigen Thesen, die Hinweise darauf geben sollen, wie Bildungsgerechtigkeit durch eine Evidence-based-Policy erreicht werden könne.

Alle drei einführenden Beiträge beschäftigen sich nicht nur mit der Wertefrage und betonen die Notwendigkeit von normativen Debatten. Sie sehen auch gleichzeitig Probleme in methodologischer und methodischer Hinsicht, und zwar insofern, als sie sowohl die Leistungstests kritisieren, die – in manchen Ländern – ja nicht nur Schülerinnen und Schüler, sondern auch Lehrerinnen und Lehrer und ganze Schulen treffen. Sie sprechen sich auch eindeutig gegen methodologische Verkürzungen der empirischen Bildungsforschung aus. Die drei Grundsatzbeiträge thematisieren die „Soziologie der Rechenschaftssysteme". Und um mit Linda Mabrys Fazit zu schließen: Unser Handeln als Bildungsforscher oder als Evaluatoren im Bildungsbereich hat, ob wir es wollen oder nicht, Konsequenzen. Und wenn man fragen wollte, ob diese „irgendwie" evidenzbasiert sind, bleibt zumindest die Frage von Martin Heinrich: Wessen Evidenz?

Wie zentral diese Frage ist, zeigen auch die folgenden Beiträge. Sie illustrieren zum einen die Bedeutung, die Evaluationen bei der Klärung der Wirkungen bildungspolitischer Interventionen zukommt. Entscheidend ist hier zunächst einmal zu untersuchen, inwiefern bestimmte Maßnahmen im bundesdeutschen Bildungssystem die von der Bildungspolitik intendierten Effekte zeigte, und inwiefern darüber hinaus auch nicht intendierte Effekte festzustellen sind. Konkret geht es also um die Frage: Erreicht eine bestimmte Intervention das Ziel, das diejenigen, die die Reform politisch verantworten, mit ihr verbinden? Für eine Bildungspolitik, die sich nicht allein auf Plausibilitäten stützen möchte, ist diese Frage von eminenter Bedeutung. Sie lässt sich dabei sowohl in Bezug auf konkrete Bildungsprogramme wie auch in Bezug auf konkrete Steuerungsmodelle stellen.

Die Wirksamkeit konkreter Bildungsprogramme untersuchen insgesamt sechs Beiträge: Katja Koch und Ann-Kathrin Jüttner stellen die strukturellen und materiellen Rahmenbedingungen dar, unter denen sich sprachliche Frühförderung in niedersächsischen Kindertagesstätten vollzieht. Dabei machen sie vor allem hinsichtlich der sprachfördernden Strukturen auf deutliche Unterschiede in den untersuchten Kindertagseinrichtungen aufmerksam, die sie nicht zuletzt auf die jeweilige Trägerschaft der Einrichtung zurückführen.

Michael Frais lässt sich von der Annahme leiten, dass Evaluationen im politischen Kontext immer auch der Logik politischer Entscheidungsfindung unterliegen, und dass daher wissenschaftliche Erkenntnisse unter Umständen nicht immer Berücksichtigung finden. Unter Rückgriff auf die Einschätzung, mit der die beteiligten Akteure den neu etablierten Tagesschulen in der Schweiz begegnen, zeigt der Autor mithilfe von Evaluationsergebnissen auf, dass die Einbindung von Evaluationen in politische Entscheidungsprozesse gelingen kann, und dass entsprechende Ergebnisse in der strukturellen Schulentwicklungsplanung Niederschlag finden können.

Johannes König und Kerstin Darge informieren anschließend über die wissenschaftliche Begleitstudie zur nordrhein-westfälischen Initiative „Komm Mit! – Fördern statt Sitzenbleiben". Im Mittelpunkt steht die Frage, welche strukturellen Merkmale der Schulqualität, der Unterrichtsqualität und der Lehrerschaft mit dem Auftreten von Sitzenbleiben einher gehen. Anhand von Daten einer Lehrerbefragung können die Autoren zeigen, dass hierzu vor allem die kooperative Zusammenarbeit, ein ausgeprägtes Interesse der Eltern sowie eine generelle Berufsfreude mit einer niedrigeren Sitzenbleiberquote zählen.

Auf der Suche nach Wegen, wie Lehrer auf eine spezifische Handlungspraxis vorbereitet werden und wie man professionelles Wissen und Können zur Bewältigung der Anforderungen der Schulpraxis bereits in der Ausbildung erwerben kann, befasst sich Monika Hofer in ihrem Beitrag mit dem „Modellcurriculum – Professionalisiertes Pädagogisches Handeln" der Universität Wien. Unter Rückgriff auf einen Mix verschiedener Methoden wurde hier evaluiert, ob das Modellcurriculum geeignet ist, bei den Studierenden die Entstehung einer professionellen Identität, einer systematischen Reflexionsfähigkeit sowie eines professionellen Diskurses zu fördern.

Heinz Bachmann diskutiert in seinem Beitrag Unterrichtsbeobachtungen als Instrument zur Qualitätssicherung an Hochschulen. Hierzu präsentiert er die Ergebnisse einer Untersuchung, in der Daten mit Hilfe des VOS (VaNTH Observational System) zum Verlauf von Lehrveranstaltungen an einer schweizerischen Pädagogischen Hochschule generiert wurden. Die Studie gibt Hinweise auf Handlungs- und Schulungsbedarf bei den Dozenten insbesondere hinsichtlich des im Zuge der Bologna-Reform oft geforderten shift from teaching to learning.

Gisela Feller schließlich berichtet Ergebnisse einer als Pilotstudie angelegten Untersuchung des Bundesinstituts für Berufsbildung (BIBB), das der Frage nach der Effektivität von Bildungsgängen der Berufsfachschulen nachgegangen ist. Hierzu analysiert die Autorin, zu welchen Anteilen der Verbleib der Berufsfachschüler im Arbeitsmarkt als integriert, (potentiell) prekär oder entkoppelt zu bewerten ist und welche Merkmale mit erfolgreichem Verbleib einhergehen.

Wolfgang Böttcher und Miriam Keune leiten eine Reihe von Beiträgen ein, die sich mit der Wirkung von Steuerungsmodellen beschäftigen. Sie sichten Forschungen über Schulinspektion und kommen dabei zu dem Ergebnis, dass sich drei Typen bilden lassen: Studien zur Akzeptanz von Inspektion, Studien zur durch Inspektion stimulierten Qualitätsentwicklung sowie Studien zur Entwicklung der Schülerleitungen als Effekt der Inspektion. Die Autoren referieren wesentliche Ergebnisse und kritisieren, dass die Forschung mit der Beschränkung auf drei Typen ein weites Fragespektrum unbearbeitet lasse. Ihre Kritik spitzen sie zu, wenn sie feststellen, dass vor allem Studien fehlen, die sich mit der Güte der Inspektion als „Evaluation" befassen. Evaluationen müssten Standards genügen, so die Autoren, die womöglich im Fall der Inspektion nicht erfüllt sind.

Mit der Frage, ob standardisierte Leistungstests ein Instrument zur Stärkung der Diagnosekompetenz von Lehrkräften darstellen, befassen sich Rolf Strietholt und Wilfried Bos. Mit Hilfe von Mehrebenenanalysen untersuchen sie, ob bei Lehrkräften, die nach eigenen Angaben bei der Leistungsbeurteilung auf die Ergebnisse standardisierter Tests zurückgreifen, ein stärkerer Zusammenhang zwischen der mithilfe von Leistungstests gemessenen Fachleistung von Schülerinnen und Schülern und dem Lehrerurteil in Form von Noten zu beobachten ist als bei Lehrkräften, die dies nicht tun.

Marcus Emmerich schlägt in seinen Ausführungen eine organisationssoziologische Perspektive vor, die „Sensemaking"-Prozessen einen handlungsorientierenden Stellenwert innerhalb des Mehrebenensystems Schule beimisst. In Hinblick auf standardisierte Selbstevaluationen leitet er aus der Sensemaking-Perspektive die empirische Frage ab, ob und inwiefern eine evaluationsbasierte Modifikation „offizieller" schulischer Selbstbeschreibungen auf Grundlage normativer Qualitätsrahmen Einfluss auf das operative Geschehen in der einzelnen Schule nimmt und skizziert dies anhand qualitativer Daten.

Tobias Feldhoff versucht am Beispiel schulischer Steuergruppen im Modellvorhaben „Selbstständige Schule" in Nordrhein-Westfalen aufzuzeigen, wie Qualifizierung als Steuerungsinstrument genutzt werden kann, um Reformprogramme in Schulen zu transportieren und welche Wirkungen damit erzielt werden können. Er lässt sich steuerungstheoretisch im sogenannten ‚Paradigmenwechsel' von der Input- zur Outputsteuerung verorten, in dessen Rahmen auf der Suche nach geeigneten Steuerungsmodellen sowie der damit einhergehenden Diversifizierung der bisherigen Steuerungskonfigurationen auch die Lehrerfort- und Lehrerweiterbildung als politisches Steuerungsinstrument zur Qualitätssicherung im Bildungssystem angesehen wird.

Ausgehend von der 2005 gegründeten Niedersächsischen Schulinspektion stellen Norbert Sommer, Cora Stöhr und Diana Thomas am Beispiel sogenannter „schwacher Schulen" Einsatzmöglichkeiten der Schulentwicklungsberatung vor. Dabei verweisen sie zum einen auf positive wie negative Wirkungen der Schulinspektion, zum anderen aber auch auf Defizite in der bislang bestehenden Rückmeldepraxis, und diskutieren vor diesem Hintergrund notwendige Veränderungen von Schulinspektionen.

Nils Berkemeyer, Johanna Otto und Christin Olschewsky schließlich untersuchen die neue Rolle, die Schulträger seit einigen Jahren im Bereich der Schulentwicklung übernehmen. Auf der Basis des neo-institutionalistischen Ansatzes liefern sie erste Erklärungsansätze für diese Entwicklung, die zumindest auf der Formalebene zu einer Strukturangleichung geführt habe. Zugleich geben die Autoren Hinweise darauf, dass sich diese grundsätzlich positive Angleichung nicht zuletzt auch auf Zwang, mimetische Prozesse sowie – in begrenztem Maße – auch auf normativen Druck zurückführen lasse.

So relevant die Frage nach der Wirkung – und damit auch der Geeignetheit – bestimmter Bildungsprogramme und Steuerungsmodelle einerseits auch ist, so hat doch andererseits bereits die in den 1970er Jahren auch in der Bundesrepublik zunehmende Verbreitung findende Steuerungstheorie darauf aufmerksam gemacht, dass der Perspektive der „Akteure vor Ort" bei der Durchsetzung politischer Initiativen besondere Bedeutung zukommt. Die Schulgovernanceforschung hat diesen Einfluss in den letzten Jahren in explizitem Bezug zum Bildungswesens betont.

Dass Evaluationen ein durchaus geeignetes Instrument sind, sich der aus steuerungstheoretischer Sicht hoch relevanten Frage nach den Einstellungen lokaler Akteure zu nähern, zeigen die folgenden sechs Beiträge. Zugleich machen sie deutlich, dass Evaluationen, die die lokale Akteursperspektive fokussieren, einen bedeutsamen Anstoß zur Programmentwicklung sowie zur Optimierung von Implementationsprozessen geben können.

Marianne Demmer präsentiert in ihrem Beitrag Ergebnisse der TALIS (GEW)-Befragung. Nicht zuletzt durch den Vergleich mit Daten aus der von der OECD durchgeführten TALIS-Befragung liefert sie interessante Einblicke in die Einstellungen, mit denen Schulleitungen und Lehrkräfte den Qualitätssicherungsinstrumenten Evaluation, Beurteilung und Feedback begegnen. Zugleich geben die Daten erste Hinweise auf Verbesserungsmöglichkeiten und -notwendigkeiten interner wie externer Evaluation.

Tobias Diemer und Harm Kuper stellen die Frage, wie Einzelschulen mit den Ergebnissen zentraler Lernstandserhebungen umgehen, und wie sie sie nutzen. Dabei verweisen sie auf Seiten der Lehrerschaft nicht nur auf zustimmende, sondern auch auf ablehnende Einstellungen. Zugleich machen sie deutlich, dass Lernstandserhebungen in den

Einzelschulen nicht nur im Sinne einer outputorientierten, zweckprogrammierenden, sondern auch als inputorientierte, konditionalprogrammierende Steuerung verstanden werden können.

Auf die Bedeutung externer staatlicher Schulevaluation für freie Schulen verweist William Middendorf. Unter Berücksichtigung divergierender Interessen des Staates und der Schulträger diskutiert er die spezifischen Möglichkeiten und Grenzen, die eine solche Evaluation in Schulen freier Trägerschaft aufgrund ihrer je eigenen Erziehungs- und Bildungsziele mit sich bringt.

Auf der Basis einer in der Stadt Linz durchgeführten Fallstudie untersuchen Herbert Altrichter und Gertrud Nagy die Einstellung betroffener Grundschulen zur Freigabe der Schulwahl. Während die befragten Eltern eine entsprechende strukturelle Umgestaltung tendenziell begrüßten, verweisen die Evaluationsergebnisse insbesondere auf Ebene der Leitungs- und Lehrpersonen nicht nur auf zum Teil erhebliche Vorbehalte gegenüber der Reform, sondern auch auf den Wunsch nach erneuter administrativer Kanalisierung.

Der Beitrag von Daniela Ulber fokussiert die mit der Implementierung von Ansätzen der Neuen Steuerung einhergehenden veränderten Rollen von Schulaufsicht und Schulleitungen. Die Autorin stellt Ergebnisse einer Evaluation vor, die insbesondere die Akzeptanz von Zielvereinbarungsgesprächen als ein Instrument für verbindliche Absprachen zwischen den beiden Ebenen untersucht sowie die kommunizierte Selbst- und Fremdwahrnehmung der neuen Rollen fokussiert.

Anja Müller und Michael Opielka schließlich befassen sich mit der Frage nach dem Verhältnis von familiären und außerfamiliären Erziehungs- und Bildungsleistungen am Beispiel einer Reform der Finanzierung von Kindertagesstätten in Thüringen. Hierzu analysieren und rekonstruieren sie mit Hilfe einer quantitativ wie qualitativ angelegten explorativen Studie die Wahrnehmung der Akteure unterschiedlicher Steuerungsebenen hinsichtlich der Wirkungen verschiedener Reformmaßnahmen.

Bis hierhin zeigen die Beiträge dieses Bandes, dass Evaluationen durchaus grundsätzlich ein geeignetes Instrument sind, um die Wirksamkeit konkreter Bildungsprogramme und Steuerungsmodelle zu untersuchen sowie Einblicke in die steuerungstheoretisch relevante Akteursperspektive zu erhalten. Nichtsdestotrotz stellen sich bei Evaluationen im Bildungswesen nach wie vor wesentliche Probleme, die ihre Aussagekraft bzw. ihre Wirksamkeit im Rahmen der intendierten Qualitätsentwicklung beschränken. Mit den Grenzen von Evaluationen sowie der Möglichkeit bzw. Notwendigkeit der Optimierung der entsprechenden Verfahren beschäftigen sich daher abschließend die folgenden sechs Beiträge.

So gehen Manuela Böttger-Beer, Didier Vaccaro und Erik Koch in ihrem Beitrag davon aus, dass externe Evaluationen keinen unmittelbaren Einfluss auf den Output von Schulen nehmen können, sondern allenfalls schulinterne, mehrstufig aufeinander aufbauende und für die Folgeprozesse voraussetzungsvolle Entwicklungsprozesse einleiten können. In der Folge skizzieren sie ein Wirkmodell zur externen Evaluation, das diesen Überlegungen Rechnung trägt.

Stephan Huber und Falk Radisch fordern anspruchsvollere Designs für die theoriegeleitete empirische Forschung, um der Komplexität der Wirksamkeit von Lehrerfort- und -weiterbildungsmaßnahmen nicht zuletzt auch im Rahmen von Evaluationen gerecht zu werden. Sie stellen ein Modell für Wirkungsevaluationen vor, das bereits bestehende Wirkungsannahmen systematisiert und in ihren Zusammenhängen darstellt.

Mit den impliziten Voraussetzungen für die Einführung nationaler Bildungsstandards setzt sich Martin Retzl auseinander. Vor dem Hintergrund lehr-, lern- und erkenntnistheoretischer Überlegungen votiert er für die Abkehr von standardbasierter Leistungsmessung hin zu einem Modellansatz der Qualitätsentwicklung, der sich an demokratischen Prinzipien, wahrgenommenen Lernbedingungen sowie einer autonomen Bewertung der Schul- und Unterrichtsqualität durch die lokalen Akteure orientiert.

Ausgehend von der zunehmenden Bedeutung der betrieblichen Bildungsarbeit und der damit verbundenen Evaluation der durchgeführten Bildungsmaßnahmen will Lesya Zalenska mit ihren Ausführungen einen Beitrag zu einer kritischen Diskussion des Ist-Zustandes der Evaluation im Rahmen der betrieblichen Weiterbildung in Betrieben leisten. Sie zeigt in diesem Rahmen auf, dass das Qualitätsmanagement und das Bildungscontrolling aus ihrer Sicht zukunftsweisende Ansätze für die betriebliche Bildungsarbeit sind.

Robert Fischbach, Inka Bormann und Thomas Krikser zeigen abschließend die Möglichkeit eines alternativen analytischen Zugriffs auf die Identifikation kollektiver Akteure auf. Mit dem *Advocacy Coalitions Framework*s (ACF) stellen sie einen Theorieansatz vor, der die Bedeutung institutionenübergreifender Überzeugungen ins Zentrum seiner Überlegungen stellt und damit interessante, neue Perspektiven für die künftige Educational-Governance-Forschung bietet.

Literatur

Böttcher, W., Dicke, J. N. & Ziegler, H. (Hrsg.) (2009): *Evidenzbasierte Bildung. Wirkungsevaluation in Bildungspolitik und pädagogischer Praxis*. Münster u.a.: Waxmann.

Power, M. (1997): *The Audit Society. Rituals of Verification*. Oxford: Oxford University Press.

Urban, M. (2008): Dealing with uncertainty: challenges and possibilities for the early childhood profession. In: Dalli, C./Urban, M. (Hrsg.): *Professionalism in Early Childhood Education and Care*. European Childhood Education Research Journal 16 (2).

Linda Mabry

The Responsibility of Evaluation

My evaluation team and I once found ourselves reflecting on the roles we had played, intentional and otherwise, during a three-year evaluation of a program to prepare prospective bilingual teachers (Mabry, Christina & Baik, 1998):

- detectives
- critical friends
- coaches
- gofers
- consultants
- hired guns
- public relations agents
- intermediaries
- mommies and daddies
- advocates
- devil's advocates
- critics
- judges
- hanging judges.

Which of these roles constitute expected responsibilities? Are the actual responsibilities evaluators assume consistent with professional expectations?

For evaluators of educational and social programs, contractual, professional, relational, ideological, and societal issues compete for priority. Balance among different types of responsibilities is elusive; over- or under-emphasis likely. Evaluators often need to justify their conceptions of their responsibilities, at least to themselves, and the arguments are sometimes torturous. Let us consider some of the complexities involved in professional responsibilities, writ large and writ small, especially controversial perspectives about whether evaluators should serve as advocates and should respond to governmental attempts to regulate the practice of evaluation.

1. Perspectives on the Role of Evaluators in Society

No serious disagreement has arisen within the evaluation community regarding whether evaluators should be careful gatherers, analysts, and reporters of data about the programs they study, but there consensus seems to end. One vector into understanding divergences of opinion about the role of the evaluator is to consider responsibilities as they might be construed from technical, social justice, and postmodern perspectives.

1.1   Technical Perspective: Evaluators in Green Eye-Shades

For many evaluators, the most comfortable role is essentially technical. From this perspective, the evaluator's responsibilities are to design a study focused on the information
needs of the client, to collect data using time-tested and design-appropriate techniques, to
interpret the meaning of data, to hone interpretations into findings, and to deliver them to
the client.

Having done so, the evaluator may reap the satisfactions of a job well done, especially
when clients are satisfied and when the results demonstrate competence and contribute to
their own professional prestige. In an information age in which every organized activity
seems to reveal a human obsession with becoming "data-driven", evaluators may even
feel they are in the driver's seat, a heady impression amplified by clients eager for data,
deferential toward technical evaluation skills, and willing to confer upon evaluators power over their programs. If, on the other hand, things get sticky, if clients dislike and dis-
credit the evaluator's efforts, if findings are distorted or misused, evaluators working
from a technical perspective may take some comfort in being able to say, "I did my job."

Technocrat

The technical responsibilities of evaluation require specialized skills, but there is little to
suggest that evaluators like to think of themselves as "technocrats". A more flattering
view is of professionals who advance human welfare by helping to improve and to improve understanding of educational and social programs. However, from a technical
perspective, it might be more accurate to say that evaluators merely fulfill contractual obligations. Completing contracted tasks may or may not serve to improve programs, may
or may not serve to improve societal understanding about program quality and the factors
that enhance it, and may or may not assist those who are working for the public good
through their programs they implement. Evaluators are not directly pursuing worthy social goals but, rather, helping to inform those who are. To program personnel and funders
belongs the moral glory; any that evaluators may claim is generally reflected.

Employee

A technical perspective also defines the evaluator essentially as an employee, an external
evaluator as a "temp." An evaluation report may be shared with stakeholders, but it is
produced at the behest of a paying client. The contractual relationship affects the independence of the evaluation. Of course, evaluators typically try to negotiate their independence during contracting, but contracts do not guarantee independence. The client inter-
feres – in fact, she or he is typically expected and invited to interfere in determining the
focus of the evaluation, often in assisting or collaborating in data collection, perhaps in
validating findings, and usually in identifying audiences and reporting styles. Subtler
psychological effects emanate simply from the evaluator's consciousness of the client to
whom the report will be delivered.

To the extent that these explicit and implicit effects operate, the evaluator's independence is an illusion, his or her claims of independence amounting to denial, and the validity of findings falling into jeopardy. So, there is a tension between claiming the role of

independent third party when the evaluator is hired by, collaborative with, and influenced by (or by awareness of) the first party.

1.2   Social Justice Perspective: Evaluators in Shining Armor

Some evaluators claim a social responsibility beyond the technical. These practitioners not only undertake the tasks of design, data collection, analysis, and reporting but also work toward societal welfare in a more conscious and specific way than do their technically focused colleagues. Evaluators imbued with a social justice perspective may even prioritize social responsibilities over the technical or professional.

They may accept only contracts that promise opportunity to work in the public interest – programs not being defendants in courts of law, and evaluators not being attorneys obliged to provide them the evaluation equivalent of the best possible defense. In the conduct of an evaluation, the sensitivities of social justice-oriented evaluators toward historically underserved stakeholders may lead them to highlight issues of concern to these populations or to attempt to empower them. These evaluators may refuse to finish the work they have agreed to do, although realizing that failure to fully execute a contract is to court calamity, if it becomes apparent that an evaluation might be used to trigger or to justify socially reprehensible action.

The satisfactions of doing the right thing, by such lights, may come at considerable cost. For an external evaluator, breaking a contract is likely to be stressful, expensive, and unhelpful in securing future employment; an internal evaluator can expect to be fired. Either way, the evaluator's motives are sure to be questioned, especially if she or he actively opposes a former client's efforts. Nor can the professional community be counted on for support. What some evaluation colleagues may admire as principled and justifiable action, others may condemn as unprofessional and reckless. There is no appeal on the basis of *The Program Evaluation Standards* (Joint Committee, 1994) which are insufficient for determining whether evaluators have practiced competently and appropriately in specific situations, impotent to compel either evaluators or clients toward acceptable behavior.

Spotlighting a program's inattention to deserving but powerless stakeholders, reporting resource allocations that underserve intended beneficiaries, or publishing program managers' disregard for cultural realities in providing services are just some of the actions that invite predictably unhappy consequences for an evaluator. Moreover, bravery of this type might prove to be not only risky but also founded on error; the evaluator's sense of right action might be misguided. Nevertheless, an evaluator of this stripe may justify such actions with the claim, "I'm a human being (or a citizen) first, an evaluator second."

1.3   Postmodern Perspective: Evaluators?

Postmodernists focus on the power and control aspects underlying human behavior, relations, and institutions. There are two possible postmodern responses to an understanding of who is oppressed, by whom or what, and how the oppression is maintained. First, an *affirmative postmodern* perspective motivates efforts to reveal and redress oppression, essentially mirroring *radical*, *critical theory*, and *cultural studies* intended to unmask power structures.

An affirmative postmodern approach overlaps the social justice perspective. In practice, an evaluator taking an affirmative postmodern approach may behave much like an evaluator taking a social justice approach and may incur similar difficulties. The distinction: Whereas an evaluator interested in social justice may not begin work with the expectation of discovering injustice, an affirmative postmodern evaluator does begin with a presumption that all social situations involve power and oppression.

For an admittedly affirmative postmodern evaluator, this philosophical starting point can make obtaining evaluation work more difficult. It is hard to imagine a client, virtually always a manager of some kind, knowingly hiring an evaluator bent on revealing a program's power structures to program personnel and other stakeholders who may subsequently mutiny. Contracts are unlikely after an evaluator has declared, "My first obligation is to understand how power is exercised in this program and in whose interest."

The second possible postmodern response is even more problematic in evaluation. An extreme postmodernism not only presumes that, in any social situation, someone is oppressed but also that, freed from oppression and finding opportunity, the formerly oppressed will inevitably become oppressors. This realization takes an extreme postmodernist in an orthogonal direction from his/her colleagues inclined toward social justice or affirmative postmodernism. Rather than contribute to existing power structures by supporting program decision-makers with information, and rather than contribute to emerging power structures by supporting insurgents with information, an extreme postmodernist refuses. She or he would not practice evaluation at all, believing, "There is nothing I can do as an evaluator that would not contribute to an unfair exercise of power."

2. Evaluating Educational Programs Involving High-Stakes Testing

Let us consider how evaluators in each category might respond to an educational policy or program whose primary indicators of success are scores on high-stakes standardized achievement tests. Using test scores as measures of educational success is common despite considerable research indicating that test scores tend to reflect the socio-economic status (SES) of the test-takers such that impoverished students, including cultural and linguistic minorities, tend to receive lower scores than affluent students. The correlation between test scores and SES is so well known that lay critics of standardized testing have quipped that a student's zip code is as informative as his or her test score, that tests which merely identify rich and poor students are not needed because that information is already available. Given this situation, no evaluator of an educational program or policy could claim surprise in finding that standardized test scores triggered negative consequences that had the effect of punishing impoverished students and the teachers and schools that served them.

How to respond to such a discovery, however, could depend on how the evaluator construes his or her professional responsibility. An evaluator working from a technical viewpoint might simply report the scores and analyze them in a manner consistent with any other numerical data. An extreme postmodernist would refuse to conduct the evaluation; she or he would not choose to be a professional evaluator at all. An evaluator taking a social justice or affirmative postmodern view, however, would face a moral issue. She or he might respond with a negative evaluation of the program or of the policy, even if stated goals were met. Or she or he might strongly recommend a broader and more sensitive array of criteria for determining educational quality, or insist on attention to input and process as well as outcome variables, or push for redistributive resource allocations in favor of struggling students and schools. If such action were considered "arguing for the data", the response could be easily justified professionally. If such action were considered "advocacy in the interests of particular stakeholders", the response would be more controversial.

Let us consider whether educational evaluators, who will inevitably find themselves expected to use high-stakes test scores as primary evidence of educational quality, should advocate for the beleaguered or for change in testing or in educational accountability policy.

3. Controversy over Advocacy by Evaluators

Defining the role of evaluator as technical provider of information, as promoter of social justice, or as opponent of oppressive use of power marks a personal ideology as well as an approach to practice. It is reference to personal ideology in the course of professional practice that many evaluators and members of the public would find problematic (House & Howe, 1998; Scriven, 1997). This is because advocacy for one's ideals suggests not professional evaluation by a disinterested third party but, rather, personal crusade.

In the case of the educational evaluator whose dataset includes standardized test scores, the question is whether the evaluator should merely report the data (a technical perspective) or should use the data to advocate for socially appropriate results (social justice and affirmative postmodern perspectives). The technically-oriented evaluator would disapprove of advocacy but might face the disapproval of the stakeholders she or he declined to assist. The socially-oriented evaluator might also disapprove of his or her colleague's social irresponsibility in failing to advocate for those in jeopardy. But, in turn, the socially-oriented evaluator might face the disapproval of manager-clients and colleagues concerned about an evaluation being recast as political activism.

Advocacy during the conduct of an evaluation might occur in selecting for reporting data that highlight ideological issues, or constructing findings that do so, or in making recommendations that promote action in line with the evaluator's ideals. Advocacy outside the conduct of an evaluation would be a matter of evaluators exercising their rights as citizens, citizens informed by their professional practice but also citizens who might be seen as representing their profession. Taking a visible public position, even as a private citizen, could hamper future contracts and, especially if the evaluator self-identified as a member of the professional community, could undermine public confidence in evaluation generally.

Consequently, an evaluator may experience conflict regarding whether and when to practice advocacy, and the conflict may be seen in diverging personal-professional behaviors. As a professional providing evaluation results, an evaluator might try to promote the interests of an historically underserved minority group while, as a private citizen, doing nothing to support that population. For example, an evaluator might encourage the use of data other than test scores in considering the effectiveness of an educational program but mount no similar effort as a private citizen. The reverse seems more likely: Evaluators may advocate for particular groups, programs, or ideals outside their professional practice, considering it inappropriate or too risky to do so when practicing evaluation. For example, an evaluator, acting privately, might protest overreliance on standardized test scores but, in evaluating educational programs, nevertheless use scores as arbiters of success, contributing to public confidence in test scores.

3.1 Clients' Right to Know

As with the obligation to share findings with need-to-know and right-to-know audiences, it could be argued that values-oriented evaluators have an obligation to announce their ideological commitments to potential employers. Since few clients seem eager to hire an evaluator to pursue his or her pet causes, it is remarkable that some prominent evaluators have gone public about their allegiances (e.g. Greene, 2006; House, 1993; House & Howe, 1999; Mertens, 2005). These members of the profession might proceed on the basis of *caveat emptor*, presuming client awareness, but most evaluators' ideologies are not so well known. This suggests a dilemma: To be *professionally* responsible in making known their ideological commitments might preclude opportunity to exercise *social* responsibility as an evaluator.

At a psychological level, let us consider whether an evaluator, even one attempting value-free technical practice, can really disregard his or her values when evaluating a program. If one thinks of life as a voyage of self-discovery and of each evaluation as an opportunity for greater self-awareness, it can be seen that self-knowledge about one's own values is always limited. This realization implies constraints on the evaluator's ability to announce his or her ideology to clients in advance or even after the fact. At least equally disturbing, the evaluator's ability to discipline the impact of his or her values on evaluation results is similarly limited. Value-free evaluation (Scriven, 1972, 1997) may be an oxymoron.

3.2 Competing Interests

At the program level, the plethora of stakeholder concerns virtually assures over-attention to some groups – each with its own ideology – and the relative neglect of others. Even the evaluator attempting value-free evaluation cannot be sure that his or her personal values have had no influence in adjudicating among these competing interests. Since managerial concerns (e.g. efficiency, goal attainment) are routinely prioritized over the concerns of stakeholders lower on the programmatic food chain, it appears that either the technical orientation or that personal interests (i.e. financial well-being) tend to carry the day.

By way of illustration, consider the case of tested students as stakeholders. If the test scores of a school's lowest-performing students improved as a result of adopting direct instruction or scripted curricula, how likely is an evaluator to condemn the program on the basis of its failure to provide such "best practices" as differentiated instruction or inquiry-based learning? How likely is it that a documented loss of student motivation or love of learning would, in the development of evaluation findings, compete successfully against managerial euphoria over improved test scores? Not only evaluators but also U.S. educators and the public have come to expect that scores will be used as primary measures of educational outcomes. For example, school district administrators requesting an evaluation of a school's architectural design once assured me of the availability of test scores, although it was not at all clear to me that scores could be informative about the learning conduciveness of 30-year-old floor plans.

The expectations formalized in *The Program Evaluation Standards* (Joint Committee, 1994) and *Guiding Principles for Evaluators* (American Evaluation Association, 2004) offer advice too general to be of much help to evaluators in the throes of *in situ* ideological conflicts (Mabry, 1999). These codes of conduct do not compel evaluators to check their values at the door, but neither do they urge evaluators to offer findings in the form of sermons or to abandon contracted efforts at the first sign of ideological discomfort. So, individual evaluators must make individual decisions.

3.3   Advocacy by Professional Evaluation Organizations

Professional evaluation organizations must also decide. Consider the three public statements that have been issued by the American Evaluation Association (AEA). Here, I must identify myself as the only AEA member to serve on each of the three task forces to develop such statements and as the chair of two of these task forces, service that suggests my own sense of professional and social responsibilities.

High-stakes testing

In 2002, shortly after enactment of the No Child Left Behind Act (2002) raised the already high stakes of most state testing systems in the U.S., the AEA publicly issued a fiercely worded position statement that included the following:

> "High stakes testing leads to under-serving or mis-serving all students, especially the most needy and vulnerable . . . Evidence of the impact of high stakes testing shows it to be an evaluative practice where the harm outweighs the benefits . . . Many testing programs . . . draw schools into narrow conceptions of teaching and education that leave children deprived of the history, cultural perspective, personal experience, and the interdisciplinary nature of subject matter . . . [and] are used unjustly to fire and discipline teachers and principals." (AEA, 2002)

I confess I was surprised that the AEA Board of Directors approved, with no visible opposition and little discussion, such a strong objection to the very indicators of educational success often used by its members. Although other organizations, including professional organizations in Education, had also issued stern statements on the same topic (e.g. MALDEF, NAACP, FairTest, NCLR, 1997; NAEYC, 1988), I was also surprised that there was no objection to an evaluation organization's taking the first public policy stance in its history, a *de facto* case of organizational advocacy by evaluators.

Was the AEA justified in doing so? Not all of the effects of NCLB have been harmful. The policy has succeeded in directing more attention to historically underserved students. But its requirement of proficiency in reading and mathematics by all students in grades 3 to 8 within 12 years is completely unrealistic. There is no historical or empirical evidence that such a goal has ever been – or ever could be – achieved by a population as diverse as that in the U.S. And the sanctions triggered by failure to make Adequate Yearly Progress (AYP) toward that unattainable goal were frankly punitive. The combination generated theories that the George W. Bush administration, which had frequently favored private industry and privatization generally, had intended to encourage privatization in education, perhaps even to encourage the abandonment of public education. In the first year or two of policy implementation, these were regularly dismissed as "conspiracy theories". But with higher scores required year after year, and more and more public schools declared "failures" and taken over by private enterprises, accumulating evidence revealed a confirmatory trend. The *AEA Position Statement on High Stakes Testing in PreK-12 Education* (AEA, 2002) anticipated such effects on the basis of the state testing programs which predated NCLB and which had become increasingly high-stakes.

Educational accountability

In 2006, the AEA again reacted, this time objecting to educational accountability systems, such as that established nationally under NCLB, that overemphasize test scores (American Evaluation Association, 2006). Although many public schools in the U.S. were facing closure largely because of scores, suggesting the situation had worsened since issuance of the 2002 high stakes testing statement, the language of AEA's position statement on educational accountability was tepid:

> "With this statement, AEA *hopes* to contribute to the continuing public debate and evolution of educational accountability systems . . . Important concerns that *may* arise with educational accountability systems include a one-size-fits-all approach that *may* be insensitive to local contextual variables or to local educational efforts." (emphasis added)

Why was this statement so lukewarm and riddled with qualifiers? Between the high stakes testing statement and the educational accountability statement, a third organizational effort to protest public policy had been undertaken. That effort had drawn governmental backlash felt by AEA members working in the Washington, D.C. area and had ignited controversy among AEA members, as we shall see. The AEA Board of Directors and some members seemed wary of a second stressful occurrence.

3.4 Controversy over Government Regulation of Evaluation

In the U.S., for three decades, the federal government has restricted the behavior of researchers and evaluators toward those people who provide data, the "human subjects" or participants in a study. In 2003, as an addition to NCLB, the government also proposed a funding priority by which a few quantitative evaluation designs, especially randomized control trials (RCTs), would be preferred in evaluating proposals for federal funding in education. It was AEA's response to the proposed funding priority that, among its three public statements, raised the strongest debate among evaluators.

3.5 Governmental Regulation of Treatment of Human Data Sources

U.S. law constraining researchers and evaluators in their treatment of those who provide data draws from the Belmont Report (National Commission, 1979) which, in turn, draws from the post-World War II Nuremberg Code (International Military Tribunals, 1949) and the Helsinki Declaration (World Medical Association, 1964). The Belmont Report's main goal was to assure that researchers and evaluators "do no harm" to those who participate in research.

Partly in reaction to some highly publicized research that physically or psychologically endangered human subjects (e.g. Humphreys, 1970; Jones, 1993; Milgram, 1963, 1974a, 1974b; Van Maanen, 1975, 1988), a number of professional organizations also developed their own ethical standards (see Table 1; see also Mabry, 2008). These included the American Educational Research Association (1992), the National Association of Social Workers (1996/1999), the American Sociological Association (1997), the American Psychological Association (2007), and the American Evaluation Association (1995, 2004). The codes of conduct developed by these organizations vary in terms of the specificity of their injunctions and their enforceability.

The most common principles promoted by professional organizations are (1) that human subjects should be fully informed about the purposes and methods of a study before they consent to participate and (2) that their participation be fully voluntary at all times. These principles are also paramount in the law, but federal guidelines regarding treatment of human subjects are legally enforceable.

The protection of human subjects is regulated through Institutional Review Boards (IRBs) at institutions under whose auspices federally funded research is conducted. At their respective institutions, IRBs must review all research and evaluation designs, not only those for federally funded projects, and they may approve only those designs which have sufficient safeguards to protect human subjects. If a researcher is found to have failed to provide appropriate protection to human subjects, federal funding for all research projects at that institution is immediately frozen. In recent years, one such incident occurred with a medical research project at Johns Hopkins University in Baltimore, Maryland where, in highly publicized reaction, the federal government halted all funding to the university until after investigation and rectification.

The work undertaken by evaluators is distinct from that undertaken by researchers in that access to all needed data sources must be assured in order to meet the accuracy standard of *The Program Evaluation Standards* (Joint Committee, 1994). Generally, the client who commissions an evaluation is capable of compelling access to existing data sources. However, because federal law requires that human subjects' participation be voluntary, it is possible for some subjects to withhold data within their control (e.g. they cannot be compelled to participate in interviews). Subjects must also be given opportunity to withdraw their participation in the evaluation at any time without penalty and to take their personal data with them.

The restrictions can be inconvenient, even obstructive, in research, fatal in evaluation. At least twice, formally and informally, AEA members have proposed organizational opposition to federal constraints in evaluation regarding human subjects. But no public statement has ever been issued by the AEA on this topic, and no task force has ever been authorized to draft such a statement.

Tab. 1: Dimensions of some formal ethical codes of conduct

	Nuremberg Code 1949	Helsinki Declaration 1964	Belmont Report 1978	American Psychological Association	National Association of Social Workers	American Sociology Association	American Anthropological Association	American Evaluation Association
	General	General	General	Specific	Specific	Specific	General	General
Main principle	Ensure consent and health of subjects.	Prefer subjects' health to societal benefit.	Do no harm.	Protect civil and human rights.	Enhance human well-being and promote social justice.	Protect the welfare of individuals and cultural groups.	Generate knowledge of the peoples of the world for appropriate use.	
Respect			for those with diminished autonomy	(5)	for rights and dignity	(4)	Responsibility	Propriety
Beneficence			maximize benefits, minimize harm	(1)				
Justice			(3) *re* research benefit : burden	(4)	(2) social justice			
Responsibility				(2)		scientific and social responsibility		Utility
Integrity				(3)	(5)	(2)		
Service				In Standards	(1)			
Competence				Standard 2	(6)	(1)		Accuracy
Accountability			Through IRB	Enforceable within the organization	For use by individual citizens	Membership assumes willingness to comply	Unenforced	Unenforced
Re Human subjects								
Informed consent	Expected	Expected	Expected	Expected	Expected			Controversial
Voluntary participation	Expected	Expected	Expected		Expected			Controversial

3.6 Governmental Priority in Evaluation Methodology

The AEA did, however, authorize a task force to draft a public response to the government's proposed funding priority by which a few specified quantitative evaluation designs would be preferred in the review of proposals for federally funded projects (U.S.

Department of Education, 2003). The government had instituted a similar priority for re-search funding about a year and a half earlier, to which the educational research commu-nity had responded with an outpouring of angst (e.g. Berliner, 2002; Erickson & Gutier-rez, 2002; Pellegrino & Goldman, 2002) – but not in time to prevent implementation of the priority to prefer for funding quantitative designs such as random control trials.

The announcement of the proposal for similar priority in evaluation funding was fol-lowed by one month for public comment before the new priority would be adopted or re-jected. The government's announcement coincided with the beginning of the AEA's week-long annual conference, during which a sharp-eyed AEA member[1] spotted the pro-posal in the *Federal Register* and announced it. Quickly, an AEA task force was autho-rized and an organizational response was drafted, reviewed, approved by the executive committee of the Board of Directors, and issued shortly before the period of public com-ment closed (American Evaluation Association, 2003). By contrast, the High Stakes Testing task force had taken two years to develop its public statement, and the Educa-tional Accountability task force was then six months into its three-year effort.

In its comments to the proposed funding priority, the AEA response took a somewhat advisory tone, saying, for example:

> "The American Evaluation Association applauds the effort to promote high quality . . . We, too, have worked to encourage competent practice . . . How-ever, we believe the proposed priority manifests fundamental misunderstand-ings about (1) the types of studies capable of determining causality, (2) the methods capable of achieving scientific rigor, and (3) the types of studies that support policy and program decisions. We would like to help avoid the politi-cal, ethical, and financial disaster that could well attend implementation of the proposed priority." (2003)

The statement argued that random groupings of experimental and control subjects should sometimes be ruled out on the basis of ethics because of denial of expected benefits to subjects in control groups. It pointed out the positive track record of evaluation ap-proaches that would not be "preferred" under the new priority and reasoned that evalua-tors needed to be able to consider all possibilities when developing designs to address particular information needs. Because the government was planning to prefer evaluations designed to identify causality (i.e. to pinpoint the causes of desired effects), examples were offered of instances where non-experimental designs had provided causal informa-tion useful for public policy-making. The statement concluded, to the consternation of some AEA members:

> "The complex nature of causality and the multitude of actual influences on outcomes render RCTs less capable of discovering causality than designs sen-sitive to local culture and conditions and open to unanticipated causal factors."

---

1   At a business meeting during the AEA conference in 2003, Sandra Mathison announced the no-tice in the Federal Register of the proposed federal priority for evaluation funding, then served on the AEA task force to respond to it.

The task force had not wanted to pit quantitative designs of the type the government proposed to prefer for funding, designs focused on identifying causal factors, against qualitative designs focused on understanding program effects contingent upon contexts and circumstances *in situ*. But the wording of this sentence, proclaiming the governments preferred quantitative designs "less capable of discovering causality", stung some AEA practitioners of quantitative methods. A group of eight publicly issued its own statement, saying, "We wish to make clear that the statement submitted by AEA in response to the proposed priority does not represent our views." One of that group resigned from the AEA after chastising the executive committee: "I will share my views with the Dept. of Education, while also doing what I can to disassociate myself from AEA and its official pronouncements" (personal communication, 2003).

Maybe the task force could have stated it better if there had been more than ten days to do so or if more quantitatively-oriented colleagues had joined the task force when invited; by my reckoning, the working group was knowledgeable about both quantitative and qualitative methods and methodologically eclectic. In any case, the dissension in the AEA ranks was especially stunning after the absence of objection to the high stakes testing statement. Small wonder that the approvable wording for the AEA educational accountability statement was so meek![2]

4. Educational Evaluation's Responsibility to Society

Seeing that methodological controversy can seep into the sphere of social responsibility, let us consider the origins and implications of different evaluation approaches. The modern era in program evaluation has been said to have begun in 1957 when the Soviet Union's successful launch of Sputnik, the first man-made satellite to orbit the earth, ignited the "space race" and propelled the U.S. toward new educational programs in math and science. Soon thereafter, Attorney General Robert Kennedy pushed for evaluation to reveal which educational programs were most effective. Initially, those who undertook these evaluations were trained in quantitative methods and sought information as to whether programs had met their stated goals (i.e. goal-oriented evaluation), information intended to assist decision-makers (i.e. managerially oriented evaluation). At that time, standardized tests had been in use for 40 years.

4.1   Evolution of Evaluation

Many important things can be missed in goal-oriented evaluation. For example, there may be inattention to whether the goals were achievable, whether they were worth achieving, or whether negative side-effects overshadowed any positive goal achievement. Moreover, managerially oriented evaluations designed to provide information to deci-

---

2   After a delay of about a year and a half, the U.S. government did indeed implement the funding priority that favored three quantitative designs dubbed the "gold standard" (RCTs), "the silver standard" and the "bronze standard". In the announcement of the decision to do so, responses to the federal proposal were tallied and summarized. The number of objections to the funding priority far exceeded the positive responses.

sion-makers can ignore the perspectives of other stakeholders or trample upon their rights. Some educators complained about evaluations with these characteristics. As test scores came into increasingly widespread use are primary indicators of student achievement, educators also complained that they were being judged by evaluators who had never set foot in their schools or considered any of a number of important contextual variables, content merely to "crunch the numbers".

Contextual and stakeholder-oriented approaches emerged in the 1980s as it became apparent that different persons and groups might judge program quality differently (see Brandt, 1981). Evaluators tried harder to understand multiple perspectives and the web of conditions and circumstances in which programs were implemented and which could determine their viability. Around the 1990s, researchers began to document the harmful effects of standardized testing, for example, the narrowing of curriculum (Smith & Rottenberg, 1991) and the developmental inappropriateness of increased academic expectations in early childhood education (Shepard & Smith, 1988). Some evaluators began to reconsider the exalted status of test scores as indictors of educational quality and to give more attention to the perspectives and experiences of students, teachers, parents, and communities.

Use of mixed methods succeeded the so-called "paradigm wars" (Greene & Caracelli, 1997; Guba, 1990; Johnson & Onwuegbuzie, 2004; Reichardt & Rallis, 1994) that had pitted those who practiced quantitative methods against those who practiced qualitative methods. Ideologically oriented approaches and critical approaches were developed to promote – through evaluation – such socially worthy goals as empowerment (Fetterman, 1996) and democracy (House, 1993; House & Howe, 1999). Ultimately, evaluators considered postmodern issues (Mabry, 1997), even Foucault's (1977, 1980) famous description of testing as surveillance and its simultaneous subjugation and objectification of the subject (i.e. the test-taker).

4.2 Issues and (Ir)resolution

The evaluator's repertoire expanded, but the issues that drove the expansion were not resolved. Professional issues with social implications emerged: Does an evaluator's *professional responsibility* end with the delivery of a summative report, as Michael Scriven (1998) argued? Or should evaluators stick around to help programs *utilize* findings, as Michael Quinn Patton (1997) advised? Is *empowerment* evaluation, as David Fetterman (1996) explained it, really evaluation or not, as Dan Stufflebeam (1994) insisted? Is *participatory* evaluation (Jennifer Greene, 1997) realistic in expecting stakeholders to help with an evaluation? Is it appropriate for participatory evaluators to plan to change program power structures as an up-front evaluation goal? Is Ernie House's (1993) notion of pro-democracy evaluation a disguise for political activism? These questions could not be unequivocally answered; too many evaluators disagreed.

Perhaps disagreement among educational evaluators over such professional issues should come as no surprise, given the citizenry's enduring discord about the fundamental purpose of education: Is schooling for self-actualization (Maslow) and to improve the quality of life, or is it for credentialing and to prepare students for self-supporting economic productivity?

The use of testing to evaluate student achievement, and the use of test scores to evaluate educators and schools, raised not just professional but also social issues. For example: Are standardized achievement test scores valid and fair as indicators of the success of students and schools? Current U.S. policy suggests they are; a growing body of research suggests otherwise (Bauer, 2000; Haladyna, Nolen & Haas, 1991; Haney, 2002; Linn, 2000; NRC, 2001; Yeh, 2005). Should evaluators use or resist test scores as outcome measures? Should evaluators actively work for more comprehensive educational accountability systems, moving from the evaluation of policy impact into policy-making? Do evaluators bear not only a professional responsibility to clients and funders but also a social responsibility to students, teachers, and public schooling?

Only one thing in all this is clear: the individual evaluator must determine which responsibilities pertain. One cannot sidestep these issues. Like it or not, the many decisions required of evaluators in the practice of the craft will demonstrate one's professional position and suggest his or her social and ideological leanings. Practical decisions consciously or unconsciously reflect how each evaluator has construed his or her role and responsibilities.

The state of the profession is largely grounded in these individual stances. While individual evaluators must each determine the interplay between their social responsibilities and their professional responsibilities, the question remains as to whether the profession as a whole has (or sees itself as having) a direct social responsibility. The AEA's public statements suggest that evaluators do have a collective responsibility to take what they have learned in the course of professional endeavors and to put it at the service of society, to do so in a "big picture" and policy-related way, to contribute proactively what they have learned about what works and why. As a group, however, the three AEA statements are few; their wording varies on a continuum from strong to weak; and they are late arrivals even in the short history of modern evaluation. They do not clinch an argument for or against the professional community's assumption of direct social responsibilities, and it is not clear whether they will inspire future action or fade away as quixotic anomalies.

So, dear colleague, it comes to this. Defining your responsibilities as an evaluator is up to you, as defining mine is up to me. Sometimes, our personal decisions may lead to individual or collective efforts that result in fireworks. Mostly, however, we may sense little effect other than our own determination or uncertainty. Still, there will be other effects. The choices we make, wittingly or otherwise, have ramifications large and small for ourselves individually, for the stakeholders whose programs we evaluate, and for our profession and society.

References

American Educational Research Association (1992). Ethical standards of the American Educational Research Association. *Educational Researcher, 21* (7), 23–26.

American Evaluation Association (1995). Guiding principles for evaluators. In W. R. Shadish, D. L. Newman, M. A. Scheirer & C. Wye (Eds.), *Guiding principles for evaluators (New Directions for Program Evaluation* (pp. 19–26). San Francisco: Jossey-Bass.

American Evaluation Association (2004). *Guiding principles for evaluators.* Available at: http://www.eval.org/Publications/GuidingPrinciples.asp [July 5, 2006].

American Evaluation Association (task force: Mabry, L., Davies, R., House, E., Levenson,, C., Mathison, S., & Scriven, M.). (2003). *Response to U. S. Department of Education notice of proposed priority, "Scientifically Based Evaluation Methods" (Federal Register RIN 1890-ZA00).* Available at: http://www.eval.org/doepage.htm [November 4, 2003].

American Evaluation Association (task force: Mabry, L., Bernstein, D., Mzumara, H., Ryan, K., & Whitsett, M.). (2006). *Public statement: Educational accountability.* Available at www.eval.org/pubstatements.asp [July 1, 2010].

American Evaluation Association (task force: Mathison, S., Mabry, L., Sanders, J., Stake, R. E., Stufflebeam, D., & Thomas, C.). (2002). *Position statement on high stakes testing in preK-12 education.* Available at: http://www.eval.org/hst3.htm [July 1, 2010].

American Psychological Association (2007). *Ethical principles of psychologists and code of conduct.* Available at: http://www.apa.org/ethics/code2002.html [July 5, 2006].

American Sociological Association (1997). *Code of Ethics.* Available at: http://www2.asanet.org/members/ecoderev.html [July 5, 2006].

Bauer, S. C. (2000). Should achievement tests be used to judge school quality? *Education Policy Analysis Archives, 8* (46), 1–19.

Berliner, D. C. (2002). Educational research: The hardest science of all. *Educational Researcher, 31* (8), 18–20.

Brandt, R. S. (Ed.). (1981). *Applied strategies for curriculum evaluation.* Alexandria, VA: ASCD.

Erickson, F., & Gutierrez, K. (2002). Culture, rigor, and science in educational research. *Educational Researcher, 31* (8), 21–24.

Fetterman, D. M. (1996). *Empowerment evaluation: Knowledge and tools for self-assessment and accountability.* Thousand Oaks, CA: Sage.

Foucault, M. (1977). *Discipline and punish.* (A. Sheridan, Trans.). New York: Vintage Books.

Foucault, M. (1980). *Power/ knowledge.* Cambridge, MA: Harvard University Press.

Greene, J. C. (1997). Participatory evaluation. In L. Mabry (Ed.), *Evaluation and the postmodern dilemma* (pp. 171–189). Greenwich, CT: JAI Press.

Greene, J. C. (2006). Evaluation, democracy, and social change. In I. F. Shaw, J. Greene & M. Mark (Eds.), *The Sage Handbook of Evaluation* (pp. 118–140). Thousand Oaks, CA: Sage.

Greene, J. C. & Caracelli, V. (Eds.). (1997). Advances in mixed-method evaluation: The challenges and benefits of intgrating diverse paradigms. *New Directions for Program Evaluation* (no. 74). San Francisco: Jossey-Bass.

Guba, E. G. (1990). *The Paradigm Dialog.* Thousand Oaks, CA: Sage.

Haladyna, T. M., Nolen, S. B. & Haas, N. S. (1991). Raising standardized achievement test scores and the origins of test score pollution. *Educational Researcher, 20* (5), 2–7.

Haney, W. (2002). Lake Woebeguaranteed: Misuse of test scores in Massachusetts, Part I. *Education Policy Analysis Archives, 10* (24), 1–28.

House, E. R. (1993). *Professional evaluation: Social impact and political consequences.* Newbury Park, CA: Sage.

House, E. R. & Howe, K. R. (1998). The issue of advocacy in evaluations. *American Journal of Evaluation, 19* (2), 233–236.

House, E. R. & Howe, K. R. (1999). *Values in evaluation and social research.* Thousand Oaks, CA: Sage.

Humphreys, L. (1970). *Tearoom trade: Impersonal sex in public places.* Chicago: Aldine De Gruyter.

International Military Tribunals (1949). *Trials of war criminals before the Nuremberg Military Tribunals under Control Council Law No. 10, October 1946-April 1949 (vol 2).* Available at: http://www.csu.edu.au/learning/ncgr/gpi/odyssey/privacy/NurCode.html [July 10, 2006].

Johnson, R. B. & Onwuegbuzie, A. J. (2004). Mixed methods research: A research paradigm whose time has come. *Educational Researcher, 33* (7), 14–26.

Joint Committee on Standards for Educational Evaluation (1994). *The program evaluation standards: How to assess evaluations of educational programs* (2nd ed.). Thousand Oaks, CA: Sage.

Jones, J. H. (1993). *The Tuskegee syphilis experiment.* NY: Free Press.

Linn, R. L. (2000). Assessments and accountability. *Educational Researcher, 29* (2), 4–16.

Mabry, L. (Ed.). (1997). *Evaluation and the postmodern dilemma.* Greenwich, CT: JAI Press.

Mabry, L. (1999). Circumstantial ethics. *American Journal of Evaluation, 20* (2), 199–212.

Mabry, L. (2008). Ethics for social science in postmodern times. In D. Mertens & P. Ginsberg (Eds.), *Handbook of Social Research Ethics* (pp. 107– 120). Newbury Park, CA: Sage.

Mabry, L., Christina, R. & Baik, S. (1998). *Impact of conflicting obligations on role, responsibility, and data quality.* Paper presented at the annual meeting of the American Evaluation Association, Chicago, IL.

Mertens, D. M. (2005). *Research and evaluation in education and psychology: Integrating diversity with quantitative, qualitative, and mixed methods* (2nd ed.). Thousand Oaks, CA: Sage.

Mexican-American Legal Defense and Educational Fund, National Association for the Advancement of Colored People Legal Defense and Educational Fund, National Center for Fair and Open Testing, National Council of La Raza (1997). *Statement of continuing concerns about the national testing proposal.* Letter to Joint Senate-House Conference Committee considering President Clinton's national testing proposal. Unpublished.

Milgram, S. (1963). Behavioral study of obedience. *Journal of Abnormal and Social Psychology, 67,* 371–378.

Milgram, S. (1974a). *Obedience to authority: An Experimental View.* New York: Harpercollins.

Milgram, S. (1974b). The perils of obedience. *Harper's Magazine, 247* (12), 62–77.

National Association for the Education of Young Children (1988). *NAEYC position statement on standardized testing of young children 3 through 8 years of age, adopted November 1987. Young Children, 43* (3), 42–47.

National Association of Social Workers (1996, revised 1999). *Code of ethics.* Available at: *http://www.socialworkers.org/pubs/code/default.asp [July 5, 2006].*

National Commission for the Protection of Human Subjects of Biomedical and Behavioral Research (1979). *The Belmont report* (Department of Health, Education, and Welfare publication no. (OS) 78-0013 and no. (OS) 78-0014). Washington, D.C.: U.S. Government Printing Office.

National Research Council (2001). *Understanding dropouts: Statistics, strategies, and high-stakes testing.* Washington, DC: National Academy Press.

No Child Left Behind Act (2002). *Public Law No. 107-110.* 107th Congress, 110 Congressional Record 1425, 115 Stat.

Patton, M. Q. (1997). *Utilization-focused evaluation* (3rd ed.). Thousand Oaks, CA: Sage.

Pellegrino, J. W. & Goldman, S. R. (2002). Be careful what you wish for—you may get it: Educational research in the spotlight. *Educational Researcher, 31* (8), 15–17.

Reichardt, C. S. & Rallis, S. F. (Eds.). (1994). The qualitative-quantitative debate: New perspectives. *New Directions for Program Evaluation* (no. 61). San Francisco: Jossey-Bass.

Scriven, M. (1972). Pros and cons about goal-free evaluation. *Evaluation Comment, 3* (4), 1–3.

Scriven, M. (1997). Truth and objectivity in evaluation. In E. Chelimsky & W. R. Shadish (Eds.), *Evaluation for the 21st century: A handbook* (pp. 477–500). Thousand Oaks, CA: Sage.

Scriven, M. (1998). *An evaluation dilemma: Change agent vs. analyst.* Paper presented at the annual meeting of the American Evaluation Association, Chicago.

Shepard, L. A. & Smith, M. L. (1988). Escalating academic demand in kindergarten: Counterproductive policies. *Elementary School Journal, 89* (2), 135–145.

Smith, M. L. & Rottenberg, C. (1991). Unintended consequences of external testing in elementary schools. *Educational Measurement: Issues and Practice, 10* (4), 7–11.

Stufflebeam, D. L. (1994). Empowerment evaluation, objectivist evaluation, and evaluation standards: Where the future of evaluation should not go and where it needs to go. *Evaluation Practice, 15* (3), 321–338.

United States Department of Education (2003). Notice of proposed priority: Scientifically based evaluation methods (RIN 1890-ZA00). *Federal Register, 68* (213), 62445–62447.

Van Maanen, J. (1975). Police socialization: A longitudinal examination of job attitudes in an urban police department. *Administrative Science Quarterly, 20* (2), 207–228.

Van Maanen, J. (1988). The moral fix: On the ethics of fieldwork. In R. M. Emerson (Ed.), *Contemporary field research* (pp. 269–287). Prospect Heights, IL: Waveland Press.

World Medical Association General Assembly (1964, revised 1996). *Declaration of Helsinki: Ethical principles for medical research involving human subjects (document 17.C).* Available at: http://www.wma.net/e/policy/b3.htm [July 6, 2007].

Yeh, S. S. (2005). Limiting the unintended consequences of high-stakes testing. *Education Policy Analysis Archives, 13* (43).

Gert Biesta

Valuing What We Measure or Measuring What We Value?
On the Need to Engage with the Question of Purpose in Educational Evaluation, Assessment, and Measurement

1.   Introduction

In this contribution I would like to raise some critical questions about the culture of educational measurement. This should not be understood as an argument against evaluation, assessment or measurement in education, but rather as a plea to engage in a more explicit manner with questions about educational purpose. This on the assumption that it is only when we give a more central role to questions about what education is *for* that it becomes possible to engage in a more meaningful way with evaluation, assessment and measurement. The context for my observations and suggestions is mainly provided by my experience with educational policy and practice in the United Kingdom – both in England and Scotland. While on the one hand I do believe that there are international and even global trends, it is also important to be aware of national and even regional histories and differences and not to generalise too quickly. In what follows I will focus on two points. I start by locating the rise of a culture of measurement in education within the context of the rise of accountability. I do this not only in order to get a better sense of the context in which the culture of measurement has been able to develop, flourish and gain in prominence and influence, but also to highlight an important distinction between different interpretations of accountability. In this context I make a distinction between a managerial and a democratic understanding of accountability and discuss the reasons for and implications of this distinction. My second point has to do with the question of educational purpose and the need to think of this question not in one-dimensional terms but as a 'composite' issue. To put it briefly: because education serves – or can serve – a number of different purposes and often serves more than one purpose at the same time, the question about what good education is and, more importantly, the question as to what kind of indicators we need in order to identify quality and evaluate success, depends crucially on the particular dimension of education we are focusing upon. This not only means that it is important to tie measurement and evaluation more closely to the differing desired outcomes of education. It also requires that we develop outcome-appropriate means for measuring and evaluating what education is supposed to achieve or bring about.

2.   The Rise of a Culture of Measurement in Education

Over the past decades there has been a remarkable rise of interest in the measurement of education or, in the words of those involved, in the measurement of educational 'outcomes'. This has not been confined to the Western world but is rapidly becoming a global phenomenon, not in the least through the involvement of organisations such as the

OECD and the World Bank. The most prominent manifestations of the rise of a global culture of measurement can be found in international comparative studies such as the *Trends in International Mathematics and Science Study* (TIMSS), the *Progress in International Reading Literacy Study* (PIRLS) and OECD's *Program for International Student Assessment* (PISA). These studies, which result in league tables that are assumed to indicate who is better and who is best, are intended to provide information about how national education systems perform compared to those of other countries. They are therefore generally competitive in their outlook as there can only be one 'number one'. Findings from such studies are utilised by national governments to inform education policy, often under the banner of 'raising standards' or 'keeping ahead in the global economy.' League tables are also produced at national level with the aim of providing information about the relative performance of individual schools or school districts. Such league tables have a complicated rationale, combining elements of accountability, selectivity and control with a social justice argument which says that everyone should have access to education of the same quality. The data used for producing such league tables are also used to identify so-called 'failing schools' and, in some cases, 'failing teachers' within schools and in this respect clearly contribute to a climate of 'shame and blame' (see for example Tomlinson, 1997; Nicolaidou & Ainscow, 2005; Hess, 2006; Granger, 2008).

The rise of the measurement culture in education has had a profound impact on educational practice from the highest levels of educational policy down to the everyday activities of schools and teachers. To some extent this impact has been beneficial as it has made it possible to base discussions on factual information rather than just on assumptions or opinions about what might be the case. The problem, however, is that the abundance of information about educational outcomes has given the impression that decisions about the direction of educational policy and the shape and form of educational practice can be *solely* based upon factual information. There are, however, at least two problems with this way of thinking.

The first is that while it is always advisable to use factual information when making decisions about what ought to be done, what ought to be done can never be logically derived from what is the case. This problem, which in the philosophical literature is known as the 'is-ought problem' implies that when we engage in decisions about the direction of education we always and necessarily have to make *value* judgments – judgments about what is educationally *desirable*. This implies that if we wish to say something about the direction of education we always need to complement factual information with views about what is considered to be desirable. We need, in other words, to *evaluate* data and evidence and for this, as has been known for a long time in the field of educational evaluation, we need to engage with *values* (see e.g. House & Howe, 1999; Henry, 2002; Schwandt & Dahler-Larsen, 2006).

The second problem, which is related to the first and in a sense is its methodological corollary, is the problem of the validity of our measurements. More than just the question of the *technical validity* – i.e. the question whether we are measuring what we intend to measure – the problem lies in what I suggest to refer to as the *normative validity* of our measurements. This has to do with the question whether we are indeed measuring what we value, or whether we are just measuring what can easily be measured so that we end up in a situation where we value what we can measure or what has been measured. The rise of a culture of performativity in education – a culture in which means become ends in themselves so that targets and indicators of quality become mistaken for quality itself – has been one of the main drivers of an approach in which normative validity (where we measure what we value) is being replaced by technical validity (where we are supposed to value what is measurable) (see e.g. Ball, 2003; Usher, 2006).

In order to understand such shifts in the evaluation and measurement of education we need to turn our attention to the context in which these changes have occurred. This brings us to the question of accountability.

3.   The Culture of Measurement in the Context of Accountability

In a recent analysis of the phenomenon of PISA, Stefan Hopmann asks the simple but important question: "What is different with PISA?" (Hopmann, 2008, p. 417). The reason for asking this question is that PISA is not the first attempt at compiling international comparative data about educational performance. The IEA, the International Association for the Evaluation of Educational Achievement – the organisation behind such studies as TIMSS, PIRLS and, more recently ICCS, TIMSS Advanced and TEDS-M, to add some more acronyms to the mix (see www.iea.nl) – has, after all, been around since the late 1950s. What then explains the 'success' as Hopmann calls it – or the 'impact' as I would prefer to say – of PISA? Hopmann argues that part of the answer to this question has to be sought not within PISA itself but within the changing context, the changing 'social environment' in which PISA operates (Hopmann, 2008, p. 418). The factor singled out by Hopmann to explain the impact of studies like PISA is *accountability* and, more specifically, the rise in influence of a particular approach to accountability as a way in which societies – particularly in the Western world – deal with welfare problems like security, health, and education (see ibid., p. 418).

That we need data in order to be accountable is, in itself, not really a problematic contention. But the question here is not only about the kind of data we might need; the question is also about the kind of accountability we are aiming for. With regard to the latter question Bruce Charlton (1999; 2002) has made a helpful distinction between two largely distinct meanings of accountability: a *technical-managerial* meaning, and a looser, more general meaning which, as I will argue below, can be characterised as a *professional* or a *democratic* meaning of accountability. In general discourse, accountability has to do with responsibility and carries connotations of 'being answerable-to'. The technical-managerial meaning, on the other hand, refers more narrowly to the duty to present auditable accounts. Originally accountability only referred to financial documentation. The current *managerial* use of accountability is, however, a direct extension of this financial usage in that an accountable organisation is seen as one that has the duty to present auditable accounts of *all* of its activities. The link between the two meanings of accountability is weak. Charlton argues that "(o)nly insofar as it is legitimate to assume that the provision of auditable documentation is synonymous with responsible behaviour" is there any overlap between the two meanings of accountability (see Charlton, 2002, p. 18). Yet, the rhetoric of accountability operates precisely on the basis of a 'quick switch' between the two meanings, making it difficult to see an argument against accountability as anything other than a plea for irresponsible action.

Charlton not only makes a helpful conceptual distinction between the two meanings of accountability; his account also shows that the *managerial* use of the idea of accountability has its history in a strictly financial context in which the purpose of auditing is "to detect and deter incompetence and dishonesty in the handling of money" (ibid., p. 24). He argues that the logic of financial auditing has simply been *transposed* to the managerial context, without much consideration for the question to what extent this logic is appropriate for managerial purposes. Rather than adapting the principles of the audit process to the specifics and requirements of a different context, Charlton demonstrates that the culture of accountability has led to a situation in which practices had to adapt to the principles of the auditing process (see also Power, 1994; 1997). "Transparent organizations are auditable, and auditable organizations are manageable – and *vice versa*. Therefore, organizations *must be made auditable*." (Charlton, 2002, p. 22)

Although Charlton seems to suggest that the two meanings of accountability currently exist together, it could be argued that the tradition which sees accountability as a system of (mutual) responsibility rather than as a system of governance and control was the dominant tradition before the rise of the technical-managerial approach. There is clear evidence for this in education, where, as Poulson (1996; 1998) has shown, discussions about accountability in the late 1970s and early 1980s were strongly focused on a *professional* interpretation of accountability, while there were also attempts in education to articulate a *democratic* approach to accountability, arguing that making schools accountable to parents, students and the wider citizenry would support the democratisation of education (see Epstein, 1993; Davis & White, 2001). But this, so it appears, is no longer the case.

The shift from professional and democratic notions of accountability to the current hegemony of the technical-managerial approach should be understood against the background of wider changes in society. Many authors have argued that the rise of the technical-managerial approach to accountability should be understood against the background of *ideological* transformations (most notably the rise of neo-liberalism and neo-conservatism) and *economic* changes (most importantly the oil-crisis and the economic slowdown in the mid 1970s, and the subsequent rise of global capitalism) which, together, have resulted in the decline – if not demolition – of the welfare state and the rise – if not hegemony – of the neo-liberal/global capitalist logic of the market (see also Hopmann, 2008, p. 423). One of the most significant changes that has been brought about as a result of these developments has been the reconfiguration of the relationship between the state and its citizens. This relationship has become less a political relationship – that is, a relationship between government and citizens who, together are concerned about the common good – and has increasingly become an economic relationship in which the state is the provider and the tax-payer the consumer of public services.

The reconfiguration of the relationship between the state and its citizens should not be understood as simply a different way of relating. The new relationship has fundamentally changed the role and identity of the two parties and the terms on which they relate. Not only can it be argued that the relationship between the state and its citizens has been de-politicised. One could even argue that the sphere of the political itself has been eroded (see e.g. Marquand, 2004; Biesta, 2005). Crucially, the language that is used is an economic language which positions the government as provider and the citizen as consumer (see Biesta, 2004; 2006). *Choice* has become the keyword in this discourse. Yet 'choice' is about the behaviour of consumers in a market where their aim is to satisfy their needs, and should not be conflated with democracy, which is about public deliberation and contestation about the common good and the just and equitable (re)distribution of public resources.

According to the logic of the market the relationship between the state and its citizens is no longer a *substantial* relationship but has turned into a strictly *formal* relationship. This reconfiguration is closely connected to the rise of quality assurance. Indeed, current quality assurance practices typically concentrate "upon *systems* and *processes* rather than outcomes" (Charlton, 2002, p. 20; emph. in original). Quality assurance is about efficiency and effectiveness of processes, not about what these processes are supposed to bring about. This is why the constant emphasis of the British government on 'raising standards' in education and other public services, is rather vacuous since it lacks proper (democratic) discussion about which standards or 'outcomes' are most desirable. The same problem underlies much of the earlier research of the "school effectiveness and improvement industry" (Gewirtz, 2002, p. 15), since these studies mainly focused on the effectiveness and efficiency of processes, without raising the far more difficult normative and political question about the desirability of what such processes should result in (see Townsend, 2007 for an overview of more recent developments in this field).

What all this shows is that the rise of the managerial approach to accountability is not an isolated phenomenon, but that it is part of a larger transformation of society in which political relationships and the sphere of the political itself seem to have been replaced by economic relationships. The ground for the current mode of accountability seems to be an economic one, in that the right to accountability that the government claims seems to arise from the financial investment it makes into public services like education. Although at first sight there seem to be opportunities for a more democratic 'face' of accountability, i.e., in the relationship between parents and students as 'consumers' of education and schools as 'providers,' one of the problems is that there is no direct relationship of accountability between these parties, but only an indirect one. The only role parents and students can play is that of consumers of educational provision, but there is no opportunity to participate in any public, democratic discourse about education. Onara O'Neill describes the predicament as follows:

> "*In theory* the new culture of accountability and audit makes professionals and institutions more accountable *to the public*. This is supposedly done by publishing targets and levels of attainment in league tables, and by establishing complaint procedures by which members of the public can seek redress for any professional or institutional failures. But underlying this ostensible aim of accountability *to the public* the real requirements are for accountability *to regulators, to departments of government, to funders, to legal standards*. The new forms of accountability impose forms of *central control* – quite often indeed *a range of different and mutually inconsistent* forms of central control." (O'Neill, 2002, p. 4; emph. in original)

The problem is that while many would want the culture of accountability to do the first (i.e. to be accountable to the public), it actually does the second (i.e. being accountable to the regulators) and thereby takes the real stakeholders out of the 'accountability loop'. In this respect the current technical-managerial approach to accountability produces economic relationships between people and makes democratic relationships difficult if not impossible.

The impact of this on the day to day practice in schools and other institutions is that institutions seem to adapt themselves to the requirements of accountability and audit, rather than the other way around. To quote O'Neill once more:

> "In theory again the new culture of accountability and audit makes professionals and institutions more accountable for good performance. This is manifest in the rhetoric of improvement and raising standards, of efficiency gains and best practice, of respect for patients and pupils and employees. But beneath this admirable rhetoric the real focus is on performance indicators chosen for ease of measurement and control rather than because they measure accurately what the quality of performance is." (O'Neill, 2002, pp. 4-5)

O'Neill points out that the incentives of the culture of accountability are by no means unreal. Yet what they seem to elicit is behaviour that suits the accountability system – behaviour that suits the inspectors and those responsible for quality assurance – rather than that it acts as an incentive for professional and responsible action. Ironically, this can easily result in a situation that is detrimental for the 'consumers' of public services. If, for example, schools are rewarded for high exam scores, they will increasingly try only to attract 'motivated' parents and 'able' children and will try to keep 'difficult students' out. Ultimately, this results in a situation where it is no longer the question what schools can do for their students, but what students can do for their school (see Apple, 2000, p. 235; see also Hopmann, 2008, pp. 443-444).

The foregoing analysis of the rise of a particular 'regime' of accountability in the wake of the decline of the welfare state and the rise of the market orientation of neo-liberalism helps to explain what is different about the context in which contemporary large scale measurement of education takes place. More specifically it helps to explain the remarkable impact of the culture of measurement, as measurement, and particularly comparative measurement, is the 'fuel' for the technical-managerial approach to accountability. After all, technical-managerial accountability is only possible if there is ongoing information about the performance of the system. Although the abundance of data about the relative performance of public services may give the impression of transparency and openness, the problem is that many of the real 'stakeholders' have been taken out of the accountability loop. In this regard the technical-managerial approach to accountability is disempowering, rather than empowering, also because the rhetoric of choice is often confined to choice from a set menu rather than that interested parties can have a democratic say in what is on the menu in the first place.

The foregoing analysis not only helps to understand the impact, influence and success of the culture of measurement under the condition of technical-managerial accountability. It suggests at the very same time that there is an alternative; it suggests that there is a real choice in that accountability does not necessarily have to be understood in the technical-managerial sense. There is a *democratic* alternative. This is the alternative in which stakeholders are not taken out of the accountability loop but play a central role in it, particularly with regard to decisions about what should be on offer instead of only being allowed to choose from an offer defined by others. And it is an alternative where the focus is not, as O'Neil has put it, on performance indicators "chosen for ease of measurement and control" (O'Neil, 2002, p. 5) – what I have referred to as 'valuing what we (can) measure' – but where the focus is on the measurement of what is valued. This approach to accountability therefore requires a different kind of measurement, one that is not just generating comparative data in order to indicate who is better and who is best – thus generally contributing to a focus on competition rather than co-operation – but one where there is a genuine concern for quality: not the quality of processes but the quality of what such processes are supposed to bring about. When measurement operates in function of such a more empowering approach to accountability it therefore needs to engage explicitly with questions of purpose – and this brings me to my second point.

4.   The Question of Purpose: What is Education for?

Earlier in this contribution I have made a distinction between *technical validity* and *normative validity*. Whereas technical validity has to do with the question whether we are indeed measuring what we are supposed to measure, normative validity – in my definition – has to do with the question whether we are indeed measuring (or at least trying to measure) what we value. In the domain of education this immediately brings us to the question of purpose – the question as to what education is *for* – since it is only in function of particular ideas about what we aim to achieve in and through our educational activities and efforts, that measurement of educational 'outcomes' can in any way be meaningful and thus can carry normative validity. In the current culture of measurement – and here I particularly have in mind the large scale international comparative studies mentioned earlier – this question seems relatively absent. Or perhaps it is more accurate to say that such studies seem to rely on an unquestioned 'common sense' view of what education is for, focusing on a particular and generally narrow set of 'outcomes' (for a discussion of these problems with regard to PISA see Hopmann, 2008, pp. 438-440). This can easily lead to a situation where what is measured and measurable becomes that which is valued, particularly if it is politically 'convenient,' so to speak, to appeal to such a particular, narrow – and perhaps we can even call this a populist – definition of what good education is. This, in turn, can lead to a situation in which measurement and policy feed into each other and mutually reinforce each other, without ever asking whether the direction of policy and the direction of the measurement that feeds into the policy are in themselves desirable (for an example of such a problematic relationship see Biesta, 2009a).

But the issue is not just one of common sense or populist views about what the purposes of education are. For some reason – which I actually find quite difficult to put my finger on – there is a more general lack of attention for and clarity about the question as to what education is for, at least, that is, in the English speaking world. This is not to say that there is an absence of statements about what good education is, but these statements often remain empty. Let me give two examples of this. One can be found in the claim that the purpose of education is that students learn, sometimes articulated in more precise terms, such as, that students engage in active learning or in collaborative learning. The new national curriculum framework in Scotland actually argues that one of the main purposes of school education should be that all students become 'successful learners'. (According to the curriculum framework they are also supposed to become confident individuals, effective contributors and responsible citizens.) While 'learning' as an aim for education sounds good, it actually means very little if we do not specify *what* students are supposed to learn and, even more importantly, *why* they should learn this. While saying that the purpose of education is that students learn may seem to express a view about what education is for, it actually says very little.

There is a similar problem with a concept that has actually had a huge impact on the development of a culture of measurement in education – which is the notion of effectiveness. One might argue that the ambition to improve the effectiveness of education, be it at the level of the school system, be it at the level of individual schools, year groups, or individual teachers and their teaching, states a clear purpose for education. Moreover it does so through the use of value language, as it cannot be disputed that 'effectiveness' is an evaluative term. The problem here, however, is that effectiveness is an *instrumental* value, a value that expresses something about the ability of certain processes to bring about certain outcomes. But the idea of effectiveness is neutral with regard to the desirability of the outcomes (as is testified by the fact that there can be such a thing as effective torturing, for example). This is why the case for effective education is not enough, and in a sense is actually misleading. There is always the question 'Effective for what?' – and given that what is effective for one particular student or group of students may not necessarily be effective for other students, there is also the additional question 'Effective for whom?' (see Bogotch, Mirón & Biesta, 2007).

Both 'learning' and 'effectiveness' are therefore in themselves inadequate concepts for saying anything about the question of educational purpose, i.e., about those outcomes of education that are considered to be desirable. Although any answer to this question is, of course, contentious and – in the positive sense of the word – ideological, I have found it helpful in discussions about the purpose or purposes of education (and particularly school education) to highlight the fact that education functions in relation to different dimensions, that such dimensions are not necessarily in synergy with each other, and that different school concepts, educational philosophies and even pedagogies articulate a different position in relation to these dimensions. The most important point here is to acknowledge that 'education' is a composite concept. This is reflected in the fact that educational practices are not mono-functional but in reality perform a number of different functions (and often do so at the very same time). I have found it helpful to distinguish between three functions of education, to which I refer as qualification, socialisation and subjectification (see Biesta, 2009b; 2010).

Qualification has to do with the ways in which education contributes to the acquisition of knowledge, skills and dispositions that qualify us for doing something – a doing which can range from the very specific (such as the training for a particular job) to the very general (such as in the case of liberal education). *Socialisation* has to do with the ways in which, through educational processes and practices, individuals become part of existing socio-cultural, political and moral orders. Schools partly engage in socialization deliberately, for example in the form of values education, character education or citizenship education, or in relation to professional socialisation. Socialisation also happens in less visible ways, as has been made clear in the literature on the hidden curriculum and the role of education in the reproduction of social inequality. Whereas some would argue that education should only focus on qualification, and others defend that education has an important role to play in the socialization of children and young people, there is a third function of education which is different from both qualification and socialization. This function has to do with the ways in which education contributes to the individuation or, as I prefer to call it, the *subjectification* of children and young people. The subjectification function might perhaps best be understood as the opposite of the socialization function. It is *not* about the insertion of 'newcomers' into existing orders, but about ways of being that hint at independence from such orders; ways of being in which the individual is not simply a 'specimen' of a more encompassing order.

The point of making these distinctions are not simply to argue that education can potentially impact on quite different dimensions. The same dimensions also play an important role in the *justification* of educational processes and practices, and thus specify different views – or different dimensions of views – about what education is for. Although there are examples of justifications of (school) education that focus on only one of these dimensions – the most prominent case being the view that school education should only operate in the domain of qualification – most justifications of education contain a particular mix of these dimensions, and one of the important practical questions for educators is how the three dimensions can be kept 'in balance,' so to speak, as an emphasis on one dimension may have a negative impact on what can be achieved in another dimension. For this reason I prefer to depict the three functions/purposes of education in a Venn-diagram of three partly overlapping circles.

My reason for highlighting the fact that education can perform different functions and serve different purposes is not to get into a discussion about what education is or should be for, but to emphasise that engagement with the question of purpose in educational measurement requires a multi-dimensional approach or at least an approach that is sensitive to the range of different ideas about what is educationally desirable. It is only when we start from here that we can move towards a situation in which we measure what is valued, rather than that we end up in a position where we value what is or can be measured. This brings me to my concluding comments.

5.   Discussion and Conclusions

In this contribution I started from the observation that the current educational climate is characterised by an abundance of measurement, particularly large scale international comparative measurement. I have referred to this as a 'culture of measurement' and have highlighted some aspects of the problematic impact of this on educational practice. One problem has to do with the way in which the culture of measurement contributes to the constant surveillance and control of educational processes and practices. Another problem has to do with the fact that it contributes to a culture of competition and perhaps even to a culture of fear, where the ambition to stay ahead of everyone else is linked to a fear for being left behind. I have argued that the impact of the current culture of measurement should be understood against the background of a very particular regime of accountability – a regime to which I have referred as technical-managerial accountability. The rise of this regime should itself be understood against the background of the decline of the welfare state and the rise of neo-liberal forms of government and governance.

I have also shown, however, that there are two readings of accountability. There is not only the technical-managerial one in which accountability is basically a system of central control with disempowering and anti-democratic effects. There is also a democratic reading of accountability where stakeholders are inside the accountability loop rather than outside of it, and where the focus is not on the question how everyone is positioned relative to everyone else, but where the focus is on questions of substance such as, in the case of education, the question as to what good education is. I have shown that the latter question is a composite question, since education always works in a number of different dimensions and often does so at the very same time. This not only means that justifications of education and articulations about what is educational desirable will have to be multidimensional. It also implies that any attempt to measure or assess the achievements of education needs to take the multi-dimensional character of education into consideration. This not only requires explicit attention to these dimensions, but also raises questions about what the most appropriate ways to assess achievements and outcomes in these different areas are. It also requires, in other words, the development of 'dimension-appropriate' ways of evaluation and assessment.

It is for these reasons that I have argued for the need to engage with the question of purpose in the measurement, assessment and evaluation of education, as it is only when this is taken into consideration that we can move from a position in which we are valuing what is or can be measured, to a situation in which we let our judgements about education be informed by the measurement of what we value. The emphasis here is not only on 'value' – i.e. measuring what we *value*; the emphasis also needs to be on the 'we' – i.e. measuring what *we* value. For measurement to be a positive force in empowering and democratic forms of accountability it is, after all, important that we do not focus on what is valued in the abstract sense, but give a voice to all stakeholders and interested parties in articulating what it is that is considered to be desirable.

References

Apple, M. (2000). Can critical pedagogies interrupt rightist policies? *Educational Theory, 50*, 229–254.

Ball, S. J. (2003). The teacher's soul and the terrors of performativity. *Journal of Education Policy, 18*, 215–228.

Biesta, G. J. J. (2004). Against learning. Reclaiming a language for education in an age of learning. *Nordisk Pedagogik, 24*, 70–82.

Biesta, G. J. J. (2005). The learning democracy? Adult learning and the condition of democratic citizenship. *British Journal of Sociology of Education, 26*, 693–709.

Biesta, G. J. J. (2006). *Beyond learning: Democratic education for a human future.* Boulder: Paradigm Publishers.

Biesta, G. J. J. (2009a). What kind of citizenship for European Higher Education? Beyond the competent active citizen. *European Educational Research Journal, 8,* 146–157.

Biesta, G. J. J. (2009b). Good education in an age of measurement. *Educational Assessment, Evaluation and Accountability, 21,* 33–46.

Biesta, G. J. J. (2010). *Good education in an age of measurement: Ethics, politics, democracy.* Boulder: Paradigm Publishers.

Bogotch, I., Mirón, L & Biesta, G. J. J. (2007). "Effective for What; Effective for Whom?" Two Questions SESI Should Not Ignore. In T. Townsend (Ed.), *International Handbook of School Effectiveness and School Improvement* (pp. 93–110). Dordrecht/Boston: Springer.

Charlton, B. G. (1999). The ideology of 'accountability'. *Journal of the Royal College of Physicians of London, 33,* 33–35.

Charlton, B. G. (2002). Audit, accountability, quality and all that: The growth of managerial technologies in UK Universities. In S. Prickett & P. Erskine-Hill (Eds.), *Education! Education! Education! – Managerial ethics and the law of unintended consequences* (pp. 13–28). Exeter: Imprint Academic.

Davis, A. & White, J. (2001). Accountability and school inspection: In defence of audited self-review. *Journal of Philosophy of Education, 35,* 667–681.

Epstein, D. (1993). Defining accountability in education. *British Educational Research Journal, 19,* 243–257.

Gewirtz, S. (2002). *The managerial school. Post-welfarism and social justice in education.* London/New York: Routledge.

Granger, D. (2008). No Child Left Behind and the spectacle of failing schools: The mythology of contemporary school reform. *Educational Studies, 43,* 206–228.

Henry, G. T. (2002). Choosing criteria to judge program success: A values inquiry. *Evaluation, 8,* 182–204.

Hess, F. M. (2006). Accountability without angst? Public opnion and No Child Left Behind. *Harvard Educational Review, 76,* 587–610.

Hopmann, S. (2008). No child, no school, no state left behind: Schooling in the age of accountability. *Journal of Curriculum Studies, 40,* 417–456.

House, E. R. & Howe, K. R. (1999). *Values in evaluation and social research.* Thousands Oaks, CA: Sage.

Marquand, D. (2004). *Decline of the public.* Cambridge: Polity Press.

Nicolaidou, M. & Ainscow, M. (2005). Understanding failing schools: Perspectives from the inside. *School Effectiveness and School Improvement, 16,* 229–248.

O'Neill, O. (2002). BBC Reith lectures 2002. A question of trust. Available on: http://www.bbc.co.uk/radio4/reith2002 [July 1, 2010].

Poulson, L. (1996). Accountability: a key-word in the discourse of educational reform. *Journal of Education Policy, 11,* 579–592.

Poulson, L. (1998). Accountability, teacher professionalism and education reform in England. *Teacher Development, 2,* 419–432.

Power, M. (1994). *The audit explosion.* London: Demos.

Power, M. (1997). *The audit society: Rituals of verification.* Oxford: Oxford University Press.

Schwandt, T. & Dahler-Larsen, P. (2006). When evaluation meets the 'rough' ground' in communities. *Evaluation, 12*, 496–505.

Tomlinson, S. (1997). Sociological perspectives on failing schools. *International Studies in Sociology of Education, 7*, 81–98.

Townsend, T. (Ed.). (2007). *International handbook of school effectiveness and school improvement.* Dordrecht/Boston: Springer.

Usher, R. (2006). Lyotard's performance. *Studies in Philosophy and Education, 25*, 279–288.

Martin Heinrich

Bildungsgerechtigkeit durch Evidence-based-Policy?
Governanceanalysen zu einem bildungspolitischen Programm

1. Zum Zusammenhang von Bildungsgerechtigkeit und Evidence-based-Policy

Mustert man erziehungswissenschaftliche Publikationen – Zeitschriften und Sammelbände – im deutschsprachigen Raum ab dem Jahr 2000 mit Perspektive auf das semantische Feld „Bildungsgerechtigkeit" durch, so stößt man auf das – aus der eigenen Lektüre sicherlich bekannte – Phänomen, dass es für erziehungswissenschaftliche Beiträge mit kritischem Impetus, die sich Fragen der Bildungsgerechtigkeit widmen, in den letzten Jahren Usus geworden ist, mit einem Prolog zu beginnen, in dem auf PISA referiert wird: „Wie PISA gezeigt hat..."; „Nachdem durch PISA deutlich wurde, dass..." etc. etc. Als Gemeinsamkeit vieler solcher Prologe zeigt sich, dass in ihnen die Frage der Bildungsgerechtigkeit erstens mit Referenz auf PISA und zweitens unter Verwendung der Idee der Chancengleichheit thematisch ist (Faller, 2010). Unschwer wird damit ein derzeit kuranter und für den Bildungsdiskurs prägender Verweisungszusammenhang deutlich: Mit Begriffen wie „Risikogruppe", „soziale Ungleichheit" und „frühe Selektion" verbinden wir wohl alle derzeit auch das Schlagwort PISA und die Tatsache, dass seit diesen Large-Scale-Assessments eine spezifische Vorstellung von Bildungsgerechtigkeit thematisch ist, und zwar die einer „effizienzorientierten meritokratischen Herkunftsbenachteiligungsausgleichs-Begabungs-Chancengleichheit" (ausf. Heinrich, 2010a). Die in dieser etwas sperrigen Kompositumskonstruktion festgehaltene Begründungsform einer Bildungsgerechtigkeitspolitik kann, wie eine erste empirische Untersuchung parteipolitischer und massenmedialer Dokumente zeigt (Stojanov, 2008a, S. 215), in ihrer schlagwortartigen Verdichtung als exemplarisch gelten. Sie integriert alle derzeit in der bildungspolitischen Öffentlichkeit dominanten Argumentationsfiguren, die allesamt wiederum dem Paradigma der Verteilungsgerechtigkeit folgen. In diese Richtung weist zumindest Stojanovs Befund (2008a, S. 227) einer absoluten Dominanz verteilungstheoretisch argumentierender parteipolitischer und massenmedialer Argumentationen, die in deutlicher Disproportionalität zur Diskussion anerkennungstheoretischer (Balzer, 2007; Stojanov, 2008b) und im Sinne einer Teilhabegerechtigkeit (Giesinger, 2007) argumentierender befähigungstheoretischer (Otto & Schrödter, 2008) Ansätze in der erziehungswissenschaftlichen Debatte stehen – und letztere damit bislang leider als wenig öffentlichkeitswirksame, eher „akademische" Diskussionen gelten müssen.

Angesichts dieser – aus der Perspektive einer Systematik philosophischer Gerechtigkeitstheorien[1] betrachtet – „selektiven Dominanz" eines einzigen, des verteilungstheore-

---

1 Stojanov (2008a, S. 212) orientiert seine Analysen an den drei Paradigmen Politischer Philosophie mit den „drei distinktiven systematisch-normativen Gerechtigkeitsmodellen der Verteilungsgerechtigkeit (vgl. Rawls, 1975), der Teilhabegerechtigkeit (vgl. Gutmann, 1987; Nussbaum, 2006) und der Anerkennungsgerechtigkeit (vgl. Honneth, 2004)".

tischen, Paradigmas im bildungspolitischen Diskurs[2] stellt sich die Frage nach den Gründen hierfür. Helfen mag hier ein Blick darauf, wie das Thema Chancengleichheit seitens der Empirikerinnen und Empiriker konzeptionalisiert wird, bzw. um es präziser zu formulieren, welcher Zugang zur Empirie hier Grundlage für eben jene darauf aufbauende öffentliche Diskussion über Chancengleichheit ist:

> „Der Begriff ‚Chance' wird im umgangssprachlichen Sinne als eine wahrgenommene Möglichkeit verstanden und ist in der Regel positiv konnotiert. Man hat die Chance, ein Gymnasium zu besuchen, man hat die Chance zu studieren. Wenn es aber z.B. um einen grippalen Infekt geht, spricht man selten von der ‚Chance', eine Influenza oder auch nur einen Schluckauf zu bekommen. Das ist in der Empirie etwas anders. Dort wird, etwas neutraler ausgedrückt, die Chance als Eintretenswahrscheinlichkeit verstanden. In einigen Analyseverfahren wird hierzu die Wahrscheinlichkeit, dass ein Ereignis eintritt, mit der Gegenwahrscheinlichkeit (dass das Ereignis nicht eintritt) ins Verhältnis gesetzt. Dieser Quotient aus zwei Wahrscheinlichkeiten hat sich auch in Deutschland unter dem englischen Begriff der *odds* etabliert. Einen Schritt weiter versteht man unter *odds ratio* einen statistischen Index, mit dem man in letzter Zeit häufig konfrontiert wurde, wenn es um die Übergangswahrscheinlichkeiten verschiedener Personengruppen zu verschiedenen Bildungseinrichtungen ging." (Schwippert, 2009, S. 83f.)

Die Idee von „Chancengleichheit" wird am Untersuchungsbeispiel also wesentlich über die Vorstellung einer „Eintretenswahrscheinlichkeit" definiert. Nahe liegt hier die Kritik, dass das Beispiel deutlich mache, inwiefern durch den Begriff der „Chancengleichheit" in seiner aktuellen, durch die Bildungsforschung geprägten Verwendungsweise, die zudem dann im öffentlichen Diskurs nicht selten als Synonym für „Bildungsgerechtigkeit" gebraucht wird, die bildungstheoretischen Vorstellungen sowohl von „Bildung" als auch die philosophischen Theorien der „Gerechtigkeit" nur unzureichend abgebildet würden, d.h. sowohl deskriptiv wie präskriptiv erst noch weiter reichend zu bestimmen wäre, was denn unter „Chancengleichheit" resp. „Bildungsgerechtigkeit" zu verstehen sei.

Dieser bildungstheoretischen Frage möchte ich mich im Folgenden allerdings nicht widmen, da dies Gegenstand einer gesonderten Abhandlung wäre.[3] Im Fokus soll vielmehr das Phänomen stehen, dass durch eben jene Diskussionen erneut die Vorstellung gesellschaftliche Wirksamkeit erlangt hat, dass durch den Aufweis empirischer Fakten für eine an Bildungsgerechtigkeit ausgerichtete Politik handlungsleitende Ideen entstehen

---

2   Pädagogisch gewendet bedeutet dies für die Frage nach der Bildungsgerechtigkeit: „Erscheint die Herkunftsabhängigkeit der Bildungsbeteiligung im Lichte des Modells der Verteilungsgerechtigkeit vor allem als Ungleichheit der Startbedingungen bei der Konkurrenz um ökonomische Güter und sozialen Status, ist sie für die Vertreter der Teilhabegerechtigkeit in erster Linie ein Grundmechanismus sozialer Exklusion bestimmter Jugendlicher, und schließlich verstößt diese Herkunftsabhängigkeit für die Vertreter des anerkennungstheoretischen Ansatzes gegen das Prinzip des Respekts […]." (Stojanov, 2008a, S. 210).

3   Vgl. hierzu vielmehr im vorliegenden Band den Beitrag von Gert Biesta: „Valuing what we measure or measuring what we value? On the need to engage with the question of purpose in educational evaluation and assessment."

könnten. In den PISA-bezogenen Argumentationsführungen spiegelt sich damit eine ganz alte abendländische Hoffnung einer möglichen Identität von Gerechtigkeit und Wahrheit, wie sie bereits bei Platon in seiner Lehre von der Gerechtigkeit als der höchsten Idee und der Ideenschau als Wahrheitsfindung nachzulesen ist. Diese Idee eines substanziellen Zusammenhangs von Wahrheit und Gerechtigkeit – jener als Bedingung der Möglichkeit letzterer, oder gar als Identität beider – hat in der abendländischen Geschichte zahlreiche Transformationen erfahren und eine dieser, nunmehr sozialwissenschaftlich gewendeten Transformationen, ist – so das folgende Argument – die Idee einer „Bildungsgerechtigkeit durch Evidence-based-Policy". Es geht also darum, ein wenig diese Grundidee der Identität von Wahrheit und Gerechtigkeit zu charakterisieren und deren Bedingungen der Möglichkeit im Sinne einer „Evidence-based-Policy".

Hier liegt epistemologisch die Kritik am naturalistischen Fehlschluss nahe, d.h. dass fälschlicherweise von einem „Sein" auf ein „Sollen" geschlossen werde. Für das von mir im Folgenden untersuchte Phänomen erscheint mir aber gerade jener Einwand nicht zu greifen. Die große Zustimmung zur und die Aufmerksamkeit an der PISA-Diskussion leben ja davon, dass der (Bildungs-)Wert der hier als „Kompetenzen" verhandelten Fertigkeiten normativ nicht zur Diskussion steht. Wenn eine immer wieder und ohnehin immer zu große Gruppe von „Risikoschülern" nicht hinreichend Sinn verstehend Lesen, Schreiben oder Rechnen kann („kulturelle Handlungsfähigkeit" i.S. Tenorths, 2008), dann gilt weithin als bildungspolitischer Konsens, dass dies ein Zustand ist, der von der mündigen Teilhabe an unserer modernen Gesellschaft exkludiert und nicht geduldet werden kann („Minimumgrundrecht auf Bildung"; Richter, zitiert nach Füssel, 2009) und so systematisch Soziale Ungleichheit qua „Nicht-Bildung" produziert – und damit „Bildungs-*un*gerechtigkeit".

Lässt man sich also einmal unter Vorbehalt – d.h. unter Absehung anderweitiger bildungstheoretischer Begründungsmöglichkeiten – auf den Verteilungsgerechtigkeitsdiskurs ein, so erstaunt bildungspolitisch die relative normative Eindeutigkeit in den Grundsatzfragen, d.h. dass Schulbildung „kulturelle Handlungsfähigkeit" erzeugen solle, ein „Minimumgrundrecht auf Bildung" existieren muss und ein „qualitativ hochwertiges Bildungsangebot für alle" existieren sollte. Jenseits der immanenten Widersprüchlichkeiten dieser Konzeption von Bildungsgerechtigkeit (Heinrich, 2010a) erlaubt dieser Zugriff, den damit in der öffentlichen Diskussion virulent werdenden Zusammenhang zwischen Gerechtigkeit und Wahrheit zu untersuchen, so wie er in der Idee einer „Evidence-based-Policy" aufscheint, wenn bspw. der Aktionsrat Bildung in seinem Jahresgutachten zum Thema „Bildungsgerechtigkeit" eindringlich davor warnt, „bildungspolitische Entscheidungen anders als auf der Grundlage empirischen Wissens (evidence-based policymaking) zu treffen und aus dem Auge zu verlieren, dass Gerechtigkeit stiftende Maßnahmen in falscher Ansetzung und Dosierung konträre Effekte hervorbringen können" (Aktionsrat Bildung, 2007, S. 21).

Im Folgenden verstehe ich also unter der Idee bzw. dem bildungspolitischen Programm einer „Bildungsgerechtigkeit durch Evidence-based-Policy" zunächst einmal nicht mehr als die Vorstellung, dass über zentrale, grundlegende Werte Einigkeit herrsche (Literacy, guter Unterricht, Bildung für alle) und die Forschung nun aufzeigen müsse, wie deren Realisierung im pädagogischen Feld bewerkstelligt werden könne. Den normativen Grundkonsens vorausgesetzt enthält die Idee einer „Evidence-based-Policy" das Versprechen von Handlungssicherheit qua Einsicht in die Zusammenhänge, d.h. eben jenes alten Verweisungszusammenhangs von „Wahrheit und Gerechtigkeit". Wenn man sich grundsätzlich in der normativen Stoßrichtung einig ist, gilt dann: „Indem man weiß, wie die Dinge sind, ist damit auch bestimmt, was das Richtige zu tun ist." Zusammenfassend möchte ich deskriptiv als „Arbeitsdefinition" festhalten:

Das bildungspolitische Programm einer „Bildungsgerechtigkeit durch Evidence-based-Policy" bedeutet zunächst nicht mehr und nicht weniger als die erneut gestärkte Hoffnung, dass empirische Forschung in der Praxis bedeutsame Zusammenhänge nachweisen kann und dieser Nachweis – vor dem Hintergrund eines normativen Grundkonsenses (i.S. der Normative „Minimumgrundrecht auf Bildung"; „kulturelle Handlungsfähigkeit"; „qualitativ hochwertiges Bildungsangebot für alle") – anzeigt, was zu tun ist.

Nun könnte der Einwand erhoben werden, dass hier – eben unter Absehung der bildungstheoretisch und gerechtigkeitsphilosophisch eigentlich zu führenden Debatten – schlecht reduktionistisch argumentiert werde. Bezogen auf bildungstheoretische und gerechtigkeitstheoretische Systematiken ist dieser Einwand zutreffend. Ausgehend allerdings von dem – schon alltagstheoretisch plausiblen, diskursanalytisch aber auch verifizierbaren (Faller, 2010) – Phänomen einer faktischen Dominanz des Verteilungsgerechtigkeitsdiskurses, insbesondere im bildungspolitischen Feld (Stojanov, 2008a), stellt hingegen der vermeintliche normative Konsens (Heinrich, 2010a) eher das zwar begründungspflichtige, zunächst aber schlichtweg bildungspolitisch als „normative Kraft des Faktischen" als gesetzt zu konstatierende Phänomen dar.

Ein erster Erklärungsversuch hierfür müsste m.E. – neben der insgesamt im gesellschaftspolitischen Diskurs der 1990er Jahre zu beobachtenden Wendung zum Utilitarismus – auf die Tatsache zielen, dass im Bildungsgerechtigkeitsdiskurs Vorstellungen von Verteilungsgerechtigkeit dominieren, da diese aus der eigenen Systematik heraus im Anschluss an Rawls (1975) die elaboriertesten Konzepte von Verfahrensgerechtigkeit aufweist. Und „Verfahrensgerechtigkeit" erscheint nicht Wenigen in Ermangelung größerer Rationalität[4] als ultima ratio: „Chancengerechtigkeit lässt sich im Bildungsbereich nicht vom Ergebnis her formulieren. Vielmehr muss man sich bei der Planung von Bildungsprozessen mit reiner Verfahrensgerechtigkeit begnügen." (Hilgenheger, 2005, S. 19)

Vor dem Hintergrund solcher pragmatisch gewendeten Verteilungsgerechtigkeit schmelzen – wie in der von mir angeführten Arbeitsdefinition der Konzeption einer „Bildungsgerechtigkeit durch Evidence-based-Policy" (s.o.) angeführt – die normativen Differenzen zusammen, und zwar jenseits möglicher Unfairness im Einzelfall, wie sie dem *Individual-Disparitäten-Effekt* geschuldet ist (Heinrich, 2010a). Aufgrund der faktischen Dominanz dieser „Bildungsgerechtigkeitskonzeption" im Zusammenhang mit der Vorstellung von „Evidence-based-Policy" soll im Weiteren somit die folgende Frage im Mittelpunkt stehen:

---

4   „Die geforderte und verwirklichte Gleichheit der Chancen täuscht über die bereits denknotwendige Ungleichheit ihrer Realisierung hinweg. Jene reale gesellschaftliche Ungleichheit, die das sozialpolitische Bemühen um die Realisierung von Chancengleichheit allererst rechtfertigt, soll und kann dadurch nicht aufgehoben sondern nur besser organisiert und begründet werden." (Waibel, 2002, S. 557)

Was hält das Versprechen des bildungspolitischen Programms einer „Bildungsge-rechtigkeit durch Evidence-based-Policy" jenseits des Problems möglicher normativer Differenzen?

Im Folgenden möchte ich daher zunächst immanent betrachtet untersuchen, wie die Idee einer „Evidence-based-Policy" konzeptionalisiert wird und welche Vorstellungen von Bildungsgerechtigkeit durch Wahrheitsfindung damit transportiert werden und an welchen Stellen hier Schnittstellenproblematiken auftauchen. Schließen möchte ich mit einem Ausblick auf die Bedingungen der Möglichkeit von „Bildungsgerechtigkeit durch eine Evidence-based-Governance" sowie einigen sich daraus ableitenden kritischen Rückfragen an das Konzept einer „Bildungsgerechtigkeit durch Evidence-based-Policy".

2.   Zur Differenz von „Evidence" und „Evidenz"

In einem Beitrag aus dem Jahre 2008 stellte Sieglinde Jornitz in der Zeitschrift „Die Deutsche Schule" die Frage: „Was bedeutet eigentlich ‚evidenzbasierte Bildungsfor-schung'?" Ein erster Zugriff bezog sich auf die Unterscheidung zwischen einem anglo-amerikanischen und einem deutschsprachigen Verständnis von „Evidenz":

> „Im deutschen Sprachgebrauch sprechen wir von Evidenz, wenn etwas augen-scheinlich ist. Etwas gilt als evident, wenn es nicht erklärt oder begründet werden muss, sondern sich von selbst versteht. [...] Der geäußerte Gedanke ist ohne eine weitere Form der Begründung plausibel und überzeugend. Somit bricht etwas, das als evident gilt, einen argumentativ gestützten Diskurs ab. Es muss nichts weiter gesagt werden, die Auseinandersetzung ist an ihr Ende ge-kommen." (Jornitz, 2008, S. 206f.)

Es zeigt sich hier ein sehr radikaler, d.h. grundsätzlich gedachter Begriff von „Evidenz". Demgegenüber betont Jornitz:

> „Das Englische unterscheidet zwischen self-evidence und evidence. Als ‚self-evidence' wird das verstanden, was im Deutschen als Evidenz gilt: eine Of-fenbarung ohne weitere Legitimation: sich selbst evident sein. ‚Evidence' hin-gegen, [...] kann jedes ‚Mittel der Bestätigung und Rechtfertigung einer An-nahme' sein, auch alles, ‚was Grundlage einer Meinung' [...] ist. [...] Diese im Deutschen und Englischen über Kreuz gehenden Begriffsverständnisse er-schweren die Klärung dessen, was mit einer evidenzbasierten Pädagogik ge-meint sein könnte." (Jornitz, 2008, S. 207)

Der Hinweis von Jornitz auf die unterschiedlichen Verwendungsweisen des Begriffs ist hilfreich bei dem Versuch, sich über die eigene Vorstellung von „Evidenzbasierung" klar zu werden. Zugleich greift die Argumentation aber m.E. zu kurz, wenn man die dadurch entstehende Begriffsverwirrung einzig als interkulturelles Problem der Übersetzung deu-tet. Demgegenüber steht zu befürchten, dass jene Ambivalenz des Evidenzbegriffs jede Rede von „evidenzbasierter Bildungsforschung" begleitet.

Das hängt durchaus mit einem methodologischen Problem zusammen: Bildungsforschung hat sich in ihren Methoden so weit ausdifferenziert, dass Evidenz als das „Augenscheinliche" kaum noch anzutreffen ist. Evidenz erscheint demgegenüber im Medium von Forschungsdesigns immer nur noch als vielfach „vermittelte". Nichtmals für die „Logik des besseren Arguments" ist die Urteilskraft des Common Sense noch ausreichend, da für Bildungsforscherinnen und –forscher ein Blick auf das Schaubild einer Pfadanalyse durchaus Dinge als „evident per Augenschein" werden lassen kann, was sowohl für die Bildungspolitik als auch für Lehrerinnen und Lehrer in Schulen damit noch lange keine Evidenz hat.

Im Sinne einer Dialektik der Aufklärung ist damit fraglich, inwiefern Bildungsforschung, wenn sie sich auf Evidenzen beruft, hierfür aber eines großen methodischen Instrumentariums für ihre Argumentationen bedarf, nicht unfreiwillig systematisch – wie oben in der Definition von Jornitz angedeutet – den Diskurs „abbricht", zumindest den mit den Pädagoginnen und Pädagogen vor Ort, die jenen Mehrebenenanalysen kaum folgen können und die Validität einer wissenschaftlichen Aussage nicht mit alltagsweltlicher Evidenz koppeln können, sodass sie nur auf die guten Absichten und die Expertise der Forscherinnen und Forscher vertrauen können. Es zeigt sich damit, dass im Kontext von zunehmender Expertisierung die Evidenzbehauptung damit tatsächlich letztlich immer droht, den Diskurs abzubrechen. Und zur neuralgischen Frage wird damit, ob sie – eigentlich ein Widerspruch in sich – bis dahin eine „plausibilisierte Evidenz" qua Diskurs herstellen konnte.

Entgegen der Lesart von Jornitz zur „interkulturellen Differenz des Begriffsverständnisses", die zwischen dem Verständnis von „Evidence" und „Evidenz" unterscheidet, möchte ich argumentieren, dass im US-amerikanischen Raum dieses „Abbrechen des Diskurses qua Evidenz" noch viel prägnanter gilt als für die europäische, demgegenüber deutlich aufgeklärtere Vorstellung einer „Evidence-based-Policy". Denn in den U.S.A. ist qua juridischer Kodifizierung in zwei Gesetzen – dem „Scientifically Based Education Research, Statistics, Evaluation and Information Act" (2000) und dem „Education Sciences Reform Act" (2002) – festgelegt, was als „evidenzbasierte Forschung" gilt und was nicht: Die streng experimentelle oder quasi-experimentelle Forschung (Randomized Control Trials – RCT) gilt als „Gold Standard" und nur jene Forschung ist damit im Sinne öffentlicher Gelder förderungswürdig. Die US-amerikanische Bildungspolitik hat damit schamlos ihre Definitionsmacht genutzt und in die Freiheit der Forschung eingegriffen (vgl. hierzu den kritischen Beitrag von Linda Mabry in diesem Band). Solche forschungsmethodischen Verengungen sind demgegenüber im Rahmen der OECD-Debatten (CERI/OECD, 2007) oder auch der Europäischen Kommission (bspw. BMBF/DIPF, 2007) zum Glück nicht zu finden. Die bildungspolitische Idee einer evidenzbasierten Bildungsforschung ist im europäischen Kontext also wesentlich weiter gefasst, als es das abschreckende Beispiel der US-amerikanischen Bildungspolitik aufgezeigt hat. Zugleich ist ein solches „bildungspolitisches Fehlverhalten" besonders lehrreich, da es exemplarisch für ein sozialwissenschaftlich-naives Verständnis von Bildungspolitik und pädagogischer Praxis steht – und damit zu weiterer Begriffsverwirrung beiträgt.

3. Begriffsverwirrung im angloamerikanischen Diskurs: „Evidence-based-Practice", „Evidence-based-Education","Evidence-based-Research" und ... „Evidence-based-Policy"

Die bildungspolitisch forcierte methodologische Engführung auf Randomized Control Trials nährt ein technokratisches Verständnis von pädagogischer Praxis und diskreditiert jenes Professionswissen, das lange Zeit unter Verweis auf das Schleiermachersche Diktum von der „Dignität der Praxis" vorgängig zu jedweder Theorie noch geschätzt wurde. So findet man im angloamerikanischen Diskurs auch jene Vorstellung der Möglichkeit einer „kumulativen Wissensanhäufung", die mit einer reduzierten wissenschaftstheoretischen Vorstellung von Erkenntnisgewinn operiert, der in sozialwissenschaftlichen Kontexten nicht schlichtweg als additiv gedacht werden kann (Biesta, 2007, S. 2). Die Ergebnisse einer Forschung im Dienste einer „Evidence-based-Practice" geraten dann leicht zu problematischen Generalisierungen, die ggf. für Anfängerinnen und Anfänger im Lehrgeschäft hilfreich sein können (i.S. einer aufgeklärten Rezeptedidaktik; Meyer, 2003; Lohmann, 2009), die aber spätestens dann, wenn sie nur als Methoden (Klippert, 2007) angewendet werden (zur Kritik Stövesand, 2000/01; Heinrich, 2009), nicht selten das Gegenteil des Intendierten bewirken. Dies geschieht immer dann, wenn im Sinne professionellen pädagogischen Handelns dann doch der „Einzelfallbezug" und die „Klientenorientierung" im Prozess durchschlagen. Dann wird das wissenschaftstheoretisch begründete prognostische Defizit einer „Evidence-based-Practice" deutlich: „This means that inquiry and research can only tell us what is possible – or, to be even more precise, they can only show us what has been possible. Research, in short, can tell us what worked but cannot tell us what works." (Biesta, 2007, S. 16).

Gegen jenen Ableitungszusammenhang könnte argumentiert werden, dass hiermit wiederum ein allzu schlichtes Bild einer evidenzbasierten Forschung gezeichnet werde, die ja durchaus auch individualisierende Lernsettings zum Gegenstand hat. Der Einwand ist nur zum Teil berechtigt, da er nur bedingt das Generalisierungsproblem löst: Erstens würden bei solchen spezifizierenden und differenzierenden Untersuchungen die Korrelationen kaum noch signifikant sein, sodass die Evidenz fraglich wäre, da es sich ja nur noch um allenfalls „wahrscheinliche Wahrscheinlichkeiten" handeln würde. Zweitens würde dann eine solche Hyperkomplexität entstehen, die jedwede bildungstheoretische Reflexion pädagogischen Handelns im Umfang ihrer „Kombinatorik" noch übertreffen würde und damit wohl erst recht die Lehrpersonen zur Erstarrung im Handeln qua Überkomplexität oder zur blinden Irrationalität als Abwehrreaktion führen würde. Die Frage stellt sich also, wie Lehrerinnen und Lehrer die Ergebnisse solcher Forschungen in die Reflexion ihrer Praxis und die Handlungspraxis integrieren können (Heinrich, 2010b).

Resümierend könnte man festhalten: Das Bedürfnis nach kumulativem und zugleich in einer einheitlichen Systematik vereinbaren Wissen scheint nachvollziehbar – aber problematisch. Genau hier aber ist der Übergang zwischen der Idee einer „Evidence-based-Practice" und der Vorstellung einer „Evidence-based-Education".

Die Idee einer „Evidence-based-Education" dokumentiert sich bspw. auch in der Vorstellung der „Bildungsstandards". Die Evidenzorientierung zeigt sich hier in einer Gestalt, die gesellschaftlich zu einer scientifischen Engführung beitragen kann: Während die Kanondebatte sich zwar auch auf einen Kern bezog, der als Kern aber immer diskutierbar war und diskutiert wurde, droht die Standarddiskussion mit ihrer Kompetenzorientierung ab einem gewissen Punkt den Eindruck zu erwecken, in ihrer inhaltlichen Zielrichtung kaum „aushandelbar" zu sein. Dieser Eindruck ist von der Sache her natürlich falsch, da auch jene Kompetenzbestimmungen gesellschaftlich aushandelbar sind und auch in ihrer Bedeutung ausgehandelt werden müssen. Bedeutsam an dieser Beobachtung ist aber doch, dass die aufwändige wissenschaftliche Prüfung der Kompetenzen leicht den normativen Gehalt aus den Augen verlieren lässt. Hierzu möchte ich allerdings nichts weiter anführen, sondern verweise erneut auf den Beitrag von Gert Biesta im vorliegenden Band.

Festhalten möchte ich nur, dass auf diese Art und Weise leicht eine Aufmerksamkeitsverschiebung von der „Evidence-based-Practice" über die Vorstellung einer „Evidence-based-Education" hin zu einer Idee von „Evidence-based-Research" stattfindet. Damit ist auch in meinem Argumentationsgang die Aufmerksamkeit bei der nächsten Begrifflichkeit der Vorstellung von „Evidence-based-Research".

Die Vorstellung einer „Evidence-based-Research" ist nunmehr aber entweder unsinnig oder aber höchst problematisch. Deutlich wird dieser Widersinn, wenn man sich im Sinne einer deutschen Übersetzung naiv stellt: Wissenschaftstheoretisch gesprochen wäre die Vorstellung einer „Evidence-based-Research", d.h. einer „evidenzbasierten Forschung" eine Tautologie bzw. ein nichtssagender Pleonasmus wie ein „weißer Schimmel". Denn eine Forschung, die sich nicht an Evidenz orientieren würde, wäre keine Forschung. Insofern muss eine spezifische Form der Evidenz gemeint sein, wenn der Begriff einer „Evidence-based-Research" nicht inhaltsleer sein soll bzw. mehr aussagen soll als schlichtweg der Verweis auf „research". Und sollte sie nur den Hinweis auf „empirische Forschung" beinhalten, dann stellt sich ja umso eindringlicher die Frage, weshalb nicht auch weiterhin nur von „empirischer Bildungsforschung" gesprochen wird, sondern stattdessen der Terminus „Evidence-based-Research" Verwendung findet. Biesta konstatiert: „One positive outcome of these ongoing discussions is that some proponents of an evidence-based approach in education have begun to talk in a more nuanced way about the link between research, policy, and practice, using notions such as 'evidence-informed', 'evidence-influenced', and 'evidence-aware' practice." (Biesta, 2007, S. 5)

Im Kern ist Biesta zuzustimmen, wenn er diese Begriffsdifferenzierungen als Fortschritt in der Sache wertet. Allerdings sollte der Blick hier zugleich auf die – in der Begrifflichkeit der Soziolinguistik gesprochen – „Pragmatik" gewendet werden, und dann wir deutlich, dass nicht selten Begrifflichkeiten abgeschwächt werden, dann aber doch im ursprünglichen Wortsinne, d.h. als Differenz von „talk and action" wirksam sind, sodass sich hinter dem Rücken der Subjekte dann doch eine radikalere „Evidenzvorstellung" durchsetzt, die zwar vordergründig aufgeklärt ist (talk), in ihren Konsequenzen bzw. realen Handlungsmustern aber dann doch hinter diese Aufgeklärtheit zurück fällt (action). Wenn wir aber in unseren alltäglichen Urteilen hinter jene differenzierteren wissenschaftstheoretischen und sozialwissenschaftlichen Grundlagen einer primär auf Wahrscheinlichkeiten fußenden empirischen Bildungsforschung zurückfallen, die wir alle kennen und doch im Alltagshandeln zum Zwecke einer Aufrechterhaltung der Handlungsfähigkeit relativieren, entsteht die Gefahr, dass Forschungswissen und Professionswissen dann doch wieder unvermittelt nebeneinander stehen. Bezogen auf das Verhältnis von Bildungsforschung und professioneller Praxis bedeutet dies, wie Tenorth konstatierte,

„dass sich Professionswissen und Forschungswissen trotz mancher formaler Ähnlichkeit nicht aufeinander reduzieren und ebenso nur nach ihrer eigenen Logik verbessern lassen. [...] Die Profession lernt nur aus der professionellen Praxis, die Forschung lernt nur aus Forschungsprozessen; beide lernen jedenfalls nicht ‚unmittelbar‘ vom anderen und auch nicht dadurch, dass sie ihren jeweiligen Funktionsprimat suspendieren." (Tenorth, 1990, S. 93)

4. Zum steuerungstheoretischen Hiatus zwischen „Evidence-based-Practice", „Evidence-based-Research" und „Evidence-based-Policy"

Die gleiche „Kluft", wie sie sich laut Tenorth zwischen Professionswissen und Forschungswissen auftut, existiert dem ehemaligen Staatssekretär Schleswig Holsteins folgend auch als Hiatus zwischen einem durch „Evidence-based-Research" eruierten Steuerungswissen und einer „Evidence-based-Policy":

> „Das Motto [...] – ‚Wissen für Handeln‘ – darf nicht die falsche Erwartung wecken, wissenschaftlich abgesichertes Steuerungswissen ließe sich unmittelbar kraft Rationalität der Erkenntnis in den Beschluss von bildungspolitischen Maßnahmen umsetzen. Diese Erwartung ist naiv, denn sie verkennt die vollkommen unterschiedlichen handlungsbestimmenden Koordinaten politischen Handelns und wissenschaftlichen Arbeitens: Wissenschaftler stellen komplexe Fragen, für deren Beantwortung sie möglichst viel Zeit und Mittel benötigen; Politiker suchen klare und möglichst einfache und umsetzbare Antworten zur Lösung der aufgezeigten Probleme wie zur Durchsetzung ihrer politischen Zielvorstellungen." (Meyer-Hesemann, 2007, S. 13f.)

In der europäischen Kommission (Europäische Kommission, 2007), innerhalb derer ja, wie bereits angedeutet, wesentlich sensibler mit den Vorstellungen einer Evidenzbasierung umgegangen wird als in der US-amerikanischen Bundespolitik, findet man inzwischen sogar Substitute für den augenscheinlich problematisch gewordenen Begriff einer „evidence-based policy in education", indem von einer „knowledge-based policy in education" gesprochen wird. Im Sinne einer Wissensverwendungsforschung erscheint dieser Sprachgebrauch angemessener als die Rede von der „Evidenz". Allerdings zeigt sich dann auch, dass die Idee einer „Evidence-based-Policy" damit deutlich an Überzeugungskraft verliert, da man „Wissen" immer anzweifeln kann, während die Idee der „Evidenz" ja gerade davon lebt, dass etwas „evident" ist, d.h. per eigenem Augenschein unzweifelbar so ist, wie es ist.

Dieser Verlust an Überzeugungskraft würde allerdings nur wirksam, wenn in der Rezeption tatsächlich nicht von dem „relativierten Evidenzverständnis" (i.S.v. „evidence"), sondern von Evidenz (i.S.v. „self-evidence") ausgegangen würde. Jedoch stellt sich die Frage, inwieweit nicht häufig der oftmals relativierte Erklärungsanspruch „überlesen" wird, sodass die Differenz zwischen dem Sein und dem Sollen des im Evidenzanspruch liegenden Rationalitätsanspruchs aus dem Blick gerät. Eine Kritik hieran müsste das

Konzept einer „Evidence-based-Policy" mit dem eigenen Anspruch schlagen: Durch die nur schwer aufhebbare Schnittstellenproblematik der unterschiedlichen Perspektiven (bzw. „Handlungsrationalitäten") der verschiedenen Akteure aus Wissenschaft, Politik und pädagogischer Praxis entstehen verschiedene „Evidenzen" für die unterschiedlichen Beteiligten. Damit wären die Probleme einer „Evidence-based-Policy" aber systematisch in dem Konzept selbst angelegt und daher auch nicht durch „Mehr des Gleichen" (sprich: mehr „Evidence-based-Research") zu beheben.

Deutlich wird die Problematik widerstreitender Rationalitäten des Pädagogischen und des bildungspolitischen Bereichs, die dann gleichsam „Widersinn qua Evidenz" erzeugen, an dem von Schwippert formulierten Gedankenexperiment:

> „Wenn Schülerinnen und Schüler mit einem international mittleren Leseverständnisniveau von 500 Punkten mit einer substanziellen Wahrscheinlichkeit sowohl eine Gymnasialempfehlung als auch eine Realschulempfehlung als auch eine Hauptschulempfehlung erhalten können, wird die Misere deutlich. Diese Tatsache ist eine Herausforderung für das gesamte Bildungssystem. Einfach den Lehrkräften zu empfehlen, sie sollten ihre Empfehlungen nur noch an übergreifenden Leistungsstandards orientiert vornehmen, um so die Empfehlung empirisch zu fundieren, ist zwar legitim, aber derzeit nicht nur testtheoretisch, sondern auch pädagogisch fragwürdig." (Schwippert, 2009, S. 95)

Die damit angedeutete Fragwürdigkeit erläutert Schwippert mit folgendem Gedankenexperiment:

> „Angenommen, Lehrkräfte wären nach der geforderten Logik gehalten, objektive Noten zu geben. Gehen wir weiter davon aus, sie hätten eine besonders schwache Klasse von Schülerinnen und Schülern vor sich, die deutlich unter einem geforderten Leistungskriterium liegt und der in den Hauptfächern jeweils nur ausreichende oder ungenügende Leistungen bescheinigt werden. Kann man sich einen Unterricht vorstellen, in dem die Lehrkraft allen Schülerinnen und Schülern dieser Klasse immer wieder widerspiegeln muss, dass sie solche schlechten Leistungen erbringen? Es wäre eine pädagogische Herausforderung, hier guten Unterricht mit motivierten Schülerinnen und Schülern zu initiieren. Insofern erscheint es durchaus gerechtfertigt, in dieser Klasse eine soziale Bezugsnorm anzuwenden und innerhalb der Klasse ein Leistungsspektrum und damit ein Notenspektrum anzubieten, damit die pädagogische Zielsetzung des Unterrichts tatsächlich erfüllt wird." (Schwippert, 2009, S. 95)

Spielt man die oben beschriebene Schnittstellenproblematik auf unterschiedlichen Aggregationsebenen (sowohl der „Daten" als auch der „Personen" bzw. „Institutionen") durch, so wird deutlich, dass innerhalb des bildungspolitischen Programms einer „Evidence-based-Policy" die Vorstellungen von „politischer Praxis" (im strengen Sinne „politics") und „policy" (i.S.v. Politikfeld) konfundiert sind. Dies ist nicht nur als Manko zu sehen, sondern auch als heuristisch aufschlussreich, da „policy" streng genommen nur eine erweiterte Idee einer „Praxis der Steuerung" ist. Dementsprechend könnte man das mit der Schnittstellenproblematik ausgesprochene Steuerungsdesiderat fassen als die Suche nach einer professionsorientierten, wissenschaftsbasierten und bildungspolitisch-administrativ orientierten, letztlich aber gemeinsam zu veranstaltenden „systematisch-geordneten Form der Handlungskoordination". An diese Reformulierung des Problems schließt sich dann die Frage an: Wie ist eine Handlungskoordination denkbar, die „Bildungsgerechtigkeit durch Evidence-based-Policy" herstellt?

5. Governancetheoretische Rückfragen an die Idee von „Bildungsgerechtigkeit durch Evidence-based-Policy"

Indem in ihr zwischen Policy, Praxis und Forschung nicht sauber getrennt wird, erfüllt die Idee einer „Evidence-based-Policy in education" eine wichtige Funktion, nämlich die, jene Ungeklärtheit zuzudecken. Betonen möchte ich, dass ich hiermit niemandem ideologische Absicht im Sinne einer Verschwörungstheorie unterstellen möchte, sondern konstatiere vielmehr, dass viele Akteure (mich selbst eingeschlossen) sich innerhalb ihrer Interdependenzbeziehungen (d.h. auch innerhalb ihres primären Bezugskontextes, sei es nun die Forschung, die Administration oder die pädagogische Praxis) scheinbar ganz gut damit eingerichtet haben, hier begrifflich – bzw. semantisch – „unscharf" zu sein. Demgegenüber möchte ich an dieser Stelle dafür plädieren, im Sinne des bildungspolitischen Programms einer „Bildungsgerechtigkeit durch Evidence-based-Policy" die unterschiedlichen Akteure und ihre Formen der Handlungskoordination im Mehrebenensystem genauer in den Blick zu nehmen. Das wäre zumindest der Anspruch einer governancetheoretisch orientierten Analyse solcher Interdependenzzusammenhänge (Altrichter & Heinrich, 2007; Altrichter & Maag Merki, 2010). Innerhalb solcher Governanceanalysen erweisen sich zumindest die folgenden drei Kategorien von besonderer Bedeutung: Mehrebenensystem, Akteurkonstellation und Handlungsabstimmung bzw. Handlungskoordination. Durch Rekurs auf gängige governanceanalytische Beschreibungen dieser drei Kategorien sowie ein paar exemplarische Hinweise auf konkrete pädagogische Praxis möchte ich den potenziellen Mehrwert solcher Analysen im Zusammenhang mit der Frage nach den Bedingungen der Möglichkeit von „Bildungsgerechtigkeit durch Evidence-based-Policy" herausstellen.

5.1 „Evidence-based-Policy" im Mehrebenensystem

Eine Definition des Politikwissenschaftlers Benz (2004, S. 127) lautet:

> „Mehrebenensysteme [...] entstehen, wenn zwar die Zuständigkeiten nach Ebenen aufgeteilt, jedoch die Aufgaben interdependent sind, wenn also Entscheidungen zwischen Ebenen koordiniert werden müssen."

Nimmt man nun noch den zuvor dargelegten Tatbestand einer notwendigen Handlungsabstimmung innerhalb einer „Evidence-based-Policy" hinzu, kann sogar noch pointierter gelten:

„Der Begriff des Mehrebenensystems erhebt somit die systematischen Grenz-
überschreitungen, die zwischen formalen Ebenen und Zuständigkeiten auftreten, zum Normalzustand, um die Bedingungen, Prozesse und Wirkungen von
grenzüberschreitender Koordination zu erforschen." (Kussau & Brüsemeister,
2007, S. 33)

Wie nun solche Grenzüberschreitung innerhalb der zuvor dargelegten Trias von
„Evidence-based-Research", „Evidence-based-Practice" und einer „Evidence-based-
Policy" aussehen kann, möchte ich am Beispiel der Lernstandserhebungen NRW illustrieren. Indem Lernstandserhebungen als Vollerhebungen eines kompletten Jahrgangs an
einer Schule durchgeführt werden, sollen sie gemäß Weisung des Kultusministeriums
Rückschlüsse auf Klassen, Lerngruppen und sogar einzelne Schülerinnen und Schüler zu-
lassen (Bos & Voss, 2008, S. 450). Damit sind sehr weit reichende Anforderungen an die
Lehrerinnen und Lehrer formuliert. Bei vielen Kolleginnen und Kollegen zeigt sich demgegenüber, dass die Daten von Lernstandserhebungen vielfach nicht anschlussfähig an
die eigene Praxis sind, sodass diese Zahlen für sie leer bleiben (Hartung-Beck, 2009;
Heinrich, 2010b). Für viele Lehrerinnen und Lehrer wird hier damit nichts „evident"!
Und auch in der Fachdiskussion ist durchaus umstritten, welche Aussagekraft
Lernstandserhebungen für die Lehrerinnen und Lehrer haben. Zumindest ist die Aussagekraft der Daten sehr stark abhängig vom konkreten forschungsmethodischen Design
der Lernstandserhebung – das den meisten Lehrkräften unbekannt sein dürfte. So weisen
Bos & Voss bspw. auf die statistische Unsicherheit hin, die entsteht, wenn ein Kind in
der Lernstandserhebung nicht genügend Aufgaben bearbeitet, um daraus sichere Rückschlüsse ziehen zu können:

„In Lernstandserhebungen bearbeiten Schülerinnen und Schüler in der Regel
zwischen 10 und 30 Aufgaben je Themengebiet. In individualdiagnostischen
Untersuchungen bearbeiten Kinder ein Vielfaches dieser Aufgaben. Ergebnisse aus individualdiagnostischen Untersuchungen sind daher genauer als es Ergebnisse aus Lernstandserhebungen sein können." (Bos & Voss, 2008, S. 451)

Am Beispiel von IGLU-Daten (deren diesbezügliche Datenqualität mindestens der Aussagekraft der nordrhein-westfälischen Lernstandserhebung VERA im Jahre 2005 vergleichbar sein soll) demonstrieren Bos & Voss (2008, S. 454),

„dass eine punktegenaue Verortung von Schülerleistungen auf Individualebene
mit einem so erheblichen Maß an Unsicherheit behaftet ist, dass sehr spezifische, auf den individuellen Lerner zielende Rückmeldungen an Schüler und
Eltern methodisch und aus erziehungswissenschaftlicher Sicht kaum zu verantworten sind".

Vor dem Hintergrund ihrer Berechnungen argumentieren sie sogar noch weiter gehend:
„Rückmeldungen aus Leistungsstudien auf Klassen- und Schulebene sind […] ebenfalls
mit Vorsicht zu interpretieren." (ebd.)
    Deutlich wird in dieser Zusammenschau von kultusministerieller Weisung, wissen-
schaftlicher Kritik und pädagogischer Professionalität, dass die Schnittstellenproblematik

einer „Evidence-based-Policy" im Rahmen der Lernstandserhebungen höchst virulent ist. Hier zeigt sich deutlich der Abstimmungsbedarf der unterschiedlichen „Akteursgruppen" im Mehrebenensystem. Nimmt man nun noch einmal die Bestimmung von Benz (s.o.) hinzu, dann wird das Governancedefizit deutlich. Im Fall der Abstimmungsproblematik der Lernstandserhebungen wäre hier zu fragen, ob alle Akteure der unterschiedlichen Ebenen sich der gemeinsamen „interdependenten Aufgabe" verpflichtet fühlen, oder ob hier nicht im Sinne einer Delegation von Verantwortlichkeit die Aufgabe auf die Lehrerinnen und Lehrer übertragen wird, ohne dass hierfür von den anderen Akteuren (Politik und Forschung) die hinreichenden Mittel zur Verfügung gestellt werden konnten. Solche Konstellationen fördern verständlicherweise den Unmut auf Seiten der Praxis gegenüber der Idee einer „Evidence-based-Policy".

5.2   „Evidence-based-Policy" innerhalb von Akteurkonstellationen

> „Die *Analyseeinheit* ist [...] das handelnde Zusammenwirken der Akteure, die *Akteurkonstellation.* Würde es nicht unserer intentionalistischen Denkweise widersprechen, so müsste man in der Sicht von Educational Governance die Handlungskapazität nicht einzelnen Akteuren zuschreiben, sondern der *Akteurkonstellation* als solcher. Da sie es ist, die den einzelnen Akteuren Möglichkeiten eröffnet und Grenzen setzt, ihre Handlungskapazitäten auszuspielen, sollte es heißen: *Die Konstellation*, nicht der Akteur *handelt*." (Kussau & Brüsemeister, 2007, S. 26)

Aus dieser Perspektive auf Akteure, Akteursgruppen und die gesamte Akteurkonstellation stellen sich Fragen wie die folgenden: Was ist „Evidenz" oder „Evidence" für wen? Wann wird „Evidence" als Evidenz anerkannt? Was sind Plausibilitäten? Ab wann gilt etwas als evident im Sinne einer „Evidenzbasierten Bildungsforschung?" Wessen Evidenz ist es? Die Akteure müssten also ihre unterschiedlichen Vorstellungen von evidenzbasierter Handlungskoordination im Bildungsbereich viel stärker untereinander abstimmen (Steffens, 2009). Durch neue Steuerungsakteure (bspw. die Bertelsmann-Stiftung oder die Stiftung Merkator, aber auch andere Vereine und Stiftungen wie bspw. die „Aktive Bürgergesellschaft"), die auch Vorstellungen von „Evidence-based-Policy" transportieren, sind neue Formen der Handlungskoordination notwendig. Die Rückmeldeberaterinnen und -berater bspw. stehen oftmals auch zwischen den Ansprüchen der empirischen Bildungsforschung und den kultusministeriellen Vorgaben: Auch hier entsteht neuer Abstimmungsbedarf. Aber auch die Bildungsforschung selbst hat sich in einer Art und Weise gewandelt, dass sie als „neuer alter Steuerungsakteur" gelten muss. Es muss eigentlich – ähnlich wie in Beratungsgesprächen und Coachings – eine Rollenklärung stattfinden.

Dies zeigt sich etwa auch an der Konstellation von einerseits Schulentwicklungsberaterinnen und -beratern, die seit längerem für das Land Niedersachsen aktiv sind, und andererseits den in Folge von Schulinspektionen nunmehr vom Ministerium eingesetzten Fachberaterinnen und Fachberater für Unterrichtsqualität. Als konkretes Beispiel möchte ich hier auf eine Kooperative Gesamtschule in Niedersachsen verweisen, die, nachdem sie von der Schulinspektion als „failing school" im Qualitätsbereich „Unterricht" identifiziert wurde, intensiv über Maßnahmen nachdachte, um in der Nachinspektion besser abzuschneiden. Prima facie wären hier die Fachberater für Unterrichtsqualität wohl die richtige Adressatengruppe für eine Beratung, die direkt auf den Unterricht zielt. Die KGS reagierte aber demgegenüber vielmehr mit einer Schulentwicklungsmaßnahme, die in erster Linie als Organisationsentwicklung und erst in zweiter Hinsicht als Unterrichtsentwicklung zu begreifen ist. Die KGS änderte die Rhythmisierung der Einzelstunden hin zu einer 85-minütigen Doppelstunde und die dadurch täglich eingesparten 20 Minuten werden für eine „Klassenlehrerzeit" genutzt, damit die Klassenlehrerinnen und -lehrer wegen des Kurssystems nicht womöglich innerhalb der Woche erst am Donnerstag ihre Klasse sehen. Hier wurde die Unterrichtsentwicklung durch organisationsbezogene Strukturveränderungen gleichsam erzwungen: Die Dauer von 85 Minuten lässt sich nicht unterrichten wie die von 45 Minuten. Umgekehrt, könnte man auch formulieren, sind solche Veränderungen in der Unterrichtsentwicklung nur möglich, wenn nicht nur Fachberaterinnen und -berater für Unterrichtsqualität Hinweise geben, sondern solche Hinweise systematisch von der Schulleitung oder von Schulentwicklungsberatern auch in das Gesamtkonzept eingebettet werden. Hier zeigt sich zwischen diesen beiden neuen Akteursgruppen, den Fachberatern für Unterrichtsqualität und den Schulentwicklungsberatern ein Abstimmungsbedarf im Sinne einer neuen „Handlungskoordination". Dies wird aufgrund der jeweiligen Spezialisierungen und qua Ausbildung vorherrschenden Professionsverständnisse dieser beiden Akteursgruppen (pädagogisch-psychologisch vs. organisationsentwicklerisch) nicht ohne Transaktionskosten bleiben. Es nützt hier jedenfalls nichts, wenn jede Akteursgruppe „ihre Evidenzen" gegeneinander ausspielt, d.h. hier etwa die „Evidenzen der Unterrichtsforschung" gegenüber den „Evidenzen der Schulentwicklungsforschung".

5.3 „Evidence-based-Policy" im Medium von Handlungskoordination

Handlungskoordination findet in Akteurkonstellationen dadurch statt, dass die einzelnen Akteure strukturelle Vorgaben bzw. Möglichkeiten (soziale Strukturiertheit der Situation) reproduzieren resp. adaptieren. Umgangssprachlich ist der Begriff der „Koordination" positiv konnotiert, was in der deskriptiven Verwendungsweise innerhalb des Governancekonzeptes nicht notwendig der Fall ist. Eine „Blockadehaltung" einiger Akteure beispielsweise, die den Fortgang eines Schulentwicklungsprojekts behindert, ist aus governancetheoretischer Sicht durchaus eine wirksame Form der Handlungskoordination, da es im Sinne einer Governance lediglich darum geht, *wie* Akteure durch bestimmte Handlungen oder Entscheidungen auf weitere Handlungen und Entscheidungen relevanter Akteure Einfluss nehmen. Eine Handlungskoordination ist dann „effektiv", wenn sie bewirkt, dass die gesetzten Handlungen oder getroffenen Entscheidungen in darauf folgenden Aushandlungsprozessen wieder – zustimmend oder ablehnend – aufgenommen werden (Altrichter & Heinrich, 2007; Heinrich, 2007). Handlungskoordination vollzieht sich damit vielfach bzw. insbesondere im Medium von Koordinationsproblemen: „Koordinationsprobleme treten analytisch gesehen verschärft auf, wenn man feststellt, dass im Mehrebenensystem verschiedene Akteure verschiedene Handlungsorientierungen und belief-systems haben […]." (Brüsemeister, 2005, S. 12) Als typisches Beispiel solcher Konstellationen im Rahmen eines „Evidence-based-School-Developements" kann die in der Schulentwicklungspraxis weit verbreitete „Drittelregel in der Schulentwicklung" gelten, d.h. die Beobachtung, dass von ganz vielen Schulentwicklungsprojekten berichtet wurde, dass es typischerweise bei Innovationen in einem Kollegium 1/3 engagierte, 1/3 unentschiedene und 1/3 unzufrieden-widerständige Kolleginnen und Kollegen gab. Hier muss aus governancetheoretischer Perspektive etwa konstatiert werden, dass wahrscheinlich das Drittel der unzufrieden-widerständigen Kolleginnen und Kollegen der bedeutsamste Steuerungsakteur innerhalb einer Schule sein wird.

Im Rahmen einer „Evidence-based-Policy" wären in diesem Kontext etwa auch die Bemühungen um eine Rückmeldeforschung (Posch, 2009) zu nennen. Hier gibt es zwar noch große Schwierigkeiten in den Modellen (Helmke & Schrader, 2001), die es zu bearbeiten gilt (Hartung-Beck, 2009), aber das gehört zur guten Praxis einer „Evidence-based-Policy": Das Übersetzungsproblem der „Evidenzbasierung" wird erkannt und es wird ernsthaft an dessen Auflösung gearbeitet.

Hier wären aber zudem viel stärker auch jene Aktivitäten in den Blick zu nehmen, die seitens der schulischen Akteure selbst initiiert werden. So erfolgte bspw. an der zuvor bereits erwähnten KGS nach der negativen Evaluation durch die Schulinspektion ein Auto-Monitoring, innerhalb dessen die Lehrerinnen und Lehrer anhand von Selbstevaluationsbögen, die in Anlehnung an die Inspektionsbögen formuliert wurden, erkennen konnten, dass die Einschätzungen der Inspektor/inn/en durchaus zutreffend waren. Insofern haben diese Lehrerinnen und Lehrer in einem „Prozess des Nacherfindens" (Kussau, 2008) eine produktive Form der Aneignung des Problems gefunden, die dazu führte, dass ihnen das Fremdurteil nunmehr in Form eines „Selbsturteils" „evident" wurde. Sie haben damit die für eine „Evidence-based-Policy" an der Schule notwendige Evidenz für sich selbst in einem Aneignungsprozess hergestellt. Tatsächlich hat die Schule dann auch die Nachinspektion „gut gemeistert".

6.   „Bildungsgerechtigkeit durch Evidence-based-Governance"?

Eingangs hatte ich als Arbeitsdefinition formuliert:

Das bildungspolitische Programm einer „Bildungsgerechtigkeit durch Evidence-based-Policy" bedeutet zunächst nicht mehr und nicht weniger als die erneut gestärkte Hoffnung, dass empirische Forschung in der Praxis bedeutsame Zusammenhänge nachweisen kann und dieser Nachweis – vor dem Hintergrund eines normativen Grundkonsenses (i.S. der Normative „Minimumgrundrecht auf Bildung"; „kulturelle Handlungsfähigkeit"; „qualitativ hochwertiges Bildungsangebot für alle") – anzeigt, was zu tun ist.

Das anhaltend faszinierende an diesem bildungspolitischen Programm einer „Bildungsgerechtigkeit durch Evidence-based-Policy" ist die Vorstellung, dass das zentrale Medium der Handlungskoordination hier weder eine Incentivestrategie ist, noch Konkurrenzdruck oder gar schlichtweg Macht qua hierarchischer Steuerung. Demgegenüber müsste das zentrale Medium der Handlungskoordination innerhalb einer „Evidence-based-Policy" Einsicht sein.

Hier ist allerdings „Einsicht" im strengen epistemischen Sinne gemeint und nicht die Vorstellung einer „Überredung" oder gar das Oxymoron einer „verordneten Einsicht" – was im strengen Sinne ja schon eine „Evidence-based-Policy" allein per Erlassweg aus-

schließt! Die Idealform einer Handlungskoordination einer „Evidence-based-Policy"
müsste demgegenüber durch kollektiv geteilte Erkenntnis entstehen, oder umgangssprachlich formuliert: Das „Aha-Erlebnis" der Bildungsforscherin, dessen Evidenz sie
sich nicht entziehen kann, müsste sich auch als „Aha-Erlebnis" des Abteilungsleiters im
Kultusministerium wiederfinden und selbstverständlich auch als „Aha-Erlebnis" der Lehrerinnen und Lehrer vor Ort.

Eine solche Vorstellung ist freilich zu schön, um wahr zu sein. Governanceanalysen
zeigen demgegenüber immer wieder andere Formen der Handlungskoordination und der
Akteurkonstellationen im Mehrebenensystem. Will man aber an dem bildungspolitischen
Programm einer „Bildungsgerechtigkeit durch Evidence-based-Policy" festhalten, dann
gilt, dass Befürworterinnen und Befürworter einer „Evidence-based-Policy" stärker daran
arbeiten müssten, alle Akteure von dem Sinn einer Evidenzorientierung zu überzeugen,
indem sie ihnen durch „Übersetzungsversuche" ermöglichen, „Evidenzerfahrungen" zu
machen. Geschieht dies nicht, wird steuerungstheoretisch das Principal-Agent-Problem
virulent.

Der Governanceforschung käme in diesem Kontext die Aufgabe zu, durch ihre analytischen Trennungen die Evidenzen wieder herzustellen. Damit würden womöglich aber
dann auch die normativen Differenzen wieder sichtbar und damit virulent, die durch den
auf Verfahrensgerechtigkeit setzenden „Evidence-based-Policy"-Konsens (s.o.) eher verdeckt wurden. Das wäre aber womöglich gar nicht das Schlechteste und – vermittelt über
das Transparenzgebot – näher an dem Versprechen einer „Bildungsgerechtigkeit durch
Evidence-based-Policy". Wie dieser programmatische Anspruch näher vorzustellen ist,
möchte ich abschließend an einigen – eher noch unsystematischen – Thesen plausibilisie-
ren, die aber m.E. auf kurante Probleme der Handlungskoordination innerhalb derzeitiger
Evidence-based-Policy verweisen.

7.   Fünf Thesen zum bildungspolitischen Programm einer „Bildungsgerechtigkeit durch Evidence-based-Policy"

7.1   These von der Notwendigkeit, die Herstellung von Bildungsgerechtigkeit als Aushandlungsprozess zu verstehen

In dem Maße, im dem Evidence-based-Policy den Blick auf die Mittel und Methoden
von Erziehung und Bildung fokussiert, droht die Zielperspektive pädagogischen Handelns aus dem Blick zu geraten. Damit ist dann auch ein für die Frage der Bildungsgerechtigkeit eminent wichtiges Thema benannt, das auch als Demokratiedefizit einer
Evidence-based-Policy gefasst werden könnte: „A democratic society is, in other words,
characterized by the existence of an open and informed discussion about problem defini-
tions and the aims and ends of our educational endeavors. Thus the fact that the whole
discussion about evidence-based practice seems only to have technical expectations
about the practical role of research is a worrisome sign from the point of view of democracy." (Biesta, 2007, S. 20) Hier wäre als prägnantes und wirkungsmächtiges Beispiel der
Qualitätsrahmen der Schulinspektion zu nennen, der eher auf der Basis wissenschaftli-

cher Evidenzen und administrativer Logik entstanden ist, denn auf der Grundlage einer politischen Aushandlung dessen, was denn „guter Unterricht" sein könnte.

7.2 These von der Verengung des Begriffs von „Bildungsgerechtigkeit" durch eine „Evidence-based-Policy"

Die Erfolgsgeschichte der Aufklärung über soziale Ungleichheiten im Bildungssystem durch die large-scale-assessments – und damit einhergehend der Idee einer „Evidence-based-Policy" – hat als Kehrseite die Fokussierung auf soziale Ungleichheit als einzige Dimension von „Bildungsgerechtigkeit". Dass Bildungsgerechtigkeit und Chancengleichheit im Diskurs oftmals synonym verwendet werden, führt dazu, dass Bildungsgerechtigkeit als Frage kaum noch formulierbar ist, da sie praktisch immer schon mit Vorstellungen im Sinne einer Chancengleichheit beantwortet wird (Heinrich, 2010a). Demgegenüber könnte man fragen: Was bedeutet es für die Schülerinnen und Schüler, wenn sie merken, dass ihre Bildung entlang von Tests definiert wird und von Standards, die technisch erfüllbar scheinen? Was bewirkt ggf. ein darauf einsetzendes Selbstmonitoring im Sinne einer Eigenkontrolle der Schülerinnen und Schüler: Wiederholt sich die Logik einer „Evidence-based-Policy" – sowie deren „Schnittstellenproblematik" – in der Person der Schülerinnen und Schüler? Innerhalb eines solchen Kontextes kann es leicht geschehen, dass die Schülerinnen und Schüler nur noch als „Unternehmer ihrer selbst" – wie Patzner (2007) im Anschluss an Foucault formuliert – gedacht werden, die nach gängiger Auffassung als autonome Subjekte doch nur jene Chancen nutzen müssten (Aktionsrat Bildung, 2007), von denen doch zuvor eigentlich deutlich wurde, dass sie sie angesichts ihres soziokulturellen Hintergrunds, ihres Geschlechts sowie ihres Alters und Entwicklungsstandes kaum je hatten. Bildungstheoretisch ließe sich hier von einem *Individual-Disparitäten-Effekt* (Heinrich, 2010a) sprechen.

7.3 These von der Gefahr der „Selbstverstrickung" der Bildungsforscherinnen und -forscher

Wichtig erscheint mir, dass wir als Bildungsforscherinnen und -forscher uns nicht mit der Ambivalenz des Evidenzbegriffs selbst betrügen, d.h. auch hinter eigenen Forschungsergebnissen uns selbst Gewissheit und Wahrheit aufscheint, wo wir es doch eigentlich angesichts unserer Methodenaufgeklärtheit besser wissen sollten. Allerdings gibt es viele Kräfte um uns herum, die eben jenes „evidenzbasierte Handlungswissen" von uns fordern, sodass jene Form des Selbstbetrugs nahe liegt und uns vielfach womöglich gar nicht mehr ins Bewusstsein tritt, sondern wir froh sind über Passungen von Korrelationen und Pfadanalysen, obgleich wir auch wissen könnten, wie ungeklärt bzw. ggf. unklärbar im einen Fall die Frage der Repräsentativität der Stichprobe und im anderen Fall die Bestimmung des Signifikanzniveaus war. Der Ergebnisdruck: Evidenzen herzustellen, war nie so groß wie heute, denn dies ist die Kehrseite, wenn Staatssekretär a.D. Meyer-Hesemann formuliert: „Noch nie zuvor waren die Erwartungen der Bildungspolitik an die Bildungsforschung in Deutschland so hoch wie heute und noch nie stand Bildungspolitik so sehr unter einem Rechtfertigungsdruck gegenüber den Ergebnissen empirischer Bildungsforschung." (Meyer-Hesemann, 2007, S. 12) Die Wissenschaftlerinnen und Wissenschaftler partizipieren an der gesellschaftlichen Aufmerksamkeit von „Evidence-based-Policy" und berauben sich damit ihrer eigenen Autonomie, da sie damit die Unabhängigkeit der Forschung selbst in Frage stellen (Zedler & Döbert, 2009, S. 33–35). Die eigene Rolle der Wissenschaftler in dem Prozess einer „Evidence-based-Policy" wäre daher selbstreflexiv einzuholen, wobei wohl gilt, dass die Neigung zu solcher Form von Selbstbetrug wahrscheinlich überproportional ansteigt mit den Anerkennungsbedürfnissen und dem Intellekt der „Sich-Selbst-Betrügenden".

Aber selbst wenn Bildungsforschung kritisch und theoretisch fundiert in die Prozesse einer „Evidence-based-Policy" eingreift, müssen Bildungsforscherinnen und -forscher eine Umgangsform damit finden, dass ihre Expertise einerseits gewünscht ist, zugleich aber oftmals nicht in politisches Handeln umgesetzt wird.[5] Anders formuliert: Bildungsforscher, die sich nicht in den Elfenbeinturm zurückziehen möchten, müssen für sich und die scientific community eine integritätswahrende Form des Umgangs mit der Tatsache finden, dass Politik Evidenzbasierung für Forschung und Praxis zum Gold-Standard erhebt, selbst aber aufgrund vielfältiger Abhängigkeiten oder Verstricktheiten nicht notwendig in ihren Handlungsplänen evidenzorientiert auf solche Forschung antwortet.[6]

7.4   These von der Gefahr der wissenschaftlichen Naivität bzw. der *déformation professionelle*

Zuweilen gibt es noch Kolleginnen und Kollegen, die sich auf ihren „wissenschaftlichen Standpunkt" zurückziehen, d.h. jedwede „bildungspolitische Verstrickung" weit von sich weisen, indem sie darauf verweisen, dass sie „Bildungsforscher und keine Bildungspolitiker" seien. Vor dem zuvor skizzierten Hintergrund der neuen Akteurkonstellation im Mehrebenensystem, im Rahmen derer der Bildungsforschung innerhalb einer Evidence-based-Policy eine neue Funktion zukommt, erscheint eine solche Positionierung in ihrem prämodernen Positivismus wissenschaftstheoretisch anachronistisch und alltagstheoretisch wirklichkeitsfern, oder um es schärfer zu formulieren: sozialwissenschaftlich naiv.

Zugleich erscheint eine solche Haltung verständlich, da sie das Professionsverständnis vor Übergriffen oder gar feindlichen Übernahmen schützt. Eine sozialwissenschaftlich aufgeklärte empirische Bildungsforschung müsste sich aber hier anders positionieren können. Allerdings wäre es sicherlich kontraproduktiv, nun allen empirischen Bildungsforscherinnen und -forschern qua Profession ein „Bekenntnis zur eigenen Verstricktheit in die bildungspolitische Praxis" abzuverlangen. Das wäre selbst wiederum sozialwissenschaftlich naiv und zudem selbst schlicht dogmatisch: Bildungsforscher sollten sich von niemandem die Freiheit der Forschung beschneiden lassen – auch nicht von einer „political correctness". Solche Verordnung würde in Forschungsanträgen und Publikationen nur zu Legitimationsprosa führen, die in der Sache nicht weiterführen würde. Demgegenüber

---

5   Wie es am Beispiel des Gutachtens zu den nationalen Bildungsstandards (Klieme, Avenarius, Blum, Döbrich, Gruber, Prenzel, Reiss, Riquarts, Rost, Tenorth & Vollmer, 2003) deutlich wird, das klar für die Einführung von Mindeststandards und nicht Regelstandards votierte, da diese dem Programm einer „Bildungsgerechtigkeit durch Evidence-based-Policy" viel sachgerechter zugearbeitet hätten.

6   Die nicht abgestimmte Planung des Lehrerbedarfs (Klemm, 2010) wäre ein weiteres prägnantes Beispiel für ein „nicht-evidenzbasiertes" politisches Handeln.

erschiene es sinnvoller, wenn die empirischen Bildungsforscher ungehindert von einem politischen Mainstream ihre Forschungen weiter betreiben könnten, zugleich aber die scientific community insgesamt sich dafür verantwortlich erklärt, das neue Interdependenzverhältnis von empirischer Bildungsforschung, pädagogischer und bildungspolitischer Praxis reflexiv einzuholen, um damit über den systematischen Beitrag einer Evidence-based-Policy zu Fragen der Gerechtigkeit im Bildungswesen beizutragen. D.h. das Verhältnis von an „evidenzbasierter Praxis" ausgerichteter Forschung und von Implementationsforschung bzw. Wissensverwendungsforschung muss neu – und zwar zugunsten letzterer – austariert werden. Auch das Argument, dass die Ergebnisse hinsichtlich der „evidenzbasierten Praxis" doch wichtiger seien und man hier noch viel zu wenig „gesichert" wisse, führt in die falsche Richtung. Denn wie die Kritik bspw. an der Validität von Schulinspektionsergebnissen sowie die kritischen Rückfragen zur Validität von Lernstandserhebungen zeigen: Auch wenn realiter die „Evidenzbasierung" aus wissenschaftlicher Sicht nicht so eindeutig ist, wie es seitens der scientific community wünschenswert wäre, so gilt ja doch, dass eben mit jenen Ergebnissen bereits gearbeitet wird, Schulen Nachinspektionen erhalten, Lehrerinnen und Lehrer ihre Diagnostik an jenen Ergebnissen ausrichten etc. Das heißt, dass die „Wissensverwendung" – wie ungesichert dieses Wissen auch sein mag – de facto bereits in großem Maße stattfindet.

7.5 These von der Notwendigkeit, im Sinne von Bildungsgerechtigkeit „Evidenzen" für möglichst alle Akteure „evident" werden zu lassen: Zur Kraft der Evidenz als „Augenscheinlichkeit"

Verfechter einer „Evidence-based-Policy" müssten stärker daran arbeiten, alle Akteure von dem Sinn einer Evidenzorientierung zu überzeugen, indem sie ihnen die entsprechenden Mittel dafür an die Hand geben – und auch bereit sind, kritische Rückfragen als Indikator für ernsthafte Problemlagen aufzugreifen.

Bezogen auf das Programm einer „Bildungsgerechtigkeit durch Evidence-based-Policy" bedeutet dies, dass eine „Evidence-based-Policy" ihren eigenen „Evidenzanspruch" beim Wort nehmen muss, indem sie Dinge auch für (möglichst) alle Akteure „evident" werden lässt. Nur so könnte „empirische Evidenz" auch zum zentralen Medium der Steuerung werden, das zu einer Selbstverpflichtung der Akteure führt. Wenn es innerhalb der einzelnen Forschungen nicht gelingt, diese „Evidenz" auch bei den in der pädagogischen Praxis handelnden Akteuren herzustellen, dann wird das bildungspolitische Programm der „Bildungsgerechtigkeit durch Evidence-based-Policy" erneut an dem Ort scheitern, an dem bildungspolitische Bemühungen meistens scheitern: der konkreten pädagogischen Praxis.

Literatur

Aktionsrat Bildung (Blossfeld, H.-P., Bos, W., Lenzen, D., Müller-Böling, D., Oelkers, J., Prenzel, M. & Wößmann, L.) (2007). *Bildungsgerechtigkeit.* Wiesbaden: VS Verlag für Sozialwissenschaften.

Altrichter, H. & Heinrich, M. (2007). Kategorien der Governance-Analyse und Transformation der Systemsteuerung in Österreich. In H. Altrichter, T. Brüsemeister & J. Wissinger (Hrsg.), *Educational Governance* (S. 55–103). Wiesbaden: VS Verlag für Sozialwissenschaften.

Altrichter, H. & Maag Merki, K. (Hrsg.). (2010). *Ein neues Steuerungsmodell für das Schulwesen? Forschungsstrategien und Ergebnisse der schulischen Governance-Forschung.* Wiesbaden: VS Verlag für Sozialwissenschaften.

Balzer, N. (2007). Die doppelte Bedeutung der Anerkennung. In L. Pongratz, R. Reichenbach & M. Wimmer (Hrsg.), Bildung *und Gerechtigkeit* (S. 49–75). Stuttgart: Schöningh.

Benz, A. (2004). Multilevel Governance – Governance in Mehrebenensystemen. In A. Benz (Hrsg.), *Governance – Regieren in komplexen Regelsystemen. Eine Einführung* (S. 125–146). Wiesbaden: VS Verlag für Sozialwissenschaften.

Biesta, G. (2007). Why „What Works" Won't Work: Evidence-Based Practice and the Democratic Deficit in Educational Research. *Educational Theory, 57* (1), 1–22.

BMBF/DIPF (Hrsg.). (2007). *Knowledge for Action. Research Strategies for an Evidence-based education Policy.* Symposium during Germany's EU Presidency 28-30 March 2007. Verfügbar unter: http://ice.dipf.de/index.php?option=com_content&task=view&id=48&Itemid=64.

Bos, W. & Voss, A. (2008). Empirische Schulentwicklung auf Grundlage von Lernstandserhebung. Ein Plädoyer für einen reflektierten Umgang mit Ergebnissen aus Leistungstests. *Die Deutsche Schule, 100* (4), 449–458.

Brüsemeister, T. (2005). *School Governance – Begriffliche und theoretische Herleitungen aus dem politikwissenschaftlichen und sozialwissenschaftlichen Diskurs.* Eröffnungs-Paper des Symposions der KBBB „Konzeptuelle und empirische Grundlagen zur Erforschung schulischer Governance" auf der Tagung der Sektion Empirische Bildungsforschung „Veränderungsmessung und Längsschnittstudien", 17.-19.3. 2005 in Berlin.

Centre for Educational Research and Innovation (CERI)/OECD (2007). *Evidence in Education. Linking Research and Policy.* Paris: OECD.

Dworkin, R. (2000). *Sovereign Virtue. The Theory und Practice of Equality.* Cambridge/London: Harvard University Press.

Europäische Kommission (Hrsg.) (2007). *Towards more knowledge-based Policy and Practice in Education and Training* (Commission Staff Working document), SEC (2007) 1098. Verfügbar unter: http://ec.europa.eu/dgs/education_culture/publ/pdf/educ2010/sec1098_en.pdf [17.02.2008].

Faller, C. (2010). *Gerechtigkeit durch Bildung? – Zur Idee der „Bildungsgerechtigkeit" im aktuellen Diskurs.* Unveröffentlichte Diplomarbeit, Leibniz Universität Hannover.

Füssel, H.-P. (2009). Chancengleichheit – oder: Das überforderte Bildungswesen? In I. Sylvester, I. Sieh, M. Menz, H.-W. Fuchs & J. Behrendt (Hrsg.), *Bildung, Recht, Chancen. Rahmenbedingungen, empirische Analysen und internationale Perspektiven zum Recht auf chancengleiche Bildung* (S. 33–47). Münster: Waxmann.

Giesinger, J. (2007). Was heißt Bildungsgerechtigkeit? *Zeitschrift für Pädagogik, 53*, 362–380.

Gutmann, A. (1987). *Democratic Education.* Princeton: Princeton University Press.

Hafeneger, B., Henkenborg, P. & Scherr, A. (Hrsg.). (2002). *Pädagogik der Anerkennung.* Schwalbach/Ts.: Wochenschau.

Hartung-Beck, V. (2009). *Schulische Organisationsentwicklung und Professionalisierung. Folgen von Lernstandserhebungen an Gesamtschulen*. Wiesbaden: VS Verlag für Sozialwissenschaften.

Heinrich, M. (2007). *Governance der Schulentwicklung*. Wiesbaden: VS Verlag für Sozialwissenschaften.

Heinrich, M. (2009). *Rezeptedidaktik und Methodenlernen. Zwei Versuche einer „konstruktiven Kritik"*. Münster: MV-Verlag.

Heinrich, M. (2010a). *Bildungsgerechtigkeit. Zum Problem der Anerkennung fragiler Bildungsprozesse innerhalb neuer Steuerung und demokratischer Governance*. Parallelvortrag auf dem 22. Kongress der DGfE in Mainz (Tagungsband in Vorb.).

Heinrich, M. (2010b). Testen, prüfen, vergleichen – und dann? Über die Auswirkungen von Lernstandserhebungen und Vergleichsarbeiten auf die Lehrerarbeit. *Friedrich Jahresheft 2010*, 16–21 (Druck i. Vorb.).

Helmke, A. & Schrader, F.-W. (2001). Von der Leistungsevaluation zur Unterrichtsentwicklung. In R. Silbereisen & M. Reitzle (Hrsg.), *Psychologie 2000. Bericht über den 42. Kongress der Deutschen Gesellschaft für Psychologie in Jena* (S. 594–606). Lengerich: Pabst.

Helsper, W., Sandring, S. & Wiezorek, Ch. (2005). Anerkennung in pädagogischen Beziehungen. In W. Heitmeyer & P. Imbusch (Hrsg.), *Integrationspotenziale einer modernen Gesellschaft* (S. 179–206). Wiesbaden: VS Verlag für Sozialwissenschaften.

Higenheger, N. (2005). Gleichheit der Bildungschancen – eine Chimäre? *Vierteljahresschrift für wissenschaftliche Pädagogik, 81* (1), 3–21.

Honneth, A. (2004). Gerechtigkeit und kommunikative Freiheit. Überlegungen im Anschluss an Hegel. In B. Merker, G. Mohr & M. Quante (Hrsg.), *Subjektivität und Anerkennung* (S. 213–227). Paderborn: Mentis.

Jornitz, S. (2008). Was bedeutet eigentlich „evidenzbasierte Bildungsforschung"? Über den Versuch, Wissenschaft für Praxis verfügbar zu machen am Beispiel der Review-Erstellung. *Die Deutsche Schule, 100* (2), 206–216.

Klemm, K. (2010). Zur Entwicklung des Lehrerinnen- und Lehrerbedarfs in Deutschland. *Die Deutsche Schule, 102* (1), 52–59.

Klieme, E., Avenarius, H., Blum, W., Döbrich, P., Gruber, H., Prenzel, M., Reiss, K., Riquarts, K., Rost, J., Tenorth, H.-E. & Vollmer, H. J. (2003). *Zur Entwicklung nationaler Bildungsstandards*. Berlin: BMBF.

Klippert, H. (2007). *Methodentraining. Übungsbausteine für den Unterricht* (17. Aufl.). Weinheim/Basel: Beltz.

Kussau, J. (2008). Zur Mitarbeiterbeurteilung als Instrument schulischer Qualitätssicherung. In R. Langer (Hrsg.), *Warum tun die das?* (S. 227–253). Wiesbaden: VS Verlag für Sozialwissenschaften.

Kussau, J. & Brüsemeister, T. (2007). Educational Governance: Zur Analyse der Handlungskoordination im Mehrebenensystem der Schule. In H. Altrichter, T. Brüsemeister & J. Wissinger (Hrsg.), *Educational Governance* (S. 15–54). Wiesbaden: VS Verlag für Sozialwissenschaften.

Lohmann, G. (2009). Unterrichtsrezepte und ihre Didaktik. Plädoyer für die Entwicklung einer Rezeptdidaktik. *Journal für LehrerInnenbildung* (Manuskript in Vorb.).

Meyer, H. (2003). *Leitfaden zur Unterrichtsvorbereitung* (Nachdruck der 12. Aufl.). Berlin: Cornelsen Scriptor.

Meyer-Hesemann, W. (2007). Wissen für Handeln – Forschungsstrategien für eine evidenzbasierte Bildungspolitik. In BMBF/DIPF (Hrsg.), *Knowledge for Action. Research Strategies for an Evidence-based education Policy.* Symposium during Germany's EU Presidency 28-30 March 2007 (S. 10–14). Verfügbar unter: http://ice.dipf.de/index.php? option=com_content&task=view&id=48&Itemid=64.

Nussbaum, M. C. (2006). *Frontiers of Justice. Disability, Nationality, Species membership.* Cambridge/London: Belknap.

Otto, H.-U. & Schrödter, M. (2008). Befähigungsgerechtigkeit statt Bildungsgerechtigkeit. In C. Grunert & H.-J. v. Wensierski (Hrsg.), *Jugend und Bildung* (S. 55–77). Opladen/Farmington Hills: Barbara Budrich.

Patzner, G. (2007). „Offener Unterricht" – Ein neoliberales Führungsinstrument. In M. Heinrich & U. Prexl-Krausz (Hrsg.), *Eigene Lernwege – Quo vadis? Eine Spurensuche nach „Neuen Lernformen" in Schulpraxis und LehrerInnenbildung* (S. 59–78). Wien: Lit-Verlag.

Posch, P. (2009). Zur schulpraktischen Nutzung von Daten: Konzepte, Strategien, Erfahrungen. *Die Deutsche Schule, 101* (2), 119–135.

Rawls, J. (1975). *Eine Theorie der Gerechtigkeit.* Frankfurt a.M.: Suhrkamp.

Schwippert, K. (2009). Gibt es eine Chancengleichheit in einer heterogenen Gesellschaft? Gedanken eines Empirikers. In I. Sylvester, I. Sieh, M. Menz, H.-W. Fuchs & J. Behrendt (Hrsg.), *Bildung, Recht, Chancen. Rahmenbedingungen, empirische Analysen und internationale Perspektiven zum Recht auf chancengleiche Bildung* (S. 83–96). Münster: Waxmann.

Steffens, U. (2009). Plädoyer für ein koordiniertes Zusammenspiel in der Schulsystemgestaltung. *Die Deutsche Schule, 101* (3), 277–284.

Stojanov, K. (2008a). Die Kategorie der Bildungsgerechtigkeit in der bildungspolitischen Diskussion nach PISA. *Zeitschrift für Qualitative Forschung, 9,* 209–230.

Stojanov, K. (2008b). Bildungsgerechtigkeit als Freiheitseinschränkung? *Zeitschrift für Pädagogik, 54,* 515–530.

Stövesand, H. (2000/01). Schulentwicklung nach Klippert. Über den Anspruch, mittels Dressur Selbstständigkeit zu fördern. *Pädagogische Korrespondenz, 26,* 81–94.

Tenorth, H.-E. (1990). Profession und Disziplin. Bemerkungen über die krisenhafte Beziehung zwischen pädagogischer Arbeit und Erziehungswissenschaft. In E. Drerup (Hrsg.), *Erkenntnis und Gestaltung. Vom Nutzen erziehungswissenschaftlicher Forschung in praktischen Verwendungskontexten* (S. 81–97). Weinheim: Deutscher Studienverlag.

Tenorth, H.-E. (2008). Der Skandal, der nicht publiziert wurde. *Frankfurter Allgemeine Zeitung vom 6. Dezember 2008,* 37.

Waibel, R. (2002). Chancengleichheit: Überlegungen zu einem schwierigen bildungspolitischen Begriff. *Zeitschrift für Berufs- und Wirtschaftspädagogik, 98* (4), 555–574.

Zedler, P. & Döbert, H. (2009). Erziehungswissenschaftliche Bildungsforschung. In R. Tippelt & B. Schmidt (Hrsg.), *Handbuch Bildungsforschung* (2. Aufl.) (S. 23–45). Wiesbaden: VS Verlag für Sozialwissenschaften.

Katja Koch & Ann-Kathrin Jüttner

Erste Ergebnisse zur Strukturqualität niedersächsischer Kindertageseinrichtungen aus dem Projekt: „Sprachförderung für Migrantenkinder im Elementarbereich – Evaluation unterschiedlicher Sprachförderkonzepte in niedersächsischen Kindertagesstätten"

1.   Einleitung

Für Kinder aus Familien mit Migrationshintergrund stellen der Erwerb und die Beherrschung der deutschen Sprache die entscheidende Hürde für den erfolgreichen Verlauf der Bildungskarriere dar. Bildungspolitisch wird dem frühen Zweitspracherwerb von Kindern mit Migrationshintergrund nach wie vor eine hohe Priorität zugemessen. Die in den letzten Jahren von den Bundesländern unternommenen Maßnahmen zur Sprachförderung von Migrantenkindern beziehen daher besonders den Elementarbereich in ihre Bemühungen mit ein. Bisher ist allerdings wenig darüber bekannt, auf welche Weise der Zweitspracherwerb von Migrantenkindern in den Einrichtungen des Elementarbereichs gefördert oder auch gesteuert wird und wie erfolgreich die unternommenen Maßnahmen sind. Das vom niedersächsischen Forschungsverbund für frühkindliche Bildung und Entwicklung[1] geförderte Projekt EvaniK (Evaluation unterschiedlicher Sprachförderkonzepte in niedersächsischen Kindertagesstätten) versucht hier diese Forschungslücke zu schließen. Im folgenden Beitrag werden erste Ergebnisse zur Strukturqualität der sprachlichen Förderung in niedersächsischen Kindertagestätten berichtet. Um diese besser einordnen zu können, erfolgt zunächst ein Überblick über derzeit virulente Formen vorschulischer Sprachförderung sowie eine kurze Beschreibung des Projektdesigns.

2.   Frühe Förderung der Zweitsprache „Deutsch" – ein kurzer Überblick

Die Frage, wie Kinder nichtdeutscher Herkunftssprache am besten gefördert werden sollen, erfährt seit einiger Zeit große öffentliche Aufmerksamkeit. Bereits kurz nach Bekanntwerden der ersten PISA-Ergebnisse hat die Kultusministerkonferenz Maßnahmen zur Verbesserung der Sprachkompetenz bereits im vorschulischen Bereich als ein wesentliches Handlungsfeld zukünftiger Bildungspolitik bezeichnet und eine schnelle Umsetzung der Maßnahmen im Elementar- und Primarbereich empfohlen.[2] Der Besuch eines

---

1   Nähere Informationen über das „EvaniK"-Projekt finden sich unter
     http://www.forschungsverbund-fbe.de/ [11.05.2010].
2   296. Plenarsitzung der Kultusministerkonferenz am 05./06. Dezember 2001. Verfügbar unter:
     http://www.kmk.org/aktuell/home.htm?beschluß [11.05.2010].

Kindergartens für Kinder mit Migrationshintergrund gilt dabei vor allem wegen der vermuteten positiven Auswirkungen auf den Erwerb der Zweitsprache Deutsch als vorteilhaft (vgl. Büchel, Spieß & Wagner, 1997; Roßbach & Tietze, 1996; Gogolin, 2008). Völlig ungeklärt ist dabei, ob und wie sich die Gestaltung der Sprachförderung in den Einrichtungen auf die Sprachentwicklung der Kinder auswirkt. Es existieren bisher nur wenige sprachbezogene Studien, die die Wirksamkeit der Spracharbeit in bi- oder multiethnischen Kindergärten genauer in den Blick nehmen und diese in Beziehung zu den vorfindlichen institutionellen Rahmenbedingungen setzen (vgl. z.B. Hoffmann, Polotzek, Roos & Schöler, 2008; Koch, 2009).

Hinsichtlich der sprachlichen Förderung von Kindern mit einer anderen Herkunftssprache im Elementarbereich lassen sich zwei unterschiedliche Stränge der Förderung erkennen: Zum einen existieren in den Alltag des Kindergartens integrierte allgemeine Konzepte der sprachlichen Förderung, die eine ganzheitlich angelegte Sprachbeobachtung und -förderung aller Kinder intendieren (vgl. z.B. Jampert, Leuckefeld, Zehnbauer & Best, 2006; Klatt, 2007; Schlösser, 2007; Guadatiello, 2003), zum anderen finden sich kurzfristige Trainingsprogramme, die gezielt einzelne Aspekte des Spracherwerbs fördern wollen. Zu nennen wären hier z.B. die Programme *„Deutsch für den Schulstart"* von Kaltenbacher & Klages (2006), *„Sprachliche Frühförderung von Migrantenkindern"* von Tracy (2003), *„Hören, lauschen, lernen"* von Küspert & Schneider (1999), *„Julia, Elena und Fatih entdecken gemeinsam die Sprache"* von Tophinke (2003) sowie das *„KonLab-Programm"* von Penner (2005). Gemeinsam ist diesen Programmen, dass sie eine gezielte regelmäßige Sprachförderung für ausgewählte Kinder der Gruppe vorsehen.

Ob die unterschiedlichen Ansätze Wirkung zeigen, lässt sich derzeit nicht einschätzen, da sie bisher empirisch nicht überprüft wurden oder sich die entsprechenden Evaluationen nur auf eine kleine Anzahl von Einrichtungen bezogen (vgl. z.B. Montanari, 2007). Die kürzlich im Rahmen des von der Landesstiftung Baden-Württemberg geförderten Programms *„Sag' mal was – Sprachförderung für Vorschulkinder"*[3] abgeschlossenen Evaluationen der Effektivität von durch die Stiftung geförderten gezielten Sprachfördermaßnahmen im Vergleich zu einer unspezifischen Förderung ergaben, dass unmittelbare Effekte der spezifischen Sprachförderung nicht festzustellen waren (vgl. Hoffmann et al., 2008). Über die Ursachen derart geringer Erfolge lässt sich bisher auch aufgrund fehlender Längsschnittdaten nur spekulieren. Im internationalen Vergleich fällt auf, dass die aktuell in Deutschland unternommenen Sprachfördermaßnahmen vor der Einschulung nicht ausreichen und weder mit zu erreichenden Zielvorgaben noch mit einheitlichen Standards der Förderung verknüpft sind. Somit lassen sich auch Fragen nach der Qualität sowie auch zum Erfolg der vorschulischen Sprachförderung im Elementarbereich bisher kaum beantworten.

---

3   Nähere Informationen zum Programm sowie weitere Ergebnisse der Evaluationsstudie finden sich unter http://www.sagmalwas-bw.de [11.05.2010].

3.   Forschungsdesign des Projektes „Sprachförderung für Migrantenkinder im Elementarbereich"

Für die Durchführung des Projektes zentral ist die Annahme, dass Kinder nichtdeutscher Herkunftssprache im Hinblick auf den Erwerb der Zweitsprache Deutsch noch mehr als andere Kinder auf institutionelle Unterstützungsleistungen angewiesen sind. Damit gemeint sind alle Anstrengungen, die darauf zielen, das sprachliche Lernen von Kindern nichtdeutscher Herkunftssprache besonders zu fördern. Von daher gilt es sowohl auf der Makroebene als auch der Mikroebene, jene Maßnahmen zu erfassen, die von den Einrichtungen im Elementarbereich im Sinne einer intelligenten Ressourcenallokation (vgl. Böttcher, 2002) zur sprachlichen Förderung der Kinder unternommen werden. Die institutionellen Anstrengungen zur Sprachförderung wurden im Rahmen des EvaniK-Projektes durch die Unterscheidung von Orientierungs-, Struktur- und Prozessqualität operationalisiert. In Anlehnung an bisherige Forschungen zur Qualität von Kindertagesstätten (vgl. Tietze, 2004; Roux, 2002) unterscheiden wir drei Dimensionen sprachlicher Förderqualität:

Mit der *sprachlichen Strukturqualität* bezeichnen wir jene strukturellen und materiellen Rahmenbedingungen, die einen Einfluss auf das Sprachlernen der Kinder haben. Hierzu gehören allgemeine Strukturmerkmale wie z.B. die Erzieherin-Kind-Relation ebenso wie sprachbezogene Faktoren (z.B. ein vorhandenes Sprachförderkonzept). Die *Prozessqualität* sprachlicher Förderung bezieht sich auf sprachlichen Interaktionen zwischen den Akteuren und die Dynamik des sprachlichen Geschehens. Von besonderem Interesse ist, wie gut es den Erzieherinnen z.B. gelingt, entwicklungsangemessene und bedarfsorientierte sprachliche Interaktionen zu initiieren. Die *pädagogische Orientierungsqualität* sprachlicher Förderung bezieht sich auf die von den Erzieherinnen vertretenen subjektiven Theorien des kindlichen Zweitspracherwerbs sowie den von ihnen verwendeten Strategien sprachlicher Förderung. Konkret besteht das Projekt somit aus drei miteinander verknüpften Teilstudien, die zugleich das Zusammenwirken von Struktur-, Prozess- und Orientierungsqualität sowie deren Kontextfaktoren mit Blick auf die erzielte pädagogische (Praxis-)Qualität in den ausgewählten Einrichtungen berücksichtigen. Im Folgenden wird der Drei-Schritt der Studie nun kurz erläutert.

3.1   Teilstudie I – Strukturqualität sprachlicher Förderung

Auf der Makroebene des Elementarbereichs wurden in der ersten Teilstudie über eine repräsentative Fragebogenerhebung aller Kindertageseinrichtungen in Niedersachsen allgemeine Aspekte der Konzeption, Durchführung und Organisation der Sprachförderung in den Einrichtungen des Elementarbereichs geklärt. Ziel war es, einen quantitativen Überblick über den Ist-Zustand und die Verbreitung unterschiedlicher Konzepte zu erhalten. Bisher liegen, von einzelnen Kennzahlen (z.B. die Anzahl zusätzlicher Sprachförderkräfte in den Einrichtungen) abgesehen, keine systematisch erhobenen Daten zu den institutionellen Unterstützungsleistungen im Elementarbereich in Niedersachsen vor. Neben konkret auf die Sprachförderung bezogenen Fragen (z.B.: Wie werden Kinder mit Migrationshintergrund in Kindertagesstätten sprachlich gefördert? Welche Konzepte kommen zum Tragen? Welche Programme werden verwendet? Wie werden diese beurteilt?) wurden weitere sozioökonomische Rahmendaten (z.B. Angaben zum sozialen Umfeld des Kindergartens, finanzielle und personelle Ressourcen) sowie Einschätzungen zum Erfolg der unternommenen Maßnahmen erhoben. Von März bis Juni 2009 wurde eine Vollerhebung aller niedersächsischen Kindertagesstätten durchgeführt (N=3078). 1800 Kindertageseinrichtungen wurden mit einer Onlinebefragung untersucht, der Rücklauf betrug hier 33% (N=593), 1278 Einrichtungen (ohne Email-Adresse) erhielten einen äquivalenten Papierfragebogen. Hier betrug der Rücklauf 23% (N= 296). Insgesamt bezieht sich unser Sample auf N=889, was einem Gesamtrücklauf von 29% entspricht. Die Stichprobe ist im Hinblick auf die regionale Verteilung und die Trägerstruktur repräsentativ für Niedersachsen.

3.2   Teilstudie II – Prozessqualität sprachlicher Förderung

Anhand der Ergebnisse der Fragebogenerhebung wurden auf der Mikroebene einzelne Einrichtungen ausgewählt, um dort die Praxis der Sprachförderung genauer zu untersuchen. Von den 889 befragten Einrichtungen erklärten sich 161 zu einer weiteren Mitarbeit bereit. Um aus diesen wiederum eine im Rahmen der Projektmittel finanzierbare Auswahl geeigneter Fallstudienkindertageseinrichtungen treffen zu können, wurden die Einrichtungen in vier Cluster eingeteilt. Fokusvariablen waren dabei die subjektiv wahrgenommene Höhe des Anteils an Kindern mit einer anderen Erstsprache in der Einrichtung[4] sowie das Vorhandensein eines Sprachförderkonzeptes. Entsprechend wurden folgende vier Cluster gebildet:

a) hoher Anteil an Migrantenkindern, Sprachförderkonzept vorhanden;

b) hoher Anteil an Migrantenkindern, kein Sprachförderkonzept vorhanden;

c) niedriger Anteil an Migrantenkindern, Sprachförderkonzept vorhanden;

d) niedriger Anteil an Migrantenkindern, kein Sprachförderkonzept vorhanden.

Abschließend wurden 14 Kindertageseinrichtungen ausgewählt, die sich vorwiegend in der Region Südniedersachsen befinden. Das Cluster eins umfasst sechs Einrichtungen, das zweite Cluster vier und Cluster drei und vier sind mit jeweils zwei Einrichtungen besetzt.

Um eine Verknüpfung der in Teilstudie drei zu erstellenden Kindergartenporträts mit der sprachlichen Entwicklung der Kinder im Alter von drei bis fünf Jahren zu erreichen, werden die sprachlichen Lernfortschritte der Kinder in diesen Einrichtungen zu Beginn und am Ende eines Kindergartenjahres anhand eines sprachdiagnostischen Testverfahrens überprüft. Problematisch ist hier, dass derzeit kein eigens für die Untersuchungsgruppe (Kinder nichtdeutscher Herkunftssprache) konzipiertes Verfahren zur Verfügung steht (vgl. auch Koch, 2009; Fried, 2004).

Für die Zwecke der Untersuchung gut geeignet schien eine Kombination aus standardisierten Testverfahren und Verfahren zur Erhebung der Sprachproduktion. Über stan-

---

4   Nähere Ausführungen hierzu unter 4.2.

dardisierte Verfahren lassen sich die Ergebnisse des Projektes mit anderen Studien zum Zweitspracherwerb von Kindern nichtdeutscher Herkunftssprache vergleichen. Über die Verwendung sprachevozierender Verfahren ist darüber hinaus eine Anbindung an die Zweitspracherwerbsforschung gewährleistet. Von daher kommt folgendes Testinventar zum Einsatz:

- Teile des SETK 3-5 Sprachentwicklungstests für drei- bis fünfjährige Kinder. Diagnose von Sprachverarbeitungsfähigkeiten und auditiven Gedächtnisleistungen (Grimm, 2007);

- Hamburger Verfahren zur Feststellung des Sprachstandes (HAVAS 5) (Reich & Roth, 2004).

Aktuell haben in den Monaten September bis November 2009 in den 14 Kindertageseinrichtungen Sprachstandserhebungen aller Kinder ab dem Geburtsjahrgang 2004 stattgefunden. Bisher liegen Daten von 438 Kindern vor.

Im Jahr 2010 wird die Erhebung des Sprachstandes nach 12 Monaten erneut erfolgen, um die sprachliche Entwicklung der Kinder dokumentieren zu können.[5] Um diese Entwicklung geeignet zu rahmen, wurde zusätzlich an die Einrichtungen ein Fragebogen verteilt, der neben dem Herkunftsland der Kinder ebenso erfragt, ob das Kind eine zusätzliche sprachliche Förderung zu der im Kindergarten erfährt, sowie ob das Kind – subjektiv eingeschätzt – regelmäßig oder eher unregelmäßig in der Kindertageseinrichtung anwesend ist. Darüber hinaus wurde mit der Einverständniserklärung für die Teilnahme an der Sprachstandserhebung ein Fragebogen an die Eltern der Kinder gegeben, um u.a. nach der Dauer des Kindergartenbesuchs und weiteren Geschwisterteilen zu fragen. Im Vordergrund des Interesses stand vor allem die Herkunftssprache der Eltern, sowie insbesondere welche Sprache in den Familien gesprochen wird. Ziel ist ein umfassenderes Bild des Kindes, um die jeweils vorhandenen sprachlichen Kompetenzen mit wichtigen Kontextfaktoren zu konturieren.

3.3 Teilstudie III – Orientierungsqualität sprachlicher Förderung

In der dritten Teilstudie geht es darum, die sprachliche Anregungsqualität einer Einrichtung im Hinblick auf spezifische Prozessmerkmale (u.a. Interaktionen, Anregungsgehalt der Kindergartenumwelt) zu untersuchen. Über teilnehmende Beobachtungen im Kindergartenalltag und Interviews mit den Erzieherinnen sollen individuelle Sprachförderportäts der Fallstudienkindertageseinrichtungen verfasst werden. Der Schwerpunkt der teilnehmenden Beobachtung liegt darauf, sprachfördernde Settings sowie Strategien der Sprachförderung der Erzieherinnen im Kindergartenalltag zu identifizieren und zu beschreiben. Die beobachtenden Personen selbst sollen dabei jeweils so eingesetzt werden, dass sie so weit wie möglich in das Geschehen integriert werden. Als Beobachtungs-

---

5 Der Sprachstand der Kinder, die bei dieser Erhebung bereits fünf Jahre alt waren und im nächsten Jahr vermutlich bereits in die Grundschule gehen, wurde dennoch erhoben, um den Sprachstand der 5-jährigen Kinder im Jahr 2009 im Folgejahr mit dem der dann 5-Jährigen vergleichen zu können.

schwerpunkte sind zum einen sichtbare „Zentren" der sprachlichen Förderung vorgesehen, z.B. (1) gezielte Angebote der Sprachförderung, (2) Sprachanlässe im Kindergartenalltag (z.b. Morgenkreis, Gespräche beim Essen) sowie (3) weitere auf den Spracherwerb bezogene Aktivitäten (z.b. Bilderbuchbetrachtungen, Rollenspiele etc.). Zum anderen soll der Blick aber auch auf Bereiche des Kindergartenalltags gerichtet werden, in denen Sprache nicht im Vordergrund des Geschehens steht (z.b. Freispielzeiten oder Bewegungsaktivitäten).

Darüber hinaus soll mithilfe von Interviews ein Zugang zu den pädagogischen Orientierungen der Erzieherinnen und ihren subjektiven Theorien zum Zweitspracherwerb ermöglicht werden, da beiden Elementen ein nicht unerheblicher Einfluss auf die sprachliche Entwicklung der Kinder unterstellt wird. Daher werden am Ende des Beobachtungszeitraums problemzentrierte Experteninterviews geführt. Pro Einrichtung sollen drei Personen befragt werden: zum einen die Leiterin der Einrichtung, da diese den Kindergarten nach außen repräsentiert und dabei sowohl Einblick in die pädagogische Arbeit der Einrichtung als auch in deren Organisation hat, und zum anderen eine Erzieherin sowie eine Sprachförderkraft, die vor allem den Blick auf die Praxis repräsentieren. Im Vordergrund der Interviews stehen die Gestaltung der Sprachförderung, die Zusammenarbeit mit den Eltern sowie der Umgang mit sprachlicher und kultureller Pluralität in der Einrichtung.

4.   Erste Ergebnisse zur Strukturqualität sprachlicher Förderung in niedersächsischen Kindertageseinrichtungen

Eine erste Auswertung der Teilstudie I zur *Strukturqualität sprachlicher Förderung* bezog sich darauf, ob sich in Niedersachsen strukturelle Unterschiede in Abhängigkeit von der Trägerschaft der Einrichtungen zeigen. Der Träger bestimmt die strukturellen Rahmenbedingungen einer Kindertageseinrichtung, da er u.a. für den Betrieb sowie für Personal, Ausstattung der Räum, das pädagogische Konzept und die praktische Erziehungs- und Bildungsarbeit verantwortlich ist. Dabei sind es die Länder und Kommunen, die für die Durchsetzung des Kinder- und Jugendhilfegesetzes (KJHG) verantwortlich sind, während die Träger die Umsetzung in der Praxis gestalten. Anzunehmen ist, dass sich die Träger sowohl in den pädagogischen Zielen und Konzepten als auch hinsichtlich der personellen und finanziellen Ausstattung unterscheiden werden.

4.1   Allgemeine Strukturmerkmale

Tietze und Sylva et al. weisen daraufhin, dass gewisse institutionelle Strukturen, wie beispielsweise die Gruppengröße[6] oder die Erzieherin-Platz-Relation, die Förderung von Kindern begünstigen können (Sylva, Melhuish, Sammons & Siraj-Blatchford, 2003; Tietze, Meischner, Gänsfuß, Grenner, Schuster, Völkel & Rossbach, 1998). Insbesondere

---

6   In Niedersachsen dürfen in Gruppen für 0- bis 3-jährige Kinder gemäß § 2 Abs. 1 Nr. 1 u. 2, 1. DVO-Kindertageseinrichtungsgesetz höchstens 15 Kinder, bei mehr als sieben Kindern unter zwei Jahren höchstens 12 Kinder von zwei Fachkräften betreut werden. Für Kinder zwischen drei Jahren bis zur Einschulung gilt dies für höchstens 25 Kinder.

kann eine günstige Erzieherin-Platz-Relation[7] pädagogische Interaktionen und bildungs-anregende Aktivitäten quantitativ sowie qualitativ fördern und sich somit positiv auf die Prozessqualität in frühkindlichen Betreuungsinstitutionen auswirken. Ausgehend von den für alle Einrichtungen geltenden rechtlichen Vorgaben, waren für die erhobene Stichprobe jedoch vergleichbare strukturelle Rahmenbedingungen zu erwarten.

Tab. 1: Allgemeine Strukturmerkmale

				Kommunale Träger (N=235)		Kirchliche Träger (N=323)		Freie Träger (N=104)		Eltern-Initiativen (N=98)	
	N	Sig.	Eta	MW	SD	MW	SD	MW	SD	MW	SD
Gruppen-größe	721	**	,393	23,1	2,8	22,3	2,9	22,2	3,6	18,5	5,0
Erzieherin-Platz-Relation	707	**	,265	9,0	2,5	8,1	2,3	8,5	4,1	4,1	3,1
Qualifika-tionsniveau des päd. Personals	765	**	,308	7,4	4,8	8,5	4,1	8,5	4,8	4,1	3,1

Wie in Tabelle 1 dargestellt, unterscheiden sich die Einrichtungen in Abhängigkeit von der Trägerschaft in den allgemeinen Strukturmerkmalen in der Stichprobe voneinander. So weisen kirchliche und freie Träger tendenziell günstigere Rahmenbedingungen auf als andere. Dies zeigt sich insbesondere in der Erzieherin-Platz-Relation, die bei den kirchlichen und freien Trägern signifikant etwas niedriger ist, durchschnittlich bei 8,1 (SD= 2,3) bzw. bei 8,5 (SD= 4,1) und z.B. bei den kommunalen Trägern bei 9,0 (SD= 2,5) liegt. In der Gruppengröße unterscheiden sich die Träger kaum voneinander, was auf-grund der rechtlichen Vorgaben jedoch zu erwarten war. Hier fällt insgesamt auf, dass die Maximalgrenze von 25 Kindern nur in den wenigsten Gruppen erreicht wird und die Einrichtungen offensichtlich Strategien entwickelt haben, um „Plätze" unbesetzt zu las-sen.[8] Besonders günstig ist zudem das Verhältnis in den von Elterninitiativen getragenen Einrichtungen. Das Qualifikationsniveau ist in den Einrichtungen mit kirchlichem oder freiem Träger wiederum etwas höher als das in kommunalen Einrichtungen und deutlich höher als in den Einrichtungen der Elterninitiativen. Ermittelt wurde dieses Niveau über die Addition der in einer Einrichtung beschäftigten Personen, deren pädagogische Quali-fikation gewichtet wurde. Personen mit akademischem Abschluss (Dipl.-Sozialpädago-ginnen) wurden hier höher gewichtet als z.B. Sozialassistentinnen und Kinderpflegerin-nen.

---

7   Viernickel & Schwarz (2009) weisen darauf hin, dass in den landesrechtlichen Regelungen eine Differenzierung zwischen Personalschlüssel und Fachkraft-Kind-Relation fehle (F-K-R gibt an, für wie viele Kinder eine pädagogische Fachkraft durchschnittlich zur Verfügung steht). Ihre Er-gebnisse zeigen, dass in der Praxis erzielte F-K-R z.B. aufgrund von Personalausfällen unter den gesetzlich vorgeschriebenen Personalschlüsseln und den Fachkraft-Platz-Relationen liegt. Nähere Informationen finden sich unter: www.berliner-kitabuendnis.de/downloads/expertise_ viernickel-schwarz_090909.pdf [11.05.2010].

8   Hier stehen allerdings noch differenzierte regionale Analysen aus, die diesen Eindruck ggf. revi-dieren könnten.

4.2   Wahrgenommene sozioökonomische Belastungsstrukturen

Die wahrgenommenen sozioökonomischen Belastungsstrukturen sollten Rückschlüsse
darauf erlauben, inwiefern soziale Kontexte die pädagogische Arbeit in Kindertageseinrichtungen beeinflussen. In Anlehnung an entsprechende Studien aus der Schulforschung
(Helmke, 2003; Lanfranchi, 2002) wurde nach jenen Faktoren gefragt, die ein bestimmtes Belastungspotential beinhalten. Da die Untersuchung nach dem Umgang der Institution mit spezifischen Kontexten fragt, sind keine „harten" statistischen Rahmendaten abge-
fragt, sondern die Leiterinnen gebeten worden, relational anzugeben, ob der Anteil z.B.
an Kindern mit einer anderen Erstsprache in ihrer Einrichtung eher hoch, niedrig oder
mittel ist. Eine externe Validierung mit Daten aus der niedersächsischen Landesstatistik
ist über die Angabe von Postleitzahlen im Fragebogen möglich, jedoch aus zeitlichen
Gründen noch nicht erfolgt.

Tab. 2:   Wahrgenommene sozioökonomische Belastungsstrukturen

Hoher Anteil an ...	Sig.	Eta	Kommunale Träger (N=247) %	Kirchliche Träger (N=323) %	Freie Träger (N=104) %	Eltern-initiativen (N=98) %
Alleinerziehenden	.000	.129	3,7	5,7	10,7	1,1
Empfängern von Sozial-leistungen	.000	.153	12,9	17,1	24,0	4,3
Hartz IV- Empfängern	.000	.147	9,6	14,1	16,7	3,3
Kindern mit Migra-tionshintergrund	.000	.159	10,7	17,9	15,8	4,7
Kindern mit anderer Erstsprache	.000	.151	9,4	16,4	15,3	6,0

In Tabelle 2 sind die für die Studie zentralen sozioökonomischen Belastungsstrukturen
dargestellt. Demnach weisen vor allem Einrichtungen mit einem kirchlichen oder freien
Träger subjektiv betrachtet eher ungünstige soziale Kontexte auf. Zudem scheinen dort
die sozioökonomischen Belastungsstrukturen stärker wahrgenommen zu werden als in
Einrichtungen mit kommunalem Träger. So geben die Leiterinnen der Einrichtungen in
freier Trägerschaft und die von kirchlichen Trägern häufiger als die der anderen Träger
an, dass in ihrem Einzugsgebiet der Anteil von Empfängern von Sozialleistungen, von
Hartz IV-Empfängern, von Kindern mit Migrationshintergrund und von Kindern mit einer anderen Erstsprache hoch sei. Nur Einrichtungen mit einem freien Träger weisen
noch höhere Belastungsstrukturen auf. Hier sind es im Vergleich deutlich mehr Empfän-
ger von Sozialleistungen (24%) und Hartz-IV-Empfänger (16,7%), in Einrichtungen mit
kirchlichem Träger dafür mehr Kinder mit Migrationshintergrund und anderer Erstsprache. Die Leiterinnen von kommunalen Kindertageseinrichtungen scheinen weniger Belastungspotential wahrzunehmen.

4.3   Sprachunterstützende Indikatoren

Im Hinblick auf das Vorhandensein sprachunterstützender Indikatoren zeigt sich, dass
diese in der Stichprobe durchaus zu finden sind. In der anglo-amerikanischen Spracher-

werbsforschung wird davon ausgegangen, dass sich bestimmte strukturelle Faktoren günstig auf den Spracherwerb von Kindern mit einer anderen Herkunftssprache auswirken (McLaughlin & McLeod, 1997; Gibbons, 2002). Bezogen auf den institutionellen Spracherwerb sind hier insbesondere der Einsatz von Fachkräften für die Sprachförderung, die Aus- und Weiterbildung des pädagogischen Personals sowie die Organisation, Häufigkeit und konzeptionelle Verankerung der sprachlichen Förderung in der Einrichtung zu nennen.

Tab. 3: Sprachunterstützende Indikatoren

Ja	Sig.	Eta	Kommunale Träger (N=247) %	Kirchliche Träger (N=323) %	Freie Träger (N=104) %	Elterninitiativen (N=98) %
Sprachförderkonzept	.001	.145	50,0	54,2	57,3	32,6
Sprachförderkräfte	.000	.282	28,8	54,1	16,0	0,1
Förderung DaZ-Kinder	.000	.274	14,6	23,5	12,5	1,0
Tägliche Förderung	.000	.265	31,1	28,4	29,8	25,6
Fortbildungen	.000	.286	37,4	45,5	37,6	12,1
Dokumentation	.000	.289	42,5	52,3	50,5	15,1

Die Ergebnisse in Tabelle 3 zeigen, dass sprachfördernde Strukturen in niedersächsischen Kindertagesstätten grundsätzlich vorhanden sind. Es existieren allerdings generell große Unterschiede innerhalb der verschiedenen Träger. 54% der Einrichtungen mit einem kirchlichen Träger und 57% der Einrichtungen mit einem freien Träger, aber nur 50% der kommunalen Einrichtungen bejahten die Frage nach einem Sprachförderkonzept. Ebenfalls auffällige Unterschiede ergab die Frage nach dem Einsatz von Sprachförderkräften.

ger und unter 1% der Elterninitiativen antworteten hier positiv. Hingegen gaben mehr als die Hälfte der kirchlichen Einrichtungen an, Sprachförderkräfte zu beschäftigen. Auch bei der Förderung von DaZ-Kindern[9], der Fortbildung des pädagogischen Personals und der Dokumentation des Sprachstandes liegen die Kindertageseinrichtungen mit kirchlichem Träger deutlich vorn. Lediglich in der täglichen sprachlichen Förderung nehmen sie einen mittleren Platz ein. Hier steht zu vermuten, dass Einrichtungen mit einem kirchlichen Träger tendenziell besser aufgestellt sind als andere.

5.   Fazit und Forschungsausblick

Zusammenfassend lässt sich sagen, dass gerade Einrichtungen mit einem kirchlichen Träger generell in eher ungünstigen sozialen Kontexten liegen, dadurch höhere sozioökonomische Belastungsstrukturen aufweisen, dafür aber in den allgemeinen Strukturmerkmalen, zumindest was die Erzieherin-Platz-Relation und das Qualifikationsniveau des pädagogischen Personals angeht, besser aufgestellt sind. Diesbezüglich wird es inte-

---

9   2003 wurden in Niedersachsen Rahmenrichtlinien für „Deutsch als Zweitsprache" eingeführt. Nähere Informationen hierzu finden sich unter: http://www.nibis.de/nli1/fid/fid.html [11.05.2010].

ressant, diese Ergebnisse im weiteren Projektverlauf mit den bereits gewonnenen Sprachdaten und den noch ausstehenden Beobachtungen in den Kindertageseinrichtungen zu konturieren.

Literatur

Böttcher, W. (2002). Für ein verbindliches Kerncurriculum an Grundschulen. In W. Böttcher & P. E. Kalb (Hrsg.), *Kerncurriculum. Was Kinder in der Grundschule lernen sollen* (S. 14–37). Weinheim, Basel: Beltz.

Büchel, F., Spieß, K. & Wagner, G. (1997). Bildungseffekte vorschulischer Kinderbetreuung. *Kölner Zeitschrift für Soziologie und Sozialpsychologie, 49* , 528–539.

Fried, L. (2004). *Expertise zu Sprachstandserhebungen für Kindergartenkinder und Schulanfänger. Eine kritische Betrachtung.* Verfügbar unter: http://cgi.dji.de/bibs/271_2232_Expertise Fried.pdf [01.07.2004].

Gibbons, P. (2002). *Scaffolding Language, Scaffolding Learning. Teaching Second Language Learners in the Mainstream Classroom.* Portsmouth, NH: Heinemann.

Grimm, H. (2007). *SETK 3-5 Sprachentwicklungstest für drei- bis fünfjährige Kinder. Diagnose von Sprachverarbeitungsfähigkeiten und auditiven Gedächtnisleistungen.* Göttingen: Hogrefe-Verlag.

Gogolin, I. (2008). Förderung von Kindern mit Migrationshintergrund im Elementarbereich. In H.-G. Rossbach & H.-P. Blossfeld (Hrsg.), Frühpädagogische Förderung in Institutionen. *Zeitschrift für Erziehungswissenschaft, Sonderheft 11,* 79–90.

Guadatiello, A. (2003). *KIKUS – Sprachförderung im Vor- und Grundschulalter. Projektdokumentation – Linguistische Analysen – Empfehlungen.* München: Zentrum für kindliche Mehrsprachigkeit e. V.

Helmke, A. (2003). *Unterrichtsqualität erfassen, bewerten, verbessern.* Seelze-Velber: Kallmeyer.

Hoffmann, N., Polotzek, S., Roos, J. & Schöler, H. (2008). Sprachförderung im Vorschulalter – Evaluation dreier Sprachförderkonzepte. *Diskurs Kindheits- und Jugendforschung, 3,* 291–300.

Jampert, K., Leuckefeld, K., Zehnbauer, A. & Best, P. (2006). *Sprachliche Förderung in der Kita. Wie viel Sprache steckt in Musik, Bewegung, Naturwissenschaften und Medien?* Weimar, Berlin: verlag das netz.

Kaltenbacher, E. & Klages, H. (2006). *Deutsch für Vorschüler mit Förderbedarf. Ein Curriculum (nicht nur) für Kinder mit Deutsch als Zweitsprache.* Heidelberg: Seminar für Deutsch als Fremdsprachenphilologie.

Klatt, G. (2007). *Elleressemenne. Deutsch reden: Ein Sprachprogramm für eine systematische Vermittlung der deutschen Sprache in Kindergarten und Vorschule.* Berlin: derdiedas-verlag.

Koch, K. (2009). Was bringt die vorschulische Sprachförderung? Zur Entwicklung zweitsprachlicher Kompetenzen am Übergang vom Kindergarten in die Grundschule. *Zeitschrift für Grundschulforschung, 2,* 42–55.

Koch, K. (2005). Sprachstandstests vor der Einschulung – Beispiel Niedersachsen. In I. Kühn, M. Lehker & W. Timmermann (Hrsg.), *Sprachtests in der Diskussion* (S. 30–40). Frankfurt: Lang.

Küspert, P. & Schneider, W. (2002). *Hören, lauschen, lernen.* Göttingen: Vandenhoeck & Ruprecht.

Lanfranchi, A. (2002). *Schulerfolg von Migrationskindern. Die Bedeutung familienergänzender Betreuung im Vorschulalter.* Opladen: Leske+Budrich Verlag.

McLaughlin, B. & McLeod, B. (1997). Lernen in einer Zweitsprache. Entwicklungen in den USA. *Bildung und Erziehung, 1,* 9–22.

Montanari, E. (2007). *Begleitstudien zu den Fördermaßnahmen in Rheinland-Pfalz.* Mainz. Verfügbar unter: http://kita.rlp.de/fileadmin/downloads/ZusammenfassungStudieSprachf_rderung.pdf [11.05.2010].

Penner, Z. (2005). *Auf dem Weg zur Sprachkompetenz. Neue Perspektiven der sprachlichen Frühförderung bei Migrantenkindern: ein Arbeitsbuch.* Frauenfeld: Kon-Lab.

Reich, H.-H. & Roth, H.-J. (2004). *HAVAS 5 - Hamburger Verfahren zur Sprachstandsanalyse Fünfjähriger. Auswertungsbogen und Auswertungshinweise.* Hamburg: Landesinstitut für Lehrerbildung und Schulentwicklung.

Roßbach, H. G. & Tietze, W. (Hrsg.). (1996). *Schullaufbahnen in der Primarstufe. Eine empirische Untersuchung zu Integration und Segregation von Grundschülern.* Münster: Waxmann.

Roux, S. (2002). *Wie sehen die Kinder ihren Kindergarten. Theoretische und empirische Befunde zur Qualität von Kindertagesstätten.* Weinheim: Juventa Verlag.

Schlösser, E. (2007). *Wir verstehen uns gut. Spielerisch Deutsch lernen.* Münster: Ökotopia-Verlag.

Sylva, K., Melhuish, E., Sammons, P., Siraj-Blatchford, I., Taggart, B. & Elliot, K. (2003). *The Effective Provision of Pre School Education (EPPE) Project: Findings from the Pre-School Period.* Verfügbar unter: http://www.ioe.ac.uk/schools/ecpe/eppe/eppe/eppepdfs/eppe_brief2503.pdf [30.01.2007].

Tietze, W. (2004). Pädagogische Qualität in Familie, Kindergarten und Grundschule und ihre Bedeutung für die kindliche Entwicklung. In G. Faust, M. Götz, H. Hacker & H.-G. Roßbach (Hrsg.), *Anschlussfähige Bildungsprozesse im Elementar- und Primarbereich* (S. 139–153). Bad Heilbrunn: Klinkhardt-Verlag.

Tietze, W., Meischner, T., Gänsfuß, R., Grenner, K., Schuster, K.-M., Völkel,, P. & Rossbach, H.-G. (1998). *Wie gut sind unsere Kindergärten? Eine Untersuchung zur pädagogischen Qualität in deutschen Kindergärten.* Neuwied u.a.: Luchterhand Verlag.

Tophinke, D. (2003). *Sprachförderung im Elementarbereich. Julia, Elena und Fatih entdecken gemeinsam die deutsche Sprache. Materialien und praktische Anleitung.* Weinheim, Basel: Beltz.

Tracy, R. (2007). *Wie Kinder Sprachen lernen und wie wir sie dabei unterstützen können.* Tübingen: Francke.

Viernickel, S. & Schwarz, S. (2009). *Expertise. Schlüssel zu guter Bildung, Betreuung und Erziehung. Wissenschaftliche Parameter zur Bestimmung der pädagogischen Fachkraft-Kind-Relation.* Alice Salomon Hochschule Berlin. Verfügbar unter: http://www.berliner-kitabuendnis.de/down loads/expertise_viernickelschwarz_090909.pdf [11.05.2010].

Michael Frais

Evaluationen von Tagesschulen im Kanton Zürich
Evaluationen als Entscheidungsgrundlage in der lokalen Bildungspolitik

1. Einleitung

Evaluationen im politischen Kontext unterliegen immer der Logik politischer Entscheidungsfindung. Dies hat zur Folge, dass die resultierenden Ergebnisse oder Schlussfolgerungen bzw. Interpretationen der Daten nicht grundsätzlich mit den Interessen der politischen Akteure übereinstimmen. Wenn in solchen Fällen Evaluationsberichte „auf Nimmerwiedersehen" in Schränken oder Schubladen verschwinden, liegt dies in der Logik politischer Entscheidungsfindung begründet und ist kein ungewöhnliches Phänomen.

Die Evaluationen der Tagesschulen Horgenberg und Tannenbach der Gemeinde Horgen im Kanton Zürich sind ein Beispiel, wie die Einbindung von Evaluationen in politische Entscheidungsprozesse gelingen kann. Allerdings muss einschränkend hinzugefügt werden, dass die basisdemokratische Grundausrichtung politischer Entscheidungsprozesse in der Schweiz kaum auf andere Länder übertragbar ist. Die Schulpflege als demokratisch gewählte Schulaufsicht einer Gemeinde ist in der Regel ein Laiengremium, welches hauptsächlich für die strategische Führung einer Schule zuständig ist. Die Schulleitung hingegen übernimmt in erster Linie für das operative Geschäft einer Schule die verantwortliche Rolle.

Gleichwohl zeigt sich in diesem Beispiel insofern ein idealtypischer Prozessablauf, als vor der Entscheidungsfindung ein datengestützter Evaluationsbericht einer externen Stelle für alle stimmberechtigten Personen der Gemeinde Horgen zur Einsicht vorlag.

2. Ausgangslage

Das Sanierungsprogramm 04 des Kantons Zürich sah für den Bereich der Primarschule Horgen eine Reduktion von rund vier Lehrstellen (Abteilungen) vor. Von diesem Abbau wäre die Mehrklassenabteilung (4.-6. Klasse) Horgenberg wegen der kleinen Schülerzahl betroffen gewesen. Dank der intensiven Bemühungen der Schulpflege konnte mit der Bildungsdirektion eine Vereinbarung getroffen werden, dass diese zusätzliche Klasse befristet für das Schuljahr weitergeführt werden durfte. Die Bewilligung war mit der Auflage verbunden, zu prüfen, ob eine öffentliche Tagesschule auf dem Horgenberg realisierbar wäre.

Die Tagesschulen haben den Auftrag, die Betreuung werktags von 7 bis 18 Uhr sicherzustellen. Eine Vollverpflegung (Zmorge, Zmittag, Zvieri)[1] soll angeboten werden. Die üblichen Unterrichtszeiten im Kanton Zürich sind: montags, dienstags, donnerstags und freitags von 8.00 bis 16.30 Uhr; mittwochs bis mittags. Auf eine Diskussion des Be-

---

1   Diese Wörter bedeuten entsprechend obiger Reihenfolge: Frühstück, Mittag, Nachmittagsimbiss.

griffes Tagesschule wird an dieser Stelle verzichtet. Es sei diesbezüglich auf Walter Herzogs differenzierte Analyse der „begrifflichen Wirrnis" (Schüpbach & Herzog, 2009, S. 20ff.) im Zusammenhang mit der Diskussion über pädagogische Ansprüche an Tagesschulen verwiesen.

Die Schulpflege hat daraufhin mit Eltern- und Lehrpersonenvertretungen ein Konzept für den Betrieb einer Tagesschule ausgearbeitet. An der Urnenabstimmung vom 27. November 2005 haben die Stimmberechtigten schließlich der versuchsweisen Einführung einer öffentlichen Tagesschule Horgenberg zugestimmt. Sie hatten für die dreijährige Versuchsphase einen Bruttokredit von insgesamt 551.500 Franken bewilligt. Der Versuch lief Ende des Schuljahres 2008/09 ab. Mit dieser dreijährigen Versuchsphase sollten Erfahrungen für einen möglichen Dauerbetrieb der Tagesschule gesammelt werden. Für die Gemeinde Horgen ist der Dauerbetrieb von einer oder mehreren Tagesschulen insofern von Interesse, als dass sie ihre Attraktivität als Wohnort dadurch steigern könnte.

Nach der versuchsweisen Einführung der Tagesschule Horgenberg im Schuljahr 2006/07 zeichnete sich sehr bald das Bedürfnis nach einer weiteren Tagesschule in der Gemeinde ab. So startete im Schuljahr 2007/08 die Tagesschule Tannenbach. In einer dreijährigen Versuchsphase sollten ebenfalls Erfahrungen für einen möglichen dauerhaften Betrieb gesammelt werden.

Der stimmberechtigten Bevölkerung wurde signalisiert, dass im Verlauf des Schuljahres 2008/09 der versuchsweise Betrieb der Tagesschulen Horgenberg und Tannenbach evaluiert und über deren Dauerbetrieb im Rahmen einer Gemeindeabstimmung abgestimmt würde. Die Erarbeitung des Befragungsinstrumentariums wurde im Zusammenhang mit der Evaluation der Tagesschule Horgenberg sorgfältig und unter Berücksichtigung der Gegebenheiten vor Ort vorgenommen (z.B. keine Fragen nach dem baulichen Zustand der Tagesschule, da keine Gelder für die Renovierung des Schulhauses vorhanden waren). Das Evaluationsinstrumentarium der Tagesschule Horgenberg wurde für die Befragung der Tagesschule Tannenbach adaptiert und angepasst. Dieser Anpassungsprozess konnte mit wenig Aufwand vollzogen werden, da beide Tagesschulen mit dem gleichen pädagogischen Konzept arbeiten.

Die Auslastung lag an beiden Tagesschulen bei über 100%. Die Warteliste zeigt, dass von einer eher steigenden Nachfrage auszugehen ist. Insofern war bereits vor der Evaluation ein Bedarf ersichtlich, der für sich gesehen schon den Betrieb der Tagesschulen rechtfertigen würde.

3.   Erarbeitung des Evaluationsinstrumentariums

Für die Fragebogenerstellung wurden zunächst in einem ersten Schritt gemeinsam mit der Arbeitsgruppe der Tagesschulen Horgenberg und Tannenbach als Experten des Kontextes relevante Themen und Fragestellungen in Bezug auf die Tagesschulen erarbeitet.

Um zu einem umfassenden Bild der Tagesschule Tannenbach zu gelangen, entwickelte das Evaluationsteam in Zusammenarbeit mit den beiden Arbeitsgruppen der Tagesschulen für alle Beteiligten adäquate Befragungsinstrumente. In Anlehnung an Kelle wurde vor der Entwicklung eines Evaluationsinstrumentariums ein „Zugang zu lokalen Wissensbeständen im untersuchten Handlungsfeld" (Kelle, 2007, S. 297) mittels qualitativer Methoden geschaffen. Dieser induktive Zugang zum Forschungsgegenstand wurde auch gewählt, damit, wie es Stockmann formuliert, die Befragungsinstrumente auch „an die spezifischen organisatorischen, politischen, soziokulturellen oder regionalen Bedingungen angepasst und von allen Beteiligten akzeptiert sind" (2006, S. 221).

3.1 Ziele

Die Ziele der Evaluationen wurden vom Evaluationsteam der PH Zürich gemeinsam mit den Projektgruppen erarbeitet. Die Befragung sollte Aufschluss über die aktuelle Einschätzung der Tagesschulen durch die beteiligten Akteure (Schülerinnen und Schüler, Eltern, Lehrpersonen, Schulleitung) geben. Die Evaluation der Tagesschulen geht darüber hinaus den Fragen nach, wie gut die pädagogische Arbeit einzuschätzen und die Tagesschulen als funktionierendes Angebot zu bewerten sind.

Im Sinne einer Qualitätssicherung und -entwicklung war die Schulpflege Horgen zudem bestrebt, die Tagesschulen einer Evaluation zu unterziehen, um Stärken, Schwächen und Optimierungsmöglichkeiten im pädagogischen, organisatorischen und administrativen Bereich zu erfassen. Damit sollen im Falle einer Weiterführung bereits gesicherte Hinweise für mögliche Entwicklungsperspektiven vorliegen.

3.2 Methoden

Wie bereits oben angedeutet war die Entwicklung des Evaluationsinstrumentariums als partizipativer Prozess organisiert. Die zur Anwendung gekommenen qualitativen und quantitativen Methoden sind nachfolgend aufgelistet:

1. Qualitativer Zugang im Zusammenhang mit der Entwicklung des Befragungsinstrumentariums, d.h. mit der Einbindung von Repräsentantinnen und Repräsentanten sowie Akteurinnen und Akteuren der beteiligten Gruppen (Schulpflege, Elternvertretung, Schulleitung und Betreuungspersonen) wurden die Sichtweisen und Bedürfnisse der Stakeholder bei der Konstruktion des Evaluationsinstrumentariums berücksichtigt.

2. Quantitative Datenerhebung in Form von Fragebögen bei Eltern, Lehrpersonen sowie Schülerinnen und Schülern (3.-6. Klassenstufe)

3. Gruppeninterviews mit Schülerinnen und Schülern der 1. und 2. Klassenstufe

4. Einzelinterviews der Lehr- und Betreuungspersonen

5. Bildevaluation mit den Kindern des Kindergartens

Die Arbeit der PH Zürich gestaltete sich in Absprache und Kooperation mit den zuständigen Arbeitsgruppen der Tagesschulen Horgenberg und Tannenbach.

4.   Datenlage / Umgang mit dem Datenmaterial

Am Evaluationstag in den Schulhäusern Horgenberg und Tannenbach konnten alle anwesenden Schülerinnen und Schüler des 1.-6. Schuljahres, welche die Tagesschulen besuchen, sowie ein Teil der Kinder, die den Mittagstisch besuchen, befragt werden. Bei der vorausgehenden Bildevaluation wurde von Kindern der Kindergärten, welche auch das Tagesschulangebot nutzen, pro Kind eine Zeichnung angefertigt. Damit wurde bei den Schülerinnen und Schülern sowie bei den Kindergartenkindern eine Rücklaufquote von fast 100% erreicht. Die Rücklaufquote der Elternbefragungen auf dem Horgenberg beträgt ca. 90%, die der Elternbefragung in Tannenbach ca. 70%. Insgesamt liegen Rückmeldungen von 53 Eltern vor. An beiden Schulhäusern konnten sämtliche der 19 zuständigen Lehr- und Betreuungspersonen befragt werden.

Ziel der Evaluation war es, wie oben bereits beschrieben, ein umfassendes Bild der Tagesschulen zu erhalten. Die Evaluationsergebnisse bieten damit eine solide Informationsbasis für die Abstimmung über die definitive Weiterführung der Tagesschulen im Schuljahr 2009/10. Im Falle eines positiven Abstimmungsentscheides bezüglich der Weiterführung der Tagesschulen empfiehlt es sich, das erhobene Datenmaterial mittel- bis langfristig in die Schulprogrammarbeit und somit in die Schulentwicklungsprozesse der Tagesschulen einfließen zu lassen.

5.   Aufbereitung der Daten, Berichterstellung

Die erhobenen Daten wurden zunächst in Form von Rohdatenberichten ausgewertet. In den Rohdatenberichten sind die prozentualen Verteilungen zu den einzelnen Items und Fragen grafisch und mit den wichtigsten statistischen Kennzahlen (Mittelwert und Standardabweichung) versehen dargestellt. Zudem wurde für jeden Auswertungsbericht (Schülerinnen und Schüler, Lehrpersonen und Eltern) eine Profillinie für alle skalierten Items erstellt, damit ein schneller Einblick in das Datenmaterial möglich ist. Die offenen Fragen sowie die Kindergartenbilder wurden mit einem inhaltsanalytischen Verfahren ausgewertet.

Zudem wurde für jede Tagesschule ein schriftlicher Ergebnisbericht erstellt. Diese Berichte lagen vor der Gemeindeabstimmung in der Gemeinde für die stimmberechtigten Bürgerinnen und Bürger aus. Sie sind so formuliert, dass die Stimmberechtigten sich auch ohne forschungsmethodische Kenntnisse einen schnellen Überblick über die Situation an beiden Tagesschulen verschaffen konnten. Diese Berichte sind in Absprache mit der jeweiligen Projektgruppe verfasst worden, um ein größtmögliches Maß an Verständlichkeit zu gewährleisten. Aus diesen Gründen hatten beide Berichte eine Länge von etwa 12 Seiten. Zusätzlich war es möglich, Einblick in die 80 Seiten des Rohdatenberichtes zu nehmen.

6.   Ergebnisse

Die Ergebnisse werden im Folgenden sehr allgemein und nur am Beispiel einer Fragen-gruppe (siehe Leitgedanken und Ziele) etwas präziser dargestellt (vgl. Abbildung 1), da das Hauptaugenmerk dieses Artikels auf dem entscheidungspolitischen Kontext liegt.

Insgesamt herrscht eine hohe bis sehr hohe Zufriedenheit bei allen Beteiligten. Einzig die Einschätzung des Mittagstisches fiel weniger positiv aus. Insbesondere die Umset-zung der pädagogischen Ziele gemäß Tagesschulkonzept wird sehr gut bewertet: Aus dem pädagogischen Konzept der Tagesschulen wurde die Skala „Leitgedanken und Zie-le" entwickelt (4er-Skalierung). Sowohl die Eltern (Gesamtmittelwert 1,3; Standardab-weichung 0,5) als auch die Lehr- und Betreuungspersonen (Gesamtmittelwert 1,3; Stan-dardabweichung: 0,5) bewerten die Umsetzung der pädagogischen Leitgedanken und Ziele als weitgehend gelungen. Mit einem Cronbach's Alpha von 0,86 – errechnet aus den Rückmeldungen von Eltern sowie Lehr- und Betreuungspersonen (Eltern 0,88; Lehr- und Betreuungspersonen 0,78) – weist diese erstmals erprobte Skala zudem eine hohe in-terne Konsistenz aus. In dem nachfolgenden Profilinienvergleich entsprechen die ersten sieben Items der Skala „Leitgedanken und Ziele":

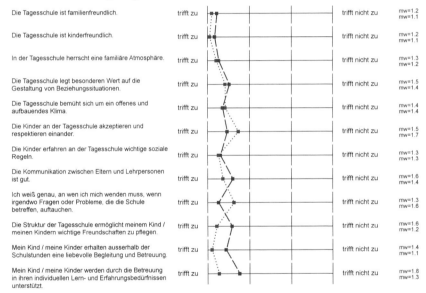

Abb. 1: Profillinienvergleich

Als einzige Auffälligkeit zeigt sich dabei das Item „Die Kinder an den Tagesschulen ak-zeptieren und respektieren einander". Die Wahrnehmung dieses Aspekts durch die Erzäh-lungen der Kinder zu Hause fällt bei den Eltern um 0,2 Skalenpunkte besser aus als die Einschätzung der Lehrpersonen, die in erster Linie durch ihre pädagogische Arbeit mit den Kindern und Beobachtung im Schulhaus entstanden ist.

Bei weitergehender Betrachtung des Profillinienvergleichs (die Standardabweichung liegt bei allen Items zwischen 0,4 und 0,8) fallen weitere und zum Teil größere Differen-zen auf wie z.B. im letzten Item „Mein Kind wird / meine Kinder werden durch die Be-

treuung in ihren individuellen Lern- und Erfahrungsbedürfnissen unterstützt". Diesen
Aspekt schätzen die Eltern mit einem Wert von 1,8 gegenüber 1,5 bei den Lehr- und Betreuungspersonen deutlich schlechter ein. Bei diesen beispielhaft dargestellten Differenzen stellt sich grundsätzlich die Frage, wie diese zu interpretieren sind und welche Konsequenzen daraus gezogen werden sollen oder müssen. Unbestritten ist, dass es sich bei
derartigen Differenzen um zwei Perspektiven derselben Sache handelt und insofern auch
beide Perspektiven ernst genommen werden müssten. Würde nun der verantwortliche
Entscheidungsträger Maßnahmen einleiten, ohne die Sache unter Berücksichtigung beider Perspektiven auszuloten, entsteht möglicherweise bei einer Partei fehlende Akzeptanz. Bezogen auf das zuletzt dargestellte Beispiel könnte die „Verordnung" von Weiterbildungsmaßnahmen für die Lehr- und Betreuungspersonen nicht zielführend sein, wenn
das Hauptproblem in mangelnden Personalressourcen und geeigneten Fördermaterialien
liegt.

6.1   Gemeindeabstimmung

Im Mai 2009 wurde eine Gemeindeabstimmung u.a. auch über die Weiterführung der
Tagesschulen durchgeführt. Von 11.056 Stimmberechtigten haben 48,7% an der Abstimmung teilgenommen. Zwei Drittel der beteiligten Stimmberechtigten sprachen sich
für eine definitive Einführung der öffentlichen Tagesschulen aus (vgl. Abbildung 2).

7.   Zusammenfassung und Ausblick

Aufgrund der guten Rücklaufquoten, die zwischen 70% und 100% liegen, ist davon auszugehen, dass die vorliegenden Ergebnisse ein realistisches Bild der evaluierten Tagesschulen zeigen. Diese guten Rücklaufquoten machen deutlich, dass die Evaluation von
allen Beteiligten ernst genommen wurde. Sie weisen zudem auf einen sehr hohen Identi-
fikationsgrad mit den Tagesschulen hin. Dies wird insbesondere auch durch die vorliegenden Rückmeldungen aus den offenen Fragen gestützt. Eine hohe Identifikation mit
der Schule gilt als ein wichtiges Kriterium einer guten Schule. Eltern, Schülerinnen und
Schüler sowie Lehr- und Betreuungspersonen, die sich mit ihrer Schule identifizieren,
zeigen insgesamt eine höhere Bereitschaft, ihre Schule mitzugestalten und durch verschiedene Aktivitäten zu beleben.

   Insbesondere anhand der Auswertungen der offenen Fragen und Interviews lässt sich
gut nachvollziehen, dass die beiden Tagesschulen von allen Befragten als ein sehr wert-
voller Teil der beiden Regelschulen wahrgenommen werden, der sich durch eine hoch-
professionelle Betreuung und sehr viel persönliches Engagement der beteiligten Lehr-
und Betreuungspersonen auszeichnet.

Wahlbüro Horgen

Protokoll der Gemeindeabstimmung

17. Mai 2009

Zahl der Stimmberechtigten:	11'056
Zahl der eingegangenen Stimmrechtsausweise	5'389
Stimmbeteiligung	48.7%

Definitive Einführung von öffentlichen Tagesschulen in Horgen; Zustimmung zu den jährlich wiederkehrenden Kosten in Höhe von Fr. 413'000.00	Ja	3'302
	Nein	1'605
	leer	141
	ungültig	75
	Total Stimmen	**5'123**

Die Vorlage ist angenommen

Abb. 2: Gemeindeabstimmung

Der Umgang mit Differenzen in der Wahrnehmung von Aspekten des schulischen Lernens und Lebens sollte, wie angedeutet, nicht zu übereilten Entscheidungen führen. Im Sinne einer möglichst objektiven Betrachtung der einzelnen Aspekte empfiehlt es sich, diese „auffälligen" Aspekte zunächst mit den beteiligten Gruppen zu diskutieren und zu bewerten. Dieser Prozess führt zu einer sachbezogenen Eingrenzung der Handlungsoptionen, teilweise können dadurch bereits Klärungen herbeigeführt und die Kommunikation der beteiligten Gruppen untereinander verbessert werden. Trifft man Entscheidungen nach Abschluss dieses Verständigungsprozesses, stoßen diese bei den Betroffenen Gruppen auf höhere Akzeptanz und werden damit in ihrer Umsetzung erfolgreicher sein.

Mit einer derartigen Vorgehensweise kann der Anspruch eingelöst werden, dass Evaluationen Wissen über Wirkzusammenhänge von Bildungsprozessen generieren können und dieses Wissen in der Praxis aufgenommen und umgesetzt wird. Damit verbunden ist auch die Hoffnung der bildungspolitischen Akteure sowie aller Stakeholder im Umfeld unserer Bildungseinrichtungen, dass die Arbeit in pädagogischen Handlungsfeldern auf diese Weise zielgerichteter, effektiver und effizienter gestaltet und die Qualität von Bildungseinrichtungen verbessert werden kann.

Literatur

Kelle, U. (2007). *Die Integration qualitativer und quantitativer Methoden in der empirischen Sozialforschung. Theoretische Grundlagen und methodologische Konzepte.* Wiesbaden: VS Verlag für Sozialwissenschaften.

Schüpbach, M. & Herzog, W. (Hrsg.). (2009). *Pädagogische Ansprüche an Tagesschulen.* Bern: Haupt.

Stockmann, R. (2006). *Evaluation und Qualitätsentwicklung.* Münster: Waxmann.

Johannes König & Kerstin Darge

Sitzenbleiben – Erfahrungen und Einstellungen von Lehrerinnen und Lehrern

Erste Ergebnisse aus der wissenschaftlichen Begleitstudie zur Initiative „Komm Mit! – Fördern statt Sitzenbleiben" des Schulministeriums NRW und der nordrhein-westfälischen Lehrerverbände

Der Beitrag informiert über die wissenschaftliche Begleitstudie zur Initiative „Komm Mit! – Fördern statt Sitzenbleiben" des Schulministeriums NRW und der nordrhein-westfälischen Lehrerverbände, welche im Jahr 2008 am Institut für Allgemeine Didaktik und Schulforschung der Humanwissenschaftlichen Fakultät der Universität zu Köln unter der Leitung von Prof. Dr. Rainer Peek (†) und der Koordination von Kerstin Darge sowie unter Finanzierung des nordrhein-westfälischen Schulministeriums begonnen wurde. Vorgestellt wird ein Rahmenmodell zur Untersuchung des Sitzenbleibens auf individueller Ebene (Schülerebene) und institutioneller Ebene (Schulebene). Dieses Modell folgt Überlegungen aus der Forschung zur Schul- und Unterrichtsqualität. Ferner werden Erhebungsinstrumente präsentiert und erste deskriptive Befunde berichtet, insbesondere zum Zusammenhang zwischen der Sitzenbleiberquote und den Merkmalen der Schul- und Unterrichtsqualität sowie Merkmalen des Lehrerkollegiums auf Schulebene. Die Daten stammen aus der Schulausgangslagenuntersuchung der Initiative, die von Januar bis März 2009 durchgeführt wurde und an der sich 400 Schulen (Haupt-, Real-, Gesamtschulen, Gymnasien) beteiligten. Die Schülerinnen und Schüler der 8. Jahrgangsstufe sowie das gesamte Kollegium von 70 dieser 400 Schulen nahmen zusätzlich an einer Fragebogenerhebung teil. Die hier berichteten Ergebnisse beziehen sich auf die Befragung der Lehrerinnen und Lehrer.

1. Einleitung

Im Schuljahr 2006/07 betrug die bundesweite Wiederholungsquote an allgemeinbildenden Schulen 2,7 Prozent. Das entspricht einer Summe von rund 234.000 Schülerinnen und Schülern von der Primarstufe bis zur Sekundarstufe II, die eine Jahrgangsstufe wiederholten – wobei die Wiederholungsquote der Sekundarstufe I (3,6 Prozent) höher ausfiel als die Quote der Primarstufe (1,2 Prozent) oder die Quote der Sekundarstufe II (3,0 Prozent) (Autorengruppe Bildungsberichterstattung, 2008). Am Beispiel Nordrhein-Westfalens lässt sich zudem beobachten, dass Klassenwiederholungen erheblich über die Bildungslaufbahnen kumulieren: Unter den 15-jährigen Schülerinnen und Schülern in PISA 2006 waren es in den nordrhein-westfälischen Hauptschulen 55 Prozent, in den Realschulen 24 Prozent, in den integrierten Gesamtschulen 27 Prozent und in den Gymnasien 11 Prozent, die eine „verzögerte Schullaufbahn" aufweisen, wie es die PISA-Forscher ausdrücken (Prenzel, Schütte, Rönnebeck, Senkbeil, Schöps & Carstensen, 2008).

Diese Statistiken geben Anlass zur Diskussion. Aus internationaler Perspektive ließe sich etwa anführen, dass Deutschland eines der wenigen Länder in Europa ist, in denen Sitzenbleiben möglich ist bzw. in denen die Versetzung in die nächsthöhere Klassenstufe nicht automatisch erfolgt (Eurydice, 2005). In anderen europäischen Ländern wie zum Beispiel Finnland, Schweden oder Kanada ist die Weiterstufung von Schülerinnen und Schülern mit dem Ethos einer „Pädagogik der Vielfalt" verbunden und Maßnahmen der Individuellen Förderung sind selbstverständlich (z.b. Ratzki, 2005; Sarjala & Häkli, 2008).

In Deutschland unterliegen Schulen rechtlich einer Förderpflicht. So ist im §1 des Schulgesetzes NRW nachzulesen: „Jeder junge Mensch hat (...) ein Recht auf schulische Bildung, Erziehung und individuelle Förderung." (Schulgesetz NRW – SchulG, 2009). In gewisser Hinsicht, so kann argumentiert werden, verstößt die von Seiten der Institution Schule getroffene Entscheidung für das Sitzenbleiben einer Schülerin oder eines Schülers gegen das Prinzip der Chancengleichheit (Sandfuchs, 2005). Ferner verursacht das Sitzenbleiben Kosten und ist unökonomisch – nicht nur in finanzieller Hinsicht (zusammenfassend Klemm, 2009), sondern auch hinsichtlich der Lebenszeit der betroffenen Heranwachsenden. Schließlich wird national wie international wiederkehrend auf das Fehlen von empirischen Befunden verwiesen, die belegen könnten, dass die Maßnahme des Sitzenbleibens eine Leistungsverbesserung der betreffenden Schülerinnen und Schüler nach sich zieht (Belser & Küsel, 1976; Einsiedler & Glumpler, 1989; Bless, Schüpbach & Bonvin, 2004; Hong & Raudenbush, 2005; Tillmann & Meier, 2001; Krohne & Tillmann, 2006; Ehmke, Drechsel & Carstensen, 2008).

Es stellt sich also die Frage, ob folglich nicht auf das Sitzenbleiben verzichtet werden sollte. Um sich einer Antwort auf diese Frage zu nähern, kann ein Blick auf mögliche Ursachen des Sitzenbleibens sowie auf Erklärungsfaktoren, die zur Entscheidung der Wiederholung führen, ein erster Schritt sein. Tietze und Rossbach (2001) verweisen hierbei auf die Unterteilung in individuelle und institutionelle Ursachen- bzw. Erklärungsbereiche: Zum einen ist das Sitzenbleiben auf individuelle Faktoren der Schülerinnen und Schüler zurückzuführen. Mangelnde individuelle Anstrengungsbereitschaft oder fehlende Unterstützung der Eltern für schulische Belange beispielsweise können hier verortet werden. Zum anderen aber dürfte Sitzenbleiben im Zusammenhang mit Merkmalen des schulischen Angebots, der Struktur und Qualität von Schule und Unterricht sowie mit Merkmalen bzw. mit dem Verhalten von Lehrkräften stehen. Aus der Forschung zur Erklärung von Schülerleistungen ist bekannt, dass es – sofern es um jene Anteile geht, für die sich die Schule als Angebots- und Erfahrungskontext wirksam erweisen kann – vor allem die Lehrkräfte sind, denen eine herausgehobene Stellung zukommt (z.B. Hattie, 2003; Lipowsky, 2006, im Überblick). Zieht man also institutionelle Merkmale zur Erklärung des Sitzenbleibens heran, ist die Frage berechtigt, inwieweit die Klassenwiederholung nicht nur eine Bedeutung für die Schülerinnen und Schüler hat, sondern auch eine Sache der Lehrkräfte ist.

Bisherige Studien verweisen darauf, dass Lehrkräfte sich nur bedingt für das Sitzenbleiben bzw. für die Misserfolge von Schülerinnen und Schülern verantwortlich fühlen (Hurrelmann & Wolf, 1986; Lankes, Plaßmeier, Bos & Schwippert, 2004). Die Entscheidung, ob eine Schülerin bzw. ein Schüler die bereits besuchte Jahrgangsstufe wiederholen muss oder nicht, fußt nicht notwendigerweise allein auf einer nach möglichst objektiv nachvollziehbaren Kriterien getroffenen Diagnose des Leistungsstands der Schülerin oder des Schülers; die subjektive Entscheidung einer Lehrkraft oder die kollektive Entscheidung eines Lehrerkollegiums kann hierbei auch zum Tragen kommen (von Saldern, 1999; Bless et al., 2004; Bellenberg & Meyer-Lauber, 2007). Lehrkräfte in Deutschland sind gegenüber dem Sitzenbleiben als pädagogische Maßnahme eher positiv eingestellt (Tietze & Rossbach, 2001). Mit ihr sind Möglichkeiten der Homogenisierung von Lerngruppen konnotiert; jemanden sitzenbleiben lassen wird von Lehrkräften aber auch als eine Maßnahme der „Individuellen Förderung" aufgefasst (z.B. Tillmann, 2004; Höhmann, 2006). Trotz dieser Erkenntnisse zum Umgang der Lehrkräfte mit dem Sitzenbleiben sowie ihrer damit verbundenen Einstellungen und Auffassungen wird ein Mangel an empirischen Untersuchungen zum Phänomen des Sitzenbleibens konstatiert (Tietze & Rossbach, 2001).

2.   Rahmenmodell zur Untersuchung des Sitzenbleibens

Ein Ziel der wissenschaftlichen Begleitung der Initiative „Komm Mit! – Fördern statt Sitzenbleiben" ist die Entwicklung von Instrumenten zur schulinternen Evaluation und Schulentwicklung auf individueller sowie auf institutioneller Ebene. Dies berücksichtigend wurde, mit Blick auf die im Rahmen der wissenschaftlichen Begleitstudie verfügbaren Daten, ein erstes Rahmenmodell entwickelt, das für die Untersuchung des Sitzenbleibens den Ausgangspunkt darstellt (vgl. Abbildung 1). Das Untersuchungsmodell erhebt keinen Anspruch auf Vollständigkeit. Vielmehr dient es zunächst als Heuristik mit der Funktion, die in die Untersuchung einbezogenen Konstrukte zu systematisieren und eine Grundlage für die Entwicklung konkreter Fragestellungen bereitzustellen, die mit den Daten der wissenschaftlichen Begleitung untersucht werden können.

Strukturell unterscheidet das Rahmenmodell zwischen der Ebene der Schülerinnen und Schüler (individuelle Ebene) und der Schulebene (institutionelle Ebene). Die Klassenebene bleibt unberücksichtigt, da – wie nachfolgend noch ausgeführt wird – Datenauswertungen unter Berücksichtigung der Klassenebene nicht möglich sind. Das Sitzenbleiben wird einerseits auf Ebene der Schülerinnen und Schüler als individuelle Variable verortet. Hier können Fragen zu möglichen Determinanten und Auswirkungen des Sitzenbleibens verfolgt werden. Andererseits kann das Sitzenbleiben in Form der Sitzenbleiberquote als institutionelles Merkmal betrachtet werden, sodass zum Beispiel Fragen zu Zusammenhängen zwischen der Sitzenbleiberquote und Merkmalen auf Schulebene nachgegangen werden kann, die für die Organisations- und Personalentwicklung von Schulen von Bedeutung sind.

Auf Schülerebene werden die Merkmale der Schülerinnen und Schüler, die im Zusammenhang mit dem Sitzenbleiben stehen, untersucht (z.B. als Voraussetzungen), während auf Schulebene die Merkmale der Schulqualität, der Unterrichtsqualität sowie der Lehrerschaft in den Blick genommen werden. In Analysen, welche die komplexe Datenstruktur berücksichtigen (Mehrebenenanalysen), können zudem beide Ebenen aufeinander bezogen werden. Im Folgenden wird die Operationalisierung der einbezogenen Konstrukte erläutert. Anschließend wird eine erste Fragestellung benannt, die mit den Daten im vorliegenden Beitrag untersuchen werden.

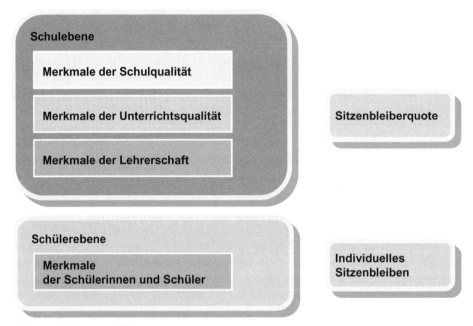

Abb. 1: Rahmenmodell

3.   Anlage der Untersuchung

Die Initiative „Komm mit! – Fördern statt Sitzenbleiben" zielt darauf, insbesondere in den Klassen 7, 8 und 9 die Sitzenbleiberquote schrittweise zu reduzieren, ohne dabei schulische Leistungsanforderungen zu senken. Die Initiative wurde von Schulministerin Barbara Sommer, dem Verbandsvorsitzenden Udo Beckmann (VBE NRW), Andreas Meyer-Lauber (GEW NRW), Peter Silbernagel (Philologen-Verband NRW) und Monika Straub (Verein katholischer deutscher Lehrerinnen NRW) auf den Weg gebracht. Alle Schulen, die sich im Jahr 2008 mit tragfähigen Förderkonzepten zur Teilnahme an der Initiative beworben hatten, wurden zugelassen. Das Land stellt den Schulen für ihre Arbeit über 100 Stellen für einen Zeitraum von drei Jahren zur Verfügung.

Im Januar 2009 wurden erstmals über eine internetbasierte Befragung schulspezifische Zielsetzungen, geplante Fördermaßnahmen und Merkmale der Sitzenbleibersituation an allen 400 Schulen, die sich zu diesem Zeitpunkt an der Initiative beteiligten, erfasst. Ferner wurde an einer Stichprobe dieser Schulen eine Vollerhebung des Lehrerkollegiums sowie eine Vollerhebung der Schülerinnen und Schüler der 8. Jahrgangsstufe durchgeführt. Lehrkräfte wurden mit einem standardisierten Fragebogen zu Einstellungen sowie zu Merkmalen der Schul- und Unterrichtsqualität befragt und gebeten, über ihr Geschlecht und die Fächer, die sie unterrichten, Auskunft zu geben. Schülerinnen und Schüler wurden hinsichtlich motivationaler und emotionaler Merkmale befragt sowie gebeten, ihre Schulnoten zu nennen, gegebenenfalls über ihre eigenen Erfahrungen mit Sitzenbleiben zu berichten und detaillierte demographische Angaben zu machen.

Nach dem Tod von Prof. Dr. Rainer Peek im Sommer 2009 ging die Projektleitung für die Fortführung der wissenschaftlichen Begleitstudie zur Initiative „Komm Mit! – Fördern statt Sitzenbleiben" an Prof. Dr. Andreas Helmke, Universität Koblenz-Landau, über. Die bis zu diesem Zeitpunkt erhobenen Daten verbleiben im Institut für Allgemeine Didaktik und Schulforschung der Humanwissenschaftlichen Fakultät der Universität zu Köln. In diesem Beitrag berichten wir somit allein über den ersten Teil der Studie.

3.1 Stichprobe

Im Dezember 2008 wurden 70 der 400 Schulen, welche sich an der Initiative „Komm Mit! – Fördern statt Sitzenbleiben" beteiligten, als Institutionsstichprobe für die wissenschaftliche Begleitung in Form der Lehrer- und Schülerbefragung ausgewählt. Obwohl diese Schulstichprobe aus den beteiligten Schulen zufällig gezogen wurde, sei angemerkt, dass es sich um eine positiv ausgelesene Gruppe von Schulen handelt, da bereits die Teilnahme der 400 Schulen an der Initiative des Landes auf freiwilliger Basis erfolgte.

Um mit Hilfe der Lehrer- und Schülerbefragungsdaten in späteren Analysen durch Aggregierung möglichst verlässliche Indikatoren auf Schulebene bilden zu können, wurde entschieden, das gesamte Kollegium einer Schule sowie die gesamte Schülerschaft der 8. Jahrgangsstufe (Schuljahr 2008/09) zu befragen, d.h. eine Vollerhebung der Lehrkräfte sowie eine Vollerhebung der Schülerinnen und Schüler der 8. Jahrgangsstufen durchzuführen.[1] Aus diesem Grund ist die Fallzahl der befragten Personen (Lehrkräfte und Schülerschaft) im Vergleich zur Anzahl der Schulen relativ groß (vgl. Tabelle 1). In der Stichprobe sind Schulen der Schulformen Gymnasium, Realschule, Hauptschule und Gesamtschule vertreten.

Insgesamt wurden für die Befragung der Schülerinnen und Schüler sowie Lehrerinnen und Lehrer mittels Fragebogen 84 Schulen angeschrieben. 14 Schulen schlossen eine Beteiligung an der Erhebung aus. Als Gründe wurden schulorganisatorische Bedingungen genannt, aber auch Befürchtungen geäußert, dass aus den erhobenen Daten Rückschlüsse auf einzelne Lehrkräfte gezogen werden könnten. Die 70 Schulen, die sich schließlich an der Befragung beteiligten, weisen eine relativ hohe Rücklaufquote auf. Die Schülerinnen und Schüler der achten Jahrgangsstufen nahmen zu rund 85 Prozent an der Erhebung teil. Die durchschnittliche Rücklaufquote der Lehrkräfte liegt bei 68 Prozent, variiert jedoch zwischen den Schulen: Etwa die Hälfte der Schulen (36 von 70) weist eine Rücklaufquote von 75 Prozent oder höher auf; etwa ein Drittel der Schulen (23 von 70) weist eine Rücklaufquote von 50 bis 74 Prozent auf; die restlichen Schulen weisen immerhin noch

---

[1] Die Entscheidung, Schülerinnen und Schüler der 8. Jahrgangsstufe zu fokussieren, basiert auf der Tatsache, dass in der Sekundarstufe I ab der 8. Jahrgangsstufe das Sitzenbleiben in Nordrhein-Westfalen ein zunehmend häufiger anzutreffendes Phänomen ist und die wissenschaftliche Begleitstudie ursprünglich längsschnittlich angelegt war. Einzelne Schulkarrieren der einbezogenen Schülerinnen und Schüler sollten über die kommenden zwei Schuljahre wissenschaftlich verfolgt werden, um die mit der Begleitstudie verfolgten Ziele längsschnittlich untersuchen zu können.

einen Rücklauf von 35 Prozent oder höher auf, lediglich eine Schule fällt mit einer sehr niedrigen Quote von 6 Prozent auf.

Aus datenschutzrechtlichen Gründen wurde darauf verzichtet, die Zuordnung der Lehrkräfte und Schülerinnen und Schüler auf Klassenebene zu erfassen. Somit können jene Lehrpersonen einer Schule, die im Schuljahr 2008/09 in der 8. Jahrgangsstufe unterrichteten, nicht identifiziert und zum Beispiel als spezifische Lehrergruppe den befragten Achtklässlern ihrer Schule gegenüber gestellt werden. Als Konsequenz lassen sich Informationen zum Sitzenbleiben der Schülerinnen und Schüler allein auf Schulebene mit den Lehrerdaten verknüpfen.

Tab. 1: Stichprobe der Lehrer- und Schülerbefragung

	Schulen	Lehrpersonen (Vollerhebung Kollegium)	Schülerinnen und Schüler (Vollerhebung 8. Jahrgangsstufe)
Gymnasium	23	1070 (46,4%)	2285 (37,5%)
Realschule	21	591 (25,6%)	1920 (31,5%)
Hauptschule	21	471 (20,4%)	999 (16,5%)
Gesamtschule	5	176 (7,6%)	882 (14,5%)
Gesamt	70	2308 (100,0%)	6086 (100,0%)

3.2 Erhebungsinstrumente

Im Folgenden werden die bei der Lehrerbefragung eingesetzten Skalen zur Erfassung von Merkmalen der Schul- und Unterrichtsqualität bzw. der Lehrkräfte vorgestellt. Da die in diesem Beitrag verfolgte Fragestellung (vgl. Punkt 4) mithilfe der Daten aus der Lehrerbefragung, nicht jedoch mithilfe der Daten aus der Schülerbefragung untersucht wird, berichten wir an dieser Stelle nicht zusätzlich über die auf Schülerebene eingesetzten Erhebungsinstrumente. Für diese sowie eine detaillierte Dokumentation der bei der Lehrerbefragung eingesetzten Instrumente – inklusive einer Überprüfung ihrer Skalenqualität in konfirmatorischen Faktorenanalysen – verweisen wir auf die Skalendokumentation des Projekts (Darge & König, 2010). Tabelle 2 gibt einen Überblick über die im Lehrerfragebogen verwendeten Skalen. Zum Teil bestehen diese aus bewährten und in der Literatur beschriebenen Instrumenten, zum Teil waren Neuentwicklungen nötig, um weitere wesentliche Aspekte zum Sitzenbleiben erfassen zu können. Anhand eines vier- bzw. fünfstufigen Antwortformats wurden die Lehrkräfte gebeten, ihre Zustimmung bzw. Ablehnung zu den einzelnen Item-Aussagen zu dokumentieren.

Tab. 2: Eingesetzte Skalen in der Lehrerbefragung aus den Bereichen Schulqualität, Unterrichtsqualität, Merkmale der Lehrerinnen und Lehrer

Skalenname (Anzahl der Items) Herkunft der Skala bzw. in Anlehnung an	Stellvertreteritem bzw. Beschreibung	α
Merkmale der Schulqualität		
Isolation (4) [a)] Eigenentwicklung; IFS, 2006	„Gäbe es zwischen unseren Kollegen einen besseren Informationsfluss über versetzungsgefährdete Schüler, hätte so manches Sitzenbleiben vermieden werden können."	.62
Kooperation (4) [a)] Eigenentwicklung; IFS, 2006	„Wir treffen genaue Absprachen über die Förderung versetzungsgefährdeter Schüler in den Fach- und Klassenkonferenzen."	.78
Reflexion (2) [a)] Eigenentwicklung	„Im Kollegium wird genau abgewogen, ob Sitzenbleiben für den einzelnen Schüler eine sinnvolle pädagogische Maßnahme ist."	.82
Elterninteresse (3) [a)] Eigenentwicklung	„Die Eltern zeigen großes Interesse an den Leistungen ihrer Kinder."	.74
Merkmale der Unterrichtsqualität		
Leistungsorientierung (2) [a)] Baumert et al., 2009	„Um bei mir eine gute Note zu bekommen, muss ein Schüler sehr viel leisten."	.69
Differenzierung (5) [a)] Eigenentwicklung; IFS, 2006	„Ich bin darum bemüht, insbesondere für versetzungsgefährdete Schüler vielfältige und anregende Lernformen und Lernzugänge bereitzuhalten."	.81
Merkmale der Lehrerschaft		
Berufsfreude (3) [a)] Eigenentwicklung	„Ich gehe gerne in die Schule."	.78
Pro Sitzenbleiben (7) [a)] Eigenentwicklung	„Ich halte es für richtig, dass Schüler mit schlechten Leistungen sitzenbleiben."	.86
Mitgefühl (2) [a)] Eigenentwicklung	„Schüler, die vom Sitzenbleiben bedroht sind, tun mir leid."	.90
Hilflosigkeit (2) [a)] Schwarzer & Jerusalem, 1999	„Es ist egal, ob ein Schüler sitzenbleibt oder nicht, seine Noten werden dadurch nicht besser."	.68
Attribuierung Leistung (3) [b)] Bless et al., 2004	Wichtigkeit der Leistungen in den Fächern Englisch, Mathematik und Deutsch für das Sitzenbleiben	.92
Attribuierung Entwicklungsprobleme (3) [b)] Bless et al., 2004	Wichtigkeit von psychischen Problemen, gesundheitlichen Problemen und Entwicklungsverzögerungen für das Sitzenbleiben	.80
Attribuierung soziale/familiäre Probleme (3) [b)] Bless et al., 2004	Wichtigkeit von Problemen in der Familie, sozialen Problemen und mangelnder Unterstützung zu Hause für das Sitzenbleiben	.79

Anmerkungen: α – Cronbach's Alpha. [a)] vierstufiges Antwortformat: trifft voll und ganz zu (1), trifft zum Teil zu (2), trifft eher nicht zu (3), trifft gar nicht zu (4). [b)] fünfstufiges Antwortformat: völlig unwichtig (1), eher unwichtig (2), gleichgültig (3), eher wichtig (4), sehr wichtig (5).

Quelle: Darge, König & Schreiber (2010)

4. Fragestellung

Im Mittelpunkt dieses Beitrages steht die Frage, welche Merkmale der Schulqualität, der Unterrichtsqualität und der Lehrerschaft mit dem Auftreten von Sitzenbleiben einhergehen. Mit korrelativen Befunden zwischen den dargestellten Skalen zur Operationalisierung der drei Komponenten auf Schulebene und der auf die Einzelschule bezogenen Sitzenbleiberquote des vorhergehenden Schuljahres werden erste Hinweise für die Erstellung eines Instrumentes zur Selbstevaluation von Schul- und Unterrichtsqualität erwartet.[2] Dabei wird vor dem Hintergrund wesentlicher Befunde der Schul-, Unterrichts- und Lehrerprofessionsforschung (z.B. Scheerens & Bosker, 1997; Fend, 1998; Brophy, 1999; Ditton, 2000; Helmke, 2003; Seidel, 2008) angenommen,

- dass Merkmale, die Hinweise auf eine gelingende Zusammenarbeit im Lehrerkollegium geben (hohes Ausmaß an Kooperation und Reflexion, geringe Isolation), mit einer geringeren Sitzenbleiberquote auf Schulebene einhergehen,

- dass eine gelingende Elternarbeit (Interesse der Eltern) mit einer geringeren Sitzenbleiberquote einhergeht,

- dass Merkmale, die Hinweise auf „guten" Unterricht geben (häufig praktizierte Differenzierung sowie ausgeprägte Leistungsorientierung im Unterricht) mit einer geringeren Sitzenbleiberquote korrespondieren,

- dass Merkmale, die auf den Ethos der Lehrerprofession zielen (ausgeprägte Berufsfreude, Mitgefühl) sowie die Selbstregulationsfähigkeit der Lehrkräfte tangieren (geringe Hilflosigkeit), mit einer geringeren Sitzenbleiberquote einhergehen,

- dass eine das Sitzenbleiben als pädagogische Maßnahme befürwortende Einstellung der Lehrkräfte mit einer höheren Sitzenbleiberquote korrespondiert und schließlich

- dass eine Attribuierung des Sitzenbleibens durch die Lehrkräfte auf Bereiche, die der Schülerin bzw. dem Schüler zuzurechnen sind (Leistungsverhalten, Entwicklungsprobleme, familiäre/soziale Probleme) mit einer höheren Sitzenbleiberquote einhergeht.

Da die Sitzenbleiberquote wie eingangs beschrieben zwischen den Schulformen erheblich variiert, werden die Zusammenhangsanalysen zur Überprüfung dieser Annahmen auch unter Kontrolle der Schulform betrachtet.

5.   Ergebnisse

5.1   Skalenzustimmung auf Lehrerebene

Zunächst ist von Interesse, in welchem Ausmaß die befragten Lehrkräfte den einzelnen Skalen zustimmen bzw. diese ablehnen. Wir berichten somit Mittelwerte und Streuungen (Standardabweichungen) auf Lehrerebene; zusätzlich betrachten wir die Skalenvarianz zwischen den Schulen. Tabelle 3 enthält die entsprechenden Ergebnisse.

---

2   Zum Zeitpunkt der Niederschrift lag keine aktuellere Sitzenbleiberquote der einbezogenen Schulen vor, die für die Analyse und Darstellung hätten verwendet werden können.

Tab. 3: Mittelwerte, Standardabweichungen, Skalenrange und Schulvarianz der Skalen zur Erfassung von Schul- und Unterrichtsqualität sowie Merkmale der Lehrerschaft

Skala	M	SD	Skalen-Range	Varianzanteile (in %) zwischen den Schulen
Merkmale der Schulqualität				
Isolation	2.11	.55	1 – 4	11.5
Kooperation	2.90	.67	1 – 4	16.0
Reflexion	3.50	.61	1 – 4	11.9
Elterninteresse	2.55	.57	1 – 4	28.9
Merkmale der Unterrichtsqualität				
Leistungsorientierung	2.98	.53	1 – 4	8.6
Differenzierung	2.95	.47	1 – 4	7.3
Merkmale der Lehrerschaft				
Berufsfreude	3.48	.54	1 – 4	8.0
Pro Sitzenbleiben	2.58	.65	1 – 4	14.8
Mitgefühl	2.80	.74	1 – 4	3.9
Hilflosigkeit	2.39	.64	1 – 4	9.5
Attribuierung Leistung	3.94	.68	1 – 5	3.6
Attribuierung Entwicklungsprobleme	3.92	.70	1 – 5	3.7
Attribuierung soziale/familiäre Probleme	4.20	.61	1 – 5	4.3

Anmerkungen: M – Mittelwert, SD – Standardabweichung; Angaben für 68 Schulen, da zwei Hauptschulen mit einer Wiederholerquote von 27 bzw. 36 Prozent für die Analysen ausgeschlossen wurden.

Insgesamt äußern sich die befragten Lehrkräfte positiv über die Qualität der Zusammenarbeit im Lehrerkollegium. Die im Kollegium gemeinsam vorgenommene Reflexion von Entscheidungen zur (Nicht-)Versetzung von Schülerinnen und Schülern findet ausgesprochen hohe Zustimmung, während eher wenig über Isolation bei der kollegialen Entscheidungsfindung berichtet wird. Die Skala zur Kooperation im Lehrerkollegium findet ebenfalls in der Tendenz Zustimmung, wenngleich nicht so starke wie jene zur Reflexion. Die Skala zum Elterninteresse liegt hingegen nahe am theoretischen Skalenmittelwert von 2,5 und zeigt somit keine eindeutige Richtung der generellen Zustimmung oder Ablehnung an. In der Tendenz stimmen die befragten Lehrkräfte den Merkmalen guten Unterrichts zu. Ihren Unterricht beschreiben sie als eher binnendifferenziert sowie leistungsorientiert. Die Merkmale der Schulqualität Isolation, Kooperation und Reflexion variieren mit jeweils mehr als zehn Prozent, das Qualitätsmerkmal des Elterninteresses sogar mit fast 30 Prozent bedeutsam zwischen den einbezogenen Schulen. Die Beschreibung eines differenzierten und leistungsorientierten Unterrichts variiert mit jeweils rund acht Prozent ebenfalls bedeutsam, wenngleich weniger stark zwischen den einbezogenen Schulen. Offensichtlich beinhaltet die Stichprobe Schulen, die in einzelnen der einbezogenen Merkmale der Schul- und Unterrichtsqualität erhebliche Unterschiede aufweisen.

Merkmale der Lehrkräfte, die ihrem Berufsethos oder ihrer Selbstregulation zugeordnet werden können, weisen die folgenden Ausprägungen auf: Die befragten Lehrkräfte berichten über viel Berufsfreude – der Mittelwert liegt deutlich im oberen Zustimmungsbereich der Skala. Eher im mittleren Zustimmungsbereich liegt dagegen die Einstellung zum Sitzenbleiben als pädagogische Maßnahme sowie die Hilflosigkeit gegenüber Sitzenbleibern bzw. gegenüber dem Phänomen des Sitzenbleibens. Nur das Mitgefühl zeigt in der Tendenz eine etwas erhöhte Zustimmung. Dagegen stimmen die befragten Lehrkräfte der externalen Attribuierung des Sitzenbleibens, d.h. einer Ursachenzuschreibung auf schülerbezogene Bereiche, in relativ hohem Maße zu. Gründe für das Sitzenbleiben werden also durchaus bei der Schülerin bzw. beim Schüler gesehen, insbesondere im außerschulischen Bereich, wenn man die relativ hohe Ausprägung der Skala zur Attribuierung des Sitzenbleibens auf soziale bzw. familiäre Probleme betrachtet. Vor allem die Einstellung zum Sitzenbleiben, aber auch die Berufsfreude sowie die Hilflosigkeit variieren bedeutsam zwischen den einbezogenen Schulen. Dagegen variieren die übrigen Merkmale der Lehrerschaft mit jeweils rund vier Prozent deutlich weniger zwischen den einbezogenen Schulen.

5.2   Korrelative Befunde auf Schulebene

In einem zweiten Schritt werden die unter Punkt 4 aufgeführte Fragestellung und die damit verbundenen Annahmen untersucht. Tabelle 4 enthält die Ergebnisse aus Berechnungen der Zusammenhänge auf Schulebene zwischen der Sitzenbleiberquote einerseits und Merkmalen der Schul- und Unterrichtsqualität sowie der Lehrerschaft andererseits. Betrachtet man zunächst die korrelativen Befunde zwischen der Sitzenbleiberquote und den Merkmalen der Schulqualität, so zeigen sich für die drei Skalen Isolation, Kooperation und Reflexion Zusammenhänge, die zwar als klein zu bezeichnen sind ($.1 \leq |r| < .3$; z.B. Gediga & Kuhnt, 1998), jedoch von ihrer Richtung her erwartungskonform ausfallen: Eine höhere Sitzenbleiberquote geht einher mit erhöhter Isolation, jedoch geringerer Kooperation und Reflexion in der Wahrnehmung der befragten Lehrkräfte. Unter Kontrolle der Schulform werden die Zusammenhänge substanziell ($|r| \geq .2$) und lassen sich auf dem 5-Prozent-Niveau (Isolation) bzw. auf dem 10-Prozent-Niveau (Kooperation, Reflexion) inferenzstatistisch absichern. Ferner zeigt sich unter den Merkmalen der Schulqualität ein signifikanter Zusammenhang in mittlerer Höhe ($|r| \geq .3$) zwischen der Sitzenbleiberquote und dem – aus Sicht der Lehrkräfte – vorhandenen Elterninteresse an Schülerinnen und Schülern, die vom Sitzenbleiben bedroht sind. Auch unter Kontrolle der Schulform bleibt dieser Zusammenhang erhalten. Eine nach Schulform getrennte Berechnung (ohne Abbildung) verdeutlicht, dass dieser Zusammenhang bei den Gymnasien eine hohe ($r = -.61^{**}$), bei den Realschulen eine mittlere ($r = -.49^{**}$) und bei den Hauptschulen eine nur geringe ($r = -.23$) praktische Bedeutsamkeit besitzt. Dies kann Anlass zur Vermutung geben, dass die Zusammenarbeit zwischen Lehrkräften und Eltern in Bezug auf das Sitzenbleiben an den Schulformen möglicherweise unterschiedliche Bedeutung besitzt – vielleicht sogar unterschiedlich erfolgreich gelingt.

Zusammenhänge zwischen den Merkmalen der Unterrichtsqualität und der Sitzenbleiberquote auf Schulebene zeigen sich kaum. Das Bild ändert sich geringfügig bei Kontrolle der Schulform. Mit dem Koeffizient für die Skala Differenzierung ($r = -.11$) kann man vermuten, dass die Berücksichtigung von binnendifferenzierenden Maßnahmen im Unterricht mit einer geringeren Sitzenbleiberquote einhergeht. Der Zusammenhang ist allerdings klein und kann inferenzstatistisch nicht abgesichert werden.

Tab. 4: Zusammenhänge (Pearson's *r*) zwischen der Wiederholerquote und Merkmalen der Schul- und Unterrichtsqualität sowie Lehrerschaft auf Schulebene (1) und unter Kontrolle der Schulform (2)

Skala	(1) Wiederholerquote des Schuljahres 2007/2008	(2) unter Kontrolle der Schulform
Merkmale der Schulqualität		
Isolation	.15	.26*
Kooperation	-.14	-.24 a)
Reflexion	-.13	-24 a)
Elterninteresse	-.34**	-.44**
Merkmale der Unterrichtsqualität		
Leistungsorientierung	.01	.02
Differenzierung	.03	-.11
Merkmale der Lehrerschaft		
Berufsfreude	-.23a)	-.31*
Pro Sitzenbleiben	.20	.16
Mitgefühl	-.06	-.01
Hilflosigkeit	.03	.00
Attribuierung Leistung	.13	.11
Attribuierung Entwicklungsprobleme	.07	-.01
Attribuierung soziale/familiäre Probleme	.36**	.32*

Anmerkung: N =68; ** p (2-seitig) < .01; * p (2-seitig) < .05; [a] p (2-seitig) < .10

Betrachtet man die korrelativen Befunde zwischen der Sitzenbleiberquote und den Merkmalen der Lehrerschaft, so fallen die Zusammenhänge auf, die zwischen der Berufs-freude und der Sitzenbleiberquote sowie zwischen der Attribuierung des Sitzenbleibens auf soziale bzw. familiäre Probleme und der Sitzenbleiberquote bestehen: Lehrkräfte an Schulen mit einer vergleichsweise niedrigen Sitzenbleiberquote berichten eine höhere Freude an ihrem Beruf und sehen Gründe für das Sitzenbleibern weniger im Bereich der sozialen bzw. familiären Herkunft der Schülerinnen und Schüler als Lehrkräfte an Schu-len mit einer vergleichsweise hohen Sitzenbleiberquote. Von den übrigen Zusammen-hängen ist sicherlich noch jener zwischen der Sitzenbleiberquote und der Skala zur be-fürwortenden Einstellung zum Sitzenbleiben (Pro Sitzenbleiben) erwähnenswert. Auch wenn der Zusammenhang eine nur kleine Höhe erreicht und sich inferenzstatistisch nicht absichern lässt (auch nicht auf dem 10-Prozent-Niveau), erweist sich seine Richtung doch erwartungskonform: Eine stärkere Befürwortung des Sitzenbleibens geht dem Kor-relationskoeffizienten zufolge mit einer höheren Sitzenbleiberquote einher. Hier verdeut-licht wiederum eine nach Schulform getrennte Berechnung (ohne Abbildung), dass dieser Zusammenhang bei den Gymnasien (r = .30) höher als bei den Realschulen (r = .17) oder bei den Hauptschulen (r = .08) ausfällt. Möglicherweise bestehen innerhalb der Schul-formen des dreigliedrigen Systems unterschiedliche Spielräume sowie Formen im Um-gang mit dem Sitzenbleiben, welche in diesen Korrelationen ihren Niederschlag finden.

6.   Diskussion

In Deutschland bleiben Schülerinnen und Schüler sitzen. International betrachtet ist das Sitzenbleiben als pädagogische Maßnahme keine Selbstverständlichkeit. Der bisherige Forschungsstand stellt kaum einen belastbaren empirischen Beleg zur Verfügung, der Entscheidungen für das Wiederholen einer Klassenstufe rechtfertigen hilft. Im Bedingungsgefüge von Schülerleistungen kommt von jenen Bereichen, mit denen Schule und Unterricht in ihrer Angebotsstruktur wirksam werden können, den Lehrkräften als „pädagogische Akteure" (Fend, 2008) eine zentrale Stellung zu. Bisherige Untersuchungen zum Phänomen des Sitzenbleibens räumen konsequenterweise den Lehrkräften eine besondere Bedeutung ein. Doch das Sitzenbleiben selbst ist insgesamt nur wenig erforscht.

Mit der wissenschaftlichen Begleitstudie zur Initiative „Komm Mit! – Fördern statt Sitzenbleiben" des Schulministeriums Nordrhein-Westfalen und der nordrheinwestfälischen Lehrerverbände stehen Daten aus einer Lehrer- und aus einer Schülerbefragung zur Verfügung, mit denen zentrale Fragen zum Phänomen des Sitzenbleibens untersucht werden können. Fokussiert werden dabei die individuelle Ebene der Schülerinnen und Schüler sowie die institutionelle Ebene der Schulen. Eine wesentliche Zielsetzung der wissenschaftlichen Begleitstudie besteht darin, ein Instrumentarium zu entwickeln, welches zukünftig Schulen bei der Selbstevaluation und bei der Schulentwicklung einsetzen können. In diesem Beitrag wurden erste Angaben zu den in der Lehrerbefragung verwendeten Erhebungsinstrumenten gemacht sowie neben generellen Kennwerten der Skalen (Mittelwerte, Streuungen, Varianz zwischen den Schulen) erste korrelative Befunde auf Schulebene zwischen diversen Merkmalen der Schul- und Unterrichtsqualität sowie der Lehrerschaft und der Sitzenbleiberquote vorgestellt. Dabei zeigten sich insbesondere die folgenden Zusammenhänge:

- Arbeitet das Lehrerkollegium an einer Schule vergleichsweise wenig isoliert, sondern kooperativ und reflektiert in Bezug auf Schülerinnen und Schüler, welche von einer Klassenwiederholung möglicherweise betroffen sind, so ist dies verbunden mit einer vergleichsweise niedrigen Sitzenbleiberquote. Zu beachten ist hierbei allerdings, dass die betreffenden Zusammenhänge eine nur kleine Höhe aufweisen und eine inferenzstatistische Absicherung der Zusammenhänge nur eingeschränkt möglich ist.

- Ein ausgeprägtes Interesse der Eltern an ihren Kindern, die möglicherweise von einer Nicht-Versetzung gefährdet sind, geht ebenfalls einher mit einer vergleichsweise niedrigen Sitzenbleiberquote auf Schulebene. Dieser Zusammenhang erreicht eine mittlere Höhe und ist statistisch signifikant.

- Eine höhere generelle Berufsfreude der Lehrerschaft geht einher mit einer niedrigeren Sitzenbleiberquote, während eine von den Lehrkräften verstärkt vorgenommene Attribuierung des Sitzenbleibens auf außerschulische familiäre und soziale Probleme der Schülerinnen und Schüler mit einer erhöhten Sitzenbleiberquote auf Schulebene zusammenhängt.

Diese ersten Ergebnisse sind allerdings auch mit verschiedenen Einschränkungen verbunden, die bei der weiterführenden Interpretation berücksichtigt werden müssen. Aus anderen Studien (z.B. PISA) ist bekannt, dass die Sitzenbleiberquote sowie Schülerleistungen zwischen den Schulformen der Sekundarstufe I in erheblichem Maße variieren. Aus diesem Grund bezogen wir die Schulform als Kontrollvariable in die Zusammenhangsanalysen ein. Zur Präzisierung der hier erzielten Ergebnisse wäre es jedoch von Bedeutung, über die Schulform hinaus auch weitere Merkmale bei entsprechenden Zusammenhangsanalysen mit der Sitzenbleiberquote auf Schulebene zu kontrollieren. Vermutlich spielen dabei Indikatoren zur Charakterisierung der Schülerschaft einer Schule (z.B. ihr mittleres Leistungsniveau in den Kernfächern oder ihre soziale Zusammensetzung) eine entscheidende Rolle. Da allerdings der hier verwendeten Datensatz über diese Informationen nicht verfügt, sollten zukünftige Studien entsprechende Merkmale einbeziehen.

Ferner muss berücksichtigt werden, dass mit den Daten keine kausalanalytischen Aussagen getroffen werden können. So bleibt zum Beispiel zu prüfen, ob eine geringere Sitzenbleiberquote zu höherer Berufszufriedenheit der Lehrpersonen führt oder aber höhere Berufszufriedenheit von Lehrkräften einen Beitrag zur Senkung von Klassenwiederholungen leisten kann (etwa vermittelt über vergleichsweise besseren Unterricht). Ähnliches gilt für die berichteten Zusammenhänge zwischen Sitzenbleiberquote und Merkmalen der Schulqualität: So lassen die Ergebnisse zwar vermuten, dass Schulen, an denen das Thema der Klassenwiederholungen keine Sache von ‚Einzelkämpfern' im Lehrerkollegium ist, sondern ein kooperativer und reflektierter Umgang mit der Thematik im Rahmen von Prozessen der Schulentwicklung zur Umsetzung von Lösungsstrategien führt, welche eine Reduzierung der Sitzenbleiberquote zur Folge haben; ein solcher Wirkungszusammenhang kann jedoch auf der Basis der Daten nicht belegt werden. Zusammenfassend lässt sich somit an dieser Stelle konstatieren, dass zukünftige Studien solchen kausalanalytischen Fragestellungen mit einem längsschnittlichen Untersuchungsdesign vertiefend nachgehen sollten, um genaueren Einblick in die Ursachen und Wirkungen des Sitzenbleibens zu erhalten.

Trotz der genannten Einschränkungen sind die hier berichteten Zusammenhänge anschlussfähig an Ergebnisse bisheriger Studien, die auf die Bedeutung verweisen, welche den Merkmalen der Schulqualität, der Berufszufriedenheit der Lehrkräfte sowie den Einstellungen und Überzeugungen der Lehrkräfte bzw. des Lehrerkollegiums einer Schule bei der Entscheidungsfindung für Fragen zur Versetzung von Schülerinnen und Schülern zukommt (vgl. Abschnitt 1). Die kleinen Zusammenhänge zwischen der Sitzenbleiberquote und Merkmalen der Schulqualität machen darüber hinaus auf ein heterogenes Bild zum Verhältnis von Repetentenquote und institutioneller Qualität aufmerksam, das sich nicht zwangsläufig über lineare Beziehungen charakterisieren lässt. In weiterführenden Analysen werden wir diese Befundlage zum Ausgangspunkt nehmen, um nach Merkmalskonstellationen auf Schulebene zu fragen, die beispielsweise eine Typologisierung bzw. eine Profilbildung (vgl. Ditton, 2000) von Schulen erlauben. Denkbar wäre etwa, dass Einzelschulen mit einem bestimmten Profil, welches anhand der hier untersuchten Qualitätsmerkmale beschrieben werden kann, sowie einem spezifischen Konzept zur Förderung von Schülerinnen und Schülern, die vom Sitzenbleiben bedroht sind, eine nachhaltige Senkung der Sitzenbleiberquote ohne Leistungseinbußen auf Seiten der

Schülerschaft erreichen. Entsprechende Erkenntnisse können die Bedeutung des entwi-ckelten und eingesetzten Instrumentariums für den zukünftigen Einsatz im Rahmen von Maßnahmen der Schulentwicklung hervorheben und zum Erreichen der wesentlichen Zielsetzung der Initiative „Komm mit! – Fördern statt Sitzenbleiben" einen bedeutsamen Beitrag leisten.

Literatur

Autorengruppe Bildungsberichterstattung (Hrsg.). (2008). *Bildung in Deutschland 2008. Ein indikatorengestützter Bericht mit einer Analyse zu Übergängen im Anschluss an den Sekundarbereich I.* Bielefeld: wbv.

Baumert, J., Blum, W., Brunner, M., Dubberke, T., Jordan, A., Klusmann, U., Krauss, S., Kunter, M., Löwen, K., Neubrand, M. & Tsai, Y. M. (2009). *Professionswissen von Lehrkräften, ko-gnitiv aktivierender Mathematikunterricht und die Entwicklung von mathematischer Kompe-tenz (COACTIV): Dokumentation der Erhebungsinstrumente* (Materialien aus der Bildungs-forschung Nr.83). Berlin: Max-Planck-Institut für Bildungsforschung.

Bellenberg, G. & Meyer-Lauber, A. (2007). Sitzenlassen: Unpädagogisch, teuer und wirkungslos. *Neue Deutsche Schule, 10*, 9–11.

Belser, H. & Küsel, G. (1976). Zum Sitzenbleiberproblem an Volksschulen. In R. Biermann (Hrsg.), *Schulische Selektion in der Diskussion* (S. 101–115). Bad Heilbrunn: Klinkhardt.

Bless, G., Schüpbach, M. & Bonvin, P. (2004). *Klassenwiederholung. Determinanten, Wirkungen und Konsequenzen.* Bern: Haupt Verlag.

Brophy, J. (1999). *Teaching.* Verfügbar unter: http://www.ibe.unesco.org/publications/Educatio nalPracticesSeriesPdf/prac01e.pdf. [07.05.2009].

Darge, K., König, J., Schreiber, M. (2010). *Skalendokumentation der Schüler- und Lehrerbefra-gung im Rahmen des Projektes „Komm Mit! – Fördern statt Sitzenbleiben".* Universität zu Köln. Verfügbar unter: http://kups.ub.uni-koeln.de/volltexte/2010/3108/ [12.06.2010]

Ditton, H. (2000). Qualitätskontrolle und -sicherung in Schule und Unterricht. Ein Überblick über den Stand der empirischen Forschung. *Zeitschrift für Pädagogik, 41. Beiheft*, 73–92.

Ehmke, T., Drechsel, B. & Carstensen, C. H. (2008). Klassenwiederholen in PISA-I+: Was ler-nen Sitzenbleiber in Mathematik dazu? *Zeitschrift für Erziehungswissenschaft, 11* (3), 368–387.

Einsiedler, W. & Glumpler, E. (1989). Analysen zur Entwicklung des Sitzenbleibens (unter be-sonderer Berücksichtigung der Grundschule). *Die Deutsche Schule, 81* (2), 248–259.

Eurydice (2005). *Schlüsselzahlen zum Bildungswesen in Europa.* Luxemburg: Amt für Veröffent-lichungen der Europäischen Gemeinschaften.

Fend, H. (1998). *Qualität im Bildungswesen. Schulforschung zu Systembedingungen, Schulprofi-len und Lernleistung.* Weinheim: Juventa.

Fend, H. (2008). *Schule gestalten. Systemsteuerung, Schulentwicklung und Unterrichtsqualität.* Wiesbaden: VS Verlag für Sozialwissenschaften.

Gediga, G. & Kuhnt, T. (1998). *Praktische Methodenlehre.* Verfügbar unter: www.psycho.uni-osnabrueck.de/ggediga/www/pm98 [11.10.2004].

Hattie, J. (2003). *Teachers Make a Difference. What is the Research Evidence?* Verfügbar unter: http://www.acer.edu.au/workshops/documents/Teachers_Make_a_Difference_Hattie.pdf [03.12.2006].

Helmke, A. (2003). *Unterrichtsqualität erfassen, bewerten, verbessern.* Seelze: Kallmeyer.

Höhmann, K. (2006). Sitzenbleiben reduzieren heißt Schule entwickeln. *SchulVerwaltung spezial, 4,* 26–29.

Hurrelmann, K. & Wolf, H. K. (1986). *Schulerfolg und Schulversagen im Jugendalter. Fallanalysen von Bildungslaufbahnen. Personale, familiale und schulische Bedingungen von Schulerfolg und Schulversagen.* Weinheim: Beltz.

Hong, G. & Raudenbush, S. W. (2005). Effects of Kindergarten Retention Policy on Children's Cognitive Growth in Reading and Mathematics. *Educational Evaluation and Policy Analysis, 27* (3), 205–224.

Institut für Schulentwicklungsforschung (Hrsg.). (2006). *IFS-Schulbarometer: Ein mehrperspektivisches Instrument zur Erfassung von Schulwirklichkeit.* Universität Dortmund: Institut für Schulentwicklungsforschung.

Krohne, J. & Tillmann, K.-J. (2006). „Sitzenbleiben" – eine tradierte Praxis auf dem Prüfstand. *SchulverwaltungSpezial, 4,* 6–9.

Krohne, J., Meier, U. & Tillmann, K.-J. (2004). Sitzenbleiben, Geschlecht und Migration. Klassenwiederholungen im Spiegel der PISA-Daten. *Zeitschrift für Pädagogik, 50,* 373–391.

Klemm, K. (2009). *Klassenwiederholungen – teuer und unwirksam. Eine Studie zu den Ausgaben für Klassenwiederholungen in Deutschland.* Gütersloh: Bertelsmann Stiftung.

Lankes, E.-M., Plaßmeier, N., Bos, W. & Schwippert, K. (2004). Lehr- und Lernbedingungen in einigen Ländern der Bundesrepublik Deutschland und im internationalen Vergleich. In W. Bos, E.-M. Lankes, M. Prenzel, K. Schwippert, R. Valtin & G. Walther (Hrsg.), *IGLU. Einige Länder der Bundesrepublik Deutschland im nationalen und internationalen* Vergleich (S. 21–49). Münster, New York, München, Berlin: Waxmann.

Lipowsky, F. (2006). Auf den Lehrer kommt es an. Empirische Evidenzen für Zusammenhänge zwischen Lehrerkompetenzen, Lehrerhandeln und dem Lernen der Schüler [Themenheft]. *Zeitschrift für Pädagogik, 51,* 47–70.

Prenzel, M., Schütte, K., Rönnebeck, S., Senkbeil, M., Schöps, K. & Carstensen, C. H. (2008). Der Blick in die Länder. In M. Prenzel, C. Artelt, J. Baumert, W. Blum, M. Hammann, E. Klieme & R. Pekrun (Hrsg.), *PISA 2006 in Deutschland. Die Kompetenzen der Jugendlichen im dritten Ländervergleich* (S. 149–263). Münster: Waxmann.

Ratzki, A. (2005). Pädagogik der Vielfalt im Licht internationaler Schulerfahrungen. In K. Bräu & U. Schwerdt (Hrsg.), *Heterogenität als Chance* (S. 37–52). Münster: LIT-Verlag.

Saldern, M. v. (1999). *Schulleistung in Diskussion.* Baltmannsweiler: Schneider-Verlag Hohengehren.

Sandfuchs, U. (2005). *Fördern und Förderunterricht. In W. Einsiedler (Hrsg.) Handbuch Grundschulpädagogik und Grundschuldidaktik.* Bad Heilbrunn: Klinkhardt.

Sarjala, J. & Häkli, E. (Hrsg.). (2008). *Jenseits von PISA. Finnlands Schulsystem und seine neuesten Entwicklungen.* Berlin: Berliner Wissenschafts-Verlag.

Schulgesetz für das Land Nordrhein-Westfalen (Schulgesetz NRW – SchulG). Vom 15. Februar 2005 (GV. NRW. S. 102), zuletzt geändert durch Gesetz vom 21. April 2009.

Schwarzer, R. & Jerusalem, M. (Hrsg.). (1999). *Skalen zur Erfassung von Lehrer- und Schüler-merkmalen.* Berlin: Freie Universität.

Scheerens, J. & Bosker, R. (1997). *The foundations of educational effectiveness.* Oxford: Pergamon.

Schümer, G., Tillmann, K.-J. & Weiß, M. (2002). Institutionelle und soziale Bedingungen schulischen Lernens. In J. Baumert, C. Artelt, E. Klieme, M. Neubrand, M. Prenzel, U. Schiefele, W. Schneider, K.-J. Tillmann & M. Weiß (Hrsg.), *PISA 2000 – Die Länder der Bundesrepublik Deutschland im Vergleich* (S. 203–218). Opladen: Leske+Budrich.

Seidel, T. (2008). Stichwort: Schuleffektivitätskriterien in der internationalen empirischen Forschung. *Zeitschrift für Erziehungswissenschaft, 11*, 348–367.

Tillmann, K.-J. (2004). System jagt Fiktion. Die homogene Lerngruppe. *Friedrich Jahresheft, Jahrgang, XII*, 6–9.

Tillmann, K.-J. & Meier, U. (2001). Schule, Familie und Freunde-Erfahrungen von Schülerinnen und Schülern in Deutschland. In J. Baumert, E. Klieme, M. Neubrand, M. Prenzel, U. Schiefele, W. Schneider, P. Stanat, K.-J. Tillmann & M. Weiß (Hrsg.), *PISA 2000 Basiskompetenzen von Schülerinnen und Schülern in internationalen Vergleich* (S. 468–509). Opladen: Leske+Budrich.

Tietze, W. & Roßbach, H. G. (2001). Sitzenbleiben. In D. Rost (Hrsg.), *Handwörterbuch Pädagogische Psychologie* (S. 641–646). Weinheim: Beltz.

Monika Hofer

Mögliche Wege zur Professionalisierung in der Ausbildung von Lehramtsstudierenden an der Universität Wien

1. Einleitung

Derzeit werden in Österreich neue Modelle für die Lehrerbildung diskutiert und von einer Expertenkommission[1] sollen Empfehlungen für eine Neugestaltung erarbeitet werden. Akzentuiert wird dieses Reformvorhaben durch die Ergebnisse der großen schulvergleichenden Untersuchungen (wie zum Beispiel PISA, TIMSS usw.), aber auch durch bildungspolitisch motivierte Schulreformen wie zum Beispiel die Einführung der Bildungsstandards oder dem Schulversuch „Neue Mittelschule". Als weiterer Motor kann auch die Europäisierung der Hochschulbildung sowie die Umstellung auf die Bologna-Studienarchitektur gesehen werden. Detailliert betrachtet ist die Lehrerbildung – nicht nur in Österreich – ein komplexer und facettenreicher Gegenstandsbereich. Ein wesentliches Moment der aktuellen Debatte um die Lehrerbildung widmet sich den Voraussetzungen und Konsequenzen von Professionalisierungsprozessen sowie, im Anschluss daran, um Fragen der Professionalisierungsbedürftigkeit des Lehrerberufs. Dabei gilt es nach Wegen zu suchen, wie auf eine spezifische Handlungspraxis vorbereitet werden und wie man professionelles Wissen und Können zur Bewältigung der Anforderungen der Schulpraxis bereits in der Ausbildung erwerben kann.

2. Professionelle Kompetenz von Lehrpersonen

Der Blick auf die internationale Forschungssituation zur Entwicklung und Beurteilung der professionellen Kompetenzen von Lehrpersonen zeigt, dass Themen wie „professional development of teachers", „competency based teacher training" etc. seit einigen Jahren in den einschlägigen Fachzeitschriften und Handbüchern (Townsend & Bates, 2007; Wilson & Young, 2005) zu finden sind. Im professionstheoretischen Kontext zum Lehrerberuf und zur Lehrerbildung stehen im deutschsprachigen Raum zwei Positionen einander gegenüber:

Einerseits spielt die Orientierung an Standards und Kompetenzerfassung (Allemann-Ghionda & Terhart, 2006; Baumert & Kunter, 2006; Cochran-Smith, 2003; Korthagen, Loughran & Luneberg, 2005; Oser & Oelkers, 2001; Gogolin, Krüger & Lenzen, 2005) eine zentrale Rolle. Dabei werden Kompetenzen als „berufsbezogene Fähigkeiten einer Lehrerin und eines Lehrers, die im Verlauf der Ausbildung erworben werden" verstanden (Oelkers, 2005, S. 5). Mittels Standards als Referenzgröße soll ermöglicht werden, eindeutige Aussagen darüber zu treffen, welcher Kompetenzgrad als unzureichend, als mi-

---

[1] Diese wurde auf Basis des Regierungsübereinkommens im November 2008 von Bundesministerin Dr. Claudia Schmied und Bundesminister Dr. Johannes Hahn unter der Leitung von Mag. Dr. Peter Härtel initiiert.

nimal notwendig oder als darüber hinausgehend einzustufen ist. Durch diese Operationalisierung von Kompetenzen soll den Lehramtsstudierenden ermöglicht werden, den Erfolg und die Effizienz der eigenen Ausbildung zu taxieren und selbstgesteuert zu überprüfen, inwieweit sie ihre Kompetenzziele erreicht haben oder nicht (Terhart, 2004, S. 3). Kritiker sprechen im Rahmen des Kompetenzansatzes von einem mechanistischen Bild, das durch die Fragmentierung des vielfältigen Aufgabenfeldes des Lehrerberufs in einzelne „Skills" organisatorische und gesellschaftliche Rahmungen der Lehrerarbeit ausblendet. Offen bleiben in allen bislang angeführten Kompetenzkonzepten jene Bereiche, die sich nicht auf unmittelbare und performativ sichtbare Problemlösungsfähigkeiten beschränken lassen, wie zum Beispiel das reflexive oder auch hermeneutische Wissen und Können einer Lehrperson.

Andererseits stehen Fragen nach dem pädagogischen Wissen, Handeln und Können von Lehrkräften und der Struktur zu unauflöslichen Widersprüchen des Lehrerberufes (u.a. zum Problem der antinomischen Handlungsstruktur) im Blickfeld der Professionalisierung (Oevermann, 1996; Helsper, 1996, 2002, 2004; Radtke, 2004; Kolbe, 2004). Da das berufliche Handeln von Lehrpersonen im Wechselspiel von Nähe und Distanz sowie wissenschaftlicher Objektivität und einem hermeneutischen Verständnis in nichttechnologischer Weise passiert, entfaltet sich ihre Professionalität nur in der „fallbezogenen, stellvertretenden Deutung des latenten Sinns der aktuellen Interaktion mit dem Schüler" (Oevermann, 1996, S. 156). Das heißt, Lehrpersonen betrachten das Handeln der Schüler und Schülerinnen, indem sie systematisches Fachwissen und hermeneutisches fallbezogenes Erfahrungswissen aufeinander beziehen und stellvertretend deuten (Koring, 1996, S. 322). Eine „professionell-handlungspraktische Einsozialisation" soll laut Oevermann (1996, S. 141) bereits während der Ausbildung stattfinden, eingebettet in die Strukturen institutioneller Rahmungen im Kontext eines auf gegenseitiger Kooperation beruhenden Arbeitskontraktes. In Anschluss an Oevermann entwickelte Helsper (2004) eine „strukturtheoretisch-rekonstruktive Perspektive auf das Lehrerhandeln", in der er die Widersprüchlichkeit der Lehrertätigkeit und die darin angelegte ständige Drohung des Scheiterns mittels nicht aufhebbarer Antinomien herauszuarbeiten versuchte. Dabei entzieht sich das pädagogische Handeln infolgedessen der technischen Rationalisierung und wendet sich der Spezifität des Einzelfalles hin, welches das Fallverstehen als „Pädagogischer Takt" zum Kern pädagogischer Kompetenz macht (Herbart, 1802/1991; Beck & Stelmanszky, 2004; Koring, 2004; Radtke, 2004; Kolbe, 2004). Demzufolge ist das Lehrerhandeln nicht normierbar, aber die Struktur pädagogischen Handlungswissens kann daraus abgeleitet werden. Oevermann (2008, S. 55) betont in diesem Zusammenhang die nicht-standardisierbare interventionspraktische Komponente des Lehrerberufes, indem die Individualität der Klienten bzw. Schüler und Schülerinnen in den Vordergrund tritt. Eine konkrete Kompetenzerfassung und -beurteilung ist daher nicht zu erkennen und möglicherweise auch nicht intendiert, weil Unbestimmtheit und Unbestimmbarkeit als bedeutende Charakteristika des Lehrerhandelns diskutiert werden (Rothland & Terhart, 2009, S. 802).

In der wissenschaftlichen Auseinandersetzung mit dem Lehrerberuf wird jedoch deutlich, dass von Lehrpersonen ein vielfältiges Spektrum an Kompetenzen erwartet wird. Die professionelle Kompetenz von Lehrern und Lehrerinnen ist daher gerade in den letzten Jahren immer mehr in den Fokus auch gesellschaftlicher und politischer Diskussionen getreten. Für diese Entwicklung lassen sich laut Baumert & Kunter (2006, S. 465) einige Gründe anführen:

1. Der Bologna-Prozess bedingt in vielen Ländern Diskussionen über Umstrukturierung und Veränderung von Studiengängen. In der Lehrerbildung stellt sich erneut die Frage, wie die Ausbildung optimal gestaltet werden kann, welche Kompetenzen es zu vermitteln gilt und wie sich professionelle Kompetenz beschreiben lässt.

2. Befunde internationaler Vergleichsstudien wie PISA, IGLU, TIMSS zeigen Unterschiede verschiedener Systeme auf und eröffnen die Frage, wie die Qualität der Lernumgebungen verbessert werden kann. Dabei wird professionelle Kompetenz als wichtiges Bedingungsmoment für die Qualität von schulischen Bildungsangeboten verstanden.

3. Bei den Lehrerinnen und Lehrern konnte in den letzten Jahren ein erhöhtes Risiko von Belastungserkrankungen und Frühpensionierungen beobachtet werden. Wie sollen Lehrpersonen ausgestattet werden, um diesen Anforderungen standhalten zu können?

Um nun die Lehrpersonen mit den erforderlichen Fähigkeiten und Kompetenzen für den Lehrberuf auszustatten, ist sowohl eine hochwertige Erstausbildung als auch ein kontinuierlicher Prozess berufsbegleitender Weiterbildung erforderlich. Das Ziel jeder Lehrerbildung besteht darin, dass zukünftige Lehrer und Lehrerinnen die Fähigkeit aufbauen, systematisches Handlungswissen für individuelle Lehr- und Lernsituationen zu generieren und dieses dann in der Berufspraxis professionell und kompetent umzusetzen.

2.1 Die Lehrerbildung in Österreich

Die Ausbildung von Lehrern und Lehrerinnen findet in Österreich an zwei voneinander getrennten Institutionen statt, welche im tertiären bzw. postsekundären Bildungsbereich angesiedelt sind (vgl. Abbildung 1). Allgemeine Pflichtschullehrer und -lehrerinnen (Volks-, Haupt- und Sonderschullehrer und -lehrerinnen) absolvieren ein sechssemestriges Studium an den Pädagogischen Hochschulen und erwerben neben der Lehrbefähigung seit 2007 auch den akademischen Grad eines Bachelors of Education (ohne anschließende Berufsinduktionsphase). Lehrer und Lehrerinnen für höhere Schulen werden an der Universität ausgebildet, wovon die Mindeststudiendauer neun Semester beträgt, und beenden bis dato ihre Ausbildung im Diplomstudium; danach erfolgt ein einjähriges Unterrichtspraktikum.

Kennzeichnend für die Lehrerbildung in Österreich ist eine historisch entstandene Fragmentierung, in der sich Unterschiede im Ausbildungsniveau, im Einkommen und im Status verschiedener Gruppen von Lehrern und Lehrerinnen ausdrücken (Mayr & Neuweg, 2009, S. 108). Dieses Faktum ist seit jeher ein wiederkehrendes Diskussionsthema der Bildungspolitik. Eine Vereinheitlichung bei der Ausbildung von Lehrkräften wird ebenfalls diskutiert, aber die historisch gewachsene Trennung von Universität und Pädagogischen Hochschulen sowie die differierenden Interessenlagen einzelner Gruppen (z.B. den Lehrergewerkschaften, der katholischen Kirche oder der einzelnen Parteien so-

wie Eltern) verweisen auf einen komplexen Bereich innerhalb der Diskussion um die
Qualität der Lehrerbildung.

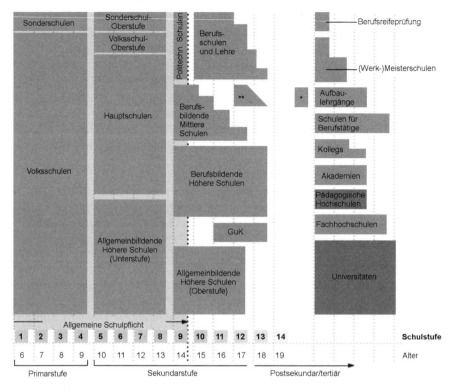

Abb. 1: Das Bildungssystem in Österreich[2]

Es scheint als sei die Zusammenführung der Ausbildungsstätten ein schier unlösbares
Problem. Dennoch wurden im Bereich der Lehrerbildung in den vergangenen Jahren einige Reformen unternommen: Einerseits wurde ab Herbst 2007 sowohl die Lehramtsaus-
bildung für Pflichtschullehrer und -lehrerinnen an den Pädagogischen Hochschulen im
Zuge des Bologna-Prozesses als auch die Weiterbildung aller Lehrerpersonen in Österreich neu geregelt. Andererseits wurden die Lehramts-Curricula an den Universitäten
zwischen 1997 und 2001 einer Revision unterzogen. Die Neugestaltung der Studienpläne
brachte im Bereich der Fachdidaktik vielfach eine deutliche Erhöhung der Zahl der Semesterwochenstunden (von teilweise 5–7 auf 13–17 Semesterwochenstunden), so dass
insgesamt die berufsvorbildenden Anteile aus Fachdidaktik, Pädagogik und Schulpraxis
deutlich zugenommen haben.

Dennoch muss sich ein Reformkonzept für die Lehrerbildung mit der Frage auseinandersetzen, wie die (universitäre) Erstausbildung von Lehrpersonen gestaltet sein soll und

---

2   Das österreichische Bildungssystem. Vgl. dazu auch die Internetseite des Instituts für Bildungs-
     wissenschaft; verfügbar unter: http://www.bildungssystem.at [05.10.2009]

welche pädagogischen und fachspezifischen Qualifikationen Lehrpersonen in der Schule benötigen, damit diese auch tatsächlich erworben werden können.

2.2   Die derzeitige Lehramtsausbildung an der Universität Wien

Angesichts der Tatsache, dass beinahe 15% der Studierenden der Universität Wien ein Studium für das Lehramt an höheren Schulen betreiben, und angesichts des steigenden Interesses der Öffentlichkeit an einer höheren Qualität der Lehrerausbildung in Österreich ist es ein Ziel der Universität Wien, auch die Lehramtsstudien in inhaltlicher, didaktischer und organisatorischer Hinsicht weiterzuentwickeln (Universität Wien 2012, 2009, S. 27). Ein wesentliches Merkmal der universitären Lehrerbildung ist die Verbindung von Fachwissenschaft, Fachdidaktik, pädagogisch-wissenschaftlicher und schulpraktischer Ausbildung. Der fachwissenschaftlichen Ausbildung in mindestens zwei Unterrichtsfächern und den Fachdidaktiken wird die Grundlegung theoretischen Wissens und wissenschaftlichen Denkens zugewiesen (Radtke, 1999, S. 19; Bommes, Dewe & Radtke, 1996). Für die pädagogisch-wissenschaftliche Berufsvorbildung (PWB) und die schulpraktische Ausbildung (SPA) sind seit Inkrafttreten des neuen Studienplans – dieser ist spätestens seit 2002 für alle Lehramtsstudien in Österreich wirksam – insgesamt 16 Lehrveranstaltungsstunden und ca. 8 Praktikumsstunden (dies entspricht dem Zeitaufwand eines Semesters und einem Arbeitspensum von ca. dreißig ECTS-Punkten) vorgesehen. Dies ist eine nach wie vor relativ gering angesetzte Stundenzahl an pädagogischen bzw. bildungswissenschaftlichen Inhalten innerhalb des Lehramtsstudiums. Demzufolge sollen die Studierenden persönliche, soziale und fachliche (im Besonderen: pädagogische, didaktische, psychologische, bildungssoziologische und schultheoretische) Kompetenzen erwerben, die es ihnen ermöglichen, eigenverantwortlich, auf wissenschaftlicher Grundlage und in sozialer Verantwortung den Anforderungen des Lehrberufs an allgemein bildenden höheren Schulen, an berufsbildenden höheren Schulen und an andere Institutionen des sekundären und tertiären Bildungsbereiches zu entsprechen.[3] Das pädagogische Studienprogramm muss daher umso effizienter gestaltet werden, um die Studierenden nach Abschluss ihrer Ausbildung nicht mit „[…] bruchstückhaftem Wissen und mangelhaftem Können in die Schulwirklichkeit zu entlassen" (Schrittesser, 2009, S. 15).

2.3   Das Modellcurriculum im pädagogischen Begleitstudium

Das „Modellcurriculum – Professionalisiertes Pädagogisches Handeln" ist als Lehrgangsprogramm der pädagogisch-wissenschaftlichen Berufsvorbildung (PWB) und der schulpraktischen Ausbildung (SPA) für Lehramtsstudierende an der Universität Wien konzipiert und ist eine Weiterentwicklung des Theorie-Praxis-Labors (TPL). Das Modellcurriculum ist in drei Blöcke und vierzehn Module gegliedert, die sich über acht Semester des neunsemestrigen Lehramtsstudiums erstrecken. An Stelle der von den Studie-

---

3   Studienplan zur pädagogisch-wissenschaftlichen Berufsvorbildung und zur Schulpraktischen Ausbildung der Lehramtsstudierenden am Universitätsstandort Wien. Vgl. dazu auch die Internetseite des Instituts für Bildungswissenschaft; verfügbar unter: http://ssc-philbild.univie.ac.at/ fileadmin/user_upload/SSC/SSC_PhilBild/Studienplan_PWB-SPA/Studienplan_PWB-SPA.pdf [05.09.2009].

renden individuell gewählten Kombination an Lehrveranstaltungen und Praktika zur Abdeckung der Studienplanpunkte für das pädagogische Begleitstudium läuft das Modellcurriculum in Form eines geschlossenen Lehrgangs ab, der aus systematisch aufeinander abgestimmten Modulen besteht (vgl. Tabelle 1).

Tab. 1: Studienplan des Modellcurriculum – Professionalisiertes Pädagogisches Handeln

	Modul 1 a Interaktion und Dialog in sozialen Systemen (gruppendynamische Übungen)	Modul 1 b Vortrags- und Präsentationstechnik – Präsentationen und Vorträge professionell vorbereiten und durchführen	Modul 1 c Unterrichten als Beruf	
1. Studienjahr				
	2 Stunden, 3,0 ECTS credits	1 Stunde, 2,0 ECTS credits	2 Stunden, 3,0 ECTS credits	
2. Studienjahr	Modul 2a Praxisforschung für Lehramtsstudierende – Unterricht als Feld empirischer Forschung	Modul 2b Projektmanagement in Schulen als Motor der Schulentwicklung	Modul 2c Pädagogisches Praktikum	Modul 2d Supervision zum Pädagogischen Praktikum
	2 Stunden, 5,0 ECTS credits	1 Stunde, 2,0 ECTS credits	2 Stunden, 4,0 ECTS credits	1 Stunde, 1,0 ECTS credits
3. Studienjahr	Modul 3a Bildungspolitisches Thema	Modul 3b Wissenschaftliches Schreiben	Modul 3c Fachbezogenes Praktikum	Modul 3d Supervision zum Fachbezogenen Praktikum
	2 Stunden, 3,0 ECTS credits	1 Stunde 2,0 ECTS credits	3 Stunden 5,0 ECTS credits	1 Stunde, 1,0 ECTS credits
4. Studienjahr	Modul 4a Fallverstehen – Die pädagogische Beziehung: Lehren und Erziehen als interpersonaler Prozess	Modul 4b Medien - Unterricht und „Neue Medien"	Modul 4c Fachbezogenes Praktikum	
	2 Stunden, 3,0 ECTS credits	1 Stunde 2,0 ECTS credits	3 Stunden 5,0 ECTS credits	

Die einzelnen Module finden als Präsenzphasen an einem vereinbarten Ort zu einem bestimmten Zeitpunkt statt. Zwischen den einzelnen Terminen führen die Studierenden auf der Modellcurriculum-Lernplattform (vgl. Abbildung 2) Online-Aufgaben durch, wobei sie sich austauschen, ihre Lern- und Gruppenprozesse reflektieren und neues professionsbezogenes Wissen und Können generieren können (Wenninger, 2007, S. 159).

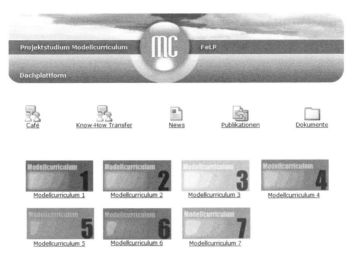

Abb. 2: Die Virtuelle Dachplattform der Professional Community

Im virtuellen Raum ist auch der Personenkreis der Beteiligten erweitert, da die Studierenden des Modellcurriculums im Sinne einer Professional Community[4] im Lauf der acht Semester immer wieder in Kontakt mit Lehrenden, Praktikern, Forschern und Experten treten (vgl. Abbildung 3).

- Studierende, die im Rahmen ihres Lehramtsstudiums die pädagogisch-wissenschaftliche Berufsvorbildung sowie die schulpraktische Ausbildung absolvieren.

- Lehrende, die als Universitätslektoren die jeweiligen Lehrveranstaltungen (Module) leiten.

- Praktiker – also Lehrpersonen, die sowohl im Lehrberuf tätig sind als auch als Betreuungslehrer in Zusammenarbeit mit der Universität stehen und deren Hauptaufgabe die Begleitung der Studierenden während ihrer ersten Praxiserfahrungen im Rahmen der schulpraktischen Ausbildung ist.

- Forscher, die meist an der Universität tätig sind und mit den Studierenden etwa im Rahmen von Praxisforschungsprojekten kollaborieren.

- Experten aus bestimmten Wissenschaftsbereichen (z.B. der Erziehungswissenschaft), die Informationen, Erfahrungen und Diskussionspunkte über relevante pädagogische Themen einbringen und der Community etwa im Rahmen eines Experten-Chats für Fragen und Diskussion zur Verfügung stehen.

---

4 eine absichtsvoll eingesetzte Gruppe, die neben der Arbeit an ihrer Aufgabe – der Entwicklung professionalisierten Handelns und der Sicherung professioneller Standards – eine Ebene der Metakommunikation herstellt (Schrittesser, 2004, S. 131)

Abb. 3: Die Professional Community an der Universität Wien

Die Einbindung der Studierenden in die Community erfolgt zunächst schrittweise; d.h. dass die Studierenden vorerst andere Communitymitglieder in deren Rollen, wie etwa jener des Forschers beobachten, jedoch kurz darauf durch zunehmende Kollaboration in Projektteams weiter in die Gemeinschaft eingeführt werden und später möglicherweise als Mitglied der Professional Community einen wesentlichen Beitrag zur Professionalisierung angehender Lehrer und Lehrerinnen leisten können.

Das Modellcurriculum soll nicht als isoliertes Studienfach oder Fragment der Lehrerbildung verstanden werden. Durch die formale Implementierung eines in die Fachausbildung begleitenden Reflexionssettings, in der die schrittweise Heranführung an das zukünftige Berufs- und Praxisfeld erfolgt, sollen sich professionsbezogenes Wissen und Können mit entsprechenden Fertigkeiten herausbilden. Ferner unterstützt es die Vermittlung und Generierung von wissenschaftlicher Expertise und professioneller Kompetenz[5] und soll zur Förderung und Etablierung eines (pädagogisch) professionalisierten Habitus beitragen. Die mit einem solchen Habitus[6] verbundenen Studienziele lassen sich folgendermaßen zusammenfassen:

• Reflexions-und Analysefähigkeit,

• Distanzfähigkeit und damit im Zusammenhang die Fähigkeit zum Perspektivenwechsel und

---

5   Vgl. Projektantrag, Projektzwischenbericht, und Publikationen; teilweise verfügbar unter: http://www.univie.ac.at/profcomm [18.12.2009].
6   Habitus ist hier im Bourdieu'schen Sinne gemeint. Der Begriff soll vermitteln, dass Professionalisierung besonders im Bereich des impliziten Wissens immer auch sozialisatorische Züge in sich trägt. Gleichzeitig ist mit der Spezifizierung des Habitus (hier sind besonders reflexive und analytische Kompetenzen angesprochen) darauf verwiesen, dass Professionalität auch die Fähigkeit zur Enthabitualisierung von Mustern mit einschließt.

- die Fähigkeit, die komplexen Anforderungen an professionelles Handeln nicht nur wahrzunehmen, sondern auch auf der Basis von Urteilsfähigkeit zu ordnen und fallspezifisch zu bearbeiten.

Durch das aktive Generieren von berufsrelevantem Wissen (anstatt bloßem deklarativen Wissens) und dem Sozialisierungsprozess der Studierenden als Forscher, sind die Entwicklung von selbstständigen Erkenntnissen und ein eigenständiger, wissenschaftlich fundierter Diskurs gesichert. Es wird gleichsam ein pädagogisches Arbeitsbündnis zwischen dieser Gruppe und den Lehrenden, aber auch zwischen den einzelnen Gruppenmitgliedern geschaffen, das über die Studienzeit hinweg und gegebenenfalls darüber hinaus aufrecht erhalten bleibt. Diese Idee basiert auf der These, dass Professionalisierung einen nicht unbeträchtlichen Anteil an Habitusformation beinhaltet. Damit soll auch der ansonsten erlebten organisatorischen und inhaltlichen Fragmentierung innerhalb des Studiums ein identitätsstiftendes Moment, bei dem Lernen in zwei Modalitäten möglich wird, entgegengehalten und „in einer doppelten Weise professionalisiert" (im Anschluss an Oevermann, 1996, S. 124) werden: Einerseits geht es darum, Wissen und Können – unter anderem auch routinehaft – einsetzen zu können und zu diesem Zweck entlastende professionelle Schemata zu entwickeln. D.h. die Fähigkeit zur Anwendung von Standardwissen und gleichzeitig die Fähigkeit, die Grenzen dieses Wissens angesichts der Anforderungen der Situation, des individuellen Falls, der subjektiven Perspektive zu erkennen und in der Folge eigenständige Lösungen zu erarbeiten, wenn Wissen an seine Grenzen gelangt. Andererseits ist jedoch der Anspruch zu erfüllen, die Erfahrungen, Routinen und Schemata zur Disposition zu stellen, um sie einer kritischen Reflexion zu unterziehen und gegebenenfalls aufzubrechen und wieder zu „verlernen" (Entwicklung des Lehramtsstudiums im Rahmen der Europäischen Studienarchitektur. Positionspapier, 2008, S. 11).

3.   Empirische Untersuchung

Ausgehend von den allgemeinen Lehr-/Lernzielen in der pädagogisch-wissenschaftlichen Ausbildung (PWA) wurde vor allem von den Studierenden des Modellcurriculums angenommen, dass sie durch den in der Jahrgangsgruppe präsent geführten und virtuell vertieften Diskurs ein höheres Maß an Reflexions- und Analysefähigkeit erreichen, als dies im Standard-Studienprogramm möglich ist.

3.1   Methoden

Unter Rückgriff auf einen Mix aus verschiedenen Methoden wurde erforscht, inwieweit bei den Studierenden des Modellcurriculums in den genannten Bereichen ein Kompetenzzuwachs zu erkennen war. Das vorliegende Datenmaterial besteht aus:

- Videoaufzeichnungen inkl. Transkription aller vier Gruppenpräsentationen[7] (Betrachtung der Analyse-, Diskurs- und Reflexionsfähigkeit, Perspektivenwechsel)

---

7   Die Auswertung erfolgte mittels qualitativer Inhaltsanalyse und objektiver Hermeneutik.

- Seminararbeiten und Forschungstagebücher[8] (Analyse der Wahrnehmung von Komplexität professionalisierten Handelns)

- persönlichen Reflexionen der Studierenden durch eine offene Fragebogenerhebung[9] (Analyse des Grads der Sensibilisierung für die Unterrichtspraxis, Reflexionsfähigkeit, Perspektivenwechsel)

3.2   Erste Ergebnisse

Erste Auswertungen der erhobenen Daten zeigten folgende Tendenzen: Die konstante Lehrgangsgruppe über acht Semester hinweg wird von den Studierenden als großer Gewinn empfunden, so dass sich gruppeninterne Prozesse positiv auf das Lernen und den Studienalltag sowie die persönliche Entwicklung der Studierenden auswirken. Auch das Selbstvertrauen wird/wurde durch das angenehme Klima innerhalb der Gruppe gestärkt.

„Ähm insofern hast das schon beobachten können, dass das von Semester zu Semester eigentlich inniger geworden ist, und dass eine Gemeinschaft entstanden ist und das ich bis jetzt eigentlich sehr schätze." (I6:27-29)

„[…] oder wenn irgendeine Wortmeldung war, dann hast sie einfach ausgesprochen, und des wurde dann auch meistens heftig diskutiert oder auch nicht, oder, es war eigentlich a sehr offene, und sehr, sehr angenehme Runde und i hob eigentlich des Gfühl ghabt, dass jeder, die Chance kriegt sich da irgendwie einzubringen […] und auch jeder herausgefordert wird […] sich einzubringen." (I2:320-328)

Durch die intensive Zusammenarbeit entstehen Rollenzuweisungen, welche einen Rollenwechsel innerhalb der Lehrgangsgruppen erschweren.

„Ja, Rollen haben sich schon gebildet, es gibt immer so so Sprach, so Sprachrohre, wie sagt man, also die die halt öfters für die Gruppe sprechen. Des is, des hat sich schon teilweise herauskristallisiert, das es da halt Leute gibt, die gern draußen stehen, und gern reden….und die anderen halt eher weniger, also so, so Prozesse laufen da schon irrsinnig viele ab, und […]" (I2:364-375)

Diese Gruppenprozesse existieren möglicherweise auch in herkömmlichen Lehrveranstaltungsgruppen, werden jedoch selten reflektiert und thematisiert. Die Wissensgenerierung erfolgt nicht nur durch Kollaboration in der Community, sondern auch durch eine Bewusstseinschaffung über die Community und die stattfindenden Prozesse.

„[…] das war halt schon sehr interessant, dass ma einfach mal mit einem Physiker oder Mathematiker zsamm arbeitet, und das war halt dann immer, auch sehr gut auch von den Denkprozessen und so, man konnt sich dann halt bei

---

8   Die Auswertung erfolgte mittels qualitativer Inhaltsanalyse.
9   Die Auswertung erfolgte mittels qualitativer Inhaltsanalyse.

den Arbeiten, das ziemlich gut einteilen oder so, also es war irgendwie, ganz ganz, es hat sich ziemlich äh ergänzt oder so" (I3:241-245)

„[…] durch unterschiedliche Fachgruppen sind, sinds natürlich auch viele unterschiedliche Menschen […] und das ist vielleicht interessant, weil es auch interessant ist zu sehen, welchen Zugang ein, ein Physiker hat und dann eine zukünftige Zeichenlehrerin oder Zeichenlehrer" (I4:314-319)

Die Professional Community innerhalb des Modellcurriculums wird daher von den Studierenden weitgehend als ein fruchtbarer „Ort" wahrgenommen, welcher der Entfaltung von Reflexionsfähigkeit, dem Erwerb der Fähigkeit zum Perspektivenwechsel sowie zur Entwicklung einer differenzierten Wahrnehmung komplexer Zusammenhänge dient und sie in der Weiterentwicklung dieser Kompetenzen unterstützt.

„Und es is a so, dass wenn uns zum Beispiel wos net passt, oder wann ma jetzt, sozusagen, bei der Reflexion am Schluss über die Lehrveranstaltung redn, dass ma uns vielleicht eher trauen, weil ma anfach wissen, es stehen vül von der Gruppen hinter uns, und jo, es is halt so, es is schon so, dass anfach die Gruppe meistens zusammenhält, und so." (I1:353-357)

Nur teilweise den Vorannahmen des Projekts entsprachen die Ergebnisse hinsichtlich einer differenzierten Diskursfähigkeit. Aufgrund der Vertrautheit innerhalb der Gruppe wird die Entwicklung eines Fachdiskurses eher erschwert als gefördert, da die Studierenden rasch in einen umgangs- und alltagssprachlichen Diskussionsstil verfallen.

„[…] es hat sich total aufgeschaukelt irgendwie. (I4:164) Und hat sich wirklich verselbständigt. Und ich nehm mal an, dass wir nicht so gwesen wären, wenn wir uns nicht so gut gekannt hätten, untereinander." (I4:173-174)

„[…] ja es wird scho über des gesprochen, aber wirklich jetzt, dass ma in die Materie reingehen […] weniger." (I2: 344-345)

„[…] Energie, die da halt auch entsteht, würde dann gar nicht so aufbrechen können, wenn da lauter fremde Leute drinnen sitzen […] und eben auch diese Gruppendynamik irgendwie dann sich nicht so aufbauscht, irgendwie." (I3:143-149)

Nach einer systematischen Betrachtung weiterer Textsorten (Transkripte von Gruppenpräsentationen, Seminararbeiten, Forschungstagebüchern, Fragebögen inklusive Reflexionen) ließ sich feststellen, dass die Diskursfähigkeit insbesondere im Medium mündlicher Sprache nicht in gleichem Maße ausgeprägt war, wie dies in schriftlich dargebotenen Leistungen erkennbar wurde.

3.3   Zusammenfassung

Resümierend aus den bisherigen Erhebungen lässt sich feststellen, dass das Modelcurriculum innerhalb der Professional Community in ihrer derzeitigen Konstitution sowohl den Austausch unter den Studierenden und damit die Entstehung einer professionellen Identität als auch eine systematische Reflexionsfähigkeit fördert. Die Qualität des Austausches hinsichtlich eines professionellen, d.h. an wissenschaftlichen Kriterien orientierten mündlichen Diskurses wurde jedoch nicht signifikant positiv beeinflusst und wird noch genauer erforscht werden.

4.   Diskussion der Ergebnisse und Konsequenzen für die Weiterentwicklung des Modellcurriculums

Mit Hilfe einer weiteren qualitativ-empirischen Untersuchung in Form von Gruppendiskussionen mittels fallanalytischem Vorgehen soll nun eingeschätzt werden, inwiefern dieses Lehrgangsprogramm mittlerweile gereift ist und ob und in welcher Form es zur Entwicklung der Studierenden zu so genannten „Professionals" beiträgt bzw. beitragen könnte. Zum einen gilt es zu evaluieren, unter welchen Rahmenbedingungen sich pädagogische Professionalität bei Lehramtsstudierenden entwickelt, und zum anderen soll überprüft werden, ob sich das „Modellcurriculum – professionelles pädagogisches Handeln" als ein geeigneter „Ort" darstellt, um ein professionelles Selbst und einen professionellen Habitus zu entwickeln bzw. sich professionsbezogenes Wissen so anzueignen, dass es in Handlungssituationen Anwendung finden kann.

Ziel dieses Forschungsvorhaben ist es, neue Erkenntnisse über die habituelle Professionalisierung von Lehramtsstudierenden zu erarbeiten und Einsichten in deren wissenschaftlich-reflexive Fähigkeit zur Falldeutung zu gewinnen. Zudem sollen Konsequenzen für die Weiterentwicklung des Modellcurriculums an der Universität Wien gezogen werden und neue Einsichten, die eventuell in der Professionalisierungsdebatte noch nicht berücksichtigt wurden, generiert werden. Das „Einsozialisieren" sowie die Einübung und Grundlegung einer professionalisierten Praxis im Lehramtsstudium ist für die spätere Berufstätigkeit essentiell.

> „Eine professionalisierende LehrerInnenbildung kommt nicht umhin, sich ausführlich und permanent mit Ihren Zielsetzungen zu beschäftigen, d.h. diese argumentativ zu begründen (unter Beachtung gesamtgesellschaftlicher Veränderungen), diskursiv auszuhandeln (mit dem Bemühen um Konsensbildung) und kritische auf ihre Realisierbarkeit zu überprüfen (unter Berücksichtigung verschiedener Evaluationskonzepte)." (Schratz & Wieser, 2002, S. 15).

Literatur

Allemann-Ghionda, C. & Terhart, E. (2006). Kompetenzen und Kompetenzentwicklung von Lehrerinnen und Lehrern: Ausbildung und Beruf. Zur Einleitung in das Beiheft. In C. Allemann-Ghionda & E. Terhart (Hrsg.), *Kompetenzen und Kompetenzentwicklung von Lehrerinnen und Lehrern: Ausbildung und Beruf. 51. Beiheft der Zeitschrift für Pädagogik* (S. 7–13). Weinheim: Beltz.

Baumert, J. & Kunter, M. (2006). Stichwort: Professionelle Kompetenz von Lehrkräften. *Zeitschrift für Erziehungswissenschaft, 9*, 469–520.

Beck C. & Stelmaszky, B. (2004). Fallarbeit in der Lehrerbildung. In B. Koch-Priewe, F.-U. Kolbe & J. Wildt. (Hrsg.), *Grundlagenforschung und mikrodidaktische Reformansätze zur Lehrerbildung* (S. 212–234). Bad Heilbrunn: Klinkhardt.

Bommes, M., Dewe, B. & Radtke, F. O. (1996). *Sozialwissenschaften und Lehramt. Der Umgang mit sozialwissenschaftlichen Theorieangeboten in der Lehrerbildung.* Opladen: Leske + Budrich.

Cochran-Smith, M. (2003). Assessing assessment in teacher education. *Journal of Teacher Education, 54* (3), 187–191.

Entwicklung des Lehramtsstudiums im Rahmen der Europäischen Studienarchitektur. Positionspapier. (2008). Verfügbar unter: https://typo3.univie.ac.at/fileadmin/user_upload/senat/sitzungen/STGLA_Positionspapier_30.5.08.pdf [18.12.2009].

Gogolin, I., Krüger, H.-H. & Lenzen, D. (Hrsg.). (2005). *Standards und Standardisierungen in der Erziehungswissenschaft. 3. Beiheft der Zeitschrift für Erziehungswissenschaft.* Wiesbaden: VS Verlag für Sozialwissenschaften.

Helsper, W. (1996). Antinomien des Lehrerhandelns in modernisierten pädagogischen Kulturen: Paradoxe Verwendungsweisen von Autonomie und Selbstverantwortlichkeit. In A. Combe & W. Helsper (Hrsg.), *Pädagogische Professionalität. Untersuchungen zum Typus pädagogischen Handelns* (S. 521–569). Frankfurt a. M.: Suhrkamp.

Helsper, W. (2002). Wissen, Können, Nicht-Wissen-Können. Wissensformen des Lehrens und Konsequenzen für die Lehrerbildung. In Zentrum für Schulforschung und Fragen der Lehrerbildung (Hrsg.), *Die Lehrerbildung der Zukunft. Eine Streitschrift* (S. 67–86). Opladen: Leske+Budrich.

Helsper, W. (2004). Antinomien, Widersprüche, Paradoxien: Lehrerarbeit – ein unmögliches Geschäft? Eine strukturtheoretisch-rekonstruktive Perspektive auf das Lehrerhandeln. In B. Koch-Priewe, F.-U. Kolbe & J. Wildt (Hrsg.), *Grundlagenforschung und mikrodidaktische Reformansätze zur Lehrerbildung* (S. 49–98). Bad Heilbrunn: Klinkhardt.

Herbart, J. F. (1802/1991). Die erste Vorlesung über Pädagogik. In G. Müßner (Hrsg.), *Johann Friedrich Herbart. Didaktische Texte zu Unterricht und Erziehung in Wissenschaft und Schule* (S. 137–144). Wuppertal: Deimling.

Kolbe, F.-U. (2004). Verhältnis von Wissen und Handeln. In S. Blömeke, P. Reinhold, G. Tulodziecki & J. Wildt (Hrsg.), *Handbuch Lehrerbildung* (S. 206–232). Bad Heilbrunn: Klinkhardt.

Koring, B. (1989). *Eine Theorie pädagogischen Handelns.* Weinheim: Deutscher Studien-Verlag.

Korthagen, F., Loughran, J. & Lunenberg, M. (2005). Teaching teachers – studies into the expertise of teacher educators: an introduction to this theme issue. *Teaching and Teacher Education, 21* (2), 107–115.

Mayr, J. & Neuweg, G. H. (2009). Lehrer/innen als zentrale Ressource im Bildungssystem: Rekrutierung und Qualifizierung. In W. Specht (Hrsg.), *Nationaler Bildungsbericht Österreich 2009. Bd. 2: Fokussierte Analysen bildungspolitischer Schwerpunktthemen* (S. 99–119). Graz: Leykam.

Oelkers, J. (2005). *Professionalisierung und Qualitätsentwicklung in der Lehrerbildung.* Vortrag in der Universität Main am 29. April 2005. Verfügbar unter: http://209.85.129.132/search? q=cache:0hx3uVLGYJ:www.paed.uzh.ch/ap/downloads/oelkers/Vortraege/183_MainzTagung Zentren.pdf+Oelkers+Professionalisierung+und+Qualitätsentwicklung&cd=1&hl=de&ct=clnk &client=safari [18.12.2009].

Oevermann, U. (1996). Theoretische Skizze einer revidierten Theorie professionalisierten Handelns. In A. Combe & W. Helsper (Hrsg.), *Pädagogische Professionalität. Untersuchungen zum Typus pädagogischen Handelns* (S. 70–182). Frankfurt a. M.: Suhrkamp.

Oevermann, U. (2008). Profession contra Organisation? Strukturtheoretische Perspektiven zum Verhältnis von Schule und Profession in der Schule. In W. Helsper, S. Busse, M. Hummrich & R.-T. Kramer (Hrsg), *Pädagogische Professionalität in Organisationen. Neue Verhältnisbestimmungen am Beispiel der Schule. Studien zur Schul- und Bildungsforschung* (S. 55–78). Wiesbaden: VS Verlag für Sozialwissenschaften.

Oser, F. & Oelkers, J. (2001). *Die Wirksamkeit der Lehrerbildungssysteme. Von der Allrounderbildung zur Ausbildung professioneller Standards.* Chur/Zürich: Rüegger.

Radtke, F.-O. (1999). Autonomisierung, Entstaatlichung, Modularisierung. Neue Argumente in der Lehrerbildungsdiskussion? In F. O. Radtke (Hrsg.), *Lehrerbildung an der Universität. Zur Wissensbasis pädagogischer Professionalität* (Frankfurter Beiträge zur Erziehungswissenschaft) (S. 11–25). Frankfurt: Johann-Wolfgang Goethe-Universität.

Radtke, F.-O. (2004). Der Eigensinn pädagogischer Professionalität jenseits von Innovationshoffnungen und Effizienzerwartungen. Übergangene Einsichten aus der Wissensverwendungsforschung für die Organisation der universitären Lehrerbildung. In B. Koch-Priewe, F.-U. Kolbe & J. Wildt (Hrsg.), *Grundlagenforschung und mikrodidaktische Reformansätze zur Lehrerbildung* (S. 99–149). Bad Heilbrunn: Klinkhardt.

Rothland, M. & Terhart, E. (2009). Forschung zum Lehrerberuf. In R. Tippelt & B. Schmidt (Hrsg.), *Handbuch Bildungsforschung* (2. überarbeitete und erweiterte Auflage) (S. 791–810). Wiesbaden: VS Verlag für Sozialwissenschaften.

Schratz, M. & Wieser, I. (2002). Mit Unsicherheiten souverän umgehen lernen. Zielsetzungen und Realisierungsversuche einer professionalisierenden LehrerInnenbildung. In H. Brunner, E. Mayr, M. Schratz & I. Wieser (Hrsg.), *Lehrerinnen- und Lehrerbildung braucht Qualität. Und wie!?* (S. 13–43). Innsbruck: Studienverlag.

Schrittesser, I. (2004). Professional Communities. Mögliche Beiträge der Gruppendynamik zur Entwicklung professionalisierten Handelns. In B. Hack & H. G. Neuweg (Hrsg.), *Zur Professionalisierung pädagogischen Handelns. Beiträge aus der Sektion Lehrerbildung und Lehrerbildungsforschung in der österreichischen Gesellschaft für Forschung und Entwicklung im Bildungswesen* (S. 131–150). Münster: LIT-Verlag.

Schrittesser, I. (2009). *Professionalität und Professionalisierung. Einige aktuelle Fragen und Ansätze der universitären LehrerInnenbildung.* Frankfurt am Main: Peter Lang.

Terhart, E. (2004). Sekretariat der Ständigen Konferenz der Kultusminister der Länder in der Bundesrepublik Deutschland (KMK) (Hrsg.). *Standards für die Lehrerbildung: Bildungswissenschaften.* Verfügbar unter: http://www.kmk.org/fileadmin/veroeffentlichungen_beschluesse/2004/2004_12_16-Standards-Lehrerbildung.pdf [18.12.2009].

Townsend, T. & Bates R. (2007). *Handbook of Teacher Education: Globalization, Standards and Professionalism in Times of Change.* Dordrecht: Springer.

Universität Wien 2012 (Hrsg.). (2009). *Entwicklungsplan der Universität Wien. Lehramtsstudien.* Verfügbar unter: http://public.univie.ac.at/fileadmin/user_upload/rektorat/Aktuelles/Entwicklungsplan/ UW_Entwicklungsplan_2009.pdf [18.12.2009].

Wenninger, B. (2007). Die Professional Community als sozio-virtuelles System: ein Ausbildungskonzept für Lehrerinnen und Lehrer. In U. Dittler, M. Kindt & C. Schwarz (Hrsg.), *Medien in der Wissenschaft. Online-Communities als soziale Systeme. Wikis, Weblogs und Social Software im E-Learning* (S. 147–163). Münster: Waxmann.

Wilson, S. M. & Youngs, P. (2005). Research on Accountability Processes in Teacher Education. In M. Cochran-Smith & K. M. Zeichner (Hrsg.), *Studying Teacher Education. The Report of the AERA Panel on Research and Teacher Education* (S. 591–643). Mahwah: Erlbaum.

Heinz Bachmann

Unterrichtsbeobachtungen als Grundlage zur Planung und Evaluation der Hochschullehre – eine Fallstudie

1. Einleitung

Gegenwärtig sind die schweizerischen Universitäten und Hochschulen damit befasst, die Bologna-Deklaration umzusetzen. Die ehrgeizige Absicht dieser Reform zielt darauf ab, „Europa bis zum Jahr 2010 zum wettbewerbsfähigsten, dynamischen, wissensbasierten Wirtschaftsraum der Welt zu machen" (Reichert & Tauch, 2003, S. 17). Einer der Haupttriebfedern des Bologna-Prozesses, neben der akademischen Mobilität und der Vorbereitung der Hochschulabsolventen auf den europäischen Arbeitsmarkt, ist die Steigerung der Anziehungskraft der europäischen Hochschulen zur Verhinderung von *brain drain* und der Förderung von *brain gain* (ebd.). Abgesehen von diesem globalen Wettbewerb wird durch die gegenseitige Anrechenbarkeit der Studienleistungen in den verschiedenen europäischen Ländern auch die Konkurrenz der Hochschulen untereinander gefördert.

Durch die Umstellung der aktuellen Studiengänge auf das Bachelor-Master-System ab Herbst 2005 sind die Hochschulen einem verstärkten Wettbewerbsdruck ausgesetzt. Durch das ETCS-Punktesystem (*European Transfer Credit Point System*) werden auf europäischer Ebene Bildungsangebote vergleichbar und gegenseitig anrechenbar gemacht. Parallel dazu sind in den letzten Jahren im Bildungsbereich Ressourcen knapper geworden. Unter diesen Gesichtspunkten kommt den traditionellen Kernprozessen Forschung und Lehre an den Hochschulen eine zentrale Bedeutung zu. Allerdings steht „dem differenzierten Qualitätssystem in der Forschung bis dato jedoch nur ein rudimentäres Qualitätssicherungssystem der Hochschullehre gegenüber" (Lehner & Fredersdorf, 2004, S. 13). Evaluationen von Lehrveranstaltungen durch Studierende sind zur Qualitätssicherung nur bedingt geeignet.

> „Wenn Lehrevaluationen auf der Bewertung von Studierenden basiert, ist sie nur bedingt valide. Denn obwohl Studierende „Betroffene" der Lehre sind, verfügen sie meist nur über geringes didaktisches Grundwissen. Wie aus der Evaluation von Massnahmen der Erwachsenenbildung bekannt, spiegelt eine Seminarbewertung durch Teilnehmer oft andere als didaktische Kriterien wider (Stimmungen, subjektives Wohlbefinden, Beliebtheit des Referenten u.a.)." (Wöltje & Egenberger, 1996, S. 220)

Ergänzend dazu können Lehner und Fredersdorf zitiert werden (2004, S. 16):

> „Selbst wenn Studierende ihre Meinung zu vorab definierten didaktischen Standards kundtun, ist die Validität der Antworten zu bezweifeln: Offene Statements zu den positiven und negativen Aspekten der Lernveranstaltung fördern in der Regel nur das Offensichtliche zu Tage (organisatorische Rahmen-

bedingungen, Lernklima oder Mangelndes) und bewerten damit nur einen Teil des didaktischen Settings."

Erschwerend kommt hinzu, dass nach neusten Studien (Virtanen & Lindblom-Ylänne, 2009) Studierende und Dozierende offensichtlich ganz verschiedene Vorstellungen von gutem Unterricht haben.

Eine weitere Schwierigkeit bei der Messung der Qualität der Lehre ist auch in der Angst der Dozierenden zu suchen. Einer kriterienorientierten Auseinandersetzung mit dem eigenen Berufshandeln stehen Ängste (vor Statusverlust, Versagen, Veränderung etc.) diametral entgegen (Freimuth, 1996). Aus den genannten Bedingungen wird darum die Lehrqualität oft mit indirekten Indikatoren gemessen. Leistungsvariablen wie durchschnittliche Studiendauer, Abbruchquote, Erfolgsquote bei Examina, Betreuungsrelation und Prozentzahl der Studierenden, die nach Studienabschluss eine Arbeit finden, sollen qualitative und quantitative Dimensionen der Lehre zum Ausdruck bringen. Für die schweizerischen Fachhochschulen werden diese Daten regelmäßig vom Bundesamt für Statistik publiziert (Bundesamt für Statistik, 2005). Dabei wird übersehen, dass diese Indikatoren oft stark von externen Faktoren beeinflusst werden, wie z.b. im Falle des Berufseinstieges von der Arbeitsmarktsituation.

Eine weitere Alternative zur Qualitätsmessung sind Peer-Reviews, die derzeit ein wesentliches Element in der Hochschulevaluation darstellen. Im Falle der schweizerischen Fachhochschulen wurden 2001 und 2003 landesweit Peer-Reviews durchgeführt mit dem Ziel, die Qualität der Studiengänge zu verbessern (Bundesamt für Berufsbildung und Technologie, 2005). Bei diesen Studien wurde allerdings auf Lehrveranstaltungsbeobachtungen verzichtet. Bis dato fehlen also aussagekräftige empirische Daten zum Verlauf von Lehrveranstaltungen an schweizerischen Fachhochschulen, obwohl solche Daten Voraussetzung für die Planung von Qualitätsverbesserungsmaßnahmen im Bereich der Hochschullehre sind. Die vorliegende Studie will zum Schließen dieser Lücke beitragen und empirische Daten zum Verlauf von Lehrveranstaltungen an einer schweizerischen Pädagogischen Hochschule generieren.

1.1   Zweck der Studie

Die Studie hat zwei zentrale Anliegen:

- Erheben von Daten zu Verläufen von Lehrveranstaltungen an einer schweizerischen Pädagogischen Hochschule zum Zeitpunkt der Einführung der Bologna-Studiengänge (*bachelor and master degrees*). Die Studie ist so angelegt, dass sie zu einem späteren Zeitpunkt wiederholt werden kann.

- Beschreibung von typischen Verläufen von Lehrveranstaltungen an einer schweizerischen Pädagogischen Hochschule anhand der gewonnen Daten.

1.2 Ziel der Studie

Folgende Ziele werden mit der vorliegenden Studie verfolgt:

- Präsentation eines Überblickes über Lehrveranstaltungsverläufe an einer schweizerischen Pädagogischen Hochschule.

- Generieren von Daten, die als Grundlage dienen können für die spätere Planung und Evaluation von hochschuldidaktischen Angeboten.

2. VaNTH Observational System (VOS) – eine Einführung

Verläufe von Lehrveranstaltungen können mit Hilfe von Videokameras oder mit speziell entwickelten Beobachtungsinstrumenten festgehalten werden. Die Videoaufnahme allein bedeutet aber noch keine Entscheidung für einen bestimmten Raster der Lehrveranstaltungsbeurteilung. Will man den Lehrveranstaltungsverlauf quantitativ umschreiben, müssen entsprechende Variablen gebildet und anschließend deren Auftretenshäufigkeit notiert werden.

In der vorliegenden Studie wird das VOS (*VaNTH Observational System*) zur Datenerhebung verwendet. Das Instrument entstand in Zusammenarbeit von vier Amerikanischen Universitäten; entsprechend steht das Akronym VaNTH für Vanderbilt University, Northwestern University, University of Texas und Harvard University. Das Ziel der vier Universitäten ist es, neuste Erkenntnisse aus der Lerntheorie in der Lehre unter Einbezug modernster Lehr- und Lerntechnologien (Internet, computergestützter Unterricht etc.) umzusetzen, um die Effektivität des studentischen Lernens zu steigern. Das ehrgeizige Projekt wurde im Jahre 1999 begonnen und startete mit der Entwicklung von College-Kursen in Biomechanik (Barr, Pandy, Petrosino & Svihla, 2005; Harris, 2005). Innerhalb dieses Forschungsvorhabens wurde das Beobachtungsinstrument VOS entwickelt, um quantitative Unterschiede zwischen traditionellen Lehrveranstaltungen im Vorlesungsstil und dem neuen Ansatz, bei dem das studentische Lernen im Mittelpunkt steht, festzuhalten (Harris, Cordray & Harris, 2002; Harris, 2003).

Im angelsächsischen Raum haben Unterrichtsbeobachtungsinstrumente als *Feedbacktool* eine lange Tradition. Das VOS greift auf Arbeiten von Flanders (1970) und Stallings (1977) zurück und wurde speziell zur Beobachtung von Hochschullehrveranstaltungen entwickelt. Bei der Wahl der zu beobachtenden Variablen stützte man sich vor allem auf den Bericht *How People Learn* (Bransford, Brown & Cocking, 1999) des *American National Research Council*. Im Zentrum der Beobachtung steht – ganz im Sinne der neuen Lehr-Lern-Kultur – der Lernende. Gute Lehre hat primär das Ziel, das Lernen der Studierenden zu fördern. Das Instrument berücksichtigt die folgenden, durch wissenschaftliche Untersuchungen erhärteten Erkenntnisse zum Lernen:

- Je mehr Lernende aktiv am Unterrichtsgeschehen teilnehmen können, desto größer ist der Lernerfolg.

- Je mehr Zeit für die eigentliche Lernaufgabe verwendet wird, desto größer ist der Lernerfolg.

- Je mehr Lerninhalte visualisiert und vernetzt werden, desto größer ist der Lernerfolg.

- Regelmässige Überprüfung des Gelernten fördert den Lernerfolg.

- Je mehr Lernende sich zum Gelernten austauschen können, desto größer ist der Lernerfolg.

- Je mehr Lernaufgaben in Gruppenarbeit bearbeitet werden können, desto größer ist der Lernerfolg.

- Das Kommunizieren von Lernzielen, geplanten Repetitionen und Ausblicken erhöhen den Lernerfolg.

- Begeisterungsfähigkeit und geistige Präsenz des Dozierenden erhöhen den Lernerfolg.

Das VOS ist ein Beobachtungsinstrument, das vergleichbar mit einem Fotoapparat ist: In definierten Zeitintervallen werden Schnappschüsse von bestimmten Ereignissen in der Lehrveranstaltung festgehalten. Vor Lehrveranstaltungsbeginn werden Raumgröße und Ausstattung beschrieben. Neben der räumlichen Anordnung des Mobiliars werden auch vorhandene Unterrichtshilfen notiert, wie z. B. *Beamer*, Hellraumprojektor oder Wandtafel (*ICEA = Initial Classroom Environment Assessment*). Anschließend wird die eigentliche Lehrveranstaltung beobachtet. Im Laufe einer fünfzigminütigen Lehrveranstaltung werden circa 6 Beobachtungszyklen codiert. Der Zyklus beginnt mit der Notierung von Interaktionen zwischen den Studierenden und dem Dozierenden (*CIO = Classroom Interaction Observation*), gefolgt von Beobachtungen zum akademischen Engagement der Studierenden (*SEO = Student Engagement Observation*) und Notizen (*NN = Narrative Notes*) zum Lehrveranstaltungskontext. Am Ende der Veranstaltung wird eine Gesamtbeurteilung (*GR = Global Rating*) anhand von Indikatoren zum effektiven Unterrichten auf eine Likert-Skala von 0 bis 3 vorgenommen.

Es werden folglich Beobachtungen in 5 Bereichen gemacht (vgl. Abbildung 1):

- Raum, wo die Lehrveranstaltung stattfindet (ICEA): Wie ist der Raum ausgestattet und möbliert?

- Interaktion zwischen Studenten und dem Dozierenden (CIO): Es werden Ereignisse dokumentiert nach folgendem Muster: wer – zu wem – sagt/macht was – wie (mit welchem Fokus) – mit welchem Medium?

- Akademisches Engagement der Studierenden (SEO): Es wird unterschieden zwischen erwünschtem (z.B. zuhören, an Gruppendiskussion teilnehmen) und unerwünschtem Verhalten (z.B. schlafen, Zeitung lesen).

- Beschreibung des Kontextes (NN): Diese Informationen helfen am Schluss bei der Interpretation der Daten und minimieren die Gefahr von falschen Schlussfolgerungen. Darunter fallen Bemerkungen zum vermittelten Inhalt und wie Inhalte vermittelt werden, spezielle Umstände wie z.B. Baulärm im Gebäude und anderes.

- Globalbeurteilung (GR): Basierend auf Erkenntnissen aus der Lernforschung wird in 3 Kategorien das Vorhandensein von Indikatoren zum effektiven Lehren/ Lernen auf einer Likert-Skala beurteilt (0 = nicht beobachtet, 1 = kaum vorhanden, 2 = vorhanden, 3 = ist ausgeprägt vorhanden). Die Kategorien betreffen:

  o *Cognitive organizers* und Vernetzung des Gelernten

  o Assessment des Verstehens bei den Studierenden

  o Wecken und Aufrechthalten von Aufmerksamkeit bei den Studierenden.

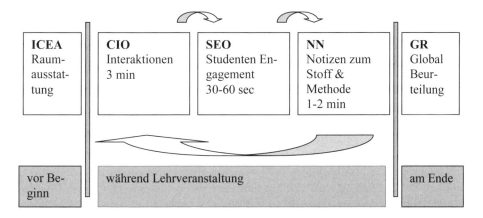

Abb. 1: Beobachtungszyklus beim Einsatz des VOS in fünf Hauptkategorien

Die Beobachtungen werden auf einem Handheld-Computer festgehalten, indem auf einem *touch screen* die entsprechenden Kategorien laufend angetippt werden.

2.1 Validität des VOS gemäß Literaturangaben

Barr et al. (2005) vergleichen in einer Studie studentische Lernleistungen mit Hilfe von Pre- und Post-Tests in Lehrveranstaltungen zur Biomechanik in den USA. In einer Studentengruppe wurden neueste Erkenntnisse aus der Lernforschung berücksichtigt, in der Vergleichsgruppe wurden die Inhalte in traditionellem Vorlesungsstil vermittelt. Barr et al. kommen zum Schluss, dass signifikante Unterschiede in den Lernleistungen festgestellt werden können zugunsten der Studentengruppe, bei der moderne Erkenntnisse der Lernforschung berücksichtigt wurden.

Die Frage, ob die oben erwähnten Unterschiede im Lehr-/Lernstil mit dem VOS zuverlässig gemessen werden können, ist Gegenstand einer Dissertation von Cox (2005). Sie untersucht die Validität des VOS auf der Grundlage einer Analyse von fünf Studien. In einem aufwändigen Verfahren werden in dieser Metastudie nicht nur die einzelnen Kategorien betrachtet, sondern innerhalb der Kategorien auch verschiedene Variablen untersucht. Zusammenfassend hält Cox fest, dass das VOS valide ist.

2.2   Interraterreabilität des VOS gemäß Literaturangaben

Untersuchungen von Norris, Harris und Washington (2004) belegen, dass das VOS ein Beobachtungsinstrument mit einer Interraterreabilität von über 85% ist. Mit Hilfe einer eigens dafür entwickelten CD-Rom kann der Gebrauch des VOS geschult und zur regelmässigen Kalibrierung der Beobachtungs- und Codierungsfähigkeit verwendet werden.

Im Verlaufe der Studie zeigte sich, dass nicht alle Lehrveranstaltungen gleich gut kodiert werden können. Einfach sind zum Beispiel traditionelle Vorlesungen, wo der Dozierende vorwiegend allein spricht. Anspruchsvoll hingegen sind Veranstaltungen, wo Referate, Gruppen- und Einzelarbeiten ständig wechseln. Mit zunehmender Erfahrung der Beobachtenden nimmt allerdings auch deren Geschicklichkeit und Treffsicherheit zu. Periodische gemeinsame Beobachtungen anhand von Unterrichtsvideos helfen, die Einschätzungen untereinander abzugleichen und zu eichen.

3.   Ausgewählte Resultate der Datenerhebung

3.1   Stichprobe

Die Studie an der schweizerischen Pädagogischen Hochschule basiert auf der Beobachtung und Protokollierung von 71 Lehrveranstaltungen. Von diesen 71 Veranstaltungsbeobachtungen mussten drei Datensätze ausgeschlossen werden, weil sie unvollständig waren. Weitere vier Lehrveranstaltungen wurden nicht berücksichtigt, weil es sich bei ihnen um Großgruppenveranstaltungen handelte (121 / 71 / 55 und 35 Studierende), die aufgrund ganz eigener Charakteristik nicht mit den übrigen besuchten Veranstaltungen vergleichbar waren. Für die Auswertung standen somit insgesamt 64 Datensätze zur Verfügung. Die Lehrveranstaltungen wurden nach der Zahl der Teilnehmenden in vier Gruppen eingeteilt:

- 5–9 Studierende : 4 Lehrveranstaltungen
- 10–14 Studierende: 30 Lehrveranstaltungen
- 15–19 Studierende: 27 Lehrveranstaltungen
- 20–24 Studierende: 3 Lehrveranstaltungen

Zusammenfassend kann festgehalten werden, dass die meisten Lehrveranstaltungen 10 bis 14 Studierende oder 15 bis 19 Studierende umfassen. Damit ist eine wichtige strukturelle Voraussetzung für das Individualisieren der Lehre und für eine intensive Auseinandersetzung zwischen Dozierendem und Studierenden gegeben.

3.2   CIO – Classroom Interaction Observation

Beim CIO werden die Interaktionen zwischen Studierenden und Dozierenden im Laufe einer Unterrichtsstunde fokussiert. Die zentrale Frage ist hierbei, wie groß der Prozentsatz der Beteiligung der einzelnen Akteure an diesem Interaktionsgeschehen ist. 100 Prozent entspricht dabei allen beobachteten Interaktionen, an denen der/die Dozierende beteiligt ist und die im Verlaufe einer Lehrveranstaltungsbeobachtung kodiert werden. Um einen zusammenfassenden Überblick zu erhalten, werden Kategorien in 10-Prozent-Schritten gebildet und die Anzahl der Lehrveranstaltungen pro Kategorie aufgeführt.

Who – Wer ist an Interaktionen mit Dozierendem beteiligt?

Wer spricht, referiert, fragt…? Aus der nachfolgenden Graphik (vgl. Abbildung 2) ist ersichtlich, dass von 64 beobachteten Lehrveranstaltungen in nur einer Veranstaltung der/die Dozierende zwischen 10 Prozent und 20 Prozent der Interaktionszeit für sich beansprucht hat. In 44 Lehrveranstaltungen hingegen hat der/die Dozierende das Interaktionsgeschehen dominiert (70%-100%). Hieraus lässt sich schließen, dass generell der/die Dozierende den Großteil der Interaktionszeit braucht, wenn es zu Interaktionen zwischen Dozierendem und Studierenden in der Lehrveranstaltung kommt.

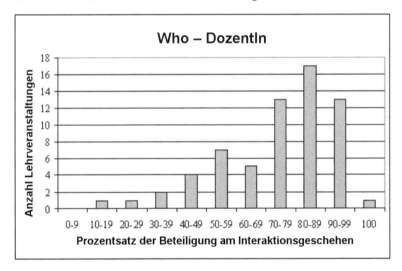

Abb. 2: Anzahl der Lehrveranstaltungen mit prozentualen Angaben zur Beanspruchung der Interaktionszeit durch den Dozierenden

In 46 Lehrveranstaltungen kommt es kaum zu einer vertieften Auseinandersetzung zwischen Studierenden und dem Dozierenden (die Anzahl der Interaktionen hintereinander mit gleichem Studierenden über mindestens zwei Zyklen ist kleiner als 9%). Als vertiefte Auseinandersetzung wird in diesem Falle eine Interaktion definiert, bei der der gleiche Studierende mindestens zwei Zyklen hintereinander in Kommunikation mit dem Dozierenden beobachtet wurde. Solche Situationen sind dann häufig zu sehen, wenn das Vorwissen der Studierenden und ihre eigenständigen Überlegungen gefragt sind, wie es beim studentenzentrierten Lehransatz der Fall ist. Die kodierten Interaktionen in diesem Bereich deuten eher auf eine dozentenzentrierte Informationsvermittlung mit einem traditionellen Rollenverständnis hin, d.h. der/die Dozierende verkörpert das Wissen und die Studierenden, die zu belehren sind, machen nur punktuell kurze Ergänzungen (vgl. Abbildung 3).

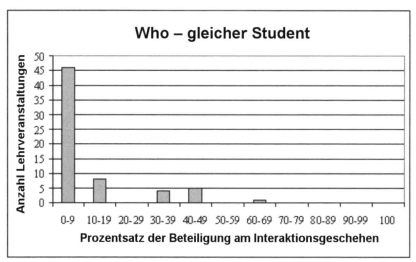

Abb. 3: Anzahl der Lehrveranstaltungen, bei denen der/die gleiche Studierende mindestens zwei Zyklen hintereinander in Kommunikation mit dem/der Dozierenden beobachtet werden konnte

What – Form der Interaktion

Mit der Was-Kodierung wird die Form der Interaktion näher erläutert. Es werden dabei zwölf Kategorien unterschieden:

- Geschlossene Frage
- Offene Frage
- Antwort
- Keine Antwort auf Frage des/der Dozierenden
- Referat
- Sozialer Kommentar
- Themenbezogener Kommentar
- Positive Rückmeldung
- Guiding (erarbeitender Unterricht)
- Korrigieren
- Aktives Monitoring
- Passives Monitoring

Das Vorkommen aller zwölf Kategorien entspricht dabei 100%. Die Prozentangaben zu den einzelnen Kategorien zeigen den Anteil des Auftretens einer Form in Bezug auf alle möglichen Formen (vgl. Tabelle 1).

Tab. 1: Prozentuale Verteilung der Interaktionsformen bezogen auf die Gesamtheit aller möglichen Formen

geschl. Frage	offene Frage	Antwort	Keine Antwort	Referat	Soz. Kommentar
6%	5%	8%	0%	24%	2%

them. Kommentar	pos. Rück-meldung	Guiding	Kor-rektur	akt. Monitoring	pas. Monitoring
32%	2%	2%	0%	6%	12%

Über alle Lehrveranstaltungen hinweg bestehen die Interaktionen zu etwa einem Drittel aus themenbezogenen Kommentaren (32%) und zu knapp einem Viertel aus Referaten (24%). Offene und geschlossene Fragen halten sich die Waage und liegen bei 6% respektive 5%. Der erarbeitende Unterricht (Guiding) kommt auf 2%. Aktives und passives Monitoring machen 18% aus. Es fällt auf, dass wenige Anregungen zum eigenständigen Denken über Interaktionen (Guiding / offene Fragen) erfolgen.

How – Fokus der Interaktion

Ein weiterer erhobener Aspekt des Interaktionsgeschehens ist dessen Fokus. Hier werden fünf Kategorien unterschieden:

- Wissenszentrierung
- Lernerzentrierung
- Beziehungszentrierung
- Lernkontrollen
- Organisatorische Aspekte

100 Prozent entsprechen allen kodierten Interaktionen in den fünf Kategorien. Abbildung 4 zeigt, dass in gut der Hälfte der Veranstaltungen der Fokus auf der Wissensvermittlung liegt: In 16 Lehrveranstaltungen beruhen über 90% der Interaktionen auf der Wissensvermittlung. 35 von 64 Lehrveranstaltungen haben einen Anteil von über 70%. Dieses Bild entspricht der klassischen Vorstellung einer Lehrveranstaltung, bei der die Wissensvermittlung im Zentrum der Unterrichtsbemühungen steht.

Bei der Lernerzentrierung steht die Vernetzung des neuen Wissens und Könnens mit schon vorhandenem Wissen bei den Studierenden im Zentrum. Die Bedeutung der individuellen Lernbiographie und den Verknüpfungsbemühungen beim Lernenden spielt eine entscheidende Rolle in den konstruktivistischen Lerntheorien. Gelingt es einem Dozierenden den Studierenden beim Vernetzen des Lernstoffs zu helfen, trägt er entscheidend zum Lernerfolg bei. In 47 von 64 Lehrveranstaltungen macht dieser Anteil der Interaktionen weniger als 30% aus (vgl. Abbildung 5).

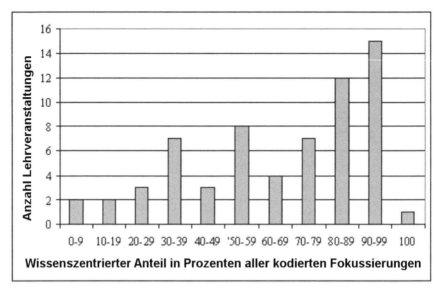

Abb. 4: Prozentualer Anteil der Wissenszentrierung am Interaktionsgeschehen mit
        Anzahl entsprechend fokussierten Lehrveranstaltungen

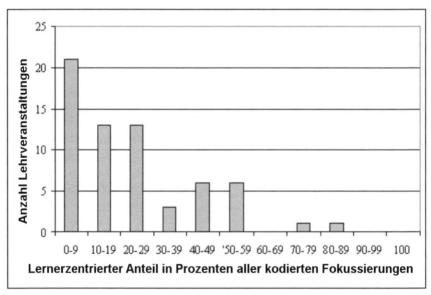

Abb. 5: Prozentualer Anteil der Lernerzentrierung am Interaktionsgeschehen mit Anzahl
        entsprechend fokussierten Lehrveranstaltungen

Das Überprüfen des Verständnisses der vermittelten Lerninhalte bei den Studierenden
findet, wenn überhaupt, nur rudimentär statt. In 61 von 64 Veranstaltungen sind bei
höchstens 9% der Interaktionen Lernstandsdiagnosen Gegenstand des Geschehens (vgl.
Abbildung 6).

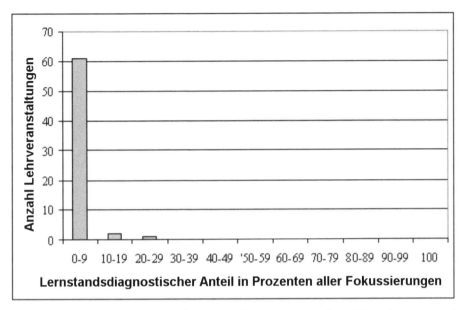

Abb. 6: Anteil von Lernstandsdiagnosen in Prozenten aller Fokussierungen mit entsprechender Anzahl von Lehrveranstaltungen

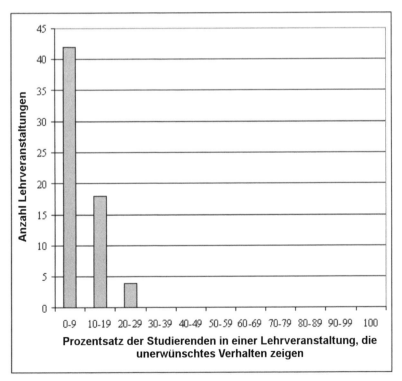

Abb. 7: Anzahl von Lehrveranstaltungen mit Angaben zur *time off task*

SEO – Student Engagement Observation

Mit der Kategorie *Student Engagement Observation* wird quantitativ erfasst, wie viele Studierende mit welchen Lernaufgaben beschäftigt sind und welchen anderen Beschäftigungen sie während der Lehrveranstaltung noch nachgehen. Die *time on task* (effektive Lernzeit) wird als zentral angesehen beim Lernprozess in einer Lehrveranstaltung im Gegensatz zur *time off task*.

In 42 von 64 beobachteten Lehrveranstaltungen sind unter 10% der Studierenden nicht mit Lernen beschäftigt. Positiv formuliert heißt das, dass in über zwei Dritteln der Veranstaltungen mindestens 90 Prozent der Studierenden am Lernen sind. In weiteren 18 Lehrveranstaltungen waren zwischen 10% und 20% *off task* und nur gerade in 4 Lehrveranstaltungen liegen die Werte zwischen 20% und 30%. Die Zeit in der Lehrveranstaltung scheint im Allgemeinen gut genutzt zu werden. Die Lehre und das Lernen werden offensichtlich von Dozierenden und Studierenden ernst genommen. Es darf vermutet werden, dass die kleine Gruppengröße nicht unwesentlich für dieses positive Bild verantwortlich ist.

3.3   GR – Global Rating

Am Ende der Lehrveranstaltungsbeobachtung wird einmalig eine Gesamtbeurteilung abgegeben, wobei die folgenden Beurteilungskategorien als Referenz benutzt werden:

- Signaling with Cognitive Organizers (Verwendung von kognitiven Ordnungshilfen)
- Assessing Studen Understanding (Durchführen von Lernkontrollen)
- Maintaining Lesson Engagement (Aufrechthalten der Motivation zur Unterrichtsbeteiligung)

Der Beurteilungsraster geht auf Erkenntnisse der Lernforschung zu effektivem Unterricht zurück, wie sie im HPL-Konzept (Bransford et al., 1999) festgehalten sind. Jede Kategorie wird mit verschiedenen Kriterien beschrieben, wobei mit Hilfe einer Skala nach Likert von 0 bis 3 eingeschätzt wird, wie häufig ein Kriterium vorkommt.

Signaling with Cognitive Organizers – Verwendung von kognitiven Ordnungshilfen

Hinter dieser Kategorie verbirgt sich die lerntheoretische Erkenntnis, dass überprüfbare, klare Lernzielformulierungen, transparente Strukturierungen des Unterrichtsablaufs, und Vernetzung der neuen Lerninhalte mit Vorwissen der Studierenden und Inhalten von anderen Lehrveranstaltungen zusammen mit akademisch anspruchsvollen Anforderungen für das studentische Lernen förderlich sind. Tabelle 2 fasst die einzelnen Kriterien zu dieser Kategorie zusammen.

Tab. 2: Übersicht über die Beurteilungskategorien für den Bereich *signaling with cognitive organizers*

Signaling with Cognitive Organizers – **Verwendung kognitiver Ordnungshilfen**		
a)	*Chronological outline*	Der/die Dozierende präsentiert den chronologischen Ablauf der Lektion.
b)	*Behavioral objectives*	Der/die Dozierende präsentiert ein oder mehrere kompetenzorientierte Lernziele der Lektion.
c)	*Lesson's unfolding/ linkages*	Der/die Dozierende gibt Hinweise, wie die einzelnen Lehrveranstaltungen zu einander in Beziehung stehen.
d)	*HPL challenge*	Der/die Dozierende fordert die Studierenden akademisch heraus.
e)	*Connection to prior learning*	Der/die Dozierende knüpft an Vorwissen der Studierenden an.

Eine Übersicht über den zeitliche Ablauf der Unterrichtslektion zu Beginn hilft den Lernenden, sich auf das Kommende einzustellen, klärt Erwartungen und ist eine Hilfe beim Einordnen des neuen Wissens im Laufe der Lehrveranstaltung. Einige Lernende können sich nur schlecht auf Inhalte einlassen, wenn diese Voraussetzung nicht gegeben ist. Wie Tabelle 3 zu entnehmen ist, wird in über drei Vierteln der Lehrveranstaltungen eine Ablaufplanung zu Beginn bekannt gegeben (76%).

Tab. 3: Anzahl Lehrveranstaltungen mit Angaben zur Verwendung einer kommunizierten Ablaufplanung des Unterrichtsgeschehens

Chronological Outline – Ablaufplanung		
	Häufigkeit	**Prozent**
Nicht beobachtet.	15	23
Der Lektionsablauf wird schriftlich oder mündlich zu Beginn präsentiert.	27	42
Der Lektionsablauf wird schriftlich und mündlich zu Beginn präsentiert.	16	25
Der Lektionsablauf wird schriftlich und mündlich zu Beginn präsentiert und der/die Dozierende bezieht sich während der Lehrveranstaltung periodisch darauf.	6	9
Gesamt	64	100

Klare, kompentenzorientierte Lernziele helfen während des Lernprozesses fokussiert zu bleiben, sie sind messbar und darum auch überprüfbar. Lernziele sind der Dreh- und Angelpunkt beim Lernprozess. Ohne sie ist auch eine Unterrichtsbeurteilung unmöglich, denn ob die Lehrveranstaltung zielführend ist oder nicht, muss an diesem Referenzpunkt beurteilt werden. Es erstaunt somit, dass in einem Drittel der besuchten Lehrveranstaltungen (34%) entsprechende Hinweise fehlen (vgl. Tabelle 4).

Tab. 4: Anzahl Lehrveranstaltungen mit Angaben zur Verwendung von kompetenzorientierten Lernzielen

Behavioral Objectives – Kompetenzorientierte Lernziele		
	Häufigkeit	**Prozent**
Nicht beobachtet.	22	34
Die Lernziele der Lehrveranstaltung sind sichtbar auf-geschrieben oder werden mündlich bekannt gegeben.	26	41
Die Lernziele der Lehrveranstaltung werden mündlich bekannt gegeben und sind sichtbar aufgeschrieben.	15	23
Die Lernziele der Lehrveranstaltung werden mündlich bekannt gegeben, sind sichtbar aufgeschrieben und der/die Dozierende bezieht sich im Laufe der Lektion regelmäßig darauf.	1	2
Gesamt	64	100

4.   Synopsis

Die Unterrichtsbeobachtungen der vorliegenden Studie lassen sich wie folgt zusammenfassen:

- Es herrscht generell eine gute Lernatmosphäre. Vermutlich ist die relativ kleine
  Anzahl von Studierenden pro Lehrveranstaltung (unter 20 Teilnehmende) nicht
  unwesentlich hierfür.

- Die Auswertung des Interaktionsgeschehens deutet darauf hin, dass der Schwerpunkt in den Lehrveranstaltungen bei der Wissensvermittlung liegt und weniger
  beim studentischen Lernen.

- Es fehlt ein eigentlicher Dialog zwischen Dozierenden und Studierenden, bei dem
  auf Augenhöhe diskutiert wird. Quantitativ betrachtet dominieren die Dozierenden das Geschehen bei Interaktionen. Ihr Redeanteil ist um ein Vielfaches höher
  als der Anteil der Studierenden. Dies entspricht einem traditionellen Lehrver-
  ständnis, bei dem die Dozierenden die Wissenden und die Studierenden die zu
  Belehrenden sind.

- Die Dozierenden sind gegenüber Fragen der Studierenden offen. Weiterführende
  oder vertiefende Fragen werden aber nur von einer Minderheit der Studierenden
  gestellt.

- Die Bekanntgabe der Ablaufplanung der Lektionen scheint Standard zu sein.

- Kompetenzorientierte Lernziele (Lernziele allgemein) hingegen sind die Ausnahme.

- Lernkontrollen werden kaum beobachtet.

- Medien, insbesondere der Computer oder das Internet, werden kaum eingesetzt.

- Die Beteiligung der Studierenden am Unterrichtsgeschehen ist sehr groß. Hohe Beteiligung bedeutet aber vor allem, dem Dozierenden aufmerksam zuhören oder in einer Kleingruppe arbeiten.

- Die Vernetzung des Lernstoffs konnte in 64% der Lehrveranstaltungen kaum oder überhaupt nicht beobachtet werden.

Im Zug der Bologna-Reform wird oft von einem *shift from teaching to learning* in der Lehre gesprochen (Welbers & Gaus, 2005). Anhand der gewonnenen Daten wird ersichtlich, dass dieser *shift* bis dato kaum stattgefunden hat. Die Studie gibt diesbezüglich Hinweise auf Handlungs- und Schulungsbedarf bei den Dozierenden.

An dieser Stelle muss betont werden, dass für erfolgreiches studentisches Lernen nicht immer alle beobachteten Elemente in einer einzigen Lehrveranstaltung vorhanden sein müssen. Je nach Ziel und Inhalt werden bestimmte Aspekte mehr oder weniger oder überhaupt nicht betont. Der Wert einer Studie, wie sie hier präsentiert wurde, liegt somit unter anderem auch darin, dass sich die Betroffenen (wieder) bewusst werden, welche Elemente für das studentische Lernen von Bedeutung sind und wo allenfalls Verbesserungspotential vorhanden ist. Erfolgreiches Unterrichten beruht in vielen Fällen auf Automatismen im Handeln eines Experten/einer Expertin. Diese Routinen von Zeit zu Zeit zu hinterfragen, ist für die Qualität der Lehre förderlich.

Für das Lernen der Studierenden ist neben der Präsenzveranstaltung das Selbststudium zunehmend wichtiger. Entsprechende Daten sind in der vorliegenden Untersuchung nicht erhoben worden. In absehbarer Zeit werden jedoch zwei Dissertationsprojekte von Dozierenden der untersuchten Pädagogischen Hochschule zum Thema „Lernen im Studium – Kompetenzen selbstgesteuerten Lernens angehender Lehrpersonen" publiziert werden.

Die erhobenen Daten bieten weiter eine gute Möglichkeit, mit den Studierenden in einen Dialoge über die Lehre zu treten. Gerade an einer Pädagogischen Hochschule, wo zukünftige Lehrpersonen ausgebildet werden, ergeben sich fruchtbare Ansätze für einen spannenden fachlichen Diskurs zur Qualität der Lehre.

Last but not least ist eine solche Studie hilfreich, um Veränderungen in der Lehre sichtbar zu machen. Versäumt man bei Reformen zu Beginn den Ausgangszustand festzuhalten, ist es im Nachhinein oft nicht mehr möglich, Veränderungen auszumachen und mit geplanten Interventionen und gemessenen Resultaten in Beziehung zu setzen.

Literatur

Bachmann, H. (2009). *Systematische Lehrveranstaltungsbeobachtungen an einer Hochschule.* Bielefeld: Universitätsverlag Webler.

Barr, R., Pandy, M., Petrosino, A. & Svihla, V. (2005). *Challenge-Based Instruction: The VaNTH Biomechanics Learning Modules.* Verfügbar unter: http://fie.engrng. pitt.edu/fie2005/ papers/1078.pdff [Oktober 2005].

Bransford, J. D., Brown, A. L. & Cocking, R. R. (1999). *How People Learn: Brain, Mind, Experience, and School.* Washington D.C.: National Academy Press.

Bundesamt für Statistik (2005). *Hochschulindikatoren – Fachhochschulen.* Verfügbar unter: http://www.bfs.admin.ch/bfs/portal/de/index/themen/systemes_d_indicateurs/indicateurs_des_ hautes/hochschulindikatoren0.approach.601.html [Oktober 2005].

Bundesamt für Technologie und Berufsbildung (2005). *Newsletter Peer-Review 2001, 2003.* Verfügbar unter: http://www.bbt.admin.ch/fachhoch/publi/d/archiv.htm#peer [Oktober 2005].

Cox, M. F. (2005). *An Examination of the Validity of the Vanth Observation System.* Verfügbar unter: http://etd.library.vanderbilt.edu/ETD-db/available/etd-10242005-143635/ [Januar 2006].

Cox, M. F. & Harris, A. H. (2003). *The Significance and Limitations of the VaNTH Observation System within Engineering Classrooms.* Verfügbar unter: http://www.vanth.org/docs/ Cox_ASEE2003.pdf [Januar 2006].

Flanders, N. (1970). *Analyzing Teacher Behavior.* Reading, MA: Addison Wesley.

Fredersdorf, F. & Lehner, M. (2004). *Hochschuldidaktik und Lerntransfer.* Bielefeld: Bertelsmann.

Freimuth, J. (1999). Die Angst der Manager. In J. Freimuth (Hrsg.), *Die Angst der Manager* (S. 13–29). Göttingen: Hogrefe.

Harris, A. H., Cordray, D. S. & Harris, T. R. (2002). *Measuring What Is Happening in Bioengineering Classrooms – An Observation System to Analyze Teaching in Traditional Versus Innovative Classrooms.* Verfügbar unter: http://www.vanth.org/docs/BMES_003.pdf [Oktober 2005].

Harris, A. H. (2002). *A Manual for the VaNTH Observation System.* Nashville, TN: Vanderbilt University.

Harris, A. H. & Cox, M. F. (2003). Developing an observation system to capture instructional differences in engineering classrooms. *Journal of Engineering Education, 92* (4), 329–336.

Harris, T. (2005). *VaNTH Annual Report.* Verfügbar unter: http://www.vanth.org/docs/ 2005_Volume_I.pdf [Januar 2006].

Norris, R. P., Harris, A. H. & Washington, C. W. (2004). *The VOS Data Manager: Providing Immediate Feedback on Teaching Effectiveness.* Verfügbar unter: http://www.vanth.org/ docs/Norris.pdf [Oktober 2005].

Reichert, S. & Tauch, C. (2003). *Trends 2003: Fortschritte auf dem Weg zum Europäischen Hochschulraum.* Verfügbar unter: http://www.eua.be/eua/en/policy_bologna_trends.jspx [Oktober 2005].

Reichert, S. & Tauch, C. (2005). *Trends IV: Universitäten setzen Bologna-Reform um.* Verfügbar unter: http://www.eua.be/eua/en/policy_bologna_trends.jspx [Oktober 2005].

Rychen, D. S. & Salganik, L. H. (Hrsg.). (2003). *Competencies for a Successful Life and a Well-functioning Society.* Göttingen: Hogrefe&Huber.

Stallings, J. (1977). *Learning to Look: A Handbook on Classroom Observation and Teaching Models.* Belmont, CA: Wadsworth.

Virtanen, V. & Lindblom-Ylänne, S. (2009). University students' and teachers' conception of teaching and learning in the biosciences. *Instructional Science Volume, 38* (4), 355–370.

Welbers, U. & Gaus, O. (Eds.). (2005). *The Shift from Teaching to Learning.* Bielefeld: Bertelsmann.

Wöltje, J. & Egenberger, U. (1996). *Zukunftssicherung durch systematische Weiterbildung.* München: Lexika Verlag.

Gisela Feller

Berufsfachschulen – Brücke oder Krücke?

Die formal vollqualifizierenden Bildungsgänge an Berufsfachschulen wurden in den 1990er Jahren stark ausgebaut und hatten im Gegensatz zum dualen System bis in die jüngste Zeit jährlich hohe Zuwachsraten. Trotz zunehmender quantitativer Bedeutung steht die Verwertbarkeit dieser Ausbildungen immer wieder in Zweifel. Das Bundesinstitut für Berufsbildung (BIBB) ist dieser Frage der Effektivität von Bildungsgängen, hier des Berufserfolgs als Outcome (van Buer & Zlatkin-Troitschanskaia, 2005) auch unter evaluativem Aspekt seit einigen Jahren nachgegangen. Zuletzt wurden Ende 2008 knapp 200 Berufsfachschulabsolventinnen und -absolventen aus zwei Kohorten in rund 30 Berufen telefonisch intensiv zu ihrer beruflichen Entwicklung und dem erreichten Stand befragt. Die Erhebung diente unter bildungspolitischer und ökonomischer Perspektive drei Zielen:

- Es sollte festgestellt werden, zu welchen Anteilen der Verbleib im Arbeitsmarkt als integriert, (potentiell) prekär oder entkoppelt zu bewerten ist und ob sich Berufsfachschulabsolventinnen und -absolventen darin von Absolventinnen und Absolventen des dualen Systems unterscheiden.

- Der Verbleib von Personen mit schulischer Berufsausbildung sollte differenziert beschrieben werden.

- Es sollte analysiert werden, welche Merkmale mit erfolgreichem Verbleib einhergehen.

Einige Ergebnisse dieser als Pilotstudie angelegten Untersuchung werden hier berichtet.

1. Bedeutung der Berufsfachschulen als Bildungsgang im Sekundarbereich[1]

Seit Jahren sind demografischer und ökonomisch-sozialer Wandel in Deutschland besonders stark; beide wirken immer auch auf die Ausbildungsangebotssituation und die Verwertung von Ausbildungen. Wegen Lehrstellenmangels im dualen System bei schlechter Wirtschaftslage und hoher Nachfrage der starken Abgangsjahrgänge aus allgemeinbildenden Schulen hat sich seit 1988 die Schülerzahl an vollqualifizierenden Berufsfachschulen (BFS), die nicht nach Berufsbildungsgesetz bzw. Handwerksordnung (BBiG/ HwO) ausbilden, mehr als verdreifacht und ihr Anteil an Berufsausbildungen im Sekundarbereich von noch 6 % in 1995/96 auf 16 % in 2007/08 erhöht (Bezug: erstes

---

[1] In die Betrachtungen einbezogen werden hier nur die voll qualifizierenden Berufsfachschulen. Das sind die, die zu einem Berufsabschluss führen und im Berufsbildungssystem formal eine Alternative zum dualen System bilden – im Gegensatz zu teilqualifizierenden Berufsfachschulen, die dem „Übergangssystem" zuzurechnen sind.

Ausbildungsjahr). Ab dem Jahr 2006 entspannte sich im dualen System die Situation etwas bei gutem Wirtschaftswachstum und aufgrund des Geburtenrückgangs, vor allem in
den neuen Ländern, obwohl noch ein großer „Altbewerberberg" vorhanden war. Mit Beginn der Wirtschaftskrise 2008 und einer zunehmenden Zahl von Insolvenzen ging die
Ausbildungsbereitschaft sektoral bereits wieder zurück.[2]

Die jüngsten Entwicklungen spiegelten sich auch an den Schülerzahlen der Berufsfachschulen.[3] Mit der Aufschwungphase ab dem Jahr 2000 nahmen die rein schulischen
Ausbildungen gemäß BBiG/HwO ab, die außerhalb BBiG/HwO hingegen kaum. Denn
die Wahl dieser Ausbildungsgänge erfolgt nicht nur wegen fehlender Ausbildungsplätze,
sondern auch wegen andauernder Friktionen zwischen dem Qualifizierungsangebot im
dualen System und den Qualifizierungswünschen der Schülerinnen und Schüler mit mindestens mittlerem Schulbildungsabschluss sowie den Qualifikationsbedarfen vor allem in
modernen naturwissenschaftlich-technischen und Dienstleistungsberufen. Attraktiv sind
sie für viele wegen der geschützten Schulatmosphäre und der Möglichkeit zur Doppel-
qualifikation, d.h. zusammen mit dem Berufsabschluss eine Hochschulzugangsberechtigung zu erwerben.

Die Einmündung in Beschäftigung gilt jedoch als schwierig, da keine betriebliche So-
zialisation stattgefunden hat und keine oder kaum betriebliche Kontakte geknüpft werden
konnten. Empirisch tatsächlich vielfach belegt ist, dass in der ersten Zeit nach der Ausbildung für einen großen Teil der Absolventinnen und Absolventen in verschiedenen Berufen kein Arbeitsplatz zu finden ist und eine weitere Ausbildung, oft im dualen System,
angeschlossen wird (z.B. Ermischer & Neufeldt, 2004; Feller, 2000; Möhrle, 2008; Müller, 2002). Dass die Einmündungsunterschiede nicht notwendigerweise zwischen dualem
System und Schulberufssystem bestehen, sondern auch mit der Art und Einheitlichkeit
von Bildungsgängen zusammenhängen können, zeigt eine Verbleibstudie des Instituts für
Sozialforschung und Gesellschaftspolitik (ISG, 2009). Danach hatten in Sachsen bundes-
einheitlich betrieblich und schulisch Ausgebildete vergleichbare Einmündungsquoten
(vgl. Tabelle 1).

Tab. 1: Effektivität beruflicher Bildungsgänge in Sachsen: Einmündung in Beschäftigung nach max. 2 Jahren

Art der Ausbildung (Zeilen-%)	Herkunft bei Ausbildungsbeginn überwiegend aus	Einmündung in		
		Arbeit	Ausbildung	Arbeitslosigkeit
Betriebliche Ausbildung (ungefördert)	Schule	69%	3%	7%
BFS nach Bundesrecht	Schule	65%	9%	7%
BFS nach Landesrecht	Schule, Ausbildungsabbruch	26%	39%	9%

Quelle: ISG, 2009

Bundesrechtlich geregelt wird traditionell in Gesundheitsdienstberufen schulisch ausgebildet. Andere Analysen zeigen, dass schulisch Ausgebildete langfristig nicht schlechter

---

2   Vgl. Datenreport, 2009, verfügbar unter: http://datenreport.bibb.de/html/13.htm [21.12.2009].
3   Vgl. Datenreport, 2009, verfügbar unter: http://datenreport.bibb.de/html/131.htm [21.12.2009].

integriert sind als Absolventinnen und Absolventen des dualen Systems (Hall & Schade, 2005; Projektgruppe, 2001).

2. Verbleibstudie 2008

Standardisierte Berufsfachschulabsolventenbefragungen des BIBB begannen Mitte der 1990er Jahre auf Basis facettentheoretisch formulierter Abbildungssätze zur Konkretisierung des Forschungsfeldes. Zunächst sollten Einmündung und Verbleib der Abgangsjahrgänge 1994 und 1998 aus den drei großen Bereichen der naturwissenschaftlich-technischen und kaufmännischen Assistenz sowie der personenbezogenen Dienstleistungen in drei (bzw. vier) stellvertretend ausgewählten Bundesländern erfasst werden. Dazu wurden jeweils kurz vor dem Ende der Ausbildung für rund 30 Berufe Vollabfragen in allen darin ausbildenden Schulen durchgeführt und die Adressen der befragungsbereiten Personen erhoben, die ein Jahr später postalisch zu ihrer Berufseinmündung befragt wurden.[4]

Für explorative Analysen wurden dann weitere personenbezogene und soziodemografische Merkmale, Kontextvariablen und Bewertungen erhoben, um mögliche Erfolgsindikatoren und ihre Zusammenhänge erkennen zu können. An die schriftlichen Befragungen schlossen sich daher mehrere telefonische Nachbefragungen an (vgl. Tabelle 2). Bei der jeweils ersten Nachbefragung einer Kohorte erfolgte eine partiell geschichtete Auswahl besonders interessierender Probanden. So wurden prioritär die wiederbefragungsbereiten Teilnehmerinnen und Teilnehmer ausgewählt, die nicht direkt – bis zu einem Jahr nach Abschluss – eine weitere Ausbildung oder ein Studium begonnen hatten. In die späteren Interviews wurden jeweils alle noch erreichbaren und befragungsbereiten Probanden einbezogen. In der letzten Befragungswelle Ende 2008 konnten noch einmal 196 Interviews geführt werden; 71 Probanden stammten aus der ersten Kohorte, darunter 13 ehemalige höhere Handelsschülerinnen und -schüler, die 1995 als Kontrollgruppe dienten und hier nicht berücksichtigt werden, und 125 Probanden aus der zweiten Kohorte. Die folgenden Ergebnisse beziehen sich bis auf einige demografische Angaben auf die in 2008 erhobenen Daten.

Die teilstandardisierten Interviews wurden leitfadengestützt und problemzentriert geführt (Witzel, 1982) und erlauben sowohl quantitative wie qualitative Auswertungen. Mit einer Reihe offener Fragen sollten kritische Punkte beleuchtet und innovative oder von Normalbiographien abweichende Entwicklungen erfasst werden („Ausnahmefall als Basis für interpretative Forschung" im Sinne Hoernings, 1991).

---

4   Die Umsetzung der Konzepte und Durchführung der Feldphasen ab 1995 bzw. ab 1999 oblag dem Büro für empirische Forschung München/Hubertus Häbler. Berichte und Literatur sowohl zum Thema allgemein wie zu den verschiedenen Befragungen findet man unter www.bibb.de/berufsfachschulen (http://www.bibb.de/de/wlk8246.htm [21.12.2009]).

Tab. 2: Befragungswellen der Kohorten seit 1995[5]

1. Kohorte: Berufsfachschulabsolvent/inn/en von 1994, im Sommer 1995 schriftlich befragt (n = 1255)	1. Kohorte: Ende 1995 telefonisch befragt (n = 150)	1. Kohorte: 1998 telefonisch befragt (n = 126)			1. Kohorte: 2008 telefonisch befragt (n = 71)
			2. Kohorte: Berufsfachschulabsolvent/inn/en von 1998, im Sommer 1999 schriftlich befragt (n = 2549)	2. Kohorte: 2000 telefonisch befragt (n = 220)	2. Kohorte: 2008 telefonisch befragt (n = 125)

3. Integration in den ersten drei Jahren nach Abschluss der Berufsfachschule

Als Integrationspotentiale der Erwerbsarbeit werden nach Castel (2000) drei typische Zonen unterschieden: integriert, (potentiell) prekär und entkoppelt. Berufssoziografisch geprägte Indikatoren und Standards für die Zuordnung zu den Zonen oder Zuständen beschreiben Kraemer und Speidel („prekäre Beschäftigung" zu einem bestimmten Zeitpunkt; 2004) sowie Mayer-Ahuja („prekäres Potential"; 2003). Danach ist der Anteil in Normalarbeitsverhältnissen, in unterwertiger oder diskontinuierlicher Beschäftigung oder in Arbeitslosigkeit angekommener Absolventinnen und Absolventen zu bestimmen und kann dann nach Abhängigkeit von Merkmalen wie Berufsgruppe, Geschlecht oder Schulabschluss analysiert werden. Besonders die berufliche Spezifität von Ausbildungszertifikaten wird als für den Allokationsprozess relevant angesehen (Steinmann, 2000; Müller & Shavit, 1998).

Zunächst wurden BFS-Absolventinnen und -absolventen zum Vergleich mit Absolventinnen und Absolventen des dualen Systems[6] für einen Dreijahreszeitraum nach der Ausbildung klassifiziert (s. dazu auch Dorau, Feller, Höhns, Schwerin, Bremser, Schöngen, Uhly & Weller, 2009). Grundlage der Beurteilung war die berufliche Entwicklung der Befragten, die Ende 2008 retrospektiv quartalsweise seit dem Verlassen der Berufsfachschule erfasst worden war.

---

5   Der dazugehörige Datensatz aus allen Wellen steht im FDZ des BIBB für wissenschaftliche Auswertungen gemäß Nutzungsbedingungen zur Verfügung. Aus den Interviews für jeden Probanden erstellte teilstandardisiert verschriftlichte kurze Berufsverlaufsprofile sind im Internet unter der o. g. Adresse verfügbar.

6   Dieser Auswertung lag die IAB-Beschäftigtenstichprobe mit Absolventinnen und Absolventen von 2001 zugrunde. Sie enthält u.a. taggenaue Angaben zu un-/qualifizierter Nicht-/ Beschäftigung. Beamte und Selbstständige sind dort nicht erfasst, Zweitausgebildete sollten nicht berücksichtigt werden.

Demnach ist fast die Hälfte schulisch Ausgebildeter in den ersten drei Jahren nach dem Abschluss als integriert zu bezeichnen, ein Viertel (potentiell) prekär, rund 2 % entkoppelt und knapp ein Viertel in weiterer Ausbildung (vgl. Tabelle 3).[7] Dabei gibt es signifikante Geschlechtsunterschiede – Frauen sind seltener in weiterer Aus- oder Weiterbildung und verbleiben häufiger (potentiell) prekär oder entkoppelt –, die sich aber in den weiteren Jahren relativieren. Zwischen den beiden Kohorten von 1994 und 1998 sind keine relevanten Unterschiede erkennbar.

Tab. 3: Berufliche Integration im Dreijahreszeitraum nach BFS-Abschluss 1994/1998 (N = 137) bzw. nach dualem Abschluss 2001 (N ~ 5.000)

Abschluss (Spalten-%)	Abschluss BFS 1994/1998			Abschluss duale Ausbildung 2001	
Integrationstypus	N	% (alle Kategorien)	% (nur I-III)	% (alle Kategorien)	% (nur I-III)
I Integriert	65	47	**63**	52	**59**
II (Potentiell) prekär	35	25	**34**	34	**37**
III Entkoppelt	3	2	**3**	3	**4**
Weitere Aus-/Weiterbildung	32	**23**		2	
unbekannt	2	1		**9**	

Absolventinnen und Absolventen des dualen Systems nehmen weitaus seltener eine weitere Ausbildung auf und haben daher im Vergleichszeitraum bereits stärkere Integrationsquoten.[8] Werden nur den drei Integrationstypen zuordenbare Fälle als gültig berücksichtigt, gibt es zwar unter den Berufsfachschulabsolventinnen und -absolventen mit 63 % etwas mehr integrierte Personen als unter dual Ausgebildeten (59 %), aber bei der kleinen BFS-Stichprobe sind das keine relevanten Unterschiede. Trotz unterschiedlicher Verteilung bei Bildungsabschlüssen (das duale System absolvieren auch viele Hauptschülerinnen und -schüler) und verschiedener Kohorten erscheint der Verbleib nach den drei Integrationstypen bei schulisch und dual Ausgebildeten insgesamt und grob gesehen recht ähnlich.

Demnach gelingt es durchaus großen Anteilen schulisch Qualifizierter schon in den ersten drei Jahren, sich beruflich zu etablieren. Viele brauchen aber länger dafür, weil sie bildungsakkumulative Strategien verfolgen (Schumann, 2005). Diese variieren hier zwischen den Berufsgruppen erheblich. Während in Dienstleistungsberufen rund 10 % eine weitere Ausbildung anschließen, sind es bei technischen Assistentinnen und Assistenten

---

7   Der Anteil der BFS-Absolventinnen und -absolventen, die eine weitere Ausbildung anschließen, liegt insgesamt aber weit höher. Denn von den ein Jahr nach dem BFS-Abschluss befragten Absolventinnen und -absolventen wurden in späteren Interviews die nicht mehr einbezogen, die zu dem Zeitpunkt bereits eine weitere Ausbildung aufgenommen hatten (s.o.).

8   Dual Ausgebildete in weiterer Ausbildung können in der Tabelle sowohl explizit ausgewiesen als auch in der Kategorie „unbekannt" enthalten sein, z.B. wenn es sich um ein Studium handelt – zusammen wären das maximal rund 10 %. Beim Vergleich zu berücksichtigen ist auch, dass es sich um unterschiedliche Ausbildungskohorten handelt und die Informationen aufgrund der unterschiedlichen Form der Datenerhebung unterschiedlich detailliert sind. So ist in der IAB-Beschäftigtenstichprobe das Einkommen sehr genau aufgeführt, dafür gibt es wenige Angaben zu weiterer Aus- oder Weiterbildung; bei den Interviews ist es umgekehrt.

rund 30 % und bei Wirtschaftsassistentinnen und -assistenten rund 40 % der für den Systemvergleich gebildeten Teilstichprobe.

Einen Vergleich zwischen berufsfachschulischer und dualer Ausbildung auf den Verbleib in den ersten drei Jahren nach dem Abschluss zu beschränken, wird der Funktionalität der BFS aber nicht gerecht. Denn mit dem Erwerb der (Fach-)Hochschulreife neben dem Berufsabschluss wird sie häufig als Sprungbrett in ein anschließendes Studium betrachtet und genutzt – ein Grund, weshalb in den ersten drei Jahren überproportional viele Absolventinnen und Absolventen in weiterer Ausbildung sind. Die Integrationsquoten für die ersten zehn Jahre nach der Ausbildung sehen deshalb deutlich anders aus. Bezieht man außerdem in die Bewertung auch eher subjektive Merkmale, wie z.B. Zufriedenheit, ein und ordnet Familien- und Ausbildungszeiten je nach Kontext den drei Statuskategorien zu, sind im Zehnjahreszeitraum 87 % der befragten Personen integriert, 12 % prekär und 1 % als beruflich entkoppelt zu bezeichnen. Dass alle Befragten mit Fachhochschul- oder Universitätsabschluss, mit zusätzlicher dualer Ausbildung oder einer Weiterbildung mit Meister-, Techniker- oder Fachschulabschluss dann integriert sind, zeigt die Bedeutung von Bildungsakkumulation. Prekär sind einige wenige Befragte nur mit BFS-Abschluss einzustufen, ansonsten unqualifiziert Beschäftigte.

Eine Betrachtung der Übergänge zwischen den Status im Zeitverlauf ergibt: Bei rund vier Fünfteln (79 %) der Befragten ist der Verbleibstatus für Drei- und Zehnjahreszeitraum derselbe, wenn die Kombination aus objektiven und subjektiven Kriterien zugrunde gelegt wird; davon sind 70 % für beide Zeiträume als integriert, 8 % als (potentiell) prekär und 1 % als entkoppelt zu bezeichnen. Einen Wechsel aus der Prekarität in die Integration schaffen 17 %; umgekehrt sind 4 % zuvor Integrierte dann als prekär verblieben einzustufen.

4.   Allokation 10 bzw. 14 Jahre nach dem Abschluss

Insgesamt konnten aus den zwei ursprünglichen Samples 67 Technische Assistentinnen und -assistenten (37 %), 55 Wirtschaftsassistentinnen und -assistenten (30 %) und 61 Personen in Dienstleistungsberufen (Gesundheit, Soziales und Pflege; 33 %) aus über 30 Ausbildungsgängen interviewt werden. Die Befragten waren (zuletzt oder zum Umfragezeitpunkt) in fast ebenso vielen Berufsfeldern aktiv, z.B. als Abteilungsleiter oder Assistentin der Geschäftsführung, Programmierer, Exportkauffrau, Diätassistentin, Logopäde oder Wetterdiensttechniker.

Rund drei Viertel der Befragten sind weiblich (zum Vergleich: bei dualen Absolventinnen und -absolventen sind es mit 45 % weniger als die Hälfte), die meisten zwischen Ende 20 und Ende 30 Jahre alt. Immerhin 18 % sind 40 Jahre alt oder älter – einige haben nach einer ersten Ausbildung und Familienphase mit der weiteren Ausbildung an einer BFS einen erneuten Einstieg ins Berufsleben gefunden. Fast alle sind überwiegend deutschsprachig aufgewachsen, 6 % teils deutsch-, teils fremdsprachig. Fast jede fünfte Person hat an der BFS noch eine Hochschulzugangsberechtigung erworben (19 %), 38 % hatten sie bereits vorher (zum Vergleich: im dualen System haben sie 19 % der Ausbildungsbeginner), so dass mit Abschluss der BFS 57 % der Befragten studienberechtigt waren und 43 % nicht.

Die große Mehrheit (77 %) ist zum Zeitpunkt der Befragung berufstätig, 16 % sind in Schwangerschafts- oder Erziehungsurlaub bzw. betreuen ihre Kinder. Einige wenige studieren noch oder sind in einer anderen beruflichen Ausbildung (2 %); momentan arbeitslos sind 4 %. Von den gegenwärtig nicht Berufstätigen suchen fast alle (90 %) zurzeit oder in baldiger Zukunft eine ihrer Ausbildung entsprechende Erwerbstätigkeit.

Für die meisten Befragten war die Ausbildung an der BFS ihre erste Berufsausbildung, aber immerhin ein Fünftel hatte zuvor bereits einen beruflichen Abschluss erworben. Nur vier Personen sind in der Zeit nach der BFS wieder in ihren alten Beruf zurückgekehrt. 13 % haben nach eigenen Angaben den Beruf gewechselt und sich dadurch (bis auf 2 Personen, ~ 1 %) verbessert. 41 % geben an, jetzt eine andere Tätigkeit auszuüben – darunter 12 %, weil sie im BFS-Beruf keine Stelle fanden, weitere 4 % nannten dafür formale, bildungsgangspezifische Gründe. Rund zwei Drittel aller Befragten wechselten den Arbeitgeber und konnten ihre Situation dadurch verbessern (nur vier Personen haben ihre Position dadurch verschlechtert). Diskontinuität wirkt sich bei den hier befragten Absolventinnen und -absolventen also nur im Ausnahmefall negativ aus.

Eine weitere, z.T. verwandte Ausbildung hat jede vierte Person absolviert, meistens um sich beruflich neu zu orientieren oder aufzusteigen, aber knapp 10 % aller Befragten auch, weil die Ausbildung an der BFS ihnen nicht hinreichend schien. Insgesamt 83 % sind/ waren im an der BFS erlernten oder ähnlichen Beruf(sbereich) tätig (vgl. Tabelle 4).

Tab. 4: Adäquanz des Berufs für die Beschäftigung

Berufstätigkeit ist/war (Spalten-%; Abweichungen der Summe von 100 rundungsbedingt)	Technische Assistenten	Wirtschafts-assistenten	Dienstleistungs-berufe	Gesamt
1 Erlernter BFS-Beruf	**46%**	**33%**	**77%**	**53%**
2 Ähnlich wie BFS-Beruf	**12%**	**22%**	**8%**	**14%**
3 Eher unähnlich dem BFS-Beruf	5%	4%	0%	3%
4 Vor BFS erlernter Beruf	2%	2%	3%	2%
5 Nach BFS erlernter Beruf	12%	7%	3%	8%
6 Job, un-, angelernte Beschäftigung	6%	6%	2%	4%
7 Nach BFS erlernter Beruf im Berufsbereich (ähnlich)	**18%**	**27%**	**7%**	**17%**
Gesamt (N)	67	55	61	183
Adäquate Beschäftigung (Summe der Zeilen 1, 2 und 7)	**76%**	**82%**	**92%**	**83%**

Ein ähnliches Bild ergibt sich bei der Gegenüberstellung von Art der Ausbildung und Tätigkeit (vgl. Tabelle 5). Voraussetzung für die ausgeübte Tätigkeit ist bei 55 % der schulische Berufsabschluss, bei weiteren 23 % ein (Fach-)Hochschulabschluss, bei 8 % ein Abschluss aus dem dualen System bis hin zum Meister, bei 8 % kein Abschluss. Auch hier zeigt sich eine Berufsgruppenspezifität. Während in Dienstleistungsberufen fast vier Fünftel (nur) mit dem BFS-Abschluss eine Tätigkeit aufgenommen haben, sind es bei den technischen Assistentinnen und -assistenten genau die Hälfte und bei den Wirt-schaftsassistentinnen und -assistenten nur gut ein Drittel. Entsprechend haben sich von Letzteren genau so viele noch an einer (Fach-)Hochschule weiter qualifiziert.

Tab. 5: Adäquanz Ausbildung – Beschäftigung

Für die Tätigkeit vorausgesetzte Ausbildung (Spalten-%; Abweichungen der Summe von 100 rundungsbedingt)	Technische Assistenten	Wirtschafts-assistenten	Dienstleis-tungs-berufe	Gesamt
Schulischer Berufsabschluss	**50%**	**35%**	**79%**	**55%**
FH- oder Uni-Abschluss	**28%**	**35%**	7%	23%
Duale Ausbildung, Lehre	7%	6%	2%	5%
Meister- oder Technikerabschluss, Fachschulabschluss	3%	4%	2%	3%
Kein berufl. Ausbildungsab-schluss	10%	8%	7%	8%
Kann ich nicht sagen	2%	12%	4%	5%
Gesamt (N)	60	49	57	166

Die Verwertung der erworbenen Qualifikationen lässt sich auch am erreichten Beschäfti-gungsstatus ablesen (vgl. Tabelle 6). Demnach sind zwei Drittel in Positionen mit ve-rantwortungsvoller oder autonomer Arbeit beschäftigt.

Tab. 6: Beschäftigungsstatus

Einstufung der Position (Spalten-%; Abweichungen der Summe von 100 rundungsbedingt)	Technische Assistenten	Wirtschafts-assistenten	Dienstleistungs-berufe	Gesamt
Leitende Position	17%	16%	17%	**17%**
Fachkraft mit selbstständiger Arbeit	**54%**	38%	**57%**	**50%**
Fachkraft nach Anweisung	21%	33%	10%	22%
Fachkraft mit einfachen Aufgaben	8%	11%	14%	11%
Un-, angelernte Kraft	0%	2%	2%	1%
Gesamt (N)	52	45	42	139

Berufliches Weiterkommen ist für einen Teil (18 % der gegenwärtig oder vormals Be-rufstätigen) mit einer beruflichen Tätigkeit als Selbstständige verbunden – spezielle Aus-bildungsgänge wie der zum Logopäden befördern dies, aber es gibt auch erfolgreiche Beispiele aus anderen Berufen. Gut zwei Drittel bildeten sich in den letzten zwei Jahren in Kursen beruflich weiter. Ein kleinerer Teil (etwa ein Siebtel) nahm über einen länge-ren Zeitraum an einer beruflich qualifizierenden Fortbildung (z.B. an einem Fern- oder Abendstudium) teil. Unter hohen technologischen Anforderungen arbeiten hauptsächlich technische Assistentinnen und -assistenten. Internationale Kontakte haben insgesamt zwei Fünftel der Befragten bei ihrer Arbeit. Fast die Hälfte benötigt am Arbeitsplatz Fremdsprachen, davon zwei Drittel Englisch, ein Drittel zusätzlich eine weitere Sprache. Und die Arbeit am PC ist selbstverständlich; nur ein kleiner Teil arbeitet mit dem PC nur gelegentlich oder gar nicht. Ein Drittel bis die Hälfte der Befragten führen die Qualifizierung für weitergehende fachliche Anforderungen eher auf zusätzliche Aus- oder Weiterbildungen zurück als auf die Ausbildung an der BFS, die gleichwohl für die meisten fachlichen Qualifikationen prägend war. Der Stellenwert der BFS insgesamt ist hoch: Für 80 % war sie als theoretischer Hintergrund, für 75 % für Berufspraxis und -alltag wichtig.

5.   Erfolgsbegleitende Indikatoren

Da wegen der relativ kleinen Stichprobe keine allgemein gültigen Aussagen über den Verbleib von BFS-Absolventinnen und -absolventen möglich sind, wurde exemplarisch erfolgreicher Verbleib in den Vordergrund gestellt: „Wer schafft es, und wie?" Für die explorativen Analysen wurden deshalb auch berufsbiografische Aspekte einschließlich subjektiver Bewertungen berücksichtigt (Kohli, 1973).

Kohli fokussiert auf die Unterscheidung von objektiver und subjektiver Laufbahn. Dabei wird Laufbahn nicht als ein (hierarchischer) Selektionsprozess verstanden, den nur wenige gehen, sondern jede „lebensgeschichtliche Positionsfolge", ob geordnet oder nicht, gilt als Laufbahn (S. 42). Objektiv: „Die berufliche Laufbahn ist eine Folge von solchen objektiven Ereignissen, z.B. Eintritt in eine Ausbildung, Abschluss, Antritt einer Stelle, Wechsel und schließlich Rücktritt." (S. 39) Subjektiv: „Im Bereich der beruflichen Laufbahn kommt die subjektive Konzeption des Handelnden u.a. in seiner Interpretation der vergangenen Erfahrungen, seinen zukünftigen Zielen und seiner Haltung gegenüber den Erwartungen, denen er in seiner Position ausgesetzt ist, zum Ausdruck." (S. 39)

Die Ausbildung an der BFS ermöglichte einer Mehrheit der Befragten den Einstieg in die Berufstätigkeit (62 %), für einen kleineren Teil hatte die Ausbildung eher die Funktion einer beruflichen Orientierung (27 %). Als Notlösung gilt die Ausbildung rückblickend etwa jedem Neunten (11 %) – fast ausschließlich jenen, die eigentlich eine betriebliche Berufsausbildung suchten, wegen fehlender Angebote aber die schulische Ausbildung wählten. Mit dem Berufsleben sind die Befragten überwiegend zufrieden. Auf einer Skala von 0 bis 10 (sehr zufrieden) bewerten ihr bisheriges Berufsleben nur 8 % als nicht befriedigend (bis 5 Punkte); zwei Drittel vergeben 8 oder mehr Punkte, äußern also eine hohe Zufriedenheit (Mittelwert = 7,7). Auch bezüglich ihrer beruflichen Zukunftsaussichten sind die meisten grundsätzlich zuversichtlich (MW = 7,1): Jeder zweite Befragte vergibt hier zumindest 8 Punkte, knapp ein Fünftel äußert mit nur bis zu 5 Punkten eine skeptische Einschätzung (meistens verbunden mit Anmerkungen zur weiteren allgemeinen Wirtschaftsentwicklung, die sich auf die eigene berufliche Zukunft negativ auswirken könnte).

Überdurchschnittlich Zufriedene sind stärker karriereorientiert, verdienen rund ein Viertel mehr als eher Unzufriedene, finden sich emotional stabiler und konnten sich häufiger weiterbilden. Signifikant positive Zusammenhänge bestehen auch zwischen der Anzahl geleisteter Arbeitsstunden, dem Einkommen, der Karriereorientierung, der Teilnahme an Weiterbildung und der Betriebsgröße. Den eigenen Berufsweg sehen rückblickend etwa gleich viele als typisch wie als Sonderfall an, und auch der berufliche Integrationsstatus ist in diesen beiden Gruppen ähnlich verteilt.

Eine Faktorenanalyse mit Input-, Output- und Outcomevariablen zur Ermittlung von Zusammenhängen zwischen dem mit dem Bildungsgang BFS verfolgten Ziel und seinen Wirkungen ergab eine Vier-Faktoren-Lösung mit rund 70 % aufgeklärter Gesamtvarianz (vgl. Tabelle 7).[9]

- Stellvertretend für den Input steht die Motivation, aus der die Befragten die BFS gewählt haben bzw. der Zweck, den sie erfüllt hat: Einstieg in den Beruf, Hilfe für die berufliche Orientierung oder Notlösung.

- Für den Output steht die Ausbildungsadäquanz, also ob der schulische Berufsabschluss für die ausgeübte Tätigkeit maßgeblich war oder ist.

- Für den Outcome wurden mehrere subjektive und objektive Merkmale herangezogen: Die Adäquanz des ausgeübten Berufs, also seine Ähnlichkeit mit dem an der BFS erlernten, der erreichte berufliche Status, also die Position, in der die Befragten tätig sind, und die Anzahl der Quartale mit qualifizierter oder unqualifizierter Tätigkeit werden als objektiver Outcome begriffen. Ein kombinierter Wert aus gegenwärtiger Zufriedenheit mit dem Berufsleben und erwarteten beruflichen Aussichten sowie eine rückblickende Bilanzierung repräsentieren den subjektiven Outcome.

Den höchsten Aufklärungswert erreicht das objektive Outcome-Merkmal der Adäquanz des ausgeübten Berufs. Einen fast ebenso hohen Erklärungswert haben Merkmale für den subjektiven Outcome: der kombinierte Zufriedenheitswert und der (positive) Rückblick auf das bisherige Berufsleben. Ein dritter Faktor speist sich aus allen drei Bereichen: dem Zweck, zu dem die BFS hauptsächlich besucht wurde, der Tätigkeitsrelevanz des schulischen Berufsabschlusses und den (überdurchschnittlich vielen) Quartalen in qualifizierter Tätigkeit. Dies könnte so interpretiert werden, dass diejenigen, für die die BFS den Einstieg in die Berufstätigkeit ermöglichen sollte, dies auch umsetzen konnten, indem sie im betrachteten Zeitraum schon überdurchschnittlich lange eine der Ausbildung entsprechende Tätigkeit ausüben. Auf dem vierten Faktor laden primär der erworbene berufliche Status und ob es im bisherigen Berufsverlauf auch Quartale in unqualifizierter Tätigkeit gegeben hat, sekundär das Merkmal überdurchschnittlich vieler Quartale in qualifizierter Tätigkeit und ein positiver Rückblick auf das Berufsleben, in dem man aus aktueller Sicht nichts anders machen würde.

Dominierende, sich gegenseitig ergänzende Verbleibfaktoren, die sich auf Ausbildung und Beschäftigung beziehen, also soziodemografische Merkmale unberücksichtigt lassen, sind demnach die Adäquanz von Ausbildungsgang und Beschäftigung ebenso wie die des spezifischen erlernten Berufs und der Beschäftigung, weiter der Status qualifizierter Beschäftigung und die subjektiv empfundene berufsbezogene Zufriedenheit.

---

9   Die Analyse wurde in explorativer Absicht (obwohl kein metrisches Skalenniveau vorlag) mit
      überwiegend dichotomisierten Variablen gerechnet.

Tab. 7: Merkmale des Verbleibs in Kombination mit subjektiven Bewertungen

Faktorenanalyse für **1 Input, 2 Output, 3 Outcome objektiv** – *subjektiv*: Rotierte Komponentenmatrix. Aufgeklärte Varianz: 70%.

Variable	Label	1	2	3	4
1 Zweck BFS	Einstieg, Orientierung, Notlösung	0,00	0,23	**0,78**	0,11
2 Adäquanz Ausbildung – Beschäftigung	(dich. nach schul. Berufsabschluss vs. Rest)	0,16	-0,14	**0,81**	-0,23
3 Verbleib in Quartalen mit qualifizierter Tätigkeit	Anzahl (normiert auf valide Antworten in %, dichotomisiert über/unter Median)	0,15	-0,03	**0,69**	**0,42**
3 Verbleib in Quartalen mit unqualifizierter Tätigkeit oder Arbeitslosigkeit	Anzahl (normiert, dich. nach „keine" vs. Rest + invertiert)	-0,06	-0,03	0,19	**0,78**
3 Adäquanz Beruf - Beschäftigung	(dich. nach in erlerntem o. ähnl. Beruf vs. Rest)	**0,95**	-0,06	0,14	0,03
3 Beruflicher Status	4-stufig (von ltd. bis un-/angelernt tätig)	0,06	0,18	-0,14	**0,70**
3 Zufriedenheit + Zukunftsaussichten kombiniert	(dich. über/unter Mittelwert 7.5)	-0,13	**0,91**	-0,02	0,04
3 Berufsbezogener Rückblick	(dich. nach nichts/etwas anders machen)	0,26	**0,48**	0,19	**0,42**

Eine binomiale logistische Regression unter Einbeziehung des Selbstbilds sowie soziodemografischer und beschäftigungsrelevanter Merkmale zur Aufklärung der Unterschiede im Integrationsstatus drei Jahre nach dem Abschluss der BFS ergab signifikant höhere Wahrscheinlichkeiten, integriert zu sein statt (potentiell) prekär zu verbleiben für Personen aus den alten Bundesländern, solche mit (erworbener oder mitgebrachter) Hochschulzugangsberechtigung und mit von Offenheit gezeichnetem Selbstbild[10] sowie für Frauen (Nagelkerkes R-Quadrat = ,365; N = 119). Weitere Ausbildung, Einkommen, Zufriedenheit und Adäquanz hingegen waren daneben nicht signifikant relevant.

Eine versuchsweise durchgeführte nominale logistische Regression, die wegen zu geringer Fallzahlen nicht weiter gewertet werden kann, ergab Anzeichen dafür, dass weitere Persönlichkeitseigenschaften wie Extraversion oder Gewissenhaftigkeit von maßgeblichem Einfluss auf die berufliche Integration sein könnten.

6. Ausblick

Die Studie bestätigt einerseits die oben erwähnten Ergebnisse zum längerfristigen Verbleib von schulisch Ausgebildeten. Andererseits wird auch die Relevanz der beruflichen

---

10 Zur Ermittlung des Selbstbilds wurde u.a. das „Big Five Inventory" in Form des BFI-10 der Persönlichkeit eingesetzt (Rammstedt & John, 2007).

Spezifität für den Allokationsprozess an vielen Stellen deutlich. Unter sozio-ökonomischer Perspektive gelten viele Beschäftigte mit Berufsfachschulausbildung in Gesundheits-, Sozial- und Pflegeberufen als (potentiell) prekär, weil dort unterdurchschnittlich verdient wird – was sicher auch auf dual Ausgebildete zutrifft –, während BFS-Absolventinnen und -absolventen, die in einem kaufmännischen oder Wirtschaftsberuf arbeiten, ein signifikant höheres Risiko haben, unter inhaltlichen und subjektiven Gesichtspunkten (potentiell) prekär zu verbleiben (25%), als Absolventinnen und Absolventen in eher technischen (9%) oder personenbezogenen Dienstleistungsberufen (2%).

Unbedingt müsste versucht werden, anhand größerer Stichproben das Verhältnis des Einflusses von persönlichkeits- und ausbildungsrelevanten Merkmalen zu quantifizieren. Es ist zu vermuten, dass eine stärkere Wertschätzung und entsprechende systematische Förderung der in Schule und Ausbildung lange vernachlässigten Persönlichkeitsbildung mehr Menschen den Berufseinstieg ermöglicht oder erleichtert.

Diese Befunde und anhand weiterer Analysen gebildete Hypothesen wären in einer repräsentativen Umfrage zu überprüfen, insbesondere auch, um Anfragen von Bildungsträgern und Ministerien zur Einrichtung aussichtsreicher Bildungsgänge bedienen zu können. Aber selbst wenn sich relativ niedrige Integrationsquoten bestätigen, wie sie die Wirtschaftsassistentinnen und -assistenten aufweisen, kann nicht die Schlussfolgerung gezogen werden, diese Bildungsgänge und Schulen abzuschaffen[11], da es für die meisten Befragten keine echte Alternative gibt. Vielmehr stellen die Berufsfachschulen ein wichtiges, von Befindlichkeiten der Wirtschaft weitgehend unabhängiges Element im beruflichen Bildungssystem dar, dem durch einheitliche und hohe qualitative Standards, mehr Praxisnähe sowie eine bessere „Vermarktung" und institutionalisierte Beforschung höhere Bekanntheit, Akzeptanz und Erfolg verschafft werden könnten (Feller, 2004). Vom engagierten Einsatz aller Akteure – nicht zuletzt der Schülerinnen und Schüler selbst – hängt es ab, ob eine gute Integration zu hohen Anteilen gelingt.

Literatur

Behringer, F., Bolder, Klein, R., Reutter, G. & Seiverth, A. (2004). *Diskontinuierliche Erwerbsbiographien.* Baltmannsweiler: Schneider Verlag Hohengehren.

Beicht, U. & Joachim, G. U. (2009). *Zum Nutzen einer Berufsausbildung.* Unveröffentl. Arbeitspapier. Bonn: Bundesinstitut für Berufsbildung.

Bertelsmann Stiftung (Hrsg.). (2009). *Berufsausbildung 2015: eine Entwicklungsperspektive für das duale System.* Gütersloh: Bertelsmann.

Bundesministerium für Arbeit und Soziales (Hrsg.). (2008). *Was ist gute Arbeit? Anforderungen an den Berufseinstieg aus Sicht der jungen Generation.* Bonn: Bundesministerium für Arbeit und Soziales.

Bundesinstitut für Berufsbildung (Hrsg.). (2009). *Datenreport zum Berufsbildungsbericht 2009 – Informationen und Analysen zur Entwicklung der beruflichen Bildung.* Verfügbar unter: http://datenreport.bibb.de/ [21.12.2009].

Castel, R. (2000). *Die Metamorphosen der sozialen Frage, Eine Chronik der Lohnarbeit.* Konstanz: Universitätsverlag Konstanz.

---

11   So das Fazit der ISG-Studie (ISG, 2009).

Dorau, R., Feller G., Höhns, G., Schwerin, C., Bremser, F., Schöngen, K., Uhly, A. & Weller, S. (2009). *Berufliche Entwicklungen junger Fachkräfte nach Abschluss der Ausbildung. Abschlussbericht.* Bonn: Bundesinstitut für Berufsbildung.

Dorau, R. & Höhns, G. (2005). *Schlussbericht zum BIBB-Vorhaben 2.0531 „Übergänge und berufliche Entwicklungsmöglichkeiten junger Fachkräfte an der zweiten Schwelle“.* Manuskript. Verfügbar unter: http://www2.bibb.de/tools/fodb/pdf/eb_20531.pdf [21.12.2009].

Ermischer, I. & Neufeldt, M. (2004). *Studie zur inhaltlichen und strukturellen Weiterentwicklung der vollzeitschulischen Berufsausbildung (Abschlüsse an Berufsfachschulen) im Freistaat Sachsen auf der Grundlage einer Analyse über den Verbleib von Berufsfachschulabsolventen.* Chemnitz: Institut für Wirtschafts- und Sozialforschung.

Feller, G. (2000). „Berufsfachschulen – Joker auf dem Weg in den Beruf?“. *BWP – Berufsbildung in Wissenschaft und Praxis, 29* (2), 17–23.

Feller, G. (Hrsg.). (2001). *Auf dem Schulweg zum Beruf. Befunde zur Ausbildung an Berufsfachschulen als Teil des deutschen Berufsbildungssystems.* Berichte zur beruflichen Bildung, Heft 243. Bielefeld: Bertelsmann.

Feller, G. (2004). „Ausbildungen an Berufsfachschulen – Entwicklungen, Defizite und Chancen“. *BWP – Berufsbildung in Wissenschaft und Praxis, 33* (4), 48–52.

Hall, A. & Schade, H.-J. (2005). Welche Ausbildung schützt besser vor Erwerbslosigkeit? Der erste Blick kann täuschen! Duale Berufsausbildung und Berufsfachschulen im Vergleich. *BWP – Berufsbildung in Wissenschaft und Praxis, 34* (2), 23–27.

Hillmert, S. & Mayer, K. U. (Hrsg.). (2004). *Geboren 1964 und 1971. Neuere Untersuchungen zu Ausbildungs- und Berufschancen in Westdeutschland.* Wiesbaden: VS Verlag für Sozialwissenschaften.

Hoerning, E. M. (Hrsg.). (1991). *Biographieforschung und Erwachsenenbildung.* Bad Heilbrunn/Obb.: Klinkhardt.

ISG-Institut für Sozialforschung und Gesellschaftspolitik (Hrsg.). (2009). *Untersuchung des Verbleibs und der Übergangsprobleme von Absolventen vorberuflicher und beruflicher Bildungsgänge als Beitrag zur Beurteilung der Wirksamkeit verschiedener Unterstützungs- und Ausbildungsprogramme im Freistaat Sachsen. Endbericht.* Berlin: ISG.

Jacob, M. (2004). *Mehrfachausbildungen in Deutschland. Karriere, Collage, Kompensation?* Wiesbaden: VS Verlag für Sozialwissenschaften.

Kohli, M. (1973). *Studium und berufliche Laufbahn.* Stuttgart: Enke.

Kraemer, K. & Speidel, F. (2004). *Prekarisierung von Erwerbsarbeit. Zur Transformation eines arbeitsweltlichen Integrationsmodus.* Verfügbar unter: http://www.ruhr-uni-bochum.de/fiab/pdf/sonstiges/heitmeyer_theorieband.pdf [21.12.2009].

Kuhlee, D. (2005). Scholarisierung versus betriebsgebundene Ausbildung – Ein europaweiter Spagat? In J. van Buer & O. Zlatkin-Troitschanskaia (Hrsg*.), Adaptivität und Stabilität der Berufsausbildung. Theoretische und empirische Untersuchungen zur Berliner Berufsbildungslandschaft* (S. 59–79). Frankfurt a.M. u.a.: Peter Lang.

Mayer-Ahuja, N. (2003). *Wieder dienen lernen? Vom westdeutschen Normalarbeitsverhältnis zu prekärer Beschäftigung seit 1973.* Berlin: Edition Sigma.

Möhrle, W. (2008). *Evaluierung der Berufsausbildung an der zweijährigen höheren Berufsfachschule (Assistentenberufe).* Wiesbaden: HA Hessen Agentur.

Müller, K. (2002). *Beruflicher Verbleib von Berufsfachschulabsolventen.* Dresdner Beiträge zur Wirtschaftspädagogik 4/2002. Dresden: TU Dresden Fakultät für Wirtschaftswissenschaften.

Müller, W. & Shavit, Y. (1998). Bildung und Beruf im institutionellen Kontext. *Zeitschrift für Erziehungswissenschaft, 1* (4), 501–533.

Projektgruppe (2001). Berufseinmündung und –verbleib von Absolventen/Absolventinnen der Berufsfachschulen und des dualen Systems der Berufsbildung – Ergebnisse einer Erwerbstätigenbefragung. In G. Feller (Hrsg.), *Auf dem Schulweg zum Beruf. Befunde zur Ausbildung an Berufsfachschulen als Teil des deutschen Berufsbildungssystems.* Berichte zur beruflichen Bildung, Heft 243 (S. 117–128). Bielefeld: Bertelsmann.

Rammstedt, B. & Oliver P. J. (2007). Measuring personality in one minute or less: A 10-item short version of the Big Five Inventory in English and German. *Journal of Research in Personality, 41,* 203–212.

Schröder, J. & Brüderl, J. (2004). *Die Mannheimer Absolventenstudie 2003.* Mannheim: Universität Mannheim.

Schumann, S. (2005). Geringe Chancen und hohe Risiken – Individuelle Übergangsprozesse von Absolventen vollzeitschulischer und außerbetrieblicher Ausbildungsgänge in Berlin. In J. van Buer & O. Zlatkin-Troitschanskaia (Hrsg.), *Adaptivität und Stabilität der Berufsausbildung – Theoretische und empirische Untersuchungen zur Berliner Berufsbildungslandschaft* (S. 310– 328). Frankfurt a. M. u.a.: Peter Lang.

Steinmann, S. (2000). *Bildung, Ausbildung und Arbeitsmarktchancen in Deutschland.* Opladen: Leske+Budrich.

van Buer, J. & Zlatkin-Troitschanskaia, O. (Hrsg.). (2005). *Adaptivität und Stabilität der Berufsausbildung.* Band 7 der Reihe „Berufliche Bildung im Wandel". Frankfurt a. M. u.a.: Peter Lang.

Wingens, M. & Sackmann, R. (Hrsg.). (2002). *Bildung und Beruf - Ausbildung und berufsstruktureller Wandel in der Wissensgesellschaft.* Weinheim: Juventa.

Witzel, A. (1982). *Verfahren der qualitativen Sozialforschung. Überblick und Alternativen.* Frankfurt a.M., New York: Campus.

Zimmermann, M. (1999). *Berufliche Eingliederung.* München und Mering: Hampp.

Zinn, J. (2001). *Zwischen Gestaltungsanspruch und Strukturvorgaben. Junge Fachkräfte in den ersten Berufsjahren – Erwerbsverläufe, Handlungskontexte und biografische Gestaltungsmodi.* Bildung und Arbeitswelt Band 3. Baden-Baden: Nomos.

Wolfgang Böttcher & Miriam Keune

Funktionen und Effekte der Schulinspektion
Ausgewählte nationale und internationale Forschungsbefunde

Mit der erhöhten Selbstständigkeit der Einzelschulen im Steuerungskonzept der Dezentralisierung lässt sich seit gut 20 Jahren ein internationaler Trend zur parallelen Einführung von Maßnahmen der Re-Zentralisierung ausmachen (vgl. Böttcher, 2002). Zu den im Hinblick auf Aufwand und politischen Stellenwert hervorstechenden einschlägigen schulpolitischen Interventionen gehören zentrale Leistungstest, manche eher nach „klassischen" Verfahren kompiliert, andere als Ergebnis komplexer psychometrischer Ambitionen, oder nationale Curricula bzw. Bildungsstandards, die Erwartungen an Schülerkompetenzen formulieren. Ein weiteres Instrument dieser Kategorie sind die von ausdifferenzierten – manchmal staatlichen, manchmal privaten, manchmal im Hinblick auf die Trägerschaft „gemischten" – Organisationen geleisteten Überprüfungen der Einzelschulen, die im Folgenden als „Inspektion" bezeichnet werden. Diese Bewertungsverfahren einzelschulischer Qualität begreifen sich als „externe Evaluationen".

1.   Funktionen von Evaluationen

Abgesehen von dem einen oder anderen „Ausreißer" lässt sich mit Blick auf die Schulpolitik durchaus von einem internationalen Trend hin zu „externer Evaluation" sprechen. Deutschland ist mit aktuell 15 Inspektionseinrichtungen in der Gesellschaft von Nachbarländern wie England, den Niederlanden oder der Schweiz. Trotz unterschiedlicher Geschichte und Variationen in theoretischer wie praktischer Hinsicht verfolgen durchweg alle Inspektionen den offiziellen Verlautbarungen zufolge die Absicht, ein Stärken-Schwächen-Profil zu erzeugen, das den Schulen Anstoß und Richtung für Qualitätsverbesserungen liefern soll. Befunde sowie Entwicklungsperspektiven sind aufs Engste mit den Diagnoseinstrumenten verknüpft, die von den Inspektoren benutzt werden.

Das mag ein Grund dafür sein, dass diese Instrumente in aller Regel komplex sind und versuchen, möglichst alle Dimensionen der Schule abzubilden. Eine Ähnlichkeit zu dem von Scheerens und Bosker entwickelten Modell der Schuleffektivität, das letztlich auf die drei Produktionsdimensionen „Input, Prozess, Output" reduzierbar ist (vgl. Ditton, 2000, S. 79; Böttcher, 2002, S. 81), kann wohl keines dieser Instrument verleugnen. Mit der Verwendung eines solchen Diagnosemodells, das Wirkzusammenhänge innerhalb der komplexen Organisation Schule sowie einige Kontextbedingungen erfasst, wird prinzipiell und automatisch eine bestimmte Vorstellung von „guter Schule" transportiert, weshalb Inspektionen auch als Instrument der Normdurchsetzung verstanden werden können (vgl. Landwehr, 2010). Diese steht in enger Verbindung zum Funktionsbereich Kontrolle, der allerdings in verschiedenen Staaten eine deutlich unterschiedliche Rolle spielt. So kann die Inspektion in manch einem Staat letztlich gar zur Schließung von Schulen führen, in anderen werden die Ergebnisse der Inspektion nicht einmal verpflichtend öffentlich zugänglich gemacht. Mit der Publikation der Ergebnisse ist ein weiterer Funktionsbereich der Inspektion angesprochen: Eine erfolgreiche Inspektion kann zur Legitimation der jeweiligen Einrichtung beitragen und sie im Wettbewerb mit anderen Schulen stärken. Mit der Zunahme der einzelschulischen Autonomie und der damit verbundenen Schulwahlfreiheit durch Schüler oder ihre Eltern kommt diesem Aspekt ebenfalls eine nicht zu unterschätzende Bedeutung zu.

Die obige Skizze orientiert sich an einem von Stockmann, Meyer und Caspari (2009) vorgeschlagenem Versuch, Evaluation zu systematisieren. Hierbei wird zwischen den Funktionen Erkenntnis, Lernen, Kontrolle und Legitimation unterschieden. Ergänzt wurde dieses Schema um die von Landwehr (2010) angeführte Funktion der Normendurchsetzung. Obwohl diese Dimensionen nicht vollständig überschneidungsfrei sind und genauer definiert werden müssen, können sie als Heuristik dienen, zum Beispiel zu dem Zweck, Inspektionsverfahren bewertend zu unterscheiden. Sie kann aber auch dazu dienen, empirische Forschung danach zu ordnen, welche funktionalen Dimensionen der Inspektion jeweils untersucht wurden. Angesichts der Bedeutung, die Inspektionen in den schulpolitischen Reformkonzepten vieler Staaten einnehmen, und angesichts der Tatsache, dass sie über eine hinreichend lange Tradition verfügen, kann vermutet werden, dass die empirische Bildungsforschung genügend Zeit hatte, sich mit den verschiedenen Funktionsbereichen und den tatsächlichen Effekten dieser Intervention zu befassen.

2.   Themenfelder neuerer Studien zur Schulinspektion

Im Vorfeld einer eigenen empirischen Studie zur Schulinspektion (vgl. Böttcher, Keune & Neiwert, 2010) haben wir versucht, uns einen Überblick über bisherige Inspektionsforschung zu verschaffen. Ziel war es, wesentliche Befunde über den uns interessierenden Ausschnitt (Entwicklungsfunktion) zu dokumentieren. Wir werden im Folgenden skizzieren, zu welchen Ergebnissen die Bildungsforschung hier kommt. Bei der Recherche ergab sich ein, wie wir meinen, interessanter Nebenbefund, der durchaus robust belegen dürfte, wie wenig systematisch die empirische Forschung beim Gegenstand Inspektion aufgestellt ist.

An die Einführung von Schulinspektion werden hohe Erwartungen geknüpft. Ein erklärtes Ziel ist, dass die erhobenen und zurückgemeldeten Stärken und Schwächen sich positiv auf Schul- und Unterrichtsentwicklung auswirken (vgl. Maritzen, 2008, S. 87). Unser – damals in der Vorbereitung befindliches – Forschungsprojekt sollte sich auf genau diesen Entwicklungsaspekt beziehen. Deshalb wollten wir uns einen Überblick verschaffen, was nach einer Schulinspektion mit den erhobenen Daten geschieht und in wieweit diese in Maßnahmen zur Qualitätsentwicklung münden. Wir waren darauf vorbereitet, hier nur wenige Studien zu finden: „The effects of school inspections on school improvement have been investigated only to a limited degree" (Ehren und Visscher, 2008, S. 205). Außerdem sollte hier nicht der Anspruch einer systematischen Metaanalyse erweckt werden. Wir verstehen unsere Befunde als Orientierungshilfe im und für das Forschungsfeld.

Bei einer Durchsicht von aktuellen Sammelbandbeiträgen sowie einer Auswahl von 30 nationalen und internationalen Zeitschriften[1] auf einschlägige Studien zum Thema „Einfluss von Schulinspektion auf Schulentwicklung" fanden wir im Wesentlichen die folgenden drei Fragestellungen:

- Wird die Schulinspektion von den verschiedenen schulischen Akteuren als ein sinnvolles Verfahren akzeptiert?

- Nutzen Schulen die Inspektionsergebnisse für Schul- und Unterrichtsentwicklung?

- Verbessern sich durch die Schulinspektion die Leistungen von Schülerinnen und Schülern?

Werfen wir einen Blick auf die Begründungen für die Fragestellungen und die Befunde dieser Studien.

2.1 Akzeptanz von Schulinspektion

Damit Schulen die bei der Schulinspektion generierten Daten (Erkenntnisfunktion) für ihre Qualitätssicherung und -entwicklung (Entwicklungsfunktion) nutzen, sind die wahrgenommene Güte und Akzeptanz des Verfahrens durch die schulischen Akteure von Bedeutung (vgl. Visscher & Coe, 2003, S. 322). Denn die Wahrscheinlichkeit, dass Schulleitungen und Lehrkräfte die Ergebnisse einer Schulinspektion für ihre Schul- und Unterrichtsentwicklung einsetzen, wenn sie das Verfahren und die dadurch erhobenen Daten nicht für zweckdienlich halten, dürfte – vor allem in kontrollarmen Inspektionssystemen – gering sein.

Zur wahrgenommenen Güte von Schulinspektionen finden sich Hinweise in einer aktuellen deutschen Studie von Gärtner, Hüsemann und Pant (2009). Es handelt sich um eine Schulleiterbefragung von allen im Bundesland Brandenburg im Normalverfahren inspizierten Schulen der Schuljahre 2005/06 und 2006/07. In dieser Untersuchung wird die wahrgenommene Qualität des Inspektionsverfahrens anhand von vier Items zur Kompetenz der Inspekteure, die hier „Visitatoren" heißen, abgeprüft (vgl. Tabelle 1).

---

1 Es wurden zur Vorbereitung dieses Beitrags folgende Zeitschriften gesichtet: American Educational Research Journal, American Journal of Education, American Educator, American Journal of Education, Applied Measurement in Education, Assessment for Effective Intervention, Bildungsforschung, British Educational Research Journal, British Journal of Special Education, British Journal of Educational Studies, Cambridge Journal of Education, Die Deutsche Schule, Education, European Journal of Educational Studies, Education Review, Educational Assessment, Evaluation and Research in Education, Educational Management Administration & Leadership, Educational Measurement: Issues and Practice, Educational Research, Educational Research & Evaluation, Educational Research Review, Empirische Pädagogik, Harvard Educational Review, Journal of Education Policy, Oxford Review of Education, School Effectiveness and School Improvement, Sociolgy of Education, Zeitschrift für Erziehungswissenschaft, Zeitschrift für Pädagogik.

Tab. 1: Wahrgenommene Güte der Diagnose der Schulinspektion

	Schuljahr 2006/07		
Die Visitatorinnen und Visitatoren...	N	MW	SD
können die Qualität der Schule auf der Grundlage der Anforderungen des Orientierungsrahmens Schulqualität gut einschätzen.	86	2.2	0.7
können die Qualität der Schule vor dem Hintergrund der Zusammensetzung der Schülerschaft gut einschätzen.	85	2.1	0.7
können zuverlässig Schulen mit erheblichem Entwicklungsbedarf erkennen.	82	2.3	0.7
wissen, was gute Unterrichtspraxis ausmacht.	81	2.3	0.7
Skalierung: trifft nicht zu= 0; trifft eher nicht= 1; trifft eher zu= 2; trifft zu=3			

Quelle: Gärtner, Hüsemann & Pant, 2009, S. 9

Wenn man sich das Schuljahr 2006/07 herausgreift, ergibt sich über vier Items ein positiv einzustufender Skalenmittelwert zur wahrgenommenen Güte des Diagnoseinstruments Schulinspektion von 2.225 (Skalierung von 0 bis 3; α=.85). Interessant ist, dass diejenigen Schulen, die gemessen an ihren Inspektionsergebnissen zum besten Drittel der in die Untersuchung eingegangenen Schulen gehören, die Kompetenz der Inspekteure signifikant besser einschätzen als das schlechteste Drittel der Schulen (Einzelvergleiche nach Scheffé; p= .002; eta^2= .08). Allerdings kann man den Einfluss der Inspektionsergebnisse auf die unterschiedliche Akzeptanz der Schulinspektion mit einer erklärten Varianz von 8 Prozent als relativ gering einschätzen.

Ähnlich positive Ergebnisse ergeben sich auch aus einer Schulleiterbefragung aus dem Schuljahr 2007/08 in Hessen. Das Institut für Qualitätsentwicklung hat im Anschluss an die Schulinspektion 211 Schulleitungen schriftlich befragt. 94 Prozent der Schulleiterinnen und Schulleiter gaben an, die Inspekteure als kompetent oder eher kompetent für ihre Aufgabe einzuschätzen (vgl. IQ, 2008, S. 89). Auch die Gesamtakzeptanz der Schulinspektion im Schulleitungs-Team wurde von etwas weniger als zwei Dritteln (64,1 Prozent) der befragten Schulleitungen bejaht und von gut einem Viertel (26,7 Prozent) in Teilen bestätigt.

Internationale Befunde von Gray und Gardner (1999) und Cuckle und Broadhead (1999) kommen zu ähnlich guten Akzeptanzwerten zur Schulinspektion aus Schulleitungsperspektive. So bejahen in der Studie von Gray und Gardner (1999, S. 462) beispielsweise 76 Prozent der befragten Schulleiterinnen und Schulleiter (n= 130) die Kompetenz der Inspektoren.

Der Eindruck, der sich auch aus der Kenntnis der Begutachtung anderer Studien ergibt (vgl. Kotthoff & Böttcher, 2010), ist der, dass das schulische Management der Inspektion gegenüber positiv eingestellt ist. Zum Zeitpunkt unserer Literatursuche fanden wir in unseren Quellen keine Befragungen von Lehrkräften, Eltern oder Schülerinnen und Schülern. Insbesondere Lehrer, die wesentliche Träger einer Schulentwicklung sein können, sollten verstärkt Gegenstand von Akzeptanzuntersuchungen sein. Allgemein gesprochen dürften in diesem Kontext womöglich mehrperspektivische Untersuchungen interessant sein, bei denen die Einstellung zu Schulinspektion miteinander verglichen werden.

2.2   Einfluss von Schulinspektion auf Schul- und Unterrichtsentwicklung

Nach Durchführung einer Schulinspektion ergibt sich die Frage, ob Schulen durch die zurückgespiegelten Daten Maßnahmen und Prozesse zur Qualitätsentwicklung initiieren. Auch wenn in unterschiedlichen Systemen unterschiedliche Maßnahmen zur Initiierung und Unterstützung von Reformen existieren, so obliegen letztlich Planung und Ausführung der Einzelschule. Studien, die die Einführung von Maßnahmen zur Schul- und Unterrichtsentwicklung auf Grundlage von Inspektionsergebnissen in den Blick nehmen, erfassen vor allem die Anzahl der implementierten Maßnahmen. Weniger fragen sie, welche Art von Maßnahmen in welcher Qualität initiiert wird. Zur besseren Strukturierung werden die Forschungsbefunde im Folgenden nach dem Einfluss von Schulinspektion auf Schulentwicklung sowie auf Unterrichtsentwicklung differenziert dargestellt.

Einfluss von Schulinspektion auf Schulentwicklung

In einer Untersuchung von Huber (2008) wurden 115 bayerische Schulen, die sich in der „Umsetzungsphase" nach einer Schulinspektion befanden, auf Anzahl und Art der umgesetzten Maßnahmen hin analysiert. Die Schulleitungen der Schulen gaben zu 43 Prozent an, dass bislang keinerlei Maßnahmen umgesetzt wurden. An einem Viertel (25 Prozent) der befragten Schulen wurde eine Maßnahme nach der Schulinspektion realisiert, bei 14 Prozent zwei Maßnahmen, bei circa 8 Prozent drei Maßnahmen und bei 5 Prozent vier bis sechs Maßnahmen.

Die Schulleiterbefragung von Gärtner, Hüsemann und Pant (2009) kam zu deutlich besseren Befunden: Von 158 Schulleitungen gaben ca. 15 Prozent an, keinerlei Maßnahmen nach ihrer Schulinspektion umgesetzt zu haben, ca. 8 Prozent haben eine Schulentwicklungsmaßnahme ins Leben gerufen, ca. 13 Prozent zwei und ca. 9 Prozent drei Maßnahmen (vgl. Abbildung 1). Im Durchschnitt wurden pro Schule 3,8 (Schuljahr 2006/07; SD= 2.5) Maßnahmen benannt, die nach der Schulinspektion begonnen wurden. Dabei ist die Spanne der angegebenen Maßnahmen recht groß, sie liegt zwischen null und elf Aktivitäten.

Es ergibt sich die Frage, ob die z. T. großen Unterschiede in der Umsetzung von Entwicklungsmaßnahmen möglicherweise auf die Inspektionsergebnisse von Schulen zurückgeführt werden können. Gärtner, Hüsemann und Pant (2009) haben deshalb untersucht, ob diejenigen Schulen, denen die Schulinspektion viele Schwächen attestiert hat, im Vergleich zu den besser inspizierten Schulen ähnlich viele Maßnahmen zur Schulentwicklung implementiert haben. Hierfür wurden die untersuchten Schulen in drei Gruppen eingeteilt: das durch die Schulinspektion am besten inspizierte Drittel der Schulen, das mittlere und das am schlechtesten bewertete Drittel. Es ergab sich, dass es keine statistisch bedeutsamen Unterschiede zwischen den drei Untersuchungsgruppen gibt.

Dieser Befund stimmt mit Ergebnissen einer Studie von Ehren und Visscher (2008) aus den Niederlanden überein: Bei den zehn von ihnen durchgeführten Fallstudien kann kein Zusammenhang zwischen der Anzahl der an Schulen kritisierten Punkte und der Anzahl der initiierten Maßnahmen festgestellt werden.

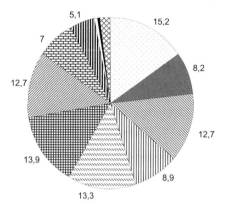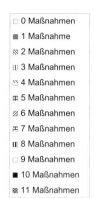

Quelle: Modifiziert nach Gärtner, Hüsemann & Pant, 2009

Abb. 1: Anzahl an Maßnahmen nach einer Schulinspektion

Zusammenfassend kann man auf Basis der vorgestellten Befunde festhalten, dass sich die Anzahl der durch die Schulinspektion initiierten Maßnahmen stark von Schule zu Schule unterscheidet. Auch die Befunde der Studien variieren. Die Frage nach den Ursachen unterschiedlicher Nutzung der zurückgemeldeten Stärken und Schwächen durch die Schulinspektion sollte in Zukunft verstärkt Forschungsgegenstand sein. Hier lassen sich womöglich systematische Hinweise für das „Management von Wandel" ermitteln. Ein Inspektionsbefund dürfte ohne Folgeaktivitäten kaum ausreichen, Entwicklung auszulösen.

Neben der Anzahl der initiierten Maßnahmen muss auch geklärt werden, welche Art von Maßnahmen umgesetzt werden und inwieweit diese sich positiv auf die Qualitätsentwicklung der Einzelschule auswirken. Huber (2008, S. 275) weist darauf hin, dass bei der Erfassung der bestehenden Aktivitäten zur Schulentwicklung nicht immer klar zwischen Zielen und Maßnahmen seitens der Schulleitung unterschieden worden ist. Die Studie von Huber zeigt auch auf, dass zu allen Bereichen des bayerischen Qualitätstableaus Maßnahmen an den Schulen implementiert wurden (vgl. Tabelle 2). Die angegebenen Veränderungen reichen von den Handlungsfeldern bauliche Maßnahmen und Ressourcen über Maßnahmen zur Verbesserung des Schulklimas oder der Zusammenarbeit im Kollegium bis hin zu gesteigerter Methodenvariabilität im Unterricht. Allerdings geben etwa die Hälfte der Schulleitungen an, dass keine Maßnahmen zur Verbesserung im Bereich Schulleitung & Schulmanagement umgesetzt wurden. Auch werden an etwa 40 Prozent der Schulen keine Aktivitäten zur Unterrichtsentwicklung durchgeführt.

Die Studie von Huber (2008, S. 276 und 278) fragt nicht nur nach der Art der Maßnahmen, sondern auch danach, wie zufrieden die Schulleiter grundsätzlich mit den Maßnahmen sind: Rund 90 Prozent der Befragten sind mit dem Erfolg der Maßnahmen „zufrieden" (67,3 Prozent) oder „sehr zufrieden" (24, 8 Prozent).

Als ein Zwischenfazit kann festgehalten werden, dass zu den – im Blick auf die Entwicklungsfunktion – zentralen Fragen, allenfalls „weiche" Befunde vorgelegt werden können. Bislang ist wenig über die die Qualität und Relevanz der nach der Schulinspektion initiierten Maßnahmen bekannt. Erst recht ist unklar, ob und inwieweit einzelne

Maßnahmen tatsächlich das Potenzial haben, die „Qualitätsentwicklung" der Einzelschule zu entfalten, oder ob Maßnahmen lediglich isolierte Aktivitäten sind und bleiben.

Tab. 2: Maßnahmen, die nach einer Schulinspektion durchgeführt werden

Rahmenbedingungen	Prozessqualitäten Schule	Prozessqualitäten Unterricht	Ergebnisse, Monitoring
Bauliche Maßnahmen, Gestaltung von Räumlichkeiten & Gestaltung des Schulgeländes Ressourcen (Ausstattung und Verfügbarkeit von Unterrichtsmaterialien)	Organisation der Arbeitsabläufe Zusammenarbeit im Kollegium Fortbildung Schulklima Öffnung der Schule Entwicklung Schulprofil & Schulprogramm Beteiligung von Eltern & Schülerinnen und Schülern	Individualisierung Methodenvariabilität Art der Leistungserhebung Intensivierung des Selbständigen Lernens	Schulaufgaben, Leistungsfeststellungen Schulische Leistungsergebnisse betrachten für systematisches Monitoring

Quelle: Modifiziert nach Huber, 2008, S. 272f.

Einfluss der Schulinspektion auf Unterrichtsentwicklung

In der Studie von Gärtner, Hüsemann und Pant (2009) nehmen 45 Prozent der befragten Schulleitungen einen Einfluss der Schulinspektion auf den Unterricht wahr. Diese Auswirkung bezieht sich, wie in Antworten auf offene Fragen zu entnehmen ist, vor allem auf das Bestreben, zukünftig binnendifferenzierter zu unterrichten. Inwieweit Lehrkräfte diesen Befund bestätigen, ist zu diesem Zeitpunkt in Deutschland noch nicht hinreichend untersucht.

In England gibt es allerdings einige Studien zum Einfluss der Schulinspektion auf Unterrichtsgestaltung aus Lehrerperspektive. Ormston, Brimblecombe und Shaw (1995) haben 800 Lehrkräfte schriftlich zu diesem Thema befragt. 38 Prozent gaben an, ihre Unterrichtspraxis ändern zu wollen. In einer Studie von Chapman (2001, S. 66) wurden ebenfalls Lehrkräfte (n= 119) danach gefragt, ob sie ihre Unterrichtspraxis als ein Ergebnis der Schulinspektion umstellen wollen. Bejaht haben diese Aussage 22 Prozent der Lehrkräfte. In der gleichen Analyse sagt etwa die Hälfte der Lehrkräfte, dass Ofsted-Inspektionen Einfluss auf Unterrichtsgestaltung nehmen (S. 63). Es scheint sich hier eine Diskrepanz zwischen allgemeinem Einfluss der Schulinspektion auf Unterricht und der Wahrnehmung des eigenen individuellen Unterrichtshandelns aufzutun.

Wenn Lehrkräfte bereit sind, auf Grundlage der Inspektionsergebnisse ihre Unterrichtspraxis zu ändern, betrifft dies nach einer Studie von Brimblecombe, Shaw und Ormston (1996, S. 342) in erster Linie Unterrichtsmethoden (40,2 Prozent). Deutlich weniger Lehrkräfte wollen Unterrichtsinhalte (14,8 Prozent), Unterrichtsorganisation (23,8 Prozent), Kollegenabsprachen (15,2 Prozent), Unterrichtsvorbereitung (13,7 Prozent) und Lernkontrollen z. B. durch Tests (14,1 Prozent) verändern.

Die Befunde aus Deutschland und England sind zwar nicht ohne weiteres vergleichbar. Aber sie geben der These Nahrung, dass Schulleitungen und Lehrkräfte Aktivitäten im Anschluss an die Schulinspektion, hier: Unterrichtsentwicklung, unterschiedlich einschätzen. Wichtiger aber dürfte sein, dass Inspektionen offenbar kaum einen substantiellen Einfluss auf die Verbesserung des Unterrichts haben: Inspektion ist ein aufwändiges Verfahren, das den „Kernbereich" der Schule weitgehend ignoriert.

2.3   Einfluss von Schulinspektionen auf Schülerleistungen

Letzter Befund leitet zu einem Forschungsbereich über, der sich mit der Frage der Effekte der Inspektion auf Schülerleistungen befasst. Anzunehmen, dass Inspektion letztlich das Ziel verfolgt, positiv auf das Lernen zu wirken, liegt – aus deutscher Perspektive – allein deshalb nahe, weil dieses Verfahren im Anschluss an die enttäuschenden Ergebnisse bei den internationalen Leistungstests etabliert wurde. Es finden sich aber auch explizite Hinweise auf diesen Zusammenhang: Ein zentrales Ziel von Schulinspektion ist mittel- bis langfristig (auch) die Verbesserung von Schülerleistungen (vgl. Education and Employment Select Committee, 1999, S. v und xliv). Erste einschlägige Forschungsbefunde kommen aus England. Zur Messung von Schülerleistungen werden dort i. d. R. die Ergebnisse von GCSE-Examina herangezogen. Ob Schulinspektionen diese verbessern, ist nicht einfach zu beantworten. Denn seit 1988 ist die Anzahl der Schüler, die mehr als fünf A-Cs in den Abschlussexamen erreicht haben, stetig gestiegen (vgl. Matthews und Sammons 2004, S. 24). Der Prozess zu besseren Abschlüssen hat also bereits vor den Ofsted-Schulinspektionen eingesetzt und muss deshalb herausgerechnet werden. Hierfür kommt häufig die Methode der multidimensionalen Skalierung[2] zum Einsatz.

Eine wichtige und Aufsehen erregende Studie zum Zusammenhang von Inspektionen und der Verbesserung von Schülerleistungen stammt von Cullingford und Daniels (1999). Es wurden hierfür die Ofsted-Daten von 1992 bis 1997 von über 3000 inspizierten Schulen untersucht. Es wurde nachgewiesen, dass sich für die Mehrzahl der im ersten Inspektionszyklus untersuchten Schulen kein positiver Effekt auf die Ergebnisse in GCSE-Examen feststellen lässt.

Dieses Ergebnis wurde auch durch eine Studie von Shaw u. a. (2003) grundsätzlich bestätigt. Für spezielle Schulen wie z. B. Mädchenschulen konnten die Autoren leichte positive Effekte der Schulinspektion nachweisen. Allerdings besuchen die meisten englischen Schülerinnen und Schüler Comprehensive Schools. Diese Schulen konnten laut den Ergebnissen nicht von der Ofsted-Inspektion profitieren.

Eine weitere Studie zum Zusammenhang zwischen Schulinspektion und schulischer Leistungsentwicklung stammt von Rosenthal (2004). Es wurden die Abschlussexamen von insgesamt 2344 Schulen über einen Zeitraum von fünf Jahren in die Untersuchung einbezogen (1993/94 bis 1997/98). Diese Studie hat ähnliche Ergebnisse zu Tage ge-

---

2   Vgl. zum Nutzen und zu den Möglichkeiten der Multidimensionalen Skalierung Goldstein (1997) oder Kreft und de Leeuw (1998).

bracht wie die eben skizzierten: Für die Jahrgänge nach einer Schulinspektion wurden keine signifikanten Leistungsverbesserungen nachgewiesen. Neu ist, dass die Ofsted-Inspektionen signifikant negativ – allerdings mit nur kleiner Effektstärke – mit den erbrachten Prüfungsleistungen von Schülern im gleichen Jahr zusammenhängen. Rosenthal (2004) begründet dies mit den intensiven Vorbereitungen für die Schulinspektion, die viele Ressourcen bänden, die ansonsten in den Unterricht geflossen wären. Dieser Effekt sollte mittlerweile keine besondere Rolle mehr spielen, da sich durch die weitreichenden Ofsted-Reformen 2005 die Ankündigungszeiten deutlich verkürzt haben und deshalb auch weniger Zeit für Vorbereitungen bleibt.

2.4 Zwischenfazit

Mit diesem – aufgrund der Selektivität der Stichprobe freilich eingeschränkten – Zwischenfazit sollen zwei Aspekte betont werden. Erstens lässt sich feststellen, dass sich Forschungen zur Schulinspektion lediglich auf zwei der oben kurz beschriebenen fünf Funktionsbereiche beziehen. Akzeptanzstudien befassen sich, wenn auch lediglich auf subjektiven Einschätzungen beruhend, mit der Qualität der erzeugten Daten (Erkenntnisfunktion). Studien zur Entwicklungsfunktion fragen Akteure nach ihren Meinungen zu einschlägigen Maßnahmen, weitere Studien präzisieren ihre Problemstellung und fragen nach den Schülerleistungen. Zweitens ist festzuhalten, dass die Befundlage nicht eindeutig ist: Offenbar scheinen Inspektionen und die hier erzeugten Daten keine Akzeptanzprobleme zu haben, hingegen sieht es so aus, dass sich im Bereich der Entwicklungseffekte zwar Hinweise auf Wirkungen finden lassen, diese aber letztlich kaum zufrieden stellen dürften. Zu ihrer Qualität ist zudem so gut wie nichts bekannt. Mit Blick auf Schülerleistungen fallen die Befunde schließlich negativ aus. Abgesehen von methodologischen Problemen der Zurechenbarkeit von Maßnahme (Inspektion) und Effekt (Ergebnisse in Leistungstests) kann aber auch kaum mehr erwartet werden, wenn man an die Befunde zur Unterrichtsentwicklung denkt.

3. Sichtung und Strukturierung der Forschung nach Husfeldt

Ähnlich dem hier vorgestellten Ansatz hat Husfeldt (2010) versucht, sich im Vorfeld der Konzeptionierung einer eigenen Forschung einen Überblick über Befunde zu verschaffen. Gleichzeitig gelingt es ihr, eine Systematik der Studien zu entwickeln, die der hier vorgelegten durchaus ähnlich ist. Nach Husfeldt (2010, S. 12) lassen sich Forschungsarbeiten zur Schulinspektion in drei Kategorien einteilen. Zum einen handelt es sich um Studien – die es mittlerweile in beträchtlicher Zahl gibt –, die die Einstellungen der unterschiedlichen Akteure zur Schulinspektion abfragen sowie Wirksamkeitserwartungen thematisieren. Zum anderen setzen sich Studien im Kontext von Schulinspektionen mit den aus den externen Evaluationen folgenden Reaktionen und entwickelten Maßnahmen auseinander. Schließlich kann eine dritte Gruppe von Forschungen identifiziert werden, die sich mit der Wirksamkeit der Schulinspektion hinsichtlich ihrer Auswirkungen auf Schülerleistungen befassen (zum Folgenden Husfeldt, 2010).

Forschungen zu Einstellungen und Wirksamkeitserwartungen

Diese Untersuchungen fußen auf der Grundannahme, dass Schulinspektionen dann keine Wirkung entfalten können, wenn die schulischen Akteure nicht veränderungswillig sind (Akzeptanz) oder wenn sie nicht ausreichend hohe Erwartungen an die Qualität der Inspektion haben (vgl. Husfeldt, 2010, S. 12; Standaert, 2001). Einschlägige Studien werden seit Mitte der 1990er Jahre vor allem im angelsächsischen Raum durchgeführt. Beispielsweise fanden Fidler, Ouston und Earley (1996), dass Lehrkräfte sowohl die mündliche als auch die schriftliche Rückmeldungen der schulischen Qualität durch die Schulinspektion als wichtige Impulse für Schulentwicklung wahrnehmen. Wilcox und Gray (1996) fanden heraus, dass der Umgang zwischen Inspektoren und schulischen Akteuren insgesamt als positiv und respektvoll wahrgenommen wird.

Kogan und Maden (1999) haben die Ofsted-Schulinspektion evaluiert. Sie kamen zu dem Ergebnis, dass Eltern die Gruppe mit dem größten Vertrauen in den Einfluss von Schulinspektion auf Bildungsqualität, Standards und die Finanzen (vgl. Husfeldt, 2010, S. 13) sind. Den geringsten Einfluss von Schulinspektion auf schulisches Geschehen sehen demnach Schulleitungen.

Eine weitere Untersuchung, die sich mit dem erwarteten Einfluss von Schulinspektion auf Schulentwicklung aus Perspektive von Schulleitungen auseinandergesetzt hat, stammt von Cuckle und Broadhead (1999). Wie auch in anderen Studien sehen die Schulleitungen zwar einzelne positive Aspekte, aber alles in allem geben die meisten Schulleitungen an, dass Inspektionen kein sinnvolles Aufwand-Nutzen-Verhältnis aufweisen (vgl. Husfeldt, 2010, S. 13).

In einer ähnlichen Studie von Fitz-Gibbon und Stephenson-Forster (1999) wurde der Nutzwert der Inspektion wiederum eher schwach eingeschätzt: Von den befragten Schulleitungen sehen 54 Prozent kein sinnvolles Kosten-Nutzen-Verhältnis (vgl. Husfeldt, 2010, S. 14). Auch finden sich in den Studien Hinweise darauf, dass sich Schulen im Vorfeld der Inspektionen äußerst belastet fühlen.

Auch Husfeldt zitiert die Studie von Gärtner, Hüsemann und Pant (2009). Dass Schulleitungen hier im Unterschied zu den angelsächsischen Befunden überwiegend positiv reagieren, mag damit zu erklären sein, dass mit den Inspektionen unterschiedliche Konsequenzen verbunden sind. Inspektionen in England sind sanktionsbewehrt: Schulschließung, Entlassung oder Budgetkürzung können letztlich Reaktionen sein (vgl. Husfeldt, 2010, S. 14).

Forschungen zu Reaktionen auf Inspektionen und Folgemaßnahmen

Die Untersuchungen, die sich mit den Reaktionen auf Schulinspektion beschäftigen, stammen überwiegend aus jüngerer Zeit und aus dem angelsächsischen Raum. Dennoch gibt es auch einige erste deutsche und niederländische Studien (vgl. Husfeldt, 2010, S. 14f.).

Lowe (1998) hat eine Fallstudie an sieben Schulen durchgeführt, bei der nur eine einzige die durch die Schulinspektion vorgeschlagenen Maßnahmen umgesetzt hat. Der Studie zufolge besteht nur ein schwacher Zusammenhang zwischen der Schulinspektion und Veränderungsprozessen im Unterricht (vgl. Husfeldt, 2010, S. 15).

In den Niederlanden haben Ehren und Visscher (2008) eine Fallstudie an zehn Schulen durchgeführt. Dabei wurden sowohl Schulen mit hohem und niedrigem Innovationspotential ausgewählt. Reaktionen auf die Inspektion waren über die 10 Schulen vergleichbar (vgl. Husfeldt, 2010, S. 15). Ergebnisse der Studie sind z. B.:

▪ Alle zehn Schulen haben aus den zurückgemeldeten Daten Maßnahmen abgeleitet; allerdings handelt es sich um die einfacher umzusetzenden Empfehlungen.

▪ Es gibt keinen nachweisbaren Zusammenhang zwischen dem Innovationspotential einer Schule und den umgesetzten Maßnahmen.

▪ Art und Umfang der Rückmeldungen durch die Schulinspektion beeinflusst nicht die Anzahl der umgesetzten Maßnahmen.

Aus der Studie von Gärtner, Hüsemann und Pant (2009) stellt Husfeldt den Befund heraus, dass es eine breite Reaktionsspanne vom einfachen Auslegen des Berichts bis hin zu aktiver Einforderung von Rückmeldungen von allen Betroffenen gibt. Zwischen der Anzahl an Maßnahmen, die nach einer Schulinspektion umgesetzt werden, und der Qualität der Beurteilung der Schule durch die Schulinspektion gibt es keinen statistisch bedeutsamen Zusammenhang. Diese Befunde stimmen mit denen von Ehren und Visscher (2008) überein.

Forschungen zu Schülerleistungen

Husfeldt bezieht sich in ihrer Darstellung auf die hier bereits zitierten Studien, und sie interpretiert die Befunde identisch (vgl. Husfeldt, 2010, S. 12f.). Sie führt aber auch eine Arbeit von Scanlon (1999) an, die nicht den üblichen Weg geht, die Wirkung von Schulinspektion über Testscores abzuprüfen, sondern über die Einschätzung von Lehrkräften und Schulleitung.

4.   Zusammenfassung

Nach dem Blick auf Forschung zu Funktionen und Effekten der Schulinspektion bleibt ein ernüchterndes Bild zurück: Obgleich mit der modernen Art der Schulinspektion in Ländern wie England und den Niederlanden eine ausreichende Erfahrung besteht, ist das Wissen bislang immer noch begrenzt. Selbst hinsichtlich der Akzeptanz durch schulische Akteure sind die Befunde nicht eindeutig, was aber mit den jeweiligen Systemen der Inspektion korrelieren dürfte: Sanktionsbewehrte Systeme werden kritischer gesehen. Was Studien zur Entwicklung anbetrifft, so ist der Eindruck noch enttäuschender: Offenbar entwickeln sich Schulen durch Inspektionsbefunde kaum weiter, insbesondere nicht im Kerngeschäft. Die Enttäuschung dürfte sich aber dann relativieren, wenn man sich vergegenwärtigt, dass Inspektionen ja nicht selbst Instrumente der Entwicklung sind. Sie schließen mit einer Diagnose und ggf. mit Empfehlungen ab. Alles Weitere ist streng genommen nicht Thema der Schulinspektion. Die Befunde verweisen somit mehr auf Mängel bei der Konzeptionierung von Folgesystemen, die Entwicklung der Schulen unterstützen. Insofern mag die Erwartung der Schul- und Unterrichtsentwicklung durch Inspektion ohnehin übertrieben sein. Gleiches dürfte für den Bereich der Leistungsentwicklung der Schüler zutreffen. Eine Verbesserung der in Tests gemessenen Leistungen der Schüler hat sich jedoch nicht gezeigt.

Jenseits zumindest heuristisch relevanter Antworten auf die Fragen nach dem Wissen über Funktionen und Effekte der Inspektion hat sich in der hier vorgestellten Sichtung sowie in der Recherche von Husfeldt ein bemerkenswerter Nebenbefund ergeben: Die Forschung ist lediglich auf drei funktionale Bereiche ausgerichtet. Die vielfältigen Funktionen von Evaluationen werden von der Forschung nicht oder nicht ausreichend in den Blick genommen. Sie befasst sich lediglich mit Fragen der Akzeptanz, der Schul- und Unterrichtsentwicklung und schließlich der Verbesserung von Schülerleistungen. Bezogen auf das oben beschriebene funktionale Schema lässt sich feststellen, dass die Forschung offenbar auf die Entwicklungsfunktion von Evaluationen fokussiert und dabei die anderen vier Felder weitgehend ignoriert. Selbst Studien, die sich mit der Kontrollfunktion befassen, liegen augenscheinlich nicht vor. Aber auch das etwas freundlichere Urteil von Husfeldt attestiert zumindest ein deutliches Ungleichgewicht: Der Bereich Rechenschaftslegung als ein Ziel von Schulinspektion sei in der bisherigen Forschung stark unterrepräsentiert (vgl. Husfeldt, 2010, S. 18).

Dass die Forschung weit davon entfernt ist, den Wunsch von Husfeldt zu erfüllen und ein brauchbares Wirkungsmodell zu entwickeln, das unterschiedliche Ebenen (schulische, unterrichtliche und administrative Ebene) ansprechen müsste (vgl. Husfeldt, 2010, S. 18), mag man verzeihen, denn dieser Wunsch ist womöglich zu unrealistisch. Verwunderlich ist aber, welche Fragen die Forschung stellt und welche sie zu stellen unterlässt. Neben der Ignorierung wichtiger Funktionsbereiche der Evaluation fällt zudem auf, dass die Forschung sich nicht mit der grundlegender Frage befasst, ob die externe Evaluation den gängigen Standards entspricht, die an professionelle Evaluationen angelegt werden müssen. Gerade angesichts des Aufwandes, der mit der Inspektion betrieben wird, dürfte es eine lohnende Forschungsaufgabe sein, z.B. die Erfüllung der zentralen Evaluationsstandards wie Genauigkeit, Korrektheit, Nützlichkeit oder Durchführbarkeit (vgl. DeGEval, 2010) zu bewerten.

Noch bemerkenswerter sind zwei weitere Hinweise, die man der Sichtung der Forschung entnehmen kann: Sie interessiert sich nicht für die Probleme der Betroffenen, zum Beispiel der Schulleiter, die Zielvereinbarungen umsetzen müssen, oder der Lehrer, die womöglich ein tiefes Misstrauen gegen sich empfinden. Die Forschung ist, knapp gesagt, weit entfernt davon, sich problem- oder nutzerorientiert aufzustellen (vgl. Fleischman, 2009, S. 69). Und schließlich: Sie ist, außer bei der methodologisch allerdings kaum befriedigend zu fassenden Frage nach den Effekten der Inspektion auf Schülerleistungen, weniger an Fakten als vielmehr an Meinungen und Sichtweisen interessiert. Sie ist kaum mehr als Meinungsforschung. Es ist zu befürchten, dass dieses Urteil nicht nur die Forschung zum Thema Schulinspektion trifft.

Literatur

Böttcher, W. (2002). *Kann eine ökonomische Schule auch eine pädagogische sein? Schulentwicklung zwischen Neuer Steuerung, Organisation, Leistungsevaluation und Bildung.* Weinheim/München: Juventa.

Böttcher, W., Keune, M. & Neiwert, P. (2010). *Evaluationsbericht zum Projekt „Schulinspektion in Hessen – Wirkungen auf die Qualitätsentwicklung von Schulen und die Arbeit der Schulaufsicht".* Münster: Westfälische-Wilhelms Universität Münster.

Böttcher, W. & Kotthoff, H.-G. (2010). Neue Formen der ‚Schulinspektion': Wirkungshoffnungen und Wirksamkeit im Spiegel empirischer Bildungsforschung. In H. Altrichter & K. Maag Merki (Hrsg.), *Handbuch Neue Steuerung im Schulsystem* (S. 295–325). Wiesbaden: Verlag für Sozialwissenschaften.

Bosker, R. & Scheerens, J. (1997). *The Foundations of Educational Effectiveness.* Oxford, New York, Tokyo: Elsevier Science.

Brimblecombe, N., Ormston, M. & Shaw, M. (1995). Teachers' Perceptions of School Inspection: A Stressful Experience. *Cambridge Journal of Education, 25* (1), 53–61.

Brimblecombe, N., Ormston, M. & Shaw, M. (1996). Teachers' intention to change practice as a result of OFSTED school inspections. *Educational Management and Administration, 24,* 339–354.

Chapman, C. (2001). Changing Classrooms through Inspection. *School Leadership and Management 21* (1), 59–73.

Cuckle, P. & Broadhead, P. (1999). Effects of Ofsted inspections on school development and staff morale. In C. Cullingford (Hrsg.): *An inspector calls* (S. 176–187). London: Kogan.

Cullingford, C. & Daniels, S. (1999). Effects of Ofsted inspections on school performance. Cullingford, C. (Hrsg.): *An inspector calls* (S. 59–69). London: Kogan.

DeGEval. Online im Internet: http://www.degeval.de/index.php [12.07.2010].

Ditton (2000). Qualitätskontrolle und Qualitätssicherung in Schule und Unterricht. Ein Überblick zum Stand der empirischen Forschung. In *Zeitschrift für Pädagogik* (S. 73–92). 41. Beiheft.

Education and Employment Select Committee (1999). *Fourth Report: The Work of OFSTED. Volume 1.* London: The Stationary Office.

Ehren, M. C. M. & Visscher, A. J. (2008). The Relationship between School Inspections, School Characteristics and School Improvement. *British Journal of Educational Studies, 56* (2), 205–227.

Fidler, B., Earley, P. & Ouston, J. (1996) (Hrsg.). *Improvement through Inspection? Complementary Approaches to School Development.* London: David Fulton.

Fleischman, S. (2009). User-driven Research in Education: A Key Element Promoting Evidence-Based Education. In W. Böttcher, J. N. Dicke & H. Ziegler (Hrsg.): *Evidenzbasierte Bildung. Wirkungsevaluation in Bildungspolitik und pädagogischer Praxis* (S. 69–82). Münster: Waxmann.

Fitz-Gibbon, C. T. & Stephenson-Forster, N. J. (1999). Is inspection helpful? In C. Cullingford (Hrsg.): *An Inspector Calls* (S. 97–118). London: Kogan Page.

Gärtner, H., Hüsemann, D. & Pant, H. A. (2009). Wirkungen von Schulinspektion aus Sicht betroffener Schulleitungen. Die Brandenburger Schulleiterbefragung. *Empirische Pädagogik, 23* (1), 1–18.

Goldstein, H. (1997). Methods in school effectiveness research. *School Effectiveness and School Improvement, 8* (4), 369–395.

Gray, C. & Gardner, J. (1999). The impact of school inspections. In: *Oxford Review of Education. Vol. 25* (4), 455–469.

Huber, F. (2008). Konsequenzen aus der externen Evaluation an Bayerns Schulen. Auswertung einer Befragung von Schulleiterinnen und Schulleiter zu den Entwicklungen an ihren Schulen. In: W. Böttcher, W. Bos, H. Döbert & H. G. Holtappels (Hrsg.): *Bildungsmonitoring und Bildungscontrolling in nationaler und internationaler Perspektive* (S. 265–278). Münster: Waxmann.

Husfeldt, V. (2010). *Wirkungen und Wirksamkeit der externen Schulevaluation. Überblick zum Stand der Forschung.* Manuskript, Aarau (Schweiz), Juni 2010.

Institut für Qualitätsentwicklung Hessen (2008) (Hrsg.). *Ergebnisse der Schulinspektion in Hessen. Berichtszeitraum: Schuljahr 2006/2007 und 2007/2008.* Verfügbar unter: http://www.iq.hessen.de [12.07.2010].

Kreft, I. & De Leeuw, J. (1998). *Introducing multilevel modeling.* Sage: Thousand Oaks, CA.

Kogan, M. & Maden, M. (1999). An evaluation of evaluators: the Ofsted system of school inspection. In C. Cullingworth (Hrsg.): *An inspector calls: Ofsted and its effect on school standards* (S. 9–31). London: Kogan Page.

Landwehr, N. (2010). *Hypothesen über die Wirkung und Wirksamkeit von externen Schulevaluationen. Vortrag bei der Fachtagung der ARGEV der Fachhochschule Nordwestschweiz und Forum Bildung: „Wirkungen und Wirksamkeit der externen Schulevaluation".* 02.07.2010. Baden (Schweiz).

Lowe, G. (1998). Inspection and change in the classroom: rhetoric and reality? In: P. Earley (Hrsg.): *School improvement after inspection – School and LEA Responses* (S. 97–109). London: Paul Chapman Publishing.

Matthews, P. & Sammons, P. (2004). *Improvement through inspection: An evaluation of the impact of Ofsted's work.* London: Ofsted/Institute of Education.

Maritzen, N. (2008). Schulinspektionen. Zur Transformation von Governance-Strukturen im Schulwesen. *Die Deutsche Schule, 100* (1), 85–96.

Rosenthal, L. (2004). Do school inspections improve school quality? Ofsted inspections and school examination results in the UK. *Economics of Education Review, 23*, 143–151.

Scanlon, M. (1999). *The impact of Ofsted inspections.* Slough: National Foundation for Educational Research.

Shaw, I., Newton, D. P., Aitkin, M. & Darnell, R. (2003). Do OFSTED Inspections of Secondary Schools Make a Difference to GCSE Results? *British Educational Research Journal. 29* (1), 63–75.

Standaert, R. (2001). *Inspectorates of education in Europe: a critical analysis.* Leuven: Acco.

Stockmann, R., Meyer, W. & Caspari, A. (2010). *Evaluation. Eine Einführung.* UTB: Stuttgart.

Visscher, A. J. & Coe, R. (2003). School Performance Feedback Systems: Conceptualisation, Analysis, and Reflection. *School Effectiveness and School Improvement, 14* (3), 321–349.

Wilcox und Gray (1996). *Inspecting schools: Holding schools to account and helping schools to improve.* Buckingham/Philadelphia: Open University Press.

Rolf Strietholt & Wilfried Bos

Die Nutzung der Ergebnisse standardisierter Leistungstests und der Zusammenhang zwischen Schülerleistung und Lehrerurteil

Zusammenfassung

Für die Bildungsadministration ist die Implementierung von Vergleichsarbeiten (unter anderem) ein Instrument zur Stärkung der Diagnosekompetenz von Lehrkräften. Lehrerinnen und Lehrer sollen anhand der Ergebnisse eine zusätzliche Informationsquelle für die Evaluierung der fachlichen Leistung ihrer Schülerinnen und Schüler bekommen. Der vorliegende Beitrag beschäftigt sich mit der Übereinstimmung von Noten und der mithilfe standardisierter Leistungstests gemessenen Fachleistung. Im Kern geht es um die Frage, ob bei Lehrkräften, die bei der Benotung auf die Ergebnisse zentral administrierter Vergleichsarbeiten zurückgreifen, ein höherer Zusammenhang zwischen Note und Testleistung beobachtet werden kann als bei Lehrkräften, die dies nicht tun. Dabei dienen sowohl die Einschätzung des durchschnittlichen Leistungsniveaus der Klasse, als auch die Rangordnung der Leseleistung der Kinder innerhalb der Klassen als Übereinstimmungsmaße. Für die Untersuchung wurden Daten aus der repräsentativen deutschen Stichprobe der Internationalen Grundschul-Lese-Untersuchung (IGLU) 2006 genutzt. Anhand von Mehrebenenanalysen wurde der Zusammenhang zwischen Deutschnote und Testergebnis analysiert. Die Analysen legen nahe, dass die Nutzung von Daten aus standardisierten Leistungstests weder auf die Einschätzung des durchschnittlichen Leistungsniveaus, noch auf die Rangordnung innerhalb der Klasse Einfluss hat.

1. Einleitung

Schulische Bildungsprozesse zeichnen sich unter anderem dadurch aus, dass Schülerinnen und Schüler gezielt und strukturiert fachliche Kompetenzen erwerben sollen. Die Evaluation des Leistungsstandes von Schülerinnen und Schülern ist dabei aus formativer und summativer Sicht wichtig. So nimmt das Wissen über den aktuellen Leistungsstand eine Schlüsselposition für die gezielte formative Steuerung der Lernprozesse ein und bildet einen Ausgangspunkt für adaptiven Unterricht und die Zuweisung individueller Fördermaßnahmen (Bolhuis, 2003; Helmke & Schrader, 1987). Aus summativer Sicht zeigt sich die Wichtigkeit formaler Beurteilungen bei der Vergabe von Bildungszertifikaten und bei Übergangsentscheidungen, beispielsweise wenn Schülerinnen und Schüler versetzt werden, wenn sie nach der Grundschule auf eine weiterführende Schule wechseln, sie in den Beruf einsteigen oder ein Studium aufnehmen. Somit hat die Beurteilung von Schülerinnen und Schülern auch eine Selektionsfunktion.

Im deutschen Bildungssystem bilden zentral administrierte und standardisierte Tests eher eine Ausnahme, wenn formativ oder summativ Leistung von Schülerinnen und

Schülern evaluiert werden soll. Vielmehr kommt den professionellen Einschätzungen und diagnostischen Kompetenzen von Lehrerinnen und Lehrern eine bedeutsame Rolle bei der Leistungs- und Lernstandserfassung zu; sie werden als konstitutiver Teil professionellen Lehrerhandelns beschrieben (z.b. Baumert & Kunter, 2006; Helmke, 2003; Shulman, 1987; Weinert, Schrader & Helmke, 1990). Auch in den von der Kultusministerkonferenz (KMK) (2004) verabschiedeten Standards für die Lehrerbildung beschreibt die Beurteilungsaufgabe einen von vier Bereichen, in dem angehende Lehrerinnen und Lehrer in der Ersten und Zweiten Phase Kompetenzen erwerben und weiterentwickeln sollen.

Dem Bedarf nach einer aussagekräftigen Evaluierung von Schülerleistungen steht die seit Jahrzehnten in Wissenschaft und Schulpraxis bekannte und beinahe sprichwörtliche „Fragwürdigkeit der Zensurengebung" (K. Ingenkamp) entgegen. In diesem Kontext sei auf die seit den großen Leistungsvergleichsstudien bemängelte unzureichende diagnostische Kompetenz der Lehrkräfte hingewiesen. In PISA identifizieren die Lehrerinnen und Lehrer nur jeden zehnten Schüler mit ernsthaften Leseschwächen als einen solchen (Artelt, Stanat, Schneider & Schiefele, 2001). Der Grad an Übereinstimmung zwischen Lehrerurteilen und Schülerleistung ist nicht nur eine Bedingung für gezielte Fördermaßnahmen, sondern berührt auch die Fairness und Gleichbehandlung in einem meritokratischen Schulsystem, d.h. in einem System, in dem der schulische Erfolg von Schülerinnen und Schülern von ihrer fachlichen Leistung abhängt. Dies kommt insbesondere bei Selektionsentscheidungen zum Tragen, d.h. wenn Versetzungen und Übergänge im Bildungssystem anstehen und – zumindest teilweise – von der formalen Beurteilung bzw. Benotung abhängen. In IGLU zeigt sich für die von Lehrkräften ausgesprochenen Übergangsempfehlungen, dass ein großer Anteil von Schülerinnen und Schülern mit schlechten Testergebnissen eine Empfehlung für das Gymnasium erhielten, während anders herum für viele Schülerinnen und Schüler, die hervorragend in den Tests abschnitten, eine Hauptschulempfehlung ausgesprochen wurde (Bos, Lankes, Schwippert, Voss, Badel & Plaßmeier, 2003); ähnliche Befunde zeigen sich in IGLU-E auch für die Noten in Mathematik und Deutsch (Bos, Voss, Lankes, Schwippert, Thiel & Valtin, 2004). Radtke (2003) resümiert anhand der Ergebnisse aus den Schulleistungsstudien, dass Schülerinnen und Schüler von Lehrkräften nur eingeschränkt leistungsbezogen beurteilt werden und spricht in diesem Kontext von der Illusion einer meritokratischen Schule.

2.   Forschungsstand und Forschungsfrage

2.1   Die Übereinstimmung zwischen Lehrerurteil und Schülerleistung

Diagnostische Kompetenzen von Lehrerinnen und Lehrern beziehen sich sowohl auf das Wissen über den Leistungsstand einer Klasse, d.h. die Stärken und Schwächen der gesamten Lerngruppe, wie auch über einzelne Schülerinnen und Schüler. Hierbei wird terminologisch zwischen verschiedenen Beurteilungskomponenten unterschieden: Die Rangordnungskomponente bezieht sich darauf, inwiefern es Lehrkräften gelingt, die Schülerinnen und Schüler ihrer Klasse leistungsmäßig in eine Rangreihe zu bringen. Die Niveaukomponente bezieht sich auf das Leistungsniveau im Vergleich zu sozialen oder kriterialen Normen (vgl. für eine weitere Differenzierung auch Clark & Peterson, 1986; Helmke, 2003). Im Folgenden werden zunächst die Anlage und dann die Ergebnisse von Forschungsarbeiten zu diagnostischen Kompetenzen von Lehrkräften resümiert.

Der Frage nach dem Zusammenhang zwischen Lehrerurteilen und Schülerleistung wurde in einer Reihe von Forschungsarbeiten nachgegangen. Hierbei wurden unterschiedliche methodische Ansätze gewählt, zumeist wurde die Schülerleistung mit standardisierten, objektiven Fachleistungstests gemessen (vgl. Hoge & Coladarci, 1989). Als Lehrerurteile wurden in einigen Arbeiten die vergebenen Noten herangezogen, in anderen Studien wurden die Lehrkräfte gebeten, bestimmte Kompetenzen ihrer Schülerinnen und Schüler auf Ratingskalen einzuschätzen, oder sie wurden vorab nach einer Einschätzung hinsichtlich des Abschneidens ihrer Schülerinnen und Schüler in einem Leistungstest gefragt, den diese daraufhin bearbeiteten. Anschließend wurde der Zusammenhang zwischen Lehrerurteilen und objektiv gemessener Schülerleistung bestimmt, wobei unterschiedliche Analysestrategien gewählt wurden. Eine Vielzahl an Forschern hat alle Daten undifferenziert analysiert und den Zusammenhang zwischen Lehrerurteilen und Schülerleistung direkt bestimmt, ohne die Klassenzugehörigkeit von Schülern und Schülerinnen zu berücksichtigen. Bei diesem Ansatz besteht die Gefahr der Über- oder Unterschätzung dieses Zusammenhangs, da Niveauunterschiede zwischen Klassen unberücksichtigt bleiben. In anderen Studien wurde der Zusammenhang zwischen Lehrerurteil und Testleistung daher zunächst separat für unterschiedliche Klassen bestimmt und die Ergebnisse in einem zweiten Schritt aggregiert.

Hoge und Coladarci (1989) berichten in einem Literaturreview, in das die Ergebnisse aus 16 Untersuchungen eingehen, einen Median der Korrelation zwischen Lehrerurteil und getesteter Schülerleistung von r = 0.66. Sie schlussfolgern, dass Lehrerurteile eine hohe Validität haben, bemerken allerdings eine bemerkenswerte Variabilität *zwischen* den einzelnen Studien – so variieren die Korrelationen in den einzelnen Untersuchungen in einem Range von r = 0.28 bis 0.92. Bemerkenswert ist auch die Variation des Zusammenhangs *innerhalb* einzelner Studien: bei einigen Klassen bzw. Lehrkräften wird ein hoher Zusammenhang beobachtet, bei anderen allenfalls ein geringer. Beispielsweise berichten Helmke und Schrader (1987) für 31 Klassen Korrelationskoeffizienten zwischen r = 0.03 und 0.91. Die Variation innerhalb und zwischen Studien deutet auf Mediatoren hin, welche die Höhe des Zusammenhangs beeinflussen. Eine Reihe von Forschungsarbeiten legen nahe, dass die Operationalisierungen und die verwendeten Messinstrumente solche Mediatoren sind (z.B. Hoge & Coladarci, 1989; Hopkins, George & Williams, 1985; Wright & Wiese, 1988). Des Weiteren scheinen Lehrkräfte besser allgemeine Fähigkeiten einschätzen zu können als spezifische Teilfähigkeiten (Wild, 1991), und in Mathematik wird eine höhere Übereinstimmung beobachtet als im Lesen (z.B. Coladarci, 1986; Helmke & Schrader, 1987; Hoge & Coladarci, 1989). In mehreren Untersuchungen hatten Lehrkräfte insbesondere Probleme damit, die Leistung schwacher Schülerinnen und Schüler einzuschätzen – ihr Leistungsniveau wurde systematisch überschätzt (Bates & Nettelbeck, 2001; Feinberg & Shapiro, 2009). Johansson und Rosén (2008) beobachten, dass Lehrkräfte das Leistungsniveau von Drittklässlern höher einschätzen als das der Viertklässler, obwohl diese in den Leistungstests deutlich besser abschnitten.

Zusammenfassend zeigen die referierten Forschungsergebnisse, dass Lehrkräfte im Allgemeinen die eigenen Schülerinnen und Schüler relativ gut in eine Rangreihe bringen können. Demgegenüber steht die Einschätzung des Leistungsniveaus der Schülerinnen und Schüler und der gesamten Klasse in einem weniger engen Zusammenhang zu Ergebnissen aus Leistungstests. Die Höhe des Zusammenhangs variiert sowohl innerhalb als auch zwischen den einzelnen Untersuchen, was auf Merkmale hindeutet, die den Zusammenhang zwischen Lehrerurteilen und getesteter Schülerleistung mediieren.

2.2   Zentral administrierte Leistungstest zur Stärkung der Diagnosekompetenz

Vor dem Hintergrund der Bedeutsamkeit der Beurteilung der Schülerleistung bei der Zuweisung gezielter Fördermaßnahmen und der Vergabe von Bildungszertifikaten gibt es seitens der Bildungsadministration eine Reihe von Bemühungen zur Stärkung der Diagnosekompetenz von Lehrkräften. Unter anderem sollen diese durch zentral administrierte Leistungstests (Vergleichs- bzw. Orientierungsarbeiten) einen Maßstab zur objektiven Leistungsbeurteilung erhalten. Mittlerweile haben alle Bundesländer auch in der Grundschule Vergleichsarbeiten implementiert, in denen die Schülerinnen und Schüler mit standardisierten Tests und Auswertungsmanualen im Fach Deutsch (und zumeist auch Mathematik) getestet werden (vgl. die Übersichten von Ackeren & Bellenberg, 2004; Hovestadt & Kessler, 2005; aktualisiert um eigene Recherchen). Mit Vergleichsarbeiten erhalten Lehrkräfte eine Rückmeldung über die Leistungen der eigenen Schülerinnen und Schüler, ihrer Klasse und Schule, die sie anhand von Vergleichswerten in einem externen Referenzrahmen verorten können.

Vergleichsarbeiten sollen auch für individualdiagnostische Zwecke und zur Lernstandsdiagnose der Lerngruppe (Klasse) verwendet werden. So heißt es im Kontext der Einführung von Bildungsstandards und deren Überprüfung in einem KMK-Beschluss vom 24.5.2002, dass mithilfe von Vergleichsarbeiten überprüft werden soll, „in welchem Umfang die Standards erreicht werden. (...) Damit soll möglichst vielen Schülerinnen und Schülern ermöglicht werden, durch individuelle Förderung die gesetzten Ziele zu erreichen." (KMK, 2002). Eine eigene Recherche zeigt auch auf Ebene der Bundesländer, dass Vergleichsarbeiten vonseiten der Bildungsadministration in allen 16 Ländern als Informationsquelle für individualdiagnostische Zwecke herangezogen werden sollen. Laut des nordrhein-westfälischen Schulgesetzes (SchulG § 48 Abs. 2) sollen die „Ergebnisse zentraler Lernstandserhebungen (...) bei der Leistungsbewertung angemessen berücksichtigt" werden. In einer Handreichung benennt das hessische Kultusministerium unter anderem Erkenntnisse über die Stärken und Schwächen der eigenen Klasse und einzelner Schüler und Schülerinnen als zwei Ziele von Vergleichsarbeiten (Hessisches Kultusministerium, 2009). Auf fast allen Internetpräsenzen der Bildungsadministrationen der Bundesländer heißt es zu Vergleichsarbeiten, dass die Ergebnisse zur individuellen Förderung von Schülerinnen und Schülern und für Elterngespräche genutzt werden.

Zusammengefasst wird von den für das Bildungssystem verantwortlichen Instanzen einhellig gefordert, die Ergebnisse aus zentral administrierten Tests für die Diagnose von Schülerleistung zu nutzen.

2.3 Forschungsfrage

Es besteht zweifellos ein Bedarf an einer aussagekräftigen Evaluation von Schülerleistungen durch ihre Lehrkräfte. Eine für die Bildungsadministration intendierte Funktion von Vergleichsarbeiten ist die Stärkung der hierfür notwendigen diagnostischen Kompetenzen von Lehrkräften. Vor diesem Hintergrund befasst sich der vorliegende Beitrag mit der Frage, ob bei Lehrkräften, die angeben, bei der Leistungsbeurteilung auf die Ergebnisse zentral administrierter Leistungstests zurückzugreifen, ein höherer Zusammenhang zwischen Noten und Testleistungen zu beobachten ist als bei Lehrerinnen und Lehrern, die dies nach eigenen Angaben nicht tun.

3. Anlage der Untersuchung

3.1 Daten

Für die Analysen wurden Daten aus IGLU 2006 (Bos, Hornberg, Arnold, Faust, Fried, Lankes, Schwippert & Valtin, 2007) genutzt. IGLU ist die deutsche Adaption von PIRLS (Progress in International Literacy Study, vgl. Mullis, Martin, Kennedy & Foy, 2007), einer von der IEA (International Association for the Evaluation of Educational Achievement) initiierten Leseuntersuchung, an der weltweit über 40 Staaten teilnahmen. In IGLU/PIRLS werden seit 2001 in einem 5-jährigen Zyklus die Lesekompetenzen von Kindern am Ende der Grundschulzeit untersucht. Neben standardisierten Lesetests werden zudem Schülerinnen und Schüler sowie deren Eltern, Lehrkräfte und Schulleitungen mit Hintergrundfragebögen zu den Lern- und Lebensbedingungen der Schülerinnen und Schüler befragt. Das Design von PIRLS wurde in IGLU insofern erweitert, als dass die Stichprobe vergrößert wurde, um auch Aussagen auf Ebene der Bundesländer zu ermöglichen. In der deutschen Stichprobe von IGLU 2006 sind insgesamt 7.899 Schülerinnen und Schüler aus 405 Schulklassen. Die internationalen Hintergrundfragebögen wurden zudem um Fragen zu weiteren Konstrukten ergänzt. In der vorliegenden Untersuchung wurden die Ergebnisse der Lesetests und die Angaben der Lehrerinnen und Lehrer verwendet.

3.2 Operationalisierung

Die Lehrereinschätzungen (Note)

Die Lehrereinschätzungen zur Leistung ihrer Schülerinnen und Schüler wurden über die Deutschnoten des ersten Schulhalbjahrs erhoben. Die Noten wurden bei den Lehrkräften erfragt, wobei die Noten ausreichend und schlechter zu einer Kategorie zusammengefasst wurden. Insgesamt wurden 9 % der Schülerinnen und Schüler mit der Note 1 = sehr gut bewertet, 39 % mit der Note 2 = gut, 35 % mit der Note 3 = befriedigend und 17 % mit der Note 4 = ausreichend und schlechter.

*Lesekompetenz (Lesen_Schüler) und durchschnittliche Lesekompetenz
in den Klassen (Lesen_Klasse)*

Zur Erfassung der Lesekompetenz wurden die Ergebnisse des internationalen Leistungstests verwendet, der im zweiten Schulhalbjahr administriert wurde. Dem Test liegt ein umfassendes Verständnis der Lesekompetenz zugrunde, in dem zwischen unterschiedlichen Textarten und Verstehensprozessen unterschieden wird (Bos, Valtin, Voss, Hornberg & Lankes, 2007). Die Lesetests wurden mit einem eindimensionalen Rasch-Modell skaliert und die Leistungsscores für die Analysen z-transformiert. Zur Bestimmung der mittleren Klassenleistung wurde für die einzelnen Klassen der Mittelwert berechnet. Hoge und Coladarci (1989) empfehlen für Zusammenhangsanalysen zwischen Testleistung und Lehrerurteilen innerhalb von Klassen eine Zentrierung am Gruppenmittelwert, da der Zusammenhang ansonsten systematisch über- oder unterschätzt werden kann. Aus diesem Grund wurde die Variable Lesen_Schüler am Klassenmittelwert zentriert, d.h. von der individuellen Schülerleistung wurde der jeweilige Klassenmittelwert abgezogen.

Nutzung der Ergebnisse standardisierter Leistungstests (NESL)

Die Lehrkräfte wurden gebeten einzuschätzen, welches Gewicht sie unterschiedlichen Quellen bei der Beurteilung des Fortschritts der Schülerinnen und Schüler im Lesen beimessen. Unter anderem wurde nach der Nutzung nationaler oder regionaler Leistungsüberprüfungen gefragt. Gut ein Drittel der Lehrerinnen und Lehrer geben an, nationalen oder regionalen Leistungsüberprüfungen „wenig oder kein Gewicht" beizumessen, während etwa zwei Drittel diesen „einiges oder großes Gewicht" zuschreiben.

Interaktion zwischen der Nutzung der Ergebnisse standardisierter Leistungstests und durchschnittlicher Lesekompetenz (NESL*Lesen_Klasse)

Um zu analysieren, ob bei Lehrkräften, die laut ihren Angaben bei der Leistungsbeurteilung auf die Ergebnisse standardisierter Leistungstest zurückgreifen, ein höherer Zusammenhang zwischen Leseleistung und Lehrerurteil beobachtet werden kann als bei Lehrkräften, die dies nicht tun, wurde das Produkt der Variablen NESL und Lesen_Klasse berechnet.

3.3   Methodik

Zur Analyse des Zusammenhangs zwischen Schülerleistung und Lehrerurteil wurden im Rahmen von Strukturgleichungsmodellen Mehrebenenanalysen durchgeführt (z.B. Heck, 2001; Hox, 2002).

Zunächst wurde simultan auf der ersten Ebene der Zusammenhang zwischen Lehrerurteilen und Schülerleistung (Rangkomponente; vgl. Gleichung 1) und auf zweiter Ebene – d.h. der Lehrer- bzw. Klassenebene – der Zusammenhang zwischen mittlerer Schülerleistung und durchschnittlicher Deutschnote modelliert (Niveaukomponente; vgl. Gleichung 2). Da der Zusammenhang zwischen Lehrerurteilen und Schülerleistung zwischen den Klassen variiert, wurde die Varianz u_{1j} von β_{1j} ebenfalls geschätzt (vgl. Gleichung 3).

$$Note_{ij} = \beta_{0j} + \beta_{1j}Lesen\_Schüler_{ij} + e_{ij} \qquad (1)$$

$$\beta_{0j} = \gamma_{00} + \gamma_{01}Lesen\_Klasse_j + u_{0j} \qquad (2)$$

$$\beta_{1j} = \gamma_{10} + u_{1j} \qquad (3)$$

In einem weiteren Schritt wird die eigentliche Forschungsfrage dieser Arbeit überprüft: Inwieweit mediiert die Nutzung der Ergebnisse standardisierter Leistungstests die Übereinstimmung zwischen Schülerleistung und Lehrerurteil? Die Forschungsfrage berührt sowohl die Rang- wie auch die Niveaukomponente: Um zu prüfen, ob innerhalb der Klassen von Lehrkräften, die angeben für die Beurteilung die Ergebnisse standardisierte Tests zu nutzen, ein höherer Zusammenhang zwischen Schülerleistung und Deutschnote zu beobachten ist, wird die Variable zur Nutzung der Ergebnisse standardisierter Leistungstests als Prädiktor aufgenommen (vgl. Gleichung 5). Zudem wird neben der mittleren Lesekompetenz auch die Variable NESL*Lesen_Klasse in das Modell aufgenommen, um zu überprüfen, inwiefern sich der Zusammenhang zwischen mittlerer Lesekompetenz und Durchschnittsnote verändert, wenn Lehrkräfte angeben, dass sie die Ergebnisse standardisierter Leistungstests für die Schülerbeurteilung nutzen (vgl. Gleichung 4).

$$\beta_{0j} = \gamma_{00} + \gamma_{01}Lesen\_Klasse_j + \gamma_{02}NESL*Lesen\_Klasse_j + u_{0j} \qquad (4)$$

$$\beta_{1j} = \gamma_{10} + \gamma_{11}NESL_j + u_{1j} \qquad (5)$$

Ersetzt man in Gleichung 1 β_{0j} und β_{1j} durch die entsprechenden Terme aus Gleichung 4 und 5, entsteht Gleichung 6:

$$Note_{ij} = \gamma_{00} + \gamma_{10}Lesen\_Schüler_{ij} + \gamma_{11}NESL_j*Lesen\_Schüler_{ij} + \gamma_{01}Lesen\_Klasse_j$$

$$+ \gamma_{02}NESL_j*Lesen\_Klasse_j + u_{1j}Lesen\_Schüler_{ij} + u_{0j} + e_{ij} \qquad (6)$$

Der Koeffizient γ00 ist der Intercept, d.h. die Note einer Schülerin oder eines Schülers mit einer Testleistung von Null, aus einer Klasse mit einer durchschnittlichen Testleistung von Null, deren Lehrkraft laut Angaben die Ergebnisse aus standardisierten Tests nicht für die Beurteilung nutzt. Die Koeffizienten γ10 bzw. γ01 geben an, welche Note erwartet wird, wenn die Schülerinnen und Schüler einen um eine Standardabweichung höheren Testwert haben bzw. aus einer Klasse kommen, die im Durchschnitt um eine Standardabweichung besser in den Tests abgeschnitten hat. Während γ10 und γ01 die Koeffizienten für die Schülerinnen und Schüler sowie Klassen sind, deren Lehrekräfte nicht die Ergebnisse standardisierter Tests für die Schülerbeurteilung heranziehen, wird mit γ11 und γ02 geschätzt, wie sich die Koeffizienten verändern, wenn die Lehrerinnen und Lehrer angeben dies zu tun. Die Varianz des Fehlerterms eij gibt Aufschluss darüber, inwieweit die Note durch die Testleistung vorhergesagt wird; u0j bzw. u1j bieten Informationen darüber, wie viel Varianz im Zusammenhang zwischen Durchschnittsnote und mittlerer Testleistung (Niveaukomponente) bzw. der Note einer einzelnen Schülerin oder eines einzelnen Schülers und ihres bzw. seines Testwerts (Rangkomponente) unerklärt bleibt, wenn die Nutzung der Ergebnisse standardisierter Tests in das Modell aufgenommen wird. Hierzu wird verglichen, ob bzw. wie sich die Varianz von u0j und u1j zwischen den Modellen 2 und 3 unterscheidet.

Die Analysen wurden mit der Software Mplus 5.1 durchgeführt (Muthén & Muthén, 2007). Da von einigen Lehrkräften keine Angaben vorliegen, wurden diese und deren Schülerinnen und Schüler aus den Analysen ausgeschlossen. Insgesamt gingen so Daten von 6.958 Schülerinnen und Schülern und 358 Lehrkräften in die Analysen ein. In IGLU wurde eine disproportionale Stichprobe gezogen, d.h. nicht alle Schülerinnen und Schüler hatten dieselbe Ziehungswahrscheinlichkeit. Zum Ausgleich wurden die Daten in den Analysen gewichtet.

4. Ergebnisse

In einem ersten Schritt wurde das Intercept-only Modell geschätzt, um die Intraklassenkorrelation zu schätzen (vgl. Tabelle 1). Als Ergebnis zeigt sich, dass 11.3 Prozent der Varianz in den Noten zwischen Klassen und 82.7 Prozent innerhalb der Klassen zu verorten sind. Ausgehend von diesem Ergebnis wird in einem zweiten Modell die Leseleistung als Prädiktor aufgenommen, um zu analysieren, ob Unterschiede in den Noten durch die Ergebnisse, die Schülerinnen und Schüler in den IGLU-Lesetests erzielen, erklärt werden können.

Tab. 1: Mehrebenenmodelle zur Erklärung der Deutschnote durch die Lesekompetenz und die Nutzung der Ergebnisse standardisierter Leistungstest (unstandardisierte Koeffizienten)

Modell	Modell 1		Modell 2		Modell 3	
	Koeffizient*	S.E.	Koeffizient*	S.E.	Koeffizient*	S.E.
Fixed part						
Intercept	**2.573**	0.019	**2.577**	0.017	**2.582**	0.018
Lesen_Schüler			**-0.555**	0.010	**-0.537**	0.017
Lesen_Klasse			**-0.288**	0.056	**-0.224**	0.082
					-0.026	0.021
NESL*Lesen_Schüler						
					-0.138	0.103
NESL*Lesen_Klasse						
Random part						
σ^2_e	**0.678**	0.012	**0.435**	0.009	**0.435**	0.009
σ^2_{u0}	**0.086**	0.010	**0.080**	0.009	**0.080**	0.008
σ^2_{u1}			**0.006**	0.003	**0.006**	0.003
σ_{u01}			-0.004	0.004	-0.003	0.004

Modell 1	Intercept-only Modell
Modell 2	Lesekompetenz der Schüler und in den Klassen
Modell 3	Lesekompetenz der Schüler und in den Klassen und Interaktion mit der Nutzung der Ergebnisse standardisierter Leistungstests
*	signifikante Koeffizienten (p<0.05; 2-seitig) sind fett dargestellt

In Tabelle 1 sind ebenfalls die Ergebnisse der Schätzung für das zweite Modell dargestellt. Der Koeffizient für die Leseleistung unterscheidet sich signifikant von Null und liegt bei $\beta_{1j} = -0.555$, d.h. bei einer um eine Standardabweichung höheren Leseleistung werden Schülerinnen und Schüler im Durchschnitt um etwa eine halbe Note besser beurteilt. Auch auf Klassenebene wird ein signifikanter Einfluss (γ_{01} = -0.288) der mittleren Leseleistung auf die Durchschnittsnote geschätzt, d.h. Klassen, deren Schülerinnen und Schüler besser in den Lesetests abschneiden, werden im Schnitt besser benotet. Zudem zeigt die Modellschätzung, dass der Zusammenhang zwischen Leseleistung und Note zwischen den Klassen signifikant variiert (σ^2_{u1} = 0.006). Auch die Durchschnittsnote wird nicht vollständig durch die mittlere Leseleistung in den Klassen vorhergesagt, sondern es bleibt eine unerklärte Varianz von σ^2_{u0} = 0.080. Die Kovarianz σ_{u01} = -0.004 zwischen der Durchschnittsnote und dem Zusammenhang zwischen Deutschnote und Leseleistung unterscheidet sich nicht signifikant von Null.

Im dritten Modell werden die Variablen zur Nutzung der Ergebnisse standardisierter Leistungstests in das Modell aufgenommen, um zu prüfen, ob sich die unerklärte Varianz durch die Aufnahme dieser Variablen reduziert. Die Ergebnisse der dritten Modellschätzung bieten keine empirische Evidenz dafür, dass die Variation im Zusammenhang zwischen Schülerleistung und Deutschnote (Rangkomponente) darauf zurückgeführt werden kann, ob Lehrerinnen und Lehrer bei der Schülerbeurteilung die Ergebnisse standardisierter Leistungstests nutzen. Der Koeffizient γ_{11} = -0.024 unterscheidet sich nicht signifikant von Null. Selbiges gilt für die Analyse zum mediierenden Effekt der Nutzung der Ergebnisse standardisierter Leistungstests auf das Leistungsniveau; der Koeffizient γ_{02} = -0.138 unterscheidet sich ebenfalls nicht signifikant von Null. Auch mit Blick auf die unerklärte Varianz der Durchschnittsnote σ^2_{u0} und des Zusammenhangs zwischen Schülerleistung und Lehrerurteil σ^2_{u1} zeigen sich durch die Aufnahme der Variablen zum mediierenden Effekt der Nutzung der Ergebnisse standardisierter Leistungstests keine Veränderungen.

5. Zusammenfassung und Diskussion

Das Ziel der vorliegenden Untersuchung war es, zu überprüfen, ob bei Lehrkräften, die angeben bei der Leistungsbeurteilung auf die Ergebnisse standardisierter Tests zurückzugreifen, ein stärkerer Zusammenhang zwischen Schülerleistung und Lehrerurteil zu beobachten ist als bei Lehrkräften, die dies nicht tun. Die Analysen zeigen einen Zusammenhang zwischen den Testergebnissen, die Schülerinnen und Schüler in den IGLU Lesetests erzielt haben, und deren Deutschnoten. Allerdings konnte kein mediierender Effekt der Nutzung der Ergebnisse standardisierter Tests auf diesen Zusammenhang gefunden werden. Das gilt sowohl für die Rang- als auch die Niveaukomponente: Die Varianz im Zusammenhang zwischen Schülerleistung und Lehrerurteil wurde nicht dadurch erklärt, ob Lehrkräfte bei der Leistungsbeurteilung auf die Ergebnisse standardisierter Tests zurückgreifen oder nicht. Selbiges gilt für den Zusammenhang zwischen der mittleren Leseleistung in der Klasse und der Durchschnittsnote.

Bei der Interpretation der Ergebnisse muss beachtet werden, dass die Untersuchung einigen Beschränkungen unterliegt. In den Leistungstests wurde die Lesekompetenz von Schülerinnen und Schülern getestet, die Lehrerurteile aber über die Deutschnote operationalisiert. Wenngleich Lesen im Fach Deutsch eine hohe Bedeutung hat, umfasst das Fach Deutsch weitere Bereiche wie Orthographie oder das Schreiben von Texten. Es ist denkbar, dass die Nutzung der Ergebnisse standardisierter Leistungstests nur die Zusammenhänge zwischen Deutschnote und anderen Facetten des Fachs Deutsch – nicht aber mit der Lesekompetenz – mediiert. In eine ähnliche Richtung kann argumentiert werden, dass Lehrerinnen und Lehrer in ihren Noten auch überfachliche Kompetenzen, wie etwa die Motivation oder Unterrichtsbeteiligung, einbeziehen (sollen) oder eine individuelle Bezugsnormorientierung anlegen (sollen). Eine weitere Beschränkung liegt in der Reliabilität der erhobenen Variablen. Zum einen haben Schulnoten nur eine sechsfache Abstufung, zum anderen wurden in der vorliegenden Studie die Noten „ausreichend und schlechter" zu einer Kategorie zusammengefasst. Aufgrund der begrenzten Aufgabenzahl, die den Schülerinnen und Schülern in den Lesetests vorgelegt wurde, ist auch die Erfassung der Lesekompetenz mit einem Messfehler behaftet. Somit können geringe Effekte der Nutzung von Ergebnissen standardisierter Leistungstest auf den Zusammenhang zwischen Schülerleistung und Deutschnote durch den Messfehler überlagert sein und unentdeckt bleiben.

Unter Berücksichtigung der beschriebenen Beschränkungen sind unterschiedliche substanzielle Erklärungen denkbar, warum der Zusammenhang zwischen Testergebnissen und Lehrerurteilen nicht steigt, wenn die Lehrkräfte für Beurteilungszwecke auf die Ergebnisse standardisierter Leistungstests zurückgreifen. Es kann kritisch beurteilt werden, dass Forschungsbefunde darauf hindeuten, dass die Ergebnisse aus Leistungstests, wie sie in Lernstandserhebungen eingesetzt werden, mit einem hohen Messfehler behaftet sind. Bos und Voss (2008) sowie Strietholt und Voss (2009) argumentieren anhand von Daten aus IGLU 2001 (Bos, Lankes, Prenzel, Schwippert, Walther & Valtin, 2003), dass anhand von Tests, wie sie auch in Vergleichsarbeiten eingesetzt werden, sowohl auf der Ebene von Schülerinnen und Schülern als auch der Ebene von Klassen und Schulen nur dann eine punktgenaue Verortung der Leistung vorgenommen werden kann, wenn ein erhebliches Maß an Unsicherheit (Messfehler) akzeptiert wird; sie warnen daher vor einem unreflektierten Umgang mit den einzelnen Punktscores. Zudem erfordert ein reflektierter Umgang mit Testergebnissen zumindest grundlegende Kenntnisse in der Mess-/Testtheorie. Wenngleich in den KMK-Standards für die Lehrerbildung (KMK, 2004) festgeschrieben ist, dass angehende Lehrerinnen und Lehrer in ihrer Ausbildung entsprechende Kompetenzen erwerben sollen, ist wenig über die Ausbildungspraxis bekannt. Zumindest im Rahmen des Referendariats scheinen die Fach- und Seminarleiterinnen und -leiter den Beurteilungskompetenzen der angehenden Lehrerinnen und Lehrer allenfalls eine nachgeordnete Bedeutung beizumessen, wenn sie diese formal im Rahmen des Staatsexamens beurteilen (Strietholt & Terhart, 2009).

Von den beschriebenen Erklärungsansätzen scheinen uns insbesondere die Messgenauigkeit der Tests sowie die Fähigkeit der Lehrkräfte, die Ergebnisse verstehen zu können, bedeutsam. Die derzeit in den deutschen Vergleichsarbeiten eingesetzten Tests sind weniger reliabel, da sie deutlich kürzer sind als beispielsweise der Cito-Grundschulabschlusstest. Bei diesem Test werden in den Niederlanden von jedem Kind am Ende der Grundschule insgesamt 260 Aufgaben bearbeitet, darunter 100 Aufgaben für den Teilbereich Sprache, um zu einer einigermaßen verlässlichen Aussage im Hinblick auf den Übergang in die weiterführenden Schulformen zu kommen (BMBF, 2007). Neben den Gütekriterien, die an die Tests angelegt werden, die für individualdiagnostische Zwecke genutzt werden sollen, kommt den Fähigkeiten der Lehrkräfte, die Ergebnisse reflektiert lesen und bewerten zu können, entscheidende Bedeutung zu. Während der Ausbildung sollten Lehrerinnen und Lehrer in die Lage versetzt werden, Ergebnisse aus standardisierten Leistungstests zu verstehen. Auch danach bedarf es gezielter Fort- und Weiterbildungsmaßnahmen, um die diagnostischen Kompetenzen von Lehrkräften zu verbessern. Beispielsweise berichten Helmke, Hosenfeld und Schrader (2004), dass Lehrkräfte im Kontext der Vergleichsarbeit VERA die Schwierigkeit von Aufgaben einschätzen, indem sie angeben, wie viele Schülerinnen und Schüler der eigenen Klasse einzelne Aufgaben lösen werden. Nach der Testdurchführung bekommen die Lehrkräfte eine Rückmeldung über die eigene Diagnoseleistung.

Die oben aufgezeigten Forschungsergebnisse sollen keinesfalls als Vorwurf an die Lehrerinnen und Lehrer verstanden werden. Es gibt gute pädagogische Gründe dafür, dass Lehrkräfte bei der Beurteilung ihrer Schülerinnen und Schüler auch überfachliche Kompetenzen einbeziehen und die individuelle Entwicklung berücksichtigen. In dem vorliegenden Beitrag ging es vielmehr darum, der Frage nachzugehen, ob sich Vergleichsarbeiten als Mittel zur Stärkung diagnostischer Kompetenzen empirisch bewährt haben. Wenn sich die Informationen aus Vergleichsarbeiten im Lehrerurteil niederschlagen und zu einer höheren Übereinstimmung zwischen Lehrerurteilen und Schülerleistung führen *sollen*, so bieten unsere Analysen keine empirische Evidenz dafür, dass dies derzeit der Fall ist.

Literatur

Ackeren, I. v. & Bellenberg, G. (2004). Parallelarbeiten, Vergleichsarbeiten und Zentrale Abschlussprüfungen. In H.-G. Holtappels, K. Klemm, H. Pfeiffer, H.-G. Rolff & R. Schulz-Zander (Hrsg.), *Jahrbuch der Schulentwicklung Band 13. Daten, Beispiele und Perspektiven* (S. 125–159). Weinheim: Juventa.

Artelt, C., Stanat, P., Schneider, W. & Schiefele, U. (2001). Lesekompetenz: Testkonzeption und Ergebnisse. In Deutsches PISA Konsortium (Hrsg.), *PISA 2000. Basiskompetenzen von Schülerinnen und Schülern im internationalen Vergleich* (S. 69–137). Opladen: Leske+Budrich.

Bates, C. & Nettelbeck, T. (2001). Primary School Teachers' Judgements of Reading Achievement. *Educational Psychology, 21* (2), 177–187.

Baumert, J. & Kunter, M. (2006). Stichwort: Professionelle Kompetenz von Lehrkräften. *Zeitschrift für Erziehungswissenschaft, 9* (4), 469–520.

Bolhuis, S. (2003). Towards Process-Oriented Teaching for Self-Directed Lifelong Learning: A Multidimensional Perspective. *Learning and Instruction, 13* (3), 327–347.

BMBF. (2007). *Bildungsreform Band 11: Anforderungen an Verfahren der regelmäßigen Sprachstandsfeststellung als Grundlage für die frühe und individuelle Förderung von Kindern mit und ohne Migrationshintergrund.* Berlin: BMBF.

Bos, W., Hornberg, S., Arnold, K.-H., Faust, G., Fried, L., Lankes, E.-M., Schwippert, K. & Valtin, R. (Hrsg.). (2007). *IGLU 2006. Lesekompetenz von Grundschulkindern in Deutschland im internationalen Vergleich.* Münster: Waxmann.

Bos, W., Lankes, E.-M., Prenzel, M., Schwippert, K., Walther, G. & Valtin, R. (Hrsg.). (2003). *Erste Ergebnisse aus IGLU. Schülerleistungen am Ende der vierten Jahrgangsstufe im internationalen Vergleich.* Münster: Waxmann.

Bos, W., Lankes, E.-M., Schwippert, K., Valtin, R., Voss, A., Badel, I. & Plaßmeier, N. (2003). Lesekompetenzen deutscher Grundschülerinnen und Grundschüler am Ende der vierten Jahrgangsstufe im internationalen Vergleich. In W. Bos, E.-M. Lankes, M. Prenzel, K. Schwippert, G. Walther & R. Valtin (Hrsg.), *Erste Ergebnisse aus IGLU. Schülerleistung am Ende der vierten Jahrgangsstufe im internationalen Vergleich* (S. 69–142). Münster: Waxmann.

Bos, W., Valtin, R., Voss, A., Hornberg, S. & Lankes, E.-M. (2007). Konzepte der Lesekompetenz in IGLU 2007. In W. Bos, S. Hornberg, K.-H. Arnold, G. Faust, L. Fried, E.-M. Lankes, K. Schwippert & R. Valtin (Hrsg.), *IGLU 2006. Lesekompetenzen von Grundschulkindern im Deutschland im internationalen Vergleich* (S. 81–107). Münster: Waxmann.

Bos, W. & Voss, A. (2008). Empirische Schulentwicklung auf Grundlage von Lernstandserhebung. Ein Plädoyer für einen reflektierten Umgang mit Ergebnissen aus Leistungstests. *Die Deutsche Schule, 100* (4), 229–458.

Bos, W., Voss, A., Lankes, E.-M., Schwippert, K., Thiel, O. & Valtin, R. (2004). Schullaufbahnempfehlungen von Lehrkräften für Kinder am Ende der vierten Jahrgangsstufe. In W. Bos, E.-M. Lankes, M. Prenzel, K. Schwippert, R. Valtin & G. Walther (Hrsg.), *IGLU. Einige Länder der Bundesrepublik Deutschland im nationalen und internationalen Vergleich* (S. 191–228). Münster: Waxmann.

Clark, C. M. & Peterson, P. L. (1986). Teachers' Thought Processes. In M. C. Wittrock (Hrsg.), *Handbook of Research on Teaching* (3rd ed.) (S. 255–296). New York: Macmillan.

Coladarci, T. (1986). Accuracy of Teacher Judgements of Student Responses to Standardized Tests Items. *Journal of Educational Psychology, 78* (2), 141–146.

Feinberg, A. B. & Shapiro, E. S. (2009). Teacher Accuracy: An Examination of Teacher-Based Judgments of Students' Reading With Differing Achievement Levels. *Journal of Educational Research, 102* (6), 453–462.

Heck, R. H. (2001). Multilevel Modeling with SEM. In R. E. Schumacker & G. A. Marcoulides (Hrsg.), *New Developments and Techniques in Structural Equation Modeling* (S. 89–127). Mahwah, NJ: Erlbaum.

Helmke, A. (2003). *Unterrichtsqualität erfassen, bewerten, verbessern.* Seelze: Kallmeyer.

Helmke, A., Hosenfeld, I. & Schrader, F.-W. (2004). Vergleichsarbeiten als Instrument zur Verbesserung der Diagnosekompetenz von Lehrkräften. In R. Arnold & C. Griese (Hrsg.), *Schulmanagement und Schulentwicklung* (S. 119–143). Hohengehren: Schneider-Verlag.

Helmke, A. & Schrader, F.-W. (1987). Interactional Effects of Instructional Quality and Teacher Judgement Accuracy on Achievement. *Teaching and Teacher Education, 3* (2), 91–98.

Hessisches Kultusministerium. (2009). *Lernstandserhebungen* (2. Aufl.). Darmstadt: Justizvollzugsanstalt Darmstadt.

Hoge, R. D. & Coladarci, T. (1989). Teacher-based judgements of academic achievement: A review of literature. *Review of Educational Research, 59* (3), 297–313.

Hopkins, K. D., George, C. A. & Williams, D. D. (1985). The concurrent validity of standardized achievement tests by content area using teachers' ratings as criteria. *Journal of Educational Measurement, 22,* 177–182.

Hovestadt, G. & Kessler, N. (2005). 16 Bundesländer. Eine Übersicht zu Bildungsstandards und Evaluation. *Friedrich Jahresheft XXIII (Standards. Unterrichten zwischen Kompetenzen, zentralen Prüfungen und Vergleichsarbeiten),* 8–11.

Hox, J. (2002). *Multilevel Analysis. Techniques and Applications.* Mahwah, NJ: Lawrence Erlbaum Associates.

Johansson, S. & Rosén, M. (2008). *Teacher assessment of student reading skills as a function of student reading achievement and grade.* Präsentiert auf der 3rd IEA International Research Conference. Teipeh, Taiwan.

KMK – Ständige Konferenz der Kultusminister der Länder der Bundesrepublik Deutschland (2002). *Bildungsstandards zur Sicherung von Qualität und Innovation im föderalen Wettbewerb der Länder. Beschluss vom 24.5.2002.* Bonn: KMK.

KMK (2004). *Standards für die Lehrerbildung. Bildungswissenschaften. Beschluss der Kultusministerkonferenz vom 16.12.2004.* Bonn: KMK.

Mullis, I. V. S., Martin, M. O., Kennedy, A. M. & Foy, P. (2007). *PIRLS 2006 International Report. IEA's Progress in International Reading Literacy Study in Primary School in 40 countries.* Chestnut Hill, MA: Boston College.

Muthén, L. K. & Muthén, B. O. (2007). *Mplus User's Guide* (4. Aufl.). Los Angeles, CA: Muthén & Muthén.

Radtke, F.-O. (2003). Die Illusion der meritokratischen Schule. Lokale Konstellationen der Produktion von Ungleichheit im Erziehungssystem. In K.-J. Bade & M. Bommes (Hrsg.), *Migration – Integration – Bildung. Grundfragen und Problembereiche* (S. 143–178). Bad Iburg: Grote.

Shulman, L. S. (1987). Knowledge and Teaching: Foundations and the New Reform. *Harvard Educational Review, 57* (1), 1–22.

Strietholt, R. & Terhart, E. (2009). Referendare beurteilen. Eine explorative Analyse von Beurteilungsinstrumenten in der zweiten Phase der Lehrerbildung. *Zeitschrift für Pädagogik, 55* (4), 622–645.

Strietholt, R. & Voss, A. (2009). Auf welchem Leistungsstand steht mein Kind? *Praxis Deutsch, 36*, 58–59.

Weinert, F. E., Schrader, F.-W. & Helmke, A. (1990). Educational expertise: Closing the gap between educational research and classroom practice. *School Psychology International, 11*, 163–180.

Wild, K. P. (1991). *Identifikation hochbegabter Schüler: Lehrer und Schüler als Datenquelle.* Heidelberg: Asanger.

Wright, D. & Wiese, M. J. (1988). Teacher judgment in student evaluation: A comparison of grading methods. *The Journal of Educational Research, 82*, 10–14.

Marcus Emmerich

Modifikation schulischer Selbstbeschreibung
Standardbasierte Selbstevaluationen zwischen Sensemaking und Intervention

1. Einleitung

In den letzten Jahren wurden in fast allen deutschen Bundesländern standardbasierte Orientierungsrahmen für Schulqualität entwickelt und in Kombination mit Selbst- wie Fremdevaluationsinstrumenten zur Steuerung und Kontrolle einzelschulischer Qualitätsentwicklungsprozesse implementiert. Es handelt sich dabei um den bildungspolitisch wie administrativ initiierten Versuch, komplementär zur Einführung zweckprogrammierter Verfahren der Outputbeobachtung und -kontrolle, stärker auf die sukzessiv teilautonomisierte Prozessebene von Schule Einfluss zu nehmen. Ergänzend zu den im Forschungsfeld etablierten implementations- und wirkungsanalytischen Problemstellungen bzw. Fragen, die die evaluationsbezogene Wissensverwendung auf Schul- und Professionsebene vor dem Hintergrund der mit den Evaluationsinstrumenten verbundenen administrativen Rationalisierungs- und Technologisierungserwartungen betreffen, wird im Rahmen des Beitrags eine organisationssoziologische Perspektive vorgeschlagen, die „Sensemaking"-Prozessen (Weick, 1993; 1995; Weick, Sutcliff & Obstfeld, 2005; Hiller, 2005) einen handlungsorientierenden Stellenwert innerhalb des Mehrebenensystems Schule (vgl. Kussau & Brüsemeister, 2007) beimisst.[1] Damit verschiebt sich die Beobachtung der Folgen von Selbstevaluationstechnologien im Erziehungssystem und der durch diese erzeugbaren Wissensformen (Kuper, 2004, S. 26ff.; 2008) vom Rationalitätsproblem ihrer (intendierten/nicht intendierten) *Wirksamkeit* auf das Problem sinnbasierter Konstruktionen schulischer *Wirklichkeit*.

2. Evaluation im System staatlich organisierter Erziehung

2.1 Differenzierung von Evaluationstypen

In der theoretischen und methodologischen/methodischen Fachdiskussion scheint sich die Unterscheidung *Zweckbestimmung*, *Methode* und *Beobachtungsstruktur* zur Systematisierung von Evaluationsverfahren etabliert zu haben.[2] Unter die Kategorie *Zweckbestimmung* fallen dabei Systematisierungen, die sich am instrumentellen Charakter von Evaluationen orientieren und deren Ziel neben der Generierung steuerungsrelevanten

---

1 Hartung-Beck (2009) zeigt im Rahmen einer Studie zur Rezeption der Ergebnisse von Lernstandserhebungen im Kontext schulischer Steuerung, dass sich hierbei Effekte auf der Ebene schulinterner (organisatorischer und professioneller) Sensemaking-Prozesse beobachten lassen.
2 Flick (2006, S. 14) gruppiert die wissenschaftlich diskutierten Unterscheidungskriterien unter die Referenzpunkte Methodik, Theorie, Umsetzung und Nützlichkeit.

Wissens (Altrichter & Heinrich, 2006) auch im Bereich der Akzeptanzbeschaffung (Legitimation, Demokratisierung) gesehen wird. Dies schließt neben der Bestimmung von Angemessenheit und Nützlichkeit von Evaluationsdesigns ebenso funktionale Definitionen ein, wie sie etwa Stockmann (2004) mit der Unterscheidung von Erkenntnis, Kontrolle, Dialog/Lernen und Legitimation vorschlägt. Buhren (2009, S. 392) nennt als Zielsetzungen von Evaluation die Professionalisierung des Lehrerhandelns, die Identitätsstiftung im Kollegium, die Modernisierung von Bildung und Erziehung sowie die Demokratisierung von Schule.

Die Differenzierung *methodischer* bzw. *methodologischer Kriterien* bezieht sich in erster Linie auf wissenschaftliche bzw. professionelle Gütekriterien (Abs, Maag Merki & Klieme, 2006). Ebenso wird auf die unterschiedlichen Forschungsparadigmen (Lüders, 2006; Kromrey, 2006, S. 102ff.; Stockmann, 2006, S. 31ff.) sowie auf die Diskussion infrage kommender quantitativer und qualitativer Methoden (Flick, 2006; Kromrey, 2006) verwiesen. Darüber hinausgehend stellt auch die Frage der Anwendung *summativ* oder *formativ* konzipierter Evaluationselemente ein methodisches Distinktionsmerkmal dar (u.a. Kromrey, 2006, S. 106).

Differenzierungsvorschläge, die Evaluationsverfahren in Bezug auf die Konstellation Evaluierende/Evaluierte bzw. nach einem Subjekt/Objekt-Schema definieren, thematisieren deren grundlegende *Beobachtungsstruktur*, indem v.a. auf die zentrale Unterscheidung zwischen *interner* und *externer* bzw. Selbst- und Fremdevaluation (Kromrey, 2004) rekurriert wird. Auch die Differenzierung summativer und formativer Evaluationsverfahren verweist auf ein strukturelles Element, insofern die Form der Einflussnahme auf den zu evaluierenden Prozess von der vorab definierten Beobachtungsbeziehung zwischen Evaluierenden und Evaluierten abhängt.

2.2   Selbstevaluation zwischen Selbstorganisation und standardbasierter Steuerung

Im Rahmen der Diskussion steuerungsorientierter Selbstevaluationen im Schulsystem spielt neben Fragen der Zweckbestimmung und der Methodik insbesondere die Beobachtungsstruktur eine Rolle, da interne und externe Evaluationen in Bezug auf die Verfügung über Deutungshoheit und Sanktionsmacht im Evaluationsprozess differieren: Bei interner Evaluation „hat die Organisation selbst die Macht über Verfahren und Inhalte. Evaluation dient hier der Selbstreflexion und Selbstvergewisserung pädagogischen Handelns, als Verfahren zur Beteiligung von Organisationsmitgliedern, als Instrument zur Entwicklung und zur internen Qualitätssicherung" (Böttcher, Holtappels & Brohm, 2006, S. 12). Demgegenüber übernimmt externe Evaluation „vornehmlich die Aufgabe, pädagogische Einrichtungen mit alternativen Konzepten und kritischer Beobachtung zu konfrontieren und Feedback auf Basis professioneller Außenansicht zu geben" (ebd.). Die Erfüllung der unterschiedlichen Zwecksetzungen (Selbstreflexion und Kontrolle/Steuerung) setzt allerdings voraus, dass im Schulsystem Bedingungen geschaffen werden, die einerseits reflexionsintendierte Selbstbeobachtung, andererseits steuerungsintendierte Fremdbeobachtung ermöglichen. Standardbasierte Selbstevaluationen sind daher ‚bifunktionale' Evaluationsformen, die Systemebenen überschreitende Fremdbeobachtung auf Basis normgeleiteter Selbstbeobachtung prozessieren. Damit scheint jedoch ein

Spannungsverhältnis zwischen Selbstorganisation und Außensteuerung zu entstehen (vgl. Tab. 2).

Tab. 2: Selbstevaluation zwischen Selbstorganisation und standardbasierter Steuerung

Selbstevaluation als Element schulischer Selbstorganisation	Selbstevaluation als Element standardbasierter Steuerung
Selbstorganisation	Systemsteuerung; Kopplung an externe Steuerungsinstrumente (Inspektion, Controlling)
Modus Selbstbeobachtung (interne Relevanzsetzung)	Modus Fremdbeobachtung (externe Relevanzsetzung)
Erzeugung von Selbsttransparenz (Prozessebene)	Sukzessive Selbstanpassung der Einzelschulen an das Selektionsschema des Qualitätstableaus
Entwicklungsinstrument (Bedarfsorientierung)	Steuerungsinstrument (Normorientierung)
Legitimation durch Adäquanz	Legitimation durch Verfahren (Technologie)
Ziel: Reflexion	Ziel: Aktivierung, Selbstkontrolle

Die Idee schulischer Selbstevaluation als „eigenmächtige" und von eigenen Reflexionsinteressen geleitete Selbstbeobachtung und Selbstbewertung hat in dem Maße an Bedeutung gewonnen, in dem Modelle der Schulautonomisierung und der Schulentwicklung (Dalin, Buhren & Rolff, 1996; Altrichter, 2009) *Selbstorganisation* (Rolff, 1993) als Basis qualitätsorientierter Strukturentwicklung betont haben. Die Erwartung, mit Konzepten eigenorientierter Evaluation einer „technokratischen Vereinseitigung" (Tillmann & Wischer 1998, S. 7) entgegentreten zu können, scheint sich infolge der systematischen Integration von Selbstevaluationskonzepten in die standardbasierte institutionelle Rahmung „Neuer Steuerung" allerdings nur begrenzt zu erfüllen. Schulische Selbstevaluationen, die ihre Verfahren und Inhalte an normativen Orientierungsrahmen für Schulqualität ausrichten, prädisponieren Reflexionsoptionen in Form vorgegebener Beobachtungsdimensionen, mit denen selektiv Stärken/Schwächen-Matrizes erzeugt werden. Entsprechend dieser Strukturlogik wird die sukzessive Selbstanpassung der Einzelschule an das Selektionsschema des Qualitätstableaus erwartbar und weniger die Erhöhung von Eigenreflexivität.

Standardbasierte Selbstevaluationen schaffen Zurechnungspunkte für Verantwortung und Leistung und erzeugen wertungsrelevante Vergleichbarkeit[3], sofern sie methodisch auf standardisierten Erhebungs- und Auswertungsverfahren gründen. Dem möglichen Eigeninteresse an Reflexion und Selbsttransparenz der einzelnen Schule bzw. des einzelnen Kollegiums steht damit ein Steuerungsinteresse der administrativen und politischen Ebenen gegenüber. Letztere zielen auf eine Schließung der „Kontrolllücke" (Maritzen, 1998, S. 632), die durch Ermöglichung einzelschulischer Freiheitsgrade zu entstehen droht, in-

---

3   Dies gilt etwa für das von der Bertelsmann Stiftung entwickelte und mittlerweile in die Pflegschaft eines Länderkonsortiums übergegangene Instrument ‚Selbstevaluation in Schulen' (SEIS), verfügbar unter: http://www.seis-deutschland.de [30.12.2009].

dem die Einzelschule zum Aufbau interner Strukturen normorientierter Selbstkontrolle auf Grundlage verfahrenslegitimierter Evaluationstechnologien *aktiviert* wird. *Selbst*evaluationen dezentralisieren folglich die Kontrollleistung im Gesamtsystem.

3.   Mehrdeutigkeit, Technologie und Selbstbeschreibung

3.1   Mehrdeutigkeit

Verfahren datenbasierter Beobachtung und Bewertung dienen in erster Linie der Bearbeitung komplexitätsinduzierter Mehrdeutigkeitsprobleme in organisierten Sozialsystemen. Indem sie strukturell die Transformation von Theoriewissen in Praxiswissen (vgl. dazu Kuper, 2004) prozessieren, sollen sie Reflexion und Transparenz in Bezug auf Systemoperationen ermöglichen. Evaluationen werden entsprechend in die zirkuläre Erzeugung von Entscheidungsprämissen (,Steuerungswissen') eingebaut, was auch die Entscheidungs*verarbeitung* innerhalb der Organisationshierarchie betrifft, die evaluativ beobachtet und gegebenenfalls reguliert werden kann (,nachsteuern').

Betrachtet man Schule als System „organisierter Interaktion" (Vanderstraeten, 2004), kommen sowohl Organisation als auch pädagogisch-professionelle Interaktion für prozessbezogene Performanzüberprüfung in Frage, zumal die Interdependenz (bzw. strukturelle Kopplung) zwischen beiden Dimensionen ein zentrales Reflexionsproblem darstellt (vgl. dazu grundlegend Luhmann & Schorr, 1988), auf das Evaluation reagiert. Wenn mit Luhmann weiter davon ausgegangen werden kann, dass Organisation und Profession Formen der *Respezifikation* der Funktion des Erziehungssystems sind (Luhmann, 2002, S. 143ff.; Kurtz, 2004), dann beobachten – und konditionieren – standardbasierte Qualitätsevaluationen prinzipiell die *organisatorische, d.h. entscheidungsförmige Ebene der Respezifikation* der Erziehungsabsicht, nicht jedoch die Interaktionsebene – als eigentliche Quelle von Mehrdeutigkeit – selbst.

3.2   Technologie

Um Outputsteuerungsmodelle auf Schulsysteme plausibel übertragen zu können, müssen Kausalverhältnisse zwischen Ergebnis- und Prozessvariablen unterstellt werden, welche die Identifikation zu korrigierender Prozessvariablen durch Zurechnung von Ergebnissen ermöglicht. Es geht folglich darum, von Wirkungen retroaktiv auf Ursachen schließen zu können, um letztere proaktiv zu beeinflussen. Technisch gesehen soll das beobachtende Sozialsystem in die Lage versetzt werden, Kausalbeziehungen zwischen Prozess- und Wirkungsvariablen zu ermitteln – was angesichts der empirisch kaum begrenzbaren Zahl von Drittvariablen, die die Interaktionsprozesse des Klassenunterrichts beeinflussen, relativ unwahrscheinlich ist. Luhmann und Schorr haben das zentrale Reflexionsproblem des Erziehungssystems daher im Mangel an objektivierbaren Kausalitätsbeziehungen zwischen pädagogischem Handeln (Prozess) und Lernerfolg (Output) als „Technologiedefizit" diskutiert (Luhmann & Schorr, 1982; 1988; Luhmann, 1982).

Luhmann hat darauf hingewiesen, dass Kausalität in dieser Perspektive vor allem ein analytisches und weniger ein *praktisches* Problem ist: „In jedem Fall müssen Sachanalysen der Tatsache Rechnung tragen, dass im Bereich psychischer und sozialer Systeme Kausalität nicht nur vorkommt im Sinne eines Zusammenhangs von Ursache und Wirkung, sondern auch wahrgenommen und auch durch Zurechnungsprozesse strukturiert wird, und dies in einer ihrerseits bedingten, von System zu System unterschiedlichen Weise. Begriffe wie Technologie, Technologiedefizit, Kausalplan bezeichnen diese Ebene der Beobachtung und Zurechnung im Gegenstandsbereich der Analyse; sie bezeichnen den wie immer bewirkten, wie immer reduzierten Umgang mit unterstellter Kausalität." (Luhmann, 1982, S. 47) Die Zurechnung von Wirkungen und Ursachen selbst wird zu einem sozialen Faktum, auf das Bezug genommen werden muss, wenn Anschlusshandlungen erfolgen sollen. Kausalität stellt sich damit als ein Reflexionsproblem für das beobachtende System, nicht aber als ein praktisches Problem für das operierende System. Auf der Ebene der Unterrichtsinteraktion nimmt etwa die professionelle *Erfahrung* mit dem operativen „Kerngeschäft", die der Lehrperson die Reifikation und Antizipation von Kausalität ermöglicht, die Form eines Kausalplans an.

3.3 Selbstbeschreibung

Selbstbeschreibungen sind Erzeugnisse sozialer Systeme, die ein Äquivalent zur Wahrnehmungsfähigkeit psychischer Systeme bilden (Luhmann, 2000, S. 418): Als Text oder Narrativ übernehmen sie innerhalb von Organisationen die „Reproduktion des Systemgedächtnisses" (ebd., S. 442) und reduzieren Mehrdeutigkeit, insofern sie Überschüsse von Entscheidungsoptionen intern begrenzen. Selbstbeschreibungen werden „durch ihren Text operationsleitend" (ebd., S. 417), weil und indem sie Selbst- und Umweltbeobachtungen der Organisation durch intern erzeugte Entscheidungsprämissen *schematisieren*. Nicht zuletzt – und dies wäre hier der entscheidende Aspekt – liefern Selbstbeschreibungen auch Anhaltspunkte für einen erwartbaren Zusammenhang von Ursachen und Wirkungen in Form selektiv zurechenbarer Entscheidungsfolgen. Zudem ermöglicht Selbstbeschreibung den Bezug des Organisationssystems auf sich selbst als (imaginäre) Einheit seiner (Entscheidungs-)Operationen: Trotz eingeschränkter formaler Entscheidungsautonomie operieren Einzelschulen im Modus adressierbarer Sozialsysteme, die über historisch gewachsene und informale Selbstbeschreibungen (etwa als „Traditionsgymnasium" oder „Brennpunktschule") verfügen. Damit deklarieren sie die *identitäre* Einheit ihrer Operationen und dies umfasst sowohl die Synchronizität ablaufender Unterrichtsinteraktionen als auch die strukturbildende Diachronizität ihres Entscheidungsgedächtnisses. Gerade weil Selbstbeschreibungen zur Bearbeitung von Mehrdeutigkeit beitragen, eignet ihnen eine gewisse Resilienz gegenüber Veränderung, auf die steuerungspolitisch durch Einspielung von Qualitätssemantiken und Evaluationen reagiert wird: Mit Schulprogrammarbeit, Schulprofilbildung und Schulportfolios treten Elemente formalisierter und „offizieller" Selbstbeschreibung[4] hinzu, die auch die externale, bürokratisch-hierarchische Kommunikation mit übergeordneten Administrationen restrukturieren. „Offizielle" Selbstbeschreibungen dieser Art erzeugen damit auch externe Zurechenbarkeit von Ent-

---

4　Man könnte auch sagen, dass die Verpflichtung zu Profilbildung und Programmarbeit die Differenz zwischen informaler und formaler Selbstbeschreibung wenn nicht erzeugt, dann zumindest verstärkt.

scheidungsfolgen, die es erlauben, Schulen unter dem Gesichtspunkt erweiterter *Verant-wortung* zu adressieren. Ob sie auch in der Lage sind, gewachsene Identität zu modifizieren, stellt sich dann als empirisches Problem.[5]

4. Kausalität als praxeologisches Konstrukt: die ‚Sensemaking'-Perspektive

Im Anschluss an die vorausgehenden Überlegungen lässt sich die These formulieren, dass Kausalität – verstanden als handlungsleitendes Wirklichkeitskonstrukt – Ergebnis soziokognitiver Sensemaking-Prozesse ist, die auf unterschiedlichen Prozessebenen innerhalb des Mehrebenensystems Schule ablaufen. Sensemaking ist dabei als *praxeologische* Beobachtungsperspektive konzipiert, die die fortlaufende Reproduktion von Kausalität im Sinne der systematischen *Zurechenbarkeit von Ursachen und Wirkungen* als Orientierungsrahmen des Handelns in Organisationen betrifft: „The basic idea of sensemaking is that reality is an ongoing accomplishment that emerges from efforts to create order and make retrospective sense of what occurs. […] Sensemaking emphasizes that people try to make things rationally accountable to themselves and to others." (Weick, 1993, S. 635) Zentrale Annahme ist dabei, dass weniger Objektivität und technische Akkuratesse („accuracy") als vielmehr intersubjektive Plausibilisierbarkeit, praktische Adäquanz und die situative Kreativität der Wirklichkeitsinterpretation die Aufrechterhaltung organisatorischer Prozesse sichert (Weick, 1995, S. 57). Sensemaking generiert stabilisierende Effekte, weil dadurch die Anschlussfähigkeit intraorganisatorischer Interaktionsprozesse trotz mehrdeutiger Entscheidungssituationen und somit „dynamische Stabilität" (Luhmann, 1984, S. 79) erzielt werden kann. Auf der Ebene sozialer Systeme gelingt dies, weil Sensemaking dazu tendiert, „(…) bestehende Selbstbeschreibungen aufrechtzuerhalten und zu bestätigen" (Hiller, 2005, S. 21), und damit auf die „kulturelle Persistenz" (Zucker, 1991) organisationsintern generierter Selektionsmuster orientiert ist.

Weick unterscheidet zwischen den Realitätsebenen *intersubjectivity* and *generic subjectivity* (1995, S. 71), um das Problem der Kopplung zwischen ereignishafter Interaktion einerseits und verallgemeinerten, abstrakten Schemata des Handelns andererseits, zu charakterisieren. Mit Luhmann ist die zentrale Frage dann, wie im Interaktionsprozess generische Subjektivität *respezifiziert* werden kann, wenn diese zu allgemein ausfällt: Sensemaking realisiert sich an jener Schnittstelle zwischen mikrodiversen Interaktionen und erwartungsstabilisierten, routinehaften Schemata (ebd., S. 75) und erzeugt damit die prozedurale Interdependenz (oder: strukturelle Kopplung) von *Interaktion* und *Organisation*.

In einem sozialphänomenologischen Verständnis kontinuiert Sensemaking den Handlungs*strom* des Organisierens, den Weick als „ongoing" bezeichnet (ebd., S, 43ff.). Wird dieser Handlungsstrom durch Ambiguität und Unsicherheit (ebd., S. 91ff.) oder unassimilierbare Ereignisse (ebd., S. 100ff.) unterbrochen, löst dies Sensemaking-

---

5   In diesem Sinn hat Nils Brunsson (1989) *talk*, *decision-making* und *action* unterschieden und eine prinzipiell lockere Kopplung zwischen diesen intraorganisatorischen Prozessen konstatiert. Offizielle Selbstbeschreibungen strukturieren demzufolge *talk* und *decision-making*, jedoch weniger die action-Ebene organisatorischer Prozesse.

Prozesse als Quasi-Reparaturprogramme aus. Wenn es somit gelingt, das ongoing des Organisationsprozesses fortzusetzen, so ließe sich der Gedanke weiterführen, entsteht das beobachtungspraktische Problem, dass Sensemaking-Prozesse in ihren Ergebnissen verschwinden.

5. Modifikation schulischer Selbstbeschreibung: das Beispiel SEIS

In Hinblick auf standardisierte Selbstevaluationen leitet sich aus der Sensemaking-Perspektive die empirische Frage ab, ob und inwiefern eine evaluationsbasierte Modifikation „offizieller" schulischer Selbstbeschreibungen auf Grundlage normativer Qualitätsrahmen Einfluss auf das operative Geschehen (Organisation und Interaktion) in der einzelnen Schule nimmt. Im Folgenden soll dies anhand qualitativer Daten skizziert werden, die 2008 im Rahmen der Evaluation eines Regionalisierungsprojektes (Emmerich, Maag Merki & Kotthoff, 2009) erhoben wurden, in dessen Kontext das von der Bertelsmann Stiftung entwickelte „Selbstevaluationsinstrument in Schulen (SEIS)"[6] eine zentrale Steuerungsfunktion einnahm. Bei SEIS handelt es sich um ein Erhebungsinstrument, das die Dimensionen, Indikatoren und Kriterien eines Qualitätstableaus, das „SEIS-Qualitätsverständnis" von „Guter Schule" (Stern, Ebel, Vaccaro & Vorndran, 2006), in Form standardisierter Fragebögen operationalisiert. Proklamiertes Steuerungsziel der SEIS-Programmatik ist die Vergleichbarkeit zwischen den Qualitätsentwicklungsprozessen einzelner Schulen sowie gezielte Maßnahmen aktivierender Unterstützung.[7] SEIS ist als Überblicksevaluation konzipiert und soll evidenzbasierte Schulentwicklungssteuerung ermöglichen. Das Instrument erzeugt zunächst ein Differenzschema, das Stärken und Schwächen der Einzelschule konturieren soll, um damit Effektivität und Effizienz von Selbstevaluation zu verbessern. Insbesondere der angestrebte Aufbau eines schulinternen Berichtswesens und von Instrumenten der Rechenschaftslegung zielt dabei auf die Ebene schulischer Selbstbeschreibung.

Die programmatische Anlage des SEIS-Konzepts weist bereits auf die Beeinflussung derjenigen Ebene hin, die im Sinne der Sensemaking-Perspektive als *generic subjectivity* definiert werden kann: „Sie haben an Ihrer Schule beschlossen, mit dem SEIS-Instrument zu arbeiten. […] Sie werden anschließend konkrete Maßnahmen vereinbaren. Vielleicht werden Sie überdies Gespräche und Kooperationen mit Schulen oder anderen Partnern suchen. All dies fällt leichter, wenn Sie sich zuvor in Ihrer Schule auf eine gedankliche und sprachliche Grundlage verständigt haben. Mit dem SEIS-Qualitätsverständnis steht Ihnen ein solches Ordnungssystem für Gedanken, Sprache und Handlungen zur Verfügung. […] Es bedarf keiner ausholenden Zusatzerklärungen. Denn Sie sprechen von den gleichen Dingen, Sie beziehen sich auf die gleichen Kriterien, die Sie wiederum eindeutig einer Dimension von Schulqualität zuordnen können. Sie benutzen sprachlich und gedanklich eine gemeinsame Struktur. Sie können ‚auf den Punkt' diskutieren." (Stern,

---

6   SEIS ist seit 2009 in die Pflegschaft des Länderkonsortiums „SEIS Deutschland" übergeben worden, verfügbar unter: http://www.seis-deutschland.de [15.01.2010].

7   Die weiteren Ausführungen beinhalten keine Evaluation des Instruments, sondern befassen sich mit beobachtbaren, fallspezifischen Anwendungsfolgen von SEIS in Hinblick auf die Sozialdimension der Schule.

Ebel, Vaccaro & Vorndran, 2006, S. 70) Ansatzpunkt ist hier ersichtlich weniger die eigenorientierte Reflexion als vielmehr die Erzeugung von Kommunikationsbedingungen, die auf Selbstverständlichkeit und *common sense* basieren. Die schulinterne Adaption des Qualitätsverständnisses zielt entsprechend eher darauf, „gleich von den Dingen zu sprechen", d.h. vermittelt über die Erzeugung von Stärken/Schwächen-Matrizes eine isomorphe „generic subjectivity" interner Problem- und Selbstbeschreibung zu konstruieren. Die Normativität des Qualitätsverständnisses strukturiert im Fall erwartungskonformer Implementation die schulinterne Selektion von Lernanlässen. Dies soll einerseits erreicht werden, um schulinterne Relevanzstrukturen zu beeinflussen, andererseits, um den Prozess der Konditionierung schulischer Selbst- und Umweltinterpretationen der evaluativen Selbstkontrolle zu übereignen. In den folgenden Sequenzen aus Gruppeninterviews mit Lehrpersonen aus zwei Schulen, die mit SEIS arbeiten, lässt sich vor diesem Hintergrund skizzieren, dass die Wirklichkeitsinterpretation, die SEIS der Schule offeriert, in diesen Fällen als mit den eigenen Wahrnehmungen konfligierend interpretiert wird.

Sequenz 1

Schule 1

Lehrperson A
„Und ich persönlich dachte an, ich sag' jetzt einfach meinen Eindruck: Aufgrund dieser schwierigen Fragestellung für Schüler, teilweise eben von Eltern – was du schon gesagt hast – habe ich persönlich dann das Ergebnis auch etwas angezweifelt. Also, wir hatten zum Beispiel ein Thema: Es haben einige Schüler Angst in der Schule…"

Lehrperson B
„…so Sicherheit an der Schule, war ein Thema, wo wir gesagt haben, das ist wahrscheinlich gar nicht mal unbedingt so ein Thema. Nur es wurde so mehr oder weniger so suggeriert, ja? Auch Nachfragen bei Schülern haben nicht das gleiche Bild ergeben."

Sequenz 2

Schule 1

Lehrperson A
„Ich glaub auch, das ist mit das, was SEIS in Misskredit bringt, dass man sagt: Das ist ein ganz hoher Aufwand, auch ein finanzieller hoher Aufwand und wenn man Glück hat, kommen noch Themenfelder raus, wo man sagt, da gibt es was zu bearbeiten. Meistens sagt man: Das hätte man auch so gewusst. Aber gut, das kann man ja nochmal sagen, jetzt wissen wir's ganz klar. Und jetzt diese Themenfelder zu bearbeiten, das hat sich als ganz schwierig erwiesen."

Lehrperson B

„Und es ist auch für mich eher so, dass es von oben herübergestellt, also gestülpt wird, dieses SEIS. Also es fragt gar nicht nach dem wirklichen Bedarf. Glaube… wenn jetzt… was brauchen wir denn wirklich? Also, wo hakt's denn bei jedem, ja? Also das ist jetzt nicht die Analyse speziell für unsere Schule, sondern eher so allgemein. Und ich glaube, wenn das das Bedürfnis wäre, würde das auch was bringen, ja?"

Sequenz 3

Schule 2

Lehrperson B

„[…] Aber man müsste […] sich mit dem Ergebnis insofern beschäftigen, dass man sagt: Aha, wir setzen uns jetzt für die nächste Zeit einen Schwerpunkt und dann müssen wir uns überlegen, wie gehen wir diesen Schwerpunkt an."

Lehrperson C

„Haben wir ja in der Form gemacht! Aber jetzt, für mich waren einfach die Prozentzahlen nicht signifikant genug! Also das war alles so nah beieinander und die Abweichung von 100% war so minimal als, wir das besprochen haben, so dass es für mich…

[*Lehrperson B*: …dann gibt's aber auch keinen Grund, was zu tun…]

….ja der Handlungsbedarf gar nicht so notwendig war und wie du vorhin gesagt hast, das Tagesgeschäft bei mir das total überlagert."

In der ersten Sequenz wird berichtet, dass die SEIS-Ergebnisse Probleme (Angst in der Schule) suggerieren, die es – nach interner Überprüfung und Falsifikation – „nicht gibt". Damit werden die Evaluationsbefunde in ihrem Aussagegehalt angezweifelt und als nicht realitätsadäquat delegitimiert. In der zweiten Sequenz erzeugt SEIS trotz hohem Aufwand Arbiträres („wenn man Glück hat") und die so gewonnenen Ergebnisse Redundanz („hätte man auch so gewusst"), ohne dass die Problembearbeitung dadurch erleichtert worden wäre. Auch hier wird die Realitätsadäquanz der auferlegten Evaluation bezweifelt („fragt gar nicht nach dem wirklichen Bedarf"). Die dritte Sequenz ist interessant, weil SEIS in diesem Fall kein verwertbares Evaluationsergebnis liefert, d.h. keine Stärken/Schwächen-Differenz erzeugt und entsprechend weder Handlungsanlass noch Entscheidungsprämisse darstellt. Diese Situation wird dann zur Legitimation des Status Quo genutzt. In den beiden ersten Sequenzen lassen sich keine Konsequenzen für die Veränderung der Praxis erkennen, im dritten Beispiel wird diese Folgenlosigkeit explizit thematisiert. Auf Basis der durchgeführten Evaluation kann in den Fällen folglich keine *Kausalität* zwischen „gemessenen" Wirkungen (Stärken/Schwächen) und Ursachen hergestellt werden, weil die Evaluationsergebnisse über keine hinreichende Plausibilität verfügen und keinen Anlass zur Revision verfügbarer Selbstbeschreibungen und Kausalpläne geben. Oder kurz gesagt: Der angebotene „neue" Kausalplan datenbasierter Steuerung verfehlt seine Wirkung.

6. Resümee: Selbstevaluation als Intervention

Qualitätsstandards „steuern" Strukturbildungsprozesse normgeleitet, insofern sie als Blaupausen interner Problemkonstruktion fungieren, die im Evaluationsprozess als gültige Beschreibungen interner Wirklichkeit (Erzeugung von *common sense*) implantiert und als Handlungs- bzw. Lernanlässe wirksam werden sollen. Eine wissenschaftliche Untersuchung der Implementationsfolgen evaluationsbasierter Steuerungselemente müsste folglich der Frage nachgehen, ob und inwiefern evaluationsbasierte Problembeschreibungen in der Praxis reifiziert werden und schulinterne Prozesse praxeologischer Sinnkonstitution, geteilter Wirklichkeitsinterpretation und retrospektiver Entscheidungsplausibilisierung beeinflussen. Eine Basisannahme dabei ist, dass es sich bei Schulen, wenn schon nicht um entscheidungsautonome Systeme formaler Organisation im Sinne operativer Rekursivität, dann zumindest um partial entkoppelte und damit adressierbare Sozialsysteme mit „Gedächtnis und Identität" innerhalb der Metaorganisation des staatlichen Schulwesens (Mehrebenensystem) handelt. Letzteres bedeutet, dass mehr oder weniger explizierte Selbstbeschreibungen existieren, die zur Ausbildung spezifischer Relevanzsetzungen, Routinen und Problemdeutungen beitragen.

Setzt man dies voraus, scheinen standardbasierte Selbstevaluationen infolge der Normativität der ihnen zugrunde liegenden Qualitätsindikatoren und -kriterien steuerungstheoretisch betrachtet einen Interventionscharakter zu besitzen. Intervention stellt sich in dieser Perspektive als paradoxer Mechanismus dar, der auf der „Intentionalisierung nicht intentionalisierbarer Veränderung" als „Bedingung der Möglichkeit kontrollierter Veränderung in nichttrivialen Systemen" (Willke, 1994, S. 110) gründet. Wenn eine Veränderung des zu steuernden Systems nur als Selbstveränderung seiner eigenen Zustände möglich ist, dann erzeugt Intervention zumindest „diejenigen Irritationen, die das (…) System in Distanz zu seiner eigenen Selbstbeschreibung zwingt" (ebd., S. 113).[8] Paradox wäre in Bezug auf die hier diskutierte Standardbasierung, dass sie in den Schulen eine evaluationsinduzierte Erhöhung von Mehrdeutigkeit[9] hervorruft, anstatt diese – entsprechend der Programmatik – verfahrenstechnisch zu reduzieren. Dies löst auf Schulebene offenbar eigensinnige Sensemaking-Anstrengungen aus, um jene „evidenzbasierte" Steigerung von Mehrdeutigkeit (und damit letztlich: gestiegene Komplexität) wiederum bearbeiten zu können. Eine Frage ist damit, ob standardisierte Selbstevaluationen überhaupt als eine Transparenz und Eigenreflexivität evozierende Intervention verstanden werden können oder ob ihre Wirkungsebene nicht vielmehr in einer Modifikation schulinterner Selbstbeschreibungen liegt, um „neue" Steuerung durch Implementierung eines veränderten Kau-

---

8   Es sei hier angemerkt, dass sich Helmut Willke an zitierter Stelle auf therapeutische Intervention, d.h. auf die Veränderung psychischer Systeme bezieht. Die Interventionslogik der Selbstevaluation scheint allerdings nach einem äquivalenten Muster strukturiert zu sein.

9   In dieser Hinsicht ließe sich die Logik evaluationsbasierter Steuerung auch nach dem Modell der „Kriseninduktion" beschreiben, wie es Gruschka, Heinrich, Köck, Martin, Pollmanns & Tiedtke (2003) in Bezug auf die Einführung der Schulprogrammarbeit entwickelt haben.

salplans für das Gesamtsystem Schule strukturell zu ermöglichen. Eine andere Frage ist, ob standardbasierte Selbstevaluationen zu einer „Rationalisierung der Praxis" (Kuper, 2004, S. 33ff.) beitragen: Wenn dies handlungspraktisch geschieht, dann offensichtlich im Modus normorientierter „*Wertrationalität*" (Weber, 1980, S. 13).[10]

Literatur

Abs, J. H., Maag Merki, K. & Klieme, E. (2006). Grundlegende Gütekriterien für Schulevaluationen. In W. Böttcher, H. G. Holtappels & M. Brohm (Hrsg.), *Evaluation im Bildungswesen. Eine Einführung in Grundlagen und Praxisbeispiele* (S. 97–108). Weinheim und München: Juventa.

Altrichter, H. (2009). Schritte zur Selbstevaluation. In S. G. Huber (Hrsg.), *Handbuch für Steuergruppen. Grundlagen für die Arbeit in zentralen Handlungsfeldern des Schulmanagements* (S. 417–461). Köln, Neuwied: Link Luchterhand.

Altrichter, H. & Heinrich, M. (2006). Evaluation als Steuerungsinstrument im Rahmen eines ‚neuen Steuerungsmodells' im Schulwesen. In W. Böttcher, H. G. Holtappels & M. Brohm (Hrsg.), *Evaluation im Bildungswesen. Eine Einführung in Grundlagen und Praxisbeispiele* (S. 51–64). Weinheim und München: Juventa.

Böttcher, W., Holtappels, H. G. & Brohm, M. (2006). Evaluation im Bildungswesen. In W. Böttcher, H. G. Holtappels & M. Brohm (Hrsg.), *Evaluation im Bildungswesen. Eine Einführung in Grundlagen und Praxisbeispiele* (S. 7–21). Weinheim und München: Juventa.

Brunsson, N. (1989). *The Organization of Hypocrisy: Talk, Decisions, and Actions in Organizations*. Chichester: John Wiley & Sons.

Buhren, C. (2009). Die Evaluation der eigenen Schule – die Innen- und Außensicht. In S. G. Huber (Hrsg.), *Handbuch für Steuergruppen. Grundlagen für die Arbeit in zentralen Handlungsfeldern des Schulmanagements* (S. 389–425). Köln, Neuwied: Link Luchterhand.

Dalin, P., Rolff, H.-G. & Buchen, H. (1996). *Institutioneller Schulentwicklungsprozess. Ein Handbuch*. Soest: Verlag für Schule und Weiterbildung.

Emmerich, M., Maag Merki, K. & Kotthoff, H.-G. (2009). Bildungsregion Freiburg und Ravensburg als Motor der Qualitätsentwicklung in der Einzelschule? In K. Maag Merki (Hrsg.), *Kooperation und Netzwerkbildung. Strategien zur Qualitätsentwicklung in Einzelschulen* (S. 156–166). Seelze: Klett-Kallmeyer.

Flick, U. (Hrsg.). (2006). *Qualitative Evaluationsforschung. Konzepte Methoden Umsetzungen*. Reinbek bei Hamburg: Rowohlt.

Gruschka, A., Heinrich, M., Köck, N., Martin, E., Pollmanns, M. & Tiedtke, M. (2003). *Innere Schulreform durch Krisenindukrion? Fallrekonstruktionen und Strukturanalysen zu den Wirkungen administriell verordneter Schulprogrammarbeit*. Frankfurt: Johann Wolfgang Goethe Universität.

Hartung-Beck, V. (2009). *Schulische Organisationsentwicklung und Professionalisierung. Folgen von Lernstandserhebungen an Gesamtschulen*. Wiesbaden: VS Verlag für Sozialwissenschaften.

---

10 Nach Weber ist wertrational orientiertes Handeln „durch bewussten Glauben an den – ethischen, ästhetischen, religiösen oder wie auch sonst zu deutenden – unbedingten Eigenwert eines bestimmten Sichverhaltens rein als solchen unabhängig vom Erfolg" (Weber, 1980, S. 12) definiert.

Hiller, P. (2005). *Organisationswissen. Eine wissenssoziologische Neubeschreibung der Organisation*. Wiesbaden: VS Verlag für Sozialwissenschaften.

Kromrey, H. (2004). Evaluation oder Selbstevaluation? Dilemmata im peer-review-Konzept. In H. Merkens (Hrsg.), *Evaluation in der Erziehungswissenschaft* (S. 47–57). Wiesbaden: VS Verlag für Sozialwissenschaften.

Kromrey, H. (2006). *Empirische Sozialforschung. Modelle und Methoden der standardisierten Datenerhebung und Datenauswertung*. Stuttgart: Lucius & Lucius Verlag.

Kuper, H. (2004). Wie werden Daten in Informationen transformiert – Fragen an die erziehungswissenschaftliche Evaluationsforschung. In H. Merkens (Hrsg.), *Evaluation in der Erziehungswissenschaft* (S. 25–46). Wiesbaden: VS Verlag für Sozialwissenschaften.

Kuper, H. (2008). Wissen – Evaluation – Evaluationswissen. In T. Brüsemeister & K.-D. Eubel (Hrsg.), *Evaluation, Wissen und Nichtwissen* (S. 61–73). Wiesbaden: VS Verlag für Sozialwissenschaften.

Kurtz, T. (2004). Zur Respezifikation der pädagogischen Einheitsformel. In D. Lenzen (Hrsg.), *Irritationen des Erziehungssystems. Pädagogische Resonanzen auf Niklas Luhmann*. Frankfurt a.M.: Suhrkamp.

Kussau, J. & Brüsemeister, T. (2007). Educational Governance: Zur Analyse der Handlungskoordination im Mehrebenensystem Schule. In H. Altrichter, T. Brüsemeister & J. Wissinger (Hrsg.), *Educational Governance. Handlungskoordination und Steuerung im Bildungssystem* (S. 15–54). Wiesbaden: VS Verlag für Sozialwissenschaften.

Lüders, C. (2006). Qualitative Evaluationsforschung – was heißt hier Forschung? In U. Flick, (Hrsg.), *Qualitative Evaluationsforschung. Konzepte Methoden Umsetzungen* (S. 33–62). Reinbek bei Hamburg: Rowohlt.

Luhmann, N. (1982). Die Voraussetzung der Kausalität. In N. Luhmann & K. E. Schorr (Hrsg.), *Zwischen Technologie und Selbstreferenz. Fragen an die Pädagogik* (S. 41–50). Frankfurt a. M.: Suhrkamp.

Luhmann, N. (1984). *Soziale Systeme. Grundriß einer allgemeinen Theorie*. Frankfurt a. M.: Suhrkamp.

Luhmann, N. (2000). *Organisation und Entscheidung*. Opladen: Westdeutscher Verlag.

Luhmann, N. (2002). *Das Erziehungssystem der Gesellschaft*. Frankfurt a. M.: Suhrkamp.

Luhmann, N. & Schorr, K. E. (1982). Das Technologiedefizit der Erziehung und die Pädagogik. In N. Luhmann & K. E. Schorr (Hrsg.), *Zwischen Technologie und Selbstreferenz. Fragen an die Pädagogik* (S. 11–40). Frankfurt a. M.: Suhrkamp.

Luhmann, N. & Schorr, K. E. (1988). *Reflexionsprobleme im Erziehungssystem*. Frankfurt a. M.: Suhrkamp.

Maritzen, N. (1998). Autonomie der Schule: Schulentwicklung zwischen Selbst- und Systemsteuerung. In H. Altrichter, W. Schley & M. Schratz (Hrsg.), *Handbuch zur Schulentwicklung* (S. 609–637). Innsbruck: StudienVerlag.

Rolff, H. G. (1993). *Wandel durch Selbstorganisation. Theoretische Grundlagen und praktische Hinweise für eine bessere Schule*. Weinheim und München: Juventa.

Stern, C., Ebel, C., Schönstein, V. & Vorndran, O. (Hrsg.). (2008). *Bildungsregionen gemeinsam gestalten. Erfahrungen, Erfolge, Chancen*. Gütersloh: Bertelsmann Stiftung.

Stockmann R. (2004). Evaluation in Deutschland. In R. Stockmann (Hrsg.), *Evaluationsforschung. Grundlagen und ausgewählte Forschungsfelder* (S. 13–43). Opladen: Leske+Budrich.

Stockmann, R. (2006). Qualitätsmanagement und Evaluation im Vergleich. In W. Böttcher, H. G. Holtappels & M. Brohm (Hrsg.), *Evaluation im Bildungswesen. Eine Einführung in Grundlagen und Praxisbeispiele* (S. 23–38). Weinheim und München: Juventa.

Tacke, V. (2005). Schulreform als aktive Deprofessionalisierung? Zur Semantik der lernenden Organisation im Kontext der Erziehung. In T. Klatetzki & V. Tacke (Hrsg.), *Organisation und Profession* (S. 165–198). Wiesbaden: VS Verlag für Sozialwissenschaften.

Tillmann, K.-J. & Wischer, B. (1998). Vorwort. In K.-J. Tillmann & B. Wischer (Hrsg.), *Schulinterne Evaluation an Reformschulen. Positionen, Konzepte, Praxisbeispiele* (S. 7–9). Bielefeld: LaborSchule.

Vandestraeten, R. (2004). Interaktion und Organisation im Erziehungssystem. In W. Böttcher & E. Terhart (Hrsg.), *Organisationstheorie in pädagogischen Feldern*. Wiesbaden: VS Verlag für Sozialwissenschaften.

Weber, M. (1980). *Wirtschaft und Gesellschaft. Grundriß der verstehenden Soziologie*. Tübingen: Mohr.

Weick, K. E. (1993). The Collapse of Sensemaking in Organizations: The Mann Gulch Disaster. *Administrative Science Quarterly, 38* (4), 628–652.

Weick, K. E. (1995). *Sensemaking in Organizations*. London: Sage Publications.

Weick, K. E., Sutcliff, K. M. & Obstfeld, D. (2005). Organizing and the Process of Sensemaking. *Organization Science, 16* (4), 409–421.

Willke, H. (1994). *Systemtheorie II: Interventionstheorie. Einführung in die Theorie der Intervention in komplexe Sozialsysteme*. Stuttgart: Fischer.

Zucker, L. (1991). The Role of Institutionalization in Cultural Persistence. In W. W. Powell & J. P. DiMaggio (Eds.), *The New Institutionalism in Organizational Analysis* (pp. 83–107). Chicago and London: The University of Chicago Press.

Tobias Feldhoff

Steuerung durch Qualifizierung

Die Steuerungsfunktion und „-wirkung" von Qualifizierungsmaßnahmen am Beispiel schulischer Steuergruppen im Modellvorhaben „Selbstständige Schule"

1. Einleitung

In den 1980er Jahren lagen die Hoffnungen der Bemühungen um eine Steigerung der schulischen Qualität nach der „Krise der Außensteuerung" (Rolff, 1998, S. 297) auf der „Einzelschule als pädagogische Handlungseinheit" (Fend, 1986, S. 275). Seit dieser Entdeckung der Einzelschule als „Motor" (Dalin & Rolff, 1990, S. 34) der Schulentwicklung wurden mehr und mehr Aufgaben auf diese Organisationsebene übertragen, im Sinne einer eigenverantwortlichen Entwicklung. Dieser Trend der Dezentralisierung der Steuerung des Bildungssystems in Form einer primären Fokussierung auf die Einzelschule wurde mit dem schlechten Abschneiden Deutschlands bei der PISA-Studie durch den sogenannten ‚Paradigmenwechsel' (BMBF, 2003) von der Input- zur Outputsteuerung abgelöst[1]. Im Zuge dieser Umstellung wurden zahlreiche „Maßnahmen initiiert, um die Qualität des Bildungssystems und seine Ergebnisse […] weiterzuentwickeln und nachhaltig zu sichern" (Altrichter, Brüsemeister & Wissinger, 2007, S. 9). Auf der Suche nach geeigneten Steuerungsmodellen, mit denen die Leistungen der Bildungssysteme zielgerichteter und effizienter erbracht werden können, wurde und wird in den jeweiligen Bundesländern mit mehr oder weniger unterschiedlichen Maßnahmen experimentiert. Dies hat eine Diversifizierung der bisherigen Steuerungskonfigurationen zur Folge. Konzepte erweiterter Eigenverantwortung werden parallel mit Ansätzen der Qualitätsüberprüfung, wie Lernstanderhebungen und externe Evaluation, zur Steuerung des Schulsystems genutzt. Aber auch die Lehrerfort- und Lehrerweiterbildung wird zunehmend „als politisches Steuerungsinstrument" (Fussangel, Rürup & Gräsel, 2009, S. 329) betrachtet.

Dieser Beitrag versucht am Beispiel schulischer Steuergruppen im Modellvorhaben „Selbstständige Schule" in Nordrhein-Westfalen aufzuzeigen, wie Qualifizierung als Steuerungsinstrument genutzt werden kann, um Reformprogramme in Schulen zu transportieren und welche Wirkungen damit erzielt werden können.

2. Lehrerfort- und Lehrerweiterbildung

Die Lehrerfort- und Lehrerweiterbildung[2] hat in Deutschland einen hohen Stellenwert (Terhart, 2000). Sie ergänzt als Unterstützungssystem die universitäre Ausbildung und

---

1 Allerdings ist diese Bezeichnung missverständlich, da es sich eher um eine „Umstellung der Schulgovernance" (Brüsemeister, 2004) auf eine outputorientierte Inputsteuerung handelt.
2 Im Weiteren wird auf die Unterscheidung von Lehrerfortbildung, die auf den Erhalt und die Erweiterung der beruflichen Praxis von Lehrkräften im Rahmen ihrer bestehenden Aufgaben und

den schulpraktischen Vorbereitungsdienst als dritte Phase der Lehrerbildung (Fussangel et al., 2009). Die primären Ziele der Lehrerfortbildung sind die Qualitätssicherung in Form eines Erhalts der beruflichen Kompetenzen der Lehrkräfte in einem lebenslang gestalteten Prozess und die Qualitätsentwicklung im Sinne der Erweiterung der beruflichen Kompetenzen der Lehrkräfte um neue berufliche und gesellschaftliche Ansätze. Altrichter formuliert dies anschaulich: „Die traditionelle Art der Lehrerfortbildung […] liegt darin, *Kompetenzen*, die für die Erfüllung wichtiger Alltagsfunktionen in Schulen wichtig sind und nicht durch die vorgängige Lehrergrundausbildung oder die Arbeit vor Ort erworben werden konnten, in verschiedenen Formen […] zu vermitteln." (Altrichter, 2010, S. 21).

2.1   Wirksamkeit von Lehrerfort- und Lehrerweiterbildung

Die Wirksamkeit von Fortbildungen ist aus theoretischer und empirischer Perspektive ein komplexes Feld mit einer mannigfaltigen Anzahl potentieller Einflussgrößen, die es zu berücksichtigen gilt. Lipowsky (2010) unterscheidet vier Ebenen, auf denen Fortbildungen wirken können:

1. Reaktionen und Einschätzungen der teilnehmenden Lehrpersonen

Diese Ebene lässt sich in Form von Teilnehmerzufriedenheit, -akzeptanz und -relevanz empirisch relativ einfach erfassen und ist nicht zuletzt aus diesem Grund die Ebene, die in fast allen Studien zur Wirksamkeit von Fortbildungen analysiert wird. Lipowsky beschreibt die Ergebnisse solcher Studien mit Verweis auf Jäger und Bodensohn (2007) und Guskey (2002) sowie Smith und Gillespie (2007) für den internationalen Kontext wie folgt: Die Akzeptanz von Fortbildungen wird hoch eingeschätzt, wenn sie für die Teilnehmenden einen möglichst hohen Praxisbezug, d.h. zumeist einen starken Unterrichtsbezug haben. Weitere zentrale Faktoren sind ausreichende Beteiligungs- und Austauschmöglichkeiten, hohe Kompetenz der Dozierenden sowie eine gutes Klima. Auch wenn die Befunde eindeutig sind, zeigt sich kein bzw. kaum ein Zusammenhang dieser Aspekte zur Wirksamkeit von Fortbildungen auf den anderen Ebenen. Einzige Ausnahme ist der Zusammenhang von wahrgenommener Nützlichkeit bzw. Relevanz und Wissenszuwachs (Hochdoldinger & Schaper, 2007).

2. Erweiterung der Lehrerkognitionen

Mit Lehrerkognitionen sind „einerseits Überzeugungen und subjektive Theorien, andererseits das fachliche, fachdidaktische, pädagogisch-psychologische und diagnostische Wissen von Lehrerinnen und Lehrern" (Lipowsky, 2010, S. 54) gemeint. Die Befunde von Baumert und Kunter (2006) für den Bereich der Mathematik weisen darauf hin, dass das Fachwissen und das fachdidaktische Wissen von Lehrkräften einen größeren Einfluss auf die Leistung der Schülerinnen und Schüler haben, als bis anhin vermutet.

Funktionen zielt, und der Lehrerweiterbildung, die für die Übernahme erweiterter Funktionen qualifizieren soll, verzichtet (Terhart, 2000).

Zum mathematischen und naturwissenschaftlichen Bereich gibt es eine Reihe von Experimentalstudien, die den Zusammenhang von Fortbildung und Lehrerkognition vor allem im Bereich einer Veränderung von fachdidaktischem Wissen und einer „ausgeprägtere[n] Vorstellung vom naturwissenschaftlichen Lehren und Lernen" (Lipowsky, 2010, S. 56) zeigen. Als Ursache dieser Erfolge werden zumeist didaktisch angeleitete Reflexionsprozesse und ein verändertes Verständnis der eigenen Lehrerrolle bzw. des eigenen Handelns und der Aneignungsprozesse von Lernenden genannt.

3. Unterrichtspraktisches Handeln

Lipowsky weist auf die Schwierigkeit hin, von Fortbildungen ausgelöste Veränderungen auf das Handeln von Lehrkräften im Unterricht zu messen. Eine Möglichkeit sind Videostudien, bei denen Unterricht zu mehreren Messzeitpunkten beobachtet wird. Allerdings sind diese Daten nicht einfach auszuwerten. Teilweise ist es schwierig zu beurteilen, ob verändertes Handeln auf die Fortbildung oder nicht evtl. auch auf veränderte Unterrichtsinhalte zurückzuführen ist. Eine weitere Möglichkeit besteht in der indirekten Messung durch die Befragung von Schülerinnen und Schülern oder durch die Messung von Veränderungen in deren Handeln oder Leistung. Bei der Befragung von Schülerinnen und Schülern gilt es zu berücksichtigen, dass Lehrkräfte, Schülerinnen und Schüler sowie externe Beobachter Unterricht unterschiedlich einschätzen (Clausen, 2002). Insgesamt zeigen die unterschiedlich angelegten Studien durchaus Effekte von Fortbildungen auf verschiedene Aspekte des Lehrerhandelns, wie z.B. ein stärker kognitiv aktivierender Unterricht, eine höhere Verständnisorientierung und Strukturiertheit. Keine Einigkeit herrscht in den Studien, ob eher die gezielte Implementierung von konkreten Unterrichtseinheiten, also ein möglichst enges Trainingskonzept, oder eine Vermittlung weniger konkreter Vorgaben zu einem veränderten Handeln führt (Lipowsky, 2010).

4. Effekte auf Schülerinnen und Schüler[3]

Lipowsky (2010) verweist darauf, dass vor wenigen Jahren noch keine Effekte von Fortbildungen auf Schülerinnen und Schüler nachgewiesen werden konnten. Mittlerweile gibt es einige Studien zu Fortbildungen sowohl aus dem Bereich der Mathematik und Naturwissenschaften, als auch dem Bereich der Sprachen bzw. des Lesens, die höhere Leistungen der Treatmentgruppen nachweisen können. Die Befunde zum Einfluss von Fortbildungen auf motivationale Aspekte der Schülerinnen und Schüler sind dagegen widersprüchlich.

Die konkreten Zusammenhänge einzelner Aspekte auf den vier Ebenen hat Lipowsky in einem erweiterten Angebots-Nutzungsmodell in Anlehnung an Fend (1981) bzw. Helmke & Weinert (1997) und Helmke (2006) skizziert (vgl. auch Huber und Radisch in diesem Band).

---

3   Zielen Qualifizierungen nicht auf eine Veränderung des Unterrichtshandelns von Lehrkräften, so gilt es auch die Effektvariable auf der vierten Ebenen entsprechend anzupassen. Die Effektvariable von Qualifizierungsmaßnahmen für Schulleitungen zum Thema „Finanzbudgetierung" auf dieser Ebene wäre z.B. eine effizientere und effektivere Finanzbudgetierung der Schule.

2.2   Die Lehrerfortbildung als Steuerungsinstrument

Bezogen auf das Gesamtsystem Schule gilt es, von staatlicher Seite entsprechende Bemühungen zu unternehmen, damit die Maßnahmen der Lehrerfortbildung, den oben skizzierten Kriterien auf den vier Ebene entsprechen. Die Wirksamkeit der Lehrerfortbildung im Sinne der bereits angesprochenen Funktionen der Qualitätssicherung und -entwicklung hängt jedoch nicht nur von der Wirksamkeit der einzelnen Qualifizierungsmaßnahmen ab, sondern auch davon, wie und ob diese angeboten und auch von Lehrkräften besucht werden. Eine weitere Einflussgröße der Wirksamkeit der Lehrerfortbildung stellt der Grad der Kongruenz von angebotenen Maßnahmen und momentanem Qualifizierungsbedarf dar. Der Qualifizierungsbedarf kann von einzelnen Lehrkräften, der Schule oder von der Bildungsverwaltung und -politik definiert werden.

Diese drei verschiedenen Einflussfaktoren gilt es von staatlicher Seite mit entsprechenden Instrumenten zu steuern, um eine möglichst hohen Wirkung der Lehrerfortbildung auf der Systemebene zu erreichen. Im Folgenden soll aufgezeigt werden, welche Instrumente zur Steuerung des Lehrerfortbildungssystems dem Staat zur Verfügung stehen.[4]

Angebot

Die Fortbildungssysteme in den deutschsprachigen Ländern lassen sich als Quasimärkte beschreiben. Hierunter werden Hybridmodelle einer Kombination von marktwirtschaftlichen und staatlich-bürokratischen Steuerungselementen verstanden (Weiß, 2001). Zu einem Markt gehört immer ein Angebot, das „gehandelt" werden kann. Ein Großteil der Angebote der Lehrerfortbildung wird von staatlichen Einrichtungen, wie z. B. Lehrerbildungsinstituten bereitgestellt. Somit können diese Einrichtungen von staatlicher Seite über die Angebotsplanung und -bereitstellung gesteuert werden.

Fortbildungsverpflichtung/Genehmigung

Die Steuerungswirkung über das Angebot ist eng verknüpft mit einer Steuerung über Fortbildungsverpflichtungen. Fortbildungsverpflichtungen können sowohl aus quantitativen Vorgaben bezüglich der Anzahl zu besuchender Maßnahmen als auch aus qualitativen Vorgaben zum Besuch konkreter Veranstaltungen oder Themenbereiche sowie deren Kombination bestehen. Während über rein quantitative Vorgaben lediglich ein allgemeines Fortbildungsengagement sichergestellt werden kann (Fussangel et al., 2009), ist es möglich, über qualitative Vorgaben stärker in Richtung einer gezielten fachlichen Qualitätssicherung und Qualitätsentwicklung zu steuern.[5]

Neben der Verpflichtung zu Fortbildung erfolgt Steuerung über die Genehmigung des Besuchs von Angeboten. Diese erfolgt entweder traditionell durch die Schulaufsicht oder im Zuge erweiterter Eigenverantwortung durch die Schulleitung (vgl. Kap. 4.).

---

4   Die Darstellung erhebt keinen Anspruch auf Vollständigkeit; vielmehr soll ein erster Überblick über zentrale Maßnahmen gegeben werden.
5   Voraussetzung hierfür ist natürlich immer die Motivation der Lehrkräfte, an den Maßnahmen teilzunehmen und deren Wirkung auf das Wissen und Handeln der Lehrkräfte.

Anbieter

Neben der Angebotsseite und der Fortbildungsverpflichtung kann Steuerung auch auf der Anbieterseite erfolgen. Hier haben die einzelnen Bundesländer verschiedene Optionen zur Regulierung des Marktzugangs. Prinzipiell kann jeder Anbieter in Deutschland Qualifizierungen für Lehrkräfte und Schulleitung offerieren. Regulierung kann über die Anerkennung dieser Anbieter und deren Angebote in Bezug auf die Fortbildungsverpflichtung, die Kostenübernahme und die Teilnahmegenehmigung während der Arbeitszeit im Rahmen der gesetzlichen Vorgaben erfolgen. Um eine Transparenz für die Lehrkräfte und Schulleitungen als „Kunden" herzustellen, gehen viele Bundesländer dazu über, Anbieter und deren Angebote zu zertifizieren. Angebote anerkannter Anbieter können in den Fortbildungsdatenbanken der Bundesländer registriert werden und erhalten somit einen Zugang zu zentralen Vertriebswegen.

Verlagerung auf die einzelschulische Ebene

Eine weitere Form der Steuerung ist die Verlagerung von Entscheidungskompetenzen im Bereich der Personalentwicklung auf die Einzelschule. Die Kommission Lehrerbildung der ständigen Kultusministerkonferenz (2004) betont, dass weder die reine Freiwilligkeit der einzelnen Lehrkräfte noch rigorose Pflichtveranstaltungen der Zukunftsweg der Lehrerfortbildung sind. Der entscheidende Bezugspunkt für die Auswahl von Fortbildungsangeboten soll die Einzelschule sein. Fortbildung muss als integraler Bestandteil schulischer Personalentwicklung[6] verstanden werden, bei der neben den Bedürfnissen der einzelnen Lehrkräfte vor allem der schulische Bedarf im Vordergrund steht (vgl. auch Meetz, 2007; Oelkers, 2003). Die Bedeutung einer systematischen Fortbildung für die Qualitätsentwicklung der Einzelschule wird durch Maßnahmen im Zuge einer erweiterten Eigenverantwortung in den einzelnen Bundesländern verstärkt.

Die Verantwortung und Sicherstellung des Erhalts und der Weiterentwicklung der beruflichen Kompetenzen der Lehrkräfte wird hierbei zumeist auf die Schulleitung übertragen. Im Rahmen einer schulischen Fortbildungsplanung hat sie die Aufgabe, zusammen mit den Lehrkräften zwischen deren individuellen Bedürfnissen und denen der Schule den Fortbildungsbedarf auszuloten und jeweils individuelle Verabredungen zu treffen (Meetz, 2007). In einigen Bundesländern sind die Schulen verpflichtet, ihre Fortbildungsplanung der Schulaufsicht mitzuteilen bzw. sie von dieser genehmigen zu lassen. Im Sinne der Rechenschaftslegung bzw. des Controllings soll die Qualität von staatlicher Seite sichergestellt werden und somit ‚verlorene' Steuerungsmacht durch die Delegation der Genehmigungspflicht auf die einzelschulische Ebene kompensiert werden. Denkbar ist auch, dass die Fortbildungsplanung Bestandteil der Zielvereinbarungen zwischen Einzelschule und Schulaufsicht im Anschluss an eine externe Evaluation ist.

Ebenfalls enthalten in der Fortbildungsplanung sind schulinterne Fortbildungen. In manchen Bundesländern wird versucht, landespolitischen Themen über schulinterne Fortbildungen stärkeres Gewicht zu verleihen. Die Schulen sind in solchen Modellen

---

6 Der Begriff der Personalentwicklung wird in der erziehungswissenschaftlichen Literatur (Rolff, 2005; Rolff & Buhren, 2002) weitgehend synonym mit dem in der Betriebswirtschaft gebräuchlichen Begriff des Personalmanagements (Becker, 2002) verwendet. Um Irritationen zu vermeiden, werden diese Begriffe auch in diesem Beitrag synonym verwendet.

verpflichtet, pro Jahr eine schulinterne Fortbildung zu einem vorgegebenen Schwer-
punktthema durchzuführen.

Diese kurze Darstellung macht deutlich, dass dem Staat etliche Instrumente und Maßnahmen zur Steuerung der Lehrerfortbildung zur Verfügung stehen. Allerdings stellen
sowohl Altrichter (2010) als auch Fussangel et al. (2009) fest, dass die Lehrerfortbildung
bisher wenig koordiniert ist und erst in den letzten Jahren eine „stärkere Verbindung von
staatlichen Reformen und Tätigkeit der Fortbildung" (Altrichter, 2010, S. 31) entsteht.
Hier verweist Altrichter auf ein weiteres Ziel von Fortbildung, das über die Qualitätssicherung und -entwicklung der Kompetenz der Lehrkräfte hinaus geht: über verbindliche
und aufeinander abgestimmte Fortbildungsbausteine systematisch Innovationen in Schulen zu initiieren. Neben der Vermittlung von Wissen und Kompetenzen zur Bewältigung
neuer Anforderungen soll den Lehrkräften die mit den Reformen verbundene Philosophie
(Ideen, Normen und Werte) vermittelt werden (Fussangel et al., 2009).

Eine solche stärkere Verzahnung von Reformvorhaben und Qualifizierung soll nun
anhand des Modellvorhabens „Selbstständige Schule" und der Qualifizierung der schulischen Steuergruppen im Projekt vorgestellt werden.

3.   Qualifizierung schulischer Steuergruppen im Modellvorhaben „Selbstständige Schule"

Bei dem Modellvorhaben „Selbstständige Schule" in Nordrhein-Westfalen handelt es
sich um ein Gemeinschaftsprojekt des Ministeriums für Schule und Weiterbildung NRW
und der Bertelsmann Stiftung. Im Projekt erprobten 278 Schulen aller Schulformen von
2002 bis 2008 ein erhöhtes Maß an Eigenverantwortung in verschiedenen Handlungsfeldern. Zentrale Ziele des Projekts sind die Weiterentwicklung des Unterrichts und der
Aufbau regionaler Bildungslandschaften. Diese übergreifenden Ziele wurden in den
nachstehenden Arbeitsfeldern verfolgt: Eine systematische Unterrichtsentwicklung zur
Förderung der Lernkompetenz bei Schülerinnen und Schülern, die Verbesserung des
schulinternen Managements, ein eigenverantwortliches und effizientes Arbeiten im Rahmen größerer Gestaltungsfreiräume in den Bereichen Personal- und Ressourcenbewirtschaftung, Unterrichtsorganisation, Mitwirkung und Partizipation sowie Aufbau eines
Systems der Qualitätsentwicklung/-sicherung zur Rechenschaftslegung.

3.1   Steuerung im Modellvorhaben

Zur Steuerung des Projekts wurde eine eigene Struktur geschaffen, die in die bisherige
bürokratische Struktur integriert wurde (Berkemeyer, 2009; Weisker, 2004; vgl. Abbildung 1)[7].

---

7   Eine ausführliche Analyse zur Projektarchitektur und zur Steuerung des Modellvorhabens findet
     sich bei Berkemeyer (2009).

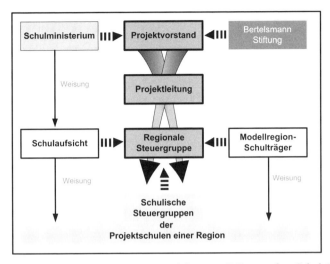

Quelle: in Anlehnung an Berkemeyer, 2009; Projektleitung „Selbstständige Schule", 2004, S. 47

Abb. 1: Aufbauorganisation des Modellvorhabens

Zuoberst bilden die beiden Projektpartner auf Basis eines Kooperationsvertrages den Projektvorstand als strategisches Management, der die operative Projektleitung eingesetzt hat. Die Aufgabe der Projektleitung bestand u.a. in der Koordination und Unterstützung der regionalen Steuergruppen, des Projektcontrollings und dessen Dokumentation. Die Projektleitung hat keinen direkten Einfluss auf die Schulen selbst, ihr Einfluss war nur vermittelt über die regionalen Steuergruppen, die aus Vertretern der Schulaufsicht, der Schulträger und der Schulleitungen zusammengesetzt war, und die im Konsensprinzip als „staatlich-kommunale Verantwortungsgemeinschaft" die regionale Entwicklung steuern sollte. Eines der zentralen Steuerungsinstrumente in Händen der regionalen Steuergruppe war der regionale Entwicklungsfonds für den pro Schule und Jahr 5000 € zur Verfügung standen. Der überwiegende Teil der Mittel sollte vor allem in umfangreiche Fortbildungen fließen (Hoppe, 2004). Die Schulen haben in den Kooperationsvereinbarungen mit den Projektträgern zu Beginn des Projektes ihre schulischen Entwicklungsziele definiert. Darüber hinaus verpflichteten sie sich, eine schulische Steuergruppe einzurichten und an den im Rahmen des Projekts angebotenen Fortbildungen teilzunehmen. Im Gegenzug erhielten sie Entlastungsstunden im Umfang von durchschnittlich einer halben Lehrerstelle sowie Mittel aus dem regionalen Entwicklungsfonds.

3.2   Stärkung der Organisation durch die Verbesserung des schulinternen Managements

Das Projekt ging von zwei Prämissen aus, mit denen die o.g. Ziele erreicht werden sollen: Erstens die Bereitstellung eines juristischen Rahmens zur Ermöglichung der neuen Handlungsfreiräume von erweiterter Selbstständigkeit in Form von Kompetenzverlagerungen bestimmter Entscheidungsfelder von der administrativen auf die schulische Ebene. Zweitens die Annahme, dass erweiterte Formen von Selbstständigkeit in den Handlungsfeldern nur dann zu einer nachhaltigen Verbesserung der schulischen Qualität führen, wenn gleichzeitig die Führungs- und Managementkompetenzen auf der Organisationsebene durch eine Erweiterung und Verbesserung des schulinternen Managements gestärkt werden (Weisker, 2004). Im Projekt sollte dies durch erweiterte Befugnisse der Schulleitung[8] als Dienstvorgesetzter sowie in den Bereichen Personal- und Ressourcenbewirtschaftung und der Einrichtung schulischer Steuergruppen erzielt werden. Diese Stärkung der Organisation war zum einen Ziel, zum anderen Voraussetzung für den Erfolg des Projektes in den Handlungsfeldern.

Einführung von schulischen Steuergruppen[9]

Im Rahmen der Entwicklung innerschulischer Prozesse übernahm die Steuergruppe – als wesentliches Strukturelement – die Aufgabe der professionellen Steuerung und Koordinierung der Schulentwicklungsprozesse. Im Besonderen war sie für die Organisation und den Aufbau der Unterrichtsentwicklung im Projekt zuständig und hatte für die gemeinsame Ausrichtung der angestrebten Entwicklungsvorhaben zu einem Gesamtkonzept schulischer Qualitätsentwicklung Sorge zu tragen. Um dieses Ziel zu erreichen, war es notwendig, durch eine gezielte Forcierung der Kommunikation und Kooperation der einzelnen Gremien, Projekte und Abteilungen untereinander, eine innerschulische Transparenz herzustellen (Weisker, 2004). Die Steuergruppe[10] rekrutierte sich aus der Schulleitung und Mitgliedern des Kollegiums. Ihr Mandat und ihren Auftrag erhielt sie von der Lehrer- bzw. Schulkonferenz. Sie war zentraler Ansprechpartner für die regionale Steuergruppe.

3.3 Fortbildung als Steuerungsinstrument im Modellvorhaben

Die Projektleitung ging davon aus, dass eine Verbesserung der schulischen Qualität nicht allein durch rechtliche und organisatorische Veränderungen bewirkt werden kann. Vielmehr galt es, die einzelnen Schulen auf ihrem Weg zu mehr Selbstverantwortung sowie der Entwicklung individueller schulspezifischer Qualitätskonzepte zu unterstützen. Aus diesem Grund war das Modellvorhaben mit einem umfangreichen Fortbildungsprogramm für die regionalen und schulischen Steuergruppen, die Schulleitungen und Lehrerräte, die Schulaufsicht sowie die Unterrichtsentwicklung und Evaluation ausgestattet (Hoppe, 2004). Der hiermit verbundene Steuerungsanspruch wurde von den Projektträgern auch explizit artikuliert. Durch eine systematische Verzahnung der Fortbildungsangebote von Seiten der Projektleitung sollte die Einzelschule durch die Vermittlung von Steuerungswissen an die unterschiedlichen Akteure bzw. Akteursgruppen (Schulleitung, Steuergruppe und Evaluationsbeauftragte) über das nötige Know-how für eine effektive Gestaltung der Einzelschule im Sinne der Projektziele verfügen. Neben der Verbindlichkeit und

---

8 Eine konkrete Beschreibung der Aufgaben von Schulleitungen im Modellvorhaben findet sich bei Feldhoff (2010).

9 Eine ausführliche Darstellung der Arbeit und Wirkungsweisen von Steuergruppen im Modellvorhaben finden sich bei Feldhoff (2010).

10 Aufgrund der besonderen Struktur von Berufskollegs empfiehlt die Projektleitung, dass neben einer Steuergruppe für die ganze Schule auf der Ebene der Abteilungen oder Bildungsgänge ebenfalls Steuergruppen eingerichtet werden (Weisker, 2004, S. 55).

der Verzahnung wurden auch die konkreten Inhalte der Fortbildungen vorgegeben. An dieser Konzeption des Modellvorhabens wird deutlich, wie Fortbildungen strategisch genutzt werden können, um Reformvorhaben zu unterstützen und zu initiieren. Das Fortbildungsprogramm war das zentrale Steuerungsinstrument der Projektleitung, um direkt auf die Schulen einzuwirken. Neben der Vermittlung von Wissen und Handlungskompetenz war die Vermittlung der Projektphilosophie (Ziele, Normen und Werte) mindestens von gleicher Bedeutung. Hier nahm die Steuergruppe eine Schlüsselposition ein, da sie die schulische Entwicklung maßgeblich steuern und über sie die Philosophie des Projekts in die Schulen transportiert werden sollte. Folglich dieser Logik wurde die Qualifizierung der Steuergruppen im Projekt auch zu Beginn vorangetrieben. In den acht Qualifizierungsbausteinen (1. Aufgaben und Rolle der schulischen Steuergruppen im Prozess der Schulentwicklung, 2. Zielformulierung und Strategieentwicklung, 3. Planungsgrundlagen und Projektmanagement, 4. Moderation und Präsentation, 5. Teamentwicklung, 6. Information und Kommunikation, 7. Konfliktmanagement sowie 8. Qualitätsarbeit und Evaluation) wurde den Steuergruppen vermittelt, welche Aufgabe sie im Rahmen des Modellvorhabens hatten und wie sie die schulische Entwicklung steuern und unterstützen sollten.

3.4 Wirksamkeit der Qualifizierung von schulischen Steuergruppen im Modellvorhaben

Im Rahmen der Zwischenerhebung der wissenschaftlichen Begleitforschung[11] im Jahr 2005 wurden die Arbeit der Steuergruppen und deren Qualifizierungsmaßnahmen aus Sicht der Steuergruppen und des Kollegiums untersucht. Anhand eines Strukturgleichungsmodells soll im Folgenden analysiert werden, inwieweit die Qualifizierung der Steuergruppen einen Einfluss auf deren Wirksamkeit hatte. Aufgrund des Querschnittdesigns der Analyse wird die Wirkrichtung der gerichteten Zusammenhänge aufgrund theoretischer Überlegungen vorgegeben (Reinecke, 2005). Sie kann nicht anhand der empirischen Daten überprüft werden. Streng genommen können somit nur Zusammenhänge überprüft werden.

Das Strukturgleichungsmodell verbindet Wirkungen der Qualifizierung auf den vier unterschiedlichen Ebenen nach Lipowsky (2010): Die erste Ebene wird durch Einschätzungen der Steuergruppe zur Qualität der Qualifizierung abgebildet. Auf der zweiten Ebene wurden die Steuergruppen gebeten einzuschätzen, inwieweit sie ihre Kenntnisse und Fähigkeiten in Methoden der Schulentwicklung erweitert haben. Die Steuergruppen haben in der Fortbildung[12] Inhalte vermittelt bekommen, die nicht zum Ausbildungsprofil einer „normalen" Lehrkraft gehören (Berkemeyer & Schneider, 2006). Eine erfolgreiche Fortbildung sollte eine Professionalisierung der Steuergruppenmitglieder in Methoden der Schulentwicklung zur Folge haben.

---

11 Nähere Informationen zum Design und den Befunden der Begleitforschung finden sich bei Holtappels, Klemm und Rolff (2008).
12 Eine ausführliche Analyse der Fortbildung der Steuergruppen findet sich bei Feldhoff (2007).

Die dritte Ebene des praktischen Handelns in der Steuergruppenarbeit wird durch die Rollenklarheit[13] der Steuergruppe in der Schule aus Sicht der Lehrkräfte repräsentiert. Steuergruppen sind aufgrund ihrer besonderen Konstruktion des Nichteingebundenseins in die formale schulische Hierarchie und dem Fehlen formaler Befugnisse sowie verbindlicher festgeschriebener Aufgaben und Kompetenzen (Berkemeyer, Brüsemeister & Feldhoff, 2007) auf die Akzeptanz im Kollegium angewiesen. Die Rollenklarheit der Steuergruppe ist eine wichtige Voraussetzung für ihre Akzeptanz und Wirksamkeit. Sie steht in einem ständigen Aushandlungsprozess im Bezug auf ihre Kompetenzen und Aufgaben mit den handelnden schulischen Akteuren, Kollegium und Schulleitung. Dies wird durch die Mitgliedschaft der Schulleitung in der schulischen Steuergruppe verstärkt. Sie ist zum einen weiterhin Leitung der Schule als oberste Verantwortungsinstanz, zum anderen ist sie gleichberechtigtes Mitglied der Steuergruppe. Somit lässt sich die Akteurskonstellation zwischen Steuergruppe, Kollegium und Schulleitung als ein sehr dynamisches Gefüge beschreiben. Innerhalb dieses Gefüges müssen sowohl Aufgaben als auch die damit verbundenen Machtverhältnisse in der Interaktion ständig neu ausgehandelt werden. Hierfür ist eine fortwährende Transparenz in Form der o.g. Rollenklarheit der Steuergruppe in der Organisation Schule unabdingbar. Diesbezüglich ist anzunehmen, dass die Fortbildung im Besonderen durch das Fortbildungsmodul „Aufgaben und Rolle der Steuergruppe" sowie durch einen regelmäßigen reflektierten Austausch mit anderen Steuergruppen im Rahmen der Fortbildung zu genaueren Absprachen und einem geschärften Blick auf Aufgaben, die im schulischen Entwicklungsprozess zwischen den Akteuren Steuergruppen, Schulleitung, Projektgruppen und Kollegium anfallen, führte. Auch die Rollen, die die jeweiligen Akteure dabei einnehmen, müssten für die Steuergruppe deutlich erkennbar und dem Kollegium vermittelbar sein. Die Professionalisierung im Bereich der Methoden und Techniken der Schulentwicklung sollte ebenfalls zu einer differenzierteren Klärung von Aufgaben und Rollenverteilung innerhalb der Schule geführt haben.

Die vierte Ebene der Effekte auf die Schulentwicklungsarbeit in der Schule wird durch die Einschätzung der Lehrkräfte zur Wirksamkeit der Steuergruppe gemessen.

Es ist anzunehmen, dass eine erhöhte Professionalisierung im Bereich Schulentwicklung einen Einfluss auf die Wirksamkeit der Steuergruppe in Bezug auf ihre Aufgaben der Steuerung und Koordinierung der schulischen Entwicklungsprozesse hatte. Gleiches gilt für die erhöhte Rollenklarheit und Aufgabenabgrenzung in der Schule – auch sie müsste zu einer höheren Wirksamkeit der Steuergruppe geführt haben.

Zur Berechnung des Strukturgleichungsmodells[14] wurden Daten der Erhebung 2005 auf Schulebene aggregiert. So ergibt sich eine Fallzahl von 67 Schulen[15]. Anschließend wurde das Modell mit dem Programm MPLUS 4.0 berechnet. Das Gesamtmodell (CFI= 0,971, TLI= 0,964, RSMEA = 0,068, Chi²/DF = 1,31) weist eine gute Passung des theoretischen Modells an die empirischen Daten auf.

---

13 Näheres zur Bedeutung der Rollenklarheit innerhalb der Organisation Schule findet sich bei Feldhoff, Rolff und Kanders (2008) sowie Berkemeyer, Feldhoff und Brüsemeister (2008).

14 Zur Vereinfachung wird nur das Strukturmodell ohne die dazugehörigen Messmodelle dargestellt.

15 Aufgrund der geringen Fallzahlen, die die Zuverlässigkeit der Modellschätzung beeinflussen, gilt es, die Ergebnisse der Analysen mit gebotener Vorsicht zu interpretieren.

Die Ergebnisse lassen sich wie folgt beschreiben (vgl. Abbildung 2): Die Qualität der Qualifizierungsmaßnahme hat einen hohen Einfluss auf die wahrgenommene Qualifizierung in Methoden und Techniken der Schulentwicklung. Ein direkter Einfluss der Fortbildung auf die Rollenklarheit der Steuergruppe in der Organisation Schule lässt sich nicht bestätigen. Allerdings wirkt die Einschätzung der Qualität der Fortbildung indirekt mit mittlerem Effekt (Beta=.450) auf die Rollenklarheit, vermittelt über die Professionalisierung in Methoden der Schulentwicklung. Die Professionalisierung hat ihrerseits einen mittleren direkten Einfluss auf die Rollenklarheit. Der direkte Einfluss auf die Wirksamkeit der Steuergruppe aus Sicht der Lehrkräfte lässt sich nicht bestätigen. Jedoch zeigt sich auch hier, dass die Professionalisierung einen indirekten Einfluss auf die Wahrnehmung der Wirksamkeit der Steuergruppe vermittelt über die Rollenklarheit hat. Die Rollenklarheit hat ihrerseits einen hohen direkten Einfluss auf die Wirksamkeitseinschätzung durch die Lehrkräfte. Die Qualität der Qualifizierungsmaßnahme insgesamt hat einen indirekten Einfluss auf die Wirksamkeit der Steuergruppe (Beta=.361), vermittelt über die Professionalisierung und die Rollenklarheit. In dem Modell lässt sich die Varianz der Professionalisierung in Methoden der Schulentwicklung zu 56%, die der Rollenklarheit der Steuergruppe innerhalb der Organisation Schule zu 19% und die der Wirksamkeit der Steuergruppe zu 70% aufklären.

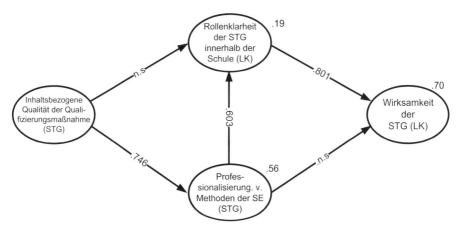

Quelle: Feldhoff, 2008

Abb. 2: Modell zur Wirksamkeit der Fortbildung schulischer Steuergruppen

4. Fazit

Das Modellvorhaben „Selbstständige Schule" zeigt, wie im Rahmen einer Projektlogik Lehrerfortbildungen systematisch mit anderen Steuerungsmechanismen innerhalb einer Steuerungsarchitektur verzahnt werden können, um konkrete Innovationen in Schulen zu transportieren und umzusetzen. Die Befunde der Qualifizierung von schulischen Steuergruppen im Modellvorhaben deuten daraufhin, dass die Qualifizierung über die Vermittlung von Kenntnissen und Fertigkeiten im Bereich Schulentwicklung einen Beitrag zu einer gelingenden Steuergruppenarbeit aus Sicht der Lehrkräfte geleistet hat. Auf die Ziele und die Logik des Modellvorhabens bezogen bedeutet dies auch, dass die Qualifizierung einen Beitrag zur Erreichung des Teilziels der Verbesserung des schulinternen Managements geführt hat, das aus der Projektlogik eine wesentliche Voraussetzung für die Erfüllung der weiteren Ziele auf der Schulebene darstellte. Da die Qualifizierung auf der Ebene der regionalen Steuergruppen verortet war, können die Befunde auch als Indiz für den Erfolg der regionalen Steuerung und Unterstützung in diesem Bereich interpretiert werden. Aus Sicht des Modellvorhabens und deren Projektleitung kann die Qualifizierung der schulischen Steuergruppen somit als wirksames Steuerinstrument bezeichnet werden.

Beim Versuch, diese Befunde auf die Lehrerfortbildung allgemein auszuweiten, wird deutlich, dass die Lehrerfortbildung einen Beitrag zur Steuerung von Schulsystemen leisten kann. Deutlich wird aber auch, dass diese Steuerungswirkung von einer engen Verzahnung und Abstimmung mit anderen Steuerungsmechanismen abhängt. Wie Altrichter (2010) und Fussangel et al. (2009) zeigen, ist dies im deutschsprachigen Raum bisher kaum der Fall. Mit zunehmender Größe und Komplexität der Systeme (im Sinne von Breite der Angebote und Anzahl der zu Qualifizierenden) wird eine solche Abstimmung jedoch auch schwieriger.

Aus diesem Grund könnte die Steuerung durch Qualifizierung gerade bei der Einführung spezifischer und begrenzter Reformmaßnahmen erfolgreich sein. Neben der Vermittlung von Wissen und Fertigkeit hat die Vermittlung von neuen Normen und Werten bei der Implementierung von solchen Reformmaßnahmen eine ebenso große Bedeutung.

Das Beispiel des Modellvorhabens zeigt allerdings auch, dass eine starke Verzahnung mit strikten Vorgaben auch zu Problemen führen kann. Zum einen steht sie im Widerspruch zu einer erweiterten Eigenverantwortung in Form der schulischen Personalentwicklung. Zum anderen kann nicht damit gerechnet werden, dass die Erwartungen in Form einer aufmerksameren und vorurteilsfreieren Rezeption von Innovation und einer „intensiver[en] und engagierter[en]" (Fussangel et al., 2009, S. 330) Umsetzung erfüllt werden. Dies wurde im Modellvorhaben bei dem Versuch deutlich, von der Bertelsmann Stiftung weiterentwickelte Konzepte der Unterrichtsentwicklung in den Fortbildungen durchzusetzen. Etliche Schulen und Regionen wünschten sich Fortbildungen zu anderen Konzepten der Unterrichtsentwicklung. Jedoch wurde „[d]ie Finanzierung anderer bzw. auch konkurrierender Angebote [...] von der Projektleitung weitgehend abgelehnt, so dass sich die meisten regionalen Steuergruppen, die über die Mittel des Entwicklungsfonds verfügen, sich dieser Marschroute angeschlossen haben." (Berkemeyer, 2009, S. 236). Bei den Schulen, die sich alternative Konzepte gewünscht haben, ist nicht davon auszugehen, dass sie den Fortbildungen und mit ihnen den zu vermittelnden Konzepten aufgeschlossener gegenüber standen.

Literatur

Altrichter, H. (2010). Lehrerfortbildung im Kontext von Veränderungen im Schulwesen. In F. H. Müller, A. Eichenberger, M. Lüders & J. Mayr (Hrsg.), *Lehrerinnen und Lehrer lernen. Konzepte und Befunde zur Lehrerfortbildung* (S. 17–34). Münster: Waxmann.

Altrichter, H., Brüsemeister, T. & Wissinger, J. (Hrsg.). (2007). *Educational Governance: Handlungskoordination und Steuerung im Bildungssystem.* Wiesbaden: VS Verlag für Sozialwissenschaften.

Baumert, J. & Kunter, M. (2006). Stichwort: Professionelle Kompetenz von Lehrkräften. *Zeitschrift für Erziehungswissenschaft, 9* (4), 469–520.

Becker, M. (2002). *Personalentwicklung. Bildung, Förderung und Organisationsentwicklung in Theorie und Praxis.* Stuttgart: Schaeffer-Poeschel.

Berkemeyer, N. (2009). *Die Steuerung des Schulsystems. Theoretische und praktische Explorationen.* Wiesbaden: VS Verlag für Sozialwissenschaften.

Berkemeyer, N., Feldhoff, T. & Brüsemeister, T. (2008). Schulische Steuergruppen – ein intermediärer Akteur zur Bearbeitung des Organisationsdefizits der Schule? In R. Langer (Hrsg.), *Warum tun die das? Governanceanalysen zum Steuerungshandeln in der Schulentwicklung* (S. 149–172). Wiesbaden: VS Verlag für Sozialwissenschaften.

Berkemeyer, N. & Schneider, R. (2006). Welche Lehrerinnen und Lehrer braucht die Schulentwicklung? Kompetenzorientierte Vorschläge zur Erweiterung des Professionsverständnisses von Lehrkräften. In W. Plöger (Hrsg.), *Was müssen Lehrerinnen und Lehrer können? Beiträge zur Kompetenzorientierung in der Lehrerbildung* (S. 257–279). Paderborn: Schöningh.

BMBF (Hrsg.). (2003). *Zur Entwicklung nationaler Bildungsstandards. Eine Expertise.* Berlin: BMBF.

Brüsemeister, T. (2004). *Schulische Inklusion und neue Governance. Zur Sicht der Lehrkräfte.* Münster: Monsestein und Vannerdat.

Clausen, M. (2002). *Unterrichtsqualität. Eine Frage der Perspektive?* Münster: Waxmann.

Dalin, P. & Rolff, H.-G. (1990). *Institutionelles Schulentwicklungs-Programm.* Soest: Soester Verlagskontor.

Feldhoff, T. (2007). Qualifizierungsmaßnahmen der schulischen Steuergruppen im Rahmen des Modellvorhabens „Selbstständige Schule" NRW. In N. Berkemeyer & H. G. Holtappels (Hrsg.), *Schulische Steuergruppen und Change Management* (S. 139–156). Weinheim und München: Juventa.

Feldhoff, T. (2008). Wirksamkeit der Qualifizierung der schulischen Steuergruppen. In H. G. Holtappels, K. Klemm & H.-G. Rolff (Hrsg.), *Schulentwicklung durch Gestaltungsautonomie -Ergebnisse der Begleitforschung zum Modellvorhaben ‚Selbstständige Schule' in Nordrhein-Westfalen* (S. 289–292). Münster: Waxmann.

Feldhoff, T. (2010). *Schulentwicklung durch Steuergruppen und Organisationales Lernen – Eine empirische Studie zum Einfluss von schulischen Steuergruppen und der Kapazität des Organisationalen Lernens auf Erfolgsfaktoren des Modellvorhabens „Selbstständige Schule" in Nordrhein-Westfalen.* Unveröffentlichte Dissertation, Technische Universität Dortmund, Dortmund.

Feldhoff, T., Rolff, H.-G. & Kanders, M. (2008). Schulleitung und innere Schulorganisation. In H. G. Holtappels, K. Klemm & H.-G. Rolff (Hrsg.), *Schulentwicklung durch Gestaltungsautonomie. Ergebnisse der Begleitforschung zum Modellvorhaben 'Selbstständige Schule' in Nordrhein-Westfalen* (S. 146–173). Münster: Waxmann.

Fend, H. (1981). *Theorie der Schule.* München: Urban & Schwarzenberg.

Fend, H. (1986). ‚Gute Schulen – Schlechte Schulen'. Die einzelne Schule als pädagogische Handlungseinheit. *Deutsche Schule, 78,* 275–293.

Fussangel, K., Rürup, M. & Gräsel, U. (2009). Lehrerfortbildung als Unterstützungssystem. In H. Altrichter & K. Maag Merki (Hrsg.), *Handbuch Neue Steuerung im Schulsystem* (S. 327–354). Wiesbaden: VS Verlag für Sozialwissenschaften.

Guskey, T. R. (2002). Professional development and teacher change. *Teachers and Teaching: Theory and Practice, 8* (3/4), 381–391.

Helmke, A. (2006). *Unterrichtsqualität: Erfassen, Bewerten, Verbessern.* Seelze: Kallmeyersche Verlagsbuchhandlung.

Helmke, A. & Weinert, F. E. (1997). Bedingungsfaktoren schulischer Leistungen. In F. E. Weinert (Hrsg.), *Psychologie des Unterrichts und der Schule (Enzyklopädie der Psychologie, Pädagogische Psychologie)* (S. 71–176). Göttingen: Hogrefe.

Hochdoldinger, S. & Schaper, N. (2007). Trainingsevaluation und Transfersicherung. In H. Schuler & K. Sonntag (Hrsg.), *Handbuch der Arbeits- und Organisationspsychologie* (S. 625–633). Göttingen: Hogrefe.

Holtappels, H. G., Klemm, K. & Rolff, H.-G. (Hrsg.). (2008). *Schulentwicklung durch Gestaltungsautonomie. Ergebnisse der Begleitforschung zum Modellvorhaben ‚Selbstständige Schule‘ in Nordrhein-Westfalen.* Münster: Waxmann.

Hoppe, C. (2004). Die Fortbildungsoffensive. In Projektleitung „Selbstständige Schule" (Hrsg.), *Beiträge zu „Selbstständige Schule". Verantwortung für Qualität* (S. 60–74). Troisdorf: Bildungsverlag EINS.

Jäger, R. & Bodensohn, R. (2007). *Die Situation der Lehrerfortbildung im Fach Mathematik aus Sicht der Lehrkräfte. Ergebnisse einer Befragung von Mathematiklehrern.* Bonn: Deutsche Telekomstiftung.

KMK (2004). *Standards für die Lehrerbildung: Bildungswissenschaften.* Verfügbar unter: http://www.kmk.org/fileadmin/veroeffentlichungen_beschluesse/2004/2004_12_16-Standards-Lehrerbildung.pdf [16.12.2004].

Lipowsky, F. (2010). Lernen im Beruf. Empirische Befunde zur Wirksamkeit von Lehrerfortbildung. In F. H. Müller, A. Eichenberger, M. Lüders & J. Mayr (Hrsg.), *Lehrerinnen und Lehrer lernen – Konzepte und Befunde zur Lehrerfortbildung* (S. 51–72). Münster: Waxmann.

Meetz, F. (2007). *Personalentwicklung als Element der Schulentwicklung. Bestandsaufnahme und Perspektiven.* Bad Heilbrunn: Klinkhardt Verlag.

Oelkers, J. (2003). *Wie man Schule entwickelt. Eine bildungspolitische Analyse nach PISA.* Weinheim und Basel: Beltz.

Projektleitung „Selbstständige Schule" (2004). *Verantwortung für Qualität.* Troisdorf: Bildungsverlag EINS.

Reinecke, J. (2005). *Strukturgleichungsmodelle in den Sozialwissenschaften.* München: Oldenburg Wissenschaftsverlag.

Rolff, H.-G. (1998). Entwicklung von Einzelschulen: Viel Praxis, wenig Theorie und kaum Forschung – Ein Versuch, Schulentwicklung zu systematisieren. In H.-G. Rolff, K.-O. Bauer, K. Klemm & H. Pfeiffer (Hrsg.), *Jahrbuch der Schulentwicklung* (S. 295–326). Weinheim und München: Juventa.

Rolff, H.-G. (2005). Schulentwicklung, Schulprogramme und Steuergruppe. In H. Buchen & H. G. Rolff (Hrsg.), *Professionswissen Schulleitung* (S. 296–364). Weinheim und Basel: Beltz.

Rolff, H.-G. & Buhren, C. G. (2002). *Personalentwicklung in Schulen. Konzepte, Praxisbausteine, Methoden.* Weinheim und Basel: Beltz.

Smith, C. & Gillespie, M. (2007). Research on professional development and teacher change: Implications for Adult Basic Education. *Review of Adult Learning and Literacy, 7*, 205–244.

Terhart, E. (Hrsg.). (2000). *Perspektiven der Lehrerbildung in Deutschland. Abschlussbericht der von der Kultusministerkonferenz eingesetzten Kommission.* Weinheim und Basel: Beltz.

Weisker, K. (2004). Innovationen wirkungsvoll umsetzen. Steuerungsstrukturen im Projekt „Selbstständige Schule". In Projektleitung „Selbstständige Schule" (Hrsg.), *Beiträge zu „Selbstständige Schule". Verantwortung für Qualität.* (S. 46–59). Troisdorf.

Weiß, M. (2001). Quasi-Märkte im Schulbereich. Eine ökonomische Analyse. *Zeitschrift für Pädagogik, 43*, 69–85.

Norbert Sommer, Cora Stöhr & Diana Thomas

Schulen mit „gravierenden Mängeln"
Situation in Niedersachsen und Einsatzmöglichkeiten der Schulentwicklungsberatung

1. Einleitung

Die Niedersächsische Schulinspektion (NSchI) wurde 2005 als eigenständige Behörde neben der Schulaufsicht gegründet und evaluiert seit Anfang 2006 nach demselben Inspektionsverfahren mit nahezu unveränderten Instrumenten.

Wie in der niederländischen Inspectie van het Onderwijs, die Niedersachsen bei der Entwicklung des Inspektionsverfahrens unterstützt hat, hat auch die NSchI von Beginn an Mindeststandards festgelegt. Wenn eine Schule diese unterschreitet, hat sie ihre Qualitätsverbesserung in Angriff zu nehmen, was nach ca. eineinhalb Jahren durch die „Nachinspektion" überprüft wird. Inzwischen sind mehr als 100 Schulen aus allen Schulformen identifiziert worden, die, bezogen auf das Qualitätsprofil der Schulinspektion, gravierende Mängel aufweisen. In 49 Schulen hat bereits die Nachinspektion stattgefunden.

Damit liegen in Deutschland erstmals Daten über „schwache Schulen"[1] vor: ihre Beurteilungen in einem Qualitätsprofil, die Wahrnehmung der Inspektionsergebnisse durch schulische Akteure, die Möglichkeiten der Schulaufsicht, einen Schulentwicklungsprozess zu initiieren und durch Ressourcen zu unterstützen, sowie die Veränderung der Beurteilung der Schulqualität nach eineinhalb Jahren.

Im Folgenden werden zunächst internationale Erfahrungen mit *failing schools* vorgestellt. Danach werden die in Niedersachsen als schwach identifizierten Schulen charakterisiert, schulische Reaktionen auf das negative Inspektionsurteil berichtet und die Probleme, Ziele und Prozesse der Qualitätsentwicklung in einer „Nachinspektionsschule" aus Sicht der Schulentwicklungsberatung dargestellt, die diese Schule begleitet hat.

Das Fallbeispiel trägt der Bedeutung der Einzelschule und ihrer Besonderheiten für die Schulentwicklung Rechnung und erweitert den Blick über mittlere Bewertungsprofile hinaus auf individuelle Entwicklungsbedürfnisse und -potentiale.

2. Internationale Erfahrungen

In Großbritannien und den Niederlanden werden jährlich ca. 3 bis 4 % der Schulen als schwach identifiziert (Chapman, 2001, S. 4; van de Grift & Houtveen, 2007, S. 383). Der Anteil problematischer Schulen scheint aber größer zu sein. Im Schuljahr 2006/07 wurden von der Inspectie van het Onderwijs 30 % der Grundschulen unter „some form of intensive supervison" gestellt (Inspectie van het Onderwijs, 2008, S. 17); in Großbritannien standen 2000 10,6 % der Schulen „on Special Measures" (Chapman, 2002, S. 270).

---

[1] Auf eine Diskussion der Begrifflichkeit gehen wir nicht ein, sondern verwenden im Folgenden verschiedene in der Literatur genannte Bezeichnungen parallel.

In Berlin wiesen im Schuljahr 2006/07 4 % der inspizierten Schulen „erheblichen Entwicklungsbedarf" auf (Senatsverwaltung Berlin, 2008, S. 30), in Brandenburg wird von 5 % bis 10 % schwacher Schulen ausgegangen (Kuhn, 2008, S. 50), und in Niedersachsen lag ihr Anteil bei 6,2 % (Niedersächsische Schulinspektion, 2008a, S. 16).

2.1   Definition schwacher Schulen

Qualität von Schule wird unterschiedlich definiert (vgl. Heid, 2000; Posch & Altrichter, 1999); die mit Schulpreisen ausgezeichneten Schulen zeichnen sich durch Vielfalt und Individualität aus (Fauser & Schratz, 2008, S. 151f). Auch für schwache Schulen ist zu erwarten, dass sie sich stark unterscheiden und schulische Ursachen für die Defizite multipel und im Einzelfall sehr speziell sind, so dass Typisierungen kaum gelingen (vgl. Schwier, 2005; Huber & Muijs, 2007; Spreng, 2005).

International spielen Schülerleistungen für die Identifizierung von Schulen mit Entwicklungsbedarf eine zentrale Rolle. In den Niederlanden ist die Bewertung sozialnormgestützt (mehr als eine Standardabweichung unter dem Landesmittelwert), in Großbritannien kriterial verortet (weniger als 30 % der Schüler in wenigstens fünf der GSCE-Prüfungen auf den drei höchsten von fünf Levels). In den Niederlanden werden die Leistungsdaten adjustiert, in England nicht.[2]

Eine Adjustierung kann die Position einer Schule in einer Rangreihe deutlich verändern, wie die Nullkorrelation zweier entsprechender Bewertungsreihen von als schwach identifizierten Schulen[3] in England belegt (vgl. Telegraph, 2008). Andererseits finden sich Schulen, die unter besonders belasteten Bedingungen arbeiten, auch nach einer Adjustierung wieder am unteren Ende (Houtveen, van de Grift, Kuijpers, Bott, Groot & Kooijman, 2007, S. 363; Downey, Hippel & Hughes, 2008). Nur eine Berücksichtigung schulischer Rahmenbedingungen macht auf Schulen aufmerksam, deren Schülerleistungen „unauffällig" sind, die aber bezogen auf ihre privilegierte Ausgangssituation ihre Möglichkeiten nicht ausschöpfen. Belastende Rahmenbedingungen scheinen in der Einzelschule einen sehr spezifischen bis hin zu keinen Einfluss auszuüben, wie van de Grift & Houtveen (2006) anhand eines Strukturgleichungsmodells nachweisen. Eine Untersuchung der „resilienten" Schulen, deren Schüler trotz schwieriger Rahmenbedingungen zumindest befriedigende Leistungen erbringen, wäre wünschenswert. Die Diskussion um „Fairness" im Schulvergleich hat zu bedenken, dass jede Adjustierung Unterschiede nivelliert, die für die Erfolgschancen im weiteren Bildungsgang maßgeblich sind. Die Frage der „Teststärke" der Inspektionsurteile, d.h. wie viele Schulen werden fehlerhaft als schwach eingeschätzt oder als schwache Schulen nicht erkannt, ist an keiner Stelle beantwortet.

In den zwischen 1998 und 2002 inspizierten niederländischen Grundschulen betreffen die größten Defizite das vollständige und differenzierende Angebot der Lehrplanvorgaben, die verständliche, gut strukturierte und Aktivität fördernde Unterrichtsgestaltung

---

2   Die Inspektionsverfahren der Länder ändern sich laufend. Quellen beziehen sich nicht immer auf die aktuelle Praxis.

3   Die Reduzierung der Streuung durch Beschränkung auf failing schools ist zu berücksichtigen.

sowie die Fördermaßnahmen für Schüler mit Lernrückständen (vgl. van de Grift & Houtveen, 2006, S. 263).

2.2　Empfundene Belastung der als schwach charakterisierten Schulen und Erfolg von Interventionsmaßnahmen

Nach Case, Case & Catling (2000) können Inspektionsvorbereitung und Ablauf sowie die Phase der Ergebnisreflexion nach der Inspektion „traumatische" Belastungen im Kollegium auslösen, die das normale Schulleben über Jahre negativ beeinflussen. Auf Grundlage von Daten über den Examenserfolg kommt Rosenthal (2001) zu dem Ergebnis, dass sich Schülerleistungen im Jahr nach einer Inspektion signifikant verschlechtern. Bei eher leistungsbewussten und flexiblen Eltern und Lehrkräften wird eine höhere Abwanderungstendenz beobachtet. Der von Schulen in Großbritannien empfundene Druck dürfte nicht zuletzt auf die öffentliche Brandmarkung zurückzuführen sein, zu der ministerielle Drohungen beitragen. „I will close up to 270 failing schools to improve standards", wird der Secretary of Education Ed Balls zitiert (The Guardian, 2008).

Die Forschungslage bezüglich des Erfolgs von Interventionen in schwachen Schulen wird als unzureichend angesehen (vgl. Brady, 2003, S. vii). Der „No Child Left Behind Act" verpflichtet seit 2001 die Administration in den USA zur Auseinandersetzung mit schwachen Schulen und benennt „milde" (Aufnahme der Schule in eine Beobachtungsliste) bis „starke" (Austausch der Lehrkräfte, Schulschließung, Wechsel des Schulträger/der Schulaufsicht) Interventionsmaßnahmen. Zwar werden erfolgreiche Schulentwicklungen berichtet. Doch konnte keine der Maßnahmen in mehr als 50 % der Schulen substantielle Verbesserungen bewirken und „there is, at present, no strong evidence that any particular intervention type works more of the time or in most places" (Brady, 2003, S. 30).

Vor welchen Problemen Schulen stehen, die gefordert sind, die Schülerleistungen auf den nationalen Standard zu heben, zeigen Eindrücke aus Einzelfallstudien (vgl. Schwier, 2005, S. 390f.). Chapman berichtet von einer Schule, in der mehr als die Hälfte der Schüler in ihren Leistungen mindestens zwei Jahre hinter dem erwarteten Schulalter zurückliegen (Chapman, 2001, S. 6). In den vier Jahren der Schulentwicklung gelingt es immerhin, den Anteil der Schüler, die den Anspruch bzgl. der erfolgreich bewerteten GCSE-Prüfung erfüllen, von 13 % auf 18 % zu erhöhen. Houtveen et al. (2007) berichten von einer drei Jahren umfassenden Intervention in fünf Schulen. In vier Schulen werden bessere Schülerergebnisse erzielt, davon überschreiten aber nur zwei anschließend die Norm, die fünfte Schule verbessert sich nicht. Von 284 Schulen mit unzureichender Qualität im Zeitraum 1998 bis 2002 erreichen 79 in einer späteren Inspektion die Norm; die Schulen verbesserten sich insgesamt in sechs von sieben Faktoren mit den größten Fortschritten in den Bereichen Curriculum- und Unterrichtsqualität (vgl. van de Grift et al., 2006, S. 267).

Schulen können sich während längerer Interventionsphasen bzgl. der Schulleitung sowie der Lehrer- („new competent teachers") und Schülerzusammensetzung (soziale Herkunft) gravierend verändern (Houtveen et al. 2007), was einen direkten Vergleich der Erstinspektionsergebnisse mit denen der Folgeinspektion erschwert.

3.   Ergebnisse der Erstinspektion in Niedersachsen

Der niedersächsische „Orientierungsrahmen Schulqualität" (Niedersächsisches Kultusministerium, 2004) und das Qualitätsprofil der Schulinspektion lehnen sich eng an die
Kriterien an, die Scheerens und Bosker (1997) als bedeutsam für Lernerfolg zusammen-
getragen haben. Ein derartiger Bezug ist kein Nachweis der empirischen Fundierung der
Schulinspektionskriterien (vgl. Böttcher, 2009, S. 3), zeigt aber, dass die Entwicklung
theoriegeleitet erfolgte und das Inspektionsprofil „umfassend" ist, indem es die als bedeutsam bekannten Einflussvariablen auf Schuleffektivität berücksichtigt.

Ein Erlass benennt Datengewinnung und Schulentwicklung als Ziele der Inspektion
(Niedersächsisches Kultusministerium, 2006). Auch die Nachinspektion ist darin festgelegt. Wenn in Niedersachsen Schulen in acht der 15 zurzeit bewerteten Qualitätskriterien
die dritte Stufe „eher stark als schwach" nicht erreichen, wird eine Nachinspektion bean-
tragt. Weil Unterricht das „Kerngeschäft" von Schule ist, werden Schulen auch als
nachzuinspizierend bewertet, wenn sie drei der vier Kriterien der Unterrichtsbeobachtung
nicht erfüllen, die Teil der 15 Qualitätskriterien sind.

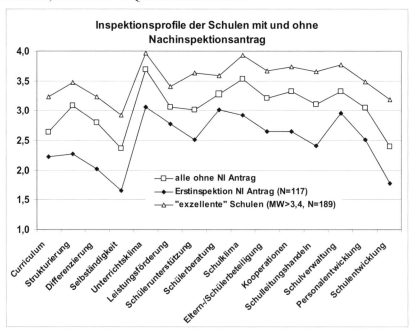

Abb. 1: Schulen mit Nachinspektionsantrag – Profilvergleich

In allen Kriterien werden die Schulen mit Nachinspektionsantrag signifikant schwächer
bewertet als die ohne, bei Effektstärken zwischen d = 0,45 (Schülerberatung) und d =
1,76 (Strukturierung) (vgl. Abbildung 1). Ohne das als Beleg dafür zu werten, dass für
die Charakterisierung schwacher Schulen nicht besondere Aspekte heranzuziehen seien,
die sich nicht einfach aus der Erforschung guter Schulen ableiten lassen (vgl. Huber &

Muijs, 2007, S. 99), sei auf den sehr ähnlichen Verlauf der Profile schwach und hervorragend bewerteter Schulen verwiesen.

54 % der Nachinspektionsanträge entfallen auf Schulen, die acht und mehr der Qualitätskriterien nicht erfüllen. Darunter befinden sich ca. 30 % Schulen, die auch an der Unterrichtsnorm scheitern, so dass ca. 75 % aller als schwach beurteilten Schulen im Unterricht den Anforderungen nicht genügen.

Eine Typisierung der als schwach bewerteten Schulen lässt möglicherweise den Ressourcenbedarf für die Unterstützung der Schulentwicklung differenzierter erkennen. Dazu wird die Gruppierung nach Normierungsvorgaben mit einer Clusterung (quadrierte euklidische Distanz, WARD-Algorithmus) der nachzuinspizierenden Schulen über die Qualitätskriterien kombiniert. Die Clusterung führt nur zu einer Unterteilung der Gruppe von Schulen, die an der Unterrichtsnorm scheitern. Schulen, die nur im Unterricht schwach abschneiden, werden dabei von denen separiert, die auch mehrere andere Qualitätskriterien nicht erfüllen. Insgesamt ergeben sich vier Typen von Schulen mit gravierenden Mängeln (vgl. Abbildung 2).

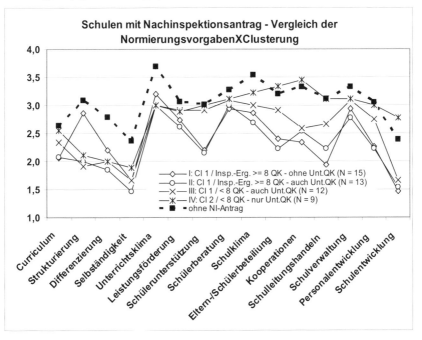

Abb. 2: Typisierung der Schulen mit gravierenden Mängeln

Die Profile der Gruppen I und II liegen in zahlreichen Qualitätskriterien unter Standard. Sie unterscheiden sich nur im Unterrichtskriterium „Strukturierung", in dem Schulen der Gruppe I die Norm erfüllen. Auch die Schulen der Gruppe III verfehlen die Norm im Unterricht und in bis zu vier weiteren Kriterien. Die Schulen der Gruppe IV werden außer im Unterricht in nahezu allen Kriterien normgerecht bewertet. Vermutlich könnten diese Schulen ihre Unterrichtsentwicklung nach der Inspektion selbst in Angriff nehmen, weil sie „have much of the will and skill needed to fix themselves" (Brady, 2003, S. 30). Brady verweist auf das Schulleitungshandeln als wesentliche Entwicklungsvoraussetzung. In den Schulen der Gruppe IV ist es normgerecht beurteilt.

4. Ein Wirkungsmodell der Schulinspektion

Auch wenn der Einfluss der Inspektion auf Veränderungsprozesse in Schulen als distal und komplex einzuschätzen ist, sollten sich Schulinspektionsinstitutionen der Frage der Wirkung ihres Handelns stellen (vgl. Rosenthal, 2001; Chapman, 2001). Sie können die Erforschung ihres „impacts" als Beteiligte und von der Ausstattung her allerdings nicht allein leisten.

Weil Vergleichsarbeiten und Schulinspektion gleichermaßen als Reformen der Nach-PISA-Ära eingeführt wurden, scheint ein Handlungsphasenmodell für die Untersuchung der Effekte von zentralen Tests auf Unterrichtsentwicklung adaptierbar (vgl. Koch, Groß Ophoff, Hosenfeld & Helmke, 2006). Abbildung 3 zeigt das Landauer Modell mit der im Hinblick auf den Schulinspektionszusammenhang geänderten Begrifflichkeit.

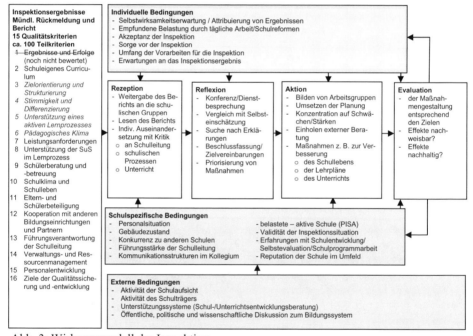

Abb. 3: Wirkungsmodell der Inspektion

Auch im weitgehend standardisierten Ablauf eines Vergleichsarbeitseinsatzes nehmen Aspekte der Rückmeldung Einfluss auf den sich anschließenden Prozess in der Schule (vgl. Schneewind, 2006). Das gilt für Schulinspektionen in noch höherem Maße, da es zu längeren persönlichen Begegnungen zwischen dem Personal der Schule und dem Inspektionsteam mit der Gefahr von „Missverständnissen" kommt. Darüber hinaus können Lehrkräfte und Schulleitung das schulöffentliche Ergebnis der Schulinspektion weniger leicht external attribuieren. Außerdem müssen Wirkungsüberlegungen die unterschiedli-

che Wahrnehmung der Inspektion u.a. durch Eltern, Schulaufsicht, Schulträger berücksichtigen.

Das erweiterte Modell (vgl. Abbildung 4) bezieht Rahmenbedingungen des Inspekti-
onsablaufs ein, u.a. intensive Vorbereitungsmaßnahmen, die die Validität der Inspektionsergebnisse einschränken. Das Urteil „Gravierende Mängel" wird vermutlich auf alle
Phasen des Schulentwicklungsprozesses Einfluss nehmen, da die Schulaufsicht aktiv
werden muss und weil nach ca. eineinhalb Jahren die Nachinspektion ansteht.

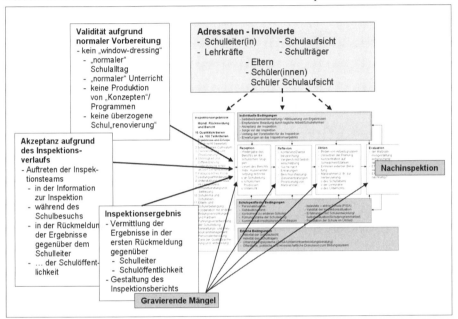

Abb. 4: Einflüsse von Inspektionsablauf und -ergebnis auf den Schulentwicklungsprozess

Von den Adressaten gehen im Modell gestrichelte Pfeile aus, weil aus der einschlägigen
Literatur wenig über deren Rolle bekannt ist

5.   Schulqualitätsentwicklung in Schulen mit gravierenden Mängeln

5.1   Vergleich von Erst- und Nachinspektionsergebnissen

Abbildung 5 mit dem Profil der Nachinspektion in 49 Schulen belegt eine sehr positive
Entwicklung. Nur drei Schulen (6 %) haben die Norm wiederum nicht erfüllt. Schuleige-
ne Lehrpläne und Förderkonzepte (Curriculum), Unterricht, Schulleitungshandeln und
Qualitätsentwicklung haben sich besonders verbessert, wenn die Bewertung „3" als
Norm im Durchschnitt auch weiterhin nicht überall erreicht wird. In der Mehrzahl der
Kriterien sind die Unterschiede zwischen den Inspektionsergebnissen der Schulen ohne
Nachinspektionsantrag und dem Nachinspektionsergebnis weiterhin signifikant, wobei zu
berücksichtigen ist, dass außer im Unterricht, der grundsätzlich neu beurteilt wird, norm-

gerechte Bewertungen der Erstinspektion übernommen werden und sich nicht weiter verbessern, aber auch nicht verschlechtern können.

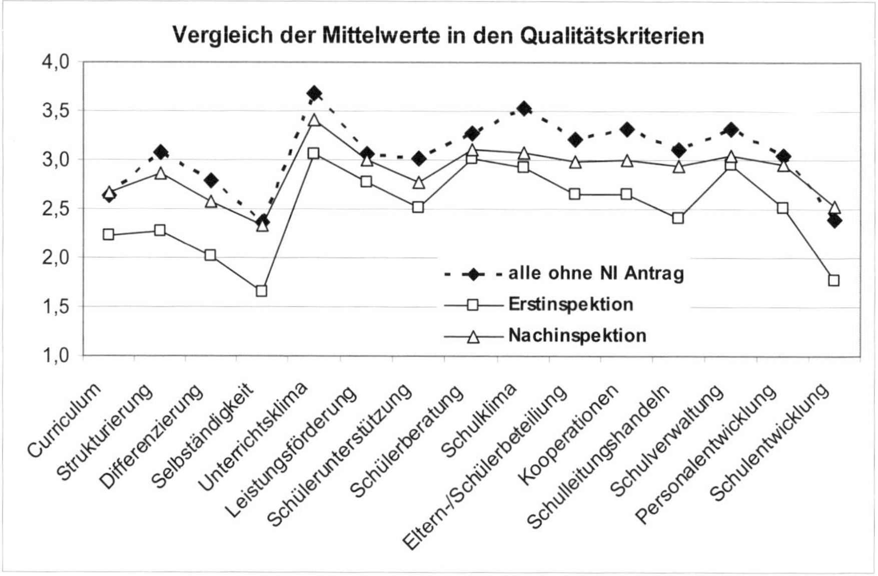

Vergleich der Mittelwerte in den Qualitätskriterien

Legende:
- - ◆ - alle ohne NI Antrag
- —□— Erstinspektion
- —△— Nachinspektion

Abb. 5: Entwicklung der Schulqualität von der Erst- zur Nachinspektion

Wesentliche Unterschiede in Strukturen des Schulsystems und der Definitionen schwacher Schulen sind zu berücksichtigen, wenn Entwicklungserfolge verschiedener Länder
verglichen werden:

- Die Schülerleistung ist in Niedersachsen kein Kriterium für die Beurteilung einer
  Schule als schwach. Die Verbesserung schulischer Prozesse ist daher nicht in gleichem Maße auf die Ko-Produktion der Schülerseite angewiesen und weniger von sozialen Rahmenbedingungen abhängig.

- Die Möglichkeiten, einen Schulentwicklungsprozess einzufordern, sind begrenzt.
  Schulleiter und Lehrkräfte sind in Deutschland überwiegend verbeamtet mit lebenslanger Beschäftigungsgarantie. Über Schulschließungen kann die Schulaufsicht nicht
  allein entscheiden. Gemeinden als Schulträger werden ihre Interessen einbringen. Sie
  sind z. B. für bauliche Veränderungen zur Erzeugung eines neuen Bildes der Schule
  verantwortlich.[4]

5.2   Reaktionen der Schulen mit „gravierenden Mängeln"

Um zu erkennen, was sich zwischen den beiden Inspektionen in den Schulen ereignet hat,
werden Rückmeldungen zum negativen Erstinspektionsergebnis in Stellungnahmen und

---

4   Dass die Hürden auch in angloamerikanischen Staaten höher liegen als einzelne Darstellungen
     vermuten lassen, belegt die Untersuchung von Spreng (2005).

Befragungen sowie Selbstberichte zu ergriffenen Entwicklungsmaßnahmen analysiert. Wie oft Schulleitungen wechseln, wie Gemeinden reagieren und ob Eltern sich eher solidarisieren oder Einsprüche gegen Lehrer oder Schulleitung jetzt vehementer vortragen, wird zurzeit nicht systematisch erhoben.

Erlassgemäß kann die Schulleitung zum Entwurf des Inspektionsberichts eine Stellungnahme abgeben. Diese wird dem Endbericht angehängt und ist damit schulöffentlich. Jede zweite Schule, für die ein Antrag auf Nachinspektion gestellt wird, nutzt die Möglichkeit.

Die Statements zum Befinden der Schulen zeigen, dass sich Schulen bloßgestellt, in ihrer Qualitätsentwicklung durch das Verfahren gefährdet, zu negativ betrachtet, zu subjektiv beurteilt, demotiviert und in ihrem Ruf geschädigt fühlen. Nur in wenigen Stellungnahmen finden sich auch positive Äußerungen.

Gemäß der Intention der Stellungnahmen korrigieren Schulen in über 70 % fehlerhafte Angaben im Bericht (z. B. falsche Schülerzahl u.ä.) (vgl. Abbildung 6). Alle übrigen Kritikpunkte beziehen sich auf Planung (z. B. Feriennähe), Instrumente (z. B. Unterrichtsbeobachtung), Bewertungen (z. B. Begründung von Urteilen) und Inspektionsteam (z. B. Gesprächsführung in den Interviews).

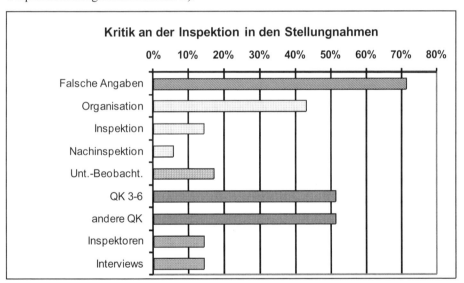

Abb. 6: Rückmeldung der Schulen in den „Stellungnahmen"

Eine zweite Quelle für Reaktionen auf das Inspektionsergebnis sind Evaluationsbögen für Schulleitung, Lehrkräfte, Schüler, Eltern und Mitarbeiter, die den Schulen zusammen mit dem Endbericht zugehen. Durch sie evaluiert die Schulinspektion ihre eigene Qualität. Die Aussagen beziehen sich auf den Ablauf der Inspektion, auf die Instrumente und Kriterien, den Informationsgehalt des Berichts, aber auch schon auf geplante schulische Maßnahmen im Anschluss an die Inspektion (vgl. Niedersächsische Schulinspektion, 2008b).

Schulen mit und ohne gravierende Mängel bewerten die meisten Aussagen positiv (unterhalb des theoretischen Mittelwerts von 2,5) und ähnlich. Für Abbildung 7 sind nur die Aussagen mit signifikanten und effektstarken Unterschieden ausgewählt worden (d > 0,80).

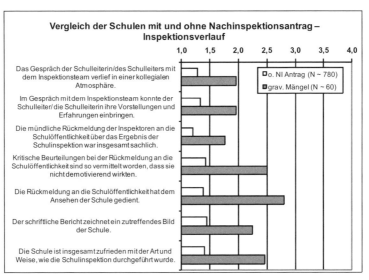

Abb. 7: Der Inspektionsablauf aus Sicht der Schulleitungen (1 – volle Zustimmung)

Die erkennbaren Bewertungsunterschiede sind ein Hinweis auf die Bedeutung der wahrgenommenen Rahmenbedingungen der Inspektion (Gesprächsatmosphäre) und die durch das Urteil entstehende Belastung (Schaden), die einen Schulentwicklungsprozess vermutlich beeinflussen werden.

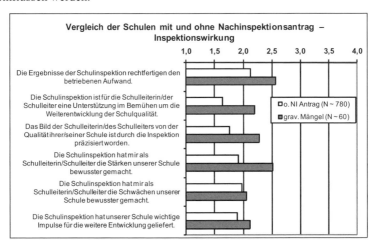

Abb. 8: Der Inspektionsnutzen aus Sicht der Schulleitungen (1 – volle Zustimmung)

Schulleiterinnen und Schulleiter bewerten den Inspektionsablauf (Abbildung 7) positiver als den Nutzen (Abbildung 8). Schulen, für die ein Nachinspektionsantrag gestellt wurde, beurteilen den Wert der Inspektion geringer als Schulen ohne „gravierende Mängel". Kaum Unterschiede weisen die Aussagen zur Bewusstmachung von Schwächen und zu Entwicklungsimpulsen auf, was bei den Schulen mit Nachinspektionsantrag auf mangelnde Akzeptanz des Ergebnisses schließen lässt.

In der Befragung der Lehrkräfte überschreitet kein Wert den theoretischen Mittelwert 2,5. In 20 % der Aussagen gibt es signifikante Unterschiede in der Antworttendenz zwischen Schulen mit und ohne gravierende Mängel. In der Befragung der Eltern wird keine der Aussagen von den Erziehungsberechtigten unterschiedlich bewertet (keine signifikante Differenz). Eltern scheinen dem Urteil der Schulinspektion „neutraler" gegenüber zu stehen.

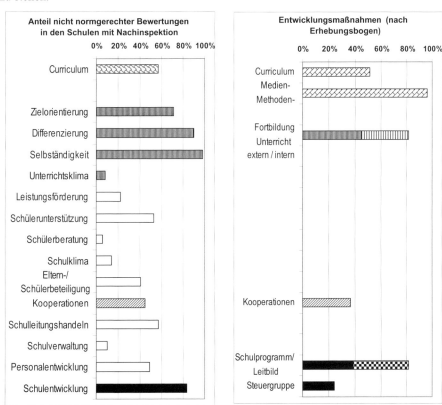

Abb. 9: Qualitätskriterien unter Standard und eingeleitete Maßnahmen

5.3 Ergriffene Schulentwicklungsmaßnahmen

Nach dem niedersächsischen Inspektionserlass (Niedersächsisches Kultusministerium, 2006, Abs. 3.4, (1)) leiten die Schulen aus dem Inspektionsbericht Maßnahmen zur Qualitätssicherung und -verbesserung ab. Zur Nachinspektion müssen die betreffenden Schulen ihre Entwicklungen durch eine Synopse der Aktivitäten mit Terminen und (Zwischen-)Ergebnissen belegen.

Abbildung 9 stellt die Schwächen in der Erstinspektion den von der Schulleitung benannten Entwicklungsmaßnahmen gegenüber.

Die rechte Darstellung der am häufigsten genannten Entwicklungsmaßnahmen lässt erkennen, dass die Schulen gezielt Schwerpunkte setzten. Fast alle Schulen arbeiten an Verbesserungen im Bereich der Konzepte (Medien/Methoden/Förderung), 50 % an der Anpassung der schuleigenen Arbeitspläne an die kompetenzorientierten Kerncurricula. Im Bereich des Unterrichts berichten 80% der Schulen Maßnahmen, darunter die Einrichtung von Hospitationsringen, die Durchführung interner und externer Fortbildungen sowie Beratungsgespräche. 25 % der Schulen bilden nach eigenen Angaben Steuer- oder Projektgruppen.

Es ist aufgrund der Angaben schwer zu beurteilen, ob Schulen versuchen, über „low hanging fruits" eine positive Inspektionsbewertung zu erreichen.

Fast 60 % der Schulen wiesen in der Erstinspektion Mängel im Bereich Curriculum/Unterrichtskonzepte auf (vgl. Abbildung 10). Weniger als die Hälfte von ihnen (43 %) werden in der Nachinspektion besser bewertet. In einem Großteil der Schulen verbessert sich das Urteil zum Schulleitungshandeln, das vorher unter Standard lag. Im Kriterium Schulentwicklung verbessern sich trotz häufiger Arbeiten an Schulprogramm und Leitbild lediglich knapp 46 % der Schulen. Zu vermuten ist, dass für eine systematische Schulentwicklung das gesamte Kollegium gewonnen werden muss und ein Verständnis für „Qualitätssicherung und -entwicklung" in einer Schule in eineinhalb Jahren nicht implementiert werden kann.

In den Unterrichtskriterien gelingt den Schulen in über 85 % eine Verbesserung in der Zielorientierung/Strukturierung, dagegen in der Aktivierung/Selbständigkeitsförderung der Schüler lediglich knapp über 33 %. Wie Verbesserungen in Bereichen zu bewerten sind, die nicht zu den von den Schulleitern benannten Entwicklungsmaßnahmen zählen (u.a. Schülerunterstützung), muss offen bleiben.

Die Nachinspektionen belegen, dass Defizitbereiche bestehen bleiben. Über die Weiterentwicklung der Schulen im Anschluss an die Zweitinspektion fehlen Informationen

6. Schulentwicklungsberatung in einer Einzelschule

Gemittelte Inspektionsurteile und zusammenfassende Analysen der zur Inspektion vorgelegten schulischen Dokumente nivellieren Wege und Probleme innerschulischer Entwicklungsprozesse. In dem für Deutschland neuen Feld der Beratung und Unterstützung „schwacher" Schulen sind umfangreiche Evaluationen notwendig, um Aussagen über die Chancen der Verbesserung von Schulen und Möglichkeiten optimaler Unterstützung zu erhalten.

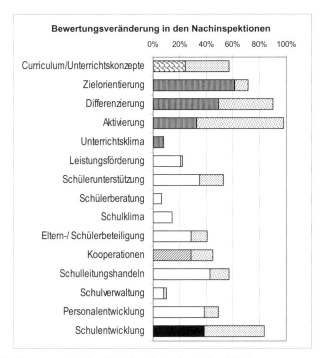

Abb. 10: Verbesserung in den Qualitätskriterien (ohne Verbesserung gepunktet)

Brady beklagt, dass sich Berichte über Maßnahmen zur Veränderung schwacher Schulen auf das Anfangsstadium, die Initiierung konzentrieren, nicht aber auf „the hard sustained work of improving performance that the intervention is designed to support" (Brady, 2003, S. 32). Anhand eines Einzelfalls wird im Folgenden exemplarisch der Prozessverlauf einer Schule mit Nachinspektion aus der Sicht der Schulentwicklungsberatung dargestellt.

Die Schulentwicklungsberatung ist Teil des Beratungs- und des Unterstützungssystems der Landesschulbehörde Niedersachsen. Das Angebot ist unabhängig von einer Schulinspektion, wird aber häufig von Schulen im Anschluss an eine externe Evaluation abgerufen. Bei einer beantragten Nachinspektion muss die Schulaufsicht nach dem Inspektionserlass auf jeden Fall aktiv werden und mit der Schule Ziele, Maßnahmen und eine Zeitplanung vereinbaren (vgl. Niedersächsisches Kultusministerium, 2006, S. 5).

Hinsichtlich externer Beratung kann sich die Schule an private Anbieter wenden. Häufig, wie auch im Fall der hier beschriebenen Schule, wird auf das regionale Beratungs- und Unterstützungsangebot des Landes zurückgegriffen.

6.1 Situation der Schule

Bei der begleiteten Schule handelt es sich um eine Grund- und Hauptschule mit mehr als 300 Schülerinnen und Schülern in einer ländlichen Region. Die Grundschule ist zwei- bis dreizügig und nicht im Bestand gefährdet, die Hauptschule wird auf Dauer Probleme haben, ihre Einzügigkeit zu erhalten. Wohn- und Beschäftigungssituation im Einzugsgebiet stellen sich eher positiv dar. Der Anteil ausländischer Schülerinnen und Schüler liegt bei ca. 7%, der von Kindern aus Aussiedlerfamilien bei ca. 10%.

Der Schulleiter war zum Zeitpunkt der Inspektion sechs Jahre im Amt. Er berichtet von Akzeptanzproblemen in der Anfangszeit, die sich durch Fluktuation im Kollegium teilweise entschärft hatten. Die ca. 25 Lehrkräfte in dieser Grund- und Hauptschule bilden traditionell gewachsen zwei Gruppen, die nur in ihrer jeweiligen Schulform unterrichten und separate Leitbilder und Schulprogramme entwickelt hatten. Die Hauptschule setzte ihre Schwerpunkte in den Bereichen Berufsorientierung und soziales Lernen, die Grundschule bei festen Strukturen im Tages- und Schuljahresablauf sowie der Individualisierung des Lernens. Die Unterrichtsqualität war in keiner der beiden Schulformen systematisch in den Blick genommen worden.

Bei Ankündigung der Schulinspektion fühlte sich die Schule gut aufgestellt, eine Einschätzung, die sich auf Rückmeldungen der weiterführenden Schulen bzw. eine recht hohe Vermittlungsquote der Schulabgänger in die berufliche Ausbildung stützte.

Die Vorbereitung auf die Schulinspektion wirkte nach Aussage des Schulleiters Gemeinschaft stiftend. Einzelreaktionen von Mitgliedern des Inspektionsteams z. B. im Zusammenhang mit nachzureichenden Unterlagen ließen ihn die Inspektoren als kritisch und wenig wertschätzend wahrnehmen und weckten frühzeitig Zweifel an einem guten Abschneiden der Schule. Ein die Inspektion begleitender externer Beobachter bewertete das Verhalten der Inspektoren demgegenüber als sehr sachlich und professionell, ihnen wurden Kommunikationsprobleme im Schulleitungsteam schon zu Beginn der Inspektion offensichtlich.

Die Schule wurde in sieben Qualitätskriterien unter Norm bewertet, darunter die Unterrichtskriterien „Strukturierung", „Differenzierung" und „Selbständigkeitsförderung". Als schwach wurden außerdem die Bereiche „Schuleigenes Curriculum", „Eltern- und Schülerbeteiligung", „Führungsverantwortung der Schulleitung" und „Ziele und Strategien der Qualitätssicherung und -entwicklung" beurteilt. Im Gespräch mit der Schulleitung und in der schulöffentlichen Rückmeldung machte das Inspektionsteam deutliche Unterschiede in der Unterrichtsqualität zu Gunsten der Grundschule sichtbar.

Das Kollegium reagierte mit Unverständnis und Wut auf das Resultat. Der Schulleiter fühlte sich in hohem Maße belastet. Die Schuld wurde vor allem bei den Inspektoren gesucht. Das Kollegium solidarisierte sich. Beim Erstkontakt war für die Schulentwicklungsberatung keine Schuldzuweisung zwischen den Teilkollegien oder gegenüber der Schulleitung erkennbar.

Erlassgemäß schlossen Schulleitung und schulfachlicher Dezernent ein Vereinbarung mit den Entwicklungszielen: Erstellung schuleigener Arbeitspläne, Erarbeitung eines Schulprogramms, Arbeiten an der Verbesserung der Unterrichtsqualität und Reflexion des Führungsverhaltens der Schulleitung. Die Ziele waren am Inspektionsergebnis orientiert, durchgängig langfristig ausgerichtet und sicherlich nicht als „kurzatmige Maßnahmen" zu bewerten (vgl. Huber et al., 2007).

Zwei Wochen nach der Zielvereinbarung kam es zu einem Erstgespräch zwischen Schulleitung und Beratern der Landesschulbehörde, um die möglichen Unterstützungsleistungen zur Umsetzung der Ziele zu besprechen. Nach Aussage der Schulleitung verharrten Teile des Hauptschulkollegiums in einer „Verweigerungshaltung", während das

der Grundschule bereits damit begonnen hatte, die Erstellung der schuleigenen Arbeitspläne in Angriff zu nehmen. Erst als ein Trainer für Unterrichtsqualität nach eigenen Ein-
sichtnahmen die Bewertungen des Inspektionsberichts bestätigte, konnten diese angenommen werden.

Die Maßnahmen können hier nicht im Detail beschrieben werden. Tabelle 1 vermittelt
einen Eindruck vom Umfang der Aktivitäten, den innerschulisch einbezogen Beteiligten
und den externen Beratern, die daran mitgearbeitet haben.

Auch der Schulleiter ließ sich intensiv beraten, was aber nicht als Teil des gesamten
Maßnahmenpakets in Erscheinung trat.

Gegen Ende der eineinhalbjährigen Phase war der Prozessverlauf in der Schule dadurch gekennzeichnet, dass es eine weitgehende Bereitschaft zur Arbeit an der Qualitätsentwicklung gab. Die Motivation der meisten Kollegen fing den kleinen Teil des Kollegiums auf, der den Sinn der Maßnahmen weiterhin nicht akzeptierte.

6.2   Bildet sich die Entwicklung der Schule im Nachinspektionsergebnis ab?

In der Nachinspektion hat die Schule in allen sieben vorher als schwach bewerteten Qualitätskriterien die Norm erreicht bzw. überschritten, darunter in den drei zuvor als
schwach bewerteten Unterrichtsbereichen, ein Beispiel dafür, dass bei innerschulischem
Engagement und massiver externer Unterstützung Lehrkräfte ihren Unterricht in eineinhalb Jahren verändern können.

Dass sich die Eltern akribisch auf das Interview mit dem Inspektionsteam vorbereitet
haben, ist Hinweis auf eine höhere Identifikation mit der Schule aufgrund einer stärkeren
Einbeziehung in die schulische Arbeit. In der Erstinspektion schwach, wird die „Eltern-
und Schülerinformation" jetzt als vorbildlich bewertet.

Es erscheint stimmig, die Veränderung im Elternengagement mit der Verbesserung
der Mehrzahl der Teilaspekte des Schulleitungshandelns in Verbindung zu bringen, die
sich auch an anderer Stelle nieder schlägt, z.B. der Leitbild- und Schulprogrammentwick-
lung. Andererseits korrespondieren die weiterhin vorhandenen Schwächen in der Selbstevaluation sowohl des Führungsverhaltens der Schulleitung als der Schule insgesamt.

Als Fazit stellte das Inspektionsteam fest: „Die Schule hat durch verschiedene Maßnahmen, vor allem durch gemeinsame Fortbildungen, die Qualität steigern können." Zwischen den Zeilen ist allerdings erkennbar, dass der Prozess noch nicht als abgeschlossen
angesehen wird.

Die Schule selbst führte die „entspanntere Atmosphäre" während der Nachinspektion,
und damit vermutlich auch die bessere Bewertung, z.T. auf das zugewandtere und „faire-
re" Auftreten des zweiten Inspektorenteams zurück.

Tab. 1: Schulentwicklungsaktivitäten in einer „Nachinspektionsschule"

Woche nach Insp.	Inhalt	Beteiligung intern	Beteiligung extern
3	Gespräch zum Inspektionsergebnis	Schulleitung	Dezernent LSchb
5	Zielvereinbarung	Schulleitung	Dezernent LSchb
7	Erstkontakt	Schulleitung	Schulentwick-lungsberater (SEB)
9	Bildung einer Arbeitsgruppe (AG) Schulprogramm	aus Kollegium, Eltern, Schülerinnen/ Schüler	
10	Infoveranstaltung zum nds. Projekt zur Verbesserung der Unterrichtsqualität (vgl. Niedersächsisches Kultusministerium, 2007)	Kolleginnen/ Kollegen	Trainer(inn)en für Unterrichts-qualität (TUQ)
11	Einstieg in die Erarbeitung des schuleigenen Arbeitsplans Sachunterricht	Fachkonferenz	Fachberater (FB) Sachunterricht
12	Erstes Arbeitstreffen der AG Schulprogramm	AG SP	SEB
14	Entscheidung und Anmeldung für das nds. Projekt zur Verbesserung der Unterrichtsqualität	Kolleginnen/ Kollegen, Schulleitung	
16	Einstieg in die Erarbeitung der schuleigenen Arbeitspläne Mathematik	Fachkonferenz Mathematik	FB Mathematik
16	Erarbeitung von Anforderung an ein Leitbild aus Sicht des Kollegiums	Kolleginnen/ Kollegen	
17	Sichtung Leitbild-Ideen und Erarbeitung von Anforderung an ein Leitbild aus Sicht der Eltern	Eltern	
20	Erarbeitung gemeinsamer Leitgedanken	Gesamt-konferenz	SEB
26	Weiterarbeit am Leitbild Ziele/Indikatoren/ Maßnahmen	AG SP	SEB
32	Erstes Modul Projekt zur Verbesserung der U-Qualität	Kolleginnen/ Kollegen	TUQ
35	Weiterarbeit Schulprogramm	AG SP	SEB
38	Bestandsaufnahme (Ist-Situation) – Schulprogramm	Gesamt-konferenz	
45	Workshop zum Ersten Modul Projekt zur Verbesserung der U-Qualität	Kolleg(inn)en	TUQ
47	Überarbeitung der vorliegenden Bestandteile des Schulprogramm	AG SP	SEB
52	Einstieg in die Erarbeitung der schuleigenen Arbeitspläne Deutsch	Kolleginnen/ Kollegen	FB Deutsch
54	Reflexion der schuleignen Arbeitspläne Mathematik	Kolleginnen/ Kollegen	FB Mathematik
59	Zusammenstellung der vorliegenden Bestandteile des Schulprogramm	AG SP	SEB
61-64	Fertigstellung der schuleigenen Arbeitspläne Mathematik und Sachunterricht	Kolleginnen/ Kollegen	
64	Termin für die Nachinspektion		

7. Fazit

Die Ankündigung der Schulinspektion stellt für Schulen einen massiven Anstoß dar, sich ihrer Schulqualität zu vergewissern und diese mit dem in Niedersachsen in einem Orientierungsrahmen beschriebenen Bild guter Schule zu vergleichen. In der Regel versuchen Schulen durch intensive Vorbereitung, den normativen Ansprüchen zu genügen.

Spannungen zwischen Schulpersonal und Inspektionsteam resultieren aus unterschiedlichen Rollen. Lehrerkollegien scheinen aufgrund eines hohen Harmoniebedürfnisses interne Konflikte nicht offen zu legen (vgl. Autonomie-Paritäts-Muster) und professionelle Distanz schon als verunsichernd zu empfinden.

Erkennt die Inspektion gravierende Mängel, setzt auch bei schneller Kontaktaufnahme der Schulaufsicht und der Beratungs- und Unterstützungsverantwortlichen eine Phase der Frustration und Orientierungslosigkeit ein. Die linear erscheinende Entwicklung im oben eingeführten Wirkungsmodell der Inspektion (s. Abbildung 4) ist mit der diskontinuierlichen Realität (Kostka & Mönch, 2002, S. 11) in Einklang zu bringen. Schulentwicklungsberatung muss sich auf einen unstetigen Prozessverlauf einstellen.

Das Fallbeispiel belegt als „Wirkung" von Inspektion (zumindest, wenn gravierende Mängel rückgemeldet werden) Entwicklungsprozesse, die vermutlich ohne die externe Evaluation nicht in Gang gekommen wären. Die diagnostische Aussagekraft des Inspektionsberichts reicht der Beratung besonders im Bereich der Unterrichtsqualität nicht aus. Es ist nicht klar, ob die Inspektionsberichte für die Berater zu unpräzise sind, als nicht valide genug eingeschätzt werden oder ob diesen das unmittelbare Anschließen an die Diagnose nicht gelingt.

Der Druck durch die Nachinspektion in eineinhalb Jahren bestimmt die Entwicklungsschwerpunkte mit, die sich eine Schule stellt. Es besteht die Gefahr der Konzentration auf „low hanging fruits" und des „window dressing".

- Dieses berücksichtigend ist der zeitliche Abstand zwischen Erst- und Nachinspektion zu diskutieren.

- Die Bedeutung der Schulleitung für den Entwicklungsprozess legt ein spezielles Unterstützungsangebot für die Schulleitung im Sinne eines Coaching nahe.

Wünschenswert ist eine intensive Evaluation der durch Inspektionsergebnisse ausgelösten Schulentwicklungsprozesse. Die Analyse sollte im Fall einer Nachinspektion über diesen Zeitpunkt hinausreichen.

Literatur

Böttcher, W. (2009). *Was leisten Evaluationen für die Qualitätsentwicklung.* Verfügbar unter: http://www.gew-nds.de/Aktuell/archiv_august_09/Boettcher_Qualitaetsentwicklung.pdf [01.12.2009].

Brady, R. C. (2003). *Can Failing Schools Be Fixed?* Thomas B. Fordham Foundation. Verfügbar unter: http://www.edexcellence.net/detail/news.cfm?news_id=2 [01.12.2009].

Case, P., Case, S. & Catling, S. (2000). Please show you're working: A critical assessment of the impact of OFSTED inspection on primary teachers. *British Journal of Sociology of Education, 21*, 605–621.

Chapman, C. (2001). *External Inspection and School Improvement in Challenging Circumstances. Research Associate Centre for Research on Teacher and School Development.* University of Nottingham. Verfügbar unter: http://www.aare.edu.au/01pap/cha01480.htm [01.12.2009].

Chapman, C. (2002). Ofsted and School Improvement: teachers' perceptions of the inspection process in schools facing challenging circumstances. *School Leadership & Management, 22*, 257–272.

Downey, D. B., Hippel, P. T. & Hughes, M. (2009). Are 'Failing' Schools Really Failing? Using Seasonal Comparisons To Evaluate School Effectiveness. *Sociology of Education, 81*, 242–270.

Fauser, P. & Schratz, M. (2008). Was kann man von guten Schulen lernen? Die Bedeutung des Deutschen Schulpreises für die Schulentwicklung. *Die Deutsche Schule, 100*, 151–165.

Heid, H. (2000). Qualität. Überlegungen zur Begründung einer pädagogischen Beurteilungskategorie. *Zeitschrift für Pädagogik, 41. Beiheft*, 41–51.

Houtveen, T., van de Grift, W. J. C. M., Kuijpers, J., Boot, M., Groot, F. & Kooijman, H. (2007). Improving Underperforming Schools. *Journal of Education for Students Placed at Risk, 12*, 361–381.

Huber, S. & Muijs, D. (2007). Mission failed? Was die englische Schulforschung über schlechte Schulen herausgefunden hat. *Guter Unterricht. Friedrich Jahresheft 2007*, 99–101.

Inspectie van het Onderwijs (2008). *The state of the education in the Netherlands.* Utrecht: The Netherlands Inspectorate of Education.

Kostka, C. & Mönch, A. (2002). *Change Management. Sieben Methoden für die Gestaltung von Veränderungsprozessen.* München: Hanser.

Koch, U., Groß Ophoff, J., Hosenfeld, I. & Helmke, A. (2006). Von der Evaluation zur Schul- und Unterrichtsentwicklung – Ergebnisse der Lehrerbefragungen zur Auseinandersetzung mit den VERA-Rückmeldungen. In F. Eder, A. Gastager & F. Hofmann (Hrsg.), *Qualität durch Standards? Beiträge zur 68. Tagung der Arbeitsgruppe der Empirischen Bildungsforschung (AEPF), Salzburg* (S. 187–199). Münster: Waxmann.

Kuhn, H.-J. (2008). Schulen unter Standard – welche Folgen haben schlechte Inspektionsergebnisse. In MBJS Brandenburg (Hrsg.), *Schulvisitationen in Brandenburg – Jahresbericht zum Schuljahr 2006/2007* (S. 50–51). Potsdam: Ministerium für Bildung, Jugend und Sport des Landes Brandenburg.

Muijs, D. (2007). *Improving failing schools: Towards a research based model.* Proceedings of the 20st Annual World ICSEI Congress, Portorož, Slovenia. Verfügbar unter: http://www.fm-kp.si/zalozba/ISBN/978-961-6573-65-8/077-090.pdf [01.12.2009].

Niedersächsisches Kultusministerium (1998/2009). *Niedersächsisches Schulgesetz.* Verfügbar unter: http://www.schure.de/nschg/nschg/nschg.htm [01.12.2009].

Niedersächsisches Kultusministerium (2004). *Orientierungsrahmen Schulqualität.* Verfügbar unter: http://cdl.niedersachsen.de/blob/images/C25355062_L20.pdf [01.12.2009].

Niedersächsisches Kultusministerium (2006). *Schulinspektion in Niedersachsen - RdErl. D. MK v. 07.04.2006.* Verfügbar unter: http://cdl.niedersachsen.de/blob/images/C19514351_L20.pdf [01.12.2009].

Niedersächsisches Kultusministerium (2007). *Niedersächsisches Konzept zur Verbesserung der Unterrichtsqualität.* Verfügbar unter: http://cdl.niedersachsen.de/blob/images/C42550949_ L20.pdf [01.12.2009].

Niedersächsische Schulinspektion (2008a). *Periodischer Bericht.* Verfügbar unter: http://cdl.nie-dersachsen.de/blob/images/C51934704_L20.pdf [01.12.2009].

Niedersächsische Schulinspektion (2008b). *Rückmeldung der Schulen zur Schulinspektion - Ergebnisse einer Befragung nach Übersendung des Endberichts 12/2008.* Verfügbar unter: http://www.mk.niedersachsen.de/servlets/download?C=54192092&L=20 [01.12.2009].

Posch, P. & Altrichter, H. (1999). *Schulqualität.* Verfügbar unter: http://www.qis.at/pdf/schul-qualitaet.pdf [01.12.2009].

Rolff, H.-G. (2007). *Studien zu einer Theorie der Schulentwicklung.* Weinheim: Beltz.

Rosenthal, L. (2001). *The cost of regulation in education: do school inspections improve school quality?* Department of Economics: University of Keele.

Scheerens, J. & Bosker, R. J. (1997). *The Foundations of Educational Effectiveness.* Oxford: Pergamon.

Scheerens, J. (2008). *Review and Meta-Analysis of School and teaching effectiveness.* Verfügbar unter: http://www.iqb.hu-berlin.de/lehre/dateien/rapportScherens.pdf [01.12.2009].

Schneewind, J. (2006). *Wie Lehrkräfte mit Ergebnisrückmeldungen aus Schulleistungsstudien umgehen – Ergebnisse aus Befragungen von Berliner Grundschullehrerinnen.* Dissertation, FU Berlin. Verfügbar unter: http://www.diss.fu-berlin.de/2007/252/ [05.11.2009].

Schwier, B. (2005). Ein blinder Fleck: Schulentwicklung als Schulverbesserung von schwachen Schulen in England und Wales. *Zeitschrift für Pädagogik, 51,* 380–396.

Spreng, C. P. (2005). *Policy Options for Interventions in Failing Schools.* Dissertation (Pardee RAND Graduate School). Verfügbar unter: http://www.rand.org/pubs/rgs_dissertations/RGSD 187/# [01.12.2009].

Senatsverwaltung für Bildung, Wissenschaft und Forschung Berlin (2008). *Schulinspektionen im Schuljahr 2006/2007.* Verfügbar unter: http://www.berlin.de/imperia/md/content/sen-bildung/ schulqualitaet/schule_und_soziale_stadt/schulinspektionen_2006_2007.pdf?start&ts=124600 8402&file=schulinspektionen_2006_2007.pdf [01.12.2009].

Telegraph (2008). *Full list of failing schools* (10.6.2008). Verfügbar unter: http://www.telegraph. co.uk/education/main.jhtml?xml=/education/2008/06/11/educationtable.xml [01.12.2009].

The Guardian (2008). *I will close up to 270 failing schools to improve standards, says minister* (11.6.2008). Verfügbar unter: http://www.guardian.co.uk/education/2008/jun/10/schools. newschools [01.12.2009].

van de Grift, W. J. C. M. & Houtveen, A. A. M. (2006). Underperforming in Primary School. *School Effectiveness and School Improvement, 17,* 255–273.

van de Grift, W. J. C. M. & Houtveen, A. A. M. (2007). Weaknesses in Underperforming Schools. *Journal of Education for Students Placed at Risk, 12,* 383–403.

Nils Berkemeyer, Johanna Otto & Christin Olschewsky

Schulträger im Wandel
Zur neuen Rolle des Schulträgers in der Reform des Schulsystems

1. Entwicklungen im Bereich aktiver Schulträgerschaft seit den 1990er Jahren

Der Staat (die jeweiligen Bundesländer) ist für die inneren und die Kommune, als Schulträger, für die äußeren Schulangelegenheiten zuständig. So steht es im Grundgesetz Art. 7, 1 und Art. 28, 2 geschrieben. Während diese Unterscheidung der oben genannten Zuständigkeiten bis Mitte der 90er Jahre breiter Konsens war (Laning & Weiß, 2008), kann in den letzten Jahren beobachtet werden, dass der Schulträger neben seinen traditionellen Aufgaben verstärkt auch Verantwortung für die Entwicklung „seiner" Schulen übernimmt, beispielsweise durch Bereitstellung von Unterstützungsangeboten oder aber auch durch die Setzung bestimmter Anreize, die den Schulen zugutekommen. So greift der Schulträger zusehends und bundesweit beobachtbar in die Gestaltung von Schul- und Bildungslandschaften ein.

Politisch findet diese Entwicklung in der Aachener Erklärung des Deutschen Städtetages anlässlich des Kongresses „Bildung in der Stadt" (November 2007) ihren Ausdruck: Hier wird die Forderung an die Länder erhoben, die „kommunale[n] Steuerungsmöglichkeiten insbesondere im Schulbereich zu erweitern und die Zuständigkeiten im Bereich der inneren und äußeren Schulangelegenheiten zugunsten der Kommunen neu zu ordnen" (Deutscher Städtetag, 2007, S. 2). Die Diskussion um eine breitere Beteiligung der kommunalen Schulträger an der Gestaltung des Schulwesens erhält hiermit eine neue Qualität (Rombey, 2008). Zur umfassenderen Einbeziehung der Kommune wird hierbei insbesondere die Schaffung einer „kommunale[n] Bildungslandschaft im Sinne eines vernetzten Systems von Erziehung, Bildung und Betreuung" (Deutscher Städtetag, 2007, S. 2) gesehen.

Der Trend zur Regionalisierung im Bildungsbereich wird durch die Vielzahl aktueller Projekte, Programme und Initiativen deutlich, die seit Mitte der 90er Jahre, auch als Reaktion auf die für Regionalisierung maßgebliche programmatische Denkschrift der Bildungskommission NRW (1995) „Zukunft der Bildung – Schule der Zukunft", angelaufen sind.

Eines der ersten Projekte, das sich dieser neuen, auf Regionalisierung setzenden Reformstrategie bediente, war das im Sommer 1997 gestartete Projekt „Stärkung von Schulen im kommunalen und regionalen Umfeld", kurz „Schule & Co." (Bastian & Rolff, 2002), das neben der qualitätsorientierten Selbststeuerung an Schulen auch die Entwicklung regionaler Bildungslandschaften zum Ziel hatte. Während „Schule & Co." lediglich in zwei Regionen des Landes Nordrhein-Westfalen, im Kreis Herford und in der Stadt Leverkusen, durchgeführt wurde, wurde 2002 einer der bis dato größten Modellversuche der Bundesrepublik Deutschland im Schulbereich initiiert: Am Modellversuch „Selbstständige Schule" nahmen zwischen 2002 und 2008 weit über 250 Schulen aller Schulformen in 19 Regionen teil. Ziele waren auch hier die Entwicklung der Einzelschule, insbesondere des Unterrichts, sowie die Konstituierung und Entwicklung regionaler Schul- und Bildungslandschaften (Holtappels, Klemm & Rolff, 2008; Berkemeyer, 2007, 2010).

Als eine der Konsequenzen aus dem Modellversuch werden seit Sommer 2008 Kooperationsverträge zur (Weiter-)Entwicklung regionaler Bildungsnetzwerke mit den Kommunen des Landes geschlossen, wobei zunächst Verträge mit den am Modellversuch beteiligten Kommunen abgeschlossen worden sind. Mittlerweile haben fast alle Kommunen in NRW einen entsprechenden Vertrag unterzeichnet. Das Anliegen der Vertragspartner ist es, regionale Bildungsnetzwerke auf- und auszubauen, um eine effiziente sowie nachhaltige Nutzung der Unterstützungs- und Beratungssysteme vor Ort gewährleisten zu können. Gegenstand des Vertrages sind neben Zielsetzung, Laufzeit, Grundsätzen, Prinzipien, Handlungsfeldern und Organisation der regionalen Kooperation auch die Leistungen der Vertragspartner. Beispielsweise verpflichtet sich die Stadt, die sächliche und personelle Ausstattung der regionalen Geschäftsstelle sicherzustellen. Das Land stellt zusätzliches pädagogisches Personal im Umfang einer vollen Stelle bereit.

Ganz aktuell, im Herbst 2009, ist bundesweit die Initiative „Lernen vor Ort" mit 40 Kommunen Deutschlands mit dem Ziel der Entwicklung eines lokalen Bildungsmanagements gestartet. Es ist das größte Programm für Lebensbegleitendes Lernen: eine Bildungspartnerschaft von Bund, Kommunen und insgesamt 26 deutschen Stiftungen. In der zunächst dreijährigen Laufzeit mit der Option einer zweijährigen Verlängerung wird das Ziel verfolgt, ein kommunales Bildungsmanagement aufzubauen, welches unterschiedliche Zuständigkeiten im Bereich Bildung innerhalb der Kommune zusammenführt (BMBF, 2009, 2009a).

„Lernen vor Ort" folgt dem bereits 2001 begonnenen und 2008 abgeschlossenen Programm „Lernende Regionen". Über 80 Netzwerke wurden bei „Lernende Regionen" durch Bund (BMBF) und Europäischen Sozialfonds (ESF) finanziell gefördert. Im Fokus stand die Entwicklung „regional angemessene[r] Lern-, Beratungs-, Bildungs- und Weiterbildungsdienstleistungen" (Tippelt, 2010, S. 173) durch Kooperation verschiedener Institutionen und unter Berücksichtigung der jeweils spezifischen Bedingungen einer Region.

Neben solchen Großinitiativen finden sich auch kleiner Projekte, in denen der sich neu abzeichnenden Rolle des Schulträgers Rechnung getragen wird. Exemplarisch hierfür stehen Projekte wie „Münchener Konzept zur Schulentwicklung (MÜKOS)" (Sigel & Kahlert, 2006) oder „Bildungsoffensive Ulm" (Kucharz, Bohl, Eisnach, Fink & Müller, 2009). Auch im Projekt „Schulen im Team", das im Februar 2007 in den Regionen Duisburg und Essen begonnen hat (Berkemeyer, Bos, Manitius & Müthing, 2008) und insbesondere in der Erweiterung „Schulen im Team – Transferregion Dortmund" (Berkemeyer, Järvinen & Mauthe, 2009), das im Februar 2009 startete, wird das aktive Handlungs- und Gestaltungspotential des Schulträgers für die Weiterentwicklung der Schulen genutzt.

Der vorliegende Artikel greift diese Entwicklungen mit dem Interesse auf, die aktuell entstehende Dynamik zumindest in ersten Ansätzen zu erklären und kritisch zu beleuchten. Unter Bezugnahme auf theoretische Ansätze des Neo-Institutionalismus sollen die durch die Regionalisierung notwendig werdenden Veränderungs- und Modernisierungsprozesse der Schulträger nachgezeichnet werden. Zur beispielhaften Unterfütterung der

Theorie dienen Erkenntnisse der Autoren über die Schulträger Dortmund, Duisburg und Essen aus dem Projekt „Schulen im Team – Transferregion Dortmund".

2. Organisationale Veränderungen im Spiegel neo-institutioneller Ansätze

Der Institutionalismus ist ein organisationstheoretischer Ansatz, der insbesondere die Interaktion verschiedener Akteure, anderer Organisationen sowie Erwartungshaltungen der Umwelt so in Beziehung zueinander setzt, dass Modernisierungsprozesse und Umstrukturierungen innerhalb von Organisationen von einer breitwinkligen Perspektive aus betrachtet werden können.

Institutionalisten sehen formale Strukturen als arbiträre, aber verbindliche Regeln für Organisationen an (Meyer & Rowan, 1977). Innerhalb von Organisationen sind die genannten Regeln häufig solche, die ihnen durch die Umwelt nahegelegt werden. Bei Regelbefolgung kann der Eindruck entstehen, dass die Organisation die extern an sie herangetragenen Erwartungen erfüllt, sodass sich hieraus der Schluss ziehen lässt, dass formale Strukturveränderungen als Ergebnis veränderter Erwartungshaltungen von außen anzusehen sind (DiMaggio & Powell, 1983). Dieses opportune Verhalten ist nun, so die Pointe der Neo-Institutionalisten, nicht allein zweckrational begründet (dies würde jede Organisation von sich behaupten), sondern vielmehr dem organisationalen Bedarf nach Legitimität geschuldet, wobei Legitimität zugleich eine Gewähr für interne Ordnung ist. Organisationen beugen sich also den Erwartungen ihrer Umwelt, um sich so Legitimität zu verschaffen (Meyer & Rowan, 1977). Neben dem Effekt innerer Stabilität gibt es einen weiteren bedeutsamen Ertrag, der mit der Legitimität einer Organisation verbunden ist: Organisationen gelingt es durch diese Form der Legitimitätsbeschaffung oftmals auch, den Zufluss von externen Ressourcen zu sichern oder zu erweitern, was letztlich für die Sicherung der Existenz entscheidend ist.

Mit dieser Annahme betont der Neo-Institutionalismus vor allem Aspekte organisationaler Fremdbestimmung gegenüber tradierten Vorstellungen zweckrationaler Zielverfolgungen, wie dies beispielsweise in vielen Managementratgebern zu finden ist. In vielen Bereichen müssen die Organisationen diesen gesellschaftlichen Erwartungen, oder auch „Mythen" (Meyer & Rowan, 1977), nachkommen, um ihr Überleben zu sichern. Von Mythen wird deshalb gesprochen, weil auch die gesellschaftlichen Erwartungen keineswegs rationalen Kriterien folgen müssen.[1] Andere Aspekte, wie beispielsweise die Effizienz einer bestimmten Handlung, sind dabei aus neo-institutioneller Sicht sekundär. Somit können viele Organisationen nur durch die Aufrechterhaltung bzw. den Gewinn von Legitimität fortbestehen, vor allem solche, die kein greifbares Produkt herstellen und daher besonders darauf angewiesen sind, von ihrer Umwelt legitimiert zu werden.

Meyer und Rowan (1977) ebenso wie DiMaggio und Powell (1983) sehen das Streben der Organisationen nach Legitimität jedoch nicht in jedem Fall als zwingend und unumgänglich für das Organisationshandeln an. Je nachdem, in wie weit die Organisationen darauf angewiesen sind, von ihrer Umwelt legitimiert zu werden, bieten institutionalisier-

---

1 An der Diskussion über die Dreigliedrigkeit des deutschen Schulwesens ließe sich dies ganz anschaulich rekonstruieren.

te Regeln einen Impuls, eine Gelegenheit oder eine Notwendigkeit für das organisationale Handeln (Mense-Petermann, 2006). Die Gefahr bei der Nichtbeachtung gesellschaftlich institutionalisierter Regeln und Erwartungen durch die Organisationen besteht jedoch darin, Einbußen in Bezug auf die Außendarstellung und die damit verbundene Legitimität in Kauf zu nehmen. Oftmals genügt es bereits, wenn Organisationen diesen Erwartungen formal nachkommen, d.h., wenn sie schnelle Änderungen an der Formal- bzw. Oberflächenstruktur vornehmen, ohne etwas an der Aktivitätsstruktur zu ändern. Mit diesem Vorgehen kann die Organisation ihre Bereitschaft zu Veränderungen demonstrieren, ohne dass jedoch die tatsächlichen Handlungsroutinen verändert werden. Häufig kann daher von lediglich semantischen Veränderungen gesprochen werden, also von bloßen Umbenennungen bestehender und nicht veränderter Sachverhalte. Die Reform an Hochschulen beispielsweise kann in vielen Teilen als bloße Reform der Semantik rekonstruiert werden. Oelkers (1995) hat dieses Phänomen für die Reform der Schule herausgearbeitet.

Die zentrale These von DiMaggio und Powell (1983) lautet nun, dass sich Organisationen, die sich im gleichen organisationalen Feld befinden, also die den gesellschaftlichen Bezugsrahmen einer Organisation herstellen, sich einander zunehmend angleichen. Diesen Prozess bezeichnen DiMaggio und Powell (1983) als „institutionellen Isomorphismus", anhand dessen mit drei von den Autoren benannten Mechanismen, Isomorphie durch Zwang, normativen Druck und mimetische Prozesse, diese Angleichungsprozesse erklärt werden können.

Isomorphie, die durch Zwang entsteht, kann die Folge formalen wie auch informellen Drucks auf die Organisationen sein. Die Gründe dafür können unterschiedlich sein: Zum einen kann dieser Druck aus einer Abhängigkeit der Organisation gegenüber einer anderen resultieren oder auch auf den Erwartungen der Gesellschaft, denen die Organisation nachkommen möchte, fußen. Zum anderen erfolgt eine Isomorphie durch Zwang, wenn staatliche Vorgaben dies verlangen (DiMaggio & Powell, 1983). Allein die rechtliche Umgebung, in der sich Organisationen bewegen, macht demnach eine allmähliche Angleichung in den Strukturen verschiedener Organisationen unausweichlich.

Isomorphie auf Grund normativen Druckes lässt sich vor allem auf die zunehmende Professionalisierung und die damit verbundenen identischen Bildungshintergründe zurückführen. Damit ist eine Form der Erwartungshaltung bezeichnet, die auf den Werten und Normen der in der Organisation tätigen Professionen oder Berufsverbände basieren. Diese formulieren berufsspezifische Standards oder Verfahren, die letztlich zu einem organisationenübergreifenden Homogenisierungsprozess führen können (Krücken & Röbken, 2009). Doch auch die enge Kooperation mit einem bestimmten Akteur kann Strukturveränderungen hervorrufen, und zwar dann, wenn dieser Akteur „professionelle Normen und Konditionen definiert, [sodass die Organisationen diese] institutionalisierten Erwartungen in ihre Struktur […] übernehmen." (Krücken & Röbken, 2009, S. 330).

Weitere Quellen zur Professionalisierung und den dadurch entstehenden Isomorphismus durch normativen Druck sind Aus- und Fortbildungsangebote, in denen beispielsweise normierte Problemlösungsmuster vermittelt werden, die es dem Einzelnen ermöglichen, nach einem bestimmten und festgelegten Vorgehen bestimmte Probleme zu lösen (Millonig, 2002). Das Individuum spielt dabei lediglich eine untergeordnete Rolle, da die Vorgehensweisen in allen Organisationen eines organisationalen Felds größtenteils identisch sind, was allerdings auch zur Folge hat, dass einzelne Personen in Organisationen beliebig austauschbar sind.

Der letzte Mechanismus, den DiMaggio und Powell beschreiben, erläutert jene Angleichungen, die durch Imitation entstehen. Organisationen neigen dazu, sich andere Organisationen zum Vorbild zu nehmen, wenn hohe Unsicherheit vorliegt. Modelle oder Problemlösungsmechanismen, die als besonders legitim wahrgenommen werden, werden oft über Organisationsgrenzen hinweg imitiert. Diese Imitation führt dabei, jeweils in Abhängigkeit der von außen auf die Organisation einwirkenden Regulationsmechanismen, zu mehr oder weniger ähnlichen Organisationsstrukturen.

Die Imitation von Strukturen aus anderen Organisationen muss dabei nicht zwangsläufig eine bewusste sein, sie kann auch unbewusst und für die Organisation verdeckt erfolgen (DiMaggio & Powell, 1983). Darüber hinaus darf Imitation in diesem Zusammenhang nicht als negativ besetztes Organisationsverhalten angesehen werden. Die Imitation erfolgreicher Strukturen kann zu praktikablen und kostengünstigen Lösungen führen, weshalb als ungeeignet empfundene Vorgehensweisen nicht weiter von anderen Organisationen fortgesetzt werden müssen. Imitation kann darüber hinaus nur selten eine Eins-zu-Eins-Kopie sein, da stets die Ressourcen und Ansprüche der einzelnen Organisationen in Augenschein genommen werden müssen.

Anhand der drei Angleichungsmechanismen, die DiMaggio und Powell beschreiben, lassen sich also Homogenisierungsvorgänge zwischen Organisationen analysieren.

3.   Zur Veränderung des Schulträgers seit den 1990 Jahren

Die Analyse von Schulträgern erweist sich als schwieriges Unterfangen, da derzeit kaum Daten zur Verfügung stehen.

Vor dem Hintergrund der Theorie des Neo-Institutionalismus können jedoch Annahmen über Veränderungsprozesse des Schulträgers, insbesondere in Hinblick auf seine Funktion und Rolle und die damit verbundenen strukturellen Veränderungen im Kontext von Prozessen der Schulentwicklung formuliert werden. Unsere Annahmen lauten:

1. Schulträger verändern sich, um legitimiert zu werden.

2. Sie verändern sich, um den Erwartungen, die an sie gestellt werden, gerecht zu werden.

3. Da allen Schulträgern ähnliche Rahmenbedingungen zugrunde liegen, gleichen sie sich zunehmend einander an.

Zur Prüfung unserer Annahmen werden wir die in Kapitel 2 explizierten Theorieelemente des Neo-Institutionalismus auf die eingangs dargestellten Entwicklungen im Bereich des Schulträgers anwenden und an einem Beispiel aus dem Projekt „Schulen im Team – Transferregion Dortmund" veranschaulichen.

3.1   Motive der Veränderung

In den letzten Jahren konnten vermehrt Veränderungsprozesse bei Schulträgern in ganz Deutschland beobachtet werden. Dabei haben sich die Schulträger sehr unterschiedlich entwickelt, wobei allen gemein ist, dass der Trend von einer verwaltenden zu einer immer mehr gestaltenden Tätigkeit deutlich wird. Trotz unterschiedlicher Ausgangslagen in den einzelnen Bundesländern und in den einzelnen Kommunen scheint eine Reformbereitschaft der Schulträger länderübergreifend zu bestehen.

Aus neo-institutioneller Sicht lassen sich die Motive für diese Veränderung nun nicht mehr allein zweckrational darstellen, wie in der Aachener Erklärung, sondern müssen vielmehr hinsichtlich ihrer legitimitätsfördernden Wirkung geprüft werden. Es gilt also zu fragen, ob es neben Schulträgern weitere Interessenten gibt, die eine Veränderung begrüßen, und ob diese Zustimmung stark bzw. bedeutend genug ist, um legitimierende Wirkung zu entfalten. Dabei muss sich der Schulträger den Erwartungshaltungen verschiedenster Akteure stellen: Neben dem Land, das gewisse Regeln und Forderungen direkt oder indirekt an die Kommune stellt, gilt es auch, den Erwartungen der Schulen nachzukommen. Letztlich sieht sich der Schulträger auch den Schülern und deren Eltern gegenüber in der Pflicht, sodass in diesem organisationalen Feld, zu dem ebenso die eigene wie auch andere Kommunen zu zählen sind, mitunter sehr unterschiedliche Forderungen entstehen können. Es wird sich beispielsweise zeigen müssen, ob die desolate Haushaltslage vieler Kommunen den Trend zur stärkeren Beteiligung bei der Gestaltung und Unterstützung von Schulentwicklungsprozessen aufhalten oder gar umkehren kann oder ob die Kommunen die Gestaltung von Bildungschancen prioritär behandeln und andere Versorgungsbereiche schwächen werden.

Aktuell stellt sich für viele Schulträger ein nicht unerheblicher Erwartungsdruck, da viele Akteure an den Schulträger Erwartungen formulieren und nicht zuletzt mit dem Deutschen Städtetag ein Dachverband gewisse Richtungsentscheidungen, ganz im Sinne der Homogenisierung durch professionelle Standards, getroffen hat.

Abgesehen von Legitimitätsmotiven, die sich aus der Befolgung der Empfehlungen des Deutschen Städtetags speisen, kann momentan ein Veränderungsmotiv zumindest in NRW auch in der Landesinitiative zur (Weiter-)Entwicklung regionaler Bildungsnetzwerke gesehen werden. Die Annahme des Angebotes, einen Kooperationsvertrag mit dem Land einzugehen, kann momentan sicherlich besser neo-institutionell erklärt werden als durch zweckrationales Handeln der Schulträger. Hier werden in vielen Kommunen zunächst Formalstrukturen verändert, um sich Optionen offen zu halten und Konflikten mit der Landesebene aus dem Weg zu gehen.

3.2   Auswirkungen auf der Strukturebene – ein Fallbeispiel

Derzeit lassen sich spezifische Veränderungen im Aufbau der Schulträger beobachten, ohne dabei benennen zu können, welche Motivlage vorherrscht und wie weitreichend die strukturellen Änderungen für das Handeln der Organisation sind. Mit dem Trend „Gestalten statt Verwalten" (Lanig & Weiß, 2008) gehen strukturelle Veränderungen innerhalb der Kommunen einher, die sich als Reaktion auf die neu entstandenen Zuständigkeitsbereiche und die damit verbundenen Anforderungen und Aufgaben interpretieren lassen. Es gilt demnach zu klären, welche der Neuerungen beim Schulträger nur die Formalstruktur der Organisation betreffen und welche Veränderungen tatsächlich etwas auf der Aktivitätsebene bewirken.

Das an dieser Stelle exemplarisch dargestellte Fallbeispiel basiert auf Erkenntnissen, die die Autoren im Rahmen des Projektes „Schulen im Team – Transferregion Dortmund" erworben haben. Wenngleich aus diesem Projektkontext auch über die Schulträger Duisburg und Essen Informationen vorliegen, beschränken sich die folgenden Ausführungen auf Dortmund, da mit der Abbildung der Dortmunder Entwicklung hinreichend strukturelle Veränderungen deutlich gemacht werden können, die exemplarisch für viele Entwicklungen bei den Schulträgern, insbesondere in NRW, stehen.

Dortmund kann auf eine lange Tradition als Schulstadt zurückblicken. Im Jahre 1999 wurde in Dortmund der Fachbereich Schule – „definiert als Verantwortungsgemeinschaft von Stadt, Land und Schulen" (Rolff & Tölle, 2008, S. 290) – zur Gestaltung des bedarfsorientierten Bildungs- und Erziehungsangebotes gegründet (Schulverwaltungsamt, o.J.). Die innerhalb des Fachbereiches Schule stattfindende Fachbereichskonferenz dient dem regelmäßigen Austausch zwischen Amtsleitung, Abteilungsleiter und Schulaufsicht.

Schon seit einigen Jahren wurde in Dortmund gemeinsam mit der Schulaufsicht eine Schulkoordinierungskonferenz, mit dem Ziel einer schulformübergreifenden Kommunikation und Kooperation, eingerichtet. Vertreten sind Sprecher verschiedener Schulformen, Vertreter der unteren Schulaufsicht und Führungskräfte der Schulverwaltung. Einmal jährlich nehmen darüber hinaus an einer sogenannten „erweiterten" Schulkoordinierungskonferenz die für die Schulformen zuständigen Dezernenten der Bezirksregierung teil.

Im Jahre 2000 erfolgte die Gründung der ersten Dortmunder Bildungskommission, einberufen durch den damaligen Oberbürgermeister (Dr. Gerhard Langemeyer; SPD). Die Bildungskommission setzt sich aus unterschiedlichen Bildungspartnern, unter anderem Schulen, Wirtschaft, Kirchen, Verbänden und Elternschaft zusammen und wird für jeweils eine Legislaturperiode gebildet. Innerhalb der Kommission werden Entwicklungsschwerpunkte für die Bildungsregion Dortmund formuliert. Sie versteht sich als Beratungsgremium und „Ideenwerkstatt" für den Schulträger (Schulverwaltungsamt, o.J.a), welches über keinerlei Entscheidungsbefugnisse verfügt (Rolff, 2008). Mit der Gründung der Dortmunder Bildungskommission kommt die Stadt den Forderungen der Denkschrift der Bildungskommission NRW von 1995 nach. Dort wurde die flächendeckende Einrichtung von Beratungsgremien empfohlen, wobei die Dortmunder Bildungskommission bis heute landes- und bundesweit beispielhaft ist (Stadt Dortmund, 2009).

Im Rahmen des Modellprojektes „Selbstständige Schule" erfolgte im Mai 2003 die offizielle Eröffnung des Regionalen Bildungsbüros, eine partnerschaftliche Einrichtung von Stadt, Land sowie des gemeinnützigen Vereins zur Förderung innovativer Schulentwicklungen (schul.inn.do e.V.; hervorgegangen aus der Dortmunder Bildungskommission) als operative Ebene. Das Regionale Bildungsbüro arbeitet projektbezogen auf Grundlage der innerhalb der Bildungskommission vereinbarten Entwicklungsschwerpunkte und hat über das Ende der Projektlaufzeit fortwährend Bestand.

Mit der Einrichtung der Dortmunder Bildungskommission reagierte Dortmund somit schon sehr frühzeitig auf die oben beschriebenen Erwartungshaltungen, die auf die Stadt einwirkten, und zwar bereits *vor* der entsprechenden Änderung im Schulgesetz, die eine

Beteiligung des Schulträgers bei inneren Schulangelegenheiten vorsieht (Schulgesetz NRW, 2009). Durch die Einrichtung des Bildungsbüros in Dortmund lässt sich weiterhin darauf schließen, dass die Kommune somit nicht nur auf der Formalstruktur aktiv wurde, sondern durch die das Bildungsbüro prägenden intensiven Kontakte zu Schulen auch auf der Aktivitätsstruktur tätig ist.

Mit den strukturellen Veränderungen wie der Einrichtung der Bildungskommission, der Gründung neuer Gremien und der Eröffnung des Bildungsbüros gehen auch thematische Veränderungen einher. Die aktuellen Themen lassen sich an den Arbeitsschwerpunkte des Regionalen Bildungsbüros der Stadt Dortmund ablesen: Schule – Arbeitswelt, Schulentwicklung, Medienentwicklung, Schulpsychologische Beratung, Bildungspartner, Schulentwicklungsfonds und Netzwerke.

Am Ende bleibt die Frage, ob die anfangs formulierten Annahmen verifiziert werden können. Sowohl Gründe der Legitimität als auch der dazu führende Erwartungsdruck scheinen Schulträger zu Veränderungen zu veranlassen. Inwiefern sich unterschiedliche Schulträger dabei einander angleichen, wird im Folgenden zu klären sein.

4.   Angleichung oder Diversifizierung von Schulträgern?

Wenn die oben beschriebene Theorie von DiMaggio und Powell zutrifft und sich Organisationen in einem organisationalen Feld zunehmend angleichen, so müssten auch bei Schulträgern Homogenisierungsprozesse erkennbar sein. Tatsächlich scheint es – trotz aller Unterschiede in Bezug auf den finanziellen Faktoren oder die soziale Beschaffenheit in einer Kommune – strukturelle Ähnlichkeiten bei den Schulträgern zu geben, die sich mit Hilfe der im Neo-Institutionalismus getroffenen Annahmen erklären lassen.

4.1   Isomorphie durch Zwang

Durch Zwang hervorgerufene Isomorphie entsteht hier hauptsächlich dadurch, dass formaler wie auch informeller Druck auf die Schulträger ausgeübt wird. Ein Beispiel hierfür sind die zahlreichen Kooperationen zwischen Kommunen und dem Land NRW. Dieser Kooperationsvertrag, durch den ein regionales Bildungsmanagement sichergestellt wird, ist für die Kommunen keineswegs verpflichtend. Durch die Erwartungshaltung des Landes jedoch, moderne und sich den regionalen Bedürfnissen angepasste Schulträger zu erhalten, versuchen die Kommunen diesen Erwartungen gerecht zu werden, um weiterhin legitimiert zu sein. Gerade bei Erwartungen von Landesseite scheint der Schulträger, vermutlich auch stärker als bei anderen Akteuren, stark bemüht zu sein diese Erwartungen zu erfüllen. Durch die Unterzeichnung eines solchen Vertrages verdeutlicht der Schulträger auf der Formalebene, dass er modern ist und an ihn gestellte Forderungen schnell umsetzt.

Gesetzliche Regelungen, die besonders starken Druck auf eine Organisation ausüben und ihn sehr stark reglementieren können, sind bei Schulträgern nicht als möglicher Grund für Angleichungsprozesse zu nennen. Das Schulgesetz in NRW sieht vor, dass sich der Schulträger auch an inneren Schulangelegenheiten beteiligen *kann* (Schulgesetz NRW, 2009); dies ist jedoch eine Möglichkeit, die nur bedingt genutzt wird. Laut des

Schulgesetzes in NRW ist der Schulträger nach wie vor hauptsächlich für die äußeren Schulangelegenheiten zuständig.

4.2 Isomorphie durch normativen Druck

Normativer Druck, der auf Grund von Berufsgruppen entsteht, führt bei Schulträgern nur bedingt zu Homogenisierungen. In Bezug auf bestimmte Abläufe und Strukturen sind Annäherungen sicherlich auszumachen, da größtenteils die gleichen Berufsgruppen bei den Kommunen angestellt sind. Dass jedoch mittels bestimmter bürokratisierter Abläufe auf Grund der Professionen so starke Angleichungsprozesse wie die, die derzeit zu beobachten sind, entstehen, bleibt zu hinterfragen. So ist beispielsweise davon auszugehen, dass der Deutsche Städtetag, nicht im Sinne eines Berufsverbandes, jedoch als die Interessen der Kommunen vertretender Spitzenverband, gewisse richtungsweisende Entscheidungsimpulse gibt, durch die eine Homogenisierung mittels bestimmter Standards erzielt wird.

4.3 Isomorphie durch mimetische Prozesse

Bei einigen Kommunen scheint es wahrscheinlich zu sein, dass sie sich an anderen orientieren und für erfolgreich angesehene Strukturen oder Abläufe übernehmen. Diese sogenannte Isomorphie durch mimetische Prozesse ist vor allem dort denkbar, wo der Schulträger auf Grund erheblicher Probleme, seien sie finanzieller Art oder durch andere regionale Schwierigkeiten hervorgerufen, eine hohe Unsicherheit aufweist. Auch ist es denkbar, dass Projekte, die einer Kommune ein Höchstmaß an Legitimität verschaffen, von anderen Kommunen ebenfalls initiiert werden.

Angleichungsprozesse sind in der Tat bei Schulträgern zu beobachten, da sie zumindest auf der Formalebene Neuerungen einführen, die durch den damit verbundenen Zugewinn an Legitimität eine Steigerung oder zumindest Sicherung von Ressourcen erwarten lassen.

Es zeigt sich, vor allem auch im Projekt „Schulen im Team – Transferregion Dortmund", dass Strukturangleichungen als eine positive Entwicklung anzusehen sind. Durch Forcieren eines fachlichen Austausches verschiedener Kommunen werden in Zukunft möglicherweise gut funktionierende Strukturen übernommen und Probleme frühzeitig in einem inter-kommunalen Netzwerk diskutiert. Denn trotz aller regionalen Unterschiede sind viele Handlungsfelder, in denen der Schulträger zunehmend aktiver wird, identisch, sodass eine Verschwendung von Ressourcen möglichst gering gehalten werden kann.

5. Ausblick

Der vorliegende Beitrag hatte die Intention, Modernisierungsprozesse des Schulträgers näher zu beleuchten und mögliche Gründe für diese Veränderungen zu finden. Für eine theoriegestützte Analyse wurde der Neo-Institutionalismus hinzugezogen, insbesondere die Lesart nach DiMaggio und Powell, sodass eine breite Perspektive auf eine Reihe verschiedener Akteure innerhalb des organisationalen Feldes des Schulträgers möglich wurde. Der neo-institutionelle Ansatz konnte erklären, warum sich Schulträger überhaupt verändern und warum sie sich darüber hinaus während dieses Veränderungsprozesses immer ähnlicher werden.

Kritisch anzumerken ist jedoch, dass personenbezogenes Handeln außer Acht gelassen und somit beispielsweise großes Engagement von Einzelpersonen nicht hinreichend berücksichtigt werden kann und diesem daher auch wenig Bedeutung beigemessen wird. Bisherige empirische Befunde deuten aber darauf hin, dass persönliches Engagement stets als hoch bedeutendes Moment in Reformprozessen, auch beim Schulträger, genannt wird. Weiterhin wird ein Faktor wie Machtinteresse als mögliche Motivation für Strukturveränderungen vernachlässigt, sodass jegliches Handeln aus Gründen der Legitimität zu entstehen scheint und mit diesem zu erklären ist.

Trotz einiger Aspekte, die der Neo-Institutionalismus in der hier vorgelegten Analyse nicht erklären konnte, bietet er dennoch aus makrosoziologischer Sicht eine gute Möglichkeit, den Schulträger in einem ersten Schritt zu analysieren. Es können mit diesem Instrument nicht alle Veränderungsprozesse aufgeklärt werden, doch ist mit einer Erweiterung um eine mikrosoziologische Perspektive (Zucker, 1977) und der Erhebung weiterer Daten der Grundstein dafür gelegt, einen umfassenden Einblick in Motive und Handlungen im Rahmen von Modernisierungsprozessen zu erhalten.

Literatur

Bastian, J. & Rolff, H.-G. (2002). *Abschlussevaluation des Projektes „Schule & Co.".* Gütersloh: Bertelsmann-Stiftung.

Berkemeyer, N. (2007). Change Management durch regionale Steuergruppen? Theoretische Verortung und empirische Befunde. In N. Berkemeyer & H.-G. Holtappels (Hrsg.), *Schulische Steuergruppen und Change Management. Theoretische Ansätze und empirische Befunde zur schulinternen Schulentwicklung.* Weinheim und München: Juventa.

Berkemeyer, N., Bos, W., Manitius, V. & Müthing, K. (2008). „Schulen im Team": Einblicke in netzwerkbasierte Unterrichtsentwicklung. In N. Berkemeyer, W. Bos, V. Manitius & K. Müthing (Hrsg.), *Unterrichtsentwicklung in Netzwerken. Konzeptionen, Befunde, Perspektiven* (S. 19–70). Münster: Waxmann.

Berkemeyer, N., Järvinen, H. & Mauthe, N. (2009). „Schulen im Team" – Kommunales Management von Schulnetzwerken. In N. Berkemeyer, H. Kuper, V. Manitius & K. Müthing (Hrsg.), *Schulische Vernetzung. Eine Übersicht zu aktuellen Netzwerkprojekten* (S. 171–183). Münster: Waxmann.

Berkemeyer, N. (2010). *Die Steuerung des Schulsystems. Theoretische und praktische Explorationen.* Wiesbaden: VS Verlag für Sozialwissenschaften.

Bundesministerium für Bildung und Forschung (2009). *Auftaktkonferenz für das BMBF-Programm „Lernen vor Ort", 10.–11. November 2009, Berlin.* Verfügbar unter: http://www.lernen-vor-ort.info/de/363.php [20.01.2010].

Bundesministerium für Bildung und Forschung (2009a). *Programmhintergrund. Das Förderprogramm „Lernen vor Ort" im Überblick.* Verfügbar unter: http://www.lernen-vor-ort.info/de/98.php [20.01.2010].

Deutscher Städtetag (2007). *Aachener Erklärung des Deutschen Städtetages anlässlich des Kongresses „Bildung in der Stadt" am 22./23. November 2007.* Verfügbar unter: http://ec.europa. eu/ education/migration/germany9_de.pdf [20.01.2010].

DiMaggio, P. J. & Powell, W. (1983). The iron cage revisited: Institutional isomorphism and collective rationality in organizational fields. *American Sociological Review, 48*, 147–160.

Holtappels, H.-G., Klemm, K. & Rolff, H.-G. (2008). *Schulentwicklung durch Gestaltungsautonomie. Ergebnisse der Begleitforschung zum Modellvorhaben „Selbstständige Schule" in Nordrhein-Westfalen.* Münster: Waxmann.

Krücken, G. & Röbken, H. (2009). *Neo-institutionalistische Hochschulforschung.* In S. Koch & M. Schemmann (Hrsg.), *Neo-Institutionalismus in der Erziehungswissenschaft* (S. 326–346). Wiesbaden: VS Verlag für Sozialwissenschaften.

Kucharz, D., Bohl, T., Eisnach, K., Fink, C. & Müller, C. (2009). *Evaluation der Bildungsoffensive Ulm. Abschlussbericht.* Verfügbar unter: http://www.bbb-ulm.de/publikationen/bildungsoffensive.pdf. [21.01.2010].

Lanig, J. & Weiß, W. (2008). Gestalten statt Verwalten. *Die Deutsche Schule, 100* (3), 300–309.

Mense-Petermann, U. (2006). Das Verständnis von Organisation im Neo-Institutionalismus. In K. Senge & U. Hellmann (Hrsg.), *Einführung in den Neo-Institutionalismus* (S. 62–74). Wiesbaden: VS Verlag für Sozialwissenschaften.

Meyer, J. & Rowan, B. (1977). Institutionalized Organizations: Formal Structures as Myth and Ceremony. *American Journal of Sociology, 83*, 340–363.

Millonig, K. (2002). *Wettbewerbsvorteile durch das Management des institutionalen Kontextes: Eine integrative Betrachtung von Institutionalismus und Strategischem Management.* Berlin: Weißensee-Verlag.

Oelkers, J. (1995). *Schulreform und Schulkritik.* Würzburg: Ergon.

Rolff, H.-G. (2008). Vorwort des Vorsitzenden der Bildungskommission. In Der Oberbürgermeister (Hrsg.), *Erster kommunaler Bildungsbericht für die Schulstadt Dortmund. Schulentwicklung in Dortmund* (S. 11–13). Münster: Waxmann.

Rolff, H.-G. & Tölle R. (2008). Kommunale Handlungsstrategien zur innovativen Schulentwicklung am Beispiel des Kommunalen Bildungsberichts der Stadt Dortmund. *Die Deutsche Schule, 100* (3), 289–299.

Rombey, W. (2008). Bildungslandschaften als Zukunftsmodell. Ein Plädoyer für die Kommunalisierung. *Pädagogische Führung, 3*, 103–105.

Schulgesetz für das Land Nordrhein-Westfalen (2009). Verfügbar unter: http://www.hs-owl.de/kom/fileadmin/download/Ausbildereignung/SchulG_Text.pdf. [14.01.2010].

Schulverwaltungsamt Dortmund (o.J.). Fachbereich Schule. Verfügbar unter: http://schulverwaltungsamt.dortmund.de/project/assets/template3.jsp?tid=51813&iid=nl&smi=1.0 [22.01.2010].

Schulverwaltungsamt Dortmund (o.J.). *Dortmunder Bildungskommission.* Verfügbar unter http://schulverwaltungsamt.dortmund.de/project/assets/template1.jsp?smi=5.06&tid=64732 [22.01.2010].

Sigel, R. & Kahlert, J. (Hrsg.). (2006). *Eine Stadt macht Schule mit Grund-, Haupt- und Förderschulen. Münchener Konzept zur Schulentwicklung.* Bad Heilbrunn: Julius Klinkhardt Verlag.

Stadt Dortmund (2009). *10 Jahre systematische kommunale Schulentwicklung in Dortmund.* Dortmund: Günther & Partner.

Tippelt, R. (2010). Netzwerke in Lernenden Regionen gestalten. In N. Berkemeyer, W. Bos & H. Kuper (Hrsg.), *Schulreform durch Vernetzung. Interdisziplinäre Betrachtungen.* (S. 173–191). Münster: Waxmann.

Zucker, L. (1977). The Role of Institutionalization in Cultural Persistence. *American Sociological Review, 42*, 726–743.

Marianne Demmer

Evaluation, Beurteilung und Feedback aus Sicht von Schulleitungen und Lehrkräften
Ausgewählte Aspekte der TALIS-Befragung

1.　Einleitung

1.1　TALIS OECD

TALIS ist eine Studie der OECD[1], die erstmals weltweit Schulleitungen und Lehrkräfte nach ihren Arbeitsbedingungen, ihren beruflichen Entwicklungsmöglichkeiten und nach ihren professionellen Überzeugungen, Einstellungen und Haltungen befragt hat. TALIS steht für *Teaching and Learning International Survey*. An TALIS beteiligten sich 23 Länder, zu denen Deutschland nicht gehörte.[2]

Erste Ergebnisse sowie technische Informationen sind in dem Band *Creating Effective Teaching and Learning Environments* veröffentlicht (OECD, 2009).[3]

1.2　TALIS (GEW)

TALIS (GEW) ist eine TALIS-affine Onlinebefragung der Gewerkschaft Erziehung und Wissenschaft (GEW). Sie wurde als Reaktion auf die durch die Kultusministerkonferenz (KMK) verweigerte Teilnahme Ende 2008 mit Zustimmung der OECD durchgeführt. Die GEW begründete den ungewöhnlichen Schritt damit, dass Lehrkräfte und Schulleitungen in Deutschland „nicht von der internationalen Diskussion um die Weiterentwicklung ihres Berufes abgekoppelt" werden sollten (GEW, 2009).

Befragt wurden zum einen in repräsentativer Auswahl GEW-Mitglieder. In einer separaten offenen Befragung über die Homepage der GEW erhielten auch Nicht-Mitglieder die Möglichkeit, sich zu beteiligen. Die Auswertungen erfolgten getrennt voneinander.

Die Bedeutung der Onlinebefragung der GEW für den internationalen Diskurs wird eindrucksvoll dadurch unterstrichen, dass sich eine Ende 2009 von der Europäischen Union (EU) gemeinsam mit der OECD publizierte Sekundärauswertung der TALIS-Daten, die den Fokus auf die berufliche Entwicklung der Lehrkräfte legt, für Deutschland mangels offizieller Erhebungen nahezu ausschließlich auf die Daten der GEW-Befragung stützt (Scheerens, 2009).

Der vorliegende Beitrag konzentriert sich auf die Befragungsergebnisse zur internen und externen Evaluation der Schulen aus Sicht der Schulleitungen sowie auf Bewertung und/oder Feedback aus Sicht von Lehrkräften und Schulleitungen.

1　Organisation for Economic Co-Operation and Development.
2　Teilnehmende Länder: Australien, Österreich, Belgien (Flämische Gemeinschaft), Dänemark, Ungarn, Island, Irland, Italien, Korea, Mexiko, Norwegen, Polen, Portugal, Slowakische Republik, Spanien, Türkei, Brasilien, Bulgarien, Estland, Litauen, Malaysia, Malta, Slowenien.
3　Homepage der OECD verfügbar unter: www.oecd.org/edu/talis [permanente URL].

Erste Ergebnisse – auch über die übrigen Befragungskomplexe (Fortbildung, Lehrmethoden / -überzeugungen, -haltungen, Schulmanagement, Unterricht und Schulressour-
cen) – sowie eine ausführliche Darstellung der OECD-Lehrerpolitik in Deutschland und
der Haltung der KMK finden sich in der Publikation *„Helden des Alltags"* – *Erste Ergebnisse der Schulleitungs- und Lehrkräftebefragung (TALIS) in Deutschland* (Demmer
& v. Saldern, 2010).

2.   Interne und externe Schulevaluation

Dieses Kapitel beschäftigt sich mit interner und externer Evaluation der gesamten Schule
aus Sicht der Schulleitungen. TALIS fragte nach der Häufigkeit, den Inhalten und den
Auswirkungen der Evaluationen. Lehrkräfte ihrerseits wurden zu *Schul*evaluationen nicht
befragt. Bei internen Evaluationen interessierten nur solche, über die schriftliche Berichte
angefertigt wurden. 37% der GEW-Schulleitungen und 55,3% aus der internationalen
TALIS-Befragung berichten, dass die Ergebnisse der externen und internen Schulevaluationen veröffentlicht wurden. 12% in Deutschland und 28,7% international geben an, die
Ergebnisse seien von den Schulbehörden zur Veröffentlichung von Berichten verwendet
worden, in denen die Leistungen von einzelnen Schulen verglichen wurden. (GEW,
2009; OECD, 2009, S. 177) Im internationalen TALIS-Mittel liegen die Werte zwar
deutlich höher als in der GEW-Befragung. Andererseits zeigt sich, dass vergleichende
leistungsbezogene Veröffentlichungen von Schulevaluationen auch international eher selten sind. Kultusminister in Deutschland, die leistungsbezogene Schulrankings eingeführt
haben oder einführen wollen, können sich nicht darauf berufen, lediglich eine international übliche Praxis nachzuvollziehen.

2.1   Externe Schulevaluation

Knapp 60% der Schulleitungen aus der GEW-Befragung geben an, dass ihre Schule in
den letzten fünf Jahren *nie* extern evaluiert worden ist (Abbildung 1). Der Wert liegt höher als in der offenen GEW-Stichprobe und ist fast doppelt so groß wie im internationalen TALIS-Durchschnitt. Ähnlich hohe Werte wie in den beiden deutschen Stichproben
weisen nur noch Österreich (58,3%), Irland (56,9%) und Italien (60,7%) auf. Wie in
Deutschland gehört externe Schulevaluation in diesen Ländern demnach für die Mehrheit
der Schulen (noch?) nicht zu ihrem Alltag.

Relativ ähnlich ist die Situation hingegen, wenn die externe Schulevaluation in den
letzten fünf Jahren *einmal* durchgeführt wurde. Hier liegen die Werte sowohl international wie national zwischen 30% und 38 %. Mehr als eine externe Schulevaluation innerhalb von fünf Jahren ist in beiden deutschen Stichproben dagegen mit ungefähr 8% wieder deutlich seltener als im internationalen TALIS-Mittel, wo insgesamt nahezu 40% der
Schulleitungen berichten, dass ihre Schule mehr als einmal in den letzten fünf Jahren extern evaluiert worden ist.

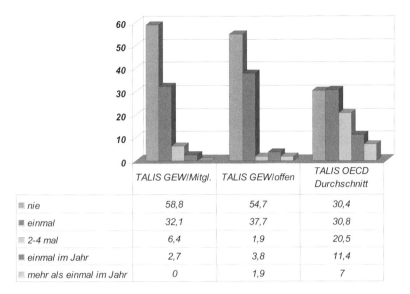

	TALIS GEW/Mitgl.	TALIS GEW/offen	TALIS OECD Durchschnitt
nie	58,8	54,7	30,4
einmal	32,1	37,7	30,8
2-4 mal	6,4	1,9	20,5
einmal im Jahr	2,7	3,8	11,4
mehr als einmal im Jahr	0	1,9	7

Quelle: OECD, 2009; GEW, 2009

Abb. 1: Häufigkeit einer externen Schulevaluation in den letzten fünf Jahren nach Angaben der Schulleitungen, Angaben in Prozent

TALIS hat nicht direkt danach gefragt, für wie hilfreich die Schulleitungen die externen Schulevaluationen ansehen. Allerdings erlauben die berichteten Wirkungen und Konsequenzen gewisse Rückschlüsse auf das Schulentwicklungspotenzial externer Schulevaluationen. Darauf wird weiter unten eingegangen.

2.2 Interne Schulevaluation

Eine *schulinterne* Selbstevaluation einschließlich eines Berichts darüber wurde nach Angaben der Schulleitungen häufiger als eine externe Evaluation durchgeführt – und zwar national wie international. Dass an der Schule in den letzten fünf Jahren noch *nie* eine Selbstevaluation stattgefunden habe, berichten zwischen 36% und 39% der in Deutschland befragten Schulleitungen (Abbildung 2).

Auch *intern* evaluieren sich die Schulen der GEW-Stichprobe deutlich seltener als im internationalen TALIS-Durchschnitt. Die regelmäßige *jährliche* interne Evaluation ist nach den vorliegenden Daten im internationalen Durchschnitt mit 34,9% etwa dreimal so hoch wie in der GEW-Stichprobe mit ca. 11% (Abbildung 2). Die Zahl derjenigen Schulen, die sich in den letzten fünf Jahren *nie* intern evaluiert haben, ist in der GEW-Stichprobe etwa doppelt so groß wie im internationalen TALIS-Durchschnitt (Abbildung 2). Allerdings gibt es mit Irland (56,5%), Portugal (47,9%) und Österreich (41,7%) drei teilnehmende Länder, die noch erheblich seltener intern evaluieren.

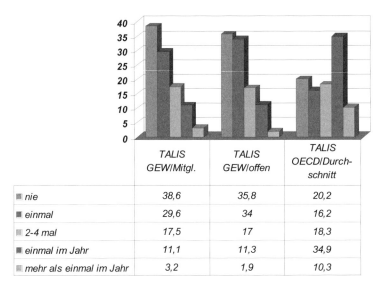

	TALIS GEW/Mitgl.	TALIS GEW/offen	TALIS OECD/Durch- schnitt
nie	38,6	35,8	20,2
einmal	29,6	34	16,2
2-4 mal	17,5	17	18,3
einmal im Jahr	11,1	11,3	34,9
mehr als einmal im Jahr	3,2	1,9	10,3

Quelle: OECD, 2009; GEW, 2009

Abb. 2: Häufigkeit einer internen Schulevaluation in den letzten fünf Jahren, bei der ein
Bericht erstellt wurde, nach Auskunft der Schulleitungen, *Angaben in Prozent*

Die internationale Streubreite ist erheblich und verweist auf ein generelles Problem: Im
Fragebogen wurde nur sehr grob definiert, was unter externer und interner Evaluation zu
verstehen sei. Es wäre insgesamt zu untersuchen, inwieweit das landestypische Verständnis der jeweiligen Begriffe die Vergleichbarkeit der Angaben relativiert.

2.3   Schulen ohne jegliche Evaluation – weder intern noch extern

Nach Angaben der Schulleitungen sind im internationalen Durchschnitt knapp 14% der
Schulen in den letzten fünf Jahren weder extern noch intern evaluiert worden. In
Deutschland sind es in der repräsentativen Stichprobe von TALIS (GEW) fast 18% und
in der offenen Stichprobe mit 16% etwas weniger. Damit liegen die Werte für Deutsch-
land – betrachtet man beide Evaluationsmöglichkeiten – relativ nah beim internationalen
Durchschnitt (Abbildung 3).

Abbildung 3 gibt zudem einen guten Überblick, wie unterschiedlich häufig Evaluationen international durchgeführt werden. Während in Korea kaum eine Schule in den letzten 5 Jahren nicht evaluiert wurde, sind es in Irland fast 40%.

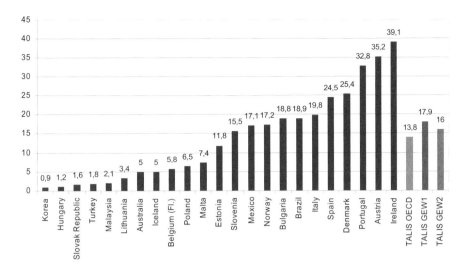

Erläuterung: TALIS GEW1 (repräsentative Stichprobe GEW-Mitglieder); TALIS GEW2 (offene Stichprobe)

Quelle: OECD, 2009; GEW, 2009

Abb. 3: Anteil der Schulen, an denen in den letzten fünf Jahren weder eine interne noch eine externe Evaluation stattgefunden hat nach Angaben der Schulleitungen, Angaben in Prozent

2.4 Aspekte und Schwerpunkte der Schulevaluation

Die Schulleitungen wurden gefragt, welche Aspekte bei den Schulevaluationen eine gro-ße (*mittlere* und *hohe*) Bedeutung hatten. In der Befragung wird nicht zwischen externer und interner Evaluation unterschieden. Bei Betrachtung von Tabelle 1 fällt auf, dass in Deutschland erhebliche Unterschiede hinsichtlich der Bedeutsamkeit bestehen, die die einzelnen Faktoren für die Evaluationen haben. Die Spanne zwischen dem Faktor mit der größten Bedeutsamkeit („Zusammenarbeit mit Schulleitung und im Kollegium" – 85,9%) und dem mit der geringsten Bedeutsamkeit („Anzahl der Wiederholer und Überspringer" – 25,1%) ist mit mehr als 60 Prozentpunkten deutlich größer als im TALIS-Durchschnitt.

Die große Differenz in Deutschland lässt sich vermutlich dahingehend interpretieren, dass in den Schulen unterschiedliche Konzepte von Schulevaluation zum Einsatz kommen, bei denen inhaltlich unterschiedliche Schwerpunkte gesetzt werden. Nur noch in Norwegen wird die Bedeutung der verschiedenen Faktoren ähnlich unterschiedlich eingeschätzt wie in der GEW-Befragung (OECD, 2009, S. 175f.).

Tab. 1: Mittlere und hohe Bedeutung verschiedener Aspekte bei internen und externen Schulevaluationen nach Angaben der Schulleitungen. Vergleich von TALIS OECD und TALIS GEW

TALIS-GEW/ Mitglieder		Frage an die Schulleitungen: Wie wichtig waren die folgenden Aspekte bei (internen und externen) Schulevaluationen? (Mittlere und hohe Bedeutung)		TALIS-OECD Durchschnitt	
%	Rang	TALIS GEW / Mitglieder	TALIS OECD	Rang	%
85,9	1	Wie gut Lehrerinnen und Lehrer mit Schulleitung und Kollegium zusammenarbeiten	Verhältnis zu den Schülerinnen und Schülern	1	87,1
81,4	2	Verhältnis zu den Schülerinnen und Schülern	Wie gut Lehrerinnen und Lehrer mit Schulleitung und Kollegium zusammenarbeiten	2	83,7
75,8	3	Feedback von Eltern	Die Disziplin und das Verhalten der Schülerinnen und Schüler	3	83,6
74,8	4	Innovative Lehrmethoden	Die von den Lehrerinnen und Lehrern absolvierte Fortbildung	4	81,5
71,5	5	Schülerfeedback über den Unterricht, den sie erhalten	Die Klassenführung der Lehrerinnen und Lehrer	5	80,7
66,9	6	Direkte Beurteilung des Unterrichts (in der Klasse)	Lernergebnisse der Schülerinnen und Schüler	6	78,9
66,9	7	Das Unterrichten von Schülerinnen und Schüler mit besonderen Lernbedürfnissen	Das Fachwissen der Lehrerinnen und Lehrer in ihren Unterrichtsfächern	7	78,2
65,1	8	Die Disziplin und das Verhalten der Schülerinnen und Schüler	Das Wissen der Lehrerinnen und Lehrer über Lehrmethoden in ihren Unterrichtsfächern	8	77,5
63,3	9	Aktivitäten außerhalb des Lehrplans mit Schülerinnen und Schülern	Feedback von Eltern	9	77,3
59,5	10	Das Wissen der Lehrerinnen und Lehrer über Lehrmethoden in ihren Unterrichtsfächern	Das Unterrichten von Schülerinnen und Schülern mit besonderen Lernbedürfnissen	10	77,2
56,5	11	Die Klassenführung der Lehrerinnen und Lehrer	Innovative Lehrmethoden	11	76,7
51,6	12	Lernergebnisse der Schülerinnen und Schüler	Testergebnisse der Schülerinnen und Schüler	12	76,2
50,4	13	Die von den Lehrerinnen und Lehrern absolvierte Fortbildung	Aktivitäten außerhalb des Lehrplans mit Schülerinnen und Schülern	13	74,5
48,9	14	Testergebnisse der Schülerinnen und Schüler	Schülerfeedback über den Unterricht, den sie erhalten	14	72,7
45,4	15	Das Fachwissen der Lehrerinnen und Lehrer in ihren Unterrichtsfächern	Direkte Beurteilung des Unterrichts (in der Klasse)	15	71,1
34,3	16	Das Unterrichten in multikultureller Umgebung	Anzahl der Wiederholer und Überspringer	16	70,8
25,1	17	Anzahl der Wiederholer und Überspringer	Das Unterrichten in multikultureller Umgebung	17	52,9

Quelle: OECD, 2009; Demmer & v. Saldern, 2010; eigene Berechnungen

Aus den Angaben der GEW-Schulleitungen wird ein Muster von Schulevaluation ersichtlich, das Gemeinsamkeiten mit dem internationalen TALIS-Durchschnitt, aber auch erhebliche Unterschiede aufweist. Die Gemeinsamkeit besteht darin, dass den personellen Beziehungen innerhalb der Schule („Zusammenarbeit mit Schulleitung und im Kollegium" und „Verhältnis zu den Schülerinnen und Schülern") sowohl national wie international mit mehr als 80% eine große Bedeutung in den Schulevaluationen zugemessen wird (Tabelle 1).

Allerdings fällt auf, dass sich die Schulevaluationen in Deutschland stärker auf die Interaktionen und das Konzept der „guten Schule" konzentrieren und weniger auf Kriterien im Bereich des „guten Unterrichts" (Lernergebnisse der Schülerinnen und Schüler sowie unterrichtsbezogene Qualifikationen der Lehrerinnen und Lehrer). Es erstaunt, dass national wie international dem „Unterrichten in multikultureller Umgebung" sowie dem Umgang mit Lern- und Lebenszeit der Schülerinnen und Schüler („Anzahl der Wiederholer und Überspringer") in Schulevaluationen die geringste Bedeutung beigemessen wird.

2.5 Einfluss von Schulevaluationen auf die Schulen

In diesem Kapitel wird berichtet, worauf die internen und externen Schulevaluationen nach Angaben der Schulleitungen in den letzten fünf Jahren einen größeren Einfluss (*hohen* oder *mittleren* Einfluss) oder nur wenig Einfluss (*überhaupt keinen* oder *geringen Einfluss*) hatten. Gefragt wurde nach sieben Aspekten, die sich sowohl auf materielle Auswirkungen, auf die professionelle Entwicklung von Lehrkräften sowie auf das Monitoring der Einrichtung beziehen.

Tab. 2: Einfluss von externen und internen Schulevaluationen nach Angaben der Schulleitungen. Vergleich von TALIS OECD und TALIS GEW / Mitglieder

TALIS OECD Mittelwert %	Frage an die Schulleitungen: Inwieweit hatten die (internen und externen) Schulevaluationen Einfluss auf das Folgende?	TALIS GEW Mitglieder %
73,9	Überhaupt keinen oder nur geringen Einfluss auf Leistungsbezahlung	96,1
62	Überhaupt keinen oder nur geringen Einfluss auf das Schulbudget	89,9
38,9	Überhaupt keinen oder nur geringen Einfluss auf die Beurteilung einzelner Lehrerinnen und Lehrer	64,9
29,6	Überhaupt keinen oder nur geringen Einfluss auf die Unterstützung der Lehrerinnen und Lehrer zur Verbesserung ihrer Unterrichtskompetenzen	46,5
81,3	Mittleren oder hohen Einfluss auf das Feedback über die Leistung an die gesamte Schule.	69,5
78,7	Mittleren oder hohen Einfluss auf die Beurteilung der Arbeit der Schulleitung	70,8

Quelle: OECD, 2009; Demmer & v. Saldern, 2010; eigene Berechnungen

Die Übersicht in Tabelle 2 macht deutlich, dass in der GEW-Befragung von den Schulleitungen mehrheitlich ein nennenswerter Einfluss von Schulevaluationen nur auf das Monitoring der Schule (69,5%) und auf die Beurteilung der Arbeit der Schulleitung

(70,8%) wahrgenommen wurde. Der TALIS-Mittelwert liegt mit 81,3% und 78,7% deutlich darüber. Bemerkenswert selten berichten die Schulleitungen der GEW-Befragung, dass die Schulevaluation Einfluss auf die Beurteilung (64,9%) und die Unterstützung der Lehrerinnen und Lehrer zur Verbesserung ihrer Unterrichtskompetenzen (46,5%) gehabt hätten. Die internationalen Durchschnittswerte unterscheiden sich deutlich und sind erheblich positiver. Eine ähnlich geringe Unterstützung wie in der GEW-Befragung wird nur noch aus Dänemark, Estland, Island und der Türkei berichtet (OECD, 2009, S. 176).

Den geringsten Einfluss haben Schulevaluationen demnach auf materielle Faktoren. 96,1% der Schulleitungen in Deutschland und 73,9% im internationalen TALIS-Durchschnitt berichten, dass die Schulevaluationen überhaupt keinen oder nur geringen Einfluss auf die Leistungsbezahlung gehabt hätten, 89,9% sagen das in Deutschland und 62% international auch für das Schulbudget – und zwar sowohl für die Höhe wie für die Verteilung innerhalb der Schule (Tabelle 2).

Zusammenfassend lässt sich für die GEW-Befragung sagen, dass Schulevaluationen augenscheinlich vor allem dem Qualitäts-Feedback dienen und hinsichtlich materieller oder konkreter Auswirkungen ganz überwiegend folgenlos bleiben. Bedenklich muss stimmen, wie vergleichsweise selten die Schulevaluationen nach Ansicht der Befragten Einfluss auf Unterstützungsmaßnahmen für Lehrkräfte zur Verbesserung der Unterrichtsqualität haben. Hier dürfte auch eine Erklärung dafür zu finden sein, dass sich eine häufig geäußerte Kritik der Schulen vor allem an externen Evaluationen (Schulinspektionen und Vergleichsarbeiten) darauf bezieht, dass sich die Schulen mit den Ergebnissen allein gelassen fühlen und konkrete Unterstützung bzw. zusätzliche Ressourcen vermissen, um die Arbeit zu verbessern.

3. Lehrerbeurteilung und Feedback

Lehrkräfte sind mit 57 Items umfangreich zu ihren Erfahrungen mit Beurteilungen und/oder Feedback befragt worden. Auch Schulleitungen haben – bezogen auf Lehrkräfte – zu diesen Aspekten ihre Beobachtungen und Erfahrungen ausführlich in 50 Items mitgeteilt. Infolgedessen sind zu diesem Komplex aufschlussreiche Überkreuzinformationen vorhanden. Die Aussagen der Lehrkräfte lassen sich vielfach zu denen der Schulleitungen in Beziehung setzen. Allerdings muss an dieser Stelle darauf hingewiesen werden, dass der unmittelbare Bezug in der GEW-Befragung nicht hergestellt werden kann, weil die befragten Lehrkräfte nicht oder höchstens zufällig, aber nicht systematisch wie in der internationalen TALIS-Befragung, an denselben Schulen unterrichten, an denen die befragten Schulleitungen arbeiten. (Nähere Informationen siehe Demmer & v. Saldern, 2010.)

Im Folgenden werden Informationen zu Häufigkeit, Inhalten, Anlässen, Auswirkungen, Konsequenzen sowie Wirksamkeitseinschätzungen durch Lehrkräfte und Schulleitungen berichtet.

3.1 Häufigkeit von Lehrerbeurteilung und/oder Feedback

TALIS hat die Lehrkräfte befragt, wie oft sie eine Beurteilung und/oder ein Feedback erhalten haben. Dabei wird unterschieden, *wer* beurteilt oder Feedback gegeben hat. Lehrkräfte der GEW-Befragung werden öfter beurteilt oder erhalten ein Feedback als ihre Kolleginnen und Kollegen im internationalen TALIS-Mittel, und zwar vor allem durch Schulleitungen und/oder durch Kolleginnen und Kollegen. Dass Lehrkräfte weder von der Schulleitung, noch von anderen Lehrkräften bzw. Mitgliedern des Schulleitungsteams oder von einer außen stehenden Stelle (z.B. Schulinspektion) in den letzten fünf Jahren beurteilt wurden oder ein Feedback erhalten haben, kommt bei den befragten GEW-Lehrkräften mit 6,3% nur etwa halb so oft vor wie im internationalen TALIS-Durchschnitt (13,4 %). (OECD 2009, S. 177f.; Demmer & v. Saldern, 2010, S. 112f.)

Lehrerbeurteilungen und Feedbacks durch Außenstehende sind national wie international bei weitem nicht die Regel. 55% der in Deutschland und 51% der international Befragten geben an, in den letzten fünf Jahren *nie* von einer externen Stelle beurteilt worden zu sein oder ein Feedback erhalten zu haben. (OECD, 2009, S. 177f.; Demmer & v. Saldern, 2010, S. 112f.)

3.2 Ziele und Resultate von Beurteilung und/oder Feedback

Die Schulleitungen wurden nach den Zielsetzungen für die Beurteilung der Arbeit von Lehrkräften gefragt. Fragen, bei denen die Beurteilung der einzelnen Lehrkraft für die Leistungsevaluation oder die Problembearbeitung der gesamten Schule wichtig ist, werden von den GEW-Schulleitungen als etwas bedeutsamer eingeschätzt als nur auf die einzelne Lehrkraft bezogene Ziele. Spiegelt man diese Angaben mit den Angaben, die die befragten GEW-Lehrkräfte als Resultate ihrer Beurteilung / ihres Feedbacks wahrgenommen haben, so ergeben sich bei allen Faktoren ganz erstaunliche Differenzen zwischen befragten Schulleitungen und Lehrkräften (Tabelle 3).

Diese großen Unterschiede zwischen den Angaben der Schulleitungen bezüglich der Ziele und den tatsächlich von den Lehrkräften wahrgenommenen Resultaten von Beurteilung und/oder Feedback verweisen auf vertiefenden Forschungsbedarf. Dass z.B. für nahezu zwei Drittel (61,7%) der Schulleitungen das Ziel, den Bedarf an Fortbildung bei Lehrerinnen und Lehrern festzustellen, „mittlere" und „hohe" Bedeutung hat, dass aber nicht einmal jede zehnte befragte GEW-Lehrkraft (7,8%) „eher" oder „ganz" zustimmt, dass dies auch ein Resultat des Feedbacks und / oder der Beurteilung gewesen sei, eröffnet Interpretationsmöglichkeiten in viele Richtungen.

Gerade in einer Zeit, wo den Schulleitungen zunehmend eine größere Bedeutung für die Schul- und Personalentwicklung zugewiesen wird, wäre der Frage nachzugehen, ob der Mikrokosmos einer Schule aus mehreren Teil-Welten besteht, in denen die gemeinsame Welt, der Schulalltag, ganz unterschiedlich wahrgenommen wird, was Spannungen, Missverständnisse und Kommunikationsstörungen nach sich ziehen kann, wenn mit dieser Frage nicht bewusst umgegangen wird. Dass die Schülerinnen und Schüler als „Bewohner" einer dritten Teil-Welt noch einmal eine ganz spezielle Sicht auf das reale Geschehen in Schulen haben, ist dabei mindestens ebenso bedeutsam, sei aber hier nur am Rande erwähnt.

Tab. 3: Beurteilung der Lehrkräfte: Vergleich der Zielsetzungen aus Sicht von Schulleitungen mit den von den Lehrkräften wahrgenommenen Resultaten

Zielsetzungen für die Beurteilung von Lehrerinnen und Lehrern.	„Mittlere" und „hohe" Bedeutung nach Ang. der Schulleitungen*%		Resultate von Beurteilung und Feedback (Befragung GEW-Lehrkräfte, Lehrkräfte OECD, Lehrkräfte GEW offene Befragung)	Lehrkräfte haben eine „mittlere" oder „große" Veränderung wahrgenommen (%)		
	GEW	offen		GEW	offen	OECD
Um den Karriere-Aufstieg von einzelnen Lehrerinnen und Lehrern zu bestimmen.	54,6	52,2	Eine Veränderung der Wahrscheinlichkeit des Karriere-Aufstiegs	11,8	9,3	16,2
Um eine administrative Ebene über der Schule zu informieren (Schulaufsicht Schulbehörden).	31,2	39,1				
Um die Leistung der gesamten Schule zu evaluieren.	66,4	76,1				
Um den Unterricht in einem bestimmten Fach zu evaluieren.	61,8	62,2				
Um eine Krise oder ein Problem in der Schule anzugehen.	64,7	73,9				
Um den Bedarf an Fortbildung bei Lehrerinnen und Lehrern festzustellen.	61,7	73,9	Möglichkeit von Fortbildungsaktivitäten	7,8	7,2	23,7
Um Entscheidungen über Bezahlung und Sonderzulagen von Lehrerinnen und Lehrern zu treffen.	25,7	26,1	Eine Veränderung des Gehalts	4,9	6,0	9,1
			Ein finanzieller Bonus oder eine andere Art von materieller Belohnung	2,8	2,7	11,1
Um Entscheidungen über die Schulentwicklung zu treffen.	73,4	65,2				
			Öffentliche Anerkennung vom Schulleiter / von der Schulleiterin und / oder Kolleginnen und Kollegen	23,8	21,1	36,4
			Die Chance auf Veränderungen im Verantwortungsbereich, die die Arbeit attraktiver machen	17,8	15,6	26,7
			Die Chance, eine Rolle in Schulentwicklungsinitiativen zu übernehmen	25,0	22,1	29,5

*   Befragung Schulleitungen: GEW-Mitglieder und offene Befragung; die entsprechenden Werte der OECD-Befragung sind noch nicht veröffentlicht.

Quelle: OECD, 2009; Demmer & v. Saldern, 2010

Verglichen mit den materiellen Resultaten haben die befragten Lehrkräfte in Deutschland in stärkerem Maße Veränderungen bei den eher ideellen (immateriellen) Resultaten von Beurteilungen/ Feedback festgestellt. Hier unterscheiden sich die Werte der GEW-Befragung auch bei weitem nicht so stark vom internationalen TALIS-Mittelwert wie bei den materiellen Resultaten (Tabelle 3). Attraktivere Arbeit oder die Mitarbeit in Schulentwicklungsinitiativen gehören zu den häufiger erfahrenen Resultaten. Manchmal sind sie nicht nur mit einer größeren zeitlichen Inanspruchnahme und Berufszufriedenheit verbunden, sondern auch mit Abminderungen des Unterrichtsdeputats. Letzteres ist eine „Vergütung", die die Lehrkräfte in Deutschland erfahrungsgemäß deutlich stärker schätzen als etwa finanzielle Boni.

3.3 Inhaltliche Aspekte von Lehrerbeurteilung und/oder Feedback

Tabelle 4 führt die inhaltlichen Aspekte von Lehrerbeurteilung und Feedback auf. Gefragt war, welche Bedeutung diese Aspekte für die Beurteilung und/oder das Feedback hatten. Generell fällt auf, dass die befragten GEW-Lehrkräfte durchgängig seltener angeben, dass die einzelnen Faktoren eine „mittlere" und „hohe" Bedeutung hatten. Besonders auffällig ist dies auf den hinteren Rangplätzen, wenn z.B. die Anzahl der Wiederholer und Überspringer nur noch von 7,4% der GEW-Stichprobe als mittel oder hoch bedeutsam eingeschätzt wird, im Mittel der internationalen TALIS-Stichprobe jedoch immerhin noch von deutlich mehr als der Hälfte (56,2%), obwohl auch international dieser Faktor auf einem hinteren Platz rangiert. Der Anteil der befragten GEW-Schulleitungen, der die Bedeutsamkeit der einzelnen Faktoren mittel oder hoch einschätzt, ist ebenfalls bedeutend höher als bei den befragten GEW-Lehrkräften (Tabelle 4).

Zusammenfassend lässt sich sagen, dass in der Wahrnehmung der Lehrkräfte (GEW-Stichprobe) der Schwerpunkt bei Beurteilung und/ oder Feedback auf der Schüler-Lehrer-Beziehung sowie der Zusammenarbeit mit Schulleitung und Kollegium liegt, und dass professionelles Wissen und Können demgegenüber geringeres Gewicht haben, was insbesondere auch für die Lehrerfortbildung sowie für die Lernergebnisse der Schülerinnen und Schüler gilt.

3.4 Allgemeine Veränderungen in Folge von Beurteilung und Feedback[4]

Die materiellen und immateriellen / ideellen Resultate, die den befragten Lehrkräften nach ihren Angaben als Folgen von Beurteilung und Feedback zuteil wurden, sind in Kapitel 3.2 beschrieben worden. In diesem Kapitel geht es um die Frage, von welchen sonstigen Veränderungen die Lehrkräfte als Folge von Beurteilung und/oder Feedback berichten.

---

4   Alle Daten dieses Kapitels siehe OECD, 2009, S. 185f.; Demmer & v. Saldern, 2010, S. 109ff.

Tab. 4: Mittlere und hohe Bedeutung verschiedener Aspekte bei Lehrerbeurteilung und/oder Feedback. Vergleich der Angaben der Lehrkräfte und Schulleitungen (TALIS GEW)

Frage an die Lehrkräfte: Wie wichtig waren Ihrer Meinung nach die folgenden Aspekte, wenn Sie eine Beurteilung und/oder ein Feedback erhalten haben? Frage an die Schulleitungen: Wie wichtig waren Ihrer Meinung nach die folgenden Aspekte in diesen Beurteilungen?	Mit mittlerer bis hoher Bedeutung berücksichtigt					
	Lehrer				Schulleiter*	
	GEW		OECD		GEW	
	Rang	%	Rang	%	Rang	%
Das Verhältnis zu den Schülerinnen und Schülern	1	71,2	1	85,2	1	86,7
Wie gut Sie mit der Schulleiterin/dem Schulleiter sowie Kolleginnen und Kollegen zusammenarbeiten	2	63,1	6	77,5	2	82,8
Die Disziplin und das Verhalten der Schülerinnen und Schüler	3	58,5	4	78,2	5	78,0
Die Klassenführung	4	57,9	3	79,7	8	76,6
Die direkte Beurteilung Ihres Unterrichts (in der Klasse)	5	57,6	7	73,5	7	76,8
Innovative Lehrmethoden	6	52,0	9	70,7	3	80,4
Das Wissen über Lehrmethoden (Wissensvermittlung)	7	51,3	5	78,2	4	78,3
Das Fachwissen in Ihren Unterrichtsfächern	8	51,1	2	80,0	9	72,1
Aktivitäten außerhalb des Lehrplanes mit Schülerinnen und Schülern (z. B. Schulaufführungen, etwa von Theaterstücken; sportliche Aktivitäten)	9	45,5	14	62,3	6	77,8
Schülerfeedback über Ihren Unterricht	10	44,6	8	72,8	13	50,8
Feedback von Eltern	11	43,4	10	69,1	11	59,7
Das Unterrichten von Schülerinnen und Schülern mit besonderen Lernbedürfnissen	12	38,6	15	57,2	10	62,6
Die Fortbildung, die Sie absolviert haben	13	31,4	13	64,5	12	55,9
Andere Lernergebnisse der Schülerinnen und Schüler	14	31,1	11	68,4	14	43,5
Testergebnisse der Schülerinnen und Schüler	15	25,0	12	65,0	16	30,5
Das Unterrichten in einer multikulturellen Umgebung	16	19,1	17	45,0	15	36,7
Anzahl der Wiederholerinnen und Wiederholer bzw. der Schülerinnen und Schüler, die eine Klasse übersprungen haben	17	7,4	16	56,2	17	18,6

*   Die entsprechenden Angaben für OECD-Schulleitungen sind noch nicht veröffentlicht.

Quelle: OECD, 2009; Demmer & v. Saldern, 2010; eigene Berechnungen

Fast drei Viertel der befragten Lehrkräfte (GEW-Mitglieder) sind „eher" (46,7%) oder „ganz" (26,8%) der Auffassung, dass die erhaltene Beurteilung und / oder das Feedback eine „faire Einschätzung" ihrer Arbeit an der Schule war. Der internationale TALIS-Durchschnitt liegt mit 83,2% deutlich höher (19,9% „ganz" und 63,3% „eher").

Hinsichtlich der Einschätzung, wie hilfreich Beurteilung und / oder Feedback für die Weiterentwicklung ihrer Arbeit waren, sind die internationalen Durchschnittswerte ebenfalls wesentlich besser, wenngleich man auch hier nicht davon sprechen kann, dass die Effekte wirklich zufrieden stellen können. Die Ergebnisse signalisieren national wie international noch viel Spielraum für Verbesserungen. Dass die erhaltene Beurteilung und / oder das Feedback „hilfreich" für die Weiterentwicklung ihrer Arbeit waren, dem stimmen nur noch 38,9% der befragten GEW-Mitglieder „eher" und 12,5% „ganz" zu, während im internationalen Durchschnitt dies 61,8% („eher") und 16,8% („ganz") tun.

Eine ähnlich unbefriedigende Situation wie in Deutschland findet sich nur noch in Korea (53,3%), wobei dort mit nur 1,8% auffallend wenige die Beurteilung als „ganz" hilfreich einstufen und 51,5% sagen, die Beurteilung sei „eher" hilfreich gewesen.

Möglicherweise liegt ein Grund für die insgesamt zurückhaltende Einschätzung von Beurteilung und / oder Feedback darin, dass es national wie international keineswegs Standard zu sein scheint, dass mit den Beurteilungen auch Verbesserungsvorschläge verbunden werden. Nur 38,1% der befragten GEW-Lehrkräfte geben an, die Beurteilung und / oder das Feedback habe Vorschläge enthalten, um bestimmte Bereiche der Arbeit zu verbessern. In der offenen GEW-Stichprobe sind es nur 31,5%, im internationalen TALIS-Mittel hingegen berichten immerhin 58% von Verbesserungsvorschlägen. Ähnlich niedrige Werte wie in der deutschen Befragung wurden für Dänemark (36,0%), Island (29,9%) und Norwegen (28,2%) notiert.

Wenn fast die Hälfte der Befragten Beurteilung oder Feedback nicht als hilfreich für die eigene Arbeit empfindet und etwa ein Viertel sich dazu auch noch unfair beurteilt sieht, muss das zu denken geben. Es stellt sich dann die Frage nach den Gründen und nach Verbesserungsmöglichkeiten.

Zu denken geben muss auch, dass nur 12,2% der befragten GEW-Mitglieder über eine „starke Zunahme" der Arbeitszufriedenheit berichten („schwache Zunahme" 29,5%) und 43,4% keinerlei diesbezügliche Auswirkungen festgestellt haben, dafür aber 11,4% eine „schwache" und 11,9% sogar eine „starke" Abnahme der Arbeitszufriedenheit festgestellt haben. Im internationalen TALIS-Durchschnitt sind die positiven Werte etwas höher: „starke Zunahme" 14,2%, „schwache Zunahme" 37,3%. Die negativen Werte sind jedoch deutlich niedriger: 4,8% berichten von einer „schwachen" und 2,5% von einer „starken" Abnahme der Arbeitszufriedenheit.

Für die Arbeitsplatzsicherheit sind Beurteilung und/ oder Feedback in Deutschland nahezu bedeutungslos. 82,8% der befragten GEW-Mitglieder haben keinerlei Veränderungen festgestellt. Für ein Zwölftel hat sich die Arbeitsplatzsicherheit „stark" und für 5,3% „schwach" verbessert. Im Unterschied dazu hat sich im internationalen TALIS-Durchschnitt die Arbeitssicherheit für immerhin 21,8% „schwach" verbessert.

Interessant in diesem Zusammenhang dürfte sein, dass 67,8% der befragten GEW-Mitglieder (71,8% der offenen GEW-Befragung) glauben, dass Begutachtungen von Lehrkräften „größtenteils" durchgeführt werden, „um administrativen Anforderungen gerecht zu werden". Im internationalen TALIS-Mittel glauben das mit 44,3% deutlich weniger. Insgesamt wird man sagen dürfen, dass Beurteilung und / oder Feedback noch nicht in einer Art und Weise stattfinden, dass der Nutzen und die positiven Effekte aus Sicht der befragten Lehrkräfte in Deutschland eindeutig wahrgenommen werden.

3.5   Aktivitäten bei zu Tage getretenen Schwächen

Was berichten Schulleitungen über ihre Aktivitäten, mit denen sie auf zu Tage getretene Schwächen bei Lehrkräften reagieren? Tabelle 5 gibt einen Überblick. Favoriten sowohl bei den befragten GEW-Schulleitungen (mit fast 100%) wie im internationalen TALIS-Mittel (mit knapp 90%) sind die Mitteilung des Ergebnisses an die Lehrkraft und die Diskussion von „Maßnahmen zur Behebung der Schwächen" (Tabelle 5). Konkretere Maßnahmen treten demgegenüber stark zurück. Nur selten werden materielle Sanktionen bis hin zur Entlassung verhängt.

Größere Bedeutung haben national wie international häufigere Beurteilungen sowie Entwicklungs- oder Trainingspläne, mit denen auf die Schwächen reagiert wird. Während im internationalen TALIS-Mittel deutlich über die Hälfte (56,5%) der Schulleitungen berichtet, sie stelle sicher, dass „die Arbeit der Lehrkraft künftig öfter beurteilt wird", sind es in der GEW-Schulleiter-Stichprobe nur 25,2% und in der offen GEW-Befragung 33,3% (Tabelle 5).

Ein Entwicklungs- oder Trainingsplan wird von den befragten Schulleitungen in Deutschland ebenfalls deutlich seltener erstellt als im internationalen TALIS-Durchschnitt. 46,3% der befragten GEW-Schulleitungen und 40,0% der Schulleitungen aus der offenen GEW-Befragung berichten, dass sie zu dieser Maßnahme „meistens" oder „immer" greifen, um auf Schwächen zu reagieren. Im internationalen TALIS-Mittel sind es 56,5%, wobei die Spanne außerordentlich groß ist und von 29,8% in Korea bis 93% in Australien reicht (OECD, 2009, S. 183). International bestätigen die Lehrkräfte diese Angaben. Knapp 60% geben an, dass Entwicklungs- oder Trainingspläne ihres Wissens an ihrer Schule zum Einsatz kommen (Tabelle 5).

In den deutschen Befragungen weichen allerdings die Angaben der Lehrkräfte stark von denen der Schulleitungen ab. Nur 15,6% der befragten GEW-Lehrkräfte und 12,6% der Lehrkräfte aus der offenen GEW-Befragung wissen an ihrer Schule um solche Entwicklungs- oder Trainingspläne (Tabelle 5). Die Gründe für diese erhebliche Diskrepanz mögen vielfältig und hier nicht zu ermitteln sein. Es wäre jedoch lohnend, diesen Fragen im Einzelnen nachzugehen. Denn vermutlich sind individuell zugeschnittene Entwicklungs- und Trainingspläne das wirkungsvollste Mittel, um die Arbeit als Lehrkraft zu verbessern.

Frühzeitig angewendet könnte damit vielleicht auch *dauerhaft* schlecht erbrachten Arbeitsleistungen vorgebeugt werden. Zu den erschreckenden Befunden der TALIS-Befragungen gehören nämlich die Angaben der Lehrkräfte, dass an ihrer Schule „toleriert" würde, „wenn eine Lehrkraft fortwährend schlechte Arbeitsleistungen erbringt". 33,8% bestätigen dies im internationalen TALIS-Mittel „eher" oder „ganz". Noch deutlich mehr, nämlich fast die Hälfte (48,3%) der befragten GEW-Lehrkräfte und genau die Hälfte der Lehrkräfte aus der offenen GEW-Befragung, bestätigen die Tolerierung dauerhaft schlecht erbrachter Arbeitsleistungen an ihrer Schule (Tabelle 5).

Tab. 5: Aktivitäten infolge von Lehrerbeurteilungen / Feedbacks nach Angaben der Schulleitungen und aus Sicht der Lehrkräfte

Items aus Schulleitungs- und Lehrerfragebogen*	Schulleitung		Lehrkräfte	
	GEW Mitgl.	OECD	GEW Mitgl.	OECD
	„meistens" und „immer"%		*Zustimmung „eher" und „ganz"%*	
Ich stelle sicher, dass das Beurteilungsergebnis der Lehrkraft mitgeteilt wird.	97,1 (95,4)**	87,9		
Ich stelle sicher, dass Maßnahmen zur Behebung der Schwächen mit der Lehrkraft diskutiert werden.	95,6 (87,8)	89,6		
Ich oder andere in der Schule erstellen einen Entwicklungs- oder Trainingsplan für die Lehrkraft, um auf ihre Schwächen in ihrem Unterricht zu reagieren.	46,3 (40,0)	56,5		
An meiner Schule wird meines Wissens ein Entwicklungs- oder Trainingsplan für Lehrkräfte erstellt, um die Arbeit als Lehrkraft zu verbessern.			15,6 (12,6) **	59,7
Ich oder andere in der Schule verhängen materielle Sanktionen über die Lehrkraft	0,7 (4,4)	2,7		
Schulleitung unternimmt Schritte, um die Bezahlung oder den Einsatz einer Lehrkraft zu verändern, wenn diese fortwährend die geforderte Arbeitsleistung nicht erbringt.			19,4 (18,0)	23,1
Ich oder andere in der Schule berichten das Zurückbleiben hinter den Erwartungen einer anderen / vorgesetzten Institution, damit diese Maßnahmen bis hin zu Disziplinarverfahren ergreift.	1,4 (6,6)	11,7		
Ich stelle sicher, dass die Arbeit der Lehrkraft künftig öfter beurteilt wird.	25,2 (33,3)	56,5		
An meiner Schule würde es vom übrigen Kollegium toleriert werden, wenn eine Lehrkraft fortwährend schlechte Arbeitsleistungen erbringt.			48,3 (50,0)	33,8
An meiner Schule werden Lehrkräfte wegen einer fortwährend schlechten Arbeitsleistung entlassen.			8,5 (7,2)	27,9

* Die Items aus dem Schulleitungsfragebogen sind normal gedruckt; die korrespondierenden Items im Lehrerfragebogen sind kursiv gedruckt. Nicht für alle Items gibt es jeweils ein Spiegel-Item in der anderen Gruppe.
** Die Angaben in Klammern beziehen sich auf die GEW-offene Befragung.

Quelle: OECD, 2009; Demmer & v. Saldern, 2010; eigene Berechnungen

3.6 Direkte Veränderungen in Folge einer erhaltenen Beurteilung und/oder eines Feedbacks

Nachdem in den vorausgegangenen Kapiteln der Blick auf materielle Resultate sowie auf Maßnahmen bei zu Tage getretenen Schwächen gerichtet wurde, gilt in diesem Kapitel die Aufmerksamkeit der Frage, welche direkten Veränderungen die Lehrkräfte bezüglich ihres „Kerngeschäftes", dem Unterricht, in Folge von Beurteilungen und / oder Feedback wahrgenommen haben.

Zur Erinnerung: 51,4% der befragten GEW-Lehrkräfte gaben an, die erhaltene Beurteilung und / oder das Feedback seien hilfreich für die Weiterentwicklung der eigenen Arbeit gewesen (vgl. auch Kapitel 3.4). Tabelle 6 zeigt nun, in welchen Bereichen die befragten Lehrkräfte über „mittlere" oder „große" Veränderungen berichten.

Tab. 6: Bereiche, in denen die befragten Lehrkräfte direkte „mittlere" und „große" Veränderungen in Folge einer erhaltenen Beurteilung und / oder Feedbacks berichtet haben

	GEW-Mitgl.	GEW-offene Befragung %	OECD-Mittelwert %	Österreich	Belgien (Fl.)	Dänemark	Polen
Methoden der Klassenführung	18,5	14,6	37,6	21,9	20,5	18,2	45,5
Das Fachwissen in den eigenen Unterrichtsfächern	12,5	8,4	33,9	16,4	16,7	10,9	31,3
Das Wissen über Lehrmethoden (Wissensvermittlung) in den eigenen Unterrichtsfächern	23,8	17,6	37,5	24,9	20,1	11,1	38,2
Entwicklungs- oder Trainingsplan für die Verbesserung des eigenen Unterrichts	10,3	9,0	37,4	16,7	16,4	12,4	47,6
Das Unterrichten von Schülerinnen und Schülern mit besonderen Lernbedürfnissen	17,3	12,7	27,2	18,6	19,1	13,9	26,4
Disziplin und das Verhalten der Schülerinnen und Schüler	18,1	11,2	37,2	20,4	20,1	19,5	31,9
Das Unterrichten in einer multikulturellen Umgeben	6,7	4,3	21,5	8,3	8,2	6,3	10,8
Die Verbesserung der Schülerleistungen im eigenen Unterricht	15,6	13,7	41,2	19,5	19,6	19,3	53,9

Quelle: OECD, 2009; Demmer & v. Saldern, 2010; eigene Berechnungen

Es zeigt sich auch hier, dass in Deutschland insgesamt weniger Lehrkräfte den erhaltenen Beurteilungen und / oder Feedbacks „mittlere" und „große" Veränderungen zuschreiben als im internationalen TALIS-Durchschnitt. Die Lehrkräfte aus der offenen GEW-Befragung bleiben dabei noch deutlich hinter den befragten GEW-Mitgliedern zurück. In Deutschland geben die meisten Lehrkräfte Veränderungen beim „Wissen über Lehrmethoden in den eigenen Unterrichtsfächern" an, im internationalen TALIS-Durchschnitt nennen hingegen die meisten Befragten die Verbesserung der Schülerleistungen im eigenen Unterricht. Während die Lehrkräfte in Deutschland (wie auch in Österreich, Belgien und Dänemark) den Fokus von Veränderungen stärker auf sich als Lehrende gerichtet sehen, stehen die Leistungen der Schülerinnen und Schüler international stärker im Vordergrund.

Es stellt sich auch hier die Frage, wie sich Unterschiede und Gemeinsamkeiten erklären lassen, und es wird deutlich, dass die Professionalisierungsprozesse bei Lehrkräften auf jeden Fall ein wichtiges Forschungsfeld sind, dem sich Wissenschaft und Bildungs-berichterstattung verstärkt zuwenden sollten.

4. Zusammenfassung und Ausblick

Die vorliegende Untersuchung konzentrierte sich auf Evaluationen im weiteren Sinne. Es wurde deutlich:

- Die Professionalisierungsprozesse bei Lehrkräften und Schulleitungen sind ein wichtiges Forschungsfeld, dem sich Wissenschaft und Bildungsberichterstattung verstärkt zuwenden sollten. Die TALIS-Befragungen bieten eine gute Grundlage für vertiefende Forschungen sowohl hinsichtlich methodischer wie inhaltlicher Fragen.

- Lehrkräfte und Schulleitungen nehmen Schulevaluation, Lehrerbeurteilung und/ oder Feedback teilweise sehr unterschiedlich wahr.

- Die Ergebnisse der Befragungen in Deutschland in Bezug auf Schul- und Indivi-dualevaluationen weisen auf sehr viele Verbesserungsmöglichkeiten und -notwendigkeiten hin. Es gibt zahlreiche Hinweise, dass Evaluationen noch nicht systematisch und planvoll zur Verbesserung der Lern- und Entwicklungsprozesse der Schülerschaft eingesetzt werden.

- Lehrkräfte und Schulleitungen nehmen Evaluationen nur begrenzt als wirksam, hilf- und folgenreich wahr, eher als selbstreferentiell im Sinne pflichtgemäßer Er-ledigung.

Literatur

Demmer, M. & v. Saldern, M. (Hrsg.). (2010). *„Helden des Alltags" – Erste Ergebnisse der Schulleitungs- und Lehrkräftebefragung (TALIS) in Deutschland.* Die Deutsche Schule, Bei-heft 11. Münster: Waxmann.

GEW (Hrsg.). (2008). *GEW startet Befragung zu Arbeitssituation von Lehrkräften und Schullei-tungen.* Pressemitteilung vom 01. Dezember 2008. Verfügbar unter: http://www.gew.de/ TALIS.html [14.05.2010].

GEW (Hrsg.). (2009). *„TALIS-GEW (Deutschland)".* Materialien zum Presse-Workshop am 18. Juni 2009, Berlin, Frankfurt am Main. Verfügbar unter: http://www.gew.de/TALIS.html [14.05.2010].

OECD (Hrsg.). (2009). *Creating Effective Teaching and Learning Environments. First Results from TALIS (Teaching and Learning International Survey).* Paris: OECD.

Scheerens, J. (Hrsg.). (2009). *Teachers' Professional Development: Europe in international comparison. A secondary analysis based on the TALIS dataset.* Brüssel: EU und OECD.

Tobias Diemer & Harm Kuper

Formen, Grenzen und Perspektiven der innerschulischen Nutzung zentraler Lernstandserhebungen als Instrument neuer Steuerung

1. Einführung

Die deutschen Schulsysteme sind in den vergangenen Jahren Gegenstand erheblicher Veränderungen und Neuerungen geworden, die sich im Kern auf ein Problem beziehen: die Steuerung des Systems. Nicht selten ist bereits von einem Paradigmenwechsel hin zu einem neuen Steuerungsparadigma oder einem Paradigma neuer Steuerung die Rede (vgl. Altrichter & Heinrich, 2006; Bellmann, 2006; Specht, 2008; Bellmann & Weiß, 2009). Grundlegend ist hierbei die Ausrichtung auf drei Strukturmerkmale, die sich schlagwortartig als Standard-, als Evidenz- und als Outputorientierung benennen lassen. Zwei zentrale Elemente dieses neuen Steuerungsparadigmas sind die Formulierung von Outputstandards und die empirische Messung des Outputs. Beide Elemente zusammen bilden die Grundlage, um im System Formen outputorientierter, evidenzbasierter Steuerung zu verwirklichen. Zentrale Vorstellungen, die sich damit verbinden, sind eine stärkere Dezentralisierung von Entscheidungen, eine stärkere Ausrichtung von Entscheidungen an wissenschaftlichen empirischen Informationen sowie Bestrebungen der Sicherung und Steigerung von Effektivität und Effizienz im Bildungssystem.

Zu den Instrumenten, die dazu dienen sollen, diese Strukturmerkmale und Prinzipien zu verwirklichen, gehören neben der Formulierung von Bildungsstandards, der regelmäßigen Teilnahme an Schulleistungsvergleichsstudien und der Einrichtung einer nationalen Bildungsberichterstattung insbesondere auch die Durchführung zentraler Lernstandserhebungen in den Ländern (vgl. KMK, 2006). Im Unterschied zu den anderen genannten Instrumenten neuer Steuerung bezieht sich die Relevanz der durch Lernstandserhebungen erzeugten empirischen Informationen hierbei weniger auf die im Mehrebenensystem des Bildungswesens oberhalb der Einzelschule angesiedelten Systemebenen, sondern vielmehr und vor allem auf die Ebenen der Einzelschule und der Schulklasse (vgl. Bonsen & von der Gathen, 2004, S. 226f.). Das heißt: Durch zentrale Lernstandserhebungen wird das neue Steuerungsparadigma direkt an Schulen und Schulleitungen sowie an Lehrerinnen und Lehrer herangetragen.

In diesem Zusammenhang stellt sich unmittelbar die Frage, was es für Schulen und für Lehrerinnen und Lehrer heißt, Schule und Unterricht auf der Grundlage der Ergebnisse zentraler Lernstandserhebungen zu steuern. Etwas genauer betrachtet besteht diese Frage aus zwei Teilfragen: einer theoretischen und einer empirischen. Die theoretische Frage bezieht sich hierbei zunächst darauf, worin sich neue Steuerung von alter Steuerung, worin sich outputorientierte von input- und prozessorientierter Steuerung unterscheidet. Die empirische Frage bezieht sich darauf, welche Formen der Steuerung in der Folge der Rückmeldung der Ergebnisse aus Lernstandserhebungen tatsächlich verwirklicht werden.

2. Theoretischer Rahmen – Strukturen und Elemente neuer Steuerung in Schule

Der Begriff der outputorientierten Steuerung verweist zunächst auf das in der Diskussion in einer Vielzahl von Varianten regelmäßig bemühte Input-Prozess-Output-Schema der Steuerung (vgl. Berkemeyer, 2009). Da das Schema als solches immer wieder als kybernetisches Modell verstanden wird (vgl. ebd., S. 55), ist es wichtig zu bemerken, dass eine solche Festlegung nicht notwendig aus der Unterscheidung der drei Dimensionen selbst folgt. Prima facie geht mit dem Schema keine Festlegung auf irgendeine bestimmte normative Steuerungskonzeption einher. Im vorliegenden Fall dient die Verwendung des Schemas dem entsprechend lediglich als deskriptives strukturelles Modell, anhand dessen sich verschiedene Aspekte innerschulischer Steuerung verdeutlichen lassen. So betrachtet veranschaulicht das Schema zunächst einmal nur den schlichten Sachverhalt, dass bestimmte Ausgangsbedingungen (Inputs) und bestimmte Prozesse zu bestimmten Ergebnissen (Outputs) führen. Die epistemologische Frage, ob und in welche Weise die Verhältnisse zwischen den Dimensionen kausal oder probabilistisch zu verstehen sind, kann in diesem Zusammenhang offen bleiben.

Auf dieser Grundlage ist es anhand des Schemas möglich, einige wesentliche Elemente des Konzepts outputorientierter Steuerung näher zu bestimmen. Ein erstes Element outputorientierter Steuerung beinhaltet trivialerweise zunächst einmal schlicht das Verfügen über Informationen über den Output des Systems. Um outputorientiert steuern zu können, ist es notwendig, relevante Informationen über den Output zu besitzen. Zweitens gehört dazu die Formulierung von Annahmen über das Verhältnis von Input- und Prozess- sowie von Prozess- und Outputvariablen. Dieser Aspekt bezieht sich auf die Notwendigkeit, etwas über die Gründe (probabilistisch) oder Ursachen (kausal) zu wissen, deren (mögliche oder wahrscheinliche) Folge die beobachteten Outputs darstellen, um überhaupt gezielt steuern zu können. Und drittens schließlich folgt auf der Basis dieser Annahmen die tatsächliche Realisierung von Maßnahmen im Bereich der Inputs oder der Prozesse. Nachdem klar oder wahrscheinlich ist, wo die Gründe und Ursachen liegen, ist es möglich, an den entsprechenden Stellen etwas zu ändern.

Selten erwähnt, aber nicht unwichtig zu bemerken ist an dieser Stelle, dass sich outputorientierte Steuerung demnach von input- oder prozessorientierter Steuerung nicht durch die Art der Maßnahmen selbst unterscheidet. Im einen wie in den beiden anderen Fällen beinhaltet Steuerung immer die Manipulation von Input- oder Prozessvariablen. Ein direkter Zugriff auf Outputvariablen ist schlechterdings unmöglich. Insofern betrifft die Unterscheidung input- und prozessorientierter Steuerung auf der einen und outputorientierter auf der anderen Seite ausschließlich die Art und Weise, wie Input-, Prozess- und Outputdimension jeweils ins Verhältnis zueinander gesetzt werden. Luhmann (2000) hat wesentliche Merkmale dieser Unterscheidung anhand der Begriffe der Konditionalprogrammierung und der Zweckprogrammierung beschrieben. Outputorientierte Steuerung zeichnet sich demnach dadurch aus, dass Outputs als Zwecke, Inputs- und Prozesse hingegen als Mittel zur Erreichung dieser Zwecke adressiert werden. Input- und prozessorientierte Steuerung adressieren demgegenüber Inputs und Prozesse als Bedingungen und Outputs als daraus folgende Konsequenzen. Charakteristisch für diese Unterscheidung sind Luhmann zufolge unterschiedliche temporale Interpunktionen des Steuerungsverlaufs. Konditionalprogrammierende input- oder prozessorientierte Steuerung besteht demnach darin, zuerst Bedingungen zu setzen, die dann, wenn erfüllt, bestimmte Konsequenzen auslösen. Die Güte dieser Konsequenzen wird dabei retrospektiv anhand der gesetzten Bedingungen beurteilt. Zweckprogrammierende, outputorientierte Steuerung hingegen besteht darin, zunächst prospektiv Zwecke zu bestimmen, um davon ausgehend im Bereich der Input- und der Prozessdimension nach geeigneten Mitteln zu suchen, um diese Zwecke zu erreichen.

Eine weiterer wichtiger Hinweis bezieht sich darauf, dass die Frage, welche der beiden Steuerungsarten jeweils realisiert wird, nicht durch die Informationen selbst, sondern erst durch die Verwendung der Informationen entschieden wird (vgl. ähnlich van Ackeren & Klemm, 2009, S. 173ff.). Das heißt im Hinblick auf die innerschulische Nutzung der Ergebnisse aus Lernstandserhebungen, dass auch hier grundsätzlich beide Arten der Steuerung möglich sind. Die Informationen selbst lassen prima facie unterschiedliche Interpretationsansätze zu. Das heißt, sie müssen nicht zwangsläufig als Informationen über den Output interpretiert werden, sondern können auch als Informationen über den Input oder den Prozess verstanden werden. Es ist nur eine Variante, sie als Ergebnis von Input und Prozess zu verstehen. Es ist bspw. möglich, sie auch als Informationen über die Leistungsfähigkeit der Schüler, also als Inputinformation, oder als Informationen über den Stand des Lernprozesses zum Testzeitpunkt, also als Prozessinformation zu begreifen. Somit ist offen, welche der beiden Grundformen der Steuerung bei der Nutzung der Rückmeldungen aus Lernstandserhebungen in Schulen realisiert werden und auf welche Weise dies geschieht.

3.   Empirische Befunde – Formen innerschulischer Steuerung

Wir untersuchen diese empirische Frage im Rahmen einer qualitativen Interviewstudie, bei der wir in vier Schulen (zwei Gymnasien, eine Regelschule, eine Gesamtschule) in zwei Bundesländern (Berlin und Thüringen) 86 Intervieweinheiten mit Schulleitern, Fachschaftsleitern und Fachlehrern der Fächer Deutsch, Englisch, Mathematik erhoben haben. Die Erhebung der Interviews war auf drei Erhebungsphasen mit unterschiedlichen Schwerpunkten nach Hosenfeld & Helmke (2005) verteilt. Schwerpunkt der ersten Phase war die Rezeption der Informationen im Hinblick auf Aspekte wie Relevanz, Verständlichkeit und Neuigkeitswert der Informationen. In der zweiten Phase konzentrierten sich die Interviews auf das Thema der Reflexion der Ergebnisse im Sinne einer Analyse von Gründen und Ursachen. Die dritte Phase schließlich bezog sich auf die Themen der Ableitung von Maßnahmen (Aktion) sowie die Feststellung ihrer Wirksamkeit (Evaluation). Alle Interviews wurden vollständig, normalsprachlich transkribiert (das Korpus umfasst ca. 1500 Standardseiten zu 30 Zeilen und 60 Zeichen pro Zeile) und inhaltsanalytisch nach Mayring (2000) mit Hilfe der Software MAXQDA ausgewertet. Ein erster codierender Durchlauf durch das Material erfolgte auf der Grundlage deduktiv gebildeter Kategorien erster und zweiter Ordnung. Dem schloss sich ein zweiter Durchlauf der Bildung und Kodierung induktiver Kategorien dritter Ordnung an. Schließlich fand eine umfassende Dokumentation der Ergebnisse im Sinne einer deskriptiven Grundauswertung in

Form kategorienbezogener Zusammenfassungen, Paraphrasen und Ankerbeispielen (Diemer, Rucht, Schulze & Kuper, 2009) statt.

Auf der Grundlage dieser Grundauswertung ist es möglich, verschiedene Arten des Umgangs und der Nutzung von Lernstandserhebungen in Schulen zu unterscheiden. Die beiden allgemeinsten Formen bestehen dabei zunächst einmal darin, die mit Lernstandserhebungen verbundene Erwartung outputorientierter Steuerung zu akzeptieren oder abzulehnen. Wie die folgende Äußerung exemplarisch zeigt, können diese beiden Reaktionsweisen in maximalem Kontrast nebeneinander in ein und derselben Schule auftreten:

> „Ja, also die eine Kollegin, die hat das total ernst genommen und hat da Schlussfolgerungen für ihre Tätigkeit gezogen und die andere hat gesagt: ‚Der ganze Stoff, das brauch ich nicht. Ich hab' das alles geübt und die können's trotzdem nicht. Das ist nicht meine Schuld.'" (005_GY1_1_FLE1).[1]

In dem Interviewmaterial der Studie finden sich eine Reihe ähnlicher Aussagen über positive und negative Einstellungen. Hinsichtlich der Häufigkeiten zeichnet sich hierbei keine Tendenz ab. Aussagen beider Art sind etwa gleich häufig kodiert.

Wie sich bei näherem Hinsehen zeigt, können diese beiden Einstellungsvarianten mit beiden skizzierten Steuerungstypen der Konditional- und der Zweckprogrammierung kombiniert sein. Das heißt: Es finden sich im Material positive Einstellungen gegenüber Lernstandserhebungen, die darauf basieren, dass Lernstandserhebungen entweder in zweckprogrammierender oder in konditionalprogrammierender Weise nützlich erscheinen. Und es finden sich im Material negative Einstellungen, die damit einhergehen, dass Lernstandserhebungen in zweckprogrammierender oder in konditionalprogrammierender Absicht als nicht nützlich erachtet werden. Die Matrix in Tabelle 1 veranschaulicht diese Kombinatorik.

Für jede Kombination in dieser Matrix lassen sich in dem Interviewmaterial unterschiedliche Typen von Beispielen finden. Im Folgenden wird für jede Kombination ein Beispieltyp dargestellt.

Tab. 1: Varianten der Einstellung gegenüber der Nutzung von Lernstandserhebungen

	Positive Einstellungen	Negative Einstellungen
Zweckprogrammierend	1a	2a
Konditionalprogrammierend	1b	2b

---

1   Die in Klammern stehenden Signaturen sind wie folgt aufgebaut: Schultyp mit Nummer_Nummer der Erhebungsphase_Funktionsrolle der interviewten Person, nummeriert. Beispiel: „GY1_2_FSLM4" bedeutet: Gymnasium 1, Erhebungsphase 2, Fachschaftsleiter Mathematik 4. Eine vollständige Beschreibung des Signaturensystems findet sich in Diemer, Rucht, Schulze & Kuper, 2009.

3.1 Positive Einstellung und Zweckprogrammierung: Beispiel „Vergleich zwischen Parallelklassen"

Ein Beispieltyp für die Kombination einer positiven Einstellung mit zweckprogrammierender Nutzung findet sich im Zusammenhang von Berichten über schulinterne Vergleiche der Ergebnisse zwischen Parallelklassen (davon gibt es Belege in 28 Intervieweinheiten). Eine Absicht solcher Vergleiche kann es sein, Unterrichtsmethoden und -praktiken darauf hin zu reflektieren, welche sich als besonders erfolgreich erweist. Hier ein Beispiel:

> „Für die Kollegen war es interessant, wie der einzelne Kollege abschneidet. Da wir diese Diskussion haben: Ist jetzt Gruppenarbeit der Weisheit letzter Schluss […] und schaffen wir Frontalunterricht völlig ab? Oder ist es jetzt wirklich so, dass ein straff organisierter Frontalunterricht mit ordentlichem Druck und Autorität der Lehrkraft zu Erfolgen führt? […] Nun hat natürlich jeder auf die Ergebnisse gewartet: Wie schneidet jetzt meine Klasse ab? Und erstaunlicherweise hat der Kollege, der eben nicht diese ganzen offenen Aufgaben gemacht hat, sondern der eben den entsprechenden Druck ausgeübt hat, die besten Ergebnisse gehabt. Und das hat natürlich dazu geführt, dass man schon gefragt hat: Was sagen die Zahlen eigentlich? Sagen die überhaupt was über die Methode?" (GY2_2_FSLM4).

Diese Äußerung lässt sich als ein Beispiel zweckprogrammierender Steuerung auf der Grundlage einer Reflexion über das Verhältnis von Output- und Prozessdimension deuten. Die Reflexion nimmt dabei ihren Ausgang bei den Ergebnissen als dem Zweck von Unterricht und verweist von dort zurück auf die Prozessdimension des Unterrichts. Dies geschieht mit dem Ziel, dort Faktoren zu identifizieren, die zu guten Ergebnissen geführt haben und die dem Zweck des Unterrichtens damit in besonderer Weise dienen. Dies wird durch Lernstandserhebungen ermöglicht und insofern sind sie hier akzeptiert und werden sie genutzt.

3.2 Positive Einstellung und Konditionalprogrammierung: Beispiel „Direkte Prozessintegration"

Eine andere Art, Lernstandserhebungen zu akzeptieren, besteht darin, sie in konditionalprogrammierender Weise zu nutzen. Dies zeigt sich zum Beispiel im Rahmen von Äußerungen, die sich auf schlechte Ergebnisse bei einzelnen Testitems oder Itembereichen beziehen (Belege in 45 Interviewneinheiten). Schlechte Ergebnisse dominieren häufig die Rezeption der Ergebnisse und führen als Reaktion dazu, die entsprechenden Themen und Aufgabenstellungen im Unterricht verstärkt zu bearbeiten. Hierzu folgendes Beispiel:

> „Ich kann meine Fachkollegen immer besser überzeugen, die Aufgaben auch mal zu öffnen und anders zu gestalten, wenn ich sage: Okay schwerpunktmäßig ist dieser und dieser Aufgabentyp gegen die Wand gegangen, also wir sollten uns dann doch mal in der und der Richtung etwas verändern, ein paar Schwerpunkte setzen. Und dazu brauch' ich diese Zahlen." (GS1_1_FSLM2).

Diese Äußerung lässt sich als ein Beispiel konditionalprogrammierender Steuerung verstehen, da hier eine bestimmte Information direkt auf den Bereich des Prozesses bezogen wird und daraus Maßnahmen in diesem Bereich abgeleitet werden. Es gibt keine Reflexionsschleife von der Outputdimension auf die Prozessdimension. Die Information erscheint vielmehr als Information über den gegenwärtigen Zustand im Prozessbereich und wird direkt in die laufende Arbeit der Gestaltung dieses Bereichs integriert.

3.3   Negative Einstellung und Zweckprogrammierung: Beispiel „Strukturelle Beschränkungen des Instruments"

Eine der beiden Typen einer ablehnenden Haltung gegenüber Lernstandserhebungen wird durch eine Kritik wesentlicher Aspekte zweckprogrammierender, outputorientierter Steuerung begründet. Das muss nicht notwendig bedeuten, dass die gesamte Idee verworfen wird. Die Ablehnung kann sich vielmehr auch auf Mängel der Realisierung der Idee beziehen, so etwa, indem auf strukturelle Beschränkungen der zweckprogrammierenden Nutzung hingewiesen wird. Dazu folgendes Beispiel:

> „Um das wirklich auswerten zu können, muss ich wissen, was da alles eingegangen ist. Klar weiß ich, […] welche Faktoren da beachtet werden konnten und welche auf der anderen Seite eben alle nicht beachtet werden konnten. Wozu eben zum Beispiel die Kompetenz des Lehrers zählt und seine Methodik, das Umfeld der Schule, die Leitung der Schule und was sonst alles dazu gezählt wird, was keinen Niederschlag in dem Test finden kann. Also insofern find ich's schon wirklich eine Überforderung, gelinde gesagt, dann sich hinzustellen und zu sagen: Jetzt leitet mal hier Maßnahmen ab!" (GY1_2_FLE1).

Kritisiert wird hier nicht die Idee zweckprogrammierender Steuerung selbst. Die Äußerung kritisiert vielmehr, dass Lernstandserhebungen keine zusätzliche Information über Input- und Prozessvariablen und deren Relationen liefern und es damit im strengen Sinn unmöglich ist, rationale, empirisch begründete Schlussfolgerungen zu ziehen. Es wird also eine empirische Lücke festgestellt, die sich im Hinblick auf eine zweckprogrammierende Steuerung als problematisch erweist. Das heißt, das Instrument wird kritisiert mit Verweis auf Prinzipien der zugrundeliegenden Idee outputorientierter Steuerung, die selbst hierbei nicht in Frage gestellt wird.

3.4   Negative Einstellung und Konditionalprogrammierung: Beispiel „Durchschnittswerte und Individuen"

Im Unterschied zu einer solchen gewissermaßen internen Kritik basiert die zweite Art der Ablehnung von Lernstandserhebungen auf einer externen und ungleich grundsätzlicheren Kritik. Kritisiert wird hier auf der Grundlage einer konditionalprogrammatisch eingestellten Position das gesamte Konzept zweckprogrammierender Steuerung als solches. Folgende Äußerung stellt ein Beispiel hierfür dar:

> „[I]m Prinzip ist das für mich eigentlich ne Sache, die mich überhaupt nicht tangiert, weil es nicht darauf ankommt, Durchschnittswerte der Klasse zu er-

mitteln. Denn was soll ich mit so einem Durchschnittswert. Ob ich nun weiß, dass meine Klasse hier an der Schule vielleicht an zweiter oder dritter Stelle steht. Oder ob sie vielleicht im Durchschnitt steht, was alle anderen haben, das interessiert mich eigentlich nicht. […] Als dann die Ergebnisse kamen, wurde im Prinzip pauschalisiert. Und homogene Schüler gibt's ja eigentlich nicht. Und dann wurde noch in einem Satz dazu gesagt: Na ja, und wenn Sie jetzt viele Schüler mit Migrationshintergrund haben, dann sehen Sie mal selber zu, wie die Ergebnisse dann zu den Durchschnittswerten in Beziehung gesetzt werden können. Damit kann ich überhaupt nichts anfangen" (GY1_3_FLD8).

In der Äußerung dieser Lehrerin kommt zunächst einmal eine deutliche Aversion gegenüber Lernstandserhebungen zum Ausdruck. Vordergründig bezieht sich ihre Kritik dabei auf die Qualität der Information, die Lernstandserhebungen liefern. Statt Durchschnittswerten benötige sie eigentlich schülerbezogene Individualinformationen. Im Hintergrund steht dabei möglicherweise eine bestimmte Vorstellung konditionalprogrammierender Steuerung, in deren Rahmen Individualinformationen als notwendig dafür erachtet werden, den Lernprozess an die individuellen Bedürfnisse jedes einzelnen Schülers anzupassen. Die Ablehnung von Lernstandserhebungen basiert darauf, dass dieser Vorstellung konditionalprogrammierender Steuerung hierbei nicht entsprochen wird.

4.   Zusammenfassung und Perspektiven

Aus den dargestellten Befunden lassen sich zunächst einmal folgende allgemeine Schlussfolgerungen ziehen. Erstens zeigt sich, dass, obwohl Lernstandserhebungen als Instrument outputorientierter, zweckprogrammierender Steuerung gedacht sind, auch konditionalprogrammierende Steuerungsformen nicht nur denkbar, sondern auch beobachtbar sind. Insofern als diese Formen der Steuerung rational und begründet erscheinen, erscheint es konsequenterweise notwendig, neue Steuerung nicht ausschließlich oder auch nur nicht dominant im Sinne outputorientierter Steuerung zu verstehen. Zweitens zeigen sich im Hinblick sowohl auf die innerschulische zweck- als auch die konditionalprogrammierende Nutzung von Lernstandserhebungen strukturelle Beschränkungen, die die Nutzung behindern können oder Kritik begründen. Aus diesem Befund ergibt sich als Konsequenz die Notwendigkeit, die steuerungsbezogenen Erwartungen an das Instrument zentraler Lernstandserhebungen realistisch einzuschätzen und evtl. relativierend anzupassen.

Vor dem Hintergrund dieser Befunde und Schlussfolgerungen lassen sich schließlich zwei Perspektiven für zukünftige wissenschaftliche Untersuchungen sowie die Weiterentwicklung der praktischen innerschulischen Nutzung formulieren: So erscheint es zum einen notwendig, in beiden Fällen nicht nur zweck-, sondern auch konditionalprogrammierende Steuerungsformen zu beachten. Empirisch zu untersuchen und praktisch zu entwickeln bleibt insbesondere die Frage, wie beide Formen der Nutzung miteinander verbunden und möglicherweise in ein größeres Gesamtkonzept neuer Steuerung integriert werden können.

Zum anderen erscheint es im Hinblick auf eine mögliche Reduktion struktureller Limitationen des Instruments aussichtsreich, die innerschulische Nutzung von Lernstandserhebungen in Verbindung mit anderen Steuerungsinstrumenten zu sehen: einerseits im Bereich der Prozessgestaltung z.b. in Verbindung mit Formen formativer Unterrichtsevaluation sowie andererseits im Bereich organisationsbezogener Inputvariablen z.B. in Verbindung mit Instrumenten der Schulqualitätsentwicklung wie etwa Schulprogrammarbeit und Schulinspektion. Aktuell erscheint die Situation diesbezüglich sowohl im Schulsystem als auch im Wissenschaftssystem eher durch Fragmentierung denn durch Integration gekennzeichnet. Insofern besteht derzeit ein Desiderat sowohl der Forschung als auch der Praxis darin, komplexere und besser koordinierte Steuerungsstrategien entwickelnd zu untersuchen und untersuchend zu entwickeln.

Literatur

Ackeren, I. van & Klemm, K. (2009). *Entstehung, Struktur und Steuerung des deutschen Schulsystems. Eine Einführung.* Wiesbaden: VS Verlag für Sozialwissenschaften.

Altrichter, H. & Heinrich, M. (2006). Evaluation als Steuerungsinstrument im Rahmen eines „neuen Steuerungsmodells" im Schulwesen. In W. Böttcher, H. G. Holtappels & M. Brohm (Hrsg.), *Evaluation im Bildungswesen. Eine Einführung in Grundlagen und Praxisbeispiele* (S. 51–64). Weinheim u.a.: Juventa.

Bellmann, J. (2006). Bildungsforschung und Bildungspolitik im Zeitalter ‚Neuer Steuerung'. Paralleltitel: Educational research and educational policy in the age of "new control". *Zeitschrift für Pädagogik, 52* (4), 487–504.

Bellmann, J. & Weiß, M. (2009). Risiken und Nebenwirkungen Neuer Steuerung im Schulsystem. Theoretische Konzeptualisierung und Erklärungsmodelle. *Zeitschrift für Pädagogik, 55* (2), 286–308.

Berkemeyer, N. (2009). *Die Steuerung des Schulsystems. Theoretische und praktische Explorationen.* Wiesbaden: VS Verlag für Sozialwissenschaften.

Bonsen, M. & Gathen, J. (2004). Schulentwicklung und Testdaten. Die innerschulische Verarbeitung von Leistungsrückmeldungen. *Jahrbuch der Schulentwicklung, 13,* 225–252.

Diemer, T., Rucht, S., Schulze, F. & Kuper, H. (2009). *Zur innerschulischen Nutzung zentraler Lernstandserhebungen. Deskriptive kategoriale Grundauswertungen problemzentrierter Interviews mit Lehrer/innen und Schulleitungen in vier Sekundarschulen in Berlin und Thüringen.* Verfügbar unter: http://www.ewi-psy.fu-berlin.de/einrichtungen/arbeitsbereiche/ weiterbildung_bildungsmanagement/projekte/folgen_zentraler_lehr/index.html [12.05.2010].

KMK – Sekretariat der Ständigen Konferenz der Kultusminister der Länder in der Bundesrepublik Deutschland (Hrsg.). (2006). *Gesamtstrategie der Kultusministerkonferenz zum Bildungsmonitoring.* München: LinkLuchterhand in Wolters Kluwer Deutschland.

Luhmann, N. (2000). *Organisation und Entscheidung.* Opladen: Westdeutscher Verlag.

Mayring, Ph. (2000). *Qualitative Inhaltsanalyse. Grundlagen und Techniken* (7. Aufl.). Weinheim: Deutscher Studien Verlag.

Specht, W. (2008). Innovation durch Evaluation? Entstehung und Umsetzung von Innovationen im Bildungssystem als Konsequenz aus Bildungsmonitoring, Bildungsberichterstattung und vergleichenden Schulleistungsstudien. Möglichkeiten und Grenzen. In Landesinstitut für Schule und Medien Berlin-Brandenburg (LISUM, Deutschland), Bundesministerium für Unterricht, Kunst und Kultur (bm:ukk, Österreich) & Schweizerische Konferenz der kantonalen Erziehungsdirektoren (EDK, Schweiz) (Hrsg.), *Bildungsmonitoring, Vergleichsstudien und Innovationen. Von evidenzbasierter Steuerung zur Praxis* (S. 41–52). Berlin: Berliner Wissenschafts-Verlag.

William Middendorf

Externe Schulevaluationen des Staates als Herausforderung für das spezifische Profil freier Schulen
Möglichkeiten und Grenzen für Handlungsstrategien aus Trägersicht

1. Schulische Evaluation: Beweggründe und Bedeutung

Für produzierende Unternehmen ist die Notwendigkeit einer Sicherung und Weiterentwicklung der Produktqualität von jeher unstrittig, da Existenz entscheidend: Die Analyse der Fertigungsprozesse gibt Aufschluss über Schwachstellen und damit über Optimierungspotenziale dieser Prozesse und des Produkts; für den Kunden als Abnehmer des Produkts bietet eine verlässliche Qualitätskontrolle eine gewisse Sicherheit, die etwa in der Werbung zugesagte Qualität des Produkts auch tatsächlich zu erhalten. Nicht zuletzt aus Gründen des Verbraucherschutzes sind Qualitätskontrollen und Zertifizierungen auch auf den Bereich der Dienstleistungen einschließlich der kommerziellen Weiterbildung ausgeweitet worden; schließlich sind in diesem sog. tertiären Wirtschaftssektor die Interessenlagen von Unternehmen und Kunden nicht prinzipiell anders zu beurteilen als im Bereich der produzierenden Wirtschaft.

Inzwischen wird auch die Qualität schulischer Arbeit durch sog. Schulinspektionen oder Qualitätsanalysen (in Nordrhein-Westfalen) evaluiert. Bedeutsame Impulse für die Übertragung des Gedankens des Qualitätsmanagements aus dem Bereich der Wirtschaft auf den Bereich der Bildung haben die Ergebnisse der internationalen Schulleistungsstudie PISA 2000 geliefert. PISA stellte bekanntlich den Leistungen des deutschen Schulsystems eher mäßige Noten aus. Hierdurch geriet nicht nur die Qualität schulischer Arbeit als solche verstärkt in den Blick von Bildungspolitik und Wissenschaft. Es reifte zugleich die Erkenntnis, dass eine sog. Inputsteuerung schulischer Arbeit durch die Vorgabe von Richtlinien und Lehrplänen sowie die Zuweisung von personellen und sächlichen Ressourcen an ihre Grenzen gelangt war. In den Fokus traten messbare schulfachliche Leistungen der Lernenden als „Output" und die für diesen Output (mit)verantwortlichen Prozesse unterrichtlicher und schulischer Arbeit; die Vergewisserung der Qualität von Output und Prozessen wurde als Voraussetzung für eine wirksame Sicherung und Weiterentwicklung der Qualität schulischer Arbeit erkannt (Stobernack & Palamidis, 2007, S. 161ff.).

Demzufolge wurde die schulische Evaluation als systematische Analyse und Bewertung von Prozessen und Ergebnissen schulischer Arbeit etabliert, um Verbesserungspotenziale zu erkennen, begründete Prioritäten für die Planung von Maßnahmen der Schulentwicklung festzulegen und den Erfolg der eingeleiteten Maßnahmen zu überprüfen. Mit der *internen* Evaluation verschaffen sich die in Schule Handelnden selbst die für eine Analyse erforderlichen Informationen; sie übernehmen auch die Auswertung und befinden über die Schlussfolgerungen. Bei der internen Evaluation werden die Betroffenen also selbst zu Akteuren der Bewertung und Weiterentwicklung ihrer Arbeit gemacht. Ein

solches Verfahren kann wegen der hohen Eigenverantwortung zu besonderem beruflichen Engagement für die Weiterentwicklung von Schule und Unterricht motivieren. Es
kann aber auch Gefahr laufen, zur Vermeidung von Konflikten solche Bereiche schulischer Arbeit in der Evaluation zu marginalisieren, in denen wegen der mutmaßlichen,
aber nicht explizit kommunizierten Ergebnisse Konflikte zwischen den in der Schule
handelnden Personen oder Personengruppen befürchtet werden. Auch ist nicht auszuschließen, dass in Ermangelung der objektiven Distanz zur eignen Arbeit die Akteure bestimmte Aspekte ihrer Arbeit und ihres Handelns nicht im Blick haben.

Die interne Evaluation soll daher nach dem Willen der Bildungspolitik durch eine externe Evaluation ergänzt werden, bei der externe neutrale Experten die Arbeit der einzelnen Schule auf der Basis kriteriengestützter Analyse, Beobachtung und Befragung bewerten (Messner, 2007).

Mit der Darstellung der Stärken und Schwächen der schulischen Arbeit aus der externen distanzierten Perspektive soll nicht nur der schulinterne Diskussions- und Entwicklungsprozess befördert werden, sondern auch eine gegenüber der internen Evaluation höhere äußere Verbindlichkeit für die Weiterentwicklung der Schul- und Unterrichtsarbeit
einhergehen. Die Evaluationsergebnisse werden nämlich nicht nur der betroffenen Schule
zur Verfügung gestellt, sondern auch der staatlichen Schulaufsicht zugänglich gemacht,
damit diese in Kenntnis der Schwächen und Stärken der Schule auf deren Entwicklungsprozess durch Zielvereinbarungen, Beratungen und Unterstützungsangebote wie etwa
Fortbildungen Einfluss nehmen kann.

Externe Evaluationen werden damit aus schulaufsichtlicher Perspektive zu Instrumenten der sog. Outputsteuerung, die sich auf solche Maßnahmen der Schulentwicklung er-
streckt, mit denen die Differenzen überwunden werden sollen, die sich – vereinfacht gesagt – bei Messung der Ergebnisse schulischer Arbeit anhand vorgegebener Standards
ergeben haben.

Diese Verknüpfung von externer Evaluation und Einflussnahme auf die interne Entwicklung von Schule ist nicht unumstritten. So weist etwa Böttcher mit Blick auf die Erfahrungen mit Schulentwicklung im Ausland darauf hin, dass sich Rechenschaftslegung
(etwa durch Dokumentation von Evaluation) erst durch die Freiheit der Einzelschule legi-
timiere (Böttcher, 2006), Eigenverantwortlichkeit der Schule und schulexterne Evaluation somit gleichsam zwei Seiten einer Medaille seien.

2.   Externe Schulevaluation und Schulentwicklung: Hinweise zu fachlichen Anforderungen und Gelingensbedingungen

Für den an externe Schulevaluation anknüpfenden Schulentwicklungsprozess sind daher
einige Gelingensbedingungen zu beachten. Die Outputsteuerung des Schulwesens, die
nicht zuletzt aufgrund der PISA-Ergebnisse zu einer festen bildungspolitischen
Handlungsmaxime geworden ist (Uhl, 2006), wird wegen der Eigenverantwortlichkeit
(aktive Mitverantwortlichkeit) der Schule nur erfolgreich sein, wenn Schulentwick-
lungsmaßnahmen aufgrund schulexterner Evaluation nicht einseitig durch die Schulaufsicht angeordnet werden. Vielmehr müssen im Dialog zwischen Schulaufsicht und Schule Maßnahmen als angemessen verifiziert werden, dadurch Akzeptanz finden und dann

allerdings auch verbindlich vereinbart werden. Ein solches Vorgehen wird indes nur erfolgreich sein, wenn die Rolle der Schulaufsicht eindeutig und unabhängig ist. Dies bedeutet insbesondere, dass es in den Zuständigkeiten für die Evaluation, also der Feststellung und Bewertung der Ergebnisse, einerseits und der anschließenden Begleitung sowie Unterstützung des Entwicklungsprozess der Schulen andererseits eine klare personelle Trennung geben muss. Bei Koinzidenz der Zuständigkeiten ist nämlich nicht auszuschließen, dass die Aufgaben im einen Handlungsbereich mit Blick auf Opportunitäten im anderen Handlungsbereich wahrgenommen werden, also z.B. solche Bereiche nicht adäquat evaluiert werden, in denen bestimmte Ergebnisse nicht erwünschte oder mutmaßlich nicht leistbare Anstrengungen der Schulentwicklung erforderten.

Werden diese Voraussetzungen für Zuständigkeiten und Kooperationen beachtet, dann bieten fachlich solide interne und externe Schulevaluationen eine gute Voraussetzung für einen gelingenden und letztlich entscheidenden schulischen Qualitätsentwicklungsprozess.

Die im letzten Satz angesprochene fachliche Qualität einer externen Schulevaluation hängt von verschiedenen Faktoren ab. Zum einen müssen die Evaluatoren ein bestimmtes fachliches und persönliches Profil aufweisen; hierauf wird noch weiter unten eingegangen. Neben der Qualifikation der Prüfer müssen die Erhebungsinstrumente und Bewertungskriterien professionellen Standards entsprechen, damit Analyse und Bewertung objektiv, reliabel und valide sind (Klieme, 2006).

Unverzichtbar ist hier die an Anforderungen der empirischen Sozialforschung orientierte Entwicklung und kontinuierliche Optimierung der in der Evaluation eingesetzten Instrumente wie Fragebögen, Beobachtungsbögen und Interviewleitfäden. Dementsprechend ist eine umfangreiche Kenntnis und geübte Praxis in den Bereichen Methodologie (z.B. Begriffsklärungen, Hypothesenformulierung und -überprüfung, Operationalisierung von Begriffen, Bestimmung von Variablen und Kriterien, Formulierung von Indikatoren), Messprobleme (Skalierungsniveaus, Gütekriterien des Messens, Ratingverfahren), Beobachtungsverfahren, Befragungsmethoden und Berichterstattung unerlässlich (Kromrey, 2009).

Die Entwicklung dieser Instrumente setzt eine Feldkompetenz im Bereich Schule/Unterricht und eine solide praxisorientierte Expertise im Bereich der empirischen Sozialforschung voraus, zumal die entwickelten Instrumente nicht nur eine fundierte Evaluation ermöglichen müssen, sondern nebenbei der auch öffentlich vorgetragenen Kritik standhalten müssen.

Da es in der Regel sowohl den Lehrkräften als auch den Schulaufsichtsbeamten an der letztgenannten Expertise mangelt, muss hier auf Dienste der Wissenschaft zurückgegriffen werden, die idealerweise in einem eigenständigen Institut für externe Schulevaluation zusammengefasst sind.

3.   Die Qualitätsanalyse in Nordrhein-Westfalen

3.1   Strukturelle Merkmale

Systematische externe Evaluationen der Schulen finden heute in allen Bundesländern statt. Als Bezeichnung hat sich weitgehend der Begriff „Schulinspektion" durchgesetzt, in Brandenburg ist der Begriff „Schulvisitation", in Nordrhein-Westfalen der Begriff „Qualitätsanalyse" gebräuchlich. Auch wenn die Evaluationen jeweils länderspezifische Besonderheiten aufweisen (Institut für Qualitätsentwicklung, 2008, S. 12ff.), so sind die Qualitätsbereiche (Qualitätstableaus) der einzelnen Bundesländer doch ähnlich strukturiert. In Nordrhein-Westfalen bezieht sich die Qualitätsanalyse auf die sechs Bereiche (1) Ergebnisse der Schule, (2) Lernen und Lehren – Unterricht, (3) Schulkultur, (4) Führungs- und Schulmanagement, (5) Professionalität der Lehrkräfte und (6) Ziele und Strategien der Qualitätsentwicklung.

Daten aus diesen Qualitätsbereichen liefern das Schulportfolio, kriterienorientierte Unterrichtsbeobachtungen und leitfadengestützte Interviews mit Schulleitung, Lehrkräften, Eltern, Schülerinnen und Schülern, nicht lehrendem Personal, anderen Beteiligten (z.B. weiteres pädagogisches Personal an Ganztagsschulen), dem Schulträger (auf dessen Wunsch) sowie ggf. dualen Partnern des Berufskollegs (Ministerium für Schule und Weiterbildung, 2009, S. 12ff.).

Die Qualitätsprüfer rekrutieren sich aus dem Kreis der Schulaufsichtsbeamten und Schulleitungen. Je nach Größe der Schule wird diese von einem Team aus zwei bis drei Qualitätsprüfern analysiert, wobei mindestens ein Qualitätsprüfer die Schulformexpertise aufweisen muss, also im Besitz einer entsprechenden Laufbahnbefähigung ist und über umfängliche Praxiserfahrung in der entsprechenden Schulform verfügt.

Auf ihr Aufgabe werden Qualitätsprüfer durch eine halbjährige Fortbildung vorbereitet, die insbesondere zu einem sicheren Umgang mit den Instrumenten und Verfahren befähigt, auf einheitliche Bewertungen nach standardisierten Kriterien hinwirkt sowie eine Professionalisierung des Auftretens und eine klare Rollenwahrnehmung der Qualitätsprüfer befördert.

Die Qualitätsprüfer sind Schulaufsichtsbeamte, nehmen aber neben der Qualitätsanalyse keine weiteren Schulaufsichtsfunktionen wahr. Sie sind gem. § 85 Abs. 5 Satz 2 SchulG NRW Angehörige eines eigens für die Qualitätsanalyse eingerichteten Dezernats 4Q bei den Bezirksregierungen und „hinsichtlich ihrer Feststellungen bei der Durchführung der Qualitätsanalyse und deren Beurteilung an Weisungen nicht gebunden."

Im Nachgang zur Qualitätsanalyse verfassen die Qualitätsprüfer einen Qualitätsbericht, der zunächst in einer Entwurfsfassung Schulleitung und Schulträger zur Stellungnahme zugeht, bevor dann die endgültige Fassung erstellt wird. Diese wird dann an Schulleitung, Schulträger und schulfachliche Aufsicht weitergeleitet. Anhand des Berichts werden innerhalb der Schule Entwicklungsnotwendigkeiten und -perspektiven identifiziert; mit der Schulaufsicht werden im Lichte der Ergebnisse des Qualitätsberichts entsprechende Handlungsschritte für die weitere Schulentwicklung im Rahmen von Zielvereinbarungen festgelegt.[1]

Für die öffentlichen Schulen ist die Qualitätsanalyse obligatorisch. Für die staatlich anerkannten Ersatzschulen und damit auch für die kirchlichen Schulen kann die Qualitätsanalyse auf Wunsch des jeweiligen Schulträgers erfolgen, wobei dann die Zusammenarbeit vorab in einer Kooperationsvereinbarung zu regeln ist (vgl. § 85 Abs. 5 Satz 6 SchulG NRW).

3.2 Schulübergreifende Intentionen

Neben dem Feedback aus externer Sicht, der Qualitätssicherung von Schule aufgrund verfassungsrechtlich gebotener staatlicher Gewährleistungsverantwortung, den Impulsen für die Schul- und Unterrichtsentwicklung und den Erkenntnissen hinsichtlich der schulischen Arbeit und ihrer Wirkungen lassen sich weitere Aufgaben der Qualitätsanalyse aufgrund besonderer bildungspolitischer schulübergreifender Intentionen identifizieren. Aufschluss geben hier die einschlägige Rechtsverordnung, die Qualitätsanalyse-Verordnung (QA-VO) sowie öffentliche ministerielle Erklärungen.

So soll die Qualitätsanalyse nach § 1 (1) QA-VO nicht nur „detaillierte Kenntnisse über die einzelne Schule", sondern auch „über die Qualität des nordrhein-westfälischen Schulsystems insgesamt" liefern. Dementsprechend sollen die Ergebnisse zum einen „für gezielte Maßnahmen der Qualitätsverbesserung in den einzelnen Schulen" genutzt werden, zum anderen auch „für entsprechende Unterstützungsleistungen der Schulaufsichtsbehörden und Steuerungsmaßnahmen des Ministeriums".

Um diese schulübergreifenden Steuerungsaufgaben wahrnehmen zu können, ist eine Aggregierung der Daten der verschiedenen Schulen erforderlich, die nach unterschiedlichen Aspekten und Erkenntnisinteressen erfolgen kann. So sind insbesondere schulform-, schulort- und schulträgerbezogene Auswertungen möglich.

Solche Aggregierungen sind aus Sicht des Schulministeriums u.a. geboten für die Fortbildungsorganisationen, insofern ein in der Qualitätsanalyse diagnostizierter Qualifizierungsbedarf von Lehrkräften die Entwicklung entsprechender Fortbildungsmodule voraussetzt.

Sie sind aus der Perspektive des Schulministeriums weiter erforderlich „für die externe Qualitätsprüfung, d.h. für die regelhafte Zusammenschau und Kommunikation von einzelschul- und systembezogenen Qualitätsdaten" (Ministerium für Schule und Weiterbildung, 2006).

Damit ist klar, dass die in der Qualitätsanalyse gewonnenen Erkenntnisse auch herangezogen werden, um einzelschulische Qualitätsdaten in ein Verhältnis zu systembezogenen Qualitätsdaten zu setzen. Auf diese Weise sind nicht nur schulvergleichende Qualitätsbetrachtungen möglich, auch öffentliche Schulrankings wären denkbar. Letztere sind allerdings derzeit nicht beabsichtigt, da „entsprechende Schulcluster, die Schulen mit

---

1   Hier wird verwiesen auf eine Handreichung zum institutionellen Zielvereinbarungsprozess zwischen Schulen und Schulaufsicht in NRW, die verfügbar ist unter: http://www.schulministerium. nrw.de/BP/Schulsystem/Qualitaetssicherung/Qualitaetsanalyse/Qualitaetsanalyse/Qualitaetsanalyse.pdf [01.10.2010].

vergleichbaren Bedingungen abbilden", noch nicht vorliegen (Ministerium für Schule und Weiterbildung, 2006).

Demzufolge ist die schulische Qualitätsanalyse also nicht nur unter dem Aspekt der Analyse und Verbesserung der Arbeit der Einzelschule zu sehen, sie verschafft dem Schulministerium auch detaillierte Einblicke in die Stärken und Schwächen der Gesamtheit der Schulen und von nach beliebigen Kriterien zusammengestellten Gruppen von Schulen.

4.   Qualitätsanalysen für Schulen in freier Trägerschaft?

Wie bereits oben dargestellt, schreibt der § 85 des nordrhein-westfälischen Schulgesetzes die Qualitätsanalyse für die öffentlichen Schulen verpflichtend vor, während sie für die staatlich anerkannten Ersatzschulen (freie Schulen) nur einen Angebotscharakter hat. Wird dieses Angebot angenommen, so sind die Einzelheiten der kooperativen Qualitätsanalyse in einer Kooperationsvereinbarung zwischen Schulministerium und Ersatzschulträger zu regeln.

Angesichts dieser gesetzlichen Regelung erhebt sich die Frage, weshalb die Qualitätsanalyse für alle öffentlichen, nicht jedoch für die freien Schulen obligatorisch ist. Wenn der Qualitätsanspruch für alle Schulen gelte, so könnte argumentiert werden, müsse doch der Staat, unter dessen Aufsicht auch die staatlich anerkannten und staatlich mitfinanzierten freien Schulen stehen, öffentliche Schulen und freie Schulen gleichermaßen einer externen Evaluation unterziehen können.

Eine solche Position ist indes bei näherer Betrachtung nicht ohne Probleme. So ist zunächst festzustellen, dass die staatliche Schulaufsicht gegenüber den freien Schulen begrenzt ist: So liegt etwa die dienstrechtliche Aufsicht beim Schulträger. Und freie Schulen können gem. § 100 (2) SchulG eigene Bildungs- und Erziehungsziele festlegen, wenn diese im Wesentlichen Bildungsgängen und Abschlüssen an öffentlichen Schulen entsprechen. Prägnant formuliert: Im Hinblick auf entsprechende öffentliche Schulen müssen freie Schulen in ihrer Arbeit und den dabei verfolgten Bildungs- und Erziehungszielen gleichwertig, aber nicht gleichartig sein. Dieses Prinzips ist Ausfluss des Grundrechts auf Privatschulfreiheit, die in Artikel 7 Abs. 4 und 5 des Grundgesetzes sowie in Artikel 8 Abs. 4 der nordrhein-westfälischen Landesverfassung verbürgt ist. Die staatliche Schulaufsicht über die freien Schulen greift immer dann, wenn die Gleichwertigkeit gegenüber öffentlichen Schulen – etwa bei der Vergabe von schulischen Berechtigungen – gefährdet ist.

Diese rechtlich verbriefte Möglichkeit der sog. Eigenprägung wie auch der Rechtsgrundsatz der eingeschränkten staatlichen Schulaufsicht gegenüber freien Schulen stehen allerdings einer obligatorischen staatlichen Qualitätsanalyse, so wie sie für öffentlichen Schulen verbindlich ist, im Wege. Dies ist zumindest dann der Fall, wenn die Qualitätsanalyse als staatliche Kontrolle eines privaten Trägers und seines Personals in Erscheinung tritt oder die pädagogische und trägerspezifische Eigenprägung freier Schulen ignoriert. Letzteres wäre der Fall, wenn die Kriterien und Indikatoren der Qualitätsanalyse inadäquat im Hinblick auf die Erfassung und Bewertung der Qualität der besonderen Arbeit freier Schulen wären.

Demzufolge müsste eine obligatorische staatliche Qualitätsanalyse freier Schulen zum einen wegen der Trägerhoheit auf bestimmte Evaluationsbereiche verzichten und der Eigenprägung zum anderen durch geeignete, mit dem Träger der Schule abgestimmte Kriterien/Indikatoren Rechnung tragen.

Das im Schulgesetz vorgesehene staatliche Angebot an die Träger freier Schulen, diese auf der Basis einer Kooperationsvereinbarung zu evaluieren, eröffnet hier den Gestaltungsspielraum für eine die Belange von Eigenprägung und Träger wahrende Qualitätsanalyse. Zugleich wird der freie Schulträger vor die Wahl gestellt:

(1) Er kann auf eine externe Evaluation gänzlich verzichten, was angesichts des bereits zuvor erläuterten Interesses an der Vergewisserung der Qualität schulischer Arbeit nicht ratsam wäre.

(2) Er kann die staatliche Qualitätsanalyse unverändert für seine eigenen Schulen in Anspruch nehmen, würde damit aber gegen trägerspezifische Interessen verstoßen und den auch von ihm selbst vertretenen Anspruch auf Eigenprägung unterminieren.

(3) Er kann eine externe Evaluation ohne staatliche Mitwirkung implementieren und damit den Anspruch auf Eigenprägung von Träger und Schule besonders unterstreichen.

(4) Er kann in Kooperation und in Abstimmung mit der staatlichen Seite eine Qualitätsanalyse durchführen, wobei hier die Bedingungen von beiden Seiten gemeinsam auszuhandeln sind.

Vorrangig in Betracht kommen hier die beiden letztgenannten Alternativen, auf die daher nachfolgend eingegangen werden soll.

4.1 Qualitätsanalyse freier Schulen – mit oder ohne Staat?

Für die Beantwortung dieser Frage ist das gesellschaftspolitische Umfeld zu berücksichtigen, unter denen schulische Qualitätsanalysen heute stattfinden. So gibt es zum einen in der breiten Öffentlichkeit eine hohe Aufmerksamkeit für Bildungsfragen; Begriffe der aktuellen bildungspolitischen Debatte wie etwa PISA, Bildungsgipfel, Bildungsstreik oder Bildungsgerechtigkeit sind längst Allgemeingut geworden. Zum anderen sehen Eltern die Entwicklungschancen ihrer Kinder zunehmend in Abhängigkeit von deren Bildungschancen, zumindest treffen sie ihre Schulwahl stärker als früher unter Beachtung der tatsächlichen oder vermeintlichen Qualität der Schule. Der in den letzten Jahren nicht zuletzt aufgrund des demographisch bedingten Schülerrückgangs gestiegene Wettbewerb der Schulen um Schüler hat – wie Rückmeldungen aus den Schulen belegen – die Eltern in dieser Einstellung eher bestärkt. Als Qualitätskriterien fungieren dabei längst nicht mehr nur die Selbstauskünfte der Schulen im Rahmen von Informationsveranstaltungen; im Zeitalter externer Zertifizierungen in Form von ministeriellen Belobigungen für hervorragende Ergebnisse bei Lernstandserhebungen, Gütesiegeln[2], Auszeichnungen als Europaschulen und eben auch Qualitätsanalysen kann auch auf externe und damit objektiv wirkende Urteile zur Qualität einer Schule zurückgegriffen werden. Die im Wettbewerb stehenden Schulen wissen selbstverständlich um diese Bedeutung von Zertifikaten und präsentieren hier Auszeichnungen gern auf der eigenen Homepage und in der Lokalpresse.

Das Schulministerium unterstützt durch öffentliche Auszeichnungen der im Sinne der Zertifizierung erfolgreichen Schulen diese nicht nur in ihren Möglichkeiten zur eigenen Profilierung, es definiert als oberste Schulaufsichtsbehörde mit solchen Auszeichnungen und den diesen zugrunde liegenden Kriterien implizit, aber erkennbar quasi die Gütekriterien, an denen sich Eltern bei der Beurteilung der Schulqualität orientieren können.

Angesichts der Wettbewerbssituation entfaltet dieses Zertifizierungswesen einen Sogeffekt, dem sich die Schulen kaum entziehen können. Dies gilt grundsätzlich auch für die freien Schulen, die hierbei allerdings in eine missliche Lage geraten können. Denn ihre Profilierung erfolgt insbesondere über die sich von öffentlichen Schulen unterscheidende Eigenprägung. Eine solche Profilierung kann der Einzelschule aber in der Öffentlichkeit nur schwer gelingen, wenn durch das Land über diverse Zertifizierungen gleichsam (andere) Standards für die Profilierung von Schulen gesetzt werden.

Für freie Schulen und deren Träger erscheint es folglich empfehlenswert, neben den Gütekriterien der Eigenprägung auch den allgemein für öffentliche Schulen geltenden Gütekriterien gerecht zu werden und die Qualität der eigenen Arbeit hier auch zertifizieren zu lassen. Dies aber setzt – zumindest auf der Indikatorenebene – eigene Zertifizierungsinstrumente voraus. Denn die Eigenprägung einer freien Schule ist in der Regel nicht als ein Additivum zu denken, das zu dem auch für entsprechende öffentliche Schulen geltenden pädagogischen und gesellschaftlichen Auftrag hinzutritt. Die Eigenprägung ist vielmehr integriert im Sinne einer besonderen Akzentuierung der pädagogischen Arbeit in der Schule zu verstehen.

Als kurzes Beispiel mag hier die von allen Schulen zu leistende Aufgabe der Entwicklung schulinterner Lehrpläne dienen. An Schulen des Bistums Münster etwa soll diese Aufgabe unter Berücksichtigung der curricularen Eigenprägung erfüllt werden. Im Rahmen zentraler Lehrplanvorgaben und unter Beachtung allgemeiner didaktischer Anforderungen können z.B. thematische Akzentuierungen, Medien- und Materialauswahl sowie inhaltliche Konkretisierungen so vorgenommen werden, dass an geeigneten Stellen exemplarisch wertende Auseinandersetzungen mit dem Unterrichtsgegenstand, Herausforderungen zur Reflexion christlich-ethischer Positionen oder Fragen nach der Letztmotivation menschlichen Handelns ermöglicht werden (Middendorf, 2009, S. 15ff.).

Eine solche Verknüpfung der Aufgabe der Entwicklung schulinterner Lehrpläne mit der Aufgabe der Eigenprägung muss für die Qualitätsanalyse Folgen haben, insofern die Qualitätskriterien und -indikatoren an den entsprechenden Stellen des Qualitätstableaus mit der curricularen Eigenprägung korrespondieren müssen.

---

2   Das nordrhein-westfälische Schulministerium verleiht an Schulen, die ihr Konzept der individuellen Förderung erfolgreich einer externen Begutachtung unterzogen haben, das „Gütesiegel Individuelle Förderung".

Reizvoll wäre so gesehen eine eigenständige, ganz auf den besonderen Bildungsauftrag der freien Schule abgestimmte Qualitätsanalyse, die den unterschiedlichen Aspekten der Eigenprägung umfassend gerecht wird. Wie bereits erläutert wurde, würde die mit einer solchen eigenständigen Qualitätsanalyse verbundene Entwicklung von Erhebungs- und Bewertungsinstrumenten jedoch eine umfängliche Expertise erfordern. Der Aufbau und die Sicherung einer hier benötigten und mit der staatlichen Qualitätsanalyse auf fachlicher Augenhöhe arbeitenden Qualitätsagentur mit Wissenschaftlern, Verwaltungspersonal und entsprechender Sachausstattung würde den Träger freier Schule schnell überfordern. Dies dürfte selbst für den Fall gelten, dass sich die verschiedenen freien Träger zusammenschlössen, wobei ein solches Gemeinschaftsunternehmen auch wegen der unterschiedlichen Eigenprägungen der Träger bzw. ihrer Schulen unrealistisch sein dürfte.

Demnach bleibt als realistische Alternative die Qualitätsanalyse als Kooperationsprojekt mit dem Land. Möglichkeiten und Schwierigkeiten eines solchen Kooperationsprojekts sollen im Folgenden betrachtet werden.

4.2   Qualitätsanalyse freier Schulen als Kooperationsprojekt

Ein Kooperationsprojekt kommt üblicherweise zwischen Kooperationspartnern zustande, wenn für beide Seiten die in Aussicht stehenden Vorzüge größer sind als die erwarteten Nachteile.

Die Vorzüge für das Land sind offensichtlich: Es erhält detaillierte Informationen über die Qualität der Arbeit freier Schulen. Diese Informationen können möglicherweise Impulse auch für die pädagogische oder organisatorische Weiterentwicklung öffentlicher Schulen geben. Auf jeden Fall aber können sie zu denen öffentlicher Schulen ins Verhältnis gesetzt werden, so dass zusätzliche Kenntnisse für die Wahrnehmung staatlicher Aufsicht über das Schulwesen und seine Steuerung gewonnen werden. Diese Vorzüge ergeben sich aber nur dann, wenn die Qualitätsanalyse freier Schulen auf solche Erhebungs- und Bewertungsmethoden zurückgreift, die in gleicher oder zumindest vergleichbarer Weise auch an öffentlichen Schulen zum Einsatz kommen.

Teilweise komplementär hierzu verhält es sich mit den Vorzügen für den Träger freier Ersatzschulen. Für ihn ist das Kooperationsprojekt umso vorteilhafter, je weitgehender es gelingt, die Qualitätsanalyse auch angemessen auf die Eigenprägung seiner Schulen zu beziehen. Sein Bemühen müsste daher darauf gerichtet sein, das staatliche Qualitätstableau in jenen Bereichen und Kriterien zu modifizieren oder zu ergänzen, in denen eine Erfassung und Bewertung der Eigenprägung geboten scheint. Aus Platzgründen muss hier auf eine entsprechende Analyse des Qualitätstableaus einschließlich der zugrunde gelegten Kriterien verzichtet werden und stattdessen der Hinweis reichen, dass dieses sich bei grober Betrachtung in drei Segmente einteilen lässt:

Das erste Segment ist durch Kompatibilität gekennzeichnet, insofern die entsprechenden Qualitätskriterien für öffentliche und freie Schulen gleichermaßen gelten. Als Beispiel mag hier das Kriterium 2.4, „Unterricht – Unterstützung eines aktiven Lernprozesses", mit den angegebenen Merkmalen dienen.[3]

Das zweite Segment ist durch Kriterien bzw. Merkmale geprägt, die auch für freie Schulen grundsätzlich bedeutsam sind, allerdings für diese mit einer spezifischen Ausprägung verknüpft sein können, gegenüber der das staatliche Tableau indifferent ist. Als Beispiel sei das Kriterium 3.5, „Außerschulische Kooperation", genannt. In der Differenzierung nach Merkmalen werden zu diesem Kriterium betriebliche Partner, gesellschaftliche Partner oder andere pädagogische Einrichtungen aufgeführt. Für eine kirchliche Schule liegt es hier nahe, im Sinne der Eigenprägung die Kooperation insbesondere auch mit kirchlich geprägten Einrichtungen, z.B. der Caritas, zu suchen. In diesem Segment müssten also für kirchliche Schulen die Kriterien und Merkmale in einem spezifischen Kontext gedeutet werden.

Das dritte und wohl kleinste Segment weist Kriterien und Merkmale auf, die für öffentliche, nicht aber in jedem Fall für freie Schulen bedeutsam sind. Als Beispiel sei hier das Merkmal 1.1.6, „Die Schule hat bezogen auf den Landesdurchschnitt deutlich mehr Zugänge von anderen Schulformen aufzuweisen", erwähnt. Dieses Merkmal zielt auf die Erfassung der quantitativen Durchlässigkeit der Schule. Insofern mag die Anzahl der Zugänge von anderen Schulformen für öffentliche Schulen ein Qualitätsmerkmal sein. Für freie Schulen hingegen, die gerade wegen ihres besonderen Profils das Angebot öffentlicher Schulen in der Regel nur ergänzen sollen, ist erheblicher, ob und inwieweit die sich um Aufnahme bewerbenden Schüler bzw. deren Eltern die Eigenprägung dieser freien Schule unterstützen.

Entsprechende Änderungen am staatlichen Qualitätstableau und hier ausgewiesenen Kriterien (nur) für freie Schulen sind aus Sicht des Landes indes nicht erwünscht, da sie die Vergleichbarkeit öffentlicher und freier Schulen einschränken sowie die DV-gestützte Auswertung auf Landesebene erschweren und erheblich verteuern würden. Schließlich wären beträchtliche Anpassungen und Weiterentwicklungen der eingesetzten Software erforderlich. Auch darf nicht übersehen werden, dass sich das Land gegenüber seinen eigenen Schulen in eine schwierige Rechtfertigungsposition manövrieren würde, wenn es für freie Schulen das Qualitätstableau jeweils entsprechend der Eigenprägung modifizieren würde, entsprechende Wünsche öffentlicher Schulen, die diese unter Hinweis auf die Schwerpunkte ihres Schulprogramms vortrügen, aber abschlägig beschiede. Zwar können sich freie Schulen und ihre Träger hier auf andere Rechtspositionen als öffentliche Schulen berufen, doch dürften juristische Argumente in einer öffentlich-politisch geführten Diskussion kaum durchdringen.

Dem Schulministeriums ist folglich daran gelegen, der Eigenprägung freier Schulen nicht durch eine Änderung, sondern allenfalls durch eine Ergänzung des staatlichen Qualitätstableaus Rechnung zu tragen. Eine solche Vereinbarung mit einem zusätzlichen Qualitätsbereich für die Eigenprägung wurde erstmals am 3. September 2009 zwischen dem Schulministerium einerseits und der Evangelischen Kirche von Westfalen und den

---

3   Das Qualitätstableau für die Qualitätsanalyse an Schulen in Nordrhein-Westfalen kann abgerufen werden unter: http://www.schulministerium.nrw.de/BP/Schulsystem/Qualitaetssicherung/ Qualitaetsanalyse/Das_Qualitaetstableau.pdf [01.01.2010].

von Bodelschwinghschen Anstalten Bethel andererseits für rund 20 evangelische freie Schulen abgeschlossen.[4]

Mit diesem Kooperationsvertrag wurde zugleich ein Modell für die Erfassung und Bewertung der Eigenprägung über einen zusätzlichen Tableaubereich formuliert, welches für die Verhandlungen des Landes mit anderen Ersatzschulträgern Maßstäbe setzt.

Eine aus Sicht der freien Schulen und ihrer Schulträger wünschenswerte integrative Lösung für ein Qualitätstableau (Erfassung der Eigenprägung grundsätzlich in allen Qualitätsbereichen durch Änderung des Qualitätstableaus) muss daher wohl zugunsten einer additiven Lösung (Erfassung der Eigenprägung über einen zusätzlichen Bereich) aufgegeben werden. Das staatliche Qualitätstableau bliebe somit auch für die Qualitätsanalyse an freien Schulen verbindlich; den zusätzlichen siebten Qualitätsbereich müsste der freie Schulträger entwickeln.

Eine solche sich in Nordrhein-Westfalen abzeichnende Regelung wahrt die Interessen des Landes im Zusammenhang mit dem staatlichen Qualitätstableau und stellt für den freien Träger einen Kompromiss dar: Einerseits kann er zur eigenen Entlastung auf das staatliche Tableau und die hiermit verbundene Expertise ohne grundsätzlichen Verzicht auf die Erhebung zur Eigenprägung zurückgreifen. Andererseits muss er wegen der weniger geeigneten additiven Lösung Abstriche bei der andernfalls möglichen Stringenz und Prägnanz der Erhebungsinstrumente machen, etwaige Erwartungen des eigenen Umfeldes an die Qualitätsanalyse dämpfen[5] sowie überdies erhebliche Anstrengungen zur Entwicklung von Erhebungsinstrumenten und Bewertungsmethoden für den zusätzlichen Qualitätsbereich der Eigenprägung unternehmen.

Zu beantworten bleibt noch die wegen der rechtlichen Organisationsgewalt des Trägers gegenüber seinen freien Schulen sensible Frage nach der Zusammensetzung des Qualitätsteams. Hier ist die Bereitschaft des Schulministeriums angedeutet, geeignete Mitarbeiter des freien Schulträgers gemeinsam mit angehenden staatlichen Qualitätsprüfern fortzubilden. Die Qualitätsteams für freie Schulen sollen sich dann jeweils aus Qualitätsprüfern des Staates und des freien Trägers zusammensetzen, wobei letzterer die Federführung für die Bewertung der Eigenprägung hätte.

5.   Perspektiven und Anfragen

Gem. § 100 (1) SchulG ergänzen und bereichern Schulen in freier Trägerschaft das öffentliche Schulwesen. Diesem Anspruch werden freie Schulen nur gerecht, wenn ihre Arbeit durch hohe pädagogische Qualität sowie eine spezifische, von öffentlichen Schulen unterscheidbare Akzentuierung des Bildungs- und Erziehungsauftrags geprägt ist.

Angesichts der aufgezeigten Tendenzen zu einer kooperativen Qualitätsanalyse freier Schulen stellt sich die Frage, inwieweit es gelingen wird, dem spezifischen Profil freier Schulen in der Qualitätsanalyse einen angemessenen Stellenwert zu geben. Da das Tab-

---

4   Öffentlich zugängliche Informationen finden sich hier unter: http://bildungsklick.de/pm/ 69762/die-ersten-privaten-ersatzschulen-nehmen-an-derqualitaetsanalyse-nrw-teil/ [01.01.2010].

5   So hat etwa die Deutsche Bischofskonferenz für die katholischen Schulen und die Bistümer einen Orientierungsrahmen mit Qualitätsbereichen und -kriterien herausgegeben, der bei einem Kooperationsprojekt wohl nur unvollständig berücksichtigt werden kann.

leau der staatlichen Qualitätsanalyse für öffentliche und freie Schulen nach bisherigem Erkenntnisstand gleich ist, wird sich die Frage stellen, ob gute Ergebnisse im für freie Schulen vorgesehenen zusätzlichen Qualitätsbereich der Eigenprägung lediglich als ein Appendix wahrgenommen werden oder aber als ein „pädagogisches Markenzeichen" Wertschätzung in der Öffentlichkeit und hier besonders bei Eltern und Lehrkräften erfahren. Die Beantwortung dieser Frage wird einmal vom Umgang der Politik und der Gesellschaft mit schulischen Qualitätsanalysen insgesamt abhängen, sie wird aber auch beeinflusst durch die Qualität der Kriterien, Erhebungsinstrumente und Bewertungsmethoden für den Bereich der Eigenprägung. Hier werden die freien Träger besondere Anstrengungen unternehmen müssen, um in Kooperation mit Wissenschaftlern qualitativ hochwertige Entwicklungsarbeit zur leisten, die professionellen Standards genügt.

Literatur

Böttcher, W. (2006). *Zur Notwendigkeit von Rechenschaftslegung. Oder: Wozu Schulinspektion?* Verfügbar unter: http://www.iq.hessen.de/irj/IQ_Internet?cid=81ddd6b8a911646f6aadff141b40d185 [28.12.2009].

Böttcher, W. & Kotthoff, H. G. (Hrsg.). (2007). *Schulinspektion: Evaluation, Rechenschaftslegung und Qualitätsentwicklung.* Münster, New York, München, Berlin: Waxmann.

Homeier, W. & Brügmann, K. (2007). Der Blick von außen. Qualitätsanalyse Nordrhein-Westfalen. *Schule NRW, 9,* 494–496.

Institut für Qualitätsentwicklung (2008). *Hearing Schulinspektion. Konzepte, Verfahren und Instrumente der Schulinspektion in den deutschen Bundesländern und bei den europäischen Nachbarn.* Wiesbaden: Institut für Qualitätsentwicklung.

Klieme, E. (2006). *Perspektiven der Qualitätssicherung für Schulen am Beispiel Hessen.* Verfügbar unter: http://www.iq.hessen.de/irj/IQ_Internet?cid=81ddd6b8a911646f6aadff141b40d185 [28.12.2009].

Kromrey, H. (2009). *Empirische Sozialforschung* (12. Aufl.). Stuttgart: UTB.

Messner, R. (2007). *Die Neugestaltung der Schulinspektion im Spannungsfeld von Evaluation und Schulentwicklung.* Verfügbar unter: http://kobra.bibliothek.uni-kassel.de/bitstream/ urn:nbn:de:hebis:34-2007072619079/1/MessnerNeugestaltung.pdf [01.01.2010].

Middendorf, W. (2009). Überlegungen zur inhaltlich-curricularen Eigenprägung katholischer Schulen. *Kirche und Schule, 151,* 15–17.

Ministerium für Schule und Weiterbildung des Landes Nordrhein-Westfalen (Hrsg.). (2006). *Qualitätsanalyse. Instrument der externen Evaluation in Nordrhein-Westfalen.* Vortrag vom 11. November 2006. Verfügbar unter: *www.le-gymnasien-nrw.de/PDF/Vortrag-Habeck 061111.pdf [01.01.2010].*

Ministerium für Schule und Weiterbildung des Landes Nordrhein-Westfalen (Hrsg.). (2009). *Qualitätsanalyse in Nordrhein-Westfalen. Impulse für die Weiterentwicklung von* Schulen, Düsseldorf: Ministerium für Schule und Weiterbildung des Landes Nordrhein-Westfalen.

Ministerium für Schule und Weiterbildung des Landes Nordrhein-Westfalen (Hrsg.). (2007). *Qualitätsanalyse Nordrhein-Westfalen. Impulse für die Weiterentwicklung von Schule.* Düsseldorf: Ministerium für Schule und Weiterbildung des Landes Nordrhein-Westfalen.

Müller, S. (2008). Einschätzungen von Schulen zur Qualitätsanalyse Erste Ergebnisse der Schulrückmeldungen an die Qualitätsteams. *SchVw NRW, 5*, 134–136.

Müller, S., Dedering, K. & Bos, W. (Hrsg.). (2008). *Jahrbuch Schulische Qualitätsanalyse in NRW: Konzepte, erste Erfahrungen und Perspektiven.* Neuwied: Luchterhand.

Sekretariat der Deutschen Bischofskonferenz (Hrsg.). (2009*). Qualitätskriterien für Katholische Schulen. Ein Orientierungsrahmen.* Bonn: Deutsche Bischofskonferenz.

Stobernack, M. & Palamidis, H. (2007). Erfolgreiche Schulen - Erklärung von Schulleistungsunterschieden bei den Abschlussprüfungen am Ende der zehnten Klasse im Land Brandenburg. In J. Schwarze, J. Räbinger & R. Thiede (Hrsg.), *Arbeitsmarkt- und Sozialpolitikforschung im Wandel – Festschrift für Christof Helberger zum 65. Geburtstag.* Hamburg: Dr. Kovač.

Uhl, S. (2006). *Die Bildungsstandards, die Outputsteuerung und ihre Kritiker.* Wiesbaden: Institut für Qualitätsentwicklung.

Herbert Altrichter & Gertrud Nagy

Freigabe der Schulwahl aus der Perspektive betroffener Grundschulen

1. Bildungspolitischer Hintergrund: Transformation der Steuerungsstrukturen und die Bedeutung von Wettbewerb

Seit der ersten Hälfte der 1990er Jahre erleben die Bildungssysteme in den deutschsprachigen Ländern eine neue Phase einer „Modernisierung der Schule", in deren Zentrum Steuerungsfragen stehen: Die Steuerungsstrukturen im Bildungswesen, die die Zeiten des quantitativen Ausbaus und der Schulsystemdiskussionen in großer Stabilität überstanden hatten, sind in den Blickpunkt des Interesses geraten und sollen so verändert werden, dass qualitätsvolle Ergebnisse zielgerichtet und ökonomisch erbracht werden können. Für die (Neu-)Gestaltung der Steuerungsstrukturen gibt es Alternativen: Auf einer relativ abstrakten Analyseebene werden beispielsweise „Hierarchie", „Markt", „Gemeinschaft" und „Netzwerk" als klassische Governance-Modelle genannt, die historisch zu komplexeren Formen der Handlungskoordination „institutionell verdichtet" wurden (vgl. Lange & Schimank 2004, S. 22f.). Eine Analyseebene konkreter zeigt die Erforschung „bereichsspezifischer Governance-Regimes" (vgl. Lange & Schimank, 2004, S. 15) durchaus unterschiedliche Konstellationen in zunächst verwandt wirkenden Politiken (vgl. Altrichter & Maag Merki, 2010, S. 34f.).

Welche Steuerungsstrategien werden nun tatsächlich von der Bildungspolitik forciert? Rürup (2007; 2008) hat die schulautonomiebezogenen Regelungsaktivitäten in den 16 deutschen Bundesländern im Zeitraum zwischen Oktober 1990 und Februar 2008 einer Inhaltsanalyse unterzogen. Zusammenfassend hält er fest, dass die deutsche Schulentwicklung vor allem durch die Zielstellung der „Optimierung" von Regelungsstrukturen eines weiterhin in staatlicher Obhut verbleibenden Schulsystems geprägt ist, gegenüber der die Zahl der Maßnahmen, die auf eine Erhöhung von „Wettbewerb" oder „Partizipation" als Koordinationsprinzipien im Schulsystem zielen, deutlich zurückbleibt. Weder die staatliche Gesamtverantwortung noch die Einbettung der Einzelschule in eine formale Verwaltungshierarchie wird aufgegeben. Nur in der jüngsten Phase zwischen 2004 und 2008 ist ein gewisses Ansteigen wettbewerbsbezogener Reformen feststellbar (z.B. Abschaffung von Schulbezirken; vgl. SchulG NRW § 84).

Die Aussagen Rürups lassen sich im Großen und Ganzen auch auf Österreich übertragen, das eines der ersten deutschsprachigen Schulsysteme war, das durch eine Politik der Schulautonomisierung (14. SchOG-Novelle 1993/94; vgl. Schratz & Hartmann, 2009) die Gestaltungsspielräume der Einzelschulen erhöhte. Dadurch sollten Energien bei Schulleitungen und Lehrpersonen für die Entwicklung der Schulen in Richtung größerer Responsivität gegenüber den Bedürfnissen und Potentialen der Standorte stimuliert werden. In Österreich lag dabei der Schwerpunkt der Reform auf einer curricularen (Teil-)Autonomie, die den Schulen erlaubte, spezifische und für eine angestrebte Klientel attraktive „Schulprofile" auszubilden. In späteren „Modernisierungs-Phasen" wurden Instrumente für die innerschulische Koordination (z.B. Schulprogramme, innerschulische Selbstevaluation, Qualitätsmanagement) propagiert. Nach dem „PISA-Schock" des Jahres 2001 wurden die aktuellen Instrumente einer „evidenzbasierten Bildungspolitik und Schulentwicklung" nach und nach ausgeformt, durch die den Einzelschulen Ziele signalisiert (Bildungsstandards, Qualitätsrahmen) und deren Erfüllung überprüft (Lernstandserhebungen, Schulinspektionen) wurden. Obwohl von wenigen Bildungspolitikerinnen und -politikern explizit angestrebt, erscheint gegenwärtig die Verstärkung der Differenzierung und des Wettbewerbs zwischen Schulen, der vor allem über das Instrument attraktiver Schulprofile ausgetragen wird, als eine der konsistentesten Auswirkungen der Autonomisierungspolitik (vgl. Altrichter, Prexl-Krausz & Soukup-Altrichter, 2005).

Eine weitere Strategie zur Erhöhung des Wettbewerbs zwischen Schulen, die international von Befürworterinnen und Befürwortern marktmäßiger Steuerung des Schulsystems gefordert wird, besteht in der Abschaffung von Schulsprengeln. Unter „Schulsprengel" oder „Schulbezirk" versteht man das rechtlich umschriebene Einzugsgebiet einer Schule. Gründe, die im 19. Jahrhundert für die Einrichtung von Schulsprengeln gesprochen hatten, bestanden in der Verminderung des organisatorischen Aufwands bei der Einschulung der Altersjahrgänge, der Ermöglichung vorausschauender Schulentwicklungsplanung sowie in der Garantie kurzer Wege (vgl. Ackeren, 2006, S. 302).

Forderungen nach der Aufhebung von Schulbezirken und die tatsächliche Umsetzung entsprechender Politiken sind seit den 1980er Jahren in einigen europäischen Ländern sowie in den USA und Neuseeland zu beobachten. Befürworterinnen und Befürworter der Aufhebung von Schulsprengeln führen einesteils normative Argumente ins Treffen, so vor allem ein Elternrecht, Schulen nach eigenem Gutdünken wählen zu dürfen, ohne dabei durch administrative Regeln im „Wahlrecht" beschnitten zu werden. Dadurch könnte auch eine bessere Passung zwischen Angeboten und Bedürfnissen erzielt werden. Anderenteils werden steuerungsbezogene Argumente genannt, die die Koordination im Schulsystem durch Wettbewerb und marktähnliche Mechanismen am besten gewährleistet sehen (vgl. Ackeren, 2006, S. 302): Freie Schulwahl würde letztlich die Schulqualität stärken (vgl. Hoxby, 2003), weil wenig gewählte Schulen zu einer größeren Responsivität gegenüber differentiellen Klientenbedürfnissen, zu einem überlegteren Einsatz ihrer Ressourcen und zu verstärkten Entwicklungsaktivitäten angespornt würden. An manchen Orten, so vermutlich bei dem im Folgenden untersuchen Fall, mag auch die Hoffnung mitspielen, dass freie Schulwahl eine gesellschaftlich akzeptable Klärung des Problems von Überkapazitäten einer Schulregion bringen würde.

Gegnerinnen und Gegner einer Aufhebung von Schulsprengeln erwarten dagegen, dass freie Schulwahl zu einer leistungsbezogenen, sozialen, kulturellen und ethnischen Entmischung und Segregation der Schülerschaft führen würde, weil Eltern – aufgrund unterschiedlicher Bildungsaspirationen, Informationsbeschaffungs- und Entscheidungspraktiken, aufgrund unterschiedlicher Chancen, schulbezogene Informationen zu beschaffen, und aufgrund unterschiedlicher Ressourcen, Schulwahlentscheidungen umzusetzen – ihr „Wahlrecht" unterschiedlich nutzen würden (für empirische Belege vgl. Ackeren, 2006, S. 306; Oelkers, 2007, S. 136f.). Damit verstärke freie Schulwahl die – hierzulande ohnehin nicht schwache – Koppelung von sozialer Herkunft und Bildungschancen. Weil Schulen aufgrund unterschiedlicher Umgebungsbedingungen und unterschiedlich qualifizierten Personals differentiell Nutzen aus den neuen Freiheiten ziehen können und diesbezüglich „bevorzugte" Schulen versuchen würden, attraktive Segmente der Schülerpopulation aus anderen Schulbezirken anzuziehen, führe freie Schulwahl in der Folge zu verstärkten Unterschieden zwischen Schulen und zur Entwicklung von „Brennpunktschulen" mit besonders belasteten Arbeitsbedingungen und anregungsärmerem Lernmilieus.

Die vorliegenden empirischen Ergebnisse sind keineswegs einheitlich (vgl. Ackeren, 2006, S. 304ff.). Sowohl die erhoffte Qualitätssteigerung als auch die befürchtete soziale und ethnische Segregation durch freie Schulwahl finden sich in einigen englischen, französischen und niederländischen Studien, während andere keine Belege dafür enthalten. Dies wird auch damit zusammenhängen, dass „freie Schulwahl" unter sehr unterschiedlichen systemischen Rahmenbedingungen (z.B. Regelungen bzgl. zusätzlicher Gebühren, „erlaubter" (sozialer) Selektion, Mindestqualifikation und -bezahlung von Lehrkräften) realisiert wird. Als übergreifende Tendenz ihrer heterogenen Befunde konstatiert Ackeren (2006, S. 306) „verstärkte Segregationseffekte in der Folge von geschaffenen Wahlmöglichkeiten, das heißt, es kommt zu einer leistungsbezogenen, sozialen und kulturellen Entmischung der Schülerschaft."

Obwohl es in Österreich keine politischen Gruppen gibt, die die Aufhebung von Schulsprengeln zu einem Kernelement ihrer Bildungspolitik gemacht hätten, und obwohl dieses Thema kaum in bildungspolitischen Diskussionen aufscheint, wurden Schulsprengel als Instrument zur Steuerung von Schülerströmen im letzten Jahrzehnt aufgeweicht: Dies geschah einesteils als Nebenergebnis von „Schulautonomie" und „Schulprofilierung", durch welche die Wahl zwischen verschieden „profilierten" Hauptschulen auch jenseits der Schulsprengel ermöglicht wurde. Anderenteils gingen manche Städte auch in Hinblick auf Primarschulen (in Österreich: „Volksschulen") dazu über, ihr gesamtes Stadtgebiet zu einem Sprengel zu erklären, um Elternwünschen nach speziellen Schulen entgegenzukommen, ohne dass diese „Umschulungsanträge" stellen mussten. Unter „Umschulungsantrag" versteht man eine rechtliche Eingabe an die Schulbehörde, in der – begründet mit dem Vorliegen besonderer Umstände (z.B. Arbeitsort der Eltern, Betreuung durch die Großeltern) – begehrt wird, einzelne Schülerinnen und Schüler aus der Schule des Wohnortschulsprengels in eine andere Schule „umzuschulen". Die Genehmigung eines solchen Antrags stellte für jene, die nicht eine Privatschule wählten, die wichtigste Möglichkeit zur Umgehung der Sprengelpflicht dar.

Auch in Linz, der Hauptstadt (ca. 190.000 Einwohnerinnen und Einwohner) des Bundeslandes Oberösterreich, beschloss die sozialdemokratische Mehrheit im Jahre 2007 – im Zuge von politischen Auseinandersetzungen um Schulschließungen – die 35 Volksschulsprengel zu einem einzigen Schulsprengel zusammenzufassen. Dadurch konnten Eltern und Kinder im Schuljahr 2007/2008 erstmals bei der Schuleinschreibung ihre Schule – auch jenseits der ursprünglichen Sprengel und ohne Umschulungsantrag – wählen.

2. Die Studie

Im Gegensatz zur breiten Diskussion dieses Themas in der angelsächsischen Literatur (z.B. Feinberg & Lubienski, 2008; Forsey, Davies & Walford, 2008; Gerwitz, Ball, & Bowe, 1995) existieren bislang im deutschen Sprachraum kaum Untersuchungen zur freien Schulwahl, insbesondere zur Einzelwahl der Grundschule. Dies mag damit zusammenhängen, dass durch die Vorgabe von Schulbezirken traditionell wenige Wahlmöglichkeiten in der Grundstufe bestanden und sich zudem die Aufmerksamkeit in Hinblick auf sozial selektive Wahlmechanismen auf den Übergang in das gegliederte Schulsystem der Sekundarstufe I richtete. Erst in jüngster Zeit hat eine Forschungsgruppe die Schulwahl in Deutschland auf der Basis sozialstatistischer Daten (vgl. Riedel, Schneider, Schuchart & Weishaupt, 2010) sowie von Elternbefragungen (vgl. Schneider, Schuchart, Weishaupt & Riedel, 2009) untersucht. Keine der uns bekannten Studien thematisiert den Wandel von der Verteilung von Schülerinnen und Schülern durch Schulsprengel zu einer Schulwahl ohne administrative Einschränkungen aus der Perspektive von Einzelschulen.

Die Absicht der Stadt Linz, Auswirkungen der Auflösung der Schulsprengel zu beobachten, erlaubte einem Forscherteam der Johannes Kepler Universität, einigen der oben genannten Erwartungen nachzugehen und zu untersuchen, in welchem Ausmaß von den Wahlmöglichkeiten Gebrauch gemacht wurde, ob die Freigabe der Schulsprengel zu einem veränderten Wahlverhalten der Eltern und zu einer stärkeren schulischen Segregation führten.

Zur Beantwortung dieser Fragen wurden zwei aufeinander abgestimmte Teilstudien durchgeführt (vgl. Altrichter, Bacher, Beham-Rabanser, Nagy & Wetzelhütter, 2008): In einer standardisierten Elternbefragung wurde eine Stichprobe von 3.425 Erziehungsberechtigten mittels schriftlicher Fragebögen befragt. Zusätzlich wurden Fallstudien über fünf Volksschulen durchgeführt, die im Zentrum dieses Beitrags stehen. In diesen sollte – ergänzend zur Elternperspektive der quantitativen Untersuchung – die Deutung und Verarbeitung dieser Reform durch schulische Protagonistinnen und Protagonisten an einzelnen Beispielen untersucht werden. Insbesondere sollte eruiert werden, ob und wie sich die Sprengelfreigabe aus der Sicht von Schulen und damit verbundener Akteure auswirkte, wie auf etwaige Veränderungen reagiert und wie die weitere Entwicklungsmöglichkeit des Standorts eingeschätzt wurde.

Diesen Fragen sollte am Beispiel von besonders stark von den Veränderungen betroffenen „Gewinner"- und „Verlierer"-Schulen nachgegangen werden. Nachdem die vom Auftraggeber zur Verfügung gestellten Einschreibungs- und Schülerdaten sich dafür als nicht geeignet erwiesen hatten, wurden die beiden für die Stadt zuständigen Schulaufsichtsorgane (in Österreich: Schulinspektor bzw. Schulinspektorin) gebeten, jeweils drei bis fünf „Gewinner"- und „Verlierer"-Schulen aus ihrem Aufsichtsbereich zu nennen und vermutete Gründe für Gewinne und Verluste anzumerken. Auf dieser Informationsbasis wählte das Projektteam fünf Schulen aus, von denen zwei als „Konkurrenzschulen" in einem benachbarten Einzugsgebiet angesehen wurden.

Die Datenerhebung erfolgte mit Leitfadeninterviews (vgl. Flick, 1996, S. 94ff.). Deren erstes wurde mit der Schulleiterin jeder der untersuchten Schulen (A – E) geführt, die dann Kontakte für jeweils zwei weitere Interviews mit der Klassenlehrerin und der Elternvertreterin bzw. dem Elternvertreter einer ersten Klasse vermittelte. Zwei zusätzliche Interviews wurden mit Kindergärtnerinnen aus dem Einzugsbereich der Schulen B und C durchgeführt.[1] Weiterhin wurden standortbezogene Dokumente zur Außendarstellung der

---

1   Aus dem Interviewmaterial wird folgendermaßen zitiert: „SL B, 3" weist auf eine Aussage einer
    Schulleiterin, dokumentiert auf Seite 3 der Fallstudie über Volksschule B hin, analog der Hinweis

Schule analysiert (Folder, Einladungen, Projektberichte, Homepages). Interviews und Dokumente wurden inhaltsanalytisch ausgewertet (vgl. Mayring, 2007) und zu Fallstudien aufbereitet. Sodann wurden die Fallstudien im Forschungsteam gelesen sowie zentrale Aussagen für eine Cross-Case-Analyse formuliert und mit Belegen versehen. Zur Erfassung des Kontexts wurden ergänzend Pressemeldungen und Einschreibungsdaten der Stadt Linz, statistische Angaben des Bezirksschulrates zu Einschreibungszahlen, eine Prognose zur Entwicklung der untersuchten Schulen bis zum Jahr 2013 sowie Studien zu sozialräumlichen Rahmenbedingungen ausgewertet. Abschließend wurden eine Inspektorin, ein Inspektor und eine der interviewten Schulleiterinnen eingeladen, die Rohfassung der fallübergreifenden Analyse im Sinne einer Kommunikativen Validierung zu überprüfen.

3.   Ergebnisse

Im Folgenden werden einige Ergebnisse dieser Fallstudien zusammengefasst und diskutiert, die einen ersten Einblick in mögliche Wahrnehmungs- und Verarbeitungsformen der Sprengelfreigabe erlauben sollen, ohne dass eine Generalisierung für alle Linzer Grundschulen angestrebt wird. Wir heben dazu zwei Fragen heraus:

- Wie wird die Reformpolitik „Sprengelfreigabe" und ihre Auswirkungen durch die Befragten wahrgenommen und interpretiert?

- Welche Maßnahmen wünschen die Leitungs- und Lehrpersonen, um als belastend eingeschätzte Aspekte ihrer aktuellen Arbeitssituation zu verbessern?

Beide Fragen interessieren in Hinblick auf die subjektive Rekonstruktion und Akzeptanz der aktuellen Politik. Die zweite Frage verspricht Hinweise auf das „Steuerungsverständnis" der Befragten.

3.1   Wahrnehmung der „Sprengelfreigabe" und ihrer Auswirkungen

Die Freigabe der Schulsprengel im Oktober 2006 (mit Wirkungsbeginn für das Schuljahr 2007/08) löst bei den Befragten unterschiedliche Erwartungen und Befürchtungen aus. Die Sichtweise der Schulleiterinnen und Klassenlehrerinnen ist davon geprägt, in welchem sozialen Raum sie agieren und welche Erfahrungen sie bisher mit „Umschulungen" gemacht haben.

Die Beschäftigten in den als „Verlierer" klassifizierten Schulen empfinden die Sprengelfreigabe als Verschärfung ihrer ohnedies ungünstigen Ausgangsposition: Durch „Sprengelflüchtlinge" erlebt Schule A einen „massiven Schwund" an Schülerzahlen; sie wäre „momentan im Schrumpfen begriffen" (SL A, 1). Auch an Schule B, ebenfalls in

---

auf Interviews von Klassenlehrerin (KL), Elternvertreterin bzw. Elternvertreter (EV) und Kindergärtnerin (KG). Die Expertinnen bzw. Experten, die für die kommunikativen Validierung befragt wurden, werden mit BSI 1 und BSI 2 (Bezirksschulinspektorin bzw. -inspektor) und SL V (Schulleiterin) kodiert.

einem schwachen Sozialraum, wird die Sprengelfreigabe sehr kritisch gesehen. Für die Schulleiterin hat die Sprengelfreigabe zu einer weiteren Abwanderung von Kindern mit deutscher Muttersprache geführt. Eltern werde es noch leichter gemacht, eine andere Schule zu wählen. Überdies seien Eltern, die sich ohnedies schon anders entschieden hätten, nicht mehr bereit, sich mit dem Angebot der Schule zu befassen. Sie befürchtet für ihren Standort eine Entwicklung „in Richtung Ghettoisierung" (SL B, 10; vgl. auch BSI 1, 3).

Die als „Gewinner" klassifizierten Schulen sehen die Sprengelfreigabe unterschiedlich. Schule C liegt nicht in der Mitte des ehemaligen Sprengels und warb schon länger Kinder aus dem Kindergarten, der der Nachbarschule zugeordnet wird, ab. Es habe sich durch die Sprengelfreigabe nicht viel geändert (SL C, 14). An Schule D unterscheiden sich die Sichtweisen der Schulleiterin und der Klassenlehrerin (SL D, 14; KL D 4; 14). Lediglich an Schule E erkennen die befragten Lehrpersonen einen eindeutigen Vorteil für den Standort. Dieser sei begehrt; es habe vor der Sprengelfreigabe viele Umschulungsanträge zugunsten ihrer Schule gegeben, die zum Teil abgelehnt worden waren. Dies könne nun nicht mehr geschehen; es sei nun gewährleistet, dass in jedem Jahrgang zwei parallele Klassen geführt werden (SL E, 10; KL E, 10).

In allen Schulen (außer E) kritisieren die Schulleiterinnen die neue Organisation der Schuleinschreibung (z.B. SL D, 14). Durch die „freie Schulwahl" fiele der verpflichtende Erstkontakt der Eltern mit ihrer Sprengelschule weg und damit auch die Chance, wechselwillige Eltern durch Anschreiben oder persönlichen Kontakt von den Qualitäten der Schule zu überzeugen (SL A, 11; SL B, 3 & 12).

Während bei den Leitungs- und Lehrpersonen sehr unterschiedliche, oft aber kritische Haltungen gegenüber der „Sprengelfreigabe" zu beobachten sind, werden die erweiterten Möglichkeiten der Schulwahl von den befragten Eltern[2] als Zugewinn von Handlungsmöglichkeiten durchwegs positiv bewertet (EV A, 9; EV B, 11; EV C, 14, EV D, 15; EV E, 10). Den Leitungs- und Lehrpersonen ist die Elternhaltung offenbar so sehr bewusst, dass auch jene, die die „Sprengelfreigabe" sehr kritisch sehen, diese für eine politisch nicht mehr revidierbare Neuerung halten (vgl. KL D, 14).

Welche Auswirkungen für die Schulen hat nun diese Veränderung nach Wahrnehmung der Befragten?

(1) Organisationsgröße: Die befragten Lehr- und Leitungspersonen der „Verlierer"-Schulen berichten (und vermuten für die Zukunft), dass die Schülerzahlen weiter sinken, dadurch Klassen verloren gehen und die Absicherung der Organisationsgröße schwer fallen würde (vgl. SL B, 17). Nur eine der „Gewinner"-Schulen sieht das gegenteilige Szenario (vgl. SL E, 18).

(2) Segregation und Bildung von Brennpunktschulen: Aussagen über negative Auswirkungen nehmen in den Interviews breiten Raum ein, v.a. in Form der Einschätzung,

---

2   Obwohl für keine der Aussagen Repräsentativität behauptet wird, ist hier ein besonderer bias anzunehmen: die Befragten gehören – aufgrund der für Elternvertreter/innen üblichen Wahlprozeduren – ausnahmslos der Gruppe der eher an Bildung interessierten, sozioökonomisch besser gestellten Eltern mit deutscher Muttersprache an.

dass die Möglichkeiten der Sprengelfreigabe von „österreichischen Eltern" besser genutzt würden und dadurch der „Ausländeranteil" ungleicher als zuvor über die Schulen verteilt würde. Dadurch würden besonders „belastete" Standorte entstehen, die in der öffentlichen Wahrnehmung als „Ausländerschulen" etikettiert würden (z.B. KL E, 5, BSI 2, 1). In den Interviews wird primär bis ausschließlich die ethnische Differenz „Österreicher – Ausländer" – und zwar auch von Personen, die sich explizit gegen eine vorurteilshafte Gleichsetzung von „Ausländern" mit schwacher Begabung oder Disziplinlosigkeit wehren (vgl. SL A, 16) – als Erklärungsmuster herangezogen und auf andere soziale Differenzierungen verzichtet. So sind mit dem Konzept „österreichische Eltern" meist „bildungsnahe, sozioökonomisch besser gestellte Eltern mit deutscher Muttersprache" gemeint, obwohl sich in dieser Gruppe auch „bildungsferne, sozioökonomisch schlechter gestellte Eltern mit mangelhaften Muttersprachkompetenzen" befinden müssten.

> „Der Anteil der Kinder mit Migrationshintergrund ist massiv gestiegen, da [aus eben diesem Grund] die österreichischen Kinder im Gegenzug massiv abwanderten. Zumal nur wenige Minuten entfernt sich eine weitere Volksschule befindet, die traditionell – auf Grund der geografischen Lage – nur einen sehr geringen Anteil an Kindern mit Migrationshintergrund hat." (Mail von SL A)

> „Manche Eltern fragen zum Beispiel bei der Schülereinschreibung: ‚Wie viele Ausländerkinder sind da? Glauben Sie, dass unser Kind eine Chance hat, wenn es Österreicher ist, dass es da noch etwas lernt oder dass ihn dann noch eine höhere Schule nimmt?'" (KL D, 2)

> „Die meisten sehen es halt einfach so: Dann sitzt mein Kind womöglich in einer Klasse mit ganz vielen ausländischen Schülern." (EV B, 5)

(3) Verstärkung langfristiger gesellschaftlicher Tendenzen: Die Daten der quantitativen Elternbefragung deuten darauf hin, dass die Sprengelfreigabe nicht kurzfristig zu einer radikalen Veränderung des elterlichen Wahlverhaltens geführt hat (vgl. Altrichter et al., 2008). Bereits im Jahr vor der Sprengelfreigabe (2006/07) wurden 28 % der Volksschülerinnen bzw. –schüler nicht an ihrer Sprengelschule eingeschult. „Umschulungen" und Wettbewerb um Einschreibungen waren schon vor Freigabe einer sprengelfremden Schulwahl vorhanden, was auch an den untersuchten Schulen wahrgenommen wird. Damit übereinstimmend behaupten die befragten Schulleiterinnen und Klassenlehrerinnen nicht, dass durch die Sprengelfreigabe ein solcher Trend ausgelöst wurde, wohl aber sind die meisten der Meinung, dass durch die Sprengelfreigabe eine längerfristige Entwicklung verstärkt wurde (z.B. SL A, 2; BSI 1, 9).

> „Das war auch früher schon bei den Umschulungen, nur ist es da nicht so leicht gegangen, manche konnten dann halt doch im Zuge dieses Umschulungsverfahrens irgendwo gewonnen werden, indem man ihnen einfach gezeigt hat, was man ihnen anbietet." (SL B, 10)

(4) Wettbewerb: Interessant ist, dass die schulischen Leitungs- und Lehrpersonen die strukturellen Veränderungen stark vor dem Hintergrund einer Wettbewerbslogik wahrnehmen. Die „Sprengelfreigabe" hat Auswirkungen auf die Chance der Schule, durch Erstkontakt, Tage der offenen Türe, Anschreiben, Stadtteilaktivitäten usw. Kontakt mit den Eltern aufzunehmen, um sie für sich zu gewinnen und damit die Schülerzahlen zu erhöhen. Diese Wettbewerbsorientierung wurde nicht „neu" durch die Sprengelfreigabe eingeführt, sondern spielte schon früher eine Rolle bei der Profilierung von Schulen, die – angesichts kleinerer Schülerjahrgänge – Aufmerksamkeit und Schülerzahlen sichern sollte. Gerade im Bereich der Grundschulen wurde der Wettbewerb aber durch die Sprengelregelung administrativ gedämpft. Bei deren Wegfall wird eine Verschärfung des Wettbewerbs befürchtet. In Übereinstimmung mit früheren Ergebnissen (vgl. Altrichter et al., 2005) geht es auch beim Wettbewerb der untersuchten städtischen Primarschulen nicht bloß um eine *angemessene Zahl* von Einschreibungen, die die Organisationsgröße absichern soll, sondern auch um das Gewinnen von *„attraktiven" Schülerinnen bzw. Schüler*. Diese werden – entsprechend der hohen Bedeutung, der dem Erklärungsmuster „Ausländeranteil" für den Ruf einer Schule zugeschrieben wird – vor allem in der Gruppe von Kindern deutscher Muttersprache gesehen.

(5) Wahlmotive der Eltern: Nach Wahrnehmung nahezu aller hier befragten Gruppen gibt es zwei wichtige Motive für die „Abwahl" der Sprengelschule: das *Fehlen von Nachmittagsbetreuung* und den *„Ruf der Schule"*, in den der – tatsächliche oder kolportierte – *Anteil von Kindern nichtdeutscher Muttersprache* an vorderster Stelle eingeht. Die Meinungsbildung dazu erfolge durch Mundpropaganda im Kindergarten und im Bekanntenkreis (SL A, 8; KG B, 31; EV C, 36; EV E, 7). An zwei „Gewinnerschulen" wird der potentielle *Übertritt des Kindes an die gymnasiale Unterstufe* als Motiv angeführt (vgl. EV E, 28; EV C, 36). Die speziellen *Schulprofile* werden nur von den befragten Eltern der als Verlierer klassifizierten Schulen explizit als eines – von mehreren – persönlichen Wahlmotiven genannt (EV A, 9; EV B, 30).

(6) Schulentwicklung: In den Fallstudien waren keine verstärkten Aktivitäten der Schulentwicklung zu identifizieren, die direkt mit der Sprengelfreigabe motiviert wurden. Dies liegt möglicherweise auch daran, dass Volksschulen sich schon früher bei Schulentwicklung engagieren mussten, um ihre Attraktivität zu erhalten. Die meisten der hier befragten Lehrkräfte und Leiterinnen nehmen aber an, dass der globale „Ruf der Schule" – der in manchen Fällen ein Ruf als „Ausländerschule" wäre – für die meisten Eltern stärker wiege als besondere pädagogische Angebote und Leistungen, die schwerer an Eltern zu kommunizieren wären. Ein Gefühl der Hilflosigkeit und des Ausgeliefertseins zeigt sich besonders an jener Schule, die erfolglos mit einer öffentlichen Schule und einigen Privatschulen in der Nachbarschaft konkurrieren muss. Die Pädagoginnen der Schule A sehen nach der Sprengelfreigabe noch weniger Möglichkeiten, durch Schulentwicklung die Aufmerksamkeit von Eltern zu gewinnen.

> „Ich glaube nicht [an offensive Strategien für die Weiterentwicklung], weil wir immer wieder Eltern haben, die Kinder da gehabt haben mit deutscher Mutter-

sprache und sehr zufrieden waren. Trotzdem kommt dann das nachfolgende Kind woanders hin, und wir wissen nicht warum." (KL A, 16)

Zwei der als „Gewinner" klassifizierten Schulen (C und E) sehen sich dagegen in der Lage, aktiv auf die Herausforderungen des Wettbewerbs zu reagieren. Zielgerichtete Schulentwicklung und Qualitätssicherung werden dort offenbar von sozioökonomisch besser gestellten Eltern mit deutscher Muttersprache honoriert und gewünscht. Schule D sieht noch „Spielraum", um dem Wunsch dieser Elterngruppe mit einem verstärkten Angebot zur Interessen- und Begabungsförderung entgegenzukommen.

3.2 Handlungsoptionen aus der Sicht der Interviewten

Die Interviewpartnerinnen und -partner wurden nach Maßnahmen zur Verbesserung der Situation an der jeweiligen Schule gefragt; in der kommunikativen Validierung wurde um eine Einschätzung der Lösungsoptionen gebeten. An den Antworten aus beiden Ebenen kann man erkennen, zu welchen Arten der Steuerung der Schülerströme und der Entwicklungen im Schulsystem die Befragten neigen.

Administrative Lösungen

Zunächst wurden Lösungen, die eine partielle Rücknahme der Schulwahlfreiheit bedeuten, genannt. Solche Vorschläge wollen die Schulwahlfreiheit partiell – und in unterschiedlichem Ausmaß – einschränken und rekurrieren auf bürokratisch-administrative Lösungen für die Steuerung der Schülerströme.

Option 1.1: Verpflichtende Erstanmeldung an der „Sprengelschule", aber mit freier Schulwahl, damit die Schule Möglichkeit zur Gestaltung eines positiven Erstkontaktes hat (z.B. SL A, 11)

Die in der kommunikativen Validierung befragten Expertinnen bzw. Experten betrachten diese Option grundsätzlich als sinnvoll, bezweifeln aber aus unterschiedlichen Gründen deren Umsetzbarkeit. Eine Schulinspektorin vermutet Widerstand von der Stadtverwaltung, die der Meinung sei, dass „Wahlfreiheit auch schon die Wahlfreiheit der Einschreibung" sein müsse (BSI 2, 59 ff.). Ein anderer Schulinspektor verweist auf "Unmutsäußerungen" gegen eine solche – schon einmal kurz gültige – Regelung: Eltern hätten nicht eingesehen, wozu sie sich an einer Schule melden sollten, wenn sie nicht vorhätten, diese zu wählen (BSI 1, 27 ff.).

Option 1.2: Verpflichtung, getroffene Wahlentscheidungen einzuhalten, damit Schulen Planungssicherheit haben (z.B. SL A, 11)

Auch diese Option akzeptiert im Prinzip die Schulwahlfreiheit der Eltern, will aber – etwas mehr als in Option 1.1 – Rigidität einbauen, um die „Planungssicherheit" für die Berufstätigen im System zu erhöhen (vgl. SL A, 15). Die in der kommunikativen Validierung befragten Expertinnen und Experten betrachten diesen Wunsch als nachvollziehbar und sinnvoll. Diese Maßnahme wäre aber ebenfalls politisch nicht umsetzbar, weil dadurch Elternrechte eingeschränkt würden.

Option 1.3: Quotierung der Anzahl der Kinder mit Migrationshintergund (z.B. SL A, 10; KL D, 3)

Die radikalste der administrativ-hierarchischen Lösungen belässt formal die Schulwahlfreiheit, will sie aber – nach dem historischen Modell des „busing" – für (offenbar v.a. Migranten-)Kinder in manchen Fällen außer Kraft setzen. Wenn der Anteil von Kindern mit Migrationshintergrund an einer Schule einen bestimmten Prozentsatz übersteige, sollten sie anderen Schulen zugewiesen werden, um „Belastungen gerecht" zwischen den Schulen der Stadt zu verteilen.

Die in der kommunikativen Validierung befragten Expertinnen und Experten sehen eine Quotierung der Anzahl der Kinder mit Migrationshintergrund nicht als geeignete Lösung an. Eine „bessere Durchmischung" der Schülerpopulation wäre zwar wünschenswert, es wäre aber keine akzeptable Form der Umsetzung vorstellbar. Die ethnische Segregation sei „ein Problem der Stadtentwicklung und der einzelnen Stadtteile"; schon aus logistischen Gründen sei es nicht möglich, einen derartigen Schülertransport zu organisieren (BSI 2, 142f.). Eine Inspektorin meint zudem, dass Lehrkräfte an Standorten mit hohem Anteil von Kindern nichtdeutscher Muttersprache über Erfahrung im Unterricht dieser Gruppe verfügten, die in anderen Stadtteilen gar nicht vorhanden sei (vgl. BSI 1, 106 f.).

Wünsche nach zusätzlichen Ressourcen

Eine zweite Gruppe von Handlungsoptionen akzeptiert Wettbewerb grundsätzlich, wünscht sich aber mehr Ressourcen, um in ihm bestehen zu können.

Option 2.1: Verfügbarkeit von Schülerdaten aus dem Schulsprengel, damit Eltern aus dem Wohngebiet persönlich an die Schulen eingeladen werden können (z.B. SL B, 4)

Schulen, die diese Option wünschen, wollen aktiver im Wettbewerb mitwirken und benötigen dazu bessere Informationen über potentielle Schülerinnen und Schüler. Die in der kommunikativen Validierung befragten Expertinnen und Experten betrachten diese Option als zweckmäßig und „sehr leicht umsetzbar" (SL V, 76 ff.). Wenn es gelinge, einen persönlichen Erstkontakt mit der „Nichtwunschschule" herbeizuführen, sei es vorstellbar, dass manche Eltern ihre „Meinung noch revidieren" (BSI 2, 59).

Option 2.2: Zusätzliche Lehrerstunden für den Ausbau von Angeboten zur Interessen- und Begabungsförderung (z.B. SL E, 21)

Diese Handlungsoption läuft im Wesentlichen darauf hinaus, sich besser für den Wettbewerb auszustatten. Mehr Lehrerstunden würden v.a. erlauben, zusätzliche Angebote der Interessen- und Begabungsförderung aufzubauen, die – nach Vorstellung der meisten befragten Lehr- und Leitungspersonen – attraktiv für Kinder deutscher Muttersprache wären.

Die in der kommunikativen Validierung befragten Expertinnen und Experten äußern sich dazu differenziert. Der Wunsch komme von vielen Schulen und sei nicht erfüllbar. Schulen hätten bereits jetzt einen „kleinen Spielraum", um schulautonom Maßnahmen zu setzen (BSI 1, 43). Es wäre wünschenswert, dass sich manche Schule dadurch „ganz besonders positioniere" (BSI 2, 123). Schulen mit hohem Anteil an Kindern nichtdeutscher Muttersprache hätten zusätzlichen Spielraum durch ein spezifisches Förderkontingent, das sie für Teilungen nützen können, die als kleinere Klassen oder als Teamteaching allen Schülerinnen und Schülern zugute kommen (vgl. BSI 2, 130; SL V, 56 f.).

Maßnahmen positiver Diskriminierung

Vor allem in den Experteninterviews taucht ein weiterer Typ von Lösungsoptionen auf, der darauf rekurriert, dass die Bedingungen von Wettbewerb politisch gemacht und gestaltungsfähig sind. In diesen Lösungsoptionen wird der verstärkte Wettbewerb im Zuge der Schulwahlfreiheit akzeptiert, während die Handlungschancen bisher schwacher Akteure (in diesem Fall: Schulen in benachteiligten Sozialräumen und/oder mit einem hohen Anteil von Kindern mit Migrationshintergrund) verbessert werden.

Option 3.1: Attraktive Schulgebäude und besondere Ausstattungsmerkmale

Am Beispiel zweier Linzer Volksschulen ließe sich zeigen, dass gut ausgestattete Schulgebäude die Attraktivität des Standorts erhöht haben (vgl. BSI 2, 148).

Option 3.2: Differentielle Ressourcenverteilung und besondere Unterstützung

Weitergehend ist der Vorschlag, nicht nur die Ausstattung, sondern auch andere Ressourcenmerkmale nach der „Bedürftigkeit" zu vergeben. Es gelte, „belastete Schulen zu stärken" und das Überleben dieser Standorte zu sichern. Es wäre „gerecht" – aber eine „heikle Überlegung" – für einen Ausgleich für die unterschiedliche Zusammensetzung der Schülerpopulation zu sorgen (BSI 1, 106). Eine Schulleiterin will unterschiedliche Belastung von Lehrkräften durch „eine geringere Lehrverpflichtung" ausgleichen: Die Anforderungen, die an eine Lehrkraft gestellt werden, wenn „sie an so einer Brennpunktschule unterrichtet, die sind einfach nicht vergleichbar" (SL V, 112 ff.).

Eine politische und praktische Voraussetzung für eine solche Vorgehensweise sind argumentierbare und valide Methoden, Schulen nach der „Bedürftigkeit" zu unterscheiden. In Deutschland und in der Schweiz gibt es einige Ansätze für Indices zur Darstellung sozialer Belastung von Schulen, die bereits an anderer Stelle diskutiert wurden (vgl. Bacher, Altrichter & Nagy, 2010).

4. Zusammenfassung

Fünf Fallstudien über gezielt ausgewählte Schulen zeigen bei den befragten Lehr- und Leitungspersonen je nach „Gewinner"- und „Verlierer"-Position der eigenen Schule variierende, aber häufig skeptische Haltungen gegen der Reformpolitik „freie Schulwahl durch Sprengelauflösung", die mit dem Verlust von eigenen Verfügungsrechten an die

Eltern zusammenhängen können. Die wenigen befragten Elternvertreterinnen bzw. -vertreter, die vorwiegend einer bildungsaktiven, sozioökonomisch besser gestellten Gruppe angehören, begrüßen dagegen die Neuerung einhellig.

Die Verbindung der beiden Themen „Wettbewerb zwischen Schulen" und „Zahl der Schülerinnen bzw. Schüler mit Migrationshintergrund" prägt nahezu exklusiv die Thematisierung der Reformeffekte durch die befragten Schulleute in diesem städtischen Kontext. Erstens würde die „freie Schulwahl" zu einer sozial und ethnisch selektiven Schulwahl, zu einer Entmischung der Schülerschaft und in der Folge zur Ausformung von besonders „belasteten Brennpunktschulen" führen. Diese Befürchtung ist nach der internationalen Forschungslage (vgl. Ackeren, 2006) nicht unbegründet, wenn auch diese Maßnahme im konkreten Fall (noch) nicht zu empirisch feststellbaren Veränderung geführt hat, wohl auch weil schon vorher Segregationstendenzen wirksam waren (vgl. Altrichter et al., 2008).

Ein höherer Anteil von Schülerinnen und Schülern mit Migrationshintergrund wird durchgehend mit „Belastung" konnotiert: Erstens würde die Arbeit der einzelnen Lehrpersonen schwieriger. Zweitens – und hier kommt die Konkurrenzperspektive um kleiner werdende Schülerkohorten ins Spiel – würde die Wettbewerbsposition der ganzen Schule geschwächt. Da für die Wahl der Schule kaum „harte Kriterien" zur Verfügung stehen, und Schulwahl, dort wo sie überhaupt differentiell erfolgt, sich auf wenige, globale und durch Mundpropaganda leicht zu kommunizierende Merkmale wie den „Ruf der Schule" stützt, entstünde eine Dynamik, in der Schulen mit der Etikettierung „Ausländerschule" vorrangig durch Eltern mit Migrationshintergrund gewählt würden. Bildungsbewusste Eltern würden „belastete" Schulen meiden, wodurch an Schulen mit „ungünstigen Ausgangsbedingungen" Effekte der Konzentration von „Kindern aus sozial und kulturell schwachen Familien mit nichtdeutscher Muttersprache" entstünden.

Die befragten Lehr-, Leitungs- und Schulaufsichtspersonen sehen die Aufhebung der Schulsprengel als politisch unumkehrbar an. In den Vorschlägen zur Verbesserung der Situation kommt aber zum Ausdruck, dass viele – gleichsam innerhalb der allgemeinen Akzeptanz einer stärkeren marktmäßigen Koordination der Schülerströme – eine gewisse staatliche Regulierung wünschen. Diese stellen sich manche als administrative Beschneidung der Wahlfreiheit der Eltern vor; andere wünschen sich zusätzliche Ressourcen für den steigenden Wettbewerb oder eine explizite Politik, die Rahmenbedingungen des Wettbewerbs in einer Weise formuliert, dass sich Schulen unter faireren Bedingungen dieser Konkurrenz stellen können. Die vorgeschlagenen Handlungsoptionen scheinen der – von Rürup (2008) konstatierten – Bevorzugung von Modernisierungsstrategien des Typus „Optimierung innerhalb der staatlichen Verwaltung" durch die deutschsprachige Bildungspolitik zu entsprechen.

Insgesamt entsteht der Eindruck, dass die befragten Lehr- und Leitungspersonen – im Gegensatz zu den befragten Eltern – kaum Bedarf für diese Reform der Schulwahl sehen und bisherige oder neue administrative Kanalisierung bevorzugen würden. Sie nehmen die Befragung zum Anlass, zwei Veränderungen zu thematisieren, die in ihrer Wahrnehmung die Arbeit in den Schulen intensiviert und erschwert sowie die Sicherheit und Vorhersehbarkeit des schulischen Lebens verringert haben: der steigende Wettbewerb zwischen Schulen und die Zunahme der Heterogenität der Schülerpopulation. Während die erstere in Planungen und Taten als Grundelement schulischer Arbeit schon akzeptiert wird, erfährt das zweite Phänomen häufige – oftmals emotional negativ getönte – Erwähnung. Die Sprengelfreigabe verstärkt die Wahrnehmung dieser Phänomene und wird als Zeichen dafür gesehen, dass ihre „Belastungs"-Situation von der Politik nicht verstanden wird.

Literatur

Ackeren, I. van (2006). Freie Wahlen der Grundschule? *Die Deutsche Schule, 3*, 301–310.

Altrichter, H., Prexl-Krausz, U. & Soukup-Altrichter, K. (2005). *Schulprofilierung und neue Informations- und Kommunikationstechnologien.* Bad Heilbrunn: Klinkhardt.

Altrichter, H., Bacher, J., Beham-Rabanser, M., Nagy, G. & Wetzelhütter, D. (2008). *Linzer Elternbefragung 2008.* Unv. Projektbericht. Linz: Johannes Kepler Universität.

Altrichter, H. & Maag Merki, K. (Hrsg.). (2010). *Handbuch Neue Steuerung im Schulsystem.* Wiesbaden: VS Verlag für Sozialwissenschaften.

Bacher, J., Altrichter, H. & Nagy, G. (2010). Ausgleich unterschiedlicher Rahmenbedingungen schulischer Arbeit durch eine indexbasierte Mittelverteilung. *Erziehung und Unterricht, 160* (3–4), 384–400.

Feinberg, W. & Lubienski, C. (Eds.). (2008). *School choice policies and outcomes.* Albany: State University of New York Press.

Flick, U. (1996). *Qualitative Forschung.* Reinbek: rororo.

Forsey, M., Davies, S. & Walford, G. (Eds.). (2008). *The Globalisation of School Choice?* Oxford: Symposium.

Gerwitz, S., Ball, S. & Bowe, R. (1995). *Markets, Choice and Equity in Education.* Buckingham: Open University Press.

Hoxby, C. (Ed.). (2003). *The Economics of School Choice.* Chicago: University of Chicago Press.

Lange, S. & Schimank, U. (2004). Governance und gesellschaftliche Integration. In S. Lange & U. Schimank (Hrsg.), *Governance und gesellschaftliche Integration* (S. 9–46). Wiesbaden: VS Verlag für Sozialwissenschaften.

Mayring, P. (2007). *Qualitative Inhaltsanalyse.* Weinheim: Beltz.

Oelkers, J. (2007): *Expertise Freie Bildungsgutscheine und Freie Schulwahl.* Bericht zuhanden der Erziehungsdirektion des Kantons Bern. August 2007. Verfügbar unter http://www.erz.be.ch [11.08.2008]

Riedel, A., Schneider, K., Schuchart, C. & Weishaupt, H. (2009). School Choice in German Primary Schools. *Journal for Educational Research Online 2, 1*, 94–120.

Rürup, M. (2007). *Innovationswege im deutschen Bildungssystem.* Wiesbaden: VS Verlag für Sozialwissenschaften.

Rürup, M. (2008). *Schulautonomie in Deutschland.* Vortrag an der PH Ludwigsburg. Verfügbar unter: http:// www. zbl. uni-wuppertal.de/personen/roebken/team/ruerup/p_pics/Ruerup_Schulautonomie_29022008.pdf [27.10.2009].

Schneider, K., Schuchart, C., Weishaupt, H. & Riedel, A. (2009). *Motives for primary school choice in Germany.* Unv. Ms. Wuppertal: Bergische Universität.

Schratz, M & Hartmann, M. (2009). Schulautonomie in Österreich. In W. Specht (Hrsg.), *Nationaler Bildungsbericht. Österreich 2009. Band 2* (S. 323–340). Graz: Leykam.

Daniela Ulber

Veränderte Steuerung im Schulsystem
Evaluation der Zielvereinbarungsgespräche zwischen Schulleitung und Schulaufsicht in Berlin

1. Einleitung

Schule als primär pädagogische Institution des Unterrichts und der Erziehung ist als Teil der öffentlichen Verwaltung in behördliche Strukturen eingebunden („Doppelnatur der Schule", vgl. Avenarius & Heckel, 2000). Die zentrale Schnittstelle zwischen Schule als Organisation und Schulverwaltung bildet die Interaktion zwischen Schulleitung und zuständiger Schulaufsicht. In allen deutschen Bundesländern wurden in den letzten Jahren Schulgesetze verabschiedet, die im Sinne des Neuen Steuerungsmodells eine größere Autonomie der Einzelschule sowie eine Stärkung der Position der Schulleiterin bzw. des Schulleiters implizieren. Verbunden damit ändern sich die Rollen von Schulaufsicht und Schulleitungen. Nach einem kurzen Abriss der Kernelemente des Neuen Steuerungsmodells, dessen Implikationen für Schulaufsicht und Schulleitung und der Funktion von Zielvereinbarungsgesprächen in dem daraus resultierenden Beziehungsgefüge, werden Design und Ergebnisse einer formativen Evaluationsstudie der Berliner Zielvereinbarungsgespräche zwischen Schulaufsicht und Schulleitung dargestellt.

1.1 Neues Steuerungsmodell für die öffentliche Verwaltung

„Das" Neue Steuerungsmodell ist an sich ein Sammelbegriff für verschiedene, landesspezifisch unterschiedlich adaptierte Ansätze der Verwaltungsreform, die auch in Bildungsorganisationen Anwendung finden. Die Wortschöpfung geht zurück auf die Kommunale Gemeinschaftsstelle für Verwaltungsvereinfachung in Köln (1996), der Steuerungsansatz ist aber auch unter dem Begriff des New Public Management bekannt. Zentrale Aspekte sind:

- eine klare Aufgabenteilung zwischen der Politik, die als Auftrag- und Kapitalgeber fungiert, und der Institution, die Auftragnehmer ist: Die Politik legt die Ziele fest und definiert Produkte. Die Institution ist verantwortlich für das Vorgehen zur Zielerreichung, die Ergebnisse und die Art der Ressourcennutzung. Die Koordination zwischen Auftraggeber und Auftragnehmer erfolgt in Form von Kontraktmanagement: In verbindlichen Zielvereinbarungen werden konkrete Produkte sowie zur Verfügung gestellte Ressourcen (wie Geld, Personal, Gebäude etc.) festgelegt.

- Output-Steuerung: Der traditionelle Weg der Steuerung in der öffentlichen Verwaltung – die Input-Steuerung – erfolgt über die Inputs, die eine Organisation erhält, ohne ihre effiziente und sinnvolle Verwendung zu betrachten. Die Outputsteuerung dagegen impliziert, dass die Ergebnisse einer Einrichtung fokussiert werden, d.h. die

Qualität und Quantität der Produkte oder Dienstleistungen. Für die Erfassung des Outputs werden operationalisierte Kennziffern herangezogen.

- Wettbewerb (Eltern als Kunden): Die Einführung von Wettbewerbsmechanismen wird als wichtiger Antrieb für die Weiterentwicklung von Einrichtungen gesehen. Eltern werden als Kunden betrachtet, die das Angebot auswählen, das ihre Bedürfnisse am ehesten befriedigt. Hierdurch nehmen sie Einfluss auf die Qualität der Einrichtungen.

Inwieweit die Übertragung des Kundenbegriffs auf Eltern innerhalb des Bildungsbereichs tatsächlich adäquat ist, ist diskussionswürdig – allein schon aufgrund der Einschränkung des Marktes durch Bewilligungskriterien, der Koproduzentenrolle von Eltern und der Existenz gesellschaftlicher Bildungsziele und Prinzipien wie Chancengleichheit, die nicht unbedingt mit den Zielen und Prinzipien von Eltern konform gehen müssen. Mögliche Gefahren des Ansatzes, wie Creaming-Effekte oder eine gesellschaftliche Polarisierung, werden für unterschiedliche Kontexte des Bildungssystems thematisiert (z.B. Dubs, 2005; Strehmel, 2004; Szlapka & Nikles, 1997; Ulber & Lenzen, 2004; Weber & Herrmann, 2000; Weiß, 2003).

Zusammenfassend lässt sich jedoch festhalten, dass das Neue Steuerungsmodell den Institutionen mehr Autonomie und Handlungsspielraum überträgt. Im Gegenzug haben die Organisationen Ergebnisverantwortung und sind zur Rechenschaftslegung verpflichtet.

1.2   Veränderte Rolle von Schulleitung und Schulaufsicht

Seit etwa zehn Jahren wird in Zusammenhang mit der Umsetzung neuer Steuerungsmodelle in der öffentlichen Verwaltung eine Redefinition der Rollen von Schulleitung und Schulaufsicht favorisiert. In allen deutschen Bundesländern wurden in den letzten Jahren Schulgesetze verabschiedet, die in diesem Sinne eine größere Autonomie der Einzelschule sowie eine Stärkung der Position der Schulleiterin bzw. des Schulleiters sowohl gegenüber dem Kollegium (Führungskraft statt *primus inter pares*) als auch gegenüber der Schulaufsicht beinhalten. Gleichzeitig erfährt die Rolle der Schulaufsicht eine Neudefinition, die mehr auf Beratung und Unterstützung abzielt: Schulaufsicht soll als kundenorientierte „Beratungs- und Unterstützungsagentur" (Brockmeyer, 1998, S. 125) für Schulen fungieren. Die Schnittstelle Schulleitung – Schulaufsicht soll dabei von einer Vertrauenskultur gekennzeichnet sein, d.h. es soll „aus einem Befehl-Gehorsam-Verhältnis ein Verstehen-Unterstützen-Verhältnis" (Fischer & Schratz, 1999, S. 144) entstehen.

Dieser Paradigmenwechsel wird bislang aber nur partiell vollzogen. So sind Schulen lediglich teilautonome Organisationen, deren Handlungsspielraum noch immer durch zahlreiche Gesetze und Vorgaben eingeschränkt ist – wenn auch je nach Bundesland in unterschiedlichem Ausmaß. Schulaufsicht ist nach wie vor weisungsbefugt und nimmt eine vorgeschriebene Aufsichtspflicht wahr, sie ist entsprechend nicht nur beratend und unterstützend tätig. Ditton konstatiert 2007, dass die „Wende von der Schulaufsicht zur schulischen Beratung und Unterstützung (…) sich zwar möglicherweise" andeutet, „derzeit aber noch nicht die Wirklichkeit" kennzeichnet (S. 91).

2. Instrument der Zielvereinbarungsgespräche als Medium der veränderten Rollen von Schulleitung und Schulaufsicht?

Fischer und Schratz (1999) weisen darauf hin, dass neben einem veränderten Rollenverständnis auch neue Formen beruflichen Handelns erforderlich sind. Das Instrument der Zielvereinbarung könnte hier ein adäquates Medium bilden, welches als dialogisches, konsensorientiertes Verfahren die neue Beziehung zwischen Schulleitung und Schulaufsicht widerspiegelt.

Zielvereinbarungen zwischen Schulleitung und Schulaufsicht in Berlin sollen datenbasierte und gemäß dem Prinzip SMART (spezifisch, messbar, akzeptiert, realistisch und terminiert) formulierte Ziele enthalten, die für die Schule von zentraler Bedeutung sind. Sie dienen dem Zweck, „Entwicklungsprozesse systematischer zu gestalten und so die tief greifenden Veränderungen zu unterstützen, denen die Schulen im Land Berlin gegenwärtig unterliegen (…) und die Vielzahl von Aktivitäten der einzelnen Schule zur Erhöhung der Schulqualität auf einige zentrale Aspekte zu fokussieren" (Senatsverwaltung für Bildung, Jugend und Sport, 2006, S. 4). Vorgeschlagen wird ein Schema, in dem für jedes formulierte Ziel Maßnahmen, Kriterien für die Zielerreichung, Realisierungstermin und Verantwortlichkeit benannt werden. Der Prozess der Zielvereinbarung soll durch Sachbezogenheit, Zielorientierung, Offenheit, Konsensorientierung, „Augenhöhe", gegenseitigen Respekt und Wertschätzung gekennzeichnet sein.

Passend zur oben geschilderten Rollenzuschreibung sollen Schulleitungen dabei die Prozessgestaltung und -steuerung in der einzelnen Schule verantworten, die Schulaufsicht soll „Unterstützung bei der Zielfindung und Prozessgestaltung (…) gewährleisten und die Ergebnisse dieses Prozesses mit den Schulleitungen (…) reflektieren" (Senatsverwaltung für Bildung, Jugend und Sport, 2006, S. 5).

Zur Verortung von Zielvereinbarungen im Rahmen des Neuen Steuerungsmodells lassen sie sich wie folgt definieren: „Verbindliche Absprachen zwischen zwei hierarchischen Ebenen (nicht: Personen) für einen festgelegten Zeitraum über die zu erbringenden Leistungen (Output) und/oder zu erreichenden Wirkungen/Ergebnisse (Outcome) und die hierzu bereitgestellten Ressourcen" (Krems, 2008). Es fällt auf, dass die angezielte Rolle der Schulaufsicht über die des Auftraggebers insofern hinausgeht, als dass sie auch Beratung und Unterstützung umfasst und somit neben Output und Outcome der schulischen Arbeit auch deren Prozess fokussiert.

3. Methode der Evaluation

Im Januar/Februar 2008 wurde im Auftrag von und in kontinuierlicher Rückkopplung mit der Arbeitsgruppe Zielvereinbarungsgespräche der Berliner Senatsverwaltung für Bildung, Wissenschaft und Forschung eine formative Evaluation des Verfahrens der schulaufsichtlichen Gespräche zum Abschluss von Zielvereinbarungen durchgeführt. Primäres Ziel der Evaluation stellte die Erhebung valider Informationen dar, die zur Optimierung des Verfahrens sowie der Unterstützungssysteme, insbesondere des „Leitfadens für Gespräche zwischen Schule und Schulaufsicht zum Abschluss von Zielvereinbarungen" herangezogen werden können. Die Evaluation bezieht sich deshalb schwerpunktmäßig auf die Bereiche der konkreten Realisierung sowie der Akzeptanz von Zielvereinbarungsgesprächen, der wahrgenommenen Rollenübernahme, der Gesprächskultur, des Unterstützungsbedarfs und der Qualität der resultierenden Zielvereinbarungen.

Zwei Erhebungsverfahren kamen im Jahr 2008 zur Anwendung: Erstens eine Online-Befragung aller Schulleitungen öffentlicher Schulen und aller Schulrätinnen und Schulräte, die Zielvereinbarungsgespräche durchführen, mit überwiegend geschlossenen Frageformaten. Die tatsächliche Beteiligung lag bei 534 Schulleitungen (ca. 72%) und 47 Schulrätinnen bzw. -räte (83%). Zweitens wurde eine Inhaltsanalyse der Zielvereinbarungen von 49 zufällig ausgewählten Schulen durchgeführt.

4. Ergebnisse

Im Folgenden werden die Fragebogenergebnisse fokussiert, die Rückschlüsse auf das Rollenverständnis der Beteiligten sowie die Akzeptanz des Instruments der Zielvereinbarungsgespräche ermöglichen.

4.1 Rollenübernahme

Insgesamt 38% der Schulräte und Schulrätinnen stimmen der Aussage zu, dass es für viele Schulleitungen schwierig ist, „ihre neue Rolle entspr. dem Schulgesetz anzunehmen". Nur 6% meinen, dass viele Schulleitungen nicht bereit waren, „die wirklich zentralen Ziele und Maßnahmen an ihrer Schule von sich aus anzugehen" (vgl. Abbildung 1).

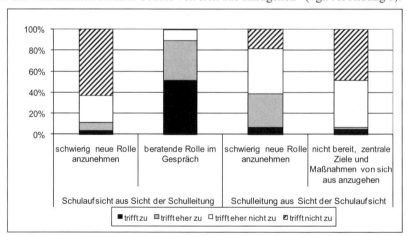

Abb. 1: Wahrgenommene Rollenübernahme – Fremdsicht

Aus der anderen Perspektive stimmen nur 11% der Schulleitungen den Aussagen zu, dass der Schulrat / die Schulrätin keine „beratende Rolle im Gespräch" eingenommen hat und es für sie / ihn schwierig ist, die „neue Rolle entspr. dem Schulgesetz anzunehmen" (vgl.

Abbildung 1). Etwa ebenso viele (13 bzw. 15%) geben an, dass der Schulrat / die Schulrätin „sehr bestimmend" war und „die Festlegung von Zielen und Maßnahmen dominiert" hat. Dazu passt, dass Schulleitungen wie auch Schulräte und Schulrätinnen mit deutlichen Mehrheiten (71 bzw. 75 %) aussagen, dass die Themenbestimmung gleichberechtigt erfolgt ist, nur 17 bzw. 18% machen eher eine Dominanz der Schulaufsicht, 9 bzw. 11% der Schulleitung aus.

4.2 Gesprächskultur

Die erfragten Merkmale der Gesprächssituation bei der Zielvereinbarung bezogen sich auf Offenheit der Atmosphäre, Sachbezogenheit, wertschätzender Umgang, „Augenhöhe", gegenseitiges Vertrauen, Konsensorientierung und Zielbezogenheit (vgl. Abbildung 2).

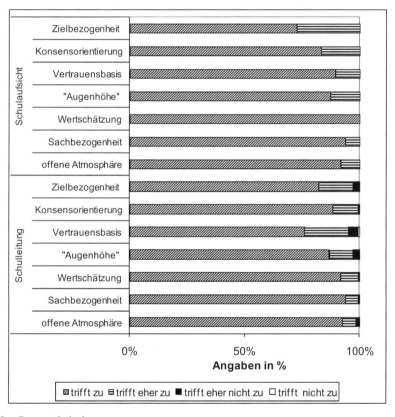

Abb. 2: Gesprächskultur

Diese werden nahezu einmütig von Schulleitungen und Schulaufsicht positiv bewertet: Die Antwortfrequenzen für die volle Zustimmung (Antwortkategorie „trifft zu") liegen zwischen 72 und 100%; ablehnende Antworten sind nur seitens der Schulleitungen erfolgt und haben dort einen Anteil von maximal 5%.

4.3   Akzeptanz des Instruments der Zielvereinbarungsgespräche

Die Daten zeigen eine hohe Akzeptanz des Instruments Zielvereinbarungen. Mindestens 70% der Schulleitungen sowie Schulräte und Schulrätinnen finden es gut, „dass Zielvereinbarungsgespräche … geführt werden", halten „Zielvereinbarungen für ein nutzbringendes Instrument zur Schulqualitätsentwicklung", das den „Schulentwicklungsprozess voran" bringt, und glauben, dass die in den Zielvereinbarungen formulierten Ziele für die eigene bzw. die meisten Schulen von zentraler Bedeutung sind. Etwa zwei Drittel (62 bzw. 66%) stellen bereits positive Effekte der Zielvereinbarungen an ihrer bzw. den meisten Schulen fest.

Mit acht Items wurde eine Skala zur Akzeptanz der Zielvereinbarungsgespräche konstruiert (Cronbachs Alpha .89). 77% der Werte der Schulleitungen sowie 92% der Werte der Schulräte und Schulrätinnen liegen unter dem theoretischen Mittelwert, d.h. im positiven Bereich (vgl. Abbildung 3). Ein Viertel beider Gruppen zeichnet sich durch eine sehr positive Einstellung aus. Das arithmetische Mittel für diesen Einstellungswert liegt bei den Schulleitungen bei 2,1 bei den Schulräten und Schulrätinnen bei 1,9; die mittlere Akzeptanz der Zielvereinbarungsgespräche ist somit bei den Angehörigen der Schulaufsicht höher als bei den Schulleitungen.

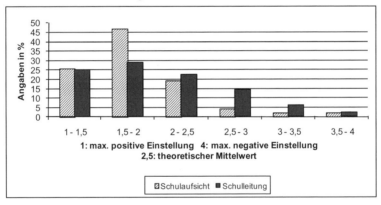

Abb. 3: Akzeptanz der Zielvereinbarungsgespräche

Zur Erfassung weiterer Zusammenhänge wurden Korrelationsmaße zwischen den Werten der Skala zur Akzeptanz der Zielvereinbarungsgespräche und weiteren Variablen bestimmt (vgl. Tabelle 1).

Am höchsten (über .5) hängen hierbei die Einstellungen der Schulleitungen zu Zielvereinbarungsgesprächen damit zusammen, wie sie das Interesse bzw. den Rückhalt des Kollegiums bezüglich der Zielvereinbarungen einschätzen.

Die Einstellung der Schulleitungen korreliert auch deutlich mit ihrer Wahrnehmung der Rolle der Schulaufsicht: Die Bewertung der Zielvereinbarungsgespräche ist positiver, wenn die Schulaufsicht aus Sicht der Schulleitungen eine beratende Rolle einnimmt, sich auf die Zielvereinbarungsgespräche intensiv vorbereitet und diese ernst nimmt. Besteht dagegen der Eindruck, dass diese die neue Rolle nicht adäquat annimmt, so ist dies mit einer negativeren Einstellung gegenüber Zielvereinbarungsgesprächen verbunden.

Tab. 1: Korrelationskoeffizienten (Pearson) zwischen den Items und den Werten der Skala „Akzeptanz der Zielvereinbarungsgespräche"

Item	Korr.
Schulleitung	
Die Mehrheit des Kollegiums interessiert sich für die Zielvereinbarungen.	.54(**)
Das Kollegium steht hinter den Zielvereinbarungen.	.51(**)
Für meinen Schulrat / meine Schulrätin ist es schwierig, seine / ihre neue Rolle entspr. dem Schulgesetz anzunehmen	-.42(**)
Der Schulrat / die Schulrätin hat im Gespräch eine beratende Rolle eingenommen.	.40(**)
Schulaufsicht	
Für viele Schulleitungen ist es schwierig, ihre neue Rolle entspr. Dem Schulgesetz anzunehmen.	-.41(**)
Die meisten Schulleitungen nehmen die Zielvereinbarungs-gespräche ernst.	.36(*)

Auch bei den Angehörigen der Schulaufsicht korrelieren die Einstellungen zu Zielvereinbarungsgesprächen mit der Einschätzung der Schulleitungen: Positivere Einstellungen hängen zum Einen mit der Wahrnehmung zusammen, dass Schulleitungen die Zielvereinbarungsgespräche ernst nehmen, zum Anderen stehen sie in Verbindung mit einer Ablehnung der Aussage, für viele Schulleitungen sei es schwierig, ihre neue Rolle entsprechend dem Schulgesetz anzunehmen. Weitere signifikante Korrelationen bestehen bei beiden Befragtengruppen mit Merkmalen des Gesprächsklimas.

5. Diskussion und Ausblick

Zusammenfassend lässt sich konstatieren, dass das Instrument der Zielvereinbarungsgespräche in Berlin eine hohe Akzeptanz seitens der Beteiligten erfährt und Schulleitungen sowie Schulräte und Schulrätinnen laut ihrer kommunizierten Selbst- und Fremdwahrnehmung ihre neuen Rollen weitgehend annehmen.

Die Ergebnisse der Inhaltsanalyse zeigen zudem, dass die resultierenden Zielvereinbarungen den formulierten Anforderungen der Bildungssystemsteuerungsebene entsprechen und deutlich zwischen Schulen differieren. Die meisten formulierten Ziele beziehen sich auf den Qualitätsbereich der Lehr- und Lernprozesse und sind häufig prozessbezogen, ebenso wie die zugehörigen Indikatoren. Die Zielvereinbarungsprozesse sowie sein Produkt – die abgeschlossenen Zielvereinbarungen – bilden demnach die beratende und unterstützende Rolle der Schulaufsicht ab. Weniger deutlich ist die im Neuen Steuerungsmodell zentrale Outputorientierung erkennbar.

Welche konkreten Effekte das Instrument der Zielvereinbarungsgespräche auf die Schulqualität hat, ließe sich in qualitativen Längsschnittstudien, die die Prozesse an einzelnen Schulen fokussieren, identifizieren. Ein solches Vorgehen würde ebenfalls Aufschluss darüber geben, inwieweit das Instrument zielgemäß eingesetzt wird (beispielsweise in Bezug auf die schulspezifische Relevanz der vereinbarten Ziele und Maßnahmen) und welche Vorgehensweisen und Rahmenbedingungen im Sinne einer *good practice* Erfolg versprechend sind. Eine weitere interessante Forschungsfrage besteht in einer vertieften Betrachtung der erfolgten Rollenübernahme: Inwieweit treten Intrarollenkonflikte auf, die aus konträren Rollenerwartungen (beispielsweise bei der Schulaufsicht Beratung / Unterstützung versus Weisungsbefugnis oder bei der Schulleitung aus differierenden Ansprüchen von Schulaufsicht und Kollegium) resultieren und welche Strategien des Umgangs werden angewandt?

Literatur

Avenarius, H. & Heckel, H. (2000). *Schulrechtskunde.* Neuwied: Luchterhand.

Brockmeyer, R. (1998). Länderbericht Deutschland. In E. Radnitzky (Hrsg.), *Schulleitung und Schulaufsicht: neue Rollen und Aufgaben im Schulwesen einer dynamischen und offenen Gesellschaft* (S. 119–161). Innsbruck: StudienVerlag.

Ditton, H. (2007). Schulqualität – Modelle zwischen Konstruktion, empirischen Befunden und Implementierung. In J. van Buer, & C. Wagner (Hrsg.), *Qualität von Schulen. Ein kritisches Handbuch* (S. 83–92). Frankfurt: Peter Lang.

Dubs, R. (2005). *Die Führung einer Schule. Leadership und Management* (2. Aufl.). Zürich: Verlag SKV.

Fischer, W. A. & Schratz, M. (1999). *Schule leiten und gestalten. Mit einer neuen Führungskultur in die Zukunft.* Innsbruck: Studienverlag.

Kommunale Gemeinschaftsstelle für Verwaltungsvereinfachung (KGSt) (1996). *Neue Steuerung im Schulbereich.* Köln: Gemeinschaftsstelle.

Krems, B. (2008). *Online-Verwaltungslexikon.* Verfügbar unter: http://www.olev.de [15.03.2009].

Schratz, M. (1998). Ist ein neues Aufsichtsverständnis auch ein anderes Aufsichtsverhältnis? In H. W. Ackermann & J. Wissinger (Hrsg.), *Schulqualität managen. Von der Verwaltung der Schule zur Entwicklung von Schulqualität* (S. 47–60). Neuwied: Luchterhand.

Senatsverwaltung für Bildung, Jugend und Sport (2006). *Leitfaden für Gespräche zwischen Schule und Schulaufsicht zum Abschluss von Zielvereinbarungen.* Berlin: Senatsverwaltung für Bildung, Jugend und Sport.

Strehmel, P. (2004). Mehr Qualität durch das Kita-Gutscheinsystem? Erste Ergebnisse einer empirischen Untersuchung, *Standpunkt: sozial, 21* (1), 20–27.

Szlapka, M. & Nikles, B. (1997). *Neue Steuerungsmodelle in der Kommunalverwaltung. Eine Einführung für Mitarbeiter/innen in Jugendhilfe und Sozialarbeit.* Essen: Institut für Sozialplanung und Organisationsentwicklung.

Ulber, D. & Lenzen, D. (2004). Schulqualität aus Elternsicht – Ergebnisse einer Befragung Berliner Eltern. *Pädagogische Rundschau, 58,* 197–205.

Weber, K. & Herrmann, M. (2000). Kundenorientierung im Kindergarten? *Kiga heute, 4,* 6–8.

Weiß, M. (2003). Kann das Schulwesen durch Wettbewerb genesen? In H. Döbert, B. von Kopp, R. Martini & M. Weiß (Hrsg.), *Bildung vor neuen Herausforderungen* (S. 111–119). Neuwied: Luchterhand.

Anja Müller & Michael Opielka

Evaluation der Wirkungen von Familienpolitik als Bildungspolitik

Am Beispiel einer Reform der Finanzierung von Kindertagesstätten in Thüringen

1. Einleitung

Im Spannungsfeld von Evaluation, Bildung und Gesellschaft positioniert sich der Beitrag im Bereich von Politikevaluation, genauer gesagt im Bereich der Evaluation von Policy-Inhalten, die die strukturellen Voraussetzungen im Bildungssektor rahmen und gestalten.[1] Den Hintergrund der vorgestellten Ergebnisse bildet eine familien- und bildungspolitische Reform in Thüringen, die sogenannte „Thüringer Familienoffensive".[2]

2. Forschungsgegenstand und Forschungsdesign

2.1 Die „Thüringer Familienoffensive" – ein familien- und bildungspolitisches Reformprogramm

Mit dem „Thüringer Familienfördergesetz" vom 16. Dezember 2005 implementierte die damals CDU-geführte Landesregierung ein politisch ambitioniertes und zugleich kontroverses Reformkonzept für die Familien- und Bildungspolitik in Thüringen, das über die Landesgrenzen hinaus Beachtung findet – die sogenannte „Thüringer Familienoffensive" (TFO). Das Policy-Design kombiniert unterschiedliche Maßnahmen der Familienhilfe und Familienbildung.[3] Den Kern der Reform bildet eine Neuorientierung in der Finanzierung von Kindertagesstätten. Ausgehend von einer gruppen- und damit institutionenbezogenen Förderung erfolgt die Umstellung auf eine nunmehr kindbezogen ausgerichtete Pauschale.

---

1 Die bildungspolitische Bedeutung von Familie, wie sie bspw. vom wissenschaftlichen Beirat für Familienfragen herausgestellt wird, ist essentieller Bestandteil im Feld bildungs- und familienpolitischer Diskussion, insbesondere im frühkindlichen Bereich (vgl. BMFSFJ, 2002).

2 Im Auftrag des Thüringer Sozial- und Kultusministeriums evaluierte ein Forschungsteam unter der Leitung von Michael Opielka (Fachhochschule Jena) und Michael Winkler (Friedrich-Schiller-Universität Jena) in den Jahren 2008 bis 2009 das umstrittene Politikprogramm. (Opielka & Winkler, 2009; http://www.thueringen.de/imperia/md/content/tmsfg/ familienfreundlichesthueringen/evaluationsbericht.pdf.)

3 Es lassen sich fünf Maßnahmenbündel der Thüringer Familienoffensive identifizieren: 1.) Neugliederung des Rechtsanspruches auf das Thüringer Erziehungsgeld (einkommensunabhängig für das gesamte dritte Lebensjahr des Kindes, unabhängig vom gewählten Betreuungsarrangement: KiTa, Tagespflege, Familie); 2.) Rechtsanspruch auf einen Kindergartenplatz mit Beginn des dritten Lebensjahres; 3.) Umstellung der KiTa-Finanzierung; 4.) Stärkung der dezentralen Verwaltungsebene; 5.) Gründung der Landesstiftung FamilienSinn.

Eine umfassende Beschreibung der Situation der öffentlichen Kindertagesbetreuung in Thüringen und eine Beurteilung im Ländervergleich gemessen an verschiedenen Parametern ist nicht leicht und soll an dieser Stelle nur skizziert werden.[4] Zweifellos kann angesichts einer Besuchsquote der Zwei- bis Dreijährigen von 76,1 Prozent, einer stetig steigenden Quote der unter Zweijährigen auf aktuell 34,6 Prozent und einer bundesweit führenden Inanspruchnahmequote der über Dreijährigen von 95,9 Prozent von einer hohen Akzeptanz und subjektiven wie objektiven Notwendigkeit institutioneller Kindertagesbetreuung gesprochen werden (Datenstand 2008). Die Mehrheit der Kinder von über 80 Prozent nutzt die KiTa ganztags in einer Betreuungszeit von sieben bis zehn Stunden. Thüringen ist damit in der Ganztagsbetreuung führend im Bundesvergleich (Bertelsmann-Stiftung, 2008).

Die Umstellung der KiTa-Finanzierung steht mit verschiedenen Begründungen im Zusammenhang.[5] Zentrales Argument der Landesregierung waren signifikante Kostensteigerungen im System, die im Wesentlichen auf die Gruppenfinanzierung und – so schien es – damit einhergehende still subventionierte Überkapazitäten zurückgeführt werden.[6] Mit der Finanzierungsreform vollzieht die Landesregierung einen weit reichenden Systemwechsel, der wohlfahrtsregimetheoretisch zu fassen ist.[7] An die Stelle relativer Personalkostenzuschüsse tritt ein differenziertes Anreizsystem, das Subventionen nicht an die Existenz einer Einrichtung bzw. Gruppe als solcher, sondern an die konkrete Erbringung einer Betreuungsleistung für Familien koppelt. Der Kostenzuschuss des Landes in Form einer Pauschale je Kind beträgt im dritten Lebensjahr des Kindes 150 Euro (dieses entspricht dem Thüringer Erziehungsgeld) – begründet mit einem höheren Erziehungs- und Betreuungsaufwand in diesem Alter – und 100 Euro für Kinder ab dem vierten Lebensjahr bis zum Eintritt in die Grundschule. Diese Beträge sind für eine maximale Betreuungszeit von neun Stunden pro Tag ausgelegt.

4	Nach Sichtung der Ländervergleichsdaten erscheint die Thüringer Kita-Politik quantitativ ambivalent: hohe Nettoausgaben und ein hoher Versorgungsgrad gehen mit einer unklaren Personalsituation einher. (Bertelsmann-Stiftung, 2008)

5	Die politischen Ziele der Reform finden sich gut zugänglich in einem Gutachten, das André Habisch (Kath. Univ. Eichstätt) im Auftrag der CDU-Landtagsfraktion erstellte (Habisch, 2005, zur Auseinandersetzung damit ausführlich: Opielka & Winkler, 2009, S. 76ff.).

6	Die Studie der Bertelsmann-Stiftung bestätigt mit Daten aus der Zeit vor der Reform, dass sich Thüringen im „Spitzenfeld" hinsichtlich der Nettoausgaben der öffentlichen Haushalte für diese Maßnahmen bewegt. (Bertelsmann-Stiftung, 2008)

7	Wohlfahrtsregime sind komplexe Strukturmuster der Sozialpolitik, insbesondere des Arbeitsmarktes, des Gemeinschaftssystems, vor allem der Familie, und der staatlichen Regulierung selbst. Esping-Andersen unterschied das liberale, das konservative und das sozialdemokratische Wohlfahrtsregime. Neuerdings wird die Erweiterung von Esping-Andersens Typologie um ein „garantistisches", am Bürgerstatus und eher universalistischen Teilhaberechten orientiertes Wohlfahrtsregime vertreten. (Opielka, 2008, S. 34) Die „Thüringer Familienoffensive" erscheint in dieser Perspektive als modernisierte Variante im konservativen Regimetyp. Als modernisiert kann sie gelten, weil sie auf der Grundlage einer konservativen Politikkonzeption – mit dem Fokus auf der Anerkennung der Familienarbeit – Elemente der drei anderen Regimetypen einzubeziehen versucht: die liberale Idee der Marktsteuerung, die sozialdemokratische Idee staatlicher Versorgungsgarantie und die garantistische Idee universalistischer Zugänge, unabhängig vom Erwerbsstatus (bspw. im Thüringer Erziehungsgeld im Unterschied zur sozialdemokratischen Konzeption des lohnarbeitsbezogenen Bundeselterngeldes).

Mit der Änderung des Finanzierungsmodus wurden verschiedene Ziele verbunden, die sich auf die unterschiedlichen Akteursgruppen beziehen. Auf der Ebene der Familien wird dabei explizit das familienpolitische Ziel formuliert, die Konsumentensouveränität[8] von Eltern zu stärken, indem diese selbst (idealtypisch nach Gesichtspunkten pädagogischer Qualität) entscheiden, in welcher Einrichtung sie ihr Kind betreuen lassen. Auf der Ebene der Kindertagesstätten verfolgt die Politikreform das Ziel eine Dienstleistungsmentalität im Feld zu etablieren, Wettbewerb unter den Einrichtungen zu initiieren und zu stärken sowie in der Konsequenz die Qualität der Angebote zu verbessern (Habisch, 2005, S. 18). Im Hinblick auf das Verhältnis der Governance-Level des Landes und der Kommunen wird eine Stärkung der dezentralen Verwaltungsebene sowie eine Steigerung der Effizienz in der Verwaltung beabsichtigt.[9] Als implizites Ziel der Dimension Regulierung kann eine Depolitisierung der KiTa-Politik – zumindest auf der Ebene des Landes – angenommen werden.

2.2 Forschungsdesign

Bei der Evaluation der Thüringer Familienoffensive handelte es sich explizit um eine Studie mit explorativem Charakter. Ihr Ziel war die Analyse und Rekonstruktion von Wirkungen verschiedener Maßnahmen der Thüringer Familienoffensive aus der Perspektive einer überschaubaren Anzahl von relevanten Akteuren. Die Forschungsfrage zentrierte sich um die Wahrnehmung und Deutung der Politikreform in Bezug auf das Verhältnis von familiären und außerfamiliären Erziehungs- und Bildungsleistungen.[10]

Die Studie griff sowohl auf quantitative als auch auf qualitative Methoden der empirischen Sozialforschung zurück. Die unterschiedlichen Daten dienten der problembezogenen wechselseitigen Plausibilisierung und Präzisierung. Das methodische Design der Evaluation umfasste verschiedene Instrumente und fokussierte damit die unterschiedlichen Stakeholder. Bei der quantitativen Teilstudie handelt es sich um eine repräsentative Elternbefragung mit Kindern im Alter zwischen zwei und drei Jahren in ganz Thüringen. Dieses Alter ist forschungsrelevant, weil hier wesentliche Interventionen des Politikprogramms ansetzen.

---

8   Der Inhalt dieses schillernden Begriffes ist unklar. Eine vorsichtige Auslegung könnte auf die Stärkung der Optionalität familiärer Entscheidungen über das prädestinierte Betreuungsarrangement abstellen. Eine schärfere Auslegung in Richtung Stärkung von Kundenrechten auf einem Bildungsmarkt frühkindlicher Betreuungsangebote entspricht einer wohlfahrtsregimetypologisch liberalen Idee.

9   Die Statistik des Thüringer Kultusministerium (TKM) weist in der Tat rückläufige Zuschüsse des Landes für die KiTas in Thüringen seit Einführung der Thüringer Familienoffensive (TFO) aus. In den Jahren 2003/2004 bzw. 2004/2005 war eine Steigerung des Landeszuschusses von 149 Mio. Euro auf 151 Mio. Euro zu verzeichnen. Seit dem Stichtag 15. März 2006 sank der Landeszuschuss bis zum Jahr 2008 von 115 Mio. Euro (15.3.2006) auf 106,5 Mio. Euro (15.3.2007) und 103,8 Mio. Euro (15.3.2008). Wenn Kommunen mehr (finanzielle) Verantwortung für den KiTa-Bereich übernehmen sollen, ist das Land gehalten diese im Rahmen des kommunalen Finanzausgleiches für diese Pflichtaufgabe entsprechend auszustatten. Die Datenlage, die über diesen Umstand Auskunft geben kann, ist jedoch nicht eindeutig. (Opielka & Winkler, 2009, S. 71)

10 Darin unterschied und berücksichtigte die Evaluation in der Analyse die expliziten als auch impliziten Ziele der Politikreform.

Der qualitative Teil der Untersuchung umfasste fünf vergleichende Fallstudien.[11] Es wurden problemzentrierte, leitfadengestützte Einzel- und Gruppeninterviews mit Vertretern von Kindertagesstätten (Erzieherinnen und Leitungspersonal), relevanten Akteuren der öffentlichen Verwaltung auf kommunaler Ebene (Sozialdezernenten, Bürgermeister, Jugendamtsleitung), Vertretern der Wohlfahrtsverbände und Politikern auf Landesebene durchgeführt.[12] Mit der Analyse von Interpretationsmodellen und Deutungsmustern folgt insbesondere die qualitative Teilstudie einem wissenssoziologischen Ansatz. Deutungsmuster können definiert werden als im individuellen Wissensvorrat abgelagerte kollektive Sinnschemata, die die Wahrnehmung vorprägen, sie reduzieren (also auch selektieren) und so strukturieren, dass Orientierung, Identität und Handeln möglich wird. Sie bestimmen, wie Situationen interpretiert werden und liefern Handlungsbegründungen.

3.   Forschungsergebnisse

3.1   Eltern

Mit der Umstellung der Finanzierung von Kindertagesstätten auf eine kindbezogene Pauschalierung des Landesanteils wurde die Stärkung der Konsumentensouveränität von Eltern verbunden. Diese ökonomisch-marktlogische Argumentationsfigur soll Eltern von passiven Sozialleistungsempfängern zu einer attraktiven Kundengruppe in einem (frühkindlichen) Bildungsmarkt emanzipieren. Folglich müsste die Evaluation Aussagen darüber erlauben, ob sich Eltern überhaupt als Konsumenten verstehen, was unter einer souveränen Entscheidung verstanden werden kann und ob sie in Thüringen tatsächlich in einem Markt frühkindlicher Bildungsangebote, in dem KiTas miteinander konkurrieren und damit konsumentenorientiert handeln, agieren können.

Die Ergebnisse der Evaluationsstudie zur TFO unterstreichen die hohe Relevanz öffentlicher Kindertagesbetreuung[13]: Im dritten Lebensjahr ist die KiTa die meistgenutzte Betreuungsform. 78,5 Prozent nutzen sie ganztags, 12,2 Prozent halbtags.[14] Eine rein familiäre Betreuung geben nur 6,7 Prozent der Befragten an.[15] Bei der Suche nach einer öffentlichen Betreuungsform für ihr Kind hatte sich die Mehrheit von 46,3 Prozent nur eine

---

11 Die Auswahlkriterien waren einerseits die Stadtgröße und Verwaltungsform (Großstadt, Mittelstadt, Gemeinde, Verwaltungsgemeinschaft) und zum anderen Besonderheiten in der kommunalspezifischen Ausgestaltung der landesrechtlichen Regelungen (z.B. kostenfreier KiTa-Besuch).

12 Damit fanden Politikadressaten und Politikbetroffene, Akteure der Politikformulierung und des Vollzuges Eingang in das Evaluationsdesign.

13 Die Etablierung eines Rechtsanspruches auf einen Kindergartenplatz ab dem dritten Lebensjahr des Kindes durch die TFO trifft auf große Zustimmung bei den Eltern. Zugleich besteht großes Interesse an der Ausdehnung des Rechtsanspruches auf das gesamte zweite Lebensjahr (78,1 Prozent) (Opielka & Winkler, 2009, S. 150f.).

14 Tagespflegeangebote spielen in Thüringen nur eine marginale Rolle. Insgesamt werden 0,7 Prozent der Kinder unter sechs Jahren in der öffentlichen Kindertagespflege betreut (TLS, 2008, S. 47).

15 Allerdings ist zu vermuten, dass gerade diejenigen, die keine öffentliche Betreuung nutzten, ein deutlich schwächeres Antwortverhalten zeigten. Eine Diskrepanz zwischen den Werten der Studie und den Angaben des Thüringer Landesamtes für Statistik, die für 24,3 Prozent der Kinder die Familie als Betreuungsform im 3. Lebensjahr des Kindes ausweisen, legt dies nahe (TLS, 2008).

Betreuungsmöglichkeit angesehen, 21,8 Prozent haben zwei und 14,1 Prozent drei bis vier Einrichtungen besucht. 14,9 Prozent der Befragten hingegen haben keine Betreuungsmöglichkeit besichtigt.[16]

Betrachtet man diese Aussagen hinsichtlich des Aspektes der Konsumentensouveränität unter der Annahme, dass diese sich in einer sorgfältigen und rationalen Prüfung einer Reihe von Angeboten zeigt, um anschließend daraus zu wählen, verweisen die Ergebnisse entweder auf eine nur schwach ausgeprägte Konsumentensouveränität bzw. ein nur schwach ausgeprägtes konsumentenorientiertes Selbstverständnis oder auf eine mangelnde Wahlmöglichkeit. Auffällig ist, dass nur in den beiden untersuchten Großstädten (Erfurt und Jena) fünf oder mehr Betreuungsmöglichkeiten besichtigt wurden. Dies liegt mit hoher Wahrscheinlichkeit daran, dass nur in städtischen Strukturen viele Betreuungsmöglichkeiten bei angemessenem Aufwand zu erreichen sind. Die Ergebnisse der KiTa-Teilstudie zeigen, dass in keinem der befragten Standorte ein ausbalanciertes Verhältnis zwischen Angebot und Nachfrage existiert. Während in städtischen Standorten einer hohen Nachfrageseite keine äquivalente Angebotsstruktur gegenübersteht, schwankt die Existenzsicherheit von Kitas im ländlichen Raum und lässt sich als ein „kreativer Drahtseilakt"[17] charakterisieren.

Eine Frage, die der Beurteilung einer souveränen Ausübung der Konsumentenrolle von Eltern eigentlich vorangestellt werden müsste, kreist um das Feld der Information. Wissen die Eltern von den gesetzlichen Neuerungen? Wenn ja, welche Inhalte sind ihnen bekannt? Woher haben sie diese Informationen und fühlen sie sich gut informiert? Hier zeigt sich, dass die einzelnen Maßnahmen unterschiedliche Bekanntheitsgrade genießen. Diese schwanken zwischen 6 und 87 Prozent. Als entscheidende Informationsquelle wird der KiTa-Besuch genannt (46,1 Prozent). Mit mehrheitlichen 64,2 Prozenten fühlten sich die befragten Eltern jedoch insgesamt schlecht über die familienpolitischen Maßnahmen informiert. Die Konstruktion eines souveränen Konsumenten wirkt in diesem Zusammenhang unangemessen und fragil. Bereits an dieser Stelle tendieren die Evaluationsergebnisse dazu die KiTa nicht ausschließlich als „Betreuungs-/Erziehungs-/Bildungsdienstleister" zu verstehen. Offenbar steht sie nicht am Ende einer souveränen Entscheidung, sondern vielmehr am Anfang. Sie ist ein Ort, der grundlegende beratende und informierende Funktion für die Eltern hat, insbesondere bezüglich der Möglichkeiten, die die TFO für Eltern bereithält.

3.2   Kindertagesstätten

Die Umstellung der KiTa-Finanzierung wurde hauptsächlich mit einer Steigerung von Effizienz durch eine bedarfsgerechte Förderung der Einrichtungen begründet. Dieses Ziel wurde vornehmlich aus fiskalpolitischer Sicht des Landes gedacht und kann auf dieser Politikebene als verwirklicht gelten. Darüber hinaus war es Anliegen, den Bereich früh-

---

16 Dabei handelt es sich nicht nur um diejenigen, die ihr Kind im dritten Lebensjahr in der Familie erzogen haben.

17 Die kleineren Gemeinden sind in Folge der Subjektfinanzierung in vielen Fällen zu speziellen Maßnahmen angehalten. Sie senken etwa die Altersgrenze für die Aufnahme in den Kindergarten oder stellen den KiTa-Besuch kostenfrei, um die Kinderzahlen stabil zu halten bzw. neue Familien anzuwerben.

kindlicher Bildungs- und Betreuungsangebote marktgängig zu machen – die einzelnen Einrichtungen in ein Konkurrenzverhältnis einzubinden und durch Wettbewerb die pädagogische Qualität zu verbessern.[18] Das pädagogische Fachpersonal sollte ein Selbstverständnis professioneller Dienstleister entwickeln. Es gilt im Folgenden die strukturellen Konsequenzen der Neuregelung im KiTa Bereich darzustellen, die Deutung von Effizienz aus Sicht der Fachkräfte offenzulegen und der Frage nachzugehen, inwiefern sich die pädagogischen Fachkräfte als Dienstleister in einem frühkindlichen Bildungsmarkt verstehen.

Pädagogisches Personal in Kindertagesstätten agiert in einem heterogen geregelten und von verschiedenen Akteursgruppen unterschiedlicher Politikebenen beeinflussten Bereich.[19] Die Landesregelungen können als rechtlicher Grundrahmen verstanden werden, den die Kommunen unterschiedlich ausgestalten. Hinzu kommen Trägerspezifika, wie etwa Haustarifverträge, Überstundenregelungen, etc. Die aus dem neuen Finanzierungsmodus resultierende Verschiebung im Finanzierungsgefüge des KiTa-Bereichs, lässt die Hauptverantwortung in den Bereich der Kommunen abwandern.[20] Deren ökonomische und fachliche Potenz modifiziert die landesrechtlichen Regelungen, was die Situation in den Kitas positiv oder negativ beeinflusst.

Die Umstellung der KiTa-Finanzierung wird von den pädagogischen Fachkräften als Akt der Verbetriebswirtschaftlichung im Bereich sozialer Dienstleistungen rezipiert, die der Logik, den Bedürfnissen und Interessen des Feldes entfremdet ist. Die Zielformulierung der Effizienzsteigerung deuten die Akteure im KiTa-Bereich als Einsparung und Umverteilung zu ihren Ungunsten. Als Schlüsselkategorie dieses Deutungsmusters von Effizienz als Einsparung, ist die Personalausstattung zu fassen.

„Es ist wirklich mit viel weniger Personal als vor der Thüringer Familienoffensive, wo wir ja im Prinzip die pädagogische Qualität in der Einrichtung aufrechterhalten müssen. Es zerrt an den Kräften der Erzieher. Es ist manchmal wirklich nicht mehr zu schaffen in der normalen Arbeitszeit in der Kita. Es gehört viel Vorbereitung dazu, Nachbereitung, Dokumentation und so weiter, all solche Sachen, die jetzt nicht direkt ganz aktiv mit Arbeit am Kind zu tun haben. Das ist manchmal wirklich in der Einrichtung nicht mehr zu schaffen. Wir nehmen uns ganz viel Arbeit mit nach Hause. Machen es zu Hause, machen es in unserer Freizeit. … Es kommt Urlaubszeit, es kommt Krankheit dazu. Eigentlich ist jeder Träger daran interessiert, dass sich die Mitarbeiter auch in Fort- und Weiterbildung qualifizieren und weiterbilden. Auch das sind so Sachen, das legen wir mittlerweile auf Wochenenden. …Also das sind so Sa-

---

18	Die Pauschalierung und Subjektivierung von Leistungen macht den Landesanteil kalkulierbarer und hält ihn mittelfristig relativ konstant. Signifikante Veränderungen können nur infolge höherer oder niedrigerer Geburtenraten erreicht werden.

19	Neben EU- und Bundesgesetzgebung, v.a. landesrechtliche Regelungen und kommunalpolitische Prioritätensetzung (vgl. Müller & Opielka, 2009).

20	Die der Pauschalierung des Landesanteils immanente, abstrakte Gleichheit verlagert die Berücksichtigung und den Ausgleich der Kostenheterogenität von KiTa-Plätzen in den verschiedenen Thüringer Gebietskörperschaften jedoch auf die anderen Beteiligten der Gesamtkostenfinanzierung: die Kommunen, die Träger und die Eltern.

chen, wo es wirklich langsam an die Substanz geht. Wo wir irgendwo an unsere Grenzen gekommen sind." (1.12, 20)

Für die Mehrheit der pädagogischen Fachkräfte waren Reduktionserfahrungen in der Personalausstattung und eine Verschärfung des Zeitbudgets die Folge. Insbesondere Strategien zur Optimierung der personellen Mindestausstattung – etwa infolge jahrestypischer Schwankungen im Belegungsgrad einer KiTa – prekarisieren den pädagogischen Alltag, behindern Abläufe und Maßnahmen der Qualitätssicherung und -entwicklung, erhöhen den Druck zur maximalen Auslastung der Einrichtung und verschlechtern damit die Voraussetzungen für die individuelle Förderung der Kinder. Besonders heikel wirkt sich der schmale Personalschlüssel auf die Kinder im dritten Lebensjahr aus. Hier zeigen sich multiple Problemlagen: Gerade jüngere Kinder sind auf die Konstanz von Bindungspersonen angewiesen. Eine sichere Bindung wird damit zu einer Dimension von Bildung in der Kindertagesstätte. Die Konstanz der Bezugsperson gerät durch die Folgen der Subjektfinanzierung in Gefahr.

> „Die Qualität muss gesichert sein, man kann nicht nur Kinder reinferchen, wie Tiere in irgendeinen Stall oder so, denn sie brauchen auch eine ordentliche Bildungs- und Erziehungsarbeit. Sonst hat man keine Erfolge bei den Kindern. So ist das eben. Und Zweijährige, wir haben unten eine zweijährigen Gruppe, das sind jetzt 16. Wahrscheinlich müssen wir 18 reintun. 2 Kollegen sind momentan drin, aber die sind nicht komplett die ganze Zeit. Wir haben bis 20 Uhr offen, wir haben eine Zeit, wo sie sich überlappen, aber nicht den ganzen Tag. Wir leben praktisch nur mit Aushilfen." (1.3, 5)

Zwei Jahre nach Inkrafttreten der Finanzierungsumstellung wurde der vom Kultusministerium in Auftrag gegebene „Thüringer Bildungsplan für Kinder bis 10 Jahre" 2008 implementiert. Mit Blick auf diesen Bildungsplan gewinnt die Dissonanz zwischen strukturellen Voraussetzungen und pädagogischen Zielstellungen an Brisanz.[21] Weder im Bildungsplan selbst noch auf der die Diskussion dokumentierenden Homepage des Konsortiums wird die TFO erwähnt. Da das Thüringer Kultusministerium sowohl für den Bildungsplan wie – gemeinsam mit dem Thüringer Sozialministerium – für die TFO verantwortlich zeichnete, entsteht der Eindruck, dass Bildungs- und Familienpolitik entgegen der Zielsetzung der TFO seltsam entkoppelt werden.[22] Die These von einer Entkopplung der Polity-Ebenen, also der zuständigen Ministerien hinsichtlich der beiden Politikprogramme TFO und Bildungsplan, argumentiert für tiefergehende Ressortdifferenzen und wird durch die Deutung der Akteure im Feld bestätigt.

Die erfolgreiche Umsetzung des Bildungsplans wirkt im Kontext der Strukturveränderungen durch die TFO zerbrechlich. Ein adäquater Ausgleich von beschnittenen Handlungsspielräumen und Qualitätseinbußen durch verschiedene Anpassungsstrategien, wie

---

21 Der Thüringer Bildungsplan ist „institutionenübergreifend und konzeptneutral angelegt" (TKM, 2008, S. 10). Aus sozialwissenschaftlicher und politikevaluativer Perspektive erscheint freilich gerade die Verknüpfung bildungspolitischer und familienpolitischer Konzeptionen mit der institutionellen Realität wesentlich.

22 Die im Auftrag der Thüringer Landeregierung erstellte Studie von André Habisch verortet im Herbst die TFO explizit im Kontext der Familien- und Bildungspolitik (Habisch, 2005).

etwa unbezahlte Mehrarbeit, Reduktion auf ein Mindestmaß an Qualität oder die Rekrutierung externer Hilfen gelingt kaum und dürfte auf Makroebene eher zu einer Stabilisie-
rung der zum Teil prekären Alltagssituation in den Einrichtungen führen.

Versteht sich das pädagogische Personal als Dienstleister?[23] Das pädagogische Personal in Kindertageseinrichtung steht in multiplen Verantwortungskontexten. In seiner sozialen Konzeption ist der Kindergarten ein Ort der Unterbringung und Betreuung der
Kinder und ermöglicht den Eltern damit einer Erwerbsarbeit nachzugehen. Er arrangiert
jedoch nicht nur die Freistellung von Arbeitskräften für den Arbeitsmarkt, sondern ist
zugleich Teil desselben. In der pädagogischen Konzeption, zurückgehend auf Friedrich
Fröbel, wird der Kindergarten als unterste Stufe im institutionellen Bildungssystem verortet. Aus dem Integrationsprozess beider Konzeptionen ist es heute die Aufgabe von
Kindertagesstätten die Betreuung, Erziehung und Bildung der Kinder sicherzustellen.
Damit befinden sie sich in der Verantwortung gegenüber Eltern, Kindern und weiterführenden Bildungseinrichtungen, die jeweils unterschiedliche Interessen und (institutionelle) Logiken aufweisen. Aufgrund dieser verschiedenen Verpflichtungskontexte der KiTa
ist unklar, wer der Hauptkunde ihrer Dienstleistung ist.

Zunächst kann festgestellt werden, dass sich die befragten Akteure mit ihrer Selbstkonzeption als Frühpädagogen der Tradition des Kindergartens unter dem Fröbelschen
Paradigma anschließen.[24] Als Bildungseinrichtung konstituieren sie eine Distanz zu der
als verordnet empfundenen Dienstleistungsideologie.

> „Uns ist es bewusst, dass wir Eltern helfen wollen. Es hängt an der Finanzie-
> rung. Ich kann nicht einfach sagen, ich lasse Erzieher früh später kommen. Da
> mache ich früh Massenabfertigung und nachmittags auch. Wir sind eine Bil-
> dungseinrichtung, auch wenn man uns als Dienstleistung einstufen möchte.
> Wir sind ja vorrangig eine Bildungseinrichtung und Bildung braucht Zeit. Zeit
> muss sein. Zeit und Personal. Das ist unsere Meinung dazu." (1.7, 21)

Im Hinblick auf die Frage, ob und inwiefern sich das pädagogische Personal als Dienstleister versteht, ist noch ein weiterer Aspekt von Belang, der seine Bedeutung eher auf
psychodynamischer Ebene entfaltet: die multidimensionale Kränkung ihrer fachlichen
Expertise. Diese besteht zum einen in den eben beschriebenen sich mehrheitlich ver-

---

23 Vor dem Hintergrund der liberalen Dienstleistungsidee gilt es jedoch auf deren Beschränkung
    durch die christlich-konservative Politik hinzuweisen. Der konservative Sinnhorizont der Thürin-
    ger Familienoffensive konzipiert Familie nicht nur als souveränen Konsumenten, sondern auch
    als Wertegemeinschaft mit eigenen Sinnstrukturen. Dieser begrenzt notwendigerweise sowohl
    die Dienstleistungsdimension der KiTa, als auch die Artikulation der Konsumentenbedürfnisse
    der Familie. Eine zu starke Arbeitsmarktorientierung und damit ansteigende Betreuungsbedarfe
    sollen durch die TFO nicht unterstützt werden. Der Eigenwert der Familie und das Kindeswohl
    begrenzen die Freiheit des Konsumenten.
24 Diese Wahrnehmung entspricht auch den bildungspolitischen Forderungen und schließlich neuer-
    lich der Ressortverantwortung des Kultusministeriums. Die Fachkräfte nehmen in dieser Zugehö-
    rigkeit jedoch Brüche wahr. Diese betreffen vor allem Differenzen im gesellschaftlichen Status,
    Ausbildungsniveau und Verdienst. Der Code „Fröbel" dient dabei in der Regel ohne weitere
    fachliche Bezugnahme einer doppelten Referenz: als Anrufung einer Thüringer Traditionslinie
    (der erste „Kindergarten" entstand in Blankenburg bei Jena) und als Erinnerung an eine eigen-
    ständige Professionstheorie der institutionellen Frühpädagogik.

schlechterten Arbeitsbedingungen. Zum anderen ist mit der Subjektivierung von Leistungen notwendigerweise ein Wechsel des Adressatenkreises verbunden – statt Institutionen geraten Familien in den Fokus der gesetzlichen Ansprache. Dieser Wechsel des Adressatenkreises wird in den öffentlich zugänglichen Dokumenten nahezu professionsverleugnend vollzogen, wobei die pädagogischen Fachkräfte außerhalb der Thematik „Personalschlüssel" praktisch nicht erwähnt werden. Es kann von einem Missverhältnis zwischen expliziter und impliziter Adressierung ausgegangen werden[25] – die KiTa-Akteure wurden von Politikadressaten zu Politikbetroffenen, deren Fachkompetenz bereits im Vorfeld der Politikreform kaum einbezogen wurde.[26]

Pädagogisches Fachpersonal geht von einer überlegenen Qualität und damit Förderwürdigkeit von institutioneller Kinderbetreuung aus (siehe sozialdemokratischer Regimetypus). Hierfür sind im Wesentlichen zwei Hintergründe auszumachen. Zum einen kann von historisch begründeten Zusammenhängen ausgegangen werden: Ein wesentlicher Teil der heutigen Erzieherinnen erlebte ihre berufliche Sozialisationsphase sowie große Anteile ihrer beruflichen Praxis in Zeiten der DDR (TLS, 2008). Das Paradigma der frühen Kollektiverziehung, die fachlich-politische Anbindung an den Kultusbereich und ein tendenzielles Misstrauen gegenüber Familien als autonome Einheiten waren und sind prägende Konstrukte – mit der Folge, dass Familien kaum als Kunden der KiTa verstanden werden.[27] Der zweite Hintergrund für die Deutung der überlegenen Förderwürdigkeit institutioneller Betreuungsangebote ist die Professionsideologie.[28] Das Fachpersonal in den Einrichtungen verortet sich selbst im Bereich der Elementarpädagogik. Das als zentral markierte Dienstleistungsmerkmal der Professionellen steht der pädagogischen Selbstkonzeption und damit kindbezogenen Handlungsausrichtung entgegen. In einem Konsumenten-Dienstleister-Verhältnis wird eine spezifisch-funktionale Beziehung zwischen den Beteiligten angestrebt. Diese Idee von Erziehung klammert jedoch die nötige Affektivität aus, welche für den Erziehungsprozess in der KiTa unverzichtbar ist. Die Logik der Ökonomie und einer kalkulationsbezogenen Managementfunktion der KiTa ist unangebracht. Das Dienstleistungsprimat erscheint insbesondere im Bereich frühkindlicher Bildung und Erziehung kaum geeignet familien- und bildungspolitische Inhalte zu vereinbaren.

Der Entzug der unmittelbaren Förderung institutioneller Betreuung kann gleichsam als eine Kränkung der Profession interpretiert werden. Die Objektförderung der KiTas war im Deutungsmuster der Akteure verbunden mit dem politischen Bekenntnis zu ihrer un-

---

25 Die entstehende Dissonanz von hoher unmittelbarer Betroffenheit und geringer direkter Ansprache wirkt sich damit negativ auf die formale und inhaltliche Rezeption sowie auf einen gelingenden Implementationsprozess aus.

26 Im KiTa-Bereich erfolgte keine systematische Implementation der Gesetzesnovelle. Die daraus resultierende Individualisierung des Implementationsprozesses führt zu einem äußerst heterogenen Bekanntheitsgrad auf mäßigem und hoch selektivem Niveau.

27 Die Evaluationsstudie zur Thüringer Familienoffensive konnte vier idealtypische Deutungsmuster von Familie im Feld der pädagogischen Fachkräfte identifizieren: 1.) Familie als Konsumenten; 2.) Familie als Bedrohung; 3.) Tradierte Deutungsmuster von Familie; 4.) Familie als Koproduzent. Zwischen ihnen existieren Übergänge, regressive und progressive Verbindungen (Opielka & Winkler, 2009, S. 193 ff.).

28 Erzieherinnen und Erzieher durchlaufen zum Teil vier- bis fünfjährige Ausbildungszeiten. Thüringen steht bezüglich des Qualifikationsniveaus im Bundesvergleich an der Spitze (DJI Zahlenspiegel, 2007, S. 182).

mittelbaren gesellschaftlichen Anerkennung. Mit der Subjektfinanzierung wird diese Beurteilung in die Relevanzstrukturen der Familien verschoben und damit das Feld entpolitisiert. Nicht mehr ein gesellschaftliches „Ja" zur Notwendigkeit rechtfertigt nun die Existenz der KiTas, sondern die subjektiv zuerkannte Notwendigkeit jeder einzelnen Familie. Ein Abschmelzungsprozess des gesellschaftlichen Status der Profession wird befürchtet. Die Verortung pädagogischen Personals als Dienstleistungsanbieter reduziert das professionelle Selbstverständnis, eine Identifikation mit der politischen Reform wird dadurch erschwert.

3.3   Verwaltung

Eine wesentliche Intention der Finanzierungsumstellung im Bereich der Kindertagesstätten war es, Kommunen in die Lage zu versetzen kinder- und familienfreundliche Strukturen zu schaffen (TMSFG & TKM, 2005). Die Anpassungs- und Selbststeuerungsfähigkeit sollte erhöht werden, indem „Subsidiäre Strukturen" dezentral Entscheidungskompetenzen übernehmen (Habisch, 2005, S. 45). Damit kann die TFO als Fallbeispiel in die Debatte des aktivierenden Sozialstaates eingerückt werden. Begriffe wie „Selbststeuerung" der zu aktivierenden Instanzen oder Personen rücken ins Zentrum der normativen Formulierung (Lessenich, 2005, S. 24). Der Prozess der Aktivierung setzt jedoch unterschiedliche Potenziale – wie etwa finanzielle Ressourcen, politischen Willen und feldspezifische administrative Kompetenz – systematisch voraus.

Als Parameter der Dezentralisierung wird die „Steigerung von Effizienz in der Verwaltung" herangezogen. Explizites Ziel dabei war die Steigerung der Effizienz bei der Dienstleistungserbringung. Wie wird dies von den Verwaltungsakteuren gedeutet?

Die Einschätzungen der Effizienz von Gruppen- oder Platzfinanzierung sind in den Interviews mit Jugendamtsakteuren kontrovers. In einzelnen Interviews wird die Subjektfinanzierung durchaus als legitimes Instrument der Kindertagesstättenfinanzierung eingeschätzt. Diese Einschätzung beinhaltet Kritik an der Gruppenfinanzierung, die entweder eher den Trägern zugute kam, die nicht sparsam mit Mitteln der Jugendhilfe umgegangen sind, Einrichtungen begünstigt hat, die bestimmte Gruppenstrukturen geschaffen haben und durch mangelnde Transparenz real Missbrauch in Größenordnungen Vorschub geleistet haben sollen. Gleichwohl finden wir bei den Befürwortern der Subjektfinanzierung teilweise massive Kritik an der Finanzierungshöhe. Diese bezieht sich aus pädagogischer Fachlichkeit heraus besonders auf die Bemessung der Personalressourcen.

Von Kritikern der Subjektfinanzierung wird eingewandt, dass diese eine sichere Finanzierung nicht gewährleisten kann. Das Gesetz wird als Spargesetz gedeutet. Die Subjektfinanzierung wird zur Ursache einer unsicheren und ineffizienten Finanzierung, die den Gegebenheiten vor Ort nicht entspricht. In besonderem Maße zeigt sich dies in Hinblick auf die Öffnungszeiten einer KiTa, wenn diese die auf neun Stunden ausgelegte Landesförderung überschreitet. Im vorliegenden Fall handelt es sich um eine kreisfreie Stadt, wo entsprechend längere Öffnungszeiten die Regel sind.[29]

---

29 In ländlichen Regionen gelten ähnlich hohe Anforderungen an Öffnungszeiten, wenn Arbeits- und Wegezeiten der Eltern berücksichtigt werden. Vor dieser Folie erfährt die Konzeption des Landesgesetzes – das von 9 Stunden ausgeht – deutliche Kritik.

„Ich halte diese Regelung für nicht geeignet, eine effiziente oder sichere Finanzierung, wie es geplant ist, durchzuführen. Das ist ganz einfach zu begründen: Wenn der Kindergarten morgens um 6 Uhr öffnet, sind in der Regel nur
ein, zwei Kinder da, es muss aber immer eine Erzieherin da sein - unabhängig
wie viele Kinder es sind. Es werden aber nur ein oder zwei Kinder finanziert.
Das reicht aber nicht aus, um die Erzieherinnen zu finanzieren. Also das steht
nicht im Verhältnis. Ich plädiere für die alte Regelung, die die Gruppe finanziert, und nicht das einzelne Kind. Das bestätigen mir auch alle Träger, mit
denen ich darüber rede, mit denen ich diese Dinge verhandle. Also es ist weder
eine sichere noch eine effiziente Finanzierung unserer Kindertagesstätten."
(2.3, 14)

Generelle Kritik – auch unter den Befürwortern der Subjektfinanzierung – betrifft die
Höhe des Landesanteils an der Finanzierung.[30] Formal zielt die Kritik auf die hergestellte
Hauptverantwortung der Kommunen im KiTa-Bereich. Die Finanzsituation der untersuchten Standorte ist unterschiedlich. Es finden sich Fälle, bei denen die Kommune zusätzliches Geld für die Personalausstattung der Einrichtungen zur Verfügung stellen kann
und auch zur Verfügung stellt. Inhaltlich zielt die Kritik vor dem Normativ pädagogischer Fachlichkeit besonders auf die Bemessung der Personalressourcen. Personalmangel
und ein damit einhergehender Verlust an pädagogischer Qualität erweist sich als Schlüsselkategorie des Deutungsmusters Ökonomisierung als Spargesetz. Abwegig erscheint
das Ziel der Effizienz aus der Sicht kleinerer Gemeinden im ländlichen Raum. KiTas bilden oftmals die letzten öffentlichen Einrichtungen, die lokale Identität stiften oder ganz
praktisch Hilfe geben, Familien lange Wege zu Einrichtungen zu ersparen. Im zitierten
Fall, der aus dem einem Gruppeninterview entnommen ist, zeigt sich das Muster deutlich.

„Wir haben einen Kindergarten, der hat acht Kinder zurzeit! Da schütteln sie
alle mit dem Kopf, aber die leisten sich das halt, die verzichten halt auf was
anderes. Die sagen, das ist das einzige, was im Ort noch ist, was noch lebt! Wo
noch Kinder da sind, wo mal ältere Leute mal besucht werden können, oder
wie auch immer. Das ist zwar nicht schön, aber die Kolleginnen, oder die Erzieher haben schon jetzt bestimmt fünf Jahre lang jedes Jahr kurz vor Weihnachten ihre Kündigung gekriegt, da hat sich der Rat wieder durchgekämpft,
und dann ging´s wieder mit Sondergenehmigung, wie vorher!" (3.6, 33)

4.   Zusammenfassung

Innerhalb des sozialpolitischen Feldes zeigt sich die Verschränkung von Familienpolitik
und Bildungspolitik im Bereich der Kindertagesstätten am prägnantesten. Eine Politik für
Kindertagesstätten, die die unterschiedlichen Verpflichtungskontexte gegenüber Eltern,

---

30 Das zentrale Deutungsmuster der Ökonomisierung bezieht sich nicht auf effiziente Praxis vor
    Ort, wie vom Gesetz intendiert, sondern beinhaltet den Vorwurf von Kostensenkung durch das
    Land. Personalmangel erweist sich als Schlüsselkategorie des Deutungsmusters Ökonomisierung
    als Spargesetz.

Kindern und weiterführenden Bildungseinrichtungen im Blick hat, muss auf höchstmögliche Korrespondenz und Kongruenz beider politischen Ressorts ausgerichtet sein, will sie nicht Gefahr laufen, dass strukturelle Rahmung und pädagogisch-inhaltliche Ausgestaltung einander zuwiderlaufen.

Der Bereich frühkindlicher Bildung, Betreuung und Erziehung (FBBE) stand nicht immer im Fokus von Erziehungs- und Bildungsforschung, vor allem aber nicht in bildungspolitischer Perspektive (Rabe-Kleeberg, 2005, S. 77). Der vergleichsweise geringe Grad an Professionalisierung[31] und dessen strukturelle Folgeerscheinungen sind Ausdruck familienpolitischer Zuordnung.[32] Zentral ist daher die Frage nach der politischen Konzeption und damit nach der primären politischen Verantwortlichkeit. Sie erschöpft sich jedoch nicht in Ressortzuständigkeiten, sondern hat auch Auswirkungen auf die vertikalen Politikebenen: Wer ist Hauptansprechpartner für Kindertagesstätten – die Landesoder die kommunale Ebene? Soll der Bildungsaspekt zukünftig stärker ins Zentrum rücken, wird die Landesebene in größerer Verantwortung stehen. Will sie dann die Verantwortung an die Kommunen delegieren, muss sie die notwendigen – auch finanziellen – Rahmenbedingungen für eine gelingende Übernahme dieser Aufgaben schaffen. Steht hingegen die familien- und geschlechterpolitische Dimension im Zentrum – Stichworte sind Arbeitsmarktteilhabe von Frauen, kommunale Daseinsvorsorge – wäre die kommunale Ebene originär angesprochen. Dann müssten die Kommunen ihrerseits die Verantwortungszuschreibung annehmen und eigene Ressourcen mobilisieren. Evident erscheint diesbezüglich bisher jedoch, dass Dezentralisierung infolge unterschiedlicher struktureller Voraussetzungen in den Kommunen eine zunehmende Varianz von Politikleistungen bewirkt.

Im Hinblick auf die besprochene Politikreform in Thüringen knüpfen sich nicht zuletzt die Sinnhaftigkeit und das Verständnis für die subjektgebundene Pauschalfinanzierung von Kindertagesstätten an deren politische Verortung. Aus pädagogischem Blickwinkel – verbunden mit einem offenen, kindbezogenen und kindgerechten Bildungsbegriff – erscheint sie (zumindest in der gegenwärtigen Höhe von 150 bzw. 100 €) weit weniger sinnvoll, als aus einem sozialen Begründungszusammenhang der Kita, der die Betreuung in den Mittelpunkt rückt. Die Gewichtung und Auslegung der einzelnen Aufgaben einer KiTa – Bildung, Betreuung und Erziehung – wird zukunftsweisend sein.

Gehen wir davon aus, dass Evaluation ein Instrument des Nachweis- und Rechenschaftssystems ist, das der Leistungskontrolle und Leistungsentwicklung dient, dann ist es nicht nur aus demokratischer Perspektive förderlich, wenn sich das politische System dem Gebot der Optimierung und dem Primat einer Evidence-based-Practice unterstellt. Indem Politik und Policy-Inhalte evaluiert werden, entstehen Interpenetrationen des politischen Systems mit anderen gesellschaftlichen Subsystemen, insbesondere dem Wissenschaftssystem und dem professionellen Hilfesystem. Diese Interpenetrationen ermögli-

---

31 Neuere Entwicklungen Elementarpädagogik in den fachhochschulischen und universitären Raum zu integrieren, sind als deutliches Zeichen gesellschaftlicher Aufwertung und politischer Reformanstrengungen.

32 Bahle spricht sogar davon, dass in der politischen Diskussion die öffentliche Kindertagesbetreuung häufig als Stiefkind der deutschen Familienpolitik dargestellt würde (Bahle, 2007, S. 258). Mittlerweile dürfte sich diese stiefkindliche Behandlung kaum mehr generell zeigen, gerade im Bereich der Kinder unter drei ist ihr eine gewisse Aktualität jedoch nicht abzusprechen.

chen und limitieren Kommunikation. Evaluationen eröffnen Kommunikationsfenster[33], die über eine reine Kommunikation von Interessen hinausgehen: Indem sie insbesondere der Argumentation von Praktikern im Feld der frühkindlichen Bildung und Betreuung oder den Forderungen politischer Opposition wissenschaftliche Dignität verleihen kann, steigt die Akzeptanz und Anerkennung der von ihnen markierten Problemstellungen. Die Aufgabe von Wissenschaft im Politikzyklus ist es, Informationen und Erkenntnisse über den Wirkzusammenhang staatlichen Handelns zu generieren. Damit liefert sie Inputs für künftige Politikentscheidungen und kann direkt mit der Formulierung politischer Handlungsempfehlungen zur Verbesserung des Vollzugs von Politikinhalten beitragen. Indem wissenschaftlich gefiltert Interessen verschiedener Parteien kommuniziert werden, ermöglicht dies allen Beteiligten die Positionen der jeweils anderen zu erfahren, zu reflektieren und sich im Folgenden darauf ohne Gesichtsverlust zu beziehen. Aufgabe von Politik ist es, diese Einladung zur Reflexion anzunehmen, die Evaluationsergebnisse bzw. Handlungsempfehlungen dialektisch in die eigenen programmatischen Positionen zu integrieren und damit das eigene Politik-Paradigma weiterzuentwickeln. Qualitative Methoden, insbesondere die von uns verwendete Deutungsmusteranalyse, bilden im Zusammenhang der Politikevaluation einen innovativen Ansatz, da es dem Selbstverständnis des politischen System entspricht, sich an quantitativen Codes, wie Zahlen, Prozenten oder Stimmen zu orientieren. Realität wird immer sozial ausgehandelt, sie ist Resultat komplexer Interpretationskämpfe und kollektiver Sinngebungsprozesse. Wissen und Interpretationen geraten in der Analyse von Deutungsmustern als Schlüsselvariablen für die Entwicklungen von Policy-Chancen in den Blick. Die systematische Berücksichtigung und Analyse impliziter Wissensbestände, die selbstständig im Hintergrund von Interpretationsleistungen operieren, ermöglicht Problemdeutungen und Problemidentifikationen der Praxis für die Politik nachvollziehbar und anschlussfähig zu machen. So ist es sicherlich auch ein wesentlicher Verdienst der Evaluationsstudie, dass die Thüringer Landesregierung angekündigt hat 10 Prozent mehr Erzieherstellen aus Landesmitteln finanzieren zu wollen sowie mehr Zeit zur Vor- und Nachbereitung in die Personalschlüsselberechnung einzubeziehen.[34]

Literatur

Bahle, T. (2007). *Wege zum Dienstleistungsstaat. Deutschland, Frankreich und Großbritannien im Vergleich.* Stuttgart: VS Verlag für Sozialwissenschaften.

Bertelsmann-Stiftung (Hrsg.). (2008). *Länderreport Frühkindliche Bildungssysteme – Thüringen.* Gütersloh: Verlag Bertelsmann Stiftung.

Bohnsack, R. (2003). *Rekonstruktive Sozialforschung. Einführung in qualitative Methoden* (5. Aufl.). Opladen: Leske+Budrich.

---

33 Die Kommunikationsfenster sind jedoch zeitlich begrenzt, bilden folglich keinen permanenten Rückkopplungsmechanismus.
34 Diese Ankündigung erfolgte nach Veröffentlichung der Studie im Frühsommer 2009. Nach der Thüringer Landtagswahl am 30.8.2009 endete die CDU-Alleinregierung und wechselte zu einer CDU-SPD-Koalition. Beide in diesem Beitrag angesprochenen Ressorts (Kultus, Familie) werden seit Ende 2009 durch SPD-Minister geführt. Der Koalitionsvertrag beinhaltet die Umsetzung der genannten Forderungen.

Bundesministerium für Familie, Senioren, Frauen und Jugend (Hrsg.). (2002). *Die bildungspolitische Bedeutung der Familie – Folgerungen aus der PISA-Studie*. Stuttgart: Kohlhammer.

Deutsches Jugendinstitut (Hrsg.). (2008). *Zahlenspiegel 2007. Kindertagesbetreuung im Spiegel der Statistik*. Verfügbar unter: http://www.bmfsfj.de/Publikationen/zahlenspiegel2007/01-Redaktion/PDF-Anlagen/Gesamtdokument,property=pdf,bereich=zahlenspiegel2007,sprache=de,rwb=true.pdf [15.08.2008].

Habisch, A. (2005). *Familienpolitik in der Bürgergesellschaft. Die „Familienoffensive" der Thüringer Landesregierung*. Eichstätt: Katholische Universität Eichstätt-Ingolstadt.

Lessenich, S. (2005). 'Activiation without work'. Das neue Dilemma des 'konservativen' Wohlfahrtsstaats. In H.-J. Dahme & N. Wohlfahrt (Hrsg.), *Aktivierende Soziale Arbeit. Theorie – Handlungsfelder – Praxis* (S. 21–29). Baltmannsweiler: Schneider.

Müller, A. & Opielka, M. (2009). *Family Policy as a Problem of Multi-Level Governance*. International Conference "Local Social Policy – Concepts, Types and Governance" 24.–25. April 2009. Unveröffentlichtes Manuskript, Universität Hamburg.

Oevermann, U. (2001). Die Struktur sozialer Deutungsmuster – Versuch einer Aktualisierung. *Sozialer Sinn, 2*, 35–81.

Opielka, M. (Hrsg.). (2005). *Bildungsreform als Sozialreform. Zum Zusammenhang von Bildungs- und Sozialpolitik*. Wiesbaden: VS Verlag für Sozialwissenschaften.

Opielka, M. (2005a). Bildung der Politik. Dilemmata und Optionen wissenschaftlicher Politikberatung. In M. Krannich & R. Zwengel (Hrsg.), *Gesellschaftliche Perspektiven: Stadt und Staat. Jahrbuch der Heinrich-Böll-Stiftung Hessen* (S. 101–113). Essen: Klartext.

Opielka, M. (2008). *Sozialpolitik. Grundlagen und vergleichende Perspektiven* (2. Aufl.). Reinbek: Rowohlt.

Opielka, M., Winkler, M., Grosskopf S., Müller, A. & Müller M. (2009). *Evaluation der Wirkungen der „Thüringer Familienoffensive". Abschlussbericht*. Erfurt: Thüringer Ministerium für Soziales, Familie und Gesundheit.

Rabe-Kleeberg, U. (2005). Von Generation zu Generation? Kleine Kinder und soziale Ungleichheit. In Deutschland. In M. Opielka (Hrsg.), *Bildungsreform als Sozialreform. Zum Zusammenhang von Bildungs- und Sozialpolitik* (S. 77–88). Wiesbaden: VS Verlag für Sozialwissenschaften.

Statistisches Landesamt Thüringen (Hrsg.). (2008). *Tageseinrichtungen für Kinder und öffentlich geförderte Kindertagespflege in Thüringen am 15.3.2008*. Erfurt: Statistisches Landesamt Thüringen.

Thüringer Kultusministerium (Hrsg.). (2008). *Thüringer Bildungsplan für Kinder bis 10 Jahre*. Weimar/Berlin: verlag das netz.

Thüringer Kultusministerium, Thüringer Ministerium für Soziales, Familie und Gesundheit (Hrsg.). (2005). *Öffentlichkeitsmaterial für Thüringer Familienoffensive*. Erfurt: Thüringer Kultusministerium.

Ullrich, C. G. (1999). Deutungsmusteranalyse und diskursives Interview. *Zeitschrift für Soziologie, 28* (6), 429–447.

Manuela Böttger-Beer, Didier Vaccaro & Erik Koch

Wirkmodell zur externen Evaluation

1.   Wirkung im Kontext von Evaluation

Die Evaluation von Schulen als Bestandteil eines Qualitätssicherungssystems hat unter anderem zum Ziel, Entscheidungen zu erleichtern und zur Verbesserung der Schulqualität zu führen (vgl. Ditton, 2002). In den meisten Modellen zur Qualitätssicherung im Schulkontext (z.B. Helmke, 2009; Ditton, 2000) wird hierbei den „Stellgliedern" eine entscheidende Rolle zugesprochen, d.h. denjenigen veränderbaren schulischen und unterrichtlichen Vorgängen und Abläufen (Prozess), von denen erwartet wird, dass sie direkt oder indirekt Einfluss auf das Ergebnis nehmen. Als Vermittler zwischen den schulischen Voraussetzungen, wie z.B. der Zusammensetzung der Schülerschaft (Input), und den schulischen Ergebnissen, z.B. das Niveau der Schülerleistung (Output), werden sie üblicherweise in Form von Qualitätskriterien als „Soll" gesetzt und damit gewissermaßen als Zwischenergebnis markiert, das zunächst unabhängig von dem schulischen „Output" anzustreben ist. Jedes Qualitätskriterium bezieht seine Relevanz jedoch hauptsächlich durch seine angenommene Wirkung auf jenen „Output". Dadurch ergibt sich folgende Besonderheit: Die Evaluation der schulischen und unterrichtlichen Vorgänge bzw. Abläufe soll einerseits Ansatzpunkte für Verbesserungen liefern, indem der jeweilige „Ist"-Zustand in Relation zu einem „Soll"-Zustand gesetzt wird. Gleichzeitig ist es aber nicht der „Soll"-Zustand selbst, der die Verbesserung ausmacht, sondern dessen angenommene positive Wirkung auf das „eigentliche" Ergebnis, z.B. die Leistung der Schüler. Aus diesem Verhältnis von Fokus und Ziel sollen nun folgende Thesen abgeleitet werden: (1) Bei der Evaluation von Schulen werden im Wesentlichen schulische und unterrichtliche Vorgänge bzw. Abläufe als „Zwischenergebnisse" schulischer Arbeit behandelt, die auf ein bestimmtes „Endergebnis" (Output) wirken. (2) Das Verfahren setzt damit, explizit oder implizit, die Abweichung eines „Ist"- von einem „Soll"-Zustand als „Ursachen" für einen bestimmten Output. (3) Der Fokus auf den „Ist"-Zustand der Vorgänge bzw. Abläufe ist in diesem Sinne nur ein „Mittel". Evaluation als Teil des Qualitätssicherungssystems zielt letztendlich auf die Veränderung der schulischen Ergebnisse im Sinne von Outputs ab.

Angesichts der institutionell verankerten Evaluation (auch: Inspektion, Visitation, Analyse) von Schulen, wie sie in den Bundesländern derzeit praktiziert wird, berühren all diese Thesen eine Frage, die sowohl aus legitimatorischer als auch steuerungspolitischer Perspektive zentral ist: Die Frage nach der Wirksamkeit von externer Evaluation. Hat Evaluation aufgrund ihrer Vorgehensweise – Feststellung von „Ist"- relativ zu „Soll"-Zuständen – einen Einfluss auf den Output von Schulen[1]? So berechtigt diese Frage erscheint, so sehr drängt sich doch die Gegenfrage auf: Wie sollte sie? Evaluation kann

---

1   An dieser Stelle werden die Aussagen auf die Ebene der Schulen bezogen. Grundsätzlich gelten die Feststellungen aber ebenso auf höherer Ebene, z.B. bezogen auf das „Bildungssystem" o. ä.

immer nur feststellen, bewerten, anstoßen. Die eigentlichen Veränderungen aber können nur unmittelbar an den Schulen stattfinden und sind somit von einer Vielzahl von Aktivitäten vor Ort abhängig. Das Endprodukt der Evaluation, in der Regel der Evaluationsbericht, ist aus Sicht der Schule zunächst eine Voraussetzung (Input 1). Je nachdem, wie der Bericht aufgenommen wird (Prozess 1), ergibt sich (Ergebnis 1) eine bestimmte Ausgangslage (Input 2) für die Weiterarbeit (Prozess 2) usw. Bei Gültigkeit der angenommenen Ursachen (Stellglieder) kann Evaluation jedoch nur dann Einfluss auf den Output von Schulen haben, wenn alle bis dahin involvierten Prozesse in genau den Zwischenergebnissen resultieren, die der jeweils folgende Prozess voraussetzt. Die entsprechenden Zwischenergebnisse markieren analog zu den oben genannten Qualitätskriterien „Soll"-Zustände, die es zu erreichen gilt, damit sich die aufgrund der Evaluation angestoßene Wirkung fortsetzen kann. Damit ergibt sich die Wirksamkeit der externen Evaluation aus einer Kette von ineinandergreifenden Prozessen, die ihrerseits erst eine bestimmte Wirkung entfalten müssen, damit am Ende der Output von Schulen verändert wird. Die globale Frage nach der Wirksamkeit muss dementsprechend an den verschiedenen Stellen innerhalb des gesamten Qualitätssicherungsprozesses jeweils eigens gestellt werden. Nur so lässt sich lokalisieren, an welcher Stelle die Wirkkette abreißt bzw. widererwartend hält. Erst durch die Differenzierung der Frage nach der Wirksamkeit der externen Evaluation können die Zwischenergebnisse einschließlich der Qualitätskriterien auf ihre Relevanz überprüft werden. Und – was insbesondere auch aus steuerungspolitischer Sicht entscheidend ist – es können an den verschiedenen Stellen innerhalb des Qualitätssicherungssystems Bedingungen identifiziert werden, unter denen die Prozesse so gelingen, dass das erforderliche Zwischenergebnis bzw. Endergebnis erzielt wird. Nimmt man diesen Aspekt mit in die Fragestellung auf, so könnte man die Frage nach der Wirksamkeit von externer Evaluation folgendermaßen umformulieren:

Unter welchen Bedingungen führen nach Übergabe des Evaluationsberichts die Prozesse vor Ort dazu, die Vorgänge und Abläufe an den Schulen so zu verändern, dass sie ihren erwünschten Einfluss auf das Ergebnis ausüben?

Im Hinblick auf eine solchermaßen erweiterte Fragestellung steigt neben der Differenziertheit auch die Komplexität der damit verbundenen Studien. Die Untersuchungen müssen analog zu der Frage nach der Wirkung an verschiedenen Stellen ansetzen und das Gesamtsystem sukzessiv empirisch rekonstruieren. Im Ergebnis sollte nicht nur der Erfolg der Evaluationsbemühungen bestimmbar werden, sondern es sollten – ähnlich wie bei der Evaluation – Ansatzpunkte aufgezeigt werden können, wie das System optimiert werden kann. Mit dem Ziel, eine brauchbare Grundlage für solche Untersuchungen zur Wirksamkeit von Evaluation bereitzustellen, soll nun im Folgenden ein *Wirkmodell zur externen Evaluation* vorgeschlagen werden. Das Modell versucht, eine Reihe bereits vorhandener Modelle zu integrieren bzw. so zu ergänzen, dass die wechselseitige Abhängigkeit der Voraussetzungen, Prozesse und (Zwischen-)Ergebnisse an den verschiedenen Stellen innerhalb des Gesamtprozesses abgebildet werden kann. Ausgehend von den bisherigen Ausführungen werden dabei folgende Anforderungen an das Modell gestellt: Das Modell soll

- den gesamten Wirkmechanismus des Qualitätssicherungsprozesses in seine wirkungsentscheidenden (Zwischen-)Prozesse zerlegen,

- die aus den (Zwischen-)Prozessen resultierenden (Zwischen-)Ergebnisse benennen,

- die Bedingungen beschreiben, unter denen der jeweilige (Zwischen-)Prozess zu einem Ergebnis führt, das den Wirkmechanismus an dieser Stelle fortsetzt bzw. unterbricht.

Ausgehend von diesen Anforderungen werden nun zunächst einzelne Wirkmodelle aus der Literatur vorgestellt. Diese sollen dann als Grundlage für die Entwicklung eines integrativen Modells unter Berücksichtigung der oben genannten Anforderungen dienen.

2. Wirkmodelle aus der Literatur

Es werden im Folgenden nur wenige Wirkmodelle exemplarisch herausgegriffen und analysiert, die aus unterschiedlichen Forschungslinien und Blickwinkeln auf das Thema externe Evaluation eingehen. Dabei wird nicht chronologisch vorgegangen; vielmehr ist der Konkretisierungsgrad der Modelle für die Reihenfolge der Darstellung ausschlaggebend.

Im Rahmen der Wirkungsforschung von Schulinspektion schlagen Ehren und Visscher (2006) ein Modell zur Auswirkung von Schulinspektion vor (vgl. Abbildung 1).

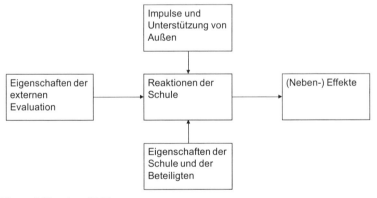

Quelle: Ehren & Visscher, 2006

Abb. 1: Modell zu den Auswirkungen von Schulinspektion

In diesem Modell haben drei Aspekte Einfluss auf die Reaktionen der Schule – während und vor allem nach der Evaluation. Dies sind zum einen die Eigenschaften der externen Evaluation selbst. Ehren und Visscher erwähnen hier den Grad der Reziprozität und das Vertrauen in die Beziehung, darüber hinaus aber auch Kommunikationsstil, Eigenschaften der Rückmeldung, also die Gestaltung des Berichtes, und das Vorbeugen von unerwünschtem Verhalten der Schule. Bei der Unterstützung von außen führen sie den Druck zur eigenen Veränderung, das Unterstützungssystem und bereitgestellte Ressourcen an. Auf der Seite der Eigenschaften der Schule werden beispielsweise die Haltung der schulischen Akteure gegenüber Veränderungen und das Innovationspotential innerhalb der Schule angeführt (ausführliche Beschreibung vgl. Dedering & Müller, 2008).

Die genannten drei Aspekte beeinflussen die Reaktionen der Schule. Ehren und Visscher (2006) unterscheiden hier zwischen intendierten Reaktionen wie Akzeptanz und eigentlichen Verbesserungsmaßnahmen sowie nicht-intendierten Reaktionen wie Ablehnung, Tunnelblick, Kurzsichtigkeit oder Fixierung auf die Messwerte. Je nach Ausformung kommt es dann zu gewissen Effekten oder Nebeneffekten. Als intendierte Effekte führen die Autoren die Verbesserung der schulischen Leistungen und die Verbesserungen der Vorbedingungen für die Verbesserung der Schülerleistungen an.

Bei der Suche nach den eingangs aufgeführten Anforderungen an ein Wirkmodell zur externen Evaluation ergibt sich das in Abbildung 2 dargestellte Bild.

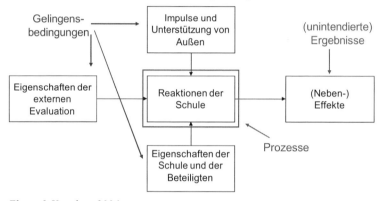

Quelle: Ehren & Visscher, 2006

Abb. 2: Modell zu den Auswirkungen von Schulinspektion – Systematik

Ein Hauptproblem des Modells im Hinblick auf die Anforderungen ist, dass keine Prozess-Teilschritte unter der Rubrik „Reaktionen der Schule" aufgeschlüsselt werden. Demnach werden auch keine Prozessergebnisse offensichtlich. Das Modell ist auf abstrakter Ebene als Einstieg plausibel, aber zu unspezifiziert für das eingangs erwähnte ambitionierte Vorhaben der genauen Identifikation von Problemen der Wirksamkeit.

In den USA kann die theoretische Diskussion zu Evaluation und deren Nutzen auf eine lange Tradition zurückblicken, die bereits in den 1960er Jahren einsetzte, und in deren Folge viele Modelle zur Nutzung von Evaluationsergebnissen entstanden sind (vgl. zu einem genauen Abriss die Diplomarbeit von Denise Winkler, 2009). Implizite wie explizite – empirisch getestete – Nutzungsmodelle unterscheiden zwischen unterschiedlichen Arten der Verwendung von Evaluationsergebnissen: instrumentelle (direkte), konzeptualisierende und legitimatorische Nutzung (vgl. Shadish, Cook & Leviton, 1991, S. 53). Die direkte Nutzung beinhaltet tatsächliche Entscheidungen über Veränderungen in Organisationen auf der Grundlage von Evaluationsergebnissen. Die konzeptualisierende Nutzung ist eine indirekte Wirkung der Evaluation, die langfristig einsetzt, wenn die Akteure auf der Grundlage der Evaluationsergebnisse ihre Einstellungen ändern. Die Meinungen der Akteure werden langsam durchdrungen, und ihr Wissen und Verständnis über die eigene Einrichtung oder das eigene Arbeitsfeld ändern sich (vgl. Weiss & Bucuvalas, 1980, S. 98f.). Wenn die Ergebnisse der Evaluation ausschließlich zur Legitimation und Argumentation, zur Verteidigung bestimmter Positionen, Ziele und Programme verwendet werden, liegt eine legitimatorische Nutzung vor.

Diese Unterscheidung von Nutzungsarten gibt Hinweise auf unterschiedliche Prozesse, die im Nachgang der Evaluation an Organisationen entstehen. Häufig wird bei der Diskussion über die Wirksamkeit externer Evaluation von Einrichtungen aber die instrumentelle Nutzung als Wirksamkeit aufgefasst und deshalb in den Vordergrund gestellt. Sie ist Hauptintention von Evaluation. Ein Modell aus der amerikanischen Forschungstradition, welches die Nutzungsfrage in der Praxis ins Zentrum stellt und bereits empirisch getestet wurde, ist das explizite Nutzungsmodell von Patton (vgl. Abbildung 3).

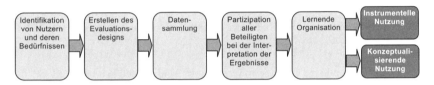

Quelle: Johnson, 1998, S. 99

Abb. 3: Explizites Nutzungsmodell von Patton

Das Modell fokussiert deutlich Prozesse, die im Rahmen der Evaluation noch vor der Berichtübergabe an die Zielgruppe ablaufen. Dies beruht auf der Annahme Pattons, dass insbesondere systematisches und methodisch genaues Vorgehen und die Ausrichtung des Designs der Evaluation am Nutzer entscheidende Wirkvariablen sind. Hinzu kommt die Partizipation aller Beteiligten bei der Interpretation der Ergebnisse, womit der Verbreitungs- und Rezeptionsprozess in seiner Qualität angesprochen ist. Als großer und soziologisch-psychologisch unspezifizierter Baustein in dem Modell folgt auf die Evaluation quasi automatisch die „lernende Organisation" und die instrumentelle und konzeptualisierende Nutzung. An dieser Stelle ist das Modell unterbestimmt. Es fehlt die Darstellung der Gelingensbedingungen und Störfaktoren und der genaue Prozessablauf innerhalb der „lernenden Organisation" mit Blick auf die instrumentelle Nutzung von Evaluationsergebnissen. Jedoch lassen sich durch dieses Modell die bei Ehren und Visscher (2006) benannten „Reaktionen der Schule" mit dem Ansatz der lernenden Organisation, der in seinen Prozessen spezifiziert werden kann, und dem Prozess der Verbreitung und Rezeption sowie der instrumentellen und konzeptualisierenden Nutzung verbinden.

Im europäischen Raum hat sich Margrit Stamm in ihrer 2003 entstandenen Habilitationsschrift „Evaluation und ihre Folgen für die Bildung" mit der Frage befasst, ob und unter welchen Bedingungen Evaluationsergebnisse in Veränderungsprozesse münden. Dafür hat sie bestehende Evaluationstheorien auf ihren Informationsgehalt überprüft und verschiedene Forschungslinien zusammengeführt. Für ihr entwickeltes Nutzungsmodell hat sie neun Schlüsselfaktoren bestimmt:

1. die Evaluation selbst: Abläufe, Interaktionen, Berichterstattung,

2. die Beteiligten und Betroffenen: Auftraggeber, Projektleitung, Feldakteure etc.,

3. die Person des Evaluators,

4. Organisationsmerkmale,

5. Kontext und Interaktionsstrukturen: politische und soziale Hintergründe, Zielsetzungen und Zwecke der Evaluation,

6. die Einschätzung der Nützlichkeit und Anwendbarkeit der Evaluationsbefunde,

7. Ausstreuung (Dissemination) und Verbreitung (Diffusion) der Ergebnisse,

8. Rezeption, Verwendung und Umsetzung der Ergebnisse,

9. die Auswirkungen, die sich aus den vielfältigen Nutzungsprozessen ergeben (vgl. Stamm, 2003, S. 149).

Diese Schlüsselfaktoren sind für eine tiefergehende Analyse der Wirksamkeit gut geeignet, befinden sich aber mit Bezug auf die eingangs angeführte Systematik auf unterschiedlichen Ebenen. Die Faktoren 1, 7 und 8 sprechen Prozesse an, die analysiert werden können. Die Faktoren 2, 3 und 6 beinhalten personale Gelingensbedingungen. Die Faktoren 4 und 5 verweisen eher auf situationale Gelingensbedingungen; Faktor 9 spricht die Ergebnisebene an. Stamm entwickelt schließlich ein Modell (vgl. Abbildung 4), eine „konzeptionelle Anleitung" zur „systematischen und mehrdimensionalen Messung und Analyse des Untersuchungsgegenstandes auf der Basis abhängiger und unabhängiger Variablen" (Stamm, 2003, S. 151).

Das Modell von Stamm weist mit den Interaktionsvariablen und Verwendungsvariablen Prozesse der Nutzung aus, jedoch bleibt es auch dort unterbestimmt. Wenn man die direkte Nutzung, d.h. die instrumentelle Nutzung als die intendierte in den Fokus der Betrachtung stellt, so wird auch hier noch nicht deutlich, in welchen Schritten dieser Nutzungsprozess verläuft. Hierfür gibt Patton mit dem Aspekt der lernenden Organisation, der auf Organisationsentwicklungsprozesse (Ziele ableiten, Maßnahmen bestimmen, Maßnahmen umsetzen, Ziele überprüfen) verweist, Anhaltspunkte. Stamms Modell hat hingegen mit den hellgrau ausgewiesenen Feldern einen starken Fokus auf die Vielfalt an Gelingensbedingungen gelegt. Abbildung 5 zeigt die Anwendung der eingangs vorgeschlagenen Systematik auf das Modell von Margrit Stamm. Die legitimatorische und die konzeptualisierende Nutzung sind hier als (un)intendierte Nebenergebnisse ausgewiesen.

Eine Darstellung der Prozesse und Schritte nach einer Evaluation erfolgte im deutschsprachigen Raum auch im Rahmen der WALZER-Studie (Helmke & Schrader, 2001; Schrader & Helmke, 2003, 2004). Diese beziehen ihren Ansatz allerdings aus der Rückmeldung von Leistungsergebnissen von Schülern in Kompetenztests (Mathematikkompetenz in der 8. Klasse) von Schülern an die Lehrerschaft einer Schule (vgl. Abbildung 6).

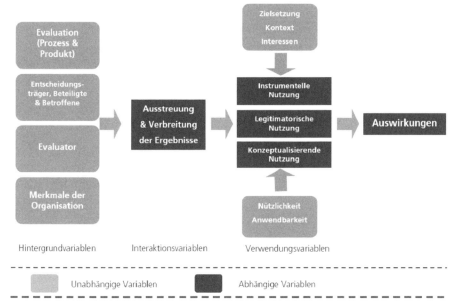

Quelle: Margrit Stamm, 2003

Abb. 4: Metatheoretisches Nutzungsmodell

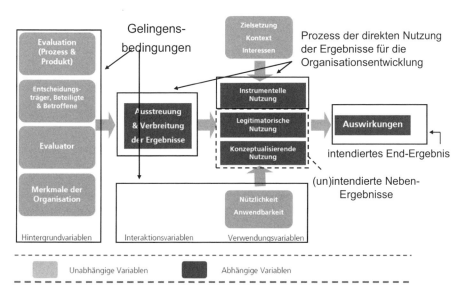

Quelle: Margrit Stamm, 2003

Abb. 5: Metatheoretisches Nutzungsmodell – Systematik

Dieses Modell weist bezüglich der Prozesse und Gelingensbedingungen schon eine hohe Spezifizierung auf. Es werden viele Rahmenbedingungen angeführt, die für eine gewinnbringende Verarbeitung von Evaluationsergebnissen an einer Schule ausschlaggebend sind. Das Modell kann als prozesshafte und inhaltliche Konkretisierung des Modells von Ehren und Visscher aufgefasst werden. So findet sich in dem Begriff Rückmeldung der Einflussfaktor der externen Evaluation selbst. Auf der Seite der Impulse und Unterstützung von außen wird die Unterstützung durch die Schulaufsicht angeführt. Einen breiten Raum nehmen bei Helmke und Schrader die Rahmenbedingungen der Schule ein. Während bei Ehren und Visscher die individuelle Perspektive betont wird, vollziehen Helmke und Schrader die Trennung zwischen personalen Bedingungen und situativen Rahmenbedingungen der Schule (z.B. schulinterne Faktoren, schulinternes Klima). Zudem werden durch die aufgeführten externen Angebote zusätzliche Aspekte der Systemebene in das Modell integriert.

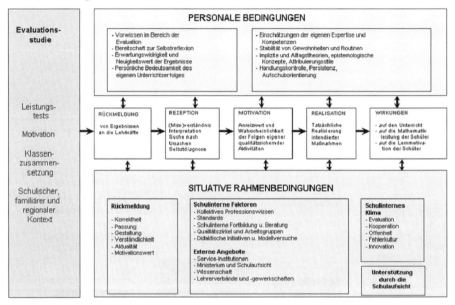

Quelle: Helmke & Schrader (2001)

Abb. 6: Rahmenmodell der Wirkung von Evaluationsrückmeldungen

Hinsichtlich der Prozesse nach einer erfolgten Evaluation unterscheiden Helmke und Schrader zwischen der Rezeption, Motivation, Realisation und einer abschließenden Wirkung. Insbesondere die angeführten personalen Rahmenbedingungen können auf jeden der aufgeführten Prozesse Wirkung entfalten und sind damit nicht einzelnen Prozessen in ihrer Hauptwirkung zugeordnet. Sie beziehen sich zudem hauptsächlich auf die Gruppe der Lehrer, was dem Thema Leistungsrückmeldung geschuldet ist.

Mit Blick auf die Prozesse kann in Frage gestellt werden, ob sie in ausreichendem Maße auch für die externe Schulevaluation ausgeführt sind. Während Rezeption inhaltlich genauer definiert werden muss, darf nicht vergessen werden, dass die Verbreitung der Ergebnisse ein Bestandteil der Rückmeldung bzw. der Rezeption ist. Ob Motivation als Prozess zu fassen ist, ist fraglich. Als psychologische Variable muss sie eher bei den personalen Bedingungen verortet werden, weil sie eine Voraussetzung darstellt, die zwar durch optimale Rückmeldung beeinflusst werden kann, aber doch immer auch schon individuelle Disposition der Akteure ist und von noch weiteren, externen Faktoren als denen der Rückmeldung und Rezeption bestimmt wird.

Helmke und Schrader unterscheiden nicht zwischen Prozessen und Ergebnissen dieser Prozesse. Beides sind aber Elemente, die die Wirksamkeit beeinflussen können und die bei empirischen Erhebungen getrennt untersucht werden müssen. Es handelt sich um eine andere Diagnose, ob ein Prozess nicht gut läuft oder aber das Ergebnis des Prozesses eine gewisse Qualität nicht aufweist, die für die Wirksamkeit entscheidend wäre. So liegt am Ende der Rückmeldung der Evaluationsergebnisse ein Bericht vor. Man kann hier zwei Forschungsfragen unterscheiden: 1. Wie muss der Prozess der Rückmeldung gestaltet sein, um wirksam zu sein? 2. Wie muss ein Bericht gestaltet sein, um optimal rezipiert zu werden? Auch die Systematik der Gelingensbedingungen kann kritisch reflektiert werden. Was sich hinter den personalen Faktoren verbirgt, erscheint ungeordnet: vom Wissen bis hin zur Handlungskontrolle sind hier psychologische, emotionale und kognitive Dispositionen mit Handlungstheorien verbunden.

Wendet man die eingangs angeführte Systematik auf das Modell von Helmke und Schrader an, ergibt sich das in Abbildung 7 dargestellte Bild.

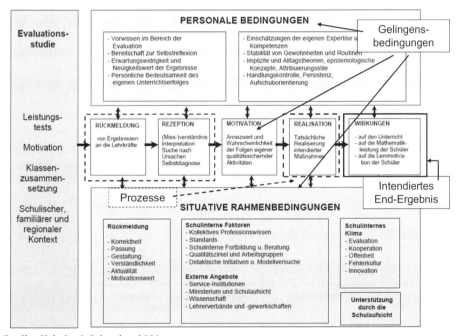

Quelle: Helmke & Schrader, 2001

Abb. 7: Rahmenmodell der Wirkung von Evaluationsrückmeldungen – Systematik

3.   Integratives Modell der Wirksamkeit

Nach Sichtung einiger Modelle aus der Literatur stellt sich nun die Frage, welche Darstellung am ehesten geeignet ist, den gesamten Qualitätssicherungsprozess gemäß der eingangs aufgeführten Anforderungen abzubilden.

Anforderung 1: Das Modell sollte ermöglichen, den gesamten Wirkmechanismus des Qualitätssicherungsprozesses in seine wirkungsentscheidenden (Zwischen-)Prozesse zu zerlegen.

Gemäß dieser Anforderung gilt es zunächst zu identifizieren, welches die wesentlichen wirkungsentscheidenden Zwischenprozesse sind, aus denen sich der gesamte Wirkmechanismus zusammensetzt. Als Anhaltspunkt für die Qualifikation eines Prozesses als „wirkentscheidend" wird dabei in Anlehnung an Deming (2000) angenommen, dass der Qualitätssicherungsprozess einem Problemlöseprozess gleicht, der, um erfolgreich zu sein, vier wesentliche Phasen durchlaufen muss (Demingkreis, PDCA-Zyklus oder auch Shewhart cycle): Eine Phase der Planung (plan), eine Phase der Umsetzung des Geplanten (do), eine Phase der Erfolgskontrolle (check) und schließlich eine Phase der Schlussfolgerung bzw. Einführung der neuen Lösung (act). Ferner soll anknüpfend an das individualpsychologische Handlungsregulationsmodell von Heckhausen (1987) davon ausgegangen werden, dass vor Eintritt in die Planungsphase zunächst eine entscheidende imaginäre Schwelle – im Fall von Schule kollektiv – überschritten werden muss, damit qualitätssichernde Handlungen eine realistische Chance haben, ausgeführt zu werden. Heckhausen benennt diese Schwelle metaphorisch als „Rubikon" und markiert damit den Übergang vom „Abwägen" verschiedener Alternativen zur zielgerichteten – im Fall von Schule kollektiven – „Absicht" bzw. Intention, etwas Konkretes in Angriff zu nehmen (vgl. Abbildung 8). Ebenso in Anlehnung an Heckhausen wird eine weitere kritische Schwelle am Übergang von der Planungs- zur Handlungsphase angenommen, an der es zur eigentlichen Handlungsinitiierung kommt.

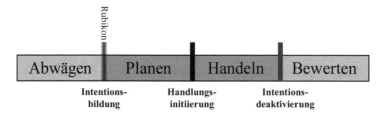

Quelle: Heckhausen, 1987

Abb. 8: Rubikonmodell der Handlungsregulation

Damit wird der Demingkreis um einen Dreh- und Angelpunkt erweitert, an dem sich entscheidet, ob der Qualitätssicherungsprozess vor Ort „versickert" oder aber soweit Gestalt annimmt, dass konkrete Maßnahmen in Angriff genommen werden können. Gleichzeitig werden zwei kritische Übergänge markiert, die den Gesamtprozess in drei Wirkphasen einteilen: Vor dem Rubikon (Phase 1), zwischen Rubikon und Handlungsinitiierung (Phase 2) und nach der Handlungsinitiierung (Phase 3).

Ausgehend von diesen Annahmen sollte das Modell also in der Lage sein, zumindest die vier aufeinanderfolgenden Zwischenprozesse des Demingkreises abzubilden, wobei eine fünfte Phase benötigt wird, um gemäß dem Handlungsregulationsmodell von Heckhausen den Übergang vom „Abwägen" zum „Planen" zu markieren.

Berücksichtigt man, dass in einem *Wirkmodell zur externen Evaluation* die Phase der Bewertung (check), sprich der Evaluation selbst, nicht am Ende, sondern am Anfang des gesamten Qualitätssicherungsprozesses steht, so lassen sich die entsprechenden Phasen am ehesten im Rahmenmodell zum WALZER-Projekt (vgl. Abbildung 6 nach Helmke & Schrader, 2001) wiederfinden. Die Prozesse *Evaluation* (inklusive *Rückmeldung*) und *Realisation* würden dann dem „check" und „do" unmittelbar entsprechen. Die übrigen Prozesse erscheinen zwar nicht direkt, können aber aus den restlichen Phasen erschlossen werden. So könnte z.B. der Prozess der *Rezeption* so erweitert interpretiert werden, dass auch der Prozess der *Reflexion* mit eingeschlossen ist und damit das „Abwägen" vor dem Rubikon abgebildet wird. Gleichzeitig ließe sich im WALZER-Modell die *Wirkung* so differenzieren, dass ein Teil davon als „act" im Sinne einer „neuen Praxis" verstanden werden könnte, die sich aufgrund der Maßnahmen an der Schule etabliert. Damit bliebe noch der Prozess der *Planung* zu ergänzen, welcher in keinem der erwähnten Modelle als eigene Einheit wiederzufinden ist.

Anforderung 2: Das Modell sollte ermöglichen, die aus den (Zwischen-)Prozessen resultierenden (Zwischen-)Ergebnisse zu spezifizieren.

Diese Anforderung ergibt sich aus der Annahme, dass letztendlich nicht – wie in den meisten Sequenzmodellen (z.B. Patton, vgl. Abbildung 3 nach Johnson, 1998) dargestellt – die Prozesse selbst in den nächsten Prozess eingehen, sondern deren jeweiliges Ergebnis. Je nachdem, ob dabei der entsprechende „Soll"-Zustand (vgl. Anforderung 1.) resultiert oder nicht, läuft der daran anschließende Prozess unter anderen Voraussetzungen ab, was wiederum den gesamten weiteren Verlauf beeinflussen kann.

Diese Trennung von Prozess und Ergebnis ist in keinem der bisher betrachteten Modelle konsequent umgesetzt. Bei dem WALZER-Modell wäre es zwar denkbar, die *Motivation* (vgl. Abbildung 6) als ein prozessspezifisches Zwischenergebnis zu interpretieren. Nach Heckhausen wäre Motivation jedoch weniger eine eigene Phase als vielmehr eine Antriebskraft, welche den Übergang zwischen „Abwägen" und „Planen" beeinflusst und somit eine zentrale Bedingung für den Fortlauf des Qualitätssicherungsprozesses darstellt.

Um das Modell nun dennoch gemäß Anforderung 2 um die Zwischenergebnisse erweitern zu können, gilt es, ein Vorgehen zu bestimmen, nach dem plausible Ergebnisse soweit wie möglich aus den gegebenen Prozessen abgeleitet werden können. Dafür soll erneut auf die Idee zurückgegriffen werden, dass die Wirkung der externen Evaluation vermittelt über die Veränderung von relevanten schulischen und unterrichtlichen Prozessen ein bestimmtes Endergebnis beeinflussen soll. Dies kann nur geschehen, wenn die Wirkung ausgehend von der Feststellung eines bestimmten IST-Zustands (durch das Evaluationsverfahren) sich von Zwischenprozess zu Zwischenprozess fortsetzt, bis der entsprechende SOLL-Zustand erreicht ist.

Unter der Annahme, dass es sich bei der Qualitätsentwicklung um einen gesteuerten Prozess handelt, lassen sich nun für die Weitergabe dieser Wirkung gewissermaßen notwendige Voraussetzungen ableiten, ohne die der entsprechende Sachverhalt nicht als intendierte Folge gezielter Aktivitäten eintreten kann. Zum Beispiel kann eine Veränderung in Richtung SOLL-Zustand nur dann als Resultat gerichteter Aktivitäten gewertet werden, wenn zuvor Maßnahmen durchgeführt wurden, welche auch auf eben jene Entwicklung abzielten. Die durchgeführten Maßnahmen wären somit ein Ergebnis des vorhergehenden Prozesses, welches für die gesteuerte „Weitergabe" der Wirkung an die nächste Phase (act) notwendig ist.

Ähnlich kann man sagen, dass entsprechende Maßnahmen nur dann als Folge eines gesteuerten Prozesses gesehen werden können, wenn zuvor auch der Plan bzw. das Ziel oder die Absicht bestand, eine auf das Ziel bezogene Maßnahmen durchzuführen. Ein entsprechend festgelegtes Ziel wäre dann das Ergebnis der Phase des Planens (plan), welcher für die Weitergabe der Wirkung an die Phase des Handelns (do) notwendig ist. Die Planung selbst setzt voraus, dass nach entsprechender Rezeption bzw. Reflexion eine realistische Vorstellung davon existiert, wie der Qualitätszustand der Schule ist. Das wiederum setzt voraus, dass dieser Zustand auch so zurückgemeldet bzw. im Sinne des „check" während der Evaluation erfasst wurde, dass eine dem Bericht entsprechende Vorstellung über die schulische Qualität daraus abgeleitet werden kann. Auf diese Weise lässt sich aus den notwendigen Voraussetzungen für die Weitergabe der Wirkung an einen bestimmten Zwischenprozess das jeweilige Zwischenergebnis des unmittelbar vorausgehenden Prozesses bestimmen.

Anforderung 3: Das Modell sollte ermöglichen, die Bedingungen zu beschreiben, unter denen der jeweilige (Zwischen-)Prozess zu einem Ergebnis führt, das den Wirkmechanismus an dieser Stelle fortsetzt bzw. unterbricht.

Während es bisher gewissermaßen um die längsschnittliche Modellierung der gesamten „Kette" aufeinander bezogener Prozesse und Ergebnisse ging, steht bei der letzten Anforderung nunmehr die querschnittliche Betrachtung des einzelnen Zwischenprozesses im Fokus. Hier geht es nicht mehr um die allgemeine Frage nach den zentralen Prozessen und Ergebnissen, sondern um die Bedingungen, unter denen ein konkreter Zwischenprozess „vor Ort" zu dem notwendigen bzw. zu einem anderen Zwischenergebnis (vgl. Ausführungen zu Anforderung 2) führt.

An dieser Stelle soll nun folgende Annahme gemacht werden: Jeder einzelne der in Anlehnung an Deming und Heckhausen formulierten Prozesse lässt sich im Wesentlichen als *Verhalten von Personen* darstellen. Z. B. umfasst der Rezeptions-/Reflexionsprozess mindestens eine Person, die sich mehr oder weniger mit dem Evaluationsbericht auseinandersetzt und die daraus gewonnen Erkenntnisse an keine, eine oder mehrere andere Personen kommuniziert. Das Gleiche kann auch für die Planungs- und Handlungsphase angenommen werden, usw. Ausgehend von dieser Annahme lassen sich nun die Gelingensbedingungen für einen bestimmten Zwischenprozess in Anlehnung an v. Rosenstiel (1999) als Bedingungen des Verhaltens interpretieren. Von Rosenstiel unterscheidet dabei personale von situationalen Bedingungen, wobei erstere das *persönliche Wollen* und *individuelle Können*, letztere das *soziale Dürfen* und die *situative Ermögli-chung* umfassen (vgl. Abbildung 9).

Quelle: Eigene Darstellung in Anlehnung an v. Rosenstiel, 1999

Abb. 9: Bedingungen des Verhaltens

Die grobe Einteilung in personale und situationale Faktoren findet sich auch im Rah-menmodell des WALZER-Projekts von Helmke und Schrader (vgl. Abbildung 6). An-ders als v. Rosenstiel wird hier jedoch nicht explizit zwischen eher motivationalen (Wol-len) bzw. fähigkeitsspezifischen (Können) Faktoren auf der einen und eher ressourcenbe-dingten (Ermöglichung) bzw. interaktionsspezifischen (Dürfen und Sollen) Faktoren auf der anderen Seite unterschieden. Gerade diese Einteilung erscheint jedoch insbesondere aus steuerungspolitischer Sicht günstig, da aufgrund der Kategorisierung Ansatzpunkte für die Optimierung der jeweiligen Prozesse abgeleitet werden können. Zeigt sich bei-spielsweise in entsprechenden Untersuchungen, dass das Gelingen eines bestimmten Pro-zesses sehr stark durch die fehlende Fähigkeit der betroffenen Personen vor Ort beein-trächtigt wird, könnten entsprechende Unterstützungsangebote bereitgestellt werden. Aus diesem Grund sollen die von v. Rosenstiel vorgeschlagenen Kategorien der Verhaltens-bedingungen zur Beschreibung der entsprechenden Gelingensbedingungen in das Modell aufgenommen werden.

4.   Wirkmodell zur externen Evaluation

Der nun folgende Vorschlag für ein Gesamtmodell (s. Abbildung 10) ist als heuristisches Modell gedacht, soll also in erster Linie einen Rahmen für die differenzierte Untersu-chung der Wirkung von externer Evaluation bieten. Die dargestellten Verbindungen zwi-schen einzelnen Bestimmungsstücken basieren somit auf der Annahme, dass bestimmte Prozesse in bestimmten Ergebnissen *resultieren* (gerade Verbindung), und dass ferner bestimmte Ergebnisse als Grundlage für das weitere Handeln in bestimmte Prozesse *ein-gehen* (eckige Verbindung). An den Stellen, wo kausale Beziehungen angenommen wer-den, d. h. zwischen den Gelingensbedingungen und dem Verlauf bestimmter Prozesse, sind keine Pfeile dargestellt. Hier sind zwischen und innerhalb der vier Bedingungen des Verhaltens (Motivation, etc.) so vielfältige Einflüsse in beide Richtungen möglich, dass, will man eine differenzierte Kombination wechselseitiger Zusammenhänge von allen Be-dingungen mit allen Prozessen abbilden, die Darstellung sehr komplex würde. Für heuristische Zwecke scheint es zum derzeitigen Stand des Modells hilfreicher, die vier zentralen Gelingenskategorien als Orientierungspunkt für die relativ unvoreingenommene Durchführung oder ggf. auch Einordnung empirischer Studien zu nutzen. Neben den „Ergebnissen" sind zusätzlich die „intendierten Ergebnisse" aufgeführt. Es handelt sich hierbei um die im vorherigen Teil erwähnten notwendigen Voraussetzungen für die intendierte Wirkung. Das Modell besteht somit aus insgesamt vier Säulen. Die mittleren Säulen 2 und 3 (und gewissermaßen auch 4) bilden den Qualitätssicherungsprozess vertikal in einzelnen Wirksequenzen ab. Säule 1 hingegen kann als Ausgangspunkt für die horizontale Betrachtung des Modells genutzt werden, bei welcher der Weg von einem der vier Kategorien hin zu einer bestimmten Stelle innerhalb des Gesamtprozesses verläuft, wobei ein einzelner Zwischenprozess mit Zwischenergebnis fokussiert wird.

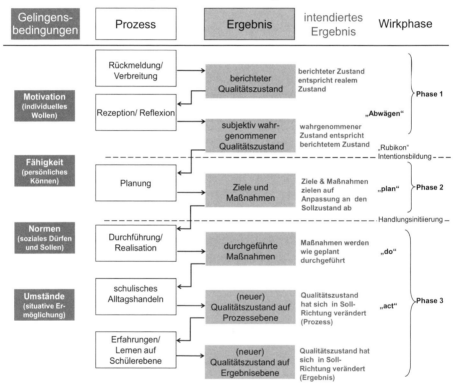

Abb. 10: Wirkmodell der externen Evaluation

In Anlehnung an Deming und Heckhausen bzw. an Helmke und Schrader (2001) werden folgende Prozesse unterschieden: *Rückmeldung/Verbreitung, Rezeption/Reflexion* (Abwägen), *Planung* (plan), *Durchführung/Realisation* (do), *schulisches Alltagshandeln* (Einführung der Lösung im Sinne des „act"). Angesichts der im ersten Teil formulierten Thesen wird zusätzlich noch der Prozess *Erfahrungen/Lernen auf Schülerebene* ergänzt, um die Wirkung der veränderten schulischen und unterrichtlichen Prozesse darstellen zu können.

Ausgehend von den jeweils notwendigen Voraussetzungen für die gesteuerte Weitergabe der Wirkung werden folgende Zwischenergebnisse in das Modell aufgenommen: *berichteter Qualitätszustand* (als Ergebnis des Prozesses *Rückmeldung / Verbreitung*), s*ubjektiv wahrgenommener Qualitätszustand* (Prozess: *Rezeption / Reflexion*), *Ziele und Maßnahmen* (Prozess: *Planung*), *durchgeführte Maßnahmen* (Prozess: *Durchführung / Realisation*), *(neuer) Qualitätszustand auf Prozessebene* (Prozess: *schulisches Alltagshandeln*) und schließlich *(neuer) Qualitätszustand auf Ergebnisebene* (Prozess: *Erfahrungen / Lernen auf Schülerebene*).

Unter der Annahme, dass sich die oben beschriebenen Prozesse als Verhalten von Personen beschreiben lassen, werden außerdem in Anlehnung an v. Rosenstiel (1999) folgende Bedingungen des Verhaltens als prozessspezifische Gelingensbedingungen in das Modell mit aufgenommen: *persönliches Wolle*n, *individuelles Können, soziales Dürfen und Sollen* und *situative Ermöglichung*. Diese Kategorien sollen als Grundlage für die Untersuchung entsprechender Gelingensbedingungen für jeden einzelnen Zwischenprozess dienen.

Komplettiert wird das Modell schließlich durch die Aufnahme der in Anlehnung an Heckhausen angenommenen zwei kritischen Schwellen: der „Rubikon" zwischen Abwägen und Planen als Punkt, an dem die *Intentionsbildung* stattfindet, und der Übergang zwischen Planen und Handeln als Punkt, an dem die eigentliche *Handlungsinitiierung* einsetzt[2].

5. Zusammenfassung und Ausblick

Mit dem hier vorgeschlagenen Modell lassen sich für die Frage nach der Wirksamkeit von externer Evaluation einige wesentliche Schlüsse für die Praxis ziehen. Zum einen lässt sich nach dieser Modellvorstellung die Wirksamkeitsfrage nicht einfach pauschal stellen, sondern muss differenziert an den jeweils relevanten Stellen innerhalb des Qualitätssicherungsprozesses ansetzen. Zum anderen reicht es nicht aus, lediglich die Prozesse zu betrachten. Es muss genauso untersucht werden, unter welchen Bedingungen ein bestimmter Zwischenprozess *das* Zwischenergebnis hervorbringt, das für die Fortsetzung der Wirkung notwendig ist. Damit erscheint die große Frage der Wirksamkeit in zahlreiche kleine „Zwischenfragen" zu zerfallen, welche erst nach und nach beantwortet werden müssen, bevor tatsächlich etwas über die Wirkung der externen Evaluation gesagt werden kann. Das Modell wäre dann hilfreich, wenn es es ermöglicht, die vielen kleinen Puzzlestücke zu einem zusammenhängenden Ganzen zu verbinden. Dabei stehen mit Sicherheit noch viele Ergänzungen und Modifikationen bevor. Die hier vorgenommene Auswahl von Zwischenprozessen und -ergebnissen muss sich z.B. erst noch empirisch bewähren. Das Gleiche gilt für die Gelingensbedingungen sowie für die Frage, in wieweit aus der Individualpsychologie entlehnten Konstrukte wie z. B. der „Rubikon" auch

---

2   Die Planungsphase ist häufig in einen Zielvereinbarungsprozess zwischen Schule und Schulaufsicht eingebettet. Hiermit wird ein gewisser Handlungsdruck erzeugt; die Verbindlichkeit der Zielerreichung wird durch eine schriftliche und terminierende Vereinbarung erhöht. Der Zielvereinbarungsprozess stellt damit eine externe Gelingensbedingung für die Ziel- und Maßnahmeplanung dar, die im Sinne Rosenstiels als „Soziales Dürfen und Sollen" aufzufassen wäre.

für die Beschreibung von Organisationsprozessen geeignet sind, die institutionell oder kollektiv ablaufen. Mit den Gelingensbedingungen müssten beispielsweise Phänomene abgebildet werden können, die mit den schulischen oder gesetzlichen Rahmenbedingungen zusammenhängen. Die entsprechenden Kategorien wären die „situative Ermöglichung" bzw. das „soziale Dürfen und Sollen". Letztere sollte auch Einflussfaktoren wie z.b. die Erwartungen des Schulleiters an das Kollegium bzw. das innovative Schulklima erfassen können. Zum aktuellen Zeitpunkt ist das Modell vor allem ein heuristisches Rahmenmodell und damit ein Ausgangspunkt für eine differenzierte Auseinandersetzung mit einer Frage, deren Beantwortung aus Sicht der Autoren dieses Artikels eben mehr erfordert als lediglich die Betrachtung des Endergebnisses.

Literatur

Dedering, K. & Müller, S. (2008). Schulinspektion in Deutschland: Forschungsbereiche und -desiderate. In W. Böttcher, W. Bos, H. Döbert & H.-G. Holtappels (Hrsg.), *Bildungsmonitoring und Bildungscontrolling in nationaler und internationaler Perspektive. Dokumentation zur Herbsttagung der Kommission Bildungsorganisation, -planung, -recht* (S. 241–252). Münster: Waxmann.

Deming, W. E. (2000). *The new economics: For industry, government, education* (2nd ed.). Cambridge, Mass.: MIT Press.

Ditton, H. (2000). Qualitätskontrolle und Qualitätssicherung in Schule und Unterricht. Ein Überblick zum Stand der empirischen Forschung. *Zeitschrift für Pädagogik, 41. Beiheft,* 73–92.

Ditton, H. (2002). Evaluation und Qualitätssicherung. In R. Tippelt (Hrsg.), *Handbuch Bildungsforschung* (S. 775–790). Opladen: Leske+Budrich.

Ehren, M. C. M. & Visscher, A. J. (2006). Towards a theory on the impact of school inspection. *British Journal of Educational Studies, 54,* 51–72.

Heckhausen, H. (1987). Perspektiven einer Psychologie des Wollens. In H. Heckhausen, P. M. Gollwitzer & F. E. Weinert (Hrsg.), *Jenseits des Rubikons: Der Wille in den Humanwissenschaften.* (S. 112–142). Berlin: Springer-Verlag.

Helmke, A. (2009). *Unterrichtsqualität und Lehrerprofessionalität. Diagnose, Evaluation und Verbesserung des Unterrichts.* Seelze: Kallmeyer.

Helmke, A. & Schrader, F. W. (2001). Von der Leistungsevaluation zur Unterrichtsentwicklung. Neue Herausforderungen für die Pädagogische Psychologie. In R. K. Silbereisen & M. Reitzle (Hrsg.), *Psychologie 2000* (S. 594–606). Lengerich: Pabst Science Publishers.

Johnson, R. B. (1998). Towards a theoretical model of evaluation utilization. *Evaluation and Programm Planing,* 21, 93–110.

Schrader, F. W. & Helmke, A. (2003). Evaluation und was danach? Ergebnisse der Schulleiterbefragung im Rahmen der Rezeptionsstudie WALZER. *Schweizerische Zeitschrift für Bildungswissenschaften, 25,* 79–110.

Schrader, F. W. & Helmke, A. (2004). Von der Evaluation zur Innovation? Die Rezeptionsstudie WALZER. Ergebnisse der Lehrerbefragung. *Empirische* Pädagogik, 18, 140–161.

Shadish, W. R., Cook, T. D. & Leviton, L. C. (1991). *Foundations of program evaluation. Theories of practice.* Newbury Park: Sage Publications.

Stamm, M. (2003). *Evaluation und ihre Folgen für die Bildung. Eine unterschätzte pädagogische Herausforderung*. Münster: Waxmann.

Rosenstiel, L. von, & Rosenstiel-Regnet-Domsch, v. (1999). *Führung von Mitarbeitern: Handbuch für erfolgreiches Personalmanagement* (4., überarb. Aufl.). Stuttgart: Schäffer-Poeschel.

Weiss, C. H. & Bucuvalas, M. J. (1980). *Social science research and decision making*. New York: Columbia Univ. Press.

Winkler, D. (2009). *Evaluation und dann? Zur Nutzung von Evaluationsergebnissen an Schulen im Freistaat Sachsen*. Unveröffentlichte Diplomarbeit im Studiengang Diplomsoziologie, Universität Dresden.

Stephan Huber & Falk Radisch

Wirksamkeit von Lehrerfort- und -weiterbildung
Ansätze und Überlegungen für ein Rahmenmodell zur theoriegeleiteten empirischen Forschung und Evaluation

Lehrerfort- und -weiterbildung ist als dritte Phase seit jeher ein wichtiger und integraler Bestandteil der Lehrerbildung. Ihre Bedeutung wird auch zunehmend in Praxis, Administration und Forschung anerkannt und diskutiert. Die Frage der Wirksamkeit der Lehrerbildung insgesamt und bezogen auf jede einzelne der drei Phasen jedoch wird im Feld der Lehrerbildungsforschung bzw. der Lehrerforschung[1] bislang eher selten bearbeitet (vgl. Blömeke, 2004a; Haenisch, 1995; Gräsel, Fussangel & Parchmann, 2006; Behringer, 2003, sowie Staudt & Kriegesmann, 1999). So verwundert es nicht, dass im deutschsprachigen Raum immer wieder Forderungen nach verstärkten Forschungsanstrengungen zur Wirksamkeit von Lehrerbildung laut werden – etwa bei Trachsler (1990), Greber, Maybaum, Priebe, & Wenzel (1991), Terhart (2004), Lipowsky (2004). Nachgekommen wird diesen Forderungen bislang allenfalls durch Evaluationsstudien unterschiedlichen Zuschnitts und unterschiedlicher Güte. Oelkers (2000) und Terhart (2000) verweisen aber eindrücklich darauf, dass es bislang noch nicht Standard ist, Evaluationen überhaupt durchzuführen, und die Qualität der durchgeführten Evaluationen zudem nicht immer hoch ist. Gemeinsam scheint diesen Anstrengungen zu sein, dass sie ohne einen gefestigten theoretischen Bezugsrahmen auskommen und hinsichtlich möglicher Wirkzusammenhänge in einem solch komplexen Feld sprichwörtlich im Dunkeln zu tappen scheinen.

Der vorliegende Beitrag beschäftigt sich mit einem sehr grundlegenden Desiderat der Forschung zu Lehrerfort- und -weiterbildung: Wie lässt sich die Wirksamkeit von Maßnahmen der Lehrerfort- und Weiterbildung angemessen beurteilen? Auf welchen Wegen entfaltet sich die Wirksamkeit entsprechender Maßnahmen? Was sind wichtige Determinanten, was maßgebliche Mediatoren und Moderatoren der Wirksamkeit?

1. Die Situation der Lehrerfort- und -weiterbildung

Einbettung in die drei Phasen der Lehrerbildung

Die Lehrerbildung ist gekennzeichnet durch eine formelle und strukturelle Unterteilung in drei Phasen (vgl. die Beschreibung im Handbuch Lehrerbildung von Blömeke, Reinhold, Tulodziecki, & Wildt, 2004): Die beiden ersten Phasen stellen dabei die Lehrerausbildung dar (die erste Phase der Ausbildung an Universitäten und Pädagogischen Hochschulen (vgl. Blömeke, 2004b) und die zweite Phase der Ausbildung an Studiensemina-

---

1 Verstanden als Forschung, die Aspekte des Lehrerberufs zum Gegenstand hat; abzugrenzen von der Lehrerforschung, die als Handlungsforschung/Aktionsforschung bzw. Praxisforschung verstanden wird, bei der das Hauptmerkmal eine forschende Tätigkeit von Praktikerinnen und Praktikern (also der Lehrkräfte selbst) ist (vgl. dazu etwa Altrichter & Posch, 2008 und Rahm & Schratz, 2004)

ren und Schulen (vgl. Lenhard, 2004)). Die dritte Phase beginnt mit dem Berufseintritt und setzt sich als „Lernen im Beruf" über die gesamte Spanne der Berufsausübung fort (vgl. Daschner, 2004)[2].

Zwar wird die Bedeutung einer verstärkten Verzahnung und wechselseitigen Bezugnahme der einzelnen (Aus-)Bildungsphasen betont (Hericks, 2004 sowie die Gemischte Kommission Lehrerbildung der KMK, vgl. Terhart, 2000), doch besitzt die dritte Phase einen eigenen Charakter und lässt sich nach Terhart (2000) von den beiden ersten Phasen vor allem durch den Zeitfaktor, den höheren Praxisbezug, den berufsbegleitenden Charakter, die unterstützende Wirkung, die Abwesenheit von Prüfungen, die Pluralität der Anbieter sowie die Freiwilligkeit der Auswahl der Themen abgrenzen.

Steigende Bedeutung der dritten Phase, aber noch keine systematische Nutzung

Weitgehend einig ist man sich in der Literatur über die steigende Bedeutung der dritten Phase der Lehrerbildung (vgl. zur Bedeutung von Fort- und Weiterbildung im Allgemeinen Behringer, 2003). Daschner (2004) etwa verweist darauf, dass durch gestiegene Komplexität und gestiegene Anforderungen im Lehrerberuf sowie eine stetige Veränderung der Bedingungen des „Schulehaltens" eine kontinuierliche Lehrerfort- und -weiterbildung immer wichtiger wird (vgl. auch Reusser & Tremp, 2008). Gleichzeitig folgt Lehrerfort- und -weiterbildung in aller Regel keiner systematischen Entwicklungsperspektive. Sie tut dies auf individueller Ebene in aller Regel auch nicht unter dem Label „Personalentwicklung" – in aller Regel erst recht nicht auf organisationeller Ebene im Sinne eines „Wissens- und Qualifikationsmanagements" der Organisation. Planung und Ausrichtung des Angebots wie auch die immer noch vornehmlich individuelle Auswahl von Themen und Angeboten basieren oftmals nicht auf bedarfsorientierten und auf „Nachhaltigkeit" orientierten Kriterien, sondern geschehen pragmatisch, interessengeleitet, kurzfristig ausgerichtet und oft auch gänzlich planlos (vgl. etwa Reusser & Tremp, 2008, S. 6). Eine Veränderung dieser unbefriedigenden Situation, wie sie der Begriff „Personalentwicklung" implizieren würde, wird zwar oft auch im Zusammenhang mit Schulqualität, Schulentwicklung und neuen Formen des Schulmanagements gefordert (vgl. etwa speziell für die österreichische Situation Krainz-Dürr, 1999; aber auch Böckelmann & Mäder, 2007, und Huber, 2009a), steht im deutschsprachigen Raum aber erst am Anfang und ist mit Sicherheit noch nicht flächendeckend festzustellen.

Themenspektrum von Fort- und Weiterbildungsangeboten

Die bisherigen Fort- und Weiterbildungsangebote sind inhaltlich recht unterschiedlich ausgerichtet. Ihr Themenspektrum ist breit. Generell können die Angebote differenziert werden in folgende zentrale Inhaltsbereiche (Huber, 2009b):

- Fachwissenschaft,

---

2   Abweichend von dieser üblichen Einteilung beschreiben Keuffer & Oelkers (2001) insgesamt vier Phasen, indem sie für die dritte Phase unterscheiden zwischen der Phase des Berufseinstieges und der Phase des Lernens im Beruf. Auch die gemischte Kommission Lehrerbildung der KMK differenziert bei der Beschreibung der dritten Phase zwischen der Berufseingangsphase und dem Lernen im Beruf, betrachtet diese aber unter der dritten Phase insgesamt und unterscheidet nicht in jeweils eigenen Phasen (vgl. Terhart, 2000, S. 127ff.).

- Fachdidaktik,
- Allgemeine Didaktik / Lehr-Lernforschung / Neurowissenschaften,
- Erziehungswissenschaft / Allgemeine Pädagogik / Familien- / Sozialpädagogik / Pädagogische Psychologie,
- Neue Medien und Lerntechnologien,
- Schulqualität / Schulentwicklung,
- Schulmanagement.

Traditionelle Fort- und Weiterbildung und neue Entwicklungen

Neben den bekannten Zugängen zu Fort- und Weiterbildungsangeboten entstanden in den letzten Jahrzehnten neue Formen. Gegenüberstellen lassen sich Nachfrageorientierung und Angebotsorientierung, schulexterne zentrale, schulexterne dezentrale und schulinterne Fort- und Weiterbildung (vgl. Huber, 2009b).

Eine Bedarfsorientierung in der Fort- und Weiterbildung muss berücksichtigen, dass sich der Bedarf an Fort- und Weiterbildungsmaßnahmen nach den individuellen Bedürfnissen von schulischen Akteuren ebenso wie nach institutionellen, die Einzelschule betreffenden Bedürfnissen sowie nach aktuellen bildungspolitischen Vorhaben und Entwicklungen im Schulsystem richtet. Zudem kann aufgrund von wissenschaftlichen Erkenntnissen der Schul- und Bildungsforschung Bedarf formuliert werden. Gleichzeitig soll Nachhaltigkeit erreicht werden, indem der Transfer in die Praxis gelingt. Die Bewältigung des beruflichen Alltags soll erleichtert werden, wozu der Erwerb von Kompetenzen gehört, die im beruflichen Handeln wirksam werden.

In der Fachdiskussion stehen heute nicht mehr ausschließlich Fortbildungskurse, sondern weitere Formen und Ansätze in der Fort- und Weiterbildung von Lehrenden im Mittelpunkt. Angeregt wird, multiple Lernanlässe in der Fort- und Weiterbildung zu schaffen. Darunter sind sowohl kognitiv-theoretische Lernformen (Vorträge oder Selbststudium), die in erster Linie der Informationsvermittlung dienen, als auch kooperative (z. B. Gruppenarbeit) und kommunikativ-prozessorientierte Verfahrensweisen (z. B. Projektarbeit) sowie reflexive Methoden (z. B. Self-Assessment und Feedback sowie Supervision).

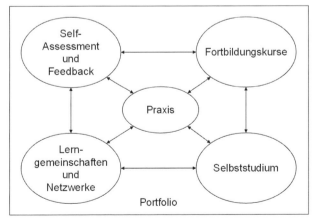

Abb. 1: Lernanlässe der Fort- und Weiterbildung (Huber, 2009b)

2. Wirksamkeit von Fort- und Weiterbildung

Die Untersuchung der Wirksamkeit von Lernumgebungen im Allgemeinen und von Maßnahmen der Lehrerfort- und -weiterbildung im Speziellen ist komplex und aufwändig. Die komplexen und ausdifferenzierten Wirkungszusammenhänge, die Einbindung in verschiedene Kontexte auf unterschiedlichen Ebenen verbieten einfache und monokausale Vorgehensweisen. Vielmehr stellt sich die Notwendigkeit einer theoretischen Einbindung und eines fundierten Rahmenmodells zur Betrachtung der Wirksamkeit von Maßnahmen der Lehrerfort- und -weiterbildung, um einerseits empirische Untersuchungen zu ermöglichen und zu strukturieren und andererseits Befunde reflektiert und theoretisch eingeordnet bewerten zu können.

Modelle zur Wirksamkeit von Lernumgebungen aus der Schul- und Unterrichtsforschung

Als Ausgangspunkt für ein Modell der Wirksamkeit von Lehrerfort- und -weiterbildung können Modelle der Wirksamkeit von anderen Lernumgebungen genutzt werden, wie sie etwa aus der Schul- und Unterrichtsforschung bekannt sind. In der Unterrichtsforschung große Verbreitung gefunden haben Angebotsnutzungsmodelle, die in ihrem Ursprung wesentlich auf Arbeiten von Fend zurückgehen (vgl. etwa Fend, 1980; Fend, 2006). Eine der zahlreichen Modifikationen und Weiterentwicklungen ist das Angebots-Nutzungs-Modell der Unterrichtswirksamkeit bzw. das Angebots-Wirksamkeits-Modell von Helmke (vgl. etwa Helmke, 2007a; Helmke, 2007b; Helmke, Helmke, & Schrader, 2007). Ein weiteres Modell wird von Ditton (2000) vorgestellt. Er fokussiert neben der Prozesshaftigkeit vor allem den Mehrebenencharakter speziell des Schulsystems. Er spricht dabei von einer Ebene des Individuums (hier der Schülerin bzw. des Schülers), einer Ebene der Lehr-Lernsituationen (hier des Unterrichts), einer Ebene der Institution (hier der Schule) und einer Ebene des sozial-regionalen Kontextes (vgl. Ditton, 2000, S. 76), die wechselseitig vielfach miteinander verschränkt sind und in diesem komplexen Gefüge gemeinsam und auch je einzeln einen Beitrag zu den Wirkungen leisten.

Modelle zur Wirksamkeit von Lehrerfort- und -weiterbildung

Wenn es um Wirkungen oder Wirksamkeit von Lehrerfort- und -weiterbildung geht, findet man unterschiedliche Begriffsbestimmungen (vgl. Landert, 1999, S. 30ff). Die Palette reicht dabei von „wirksamen" Veranstaltungen, die sich dadurch auszeichnen, dass ihre Teilnehmer zufrieden (bzw. zufriedener als vorher) sind bzw. subjektiv die Veranstaltungen als wirksam einschätzen oder wahrnehmen (vgl. etwa Schwetlik, 1998; Haenisch, 1992), bis hin zu solch distalen Maßen wie etwa verändertem Lehrerhandeln (vgl. Goger, 1984) oder Veränderungen in den Lernergebnissen/Lernzuwächsen usw. der Schülerinnen und Schüler (vgl. die bei Lipowsky, 2004, S. 471f. zitierten Studien und Metaanalysen aus dem angloamerikanischen Raum, etwa Jacob & Lefgren, 2004). Diese Sichtweisen verdeutlichen bereits, dass sich Wirkungen bzw. eine Wirksamkeit von Maßnahmen der Lehrerfort- und -weiterbildung auf verschiedenen Ebenen verorten lassen, die als aufeinander aufbauend verstanden werden können: Ebene Veranstaltungserfolg (Zufriedenheit) – Ebene Lehrerkompetenz – Ebene Lehrerhandeln – Ebene Schülerkompetenzen. Terhart (2004) formuliert dazu: „Die tiefsitzende, alle bisherigen Bemühungen antreibende Grundannahme lautet ja: Bessere Lehrerbildung ‚erzeugt' besser qualifizierte Lehrkräfte, die aufgrund dieser Qualifikationen sichtbar verbesserte Lern- und Erfahrungsprozesse auf Seiten der Schüler ‚erzeugen'." (S. 49). Er merkt aber – zu Recht – an, dass diese sachlich wie zeitlich weitgespannte Kausalkette zwar einleuchtend ist, dass aber über ihre Berechtigung bzw. ihre Gültigkeit bislang wenig bis gar nichts bekannt ist. (S. 49f.)

Landert (1999) versucht, die Begriffe der Wirkung, der Wirksamkeit und des Transfererfolgs bzw. der Nachhaltigkeit voneinander abzugrenzen. Das heißt, während man bei Wirkungen noch eher allgemein und wenig spezifiziert von möglichen durch die Maßnahmen hervorgerufenen Veränderungen spricht, zielt der Begriff der Wirksamkeit spezifischer auf eine Passung zwischen intendierten und tatsächlichen Wirkungen. Der Begriff der Nachhaltigkeit schließlich bezieht sich auf eine stabile und überdauernde Veränderung von Verhalten und Einstellungen bei den Lehrkräften.

Staudt & Kriegesmann (1999) nennen als Ziel von Weiterbildungsmaßnahmen im betrieblichen Bereich die Entwicklung von „Kompetenz zur Handlung" und zielen damit auf eine nachhaltige Wirksamkeit im Sinne von Landert (1999).

Eine interessante Gliederung möglicher Wirkungen bzw. Wirksamkeitsbereiche wird von Kirkpatrick (1994) geleistet. In seinem Modell der Evaluation formuliert er vier Ebenen der Evaluation von Qualifizierungsprogrammen: Level 1: Reaction (Zufriedenheit der Teilnehmenden mit dem Trainingssetting, den Inhalten, den Methoden usw.), Level 2: Learning (kognitiver Lernerfolg/Wissenszuwachs), Level 3: Behaviour (Transfererfolg i.S. eines Handelns entsprechend der Trainingsinhalte), Level 4: Results (Organisationserfolg i.S. eines positiven Niederschlags des Transfers der Trainingsinhalte in der Organisationspraxis bzw. den Organisationsergebnissen). Auch Lipowsky (2004) differenziert in seiner Überblicksarbeit zu Merkmalen erfolgreicher Fortbildungen für Lehrkräfte Wirkungen auf vier Ebenen.

Muijs, Day, Harris, & Lindsay (2004) formulieren ein Modell speziell zur Lehrerfort- und -weiterbildung unter Verweis auf ein Modell von Guskey (2000) mit insgesamt fünf Ebenen der „Wirksamkeit": Level 1: Participants' reactions, Level 2: Participants' learning from Continuing Professional Development, Level 3: Organisational support and change, Level 4: Participants' use of new knowledge and skills, Level 5: Student outcomes. Entscheidend ist die Differenzierung von Wirkungen bei den Teilnehmenden nach Wahrnehmungen, kognitiven, affektiven und verhaltensbezogenen Lerneffekten sowie dem tatsächlichen Transferverhalten der Teilnehmenden. Neben diesen drei teilnehmendenbezogenen Wirkungsebenen werden auch organisationelle Effekte und schülerbezogene Wirkungen unterschieden (vgl. Muijs, et al. 2004, S. 304ff.).

Zuletzt sei auf eine interessante Arbeit von Veenman, Van Tulder, & Voeten (1994) mit einer Sichtung von mehreren angloamerikanischen Meta-Analysen speziell zur Wirksamkeit / Effektivität von „Inservice-Trainings" (entspricht in etwa Schulinterner Lehrerfortbildung) verwiesen. Die Autoren resümieren, dass die Effektivität bezogen auf die Lernresultate der Teilnehmenden zwar groß ist, bezogen auf ein verändertes Lehrerverhalten und auch auf positive Einschätzungen zur Trainingsmaßnahme jedoch nur mittelmäßig ausfällt und in Bezug auf die Schülerinnen und Schüler (und deren Lernresultate) nur noch als gering bezeichnet werden kann (vgl. S. 304). Sie führen diese „abnehmende" Effektivität u.a. auf methodische Schwierigkeiten und auf die komplexen Bedingungsgefüge zurück, die für das Zustandekommen etwa von Lernresultaten der Schülerinnen und Schüler im Unterricht der Teilnehmenden wirksam werden. Haenisch (1995) spricht in diesem Zusammenhang davon, dass die „alleinige Verantwortung der Lehrkraft für das jeweilige Wirkungskriterium (z.B. Lehrerkompetenzen, Verhalten im Unterricht, Schülerleistungen) abnimmt." (S. 4).

Insgesamt lässt sich festhalten, dass sich die dargestellten Differenzierungen und Ordnungssysteme von Wirkungen von Lehrerfort- und -weiterbildungsangeboten jeweils eines ähnlichen Rasters bedienen. Wirkungen von Maßnahmen der Lehrerfort- und -weiterbildung lassen sich nicht eindimensional erfassen. Über alle Autoren hinweg scheint Konsens zu bestehen, dass sie sich auf verschiedenen Ebenen verorten lassen. Neben den Wirkungen bei den Teilnehmenden selbst (Kompetenzen, Einstellungen, Überzeugungen sowie Performanz/konkretes Handeln) werden auch Wirkungen auf die Entwicklung der Schülerinnen und Schüler, aber auch auf die Institution Schule und den Kollegenkreis der Teilnehmenden mit einbezogen.

3. Ein Rahmenmodell zur theoriegeleiteten empirischen Forschung und Evaluation

Für die Ausarbeitung eines Modells der Wirksamkeit von Lehrerfort- und -weiterbildungen lassen sich aus den bereits dargestellten Arbeiten und Modellen wichtige Prämissen und Anforderungen formulieren. Dem aus der Unterrichts- und Schulforschung stammenden Angebots-Nutzungs-Modell (etwa von Helmke, 2007) folgend, muss das Modell die Einbindung der Lernumgebung in die verschiedenen Kontexte und deren geschachtelte Mehrebenenstruktur (Individuum – Lernumgebung / Maßnahme – Anbieter – sozialer / professioneller/regionaler Kontext) berücksichtigen. Es muss weiterhin in den Blick nehmen, dass die Wirkungsweise von Lernumgebungen nicht linear und monokausal / direkt von der Qualität eines Angebots auf eine Wirkung respektive einen Lernerfolg bei den Teilnehmenden schließen lässt. Vielmehr ist die Wirkung abhängig von vielfältigen Prozessen bei den Teilnehmenden. Dies betrifft vor allem die Nutzung der Angebote, die Angebotswahrnehmung sowie die Angebotsbewertung. Für die Kontexte sind vor allem der individuelle und professionsbezogene Kontext der Teilnehmenden, der veranstaltungsspezifische Kontext sowie die gesellschaftlichen Rahmenbedingungen zu berücksichtigen.

Speziell mit Blick auf den konkreten Gegenstand – Maßnahmen der Lehrerfort- und -weiterbildung – steht das Modell in der Pflicht, für die Qualitätsmerkmale den Dualismus von Konzept und Umsetzung zu berücksichtigen. Das Modell sollte sicherstellen, dass beide Ebenen (Konzept und Umsetzung) mit den gleichen Dimensionen abgebildet werden können, um eine etwaige Übereinstimmung oder Diskrepanzen feststellen und Folgen[3] abschätzen zu können. Bei der Berücksichtigung von Wahrnehmung und Bewertungsprozessen als Mediationsprozesse ist bei Maßnahmen der Lehrerfort- und

---

3 Die Diskrepanz bzw. die Übereinstimmung zwischen einem Konzept, das den Teilnehmenden bekannt ist (und letztlich für die Entscheidung zur Teilnahme eine Rolle gespielt haben wird), sowie der Maßnahmenrealität nimmt vermutlich großen Einfluss auf die Aspekte der Wahrnehmung der Maßnahme und auch auf die Dimensionen der Nutzung (z.B. Kontinuität der Teilnahme, Beteiligung am Maßnahmengeschehen etc.).

-weiterbildung zu berücksichtigen, dass die Maßnahmen nicht nur durch die Teilnehmenden selbst, sondern auch durch die Kolleginnen und Kollegen sowie die Führungskräfte der Schulen bewertet werden. Die Bewertungsprozesse und -ergebnisse stellen wichtige Instanzen bzw. Determinanten für die Teilnahme an und den Erfolg von Maßnahmen dar. Einsichtig wird dies etwa dann, wenn das Klima im Kollegium der Schule, an der die Teilnehmenden unterrichten, der Maßnahme gegenüber ablehnend und skeptisch ausgerichtet ist. Die Teilnahmebereitschaft und Lernmotivation der Teilnehmenden sowie die eigene Bewertung der Maßnahme werden vermutlich dadurch maßgeblich beeinflusst. Auch kann eine Anwendung neuen Wissens bzw. die Veränderung von Handlungsmustern durch ein entsprechendes Klima im Kollegium begünstigt oder sogar vollständig verhindert werden (vgl. dazu Brouwer & ten Brinke, 1995a/b).

Wendet man sich den Wirkungen zu, so muss das Modell zunächst berücksichtigen, dass intendierte Effekte (etwa auf das Lehrerhandeln) in aller Regel nicht unmittelbar, sondern zeitlich verzögert auftreten (vgl. Staudt & Kriegesmann (1999), S. 21), und dass unterschiedliche Wirkungsebenen existieren.

Für eine Differenzierung der Wirkungsebenen wird zunächst davon auszugehen sein, dass die Dimensionen der Wahrnehmung der Angebote ((erwartete) Relevanz der Angebote für die eigene Praxis, (erwarteter) Nutzen der Angebote, (erwartete) Zufriedenheit mit dem Angebot) keine Ebene der Wirkung ausmachen. Diese werden vielmehr als Mediationsprozesse der Teilnehmenden selbst aufzufassen sein. Dadurch erhält der Wirkungsbegriff – im Gegensatz zum üblichen Verständnis – eine Schärfung und zielt stärker auf die „Außensicht" bzw. auf weniger von subjektiven Sichtweisen der Teilnehmenden beeinflusste „messbare" Indikatoren.

Als Ebenen der Wirkung sollte das Modell drei Ebenen differenzieren: Veränderungen bei Merkmalen der Teilnehmenden, Veränderungen in der Performanz der Teilnehmenden / Transferverhalten sowie Veränderungen im Anwendungsfeld. Die erste Ebene – Veränderungen bei Merkmalen der Teilnehmenden – bezieht sich auf den „Lernerfolg" der Teilnehmenden und berührt Aspekte wie etwa Kompetenzen, Einstellungen, Berufszufriedenheit usw. Davon zu unterscheiden ist das Transferverhalten im Anwendungsfeld – die veränderte Performanz der Teilnehmenden. Als dritte Ebene der Wirkung lassen sich Veränderungen im Anwendungsfeld beschreiben. So verändert sich durch das Transferverhalten der Unterricht der Teilnehmenden (was zu einem veränderten Lernverhalten und letztlich zu Veränderungen im Lernerfolg der Schülerinnen und Schüler führen *kann*), aber auch das Kommunikations- und Kooperationsverhalten im Kollegium. Die Teilnehmenden können aber auch durch ihre im Rahmen der Maßnahme veränderten Kompetenzen, Einstellungen usw. sowie das gezeigte Transferverhalten nachhaltigen Einfluss auf den Schulentwicklungsprozess ihrer Schule nehmen.

Das Modell bietet damit nicht nur für entsprechende Forschungsarbeiten ein Struktur- und Analyserasters, sondern stellt auch einen Bezugsrahmen für Evaluationsvorhaben und für Bedarfe der Fort- und Weiterbildungspraxis zur Verfügung, indem es die Vielzahl und die daraus resultierende Notwendigkeit einer Auswahl zu berücksichtigender Einflussfaktoren in Betracht zieht (vgl. Vorarbeiten Huber, Schneider, & Radisch, 2008; Huber & Radisch, 2008; Huber, 2009b).

Angebotsmerkmale

Die Angebotsmerkmale betreffen sowohl die Konzeption des Angebots (Soll) wie auch deren Umsetzung bzw. Durchführung (Ist). Sie werden v.a. durch professionsbezogene Rahmenbedingungen bestimmt sowie durch Erkenntnisse aus Bedarfserhebungen oder zumindest von latenten Annahmen darüber, was potentielle Erwartungen von Teilnehmenden sind bzw. sein könnten. Die Konzeption beschreibt, was geplant ist, welche Ziele verfolgt werden, welche Prämissen der Fort- und Weiterbildung zugrunde liegen, welche Inhalte mit welchen Methoden unter welchen organisatorischen Bedingungen in der Qualifikation vermittelt werden sollen.

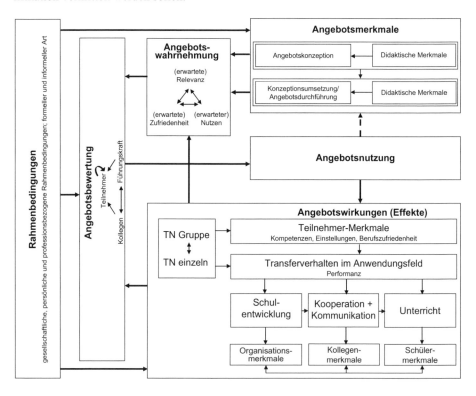

Abb. 2: Modell zur Wirkung von Fort- und Weiterbildung (Huber & Radisch, 2008)

Neben dieser geplanten Beschreibung der Fort- und Weiterbildung findet auf der Ebene der Umsetzung bzw. Durchführung die tatsächliche Realisierung des Fort- und Weiterbildungsangebots statt. Konzeption und Umsetzung bzw. Durchführung lassen sich durch einheitliche didaktische Merkmale beschreiben. Dies ist Grundlage für einen systematischen Vergleich, der zeigt, ob das Geplante im Rahmen der Maßnahme tatsächlich auch umgesetzt wurde. Die didaktischen Merkmale lassen sich differenzieren in makrodidaktische und mikrodidaktische Merkmale: Makrodidaktische Merkmale sind beispielsweise der Anbieter (z.B. zentral oder dezentral, staatliches Fortbildungsinstitut oder freier Anbieter), die Funktion der Fort- und Weiterbildung bzw. die Gesamtziele, das Referent-

Trainer-Konzept (beruflicher Hintergrund, Überlegung zur Zusammensetzung der Teams), der Status der Fort- und Weiterbildung (verpflichtend oder freiwillig), die Dauer, die zeitliche Strukturierung (z. B. Mehrphasigkeit, Modularisierung, Sequenzialisierung). Mikrodidaktische Merkmale sind beispielsweise die konkreten Ziele der Lehr-Lern-Anlässe, die Formate, die Inhalte, die Methoden und die Medien, die Verwendung finden, sowie die konkreten Referenten bzw. Trainern oder Moderatoren, die das Fort- und Weiterbildungsangebot durchführen.

Gesellschaftliche, persönliche und professionsbezogene Rahmenbedingungen

Beeinflusst werden die Angebotsmerkmale durch professionsbezogene Rahmenbedingungen, zu denen Aspekte des Berufsbilds, bildungspolitische Zielvorstellungen, Maßnahmen der Schulverwaltung, Beschaffenheit des Schulsystems, schul- und dienstrechtliche Bestimmungen, (finanzielle, zeitliche und räumliche) Ressourcen sowie Qualifikations- bzw. Fort- und Weiterbildungsanforderungen und Weiterbildungsinteressen gehören.

Diese beeinflussen auch die Angebotsbewertung und -wirkung (s. u.). Insbesondere die Weiterbildungsinteressen spielen etwa für die Angebotsbewertung, die Angebotswahrnehmung und auch die Angebotsnutzung eine zentrale Rolle. Dies leuchtet vor allem bei „klassisch" organisierten zentralisierten Weiterbildungsveranstaltungen ein (vgl. dazu etwa Krainz-Dürr, 1999; Reusser & Tremp, 2008). Gesellschaftliche (z.B. die Wertschätzung von Bildung) und persönliche Rahmenbedingungen (z.B. die eigene Lern- und Berufsbiographie, Wertvorstellungen oder familiale und gesundheitliche Aspekte) beeinflussen ebenfalls die Angebotsbewertung. Zu den gesellschaftlichen Rahmenbedingungen gehören die Wertigkeit von Bildung und des Bildungssystems, die Bedeutung, die dem Bildungsresort politisch zugesprochen wird, sowie daraus folgend die finanzpolitischen Bedingungen. Zu den persönlichen Rahmenbedingungen zählen z.B. neben dem familiären Kontext die eigene (Lern- / Berufs-)Biographie, Wertvorstellungen (Haltungen/ Einstellungen), beruflich relevantes Wissen sowie motivationale und gesundheitliche Aspekte. Rahmenbedingungen beeinflussen neben der Angebotsbewertung auch die Angebotswirkungen maßgeblich. Dies betrifft vor allem die Anwendung und Übertragung des in der Veranstaltung erworbenen neuen Wissens – also das Transferverhalten im Anwendungsfeld (vgl. etwa das oben beschriebene Modell von Staudt & Kriegesmann, 1999). Hierin mag auch ein Teil dessen zu suchen sein, was Haenisch (1995) wie weiter oben bereits erwähnt unter Bezug auf die Arbeit von Veenman et al. (1994) als Abnahme der alleinigen Verantwortung der Lehrkraft bezeichnet. Auch Lipowsky (2006) verweist auf folgendes:

> „Grundsätzlich ist dabei zu berücksichtigen, dass der Wirkungspfad zwischen solchen eher handlungsfernen Komponenten der Lehrerexpertise und Schülerleistungen durch eine Reihe anderer Variablen beeinflusst wird, sodass mit eher schwachen Zusammenhängen zwischen beiden Polen zu rechnen ist." (S. 49).

Haenisch (1995) verweist zudem darauf, dass den Teilnehmenden für die Transferprozesse oftmals keine Begleitung, Beratung oder andere Unterstützungsmaßnahmen zur Verfügung stehen. Ungünstige schulische Rahmenbedingungen können also durchaus Hemmnisse und Hinderungsgründe für den Transfer darstellen.

Ein letzter wichtiger Aspekt liegt in der Bedeutung, die die Biographie der Teilnehmenden auf die Lernprozesse ausüben. Lehrkräfte, wie erwachsene Lerner überhaupt, bringen in hohem Maß ihre persönlichen und beruflichen Erfahrungen, ihr Wissen und ihr eigenes Selbstverständnis in den Lernprozess mit ein. Während bei Kindern das Neulernen überwiegt, bewirkt die „Lernbiographie" Erwachsener, dass ihr Lernen vor allem ein „Anschlusslernen" ist (vgl. Knowles, 1980; Siebert, 1996). Erwachsene Lerner wählen das, was sie aufnehmen, stärker aus, filtern es, bewusst und unbewusst – und das je unterschiedlich und individuell in Abhängigkeit von eigenen biographischen Erfahrungen.

Angebotswahrnehmung

Je nachdem, wie das Fort- und Weiterbildungsangebot hinsichtlich seiner didaktischen Merkmale beworben wird, beeinflusst dies die Angebotswahrnehmung. Grundlage der Wahrnehmung ist die Darstellung der konzeptionellen Aspekte, die durch die didaktischen Merkmale bestimmt sind. Die Angebotswahrnehmung wird auch dadurch beeinflusst, wie das Angebot tatsächlich umgesetzt wird (also zunächst durch die Einschätzung und dann durch die Erfahrung (primär und sekundär) aufgrund der Angebotsnutzung). Ein wichtiger Aspekt dabei ist die Kongruenz oder Diskrepanz zwischen Konzeption des Angebots und Umsetzung der Konzeption bzw. Durchführung des Fort- und Weiterbildungsangebots. Die Wahrnehmung der Angebotsmerkmale von Fort- und Weiterbildungen erfolgt bezüglich (erwarteter) Relevanz, (erwarteten) Nutzens und (erwarteter) Zufriedenheit. In zahlreichen Evaluationsstudien (etwa Haenisch, 1992; Haenisch, 1995; Schwetlik, 1998) und auch zuvor dargestellten Systematiken von Wirkungen von Lehrerfort- und -weiterbildungen (etwa Lipowsky, 2004, und Muijs et al., 2004) finden sich Aspekte der Wahrnehmung als Wirkungsdimension. Evaluationsstudien betrachten diesen Aspekt in der Regel als „Veranstaltungswirkung", oft sogar als alleinigen Wirkungsfaktor. Von diesem Verständnis wird im Modell explizit Abstand genommen. Wahrnehmungen spielen als vermittelnde Instanz eine wichtige Rolle. Sie stellen wie bereits dargestellt das Ergebnis der Erfahrungen mit dem Angebot selbst dar und beeinflussen die Bewertung des Angebotes maßgeblich, die wiederum Einfluss nimmt auf die Aspekte der Teilnahme.

Angebotsbewertung

Die Bewertung erfolgt zunächst durch den Teilnehmenden selbst – und zwar in Abhängigkeit davon, wie ein Fort- und Weiterbildungsangebot wahrgenommen wird, also welchen Nutzen und welche Relevanz ihm beigemessen wird, und wie zufrieden der Teilnehmende damit ist. Diese Bewertungsprozesse durch die Teilnehmenden stellen die Grundlage für die Dimensionen der Teilnahme – beispielsweise die Teilnahmeentscheidung, Kontinuität, aktive Beteiligung usw. dar. Neben der Wahrnehmung des Angebotes spielen für die Bewertung der Angebote vor allem die unterschiedlichen Dimensionen der Rahmenbedingungen auf den verschiedenen Ebenen eine zentrale Rolle. So bilden etwa die Wertigkeit von Fort- und Weiterbildung sowie die Bedeutung, die einzelnen inhaltlichen Bereichen beigemessen wird, als professionsbezogene Rahmenbedingungen gleichsam den Referenzrahmen für die Bewertung des besuchten Angebotes. Auch die gesellschaftliche Bedeutung, die dem Lehrerberuf, einer kontinuierlichen Weiterbildung im Allgemeinen und dem Bildungssystem beigemessen werden, sind für die Angebotsbewertung relevant. Auf der individuellen Ebene dürften vor allem die professionsbezogenen Einstellungen sowie – ganz entscheidend – die eigene Berufsbildungsbiographie eine zentrale Rolle spielen. Als dritte Einflussgröße schließlich können die Wirkungen der Angebote auf den dargestellten Ebenen gelten. Je nachdem, wie groß die Wirksamkeit des Angebotes ist – also wie groß die Veränderung der Teilnehmermerkmale, wie erfolgreich der Transfer in die eigene Praxis ist und letztlich wie stark der Einfluss auf Schülermerkmale, das Kollegium und / oder die Organisation Schule sind, werden nachträglich die Angebotsbewertungen revidiert.

Neben den Teilnehmenden selbst bewerten auch Kollegen und der Vorgesetzte / die Führungskraft des Teilnehmenden das Fort- und Weiterbildungsangebot. Es ist anzunehmen, dass die Bewertungsprozesse dieser drei Personen / Personengruppen durch soziale Prozesse wechselseitig Einfluss aufeinander nehmen. Das Ergebnis der Angebotsbewertung durch diese Triade – eigene Bewertung und Meinung der anderen Kollegen sowie des Vorgesetzten/der Führungskraft – beeinflusst dann maßgeblich die Merkmale der Angebotsnutzung.

Die Bedeutung von Bewertungsprozessen ist bislang durch die Forschung weitestgehend ausgeblendet worden. Besonders mit Blick auf die Bedeutung für die Teilnahme an sich und die Aktivität der Teilnahme (also die Dimensionen einer aktiven Nutzung von angebotenen Lerngelegenheiten) dürfte hier aber – ähnlich wie im Modell von Helmke (2007a) – einige Aufklärungskraft für bislang unaufgeklärte Varianz in den Wirkungen bzw. für mangelnde festgestellte Wirkungen liegen.

Angebotsnutzung

Fällt die Angebotsbewertung der Triade Teilnehmender, Kollegen und Vorgesetzter / Führungskraft, aufgrund deren (je individueller und kollektiver) Wahrnehmung, positiv aus, wird ein Nutzen damit verbunden, das Angebot als relevant erachtet, und eine Teilnahme an der Fort- und Weiterbildung ist eher wahrscheinlich, als wenn der Teilnehmende bereits im Vorfeld unzufrieden mit der Konzeption des Fort- und Weiterbildungsangebotes ist, ihm von der Nutzung des Angebots durch die Kollegen abgeraten wird oder der Vorgesetzte / die Führungskraft das Angebot als irrelevant bewertet. Für die Angebotsnutzung lassen sich neben der Teilnahme i.S. von Anwesenheit weitere Merkmale formulieren – etwa die Intensität der Nutzung (aktive Lernzeit) und die aktive (/sichtbare) Beteiligung am Maßnahmengeschehen (Aktivität / Mitarbeit). Die Dimensionen der Nutzung sind zentraler Bestandteil des Modells, denn sie repräsentieren die Merkmale der Quantität und Qualität der Inanspruchnahme von Lerngelegenheiten im Rahmen des Angebotes durch die Teilnehmenden.

Dass auch hier vor allem soziale und persönliche Rahmenbedingungen – vor allem für die Fortbildungsbereitschaft – eine Rolle spielen, zeigt die schon etwas ältere Studie von Boos-Nünning (1979).

Angebotswirkung

Erst wenn ein Fort- und Weiterbildungsangebot und die dabei angebotenen Lerngelegenheiten durch die Teilnehmenden auch tatsächlich genutzt werden, können Angebotswirkungen oder Effekte entstehen. Die methodische Herausforderung liegt hier in der Isolation des Effektes der Fort- und Weiterbildungsangebote. Wie bereits mehrfach angedeutet und von verschiedenen Autoren dargestellt, ist es besonders im Bereich der Erwachsenenbildung und speziell im Bereich der Lehrerfort- und -weiterbildung schwierig, festgestellte Veränderungen in den jeweils ausgewählten Wirkungskriterien auf das Angebot zurückzuführen. Das Fort- und Weiterbildungsangebot ist nur eine von möglichen Instanzen, die festgestellte Wirkungen hervorgerufen haben könnten. Zu nennen sind daneben etwa individuelle Reflexions- und Veränderungsprozesse aufgrund der jeweiligen Bildungs- und Berufsbiographie, das Lernen in der eigenen unterrichtlichen Praxis, der parallele Austausch im Kollegium usw.

Ungeachtet dieser Schwierigkeiten lassen sich Effekte zunächst auf zwei Ebenen unterscheiden: der Ebene der gesamten Gruppe der Teilnehmenden (kollektive Effekte) und der Ebene der einzelnen Teilnehmenden (individuelle Effekte). Zwei Formen von Wirkungen können eintreffen. Eine erste Form von Wirkungen bezieht sich auf die Veränderung bzw. Anpassung von Teilnehmermerkmalen, die durch das Angebot bewirkt wird. Lipowsky (2006) differenziert solche Teilnehmermerkmale unter dem Begriff „Lehrerkompetenzen" unter Bezug auf Bromme (1997) nach fachlichem Wissen, fachdidaktischem Wissen, pädagogischem Wissen, Berufserfahrung und (als Erweiterung zu Bromme) epistemologischen Überzeugungen und selbstbezogenen Kognitionen. In der Folge bringt er für jeden der genannten Bereiche empirische Belege zum Einfluss auf Planung, Gestaltung und Wahrnehmung der unterrichtlichen Praxis.

Aufbauend bzw. in Folge von Veränderungen in den genannten Dimensionen der Teilnehmermerkmale zeigt sich eine zweite Form von Wirkungen. Diese bezieht sich auf das Transferverhalten der Teilnehmenden im Anwendungsfeld (Veränderungen in der Performanz). Durch diese veränderten Handlungsroutinen der Teilnehmenden lassen sich in drei Bereichen Veränderungen beobachten:

1) Direkte oder indirekte Wirkungen auf organisationale Merkmale der Schule über Prozesse der Schulentwicklung (vgl. Hahn, 2003, S. 17ff.) sind nicht nur anzunehmen, wenn die Fort- und Weiterbildungsmaßnahme auch gezielt auf Schulentwicklung ausgerichtet war (vgl. Krainz-Dürr, 1999), sondern auch, wenn die Teilnehmenden selbst bewusst oder unbewusst aufgrund der Fort- und Weiterbildungserfahrungen Anstöße für Schulentwicklungsprozesse geben (etwa durch eine veränderte Reflexion schulischer und unterrichtlicher Prozesse).

2) Über formelle und informelle Prozesse der Kommunikation und Kooperation im Kollegium, einerseits über die konkreten Fort- und Weiterbildungsinhalte, andererseits auch über evtl. veränderte Wahrnehmungen und Reflexionen der eigenen und kollegialen schulischen und unterrichtlichen Praxis, nehmen die Teilnehmenden auch Einfluss auf Merkmale ihrer Kollegen und Kolleginnen.

3) Wirkungen auf das schulische „Kerngeschäft", den Unterricht der Teilnehmenden und entsprechende Qualitätsdimensionen (vgl. auch zum Einfluss des Lehrers auf die Qualität des Unterrichts und auf Schülermerkmale die Unterrichtsforschung – etwa Helmke et al., 2007; Helmke, 2007a; Weinert, 2001; Klieme, 2006; Lipowsky, 2006), sind ultimatives Ziel und sollen darüber auf Schülermerkmale wie Kompetenzen, Einstellungen, Selbstbild, Lernverhalten und dadurch auf die Performanz i.S. von kognitiven, sozialen und affektiven Schülerleistungen Einfluss nehmen.

Das Problem des Transfers in die schulische Praxis – insbesondere in den Unterricht der Teilnehmenden – ist in letzter Zeit verstärkt Mittelpunkt von Forschungsbemühungen geworden. Ausgangspunkt sind Beobachtungen gewesen, dass offenbar trotz erfolgter Veränderung der Lehrerkompetenz keine Performanzanpassung feststellbar war (vgl. Wahl, 2006; Mutzeck, 1988; Buchholz & Blömeke, 2007). „Um dieses Wissen für die Lehrperson nutzbar zu machen, müssen die kognitiv-psychologischen Prozesse berücksichtigt werden, die mit der Veränderung professionellen Handelns von Lehrpersonen einhergehen (Lipowsky, 2004, S. 474; Wahl, 2002). Es ist anzunehmen, dass zu einer Veränderung der Handlungsmuster der Lehrpersonen die kognitiven Strukturen, die einer Handlung zugrunde liegen, verändert werden müssen, und sich diese wiederum als neues Handlungsmuster konstituieren müssen" (Buchholz & Blömeke, 2007, S. 67f). Das heißt: Will man die Handlungskompetenz und damit die Performanz der Lehrkräfte wirklich verändern, ist eine Fort- und Weiterbildung, die allein auf die Veränderung von Kenntnissen und Einstellungen abzielt, nicht ausreichend. „Auch wenn ein Handlungsmuster als neues Wissen erworben und subjektiv als sinnvoll akzeptiert wird, ist es als rein deklaratives Wissen gegenüber den vorhandenen, automatisierten Handlungsmustern, die im komplexen laufenden Unterrichtsgeschehen schneller abrufbar sind, nicht konkurrenzfähig" (Wahl, 1991). Für eine Fortbildung ergibt sich damit die Anforderung, dass bei neu erworbenem Wissen die Umwandlungs- und Verdichtungsprozesse, die den Weg vom deklarativen Wissen zum Handlungswissen weisen, im Lernprozess berücksichtigt werden müssen. (Buchholz & Blömeke, 2007). Im Anschluss verweisen die Autorinnen auf die Bedeutung, die Erfahrung im Sinne der Anwendung und Praktizierung domänenspezifischer Tätigkeiten im Rahmen von Fort- und -weiterbildungsmaßnahmen zukommt. Ähnlich argumentieren auch Wahl (2006) und Lipowsky (2006).

4. Fazit und Ausblick

Das bereits vorliegende eher spärliche und punktuelle Wissen bezüglich der Wirksamkeit von Fort- und Weiterbildungsmaßnahmen und ihrer Bedeutung für die Professionalisierung und die Professionalität von schulischen Akteuren basiert auf relativ einfach strukturierten Evaluationen. Anspruchsvollere Designs für die theoriegeleitete empirische Forschung werden benötigt, um der Komplexität der oben dargestellten Zusammenhänge gerecht zu werden.

Das hier aufgestellte Wirkungsmodell ist bewusst offen formuliert, um eine interdisziplinäre Betrachtung zu ermöglichen; es kann in Theoriebildung, Forschung, Evaluation und Praxis Anwendung finden:

1) In der Praxis kann es als Reflexionstool dienen für potentielle Teilnehmende, für Vorgesetzte/Führungskräfte, für Referenten bzw. Trainer sowie für Verantwortliche von Fort- und Weiterbildungsmaßnahmen. Hier dient es dazu, geplante oder durchgeführte Maßnahmen zu verorten und die Ziele der Maßnahmen, die dafür notwendigen Voraussetzungen und die komplexen Zusammenhänge zu konkretisieren und bewusst zu machen. Es kann insofern einen Beitrag nicht nur zur Konzeptionsplanung und Konzeptionsgestaltung, sondern auch zur Neuausrichtung und zur Korrektur in laufenden Maßnahmen leisten und zum Verständnis der komplexen Wirkungszusammenhänge im Praxisfeld beitragen.

2) Für Evaluationen liefert es ein Rahmenmodell, um geplante Evaluationen zu verorten und das Design zu schärfen. Es bietet die Möglichkeit, je nach Ziel und Ausrichtung der Evaluation den Fokus enger oder weiter zu fassen und verschiedene Bereiche in das Zentrum der Betrachtung zu rücken, mehr oder weniger detailliert zu erfassen und für den gewählten Fokus weniger wichtige Bereiche auszublenden, ohne den Gesamtzusammenhang aus dem Blick zu verlieren.

3) Für den Bereich der Forschung und Theoriebildung leistet das Modell einen Beitrag im Umgang mit der Komplexität sowie eine Systematisierung von Wirkungsannahmen. Bestimmte Detailzusammenhänge und Wirkungsannahmen werden in ihren Bezügen aufgezeigt und in einen größeren Zusammenhang gestellt.

Abschließend bleibt festzuhalten, dass das Modell nicht impliziert, dass alle Fort- und Weiterbildungsmaßnahmen auf alle Wirkungsbereiche abzielen; verschiedene Fort- und Weiterbildungsmaßnahmen intendieren unterschiedliche Wirkungen. Entsprechend ist die Auswahl der Wirkungskriterien bei Forschungs- und Evaluationsstudien von zentraler Bedeutung.

Literatur

Altrichter, H. & Posch, P. (2007). *Lehrerinnen und Lehrer erforschen ihren Unterricht – Einführung in die Methoden der Erziehungswissenschaft.* Bad Heilbrunn: Klinkhardt.

Behringer, F. (2003). Zur Selektivität der Teilnahme an beruflicher Weiterbildung. Ein theoretisch-empirischer Beitrag. In S. Peters (Hrsg.), *Lernen und Weiterbildung als permanente Personalentwicklung* (S. 63–88). München: Hampp.

Blömeke, S. (2004a). Empirische Befunde zur Wirksamkeit der Lehrerbildung. In S. Blömeke, P. Reinhold, G. Tulodziecki & J. Wildt (Hrsg.), *Handbuch Lehrerbildung* (S. 59–91). Bad Heilbrunn: Klinkhardt.

Blömeke, S. (2004b). Erste Phase an Universitäten und Pädagogischen Hochschulen. In S. Blömeke, P. Reinhold, G. Tulodziecki & J. Wildt (Hrsg.), *Handbuch Lehrerbildung* (S. 262–274). Bad Heilbrunn: Klinkhardt.

Blömeke, S., Reinhold, P., Tulodziecki, G., & Wildt, J. (Hrsg.). (2004). *Handbuch Lehrerbildung.* Bad Heilbrunn: Klinkhardt.

Böckelmann, C., & Mäder, K. (2007). *Fokus Personalentwicklung. Konzepte und ihre Anwendung im Bildungsbereich.* Zürich: Pestalozzianum PH Zürich.

Boos-Nünning, U. (1979). *Professionelle Orientierung, Berufszufriedenheit, Fortbildungsbereitschaft.* Königstein: Hain.

Bromme, R. (1997). Kompetenzen, Funktionen und unterrichtliches Handeln des Lehrers. In F. E. Weinert (Hrsg.), *Enzyklopädie der Psychologie. Psychologie des Unterrichts und der Schule* (S. 177–212). Göttingen: Hogrefe.

Brouwer, N., & Brinke, S. ten (1995a). Der Einfluss integrativer Lehrerausbildung auf die Unterrichtskompetenz (I). *Empirische Pädagogik, 9* (1), 3–31.

Brouwer, N., & Brinke, S. ten (1995b). Der Einfluss integrativer Lehrerausbildung auf die Unterrichtskompetenz (II). *Empirische Pädagogik, 9* (3), 289–330.

Buchholz, C. & Blömeke, S. (2007). Neue Medien ohne neues Lernen? Bedingungen wirksamer Lehrerfortbildungen. In D. Lemmermöhle, M. Rothgangel, S. Bögeholz, M. Hasselhorn & R. Watermann (Hrsg.), *Professionell lehren – erfolgreich lernen* (S. 65–76). Münster: Waxmann.

Daschner, P. (2004). Dritte Phase an Einrichtungen der Lehrerfortbildung. In S. Blömeke, P. Reinhold, G. Tulodziecki & J. Wildt (Hrsg.), *Handbuch Lehrerbildung* (S. 290–301). Bad Heilbrunn: Klinkhardt.

Ditton, H. (2000). Qualitätskontrolle und Qualitätssicherung in Schule und Unterricht. Ein Überblick zum Stand der empirischen Forschung. *Zeitschrift für Pädagogik (41. Beiheft)*, 73–92.

Fend, H. (1980). *Theorie der Schule.* München: Urban + Schwarzenberg.

Fend, H. (2006). *Qualität im Bildungswesen. Schulforschung zu Systembedingungen, Schulprofilen und Lehrerbelastung.* Weinheim: Juventa.

Goger, R. (1984). Neue Wege in der Lehrerfortbildung. Die schulzentrierte Lehrerfortbildung. *Erziehung und Unterricht, 134* (2), 91–99.

Gräsel, C., Fussangel, K., & Parchmann, I. (2006). Lerngemeinschaften in der Lehrerfortbildung. Kooperationserfahrungen und -überzeugungen von Lehrkräften. *Zeitschrift für Erziehungswissenschaft, 9* (4), 545–561.

Greber, U., Maybaum, J., Priebe, B., & Wenzel, W. (1991). *Auf dem Weg zur 'Guten Schule'. Schulinterne Lehrerfortbildung.* Weinheim: Beltz.

Guskey, T. R. (2000). *Evaluating Professional Development.* Thousand Oaks: Corwin Press.

Haas, A. (1998). *Unterrichtsplanung im Alltag. Eine empirische Untersuchung zum Planungshandeln von Haupt-, Realschul- und Gymnasiallehrern.* Regensburg: Roderer.

Haenisch, H. (1992). *Lehrerarbeit und Lehrerfortbildung.* Soest: Landesinstitut für Schule und Weiterbildung.

Haenisch, H. (1995). *Was bewirkt Lehrerfortbildung in der Schule? Eine Untersuchung der Wirkungen ausgewählter Schwerpunktmaßnahmen der Lehrerfortbildung in Nordrhein-Westfalen.* Soest: Landesinstitut für Schule und Weiterbildung.

Hahn, H. (2003). *Zur Wirkung von Fortbildung im Prozess der Schulentwicklung. Evaluation des Projektes „Fortbildungsbudget für die Einzelschule" am Thüringer Institut für Lehrerfortbildung, Lehrplanentwicklung und Medien Bad Berka.* Hohengehren: Schneider.

Helmke, A. (2007a). *Unterrichtsqualität erfassen, bewerten, verbessern.* Seelze: Kallmeyersche Verlagsbuchhandlung.

Helmke, A. (2007b). *Was wissen wir über guten Unterricht? Wissenschaftliche Erkenntnisse zur Unterrichtsforschung und Konsequenzen für die Unterrichtsentwicklung.* Verfügbar unter http://www.selbststaendige-schule.nrw.de/Fortbildung/Fachtagung/ordner_template/Rede_Helmke_160107.pdf

Helmke, A., Helmke, T., & Schrader, F.-W. (2007). Unterrichtsqualität: Brennpunkte und Perspektiven der Forschung. In K.-H. Arnold (Hrsg.), *Unterrichtsqualität und Fachdidaktik* (S. 51–72). Bad Heilbrunn: Klinkhardt.

Hericks, U. (2004). Verzahnung der Phasen der Lehrerbildung. In S. Blömeke, P. Reinhold, G. Tulodziecki & J. Wildt (Hrsg.), *Handbuch Lehrerbildung* (S. 301–311). Bad Heilbrunn: Klinkhardt.

Huber, S.G. (2009a). *Handbuch für Steuergruppen. Grundlagen für die Arbeit in zentralen Handlungsfeldern.* Neuwied/Kronach/München: LinkLuchterhand/WoltersKluwer.

Huber, S.G. (2009b). Wirksamkeit von Fort- und Weiterbildung. In R. Mulder, O. Zlatkin-Troitschanskaia, K. Beck, R. Nickolaus, D. Sembill (Hrsg.), *Professionalität von Lehrenden – Zum Stand der Forschung* (S. 451–463). Weinheim: Beltz.

Huber, S.G. & Radisch, F. (2008). *Wirksamkeit von Fort- und Weiterbildung: Überlegungen zur Evaluation von Qualifizierungsmaßnahmen.* Zug: IBB.

Huber, S.G. & Schneider, N. (2008). *Profession, Professionalität, Professionalisierung. Zum Stand der Forschung: Theorie und Empirie.* Zug: IBB.

Huber, S.G., Schneider, N., Radisch, F. (2008). *Wirksamkeit von Fort- und Weiterbildung: Zum Stand der Forschung und Evaluation von Qualifizierungsmaßnahmen.* Zug: IBB.

Jacob, B. A., & Lefgren, L. (2004). The Impact of Teacher Training on student achievement. Quasi experimental evidence from school reform efforts in Chicago. *Journal of Human Resources, 39* (1), 50–79.

Keuffer, J., & Oelkers, J. (Eds.). (2001). *Reform der Lehrerbildung in Hamburg. Abschlussbericht der von der Senatorin für Schule, Jugend und Berufsbildung und der Senatorin für Wissenschaft und Forschung eingesetzten Kommission Lehrerbildung. Im Auftrag der Senatorinnen und der Kommission herausgegeben.* Weinheim: Beltz.

Kirkpatrick, D. (1994). *Evaluating Training Programs. The four Levels.* San Francisco: Berret-Koehler.

Klieme, E. (2006). Empirische Unterrichtsforschung: aktuelle Entwicklungen, theoretische Grundlagen und fachspezifische Befunde. Einführung in den Thementeil. *Zeitschrift für Pädagogik, 52* (6), 765–773.

Knowles, M. S. (1980). *The modern practice of adult education. From pedagogy to andragogy.* New York: The Adult Education Company.

Krainz-Dürr, M. (1999). *Wie kommt Lernen in die Schule? Zur Lernfähigkeit der Schule als Organisation.* Innsbruck: Studienverlag.

Landert, C. (1999). *Lehrerweiterbildung in der Schweiz. Ergebnisse von ausgewählten Weiterbildungssystemen und Entwicklungslinien für eine wirksame Personalentwicklung in den Schulen.* Chur: Rüegger.

Lenhard, H. (2004). Zweite Phase an Studienseminaren und Schulen. In S. Blömeke, P. Reinhold, G. Tulodziecki & J. Wildt (Hrsg.), *Handbuch Lehrerbildung* (S. 275–290). Bad Heilbrunn: Klinkhardt.

Lipowsky, F. (2004). Was macht Fortbildungen für Lehrkräfte erfolgreich? Befunde der Forschung und mögliche Konsequenzen für die Praxis. *Die deutsche Schule, 96* (4), 462–479.

Lipowsky, F. (2006). Auf den Lehrer kommt es an. Empirische Evidenzen für Zusammenhänge zwischen Lehrerkompetenzen, Lehrerhandeln und dem Lernen der Schüler. *Zeitschrift für Pädagogik, 51 (51. Beiheft),* 47–70.

Messner, H. & Reusser, K. (2000). Berufliches Lernen als lebenslanger Prozess. In *Beiträge zur Lehrerbildung, 18* (3), 277–294.

Muijs, D., Day, C., Harris, A., & Lindsay, G. (2004). Evaluating CPD: an overview. In C. Day & J. Sachs (Hrsg.), *International Handbook on the Continuing Professional Development of Teachers* (S. 291–310). Berkshire: Open University Press.

Mutzeck, W. (1988). *Von der Absicht zum Handeln.* Weinheim: Deutscher StudienVerlag.

Oelkers, J. (2000). Überlegungen zum Strukturwandel der Lehrerbildung. In M. Bayer, F. Bohnsack, B. Koch-Priewe & J. Wildt (Hrsg.), *Lehrerin und Lehrer werden ohne Kompetenz? Professionalisierung durch eine andere Lehrerbildung* (S. 124–147). Bad Heilbrunn: Klinkhardt.

Oelkers, J. (2002). *Zukunft der Lehrerbildung. Notwendige und mögliche Veränderungen. Manuskript zum Vortrag beim „Tag der Lehrerausbildung in der Region. Zukunft der Lehrerausbildung in Hannover und Hildesheim" am 22.01.2002.* Verfügbar unter http://www.paed.uzh.ch/ap/downloads/oelkers/Vortraege/047_ZukunftLABHannover.pdf

Rahm, S., & Schratz, M. (Eds.). (2004). LehrerInnenforschung. *Theorie braucht Praxis. Braucht Praxis Theorie?* Innsbruck: Studienverlag.

Reusser, K., & Tremp, P. (2008). Diskussionsfeld „Berufliche Weiterbildung von Lehrpersonen". *Beiträge zur Lehrerbildung, 26* (1), 5–10.

Schwetlik, R. (1998). *Lehrerfortbildung. Eine Studie zur Erfassung subjektiver Einschätzungen von Grundschullehrerinnen und -lehrern bezüglich der Lehrerfortbildung im Fach Heimat- und Sachkunde.* Hamburg: Dr. Kovac.

Siebert, H. (1996). *Didaktisches Handeln in der Erwachsenenbildung: Didaktik aus konstruktivistischer Sicht.* Neuwied: Luchterhand.

Staudt, E., & Kriegesmann, B. (1999). Weiterbildung: Ein Mythos zerbricht. Der Widerspruch zwischen überzogenen Erwartungen und Mißerfolgen der Weiterbildung. In Arbeitsgemeinschaft-Qualifikations-Entwicklungs-Management (Hrsg.), *Kompetenzentwicklung '99. Aspekte einer neuen Lernkultur. Argumente, Erfahrungen, Konsequenzen* (S. 17–59). Münster: Waxmann.

Terhart, E. (Hrsg.). (2000). *Perspektiven der Lehrerbildung in Deutschland.* Weinheim: Beltz.

Terhart, E. (2002). Reform der Lehrerbildung. In H. Macha & C. Solzbacher (Hrsg*.), Welches Wissen brauchen Lehrer? Lehrerbildung aus dem Blickwinkel der Pädagogik* (S. 47–65). Bad Heilbrunn: Klinkhardt.

Terhart, E. (2004). Struktur und Organisation der Lehrerbildung in Deutschland. In S. Blömeke, P. Reinhold, G. Tulodziecki & J. Wildt (Hrsg.), *Handbuch Lehrerbildung* (S. 37–59). Bad Heilbrunn: Klinkhardt.

Trachsler, E. (1990). *Bewegung in der Lehrerfortbildung. Teamentwicklung einer Lehrerschaft auf der Grundlage eines Modells aus der Organisationsentwicklung. Forschungsbericht des Pädagogischen Institutes der Universität Zürich.* Zürich: Stiftung Zentralstelle der Studentenschaft.

Veenman, S., Van Tulder, M., & Voeten, M. (1994). The Impact of inservice training on teacher behaviour. *Teaching and Teacher Education, 10* (3), 303–317.

Wahl, D. (2001). Nachhaltige Wege vom Wissen zum Handeln. *Beiträge zur Lehrerbildung, 19* (2), S. 157–174.

Wahl, D. (2002). Mit Training vom trägen Wissen zum kompetenten Handeln? *Zeitschrift für Pädagogik, 48* (2), 227–241.

Wahl, D. (2006). *Lernumgebungen erfolgreich gestalten. Vom trägen Wissen zum kompetenten Handeln.* Bad Heilbrunn: Klinkhardt.

Weinert, F. E. (2001). Schulleistungen – Leistungen der Schule oder der Schüler? In F. E. Weinert (Hrsg.), *Leistungsmessungen in Schulen* (S. 73–86). Weinheim: Beltz.

Martin Retzl

Schulqualität entwickeln durch nationale Standards?
Grundlegungen für einen alternativen Modellansatz der Qualitätsentwicklung

1. Einführung

Mit etwas Verspätung und nicht zuletzt durch die Teilnahme an internationalen „Bildungsgroßstudien" wie PISA begünstigt, zählt man nun auch im deutschen Sprachraum auf die „Vermessung von Bildung" als eine Strategie, um den Herausforderungen und Problemen der Schule im 21. Jahrhundert zu begegnen. So soll durch die Einführung nationaler Bildungsstandards und regelmäßiger Leistungsfeststellungen ein wichtiger Beitrag zur „Qualitätssicherung im Bildungsbereich" (BIFIE, 2009) geleistet, die *„Entwicklung und Vergleichbarkeit der Qualität schulischer Bildung im föderalen Wettbewerb der Länder"* (KMK, 2004, S. 5) sichergestellt, die *„Verbesserung der Schulqualität"* gewährleistet oder *„die interkantonale schulische Mobilität"* (Maradan & Mangold, 2005, S. 4) optimiert werden. Bildungsstandards werden als *„zentrales Gelenkstück" „innerhalb der Gesamtheit der Anstrengungen zur Sicherung und Steigerung der Qualität schulischer Arbeit"* (BMBF, 2007, S. 11) angesehen. Für föderal strukturierte Länder wie Deutschland und die Schweiz, welche nach besserer Vergleichbarkeit im Bildungsbereich innerhalb der Nation streben, erscheint die Einführung nationaler Bildungsstandards über Länder- bzw. Kantonsgrenzen hinweg nicht ungeeignet, weil Bildungsstandards als für alle geltende, verbindliche und konkretisierte Bildungsziele gelten sollen. Wenn sich die unterschiedlichen Bildungssubsysteme eines Staates dieselben Ziele für Kinder derselben Altersstufen setzen, dann ist dies zumindest ein plausibler Schritt in Richtung Vergleichbarkeit und Einheitlichkeit von Bildungsangebot sowie in der Folge besserer Bildungsmobilität innerhalb eines Staates. Ausschlaggebend dabei ist jedoch nicht, dass es sich um Bildungsstandards und die daraus entwickelten Testaufgaben handelt, mittels derer regelmäßig der Leistungsstand einer gewissen Schülerpopulation erfasst wird, sondern lediglich die Tatsache, dass von allen dieselben Ziele verfolgt werden. Hier stellt sich die Frage, ob dies nicht genauso durch einheitliche Lehrpläne bzw. einheitliche Lehrbücher sichergestellt werden könnte.

Dass für das Verfolgen gleicher Ziele eine Orientierung an Bildungsstandards der herkömmlichen Lehrplanorientierung überlegen sei, ist aus wissenschaftlicher Sicht stark zu bezweifeln. Bisherige Forschungen aus den USA über Effekte von nationalen Standardsüberprüfungen durch regelmäßige Leistungstests bestätigen zwar Auswirkungen auf den Unterricht, jedoch unvorhersehbare, widersprüchliche und überwiegend unerwünschte wie: Fragmentierung, Einengung und Lehrerzentriertheit des Unterrichts sowie Benachteiligungen von Kindern mit niedrigem sozioökonomischen Hintergrund (vgl. Flinders, 2007; Amrein & Berliner, 2002; Au, 2007; Cuban, 2007). Ein Großteil der Forschungsergebnisse weist eher auf einschränkende Auswirkungen durch die Orientierung an nationalen Standards und damit verbundenen, regelmäßigen, nationalen Leistungsfeststellungen hin (siehe auch Amrein-Beardsley weiter unten). Zwar geben Pädagogen an, ihren Unterricht auf die jeweilige Art des Tests abzustimmen (vgl. dazu Clarke, Shore, Rhoades, Abrams, Miao & Li, 2003). Dennoch ist die Annahme, dass mittels wie immer gearteter nationaler Standards und darauf abgestimmter Testverfahren Schülerinnen und Schüler andere(s) Wissen, Fähigkeiten und Fertigkeiten vermittelt werde, als durch die Orientierung an herkömmlichen Lehrplänen, wissenschaftlich äußerst zweifelhaft. Bisher deuten Forschungen eher darauf hin, dass negative Effekte auf Schülerinnen und Schüler wahrscheinlicher sind als positive (vgl. dazu Clarke et al., 2003, S. 91).

Der Anspruch, dass mittels Bildungsstandards die Qualität von Schulen oder des gesamten Bildungsbereichs gesichert bzw. verbessert werden könne, erfordert in Anbetracht vorliegender empirischer Evidenzen eine genauere Prüfung. Im Folgenden sollen daher die impliziten Voraussetzungen dieser Annahme verdeutlicht und vor dem Hintergrund lehr-, lern- und erkenntnistheoretischer Überlegungen beleuchtet werden. Auf Grundlage dieser Analyse werden Grundprinzipien für Qualitätsentwicklung im Schulbereich abgeleitet, welche Kernbestandteile in einem anschließend skizzierten Modellansatz der Qualitätsentwicklung darstellen.

2.   Qualität – was ist das?

Weil der Begriff „Qualität" im Schulbereich für alles nur denkbar Gute und Schöne verwendet wird, scheint es von großer Bedeutung, darauf hinzuweisen, dass „Qualität" keinem Objekt an sich anhaftet, sondern immer eine Bewertung eines Objekts durch eine Person darstellt. In anderen Worten heißt das, dass „Qualität" immer von einem bewertenden Subjekt bestimmt wird und Bemühungen um eine allgemeingültige Definition von Qualität unterlassen werden können (vgl. Heid, 2000, 2007; Harvey & Green, 2000; Vroeijenstijn, 1992). Viel entscheidender sind daher die Fragen:

- *Wer* bewertet?

- *Was* wird bewertet?

- *Wie* wird bewertet?

Wenn nun „Qualität" im Bildungsbereich durch Standards gesichert werden soll, wird schnell die Art und Weise, das „Wie" der Bewertung deutlich – nämlich kontinuierliche Leistungstests. Gleichzeitig werden kaum bis gar keine offenen Überlegungen darüber angestellt, wessen Vorstellungen von Qualität hier einfließen und was genau eigentlich bewertet werden soll: der Unterricht, die Schule, Bildung allgemein, die Lehrerinnen und Lehrer, die Schüler? Die Festlegung dessen, was Qualität ist und wer dies entscheidet, ist somit einem offen ausgetragenen Diskussions- und Entscheidungsprozess entzogen und wird von nicht explizierten Voraussetzungen einer Methode bestimmt. Fehlt eine a-priori-Festlegung darauf, was Qualität ist,

- kann die Angemessenheit der Methode nicht bestimmt werden, um Qualität zu erfassen und

- wird die Existenz eines objektiven Qualitätsbegriffs suggeriert, der mittels der bestehenden Methodik abbildbar sei.

Herrscht ein dementsprechendes Primat der Methode vor, bleibt die notwendige Diskussion um Ziele und Zwecke der Bildung aus. Biestas Frage ob wir messen, was wir wertschätzen oder wertschätzen, was wir messen (vgl. Biesta, 2009, S. 33), ist dann eindeutig mit Letzterem zu beantworten.

3. Lehr-, lern- und erkenntnistheoretische Erwägungen

Der durch die Einführung von nationalen Standards implizit angestrebte Qualitätsbegriff ist auf kognitive Leistungen vorwiegend in den Gegenständen Deutsch, Mathematik und Englisch reduziert und berücksichtigt alle anderen im Lehrplan festgehaltenen Ziele und Aufgaben von Schule nicht. Auch wenn die Festlegung auf kognitive Leistungen im Schulbereich zumindest nicht unplausibel scheint, so bleibt fraglich, ob die Qualität eines Lehrers, einer Schule oder eines ganzen Schulsystems dadurch bestimmt werden kann, wie viele Punkte Schülerinnen und Schüler bei einem gewissen Leistungstest erzielen. Demnach müsste das Lernen der Kinder, das zu guten Testergebnissen führt, mit bestimmten Lehrprozessen im Unterricht und gewissen strukturellen Rahmenbedingungen der Schulen linear-kausal zusammenhängen. Diese Annahme jedoch steht diametral im Gegensatz zu all dem, was bislang über den Lernprozess des Menschen und den Lehrprozess im Schulunterricht bekannt ist.

Moderne psychologische Lerntheorien bezeichnen das Lernen als einen höchst individuellen Prozess, der vom autonomen Menschen selbst initiiert wird. Autonome Menschen entscheiden als bewusst Handelnde selbst, ob und wie sie die Umwelt, der sie ausgeliefert sind, reflektieren, aufnehmen und verknüpfen (vgl. Edelmann, 2000, S. 287). Es können daher immer nur äußere Bedingungen geschaffen werden, die es wahrscheinlicher machen, dass Menschen bestimmte Lernprozesse initiieren. Ob und was tatsächlich gelernt wird, bleibt in der Regel nicht klar vorhersehbar.

Auch weil der von den Lehrerinnen und Lehrern intendierte Unterricht meist nicht ident mit dem von den Schülerinnen und Schülern wahrgenommenen Unterricht ist, jedoch letzterer viel bestimmender dafür ist, was Schüler letztendlich behalten bzw. sich aneignen (vgl. Raudenbush, 2008; Hopmann, 2007, S. 116f.), kann es keinen Unterricht geben, der klar vorhersehbare Lernergebnisse bei den Schülern bewirkt. Diese Erkenntnis entstammt der modernen Didaktik, welche den Gehalt, den ein Individuum einem gewissen Inhalt zuschreibt, als nicht vorgegeben, sondern von kulturellen, sprachlichen und individuellen Faktoren abhängig ansieht (vgl. Hopmann, 2007, S. 118). Die Annahme, dass an einem gewissen Inhalt ein klar bestimmbarer Gehalt gelernt würde, lässt sich demzufolge nicht halten. Dementsprechend kann am Bewerkstelligen einer gewissen Testaufgabe nicht das Beherrschen einer gewissen Kompetenz auf einer bestimmbaren Schwierigkeitsstufe über Sprach-, Kultur-, Inhalts- und Kontextgrenzen hinweg abgelesen werden, was jedoch der Konzeption der Bildungsstandards zu Grunde liegt.

Des Weiteren ist die Annahme, dass die sogenannte „Kompetenzorientierung", welche es zur Aufgabe von Pädagogen werden lässt, mittels zu wählender Inhalte zur Entwicklung bestimmter, vorgegebener Kompetenzen bei Schülerinnen und Schülern beizutragen, ein Rückfall in ein vormodernes Didaktikverständnis und somit das Gegenteil eines modernen Konzeptes von Bildung, wie es in offiziellen Dokumenten jedoch gerne dargestellt wird (vgl. BMBF, 2007; Hopmann, 2007, S. 118). Die moderne Didaktik sieht „Bildung" als das eigentliche Ziel von Schule und Unterricht an, welche sich aus dem einzigartigen Aufeinandertreffen von Schülerinnen und Schülern sowie dem Inhalt individuell entfaltet. Die allgemeinen Inhalte eines Gegenstandes sollen lediglich zum Anregen eines solchen Prozesses dienen (vgl. Hopmann, 2007, S. 118).

Wenn aber davon ausgegangen wird, dass die Konfrontation mit verschiedenen Inhalten in verschiedenen Kontexten und Situationen zum Erwerb festgelegter, konkreter Kompetenzen auf unterschiedlichen Schwierigkeitsstufen führe, welche dann auf jeden beliebigen Kontext übertragen und angewendet werden können, dann wird das Verhältnis zwischen Inhalt und Gehalt fixiert, wird also diesem Verhältnis ein klares, stabiles Aufeinander bezogen sein attestiert. Zugleich wird ihm somit eine grundsätzliche Variabilität, Diversität, Relativität und Individualität abgesprochen (vgl. Hopmann, 2007, S. 119). Außerdem wird ignoriert, dass der Gehalt eines bestimmten Inhalts vom jeweiligen Kontext, in dem dieser Gehalt entstanden ist, nicht unabhängig ist. Es besteht ein Unterschied, ob der Gehalt eines Inhalts im Schulunterricht, im Alltagsleben oder in der Wissenschaft entstanden ist. „Lernen" als situationsabhängig zu begreifen, ist ein zentraler Gedanke der französischen Didaktik (vgl. Chevellard, 2007, S. 132). Hopmann zufolge führe die Logik der Standards- und Kompetenzorientierung dazu, dass nichts mehr von „Didaktik" übrig bleibe (vgl. Hopmann, 2007, S. 120). Ein Kernelement von Didaktik sei nämlich, dass Lehrer und Schüler unterschiedlichen Gehalt autonom mit gewissen Inhalten verbinden können (vgl. Hopmann, 2007, S. 120). Der Gehalt entsteht somit in einem nicht-linearen Prozess und ist nicht im vorhinein festlegbar (vgl. Hopmann, 2007, S. 121).

Des Weiteren gibt es nach wie vor keine Indizien dafür, dass es einen Unterricht gäbe, der über unterschiedliche Schülergruppen, Kontexte und Bedingungen hinweg als grundsätzlich „besser" angesehen werden könnte. Für unterschiedliche Schülerinnen und Schüler sind z.B. unterschiedliche Lehrmethoden besser geeignet (vgl. Weinert, 1996, S. 10).

Die Annahme, Schul- und Unterrichtsqualität könne durch die Anwendung empirischer Testverfahren auf Basis vordefinierter Standards gewährleistet bzw. verbessert werden, basiert außerdem auf einer realistisch-naturalistischen Epistemologie. Diese geht von einer grundsätzlichen Trennung von Subjekt und Objekt aus. Demzufolge entsteht Wissen durch die Aneignung einer äußeren, vom Subjekt unabhängigen Welt. Daraus folgt, dass die kontinuierliche Erforschung einer äußeren Welt der geeignete Weg sei, Erziehungs- und soziale Veränderungsprozesse zu verstehen und hervorzurufen. Demgegenüber steht die Sichtweise, dass das Individuum bzw. der Beobachter die Welt selbst erschafft, was sich in konstruktivistischen und systemtheoretischen Ansätzen widerspiegelt (vgl. Luhmann, 1984; Glasersfeld & Foerster, 2007). Diese konstruktivistisch geprägte Weltanschauung wird auch durch handlungstheoretische Ansätze unterstützt, welche den menschlichen Wahrnehmungen von Welt reale Konsequenzen attestieren, indem, wie im Thomas-Theorem zum Ausdruck kommt, das Handeln von Menschen von den

Vorstellungen und Interpretationen der Menschen über die Welt geprägt sei (vgl. Thomas & Thomas, 1928, S. 572). Verbesserungen sozialer Prozesse, insbesondere von Erziehungsprozessen, scheinen dementsprechend eher durch eine Orientierung an den Interpretationen der Menschen über die Welt erreichbar als durch die Orientierung an einer Außenwelt und deren Erfassung.

4.   Empirische Evidenzen

Hält man an Standardtestungen fest, für deren Ergebnisse es unbestimmbare Ursachen gibt und daraus unklare Verantwortlichkeiten resultieren, kommt es zu verfehlten Wirkungen und zahlreichen unintendierten Nebenwirkungen. Forschungen aus den USA, die bereits langjährige Erfahrung mit nationalen Standardtestungen haben, zeigen, dass sich Punkte bei Leistungstests nicht ausschließlich auf die Lernleistung des Schülers zurückführen lassen, da durch verschiedenste sogenannte „Gaming"-Strategien Punkte angehoben werden können, ohne eine echte Lernleistung erbringen zu müssen. Darunter fallen u.a. das Phänomen des „teaching to the test"; die Reduktion des Lehrstoffes und der Lehrpraktiken auf testrelevante Aspekte; der Ausschluss von bestimmten Schülergruppen zur Schönung von Testresultaten (bspw.: Schülerinnen und Schüler mit Behinderung oder Migrationshintergrund – vgl. u.a. Hörmann, 2008); die Fokussierung auf Schülerinnen und Schüler, welche nur knapp die erwünschten Testresultate verfehlen, sowie die Vernachlässigung von besonders leistungsschwachen und leistungsstarken Kindern; diverse Schummelstrategien (durch Lehrpersonal und Schuladministration); die Senkung des Schwierigkeitslevels von Tests und die Herabsetzung des Schwellwerts für die zu erreichende Mindestpunkteanzahl (vgl. Amrein-Beardsley, 2009).

Schülerleistungsmessung kann auch deshalb nur einen sehr bescheidenen Beitrag zu einer Aussage über Schul- oder Lernqualität leisten, weil Leistungen von Schülerinnen und Schüler nur im Ausmaß von etwa 10 bis 40 Prozent den Einwirkungen von Schule zuzuschreiben sind. Bedeutendere Determinanten von Schülerleistungen sind nach wie vor der sozioökonomische Hintergrund, das Vorwissen oder die kognitive Begabung (vgl. Linn, 2008; Cohen, Raudenbush, Loewenberg & Ball, 2003; Lipowsky, 2006). Durch die daraus resultierende Unmöglichkeit, die Verantwortlichkeit für das Zustandekommen von gewissen Testleistungen klar zuzuordnen, lässt sich jeder gerne für gute Testleistungen, aber niemand gerne für schlechte Testleistungen zur Verantwortung ziehen. Daraus resultiert ein sogenanntes „Blame-Shame-Game", wodurch sich die beteiligten Gruppen (Lehrpersonal, Eltern, Schülerinnen und Schüler, Administration, Politik) wechselseitig die Schuld für schlechte Testleistungen zuweisen. In Norwegen konnte bereits beobachtet werden, dass die Medien die Funktion übernommen haben, öffentlichkeitswirksam bestimmte Gruppen für Leistungsdaten verantwortlich zu machen (vgl. Birkeland, 2009).

Zusammenfassend kann hier festgehalten werden, dass, selbst wenn Schülerinnen und Schüler eigentlich in der Schule sind um zu lernen, die Qualität einer Schule nicht am „Lernoutput" der Schülerinnen und Schüler gemessen werden kann, da dies Annahmen über das menschliche Lernen und den Lehr- Lernprozess voraussetzen würde, die aus Perspektive moderner Lehr- und Lerntheorien nur schwer aufrechtzuerhalten sind. Angesichts dessen muss der Nutzen einer zentralisierten, periodischen Leistungsstanderhebung stark in Zweifel gezogen werden. Wenn die Ergebnisse als reine Information für Lehrkräfte dienen, wäre zumindest die Wahrscheinlichkeit des Auftretens negativer Auswirkungen reduziert. Sobald die Ergebnisse jedoch öffentlich und somit offiziell zum Maßstab für gute und schlechte Schulen werden, hat das Folgen, die der ursprünglichen Intention (nämlich Schulen zu verbessern) entgegenlaufen und soziale Ungleichheiten noch vergrößern, sowie Ausweichstrategien fördern und irrationalen Wettbewerb entfachen.

5. Kernbestandteile einer alternativen Modellkonzeption der Qualitätsentwicklung

Nach dieser eher ernüchternden Bilanz über nationale Standards stellt sich die Frage, ob und wie Schulqualität gewährleistet bzw. verbessert werden kann, wenn   ·

- der Qualitätsbegriff relativ zum bewertenden Subjekt anerkannt und im vorhinein geklärt,

- die Wesenheit des menschlichen Lernens als bewusster und höchst individueller Prozess angesehen,

- die Verpflichtung des Lehrprozesses auf die „Bildung" des Individuums, das Zulassen des Unterschieds zwischen Inhalt und Gehalt sowie die Autonomie von Lehren und Lernen berücksichtigt und

- eine Abkehr von einem naturalistisch-realistischen Weltbild und eine Hinwendung zu einer konstruktivistisch geprägten Epistemologie vollzogen werden soll?

Um der Relativität des Qualitätsbegriffs gerecht zu werden, bedarf es Prozessen, die verschiedenste individuelle Sichtweisen und Weltanschauungen anerkennen und trotzdem zur Verfolgung verbindlicher Werte und Ziele führen. Solche Prozesse basieren auf Kernelementen demokratischer Theorie, wie sie sich bei Dewey wieder finden. Dieser sieht als demokratisches Ideal ein dynamisches Wechselspiel von diversen Interessen, die zu einer kontinuierlichen Umgestaltung sozialen Verhaltens führen (Dewey, 2000, S. 120). Bemühungen um Schulqualität sind demnach in grundlegenden, *demokratischen Prinzipien* verankert.

Wenn sich Lernen bewusst und individuell vollzieht, dann stellt sich die Frage, inwiefern das Erheben von standardisierten Leistungsdaten, zusätzlich zur in der Schule ohnehin stattfindenden Leistungsbewertung, den Betroffenen bei der Verbesserung ihrer Lehr-Lern-Prozesse dienen kann. Hilfreicher scheint eine Orientierung an den vorherrschenden „*Lernbedingungen*", wie sie aus Sicht der Betroffenen wahrgenommen werden, um der Individualität des Lernprozesses und einer konstruktivistischen Epistemologie gerecht zu werden.

Um der Autonomie von Lehren und Lernen zu entsprechen sowie „Bildung" als Ziel von Schule und Unterricht anzusehen, indem Schülerinnen und Schüler in Auseinandersetzung mit verschiedensten Inhalten unterschiedlichste Gehalte entwickeln können, sollte auch Art und Bewertung von Schul- und Unterrichtsqualität je nach Schulsituation und Kontextbedingungen von den Betroffenen vor Ort gestaltbar sein. Die drei Elemente

1. demokratische Prinzipien,

2. wahrgenommene Lernbedingungen und

3. autonome Gestaltung der Art und Bewertung von Schul- und Unterrichtsqualität durch die Betroffenen vor Ort

stellen somit Kernbestandteile eines alternativen Modellansatzes der Qualitätsentwicklung dar, welcher anschließend skizziert wird.

6. Umriss einer alternativen Modellkonzeption der Qualitätsentwicklung

Schulqualität kann, wie gezeigt wurde, keine fixe Größe sein, sondern ist immer abhängig von den Vorstellungen der betroffenen Akteure. Wenn aus Sicht der Betroffenen gute Lernbedingungen vorherrschen, dann müsste das Initiieren von bewussten Lernprozessen am wahrscheinlichsten sein. Wenn auch die Art und Bewertung von Schul- und Unterrichtsqualität variabel und nach situativen und kontextabhängigen Faktoren ausgerichtet ist, dann kann „Bildung" in einem umfassenderen Sinne gefördert werden, als dies durch eine Orientierung an vorgegebenen Fixnormen möglich ist. Es gilt daher Methoden zu entwickeln, welche mittels auf demokratischen Prinzipien beruhenden Prozessen

• das Erfassen wahrgenommener Lernbedingungen,

• das Festlegen erwünschter Lernbedingungen auf Grundlage der erfassten Lernbedingungen (Festlegung auf die Art von Qualität) und

• die Bewertung der Erreichung erwünschter Lernbedingungen (Bewertung der Erreichung der festgelegten Art von Qualität)

ermöglichen. Die Realisierung dessen wäre mittels dynamischer Forschungsdesigns möglich, die so konzipiert sind, dass alle betroffenen Schüler, Lehrer und Eltern die Lernbedingungen an der Schule beschreiben und kommentieren und in der Folge die im Kollektiv am wichtigsten erachteten, erwünschten Lernbedingungen festgelegt werden können. Diese auf kollektiven Prioritäten basierenden erwünschten Lernbedingungen stellen das Ziel bzw. die Qualität dar, auf die alle weiteren Bemühungen ausgerichtet sind. Dieses Ziels bzw. diese Qualität kann durch diverse Strategien erreicht werden, die wiederum in demokratischen Prozessen erarbeitet werden und welche durch die Nutzung brachliegender oder den Aufbau neuer Kapazitäten am Schulstandort oder einen Aufbau von Kooperationen mit potentiellen externen Akteuren umgesetzt werden können. Des Weiteren sollten sich solche Strategien durch klare Zuteilung von Verantwortlichkeit und kontinuierliches Beobachten etwaiger Veränderungen in den wahrgenommenen Lernbedingungen auszeichnen.

Auf Grundlage der wahrgenommenen Lernbedingungen und entwickelter Strategien zur Veränderung bzw. Verbesserung dieser arbeiten die verschiedenen Akteure (Lehrerinnen und Lehrer, Eltern, Schülerinnen und Schüler, lokale Organisationen und Vereine, Politik und Administration) unter klarer Aufteilung von Verantwortlichkeit zusammen, um erwünschte Lernbedingungen zu schaffen. Durch periodisches Erheben können Veränderungen in den wahrgenommenen Lernbedingungen sichtbar gemacht und der Grad der Erreichung erwünschter Lernbedingungen bewertet werden. Je nachdem besteht die Möglichkeit, neue Strategien zu entwickeln bzw. bewährte Strategien fortzusetzen.

Tab. 1: Gegenüberstellung der Paradigmen

	Schulqualität durch nationale Standards	Schulqualität durch wahrgenommene Lernbedingungen
Wissenschaftliches Weltbild	realistisch-naturalistisch	konstruktivistisch
Akzeptanz	Druck und Kontrolle	Identifikation, Unterstützung
Steuerungsmodus	Top-down-Orientierung	Bottom-up-Orientierung
Ziel	verbesserte Testergebnisse	erwünschte Lernbedingungen
Effekt	nicht klar abschätz- und nicht realistisch beeinflussbar	realistisch abschätz- und beeinflussbar
Parameter zur Erfassung von Schulqualität	Ergebnisse bei zentralen Leistungstests	wahrgenommene Lernbedingungen am Schulstandort
Fokus des Prozesses	Überprüfung von zentral vorgegebenen Richtwerten	demokratische Entwicklung kollektiver Ziele und Strategien zur Erreichung dieser
Verantwortlichkeit	willkürlich, im nachhinein	klar, im vorhinein
Überprüfung der Veränderung der Parameter	periodisch	periodisch
Qualitätsbegriff	implizit, stabil, von Experten festgelegt	explizit, variabel, von Betroffenen festgelegt

In Tabelle 1 werden grundsätzliche Unterschiede zwischen nationalen Standards und wahrgenommenen Lernbedingungen als Orientierungsgrößen für Schulqualität ersichtlich. Während eine Top-down-Festlegung auf nicht explizierte, scheinbar objektivierte Qualitätskriterien sowie Druckaufbau und Kontrolle die Grundlogik bei nationalen Standards aufbaut, basiert die Schulqualität durch wahrgenommene Lernbedingungen auf einem relativen Qualitätsbegriff, der erst durch eine demokratische Bottom-up-Entwicklung kollektiver Ziele am jeweiligen Schulstandort konkretisiert wird. Durch die Orientierung an den Wahrnehmungen der Betroffenen vor Ort scheint es wahrscheinlich, dass die Beteiligten sich mit dieser Form der Qualitätssicherung eher identifizieren und im Sinne des Thomas-Theorems ihre Handlungen nach den Zielen ausrichten. Außerdem erleben die Betroffenen diesen Prozess eher als Unterstützung, da man sich durch klare Zuteilung von Verantwortlichkeiten im Vorhinein auf realisierbare, aus Sicht der Beteiligten sinnvolle Ziele einigen kann, welche auch mit der Unterstützung von externen Akteuren (z.B.: Politik und Behörden) umgesetzt werden.

Angesichts der bereits bestehenden Erkenntnisse über die ernüchternden Wirkungen und zahlreichen unintendierten Nebenwirkungen von nationalen Standards hat dieser Beitrag, wenn in diesem Rahmen auch nur in Umrissen möglich versucht, einen Qualitätssicherungsprozess zu skizzieren, der auf Basis demokratischer Prinzipien, einer Orientierung an wahrgenommenen Lernbedingungen sowie auf Basis einer autonomen Gestaltung der Art und Bewertung von Schul- und Unterrichtsqualität durch die Betroffenen vor Ort beruht, um von einem konstruktivistischen Weltbild ausgehend dem menschlichen Lern- und dem schulischen Lehrprozess eher gerecht werden und der prinzipiellen Wesenheit des Qualitätsbegriffs als subjektiv und personenabhängig entsprechen zu können. Empirische Forschung wird dabei nicht zum Testen und Kontrollieren, sondern zur Aufwertung der Akteure vor Ort genutzt, indem ihre Wahrnehmungen in den Mittelpunkt gerückt werden und auf Grundlage dieser gemeinsam Strategien zur Verbesserung der Lernbedingungen entwickelt werden. Durch ein periodisches Erheben der wahrgenommenen Lernbedingungen kann somit festgestellt werden, ob und welche Veränderungen eingetreten sind.

Durch den derzeitigen Trend standardisierter Schülerleistungsmessung wird eine auf Wettbewerb, Druck und Kontrolle ausgerichtete Steuerungslogik eingeführt, die dem Anspruch, Qualität zu sichern bzw. zu entwickeln, nicht gerecht werden kann. Die Orientierung an Standards und damit verbundenen Schülerleistungstests führt nachweislich nicht zum erwünschten Erfolg, sondern bringt sogar neue Probleme mit sich. Für nachhaltige Bemühungen um Schulqualität kann die skizzierte Modellkonzeption der Qualitätsentwicklung als ein Bestandteil einer faireren Systemsteuerung hilfreich sein.

Literatur

Amrein-Beardsley, A. (2009). The Unintended, Pernicious Consequences of „Staying the Course" on the United States` No Child Left Behind Policy. *International Journal of Education Policy & Leadership, 4* (6), 1–13.

Amrein, A. L. & Berliner, D. C. (2002). *High-Stakes Testing, Uncertainty, and Student Learning.* Verfügbar unter: http://epaa.asu.edu/epaa/v10n18/ [12.12.2009].

Au, W. (2007). High-Stakes Testing and Curricular Control: A Qualitative Metasynthesis. *Educational Researcher, 36* (5), 258–267.

BIFIE (2009). *Bildungsstandards.* Verfügbar unter: http://www.bifie.at/bildungsstandards [08.12.2009].

Biesta, G. (2009). Good education in an age of measurement: On the need to reconnect with the question of purpose in education. *Educational Assessment, Evaluation and Accountability, 21,* 33–46.

Birkeland, N. R. (2009). *Gaming the blame or blaming the game? Media and the formation of performance based accountabiliy in Norwegian school system.* Unveröffentlichtes Konferenzpapier, ECER 2009 Vienna.

BMBF (Hrsg.). (2007). *Zur Entwicklung nationaler Bildungsstandards – Expertise.* Verfügbar unter: http://www.edudoc.ch/static/web/arbeiten/harmos/develop_standards_nat_form_d.pdf [21.12.2009].

Clarke, M., Shore, A., Rhoades, K., Abrams, L. M., Miao, J. & Li, J. (2003). *Perceived effects of state-mandated testing programs on teaching and learning: Findings from interviews with educators in low-, medium-, and high-stakes states.* Verfügbar unter: http://www.bc.edu/ research/nbetpp/statements/nbr1 [28.12.2009].

Chevellard, Y. (2007). Readjusting Didactics to a Changing Epistemology". *European Educational Research Journal, 6* (2), 131–134.

Cohen, D. K., Raudenbush, S. W. & Ball, D. L. (2003). Resources, Instruction, and Research. *Educational Evaluation and Policy Analysis, 25* (2), 119–142.

Cuban, L. (2007). Hugging the Middle. Teaching in an Era of Testing and Accountability, 1980-2005. *Education Policy Analysis Archives, 15* (1), 1–27.

Dewey, J. (2000) (1916). *Demokratie und Erziehung.* Weinheim und Basel: Beltz.

Edelmann, W. (2000). *Lernpsychologie* (6.Auflage). Weinheim und Basel: Beltz.

Flinders, D. J. (2007). Standards and Accountability. What Should Teachers Know? In L. F. Deretchin & C. J. Craig (eds.), *International Research on the Impact of Accountability Systems. Teacher Education Yearbook XV* (S. 31–41). Lanham, Toronto, Plymouth: Rowman & Littlefield.

Glasersfeld von, E. & Foerster von, H. (2007). *Wie wir uns erfinden. Eine Autobiographie des radikalen Konstruktivismus* (3. Aufl.). Heidelberg: Auer.

Harvey, L. & Green, D. (2000). Qualität definieren. Fünf unterschiedliche Ansätze. *Zeitschrift für Pädagogik, 46,* Beiheft 41, 17–39.

Heid, H. (2000). Qualität. Überlegungen zur Begründung einer pädagogischen Beurteilungskategorie. *Zeitschrift für Pädagogik, Beiheft 41,* 41–51.

Heid, H. (2007). Qualität von Schule – Zwischen Bildungstheorie und Bildungökonomie. In J. Buer & C. Wagner (Hrsg.), *Qualität von Schule – Ein kritisches Handbuch* (S. 55–66). Frankfurt am Main: Peter Lang.

Hopmann, S. (2007). Restrained Teaching: the common core of Didaktik. *European Educational Research Journal, 6* (2), 109–124.

Hörmann, B. (2008). Die Unsichtbaren in PISA, TIMSS & CO. Kinder mit Behinderungen in nationalen und internationalen Schulleistungsstudien. In F. Eder & G. Hörl (Hrsg.), *Gerechtigkeit und Effizienz im Bildungswesen. Unterricht, Schulentwicklung und LehrerInnenbildung als professionelle Handlungsfelder.* Wien: Lit Verlag.

KMK (2004). *Bildungsstandards der Kultusministerkonferenz. Erläuterungen zur Konzeption und Entwicklung.* Verfügbar unter: http://www.kmk.org/fileadmin/veroeffentlichungen_beschluesse/2004/2004_12_16-Bildungsstandards-Konzeption-Entwicklung.pdf [22.12.2009].

Linn, R. L. (2008). Methodological issues in achieving school accountability. *Journal of Curriculum Studies, 40* (6), 699–711.

Lipowsky, F. (2006). Auf den Lehrer kommt es an. Empirische Evidenzen für Zusammenhänge zwischen Lehrerkompetenzen, Lehrerhandeln und dem Lernen der SchülerInnen. *Zeitschrift für Pädagogik, 52. Beiheft 51,* 47–70.

Luhmann, N. (1984). *Soziale Systeme: Grundriß einer allgemeinen Theorie.* Frankfurt am Main: Suhrkamp.

Maradan, M. & Mangold, M. (2005). *Bildungsstandards in der Schweiz. Das Projekt HarmoS.* Verfügbar unter: http://www.edudoc.ch/static/web/arbeiten/harmos/oma_phakzente05-2.pdf [21.12.2009].

Raudenbush, S. W. (2008). Advancing Educational Policy by Advancing Research on Instruction. *American Educational Research Journal, 45* (1), 206–230.

Thomas, W. I. & Thomas, D. S. (1928). *The Child in America: Behaviour Problems and Programs.* New York: Knopf.

Vroeijenstijn, T. (1992). External Quality Assessment, Servant of Two Masters? The Netherlands University Perspective. In A. Craft (ed.), *Quality Assurance in Higher Education.* Proceedings of an International Conference, Hong Kong 1991 (109–131). London-Washington D. C.: The Falmer Press.

Weinert, F. E. (1996). Für und wider die „neuen Lerntheorien" als Grundlagen pädagogisch-psychologischer Forschung. *Zeitschrift für Pädagogische Psychologie, 10* (1), 1–12.

Lesya Zalenska

Betriebliche Weiterbildung – Inflation der Evaluation?

Was rettet die Evaluation vor Inflation im Rahmen der betrieblichen Weiterbildung: Qualitätsmanagement oder Bildungscontrolling?

1. Einleitung

Die Unternehmen haben erkannt, dass ein entscheidender Faktor, um die Wettbewerbsfähigkeit und den eigenen Marktwert zu sichern, hochqualifizierte Mitarbeiter sind. Die „Dritte europäische Erhebung über die berufliche Weiterbildung in Unternehmen (CVTS3)" zeigt, dass in Deutschland rund 70 % der befragten Unternehmen ihren Beschäftigten Weiterbildung anbieten (Statistisches Bundesamt, 2008). Laut einer Erhebung vom Institut der deutschen Wirtschaft Köln liegt diese Zahl bei 84 %. Die Ausgaben für die betriebliche Weiterbildung – nach der Hochrechnung des Institutes der deutschen Wirtschaft Köln – lagen im Jahr 2007 bei 27 Mrd. EUR (Lenske & Werner, 2009).

Die betriebliche Bildungsarbeit gewinnt an Bedeutung und findet fast in jedem Unternehmen statt. Auf der Tagesordnung der Bildungsabteilung steht die Evaluation der durchgeführten Bildungsmaßnahmen. Es wird evaluiert, aber es stellt sich die Frage, *wie* dort evaluiert wird. Die häufigste Antwort lautet: mit „Happyness Sheets". Dabei handelt sich um Seminar-Feedback-Fragebögen. Entspricht dies dem Grundprinzip der Evaluation?

Dieser Frage folgend trägt der vorliegende Beitrag zu einer kritischen Diskussion des Ist-Zustandes der Evaluation im Rahmen der betrieblichen Weiterbildung in Betrieben bei. Das Hauptziel besteht darin, auf die Entwertung der Evaluation im Rahmen der betrieblichen Weiterbildung aufmerksam zu machen. Ferner gilt es, das Qualitätsmanagement und das Bildungscontrolling als zukunftsweisende Ansätze für die betriebliche Bildungsarbeit aufzuzeigen, da diese Evaluation integrieren und sie vor ihrer Entwertung bewahren. Wegen des engen Zusammenhanges werden die Ansätze gemeinsam dargestellt. Dabei zielt diese Darstellung darauf ab, das Grundverständnis der Ansätze deutlich zu machen.

Im Weiteren werden die *Merkmale für die Unterscheidung* der Ansätze dargestellt. Durch diese Merkmale werden *Gemeinsamkeiten und Schnittstellen* von *Evaluation, Controlling und Qualitätsmanagement* ersichtlich. Mit hieraus folgenden Konsequenzen und Perspektiven soll dieser Beitrag abgeschlossen werden. Dabei wird Forschungsbedarf aufgezeigt und für Praktiker in Unternehmen eine Handlungsempfehlung abgeleitet.

2. Evaluation

Der Begriff der Evaluation meint allgemein die *Bewertung* bzw. *Beurteilung* von Prozessen oder Zuständen anhand selbstgesetzter oder vorgegebener Ziele mit Hilfe empirisch erhobener Befunde zum Zwecke der Steuerung und Verbesserung der Prozesse oder Zustände (Gnahs & Krekel, 1999).

Hartz und Meisel (2006) heben hervor, dass Evaluation traditionell ein Thema der Pädagogik ist und auf eine Verbesserung der pädagogischen Interaktion zielt. Das bedeutet, dass die Lehr- und Lern-Prozesse der Evaluation unterzogen werden. Ähnlich äußern sich Gnahs und Krekel: „Im Vordergrund der Evaluation steht die Beurteilung der Effektivität eines Seminars oder einer Bildungsmaßnahme." (1999, S. 15).

Laut Will, Winteler und Krapp (1987) lässt sich der Ablauf jeder Bildungsmaßnahme in unterschiedliche Ebenen einteilen und jeder Ebene ein Evaluationsfeld zuordnen.

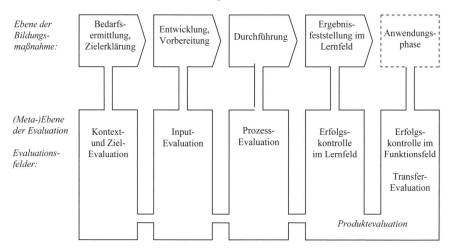

Quelle: Will, Winteler & Krapp, 1987, S. 19

Abb. 1: Schematischer Ablauf von Maßnahmen der Aus- und Weiterbildung (Ebene der Bildungsmaßnahme) mit der Zuordnung von Evaluationsfeldern (Metaebene)

Die wichtigsten *Merkmale der Evaluation* werden von Liebald (1996, S. 24) in ihrem Gutachten für die Vorstudie zur Evaluation der Weiterbildung „Darstellung unterschiedlicher Evaluationsansätze" herausgearbeitet:

- Evaluation wird in der Regel mit Hilfe von Methoden der empirischen Sozialforschung durchgeführt;

- Evaluation kann als wichtiges Instrument der Ergebnissicherung, aber auch der Planung und Prozessbegleitung eingesetzt werden;

- Evaluation ist in besonderem Maße praxisorientiert. Sie findet vor Ort statt oder ist auf Praxisveränderung oder -verbesserung ausgerichtet;

- Evaluation kann danach fragen, ob und in welcher Form bestimmte Ergebnisse oder Ziele erreicht werden – ob also effektiv gearbeitet wurde;

- Evaluation kann auch danach fragen, wie die Ergebnisse/Ziele erreicht wurden, mit welchem (finanziellen, personellen, zeitlichen) Aufwand gearbeitet wurde. Hierbei geht es darum, ob die Maßnahme auch effizient durchgeführt wurde.

Laut Liebald (1996) ist eine wichtige Unterscheidung zwischen der Input-, Output- und Prozessevaluation zu treffen. Darüber hinaus werden die Evaluationsansätze im Hinblick auf interne und externe Verfahren bzw. Fremd- und Selbstevaluation unterschieden (Hartz & Meisel, 2006, S. 47). Das Spannungsverhältnis zwischen den Polaritäten und die Zuordnung verschiedener Evaluationsansätze zeigt nachstehende Grafik.

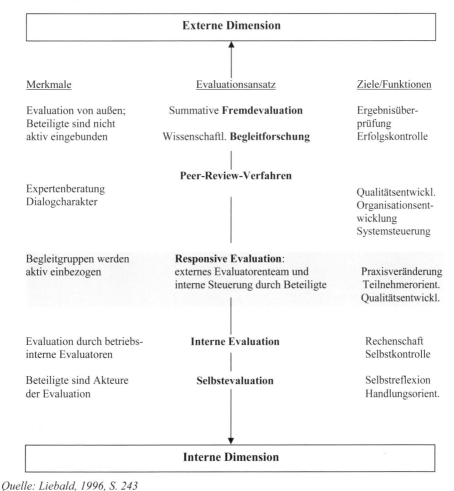

Quelle: Liebald, 1996, S. 243

Abb. 2: Evaluationsansätze

Will et al. (1987) weisen auf die grundlegenden *Funktionen der Evaluation* hin:

- Steuerung- und Optimierungsfunktion;
- Bewertungs- und Beurteilungsfunktion;

- Kontrollfunktion;
- Entscheidungsfunktion;
- Dokumentations- und Legimitationsfunktion;
- Erkenntnisfunktion;
- Integrierende Funktion;
- Weiterbildungsfunktion.

Bei der Betrachtung der Funktionen der Evaluation fällt auf, dass lediglich durch den Einsatz eines Feedbackbogens nur unzureichende Aussagen hinsichtlich dieser Funktionen gemacht werden können. Die ausgefüllten Fragebögen spiegeln oft lediglich ein Stimmungsbild nach dem Seminar. Die üblichen Fragen beziehen sich z.B. auf Seminarinhalte (z.B. Themenfülle, Strukturierung der Inhalte), auf das Engagement des Trainers, auf die Organisation und den Ablauf (z.B. Raum, Verpflegung, Dauer) der Maßnahme. In dieser Art und Weise bewerten die Bildungsverantwortlichen die durchgeführten Bildungsmaßnahmen von externen Trainern. Ausgehend von der Definition der Evaluation stellt sich hierbei die Frage, welche Prozesse bzw. Zustände anhand welcher Ziele und zu welchem Zweck beurteilt werden?

Es ist offensichtlich, dass mit dieser Vorgehensweise Evaluation im Rahmen der betrieblichen Weiterbildung entwertet wird. Diese Entwertung ist nicht nur auf den Prozess zurückzuführen, sondern auch auf die nicht hinreichende Vielfalt der eingesetzten Instrumente. Zu den *Instrumenten der Evaluation* gehören Interview, Fragebogen, Beobachtung, Übung, Test, Kontrollfragen und Gruppendiskussion.

Es ist ebenso unbestritten, dass jede Evaluation mit einer gewissen Problematik behaftet ist. So weist Wottawa (1986) auf die *Problemaspekte der Evaluation* hin und empfiehlt, sich an folgenden *Leitfragen* zu orientieren:

- Was wird evaluiert?
- Wo wird evaluiert?
- An welchen Zielen orientiert sich die Evaluation?
- Warum wird evaluiert?
- Womit wird verglichen?

3. Qualitätsmanagement

Kunden gewinnen und Kunden behalten – genau das war der Auslöser in der Industrie für die Entwicklung des Qualitätsmanagements in den 80er Jahren. Die große Konkurrenz auf dem Weltmarkt führt zur Entwicklung der umfassenden Qualitätskonzepte, wobei Qualität als strategischer Wettbewerbsfaktor eingesetzt wird. In den Jahren entwickelte und entfaltete sich das Qualitätsmanagement, von den Kontrollelementen bis zum ganzheitlichen Qualitätsmanagement. Heute sind seine Inhalte nicht nur die Kundenzufriedenheit, sondern auch die Mitarbeiterzufriedenheit, die Verbesserung der Handlungs- und Arbeitsprozesse, die Verbesserung der Kommunikation in der Organisation sowie die Entwicklung neuer Produkte und Lösungen.

Qualitätsmanagement wird nach DIN EN ISO 9000 als *„aufeinander abgestimmte Tätigkeiten zur Leitung und Lenkung einer Organisation bezüglich Qualität"* definiert. Leitung und Lenkung bezüglich Qualität umfassen üblicherweise die Festlegung von Qualitätspolitik und Qualitätszielen, die Qualitätsplanung, die Qualitätslenkung, die Qualitätssicherung und die Qualitätsverbesserung (Kamiske & Brauer, 2002, S. 60).

Für ein Qualitätsmanagement ist die Basis eine *Qualitätspolitik*. Mit Hilfe des Qualitätsmanagements wird die Qualitätspolitik einer Organisation verwirklicht. Auf der nachstehenden Grafik werden seine Phasen und die Komponenten aufgezeigt, aus denen das gesamte „Haus" der Qualität entsteht. Das Qualitätsmanagement ist ein kontinuierlicher Prozess, bei dem sich eine Phase der anderen anschließt.

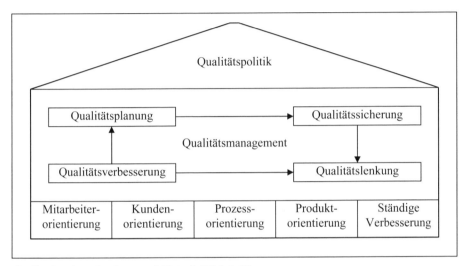

Quelle: Reinhart, Lindemann & Heinzl, 1996, S. 22

Abb. 3: Komponenten des Qualitätsmanagements

Das *Ziel von Qualitätsmanagement* ist die *Qualitätssicherung und Qualitätsentwicklung*. Die Qualitätssicherung ist wiederum ein wichtiges Instrument zur Herstellung von Transparenz über betriebliche Abläufe und Organisationsprozesse zur Regelung von Zuständigkeit und zur Orientierung an Unternehmenszielen (Gnahs & Krekel, 1999).

Vock (1998) weist hin, dass das Qualitätsmanagement ein Teil der *Gesamtführungsaufgabe* auf der Ebene der obersten Leitung ist (vgl. Vock, 1998). Daher fällt der *Geschäftsführung die Schlüsselrolle* beim Qualitätsmanagement zu. Folgend betont Vock, dass die Verantwortung für das Entstehen, die Weiterentwicklung und die Anwendung des Qualitätsmanagements bei der obersten Leitung liegt und die Mitarbeiter und Mitarbeiterinnen am Qualitätsmanagement mitwirken und sich verpflichten, in ihm die Qualitätsanforderungen zu erfüllen.

3.1 Qualitätsmanagement in der Weiterbildung

Die *Qualitätsdiskussion in der Weiterbildung* beginnt erst in den 90er Jahren. Ein wichtiger Auslöser für die Qualitätsdiskussion war der offensichtliche Missbrauch von Fördermitteln aus dem Haushalt der Bundesanstalt für Arbeit in den neuen Bundesländern

(Gnahs, 1998). Gnahs und Krekel (1999) betonen: „Insbesondere für die finanzielle Förderung beruflicher Weiterbildung sind verschiedene Qualitätskonzepte zum Schutz der Teilnehmenden bzw. des Verbrauchers entstanden."

Bildung ist ein Prozess und eine Dienstleistung und somit ließen sich die prozessorientierten Verfahren und Instrumente aus der Qualitätsdiskussion in der Industrieproduktion auf den Bildungsbereich übertragen. So schreibt Sauter: „Qualitätssicherung und Qualitätsmanagement sind keine Erfindungen aus dem Bildungssystem, ihre Instrumente haben sich inzwischen jedoch auch im Bildungswesen durchgesetzt" (2000, S. 17).

Das Qualitätsmanagement ist jedoch im Bildungsbereich mit einer speziellen Problematik verbunden. Münch äußert seine Bedenken: „Der entscheidende Unterschied besteht darin, dass „technische" Qualität relativ leicht bestimmt, operationalisiert und gemessen werden kann; dies ist nicht so bei der „Bildungsqualität." (1995, S. 135). Allerdings handelt es sich um viel mehr als nur um die Festlegung der Qualitätsstandards in der Bildung. Bei der Herstellung wird in der Regel nach eigenen Vorgaben des Herstellers installiert bzw. optimiert, der später seinem Kunden nur das Endergebnis präsentiert. Bei der Bildung sieht es ganz anders aus. Bildung ist ein Prozess, sozusagen ein Produktionsprozess von Bildung mit einer wesentlichen Eigenart: Der Teilnehmer wirkt in diesem Produktionsprozess mit, beeinflusst ihn also und damit auch die Qualität des Outputs (Woortmann, 1995). Darüber hinaus ist Bildung eine Dienstleistung, die „man nicht ansehen, anfassen oder Probe fahren kann" (Woortmann, 1995, S. 46).

Nichtsdestotrotz wird das Qualitätsmanagement im Bildungsbereich weiter adaptiert, integriert und entwickelt. Mit der CERTQUA wurde 1994 die erste Zertifizierungsgesellschaft, die auf Bildungsprozesse spezialisiert ist, vom Deutschen Industrie- und Handelstag, von der Bundesvereinigung der Deutschen Arbeitgeberverbände und dem Zentralverband des Deutschen Handwerks gegründet (Balli, Krekel & Sauter, 2002). Im Laufe der Zeit gewinnt das Qualitätsmanagement im Bildungsbereich über den Schutz der Teilnehmer hinaus eine andere Funktion. Die Betriebe und Bildungsträger wollen mit Qualitätsverfahren und der Anwendung von Qualitätskriterien einen *Wettbewerbsvorteil* erreichen (Gnahs & Krekel, 1995). Diese Funktion hat eine große Relevanz bei den öffentlichen Bildungsträgern.

Was die betriebliche Weiterbildung anbelangt, ist sie zwar der Qualitätssicherung im Rahmen des Qualitätsmanagement des ganzen Unternehmens unterworfen, steht aber nicht unter Konkurrenzdruck. Trotz aller Versuche, Maßstäbe für die Qualität in der betrieblichen Bildung zu setzen, berichtet Sauter: „Es gibt keinen generellen gesellschaftlichen Konsens über das, was Qualität der beruflichen Bildung ausmacht. (…) Beispiele für Qualitätsvorstellungen, die sich auf Teilbereiche der beruflichen Bildung erstrecken, sind die nach gesetzlichen Vorgaben entwickelten beruflichen Mindeststandards in Ausbildungs- und Fortbildungsordnungen." (2000, S. 17)

4. Bildungscontrolling

Der Begriff Bildungscontrolling hat sich in der betrieblichen Weiterbildungspraxis herausgebildet. Der Auslöser dafür ist sicherlich der Kostendruck und der Legitimationsbedarf im Personal- und Weiterbildungsbereich in sämtlichen Unternehmen. Etwa Anfang der 90er Jahre beginnt die wissenschaftliche Diskussion über Bildungscontrolling. Zunächst rückt der ökonomische Aspekt in den Vordergrund der Diskussion. Dies schlägt sich auch in den Definitionen nieder. So definiert Becker Bildungscontrolling als „ein ganzheitlich-integratives Steuerungsinstrument der Unternehmungsführung zur wissenschaftlich-systematischen Evaluierung des erreichten und/oder des erwarteten Bildungsnutzens in Relation zu den vorgegebenen Bildungszielen und den eingesetzten Ressourcen." (1999, S. 403)

Später wird sowohl dem pädagogischen wie auch dem ökonomischen Aspekt mehr Aufmerksamkeit geschenkt. Krekel, Bardeleben und Beicht definieren Bildungscontrolling wie folgt:

> „Bildungscontrolling ist ein Instrument zur Optimierung der Planung, Steuerung und Durchführung der betrieblichen Weiterbildung. Es ist an den einzelnen Phasen des gesamten Bildungsprozesses ausgerichtet und reicht von der Ermittlung des Weiterbildungsbedarfs über die Zielbestimmung der Weiterbildung, die Konzeption, Planung und Durchführung von Bildungsmaßnahmen bis hin zur Erfolgskontrolle und Sicherung des Transfers ins Arbeitsfeld. Die Bildungsarbeit wird dabei nicht nur unter pädagogischen Gesichtspunkten betrachtet, sondern auch unter Beachtung ökonomischer Kriterien überprüft und bewertet. Fragen nah dem Nutzen von Weiterbildung stehen somit im Vordergrund." (2001, S. 7)

Bildungscontrolling ist ein umfassendes Instrument im Rahmen der betrieblichen Weiterbildung. Es ist zusammen mit Becker (1999) anzumerken, dass Bildungscontrolling an jedem Element des Funktionszyklus betrieblicher Weiterbildung anschließt (Bildungsbedarfsanalyse, Zielsetzung, Kreatives Gestalten, Realisierung der Maßnahmen, Erfolgskontrolle und Transfersicherung) (vgl. Abbildung 4).

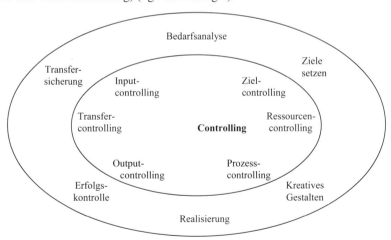

Quelle: Becker, 1999, S. 409

Abb. 4: Bildungscontrolling im Funktionszyklus betrieblicher Bildungsarbeit

Das Bildungscontrolling als Instrument wird für die unternehmerischen *Ziele und Funktionen* eingesetzt. Vielen Autoren zufolge bestehen das Hauptziel und die Aufgaben eines Bildungscontrollings darin, alle Maßnahmen auf ihre Effektivität und Effizienz im Hinblick auf den Erfolg für das Unternehmen zu überprüfen und zu bewerten. So definiert Papmehl folgende Ziele eines Bildungscontrollings:

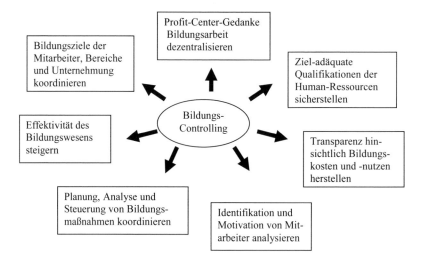

Quelle: Papmehl, 1990, S. 49

Abb. 5: Ziele eines Bildungs-Controlling: Strategische Wettbewerbsvorteile durch qualifizierte Human-Ressourcen verwirklichen

Seeber spricht von drei Hauptfunktionen des Bildungscontrollings:

- Informationsfunktion (systematischen Datenerfassung, -aufbereitung und -analyse);

- Koordinationsfunktion (Koordination des Planungs- und Kontrollsystems mit dem Informationssystem);

- Steuerungsfunktion (Soll-Ist-Vergleiche, Abweichungsanalyse, Informationsbeschaffung und -verdichtung zu relevanten Einflussgrößen und deren Effekte auf das Ergebnis von Bildungsprozessen) (2000, S. 28ff.).

Zum heutigen Zeitpunkt bleibt Bildungscontrolling sowohl als wissenschaftliche Disziplin wie auch in der Praxis relatives Neuland. In der Literatur wird Bildungscontrolling als *Teilbereich des Personalcontrollings* verstanden (Becker, 1995; Gerlich, 1999; Hummel, 1999). Laut Wunderer und Schlagenhaufer (1994) geht es im Rahmen des Personalcontrollings neben einer Analyse der quantitativen Dimension (Personalkosten, -aufwendungen, -ausgaben sowie Leistungsgrößen) auch um eine intensive Analyse der qualitativen Aspekte (z.B. Motivation, Identifikation, Führungsstil, Unternehmens- und Kooperationskultur, Personalimage, Arbeitszufriedenheit und Betriebsklima).

Da die Personalentwicklung als Bildung im engeren Sinne zu verstehen ist, kann Bildungscontrolling in der Personalentwicklung angesiedelt werden, wobei die Personalentwicklung als Teil des Personalcontrollings gilt (vgl. Abbildung 6).

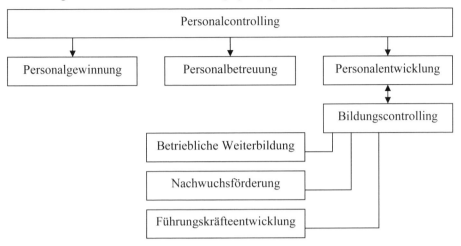

Quelle: Eigene Darstellung

Abb. 6: Einordnung des Bildungscontrollings

Es besteht jedoch noch ein *Spannungsverhältnis* zwischen den *Möglichkeiten und Grenzen* des Bildungscontrollings, weil ein eindeutiger und monokausaler Zusammenhang zwischen Bildungsinvestition und Bildungserfolg schwer überprüfbar ist. So schreiben Seusing und Bötel: „In den Gesprächen sowohl mit Bildungscontrollingexperten aus der Forschung als auch aus der betrieblichen Praxis stellte sich heraus, dass eine eindeutige Rückführung von betrieblichem Erfolg auf die Weiterbildungsaktivitäten nicht möglich seien." (1999, S. 58).

Dieses ist jedoch nicht erstaunlich. Es besteht zwar ein positiver Zusammenhang zwischen der Bildung und dem wirtschaftlichen Nutzen sowohl auf der mikroökonomischen Ebene (z.B. Zusammenhang zwischen dem Bildungsniveau und dem Einkommen) wie auch auf der makroökonomischen Ebene (Zusammenhang zwischen Bildungsinvestitionen und Wachstum), es ist jedoch schwierig, diesen Erfolg nur auf die Bildungsmaßnahmen zurückzuführen.

Mit den Bildungsinvestitionen hat sich bereits in den 60er Jahren die mikroökonomische Theorie befasst (Hentze, 1977). Die Bildungsinvestition wird modelltheoretisch unter der Annahme der Grenzproduktivität des Lohnes behandelt. Dem Modell zufolge führen Bildungsinvestitionen zu heutigen Ausgaben und zukünftigen Einnahmen, die zur Dynamisierung abgezinst werden müssen. Ein Gewinn der Weiterbildung entsteht dann, wenn die Differenz aus abgezinsten Grenzproduktivitäten und abgezinsten Entgeltzahlungen positiv ist. Dies lässt sich allerdings pekuniär nicht beziffern.

Tab. 1: Evaluation, Bildungscontrolling, Qualitätsmanagement im Vergleich

Merkmale	Evaluation	Bildungscontrolling	Qualitätsmanagement
Funktion	Bewertung (Messung), Verbesserung (Optimierung), Entscheidungshilfe	Steuerung, Analyse, Planung, Verbesserung,	Klärung, Verbesserung, Überprüfung, Gestaltung, Beschreibung, Dokumentation
Orientierung	vergangenheitsorientiert	zukunftsorientiert	prozessorientiert
Zielsetzung	Darstellung der Ergebnisse	Ausarbeitung der Prognosen	Hilfe zur Gestaltung
Art/Typus	Methode	Verfahren/Instrument	Philosophie
Bewegungsgrad	statisch/dynamisch	dynamisch	dynamisch
Dimension	Eindimensional (pädagogisch oder psychologisch)	Zweidimensional (pädagogisch und ökonomisch)	Mehrdimensional
Gegenstand	Bildungsmaßnahmen	Bildungsmaßnahmen	alle Tätigkeiten im Unternehmen
Fokus	Lehr-Lern-Prozesse, Effektivität/Wirkung der Bildungsmaßnahmen	Effektivität + Effizienz der Bildungsmaßnahmen (Kosten-Nutzen- Analyse)	Ablauf der Prozesse, Zufriedenheit, Kundenorientierung bzw. Teilnehmerorientierung
Bestandteil	Seminar, Kurs, Unterricht	Personalcontrolling Personalentwicklung	Unternehmensentwicklung
Beitrag (zur)	Entwicklung und Planung der Bildungsmaßnahmen	Personalentwicklung, Erreichung der Unternehmensziele	Organisationsentwicklung
Verbindung (mit)	Unterrichtsziele	Unternehmensziele	Organisationsziele Unternehmensziele
Schlüsselrolle (bei)	Seminar/Kursleitung	Bildungsmanager	Unternehmensleitung
Beteiligte, Grad der Beteiligung	Seminarteilnehmer	Mitarbeiter Führungskräfte Unternehmensleitung Betriebsrat	alle Beschäftigten in der Organisation
Art der Überprüfung	interne Überprüfung und/oder externe Überprüfung	interne Überprüfung	interne Überprüfung und/oder externe Überprüfung (Zertifizierung)
Berufs-Bezeichnung + Metapher	Evaluator „Kontrolleur"	Controller „Steuermann"	Qualitätsmanagement-Beauftragter „Überwacher"
Ablauf	Anfang-Ende	Zyklus	Zyklus
Handeln	operativ	strategisch und operativ	strategisch und operativ
Instrumente	Interview, Fragebogen, Beobachtungen, Tests, Gruppendiskussion	traditionelle betriebswirtschaftliche und sozial-wissenschaftliche Instrumente	abhängig vom Grad der Einbeziehung der Akteure der Organisation (z.B. Mitarbeiterebene-Qualitätszirkel)
Fazit	Evaluation ist Teil des Bildungscontrollings	Bildungscontrolling ist Teil des QMs	Qualitätsmanagement ist Teil der OE

Quelle: Eigene Darstellung

5. Evaluation, Bildungscontrolling und Qualitätsmanagement im Vergleich

Evaluation, Bildungscontrolling und Qualitätsmanagement werden in einem Vergleich gegenübergestellt (vgl. Tabelle 1). Dafür lassen sich zahlreiche Merkmale identifizieren. Gemeinsamkeiten und Unterschiede sind zwar zusammenhängend zu sehen, in diesem Abschnitt aber werden *charakteristische Unterschiede* hervorgehoben.

Krekel und Seusing betonen: „Im Mittelpunkt des Controllings steht vielmehr ein zukunftsorientiertes Handeln, ein in die Zukunft gerichtetes Steuern von Abläufen und Prozessen." (1999, S. 5). Somit wird ein Unterschied zur Evaluation, die eher vergangenheitsorientiert ist, hervorgehoben.

Hummel stellt einen anderen Unterschied zur Evaluation fest: „Controller und Controlling bemühen sich um eine Einpassung von Teilfunktionen und Teilbereichen in den Gesamtprozess des unternehmerischen Geschehens, um Koordination. Das ist der Unterschied zur Evaluation. Evaluation ist meist eindimensional, nur pädagogisch oder nur psychologisch." (1999, S, 15). Für ihn ist die Evaluation Bestandteil des Bildungscontrollings.

Becker betont die Steuerungsfunktion des Controllings: „Im Unterschied zur ergebnisorientierten Kontrolle wird Bildungscontrolling zur kontinuierlichen Überprüfung, ob die richtigen Entscheidungen getroffen werden, die eingeleiteten Maßnahmen wirksam sind und die Instrumente der Bildungsarbeit hilfreich sind im Sinne des ‚Mach's gleich richtig'." (1995, S. 74).

Durch diesen Vergleich wird ersichtlich, dass Evaluation, Bildungscontrolling und Qualitätsmanagement in keiner Weise in Konkurrenz zueinander stehen, sondern fließende Grenzen haben.

6. Konsequenzen und Perspektiven

Die Anschlussfrage aus dieser Diskussion für die Bildungsverantwortlichen lautet: Evaluation, Bildungscontrolling oder Qualitätsmanagement? Die Antwort auf diese Frage muss vor Ort angepasst für die Belange des Unternehmens eigenständig entwickelt werden. In diesem Beitrag wurden zahlreiche Aspekte der Ansätze aufgezeigt. Hierbei sind lediglich einige Empfehlungen aus der anschließenden Diskussion abzuleiten.

6.1 Anschließende Diskussion

Da das betriebliche Bildungswesen ein Teil des Unternehmens ist, hat es wie jeder Teil des Unternehmens den Zielvorgaben zu folgen und eigene Funktionen und Aufgaben zu erfüllen. Wenn diese nur auf Evaluation zurückgreift, wird sie ihre Ziele nicht erfüllen. Evaluation bleibt dem Gesamtprozess des unternehmerischen Geschehens entzogen. Der unternehmerische Charakter fehlt der Evaluation, da sie eindimensional ist (Hummel, 1999). Evaluation soll im Rahmen des Qualitätsmanagements oder Bildungscontrollings durchgeführt werden. Dabei sollen die pädagogischen Aspekte der durchgeführten Maß-

nahmen in den Vordergrund rücken. Es gilt, die verschiedenen Ebenen der Bildungsmaßnahmen zu evaluieren und auf die Vielfalt der Instrumente zurückzugreifen.

Im Hinblick auf die Bildungsarbeit in Unternehmen ist Bildungscontrolling sicherlich
ein *Konzept zur Optimierung der Bildungsprozesse*, das wiederum der *Organisationsentwicklung* Rechnung trägt. Dieses Konzept unterscheidet sich von den anderen Konzepten. Die qualitativen (pädagogische Ziele) und die quantitativen (wirtschaftliche Ziele) Prozesse werden verzahnt.

Mit der Einführung eines Bildungscontrollings ändert sich der Blickwinkel der Bildungsarbeit von der Ex-post-Orientierung zur Ex-ante-Orientierung (Bötel & Krekel,
1999). Das Bildungscontrolling ermöglicht Entscheidungen über die Bildungsaktivitäten
im Unternehmen, die unter dem Aspekt strategischer Relevanz überprüft werden. Dadurch findet die Bildungsarbeit in Einklang mit dem Unternehmensgeschehen statt. Aufgebaut auf diesem Prinzip bekommt die betriebliche Weiterbildung eine neue Verfas-
sung: weg vom Reparatur-Dienstleister zum strategischen Business Partner im Unternehmen.

Bildungscontrolling ist kein *Mittel zur Optimierung* der betrieblichen Weiterbildung,
sondern ein komplexer unternehmerischer Prozess im Unternehmen, im weiteren Sinne
ist es eine betriebliche Bildungsphilosophie. Philosophie, pädagogische und ökonomische Haltung, Prozessoptimierung – damit nähert sich das Bildungscontrolling den tatsächlich nah stehenden anderen Gebieten der Bildungsarbeit und des Managements.

Das Qualitätsmanagement ist offensichtlich ein Teilbereich des Managements. Sein
Ziel ist die Qualität von Produkten oder Dienstleistungen zu erhalten oder weiterzuentwickeln. Dies führt nicht zwangsläufig zu einem höherwertigen Ergebnis, sondern steuert
nur die Erreichung der vorgegebenen Qualität. Allerdings ist Qualität nicht statisch. Das
Qualitätsmanagement zeichnet sich durch seine Prozessorientierung aus. Im Bildungssektor hat sich das Qualitätsmanagement bereits etabliert. Hier behält seine grundlegenden
Eigenschaften und schafft seine eigenen Besonderheiten. So sind die Teilnehmer der Bildungsmaßnahmen gleichzeitig die Verbraucher und Produzenten der Ergebnisse. Es ist
ein gemeinsamer Prozess der „Anbieter" und „Nachfrager", wobei die „Anbieter" insbesondere für die Rahmenbedingungen und die „Nachfrager" für die Endresultate verantwortlich sind.

Es lässt sich festhalten: Bildungscontrolling ist mehr als Evaluation, Qualitätsmanagement ist mehr als Bildungscontrolling. Brückner und Girke sehen sogar in einem zu-
kunftsorientierten und effektiven Bildungscontrolling einen Wegbereiter eines umfassenden Qualitätsmanagements (2007, S. 193). Was Evaluation anbelangt, so kann sie sowohl
ein Teil des Bildungscontrollings wie auch ein Teil des Qualitätsmanagements sein.

6.2   Forschungsbedarf

Es gibt gute Gründe sich allgemein mit dem Thema „Betriebliche Weiterbildung" weiter
zu befassen, denn das Prinzip des lebenslangen Lernens im beruflichen Kontext wird
auch zukünftig eine immer größere Bedeutung in den Unternehmen einnehmen. Eine besondere Herausforderung ist darüber hinaus der demografische Wandel wie die rasante
technische Entwicklung.

Es ist an der Stelle allerdings hervorzuheben, dass es im deutschsprachigen Raum fast keine *Veröffentlichungen* unter dem Aspekt „Evaluation der betrieblichen Bildungsarbeit" gibt. Es liegen zwar viele Ansätze zur Evaluation im schulischen Bereich vor, dennoch ist deren Übertragung auf die betriebliche Weiterbildungsarbeit nur bedingt möglich. Es bedarf der Ansätze, die Evaluation im Rahmen der betrieblichen Weiterbildung ganzheitlich betrachten.

Daher besteht noch ein wissenschaftlicher Handlungsbedarf, Evaluation, Qualitätsmanagement in der betrieblichen Weiterbildung und Bildungscontrolling ganzheitlich unter Berücksichtigung des heutigen Wissensstandes zu untersuchen und zu beschreiben. Es liegen keine theoretischen Konzepte zum systematischen Einsatz der beschriebenen Ansätze vor. Es gibt ebenso keine empirischen Studien, die Elemente von Einsätzen und deren Auswirkung in heutiger Praxis untersuchen. Dies deutet auf einen Forschungsbedarf hin.

Literatur

Balli, C., Krekel E. M. & Sauter, E. (Hrsg.). (2002). *Qualitätsentwicklung in der Weiterbildung. Zum Stand der Anwendung von Qualitätssicherungs- und Qualitätsmanagementsystemen bei Weiterbildungsanbietern.* Berichte zur beruflichen Bildung, Heft 62. Bonn: Bundesinstitut für Berufsbildung.

Becker, M. (1995). Bildungscontrolling – Möglichkeiten und Grenzen aus wissenschaftstheoretischer und bildungspraktischer Sicht. In G. von Landsberg & R. Weiss (Hrsg.), *Bildungs-Controlling* (S. 57–80). Stuttgart: Schäffer-Poeschel.

Becker, M. (1999). *Aufgaben und Organisation der betrieblichen Weiterbildung.* Wien: Hanser.

Bötel, C. & Krekel, E. M.(1999). Einleitung. In E. M. Krekel & B. Seusing (Hrsg.), *Bildungscontrolling – ein Konzept zur Optimierung der betrieblichen Weiterbildungsarbeit.* Bielefeld: Bertelsmann.

DIN-Deutsche Institut für Normung (Hrsg.). (2001). *DIN EN ISO 9000ff.: 2000.* Berlin: Beuth.

Gerlich, P. (1999). *Controlling von Bildung, Evaluation oder Bildungs-Controlling?* München: Rainer Hampp.

Gnahs, D. & Krekel M. E. (1995). Qualitätsmanagement in der Weiterbildung: Die Zertifizierung nach DIN EN ISO 9000ff. im Vergleich zu anderen Konzepten. In R. von Bardeleben, D. Gnahs, E. M. Krekel & B. Seusing (Hrsg.), *Weiterbildungsqualität: Konzepte, Instrumente, Kriterien.* Berichte zur beruflichen Bildung, Heft 188. Bielefeld: Bertelsmann.

Gnahs, D. & Krekel M. E. (1999). Betriebliches Bildungscontrolling in Theorie und Praxis: Begriffsabgrenzung und Forschungsstand. In E. M. Krekel & B. Seusing (Hrsg.), *Bildungscontrolling – ein Konzept zur Optimierung der betrieblichen Weiterbildung* (S. 13–33). Bielefeld: Bertelsmann.

Hartz, S. & Meisel, K. (2006). *Qualitätsmanagement.* Bielefeld: Bertelsmann

Hummel, T. R.(1999). *Erfolgreiches Bildungscontrolling. Praxis und Perspektiven.* Heidelberg: Sauer.

Hentze, J. (1977). *Personalwirtschaftslehre I: Grundlagen, Personalbedarfsermittlung, -beschaffung, -entwicklung, -bildung und -einsatz.* Stuttgart: Paul Haupt.

Kamiske, G. F. & Brauer, J.-P. (2002). *ABC des Qualitätsmanagements.* München: Hanser.

Krekel, M. E., Bardeleben von, R. & Beicht, U. (2001). Bildungscontrolling, Bedeutung und Definition. In E. M. Krekel, R. von Bardeleben, U. Beicht, J. Frietman, G. Kraayvanger & J. Mayrhofer (Hrsg.), *Controlling in der betrieblichen Weiterbildung im europäischen Vergleich*. Berichte zur beruflichen Bildung, Heft 250. Bielefeld: Bertelsmann.

Landsberg von, G. & Weiss, R. (1992). *Bildungscontrolling*. Stuttgart: Schäffer-Poeschel.

Lenske, W. & Werner, D. (2009). Umfang, Kosten und Trends der betrieblichen Weiterbildung – Ergebnisse der IW-Weiterbildungserhebung 2008. *IW-Trends – Vierteljahresschrift zur empirischen Wirtschaftsforschung aus dem Institut der deutschen Wirtschaft Köln, 36*, 1, 1–18.

Liebald, C. (1996). Gutachten: Darstellung unterschiedlicher Evaluationsverfahren. In Landesinstitut für Schule und Weiterbildung (Hrsg.), *Gutachten für die Vorstudie zur Evaluation der Weiterbildung* (S. 237–274). Soest: Landesinstitut für Schule und Weiterbildung.

Münch, J. (1995). *Personalentwicklung als Mittel und Aufgabe moderner Unternehmensführung: Ein Kompendium für Einsteiger und Profis*. Bielefeld: Bertelsmann.

Papmehl, A. (1990). *Personal-Controlling: Human-Ressourcen effektiv entwickeln*. Arbeitshefte Personalwesen, Bd.19. Heidelberg: Sauer.

Sauter, E. (2001). Qualitätssicherung und Qualitätsmanagement in der beruflichen Aus- und Weiterbildung. *Limpact, 1*, 2, 17–19.

Seeber, S. (2000). Stand und Perspektiven von Bildungscontrolling. Frankfurt/Main: Lang.

Seusing, B. & Bötel, C. (1999). Bildungscontrolling – Umsetzungsbeispiele aus der betrieblichen Praxis. In E. M. Krekel & B. Seusing (Hrsg.), *Bildungscontrolling – ein Konzept zur Optimierung der betrieblichen Weiterbildung* (S. 55–77). Bielefeld: Bertelsmann.

Statistisches Bundesamt (Hrsg.). (2008). *Berufliche Weiterbildung in Unternehmen: Dritte europäische Erhebung über die berufliche Weiterbildung in Unternehmen (CVTS3) 2007*. Wiesbaden: Statistisches Bundesamt.

Vock, R. (1998). *Qualitätsmanagement für Qualifizierungs- und Beschäftigungsunternehmen. Teil 1. Theoretische und methodische Grundlagen*. Lübeck: Hiba.

Will, H., Winteler, A. & Krapp, A. (1987). Von der Erfolgskontrolle zur Evaluation. In H. Will, A. Winteler & A. Krapp (Hrsg.), *Evaluation in der beruflichen Aus- und Weiterbildung* (S. 11–42). Heidelberg: Sauer.

Wottawa, H. (1986). Evaluation. In B. Weidenmann, B. Krapp, L. Hofer, L. Huber & H. Mandl (Hrsg.), *Pädagogische Psychologie: Ein Lehrbuch* (S. 703–734). München: Urban & Schwarzenberg.

Woortmann, G. (1995). Qualität in der Weiterbildung. In J. E. Feuchthofen & E. Severing (Hrsg.), *Qualitätsmanagement und Qualitätssicherung in der Weiterbildung* (S. 45–51). Neuwied: Luchterhand.

Wunderer, R. & Schlagenhaufer, P. (1994). *Personalcontrolling: Funktionen – Instrumente – Praxisbeispiele*. Stuttgart: Schäffer-Poeschel.

Robert Fischbach, Inka Bormann & Thomas Krikser

Akteure des Innovationstransfers
Eine Betrachtung aus der Perspektive des *Advocacy Coalition Framework*[1]

1.   Hintergrund und Fragestellung

Der Transfer von Innovationen in die Fläche des Bildungssystems ist ein komplexer Prozess, der nicht einfach verordnet werden kann oder vollends steuerbar ist. Untersuchungen zum Innovationstransfer zeigen, dass für dessen Gelingen eine Reihe ganz unterschiedlicher Faktoren zu berücksichtigen sind. Diese betreffen u.a. die Innovation selbst, die Art, wie sie kommuniziert und wahrgenommen wird, sowie den Kontext, in dem sie aufgenommen werden soll (Gräsel & Parchmann, 2004; Jäger, 2004; Nickolaus & Gräsel, 2006).

Der vorliegende Beitrag richtet sein Augenmerk auf den Prozess des Innovationstransfers. Um den individualistischen Bias in der Innovationsforschung zu überwinden (Rogers, 2003, S. 5ff.) und einen Anschluss an die Governance-Perspektive herzustellen (Benz, 2004; Lange & Schimank, 2004; Altrichter, Brüsemeister & Wissinger, 2007; Heinrich, 2007), gehen wir dabei von kollektiven Akteuren aus. Unter kollektiven Akteuren werden interdependente Akteurskonstellationen verstanden, die aufgrund eines gemeinsam relevanten Themas, Anliegens oder Problems entstehen. Im Umgang mit diesem gemeinsamen Fokus greifen diese Konstellationen auf ähnliche Ressourcen zurück. Sie unterscheiden sich jeweils hinsichtlich der Bedeutung, die ein Thema für sie hat, der Art, wie sie zu Entscheidungen über den Umgang mit diesem gelangen, oder in der Wahl der Mittel, mit einem Thema umzugehen. Auf dieser Basis sowie aufgrund unserer Beobachtungen im Rahmen eines Forschungs- und Entwicklungsprojekts (Bormann & Krikser, 2009) gehen wir davon aus, dass solche Akteure parallel zu einer institutionellen Zugehörigkeit entstehen, und dass sie variable ‚Koalitionen' eingehen. Das *Advocacy Coalitions Framework* (ACF) stellt einen heuristischen Rahmen für die Analyse der Konstitution solcher Koalitionen dar (Sabatier, 1988; Sabatier & Jenkins-Smith, 1993; Weible, Sabatier & McQueen, 2009).

Dieser Beitrag zeigt auf, inwiefern mit dem ACF ein alternativer analytischer Zugriff auf die Identifikation kollektive Akteure erfolgen kann. Hergestellt werden dabei Bezüge zum Konzept der Educational Governance. Dazu wird zunächst der Akteursbegriff herausgearbeitet, der dem Konzept der Educational Governance zugrunde zu liegen scheint. Anschließend werden die Hintergründe des ACF, dessen Kernelemente und Akteursverständnis skizziert. Außerdem wird exemplarisch gezeigt, inwiefern die Kernelemente des ACF in einer qualitativen inhaltsanalytischen Auswertung von Interviews aufgefunden werden können. Abschließend werden das ACF und der Akteursbegriff thesenhaft mit Bezug auf die Educational-Governance-Perspektive diskutiert.

---

1   Wir danken Herbert Altrichter für seine konstruktiven und weiterführenden Anmerkungen.

2.   Akteure des Innovationstransfers

2.1   Der Akteursbegriff in der Educational-Governance-Perspektive

Governance umfasst den Gesamtzusammenhang von Inhalten oder Themen, deretwegen sich Akteurskonstellationen konstituieren (*policies*), Prozesse oder Regelungen (*politcs*), nach denen bzw. innerhalb derer sie agieren und Strukturen oder Institutionen (*polity*), die sie verändern, schaffen und mit denen sie auf andere Akteure Einfluss nehmen. Mit Governance wird eine Form der Erfüllung sozialer Aufgaben durch Konstellationen verschiedener Akteure bezeichnet, die hinsichtlich ihrer institutionellen und organisationalen Hintergründe zwar ungleich, aber in Bezug auf den Umgang mit einem sie gemeinsam berührenden Thema interdependent sind.[2]

Die Educational-Governance-Forschung untersucht u.a., welche Akteure an Gestaltungs- bzw. Veränderungsprozessen beteiligt sind, welche Intentionen sie verfolgen, wie Steuerungs- und Koordinationsformen im Bildungswesen zustande kommen und wie diese wirken (Altrichter et al., 2007). Sie zielt auf eine Analyse der „Intentionen, Deutungsmuster und Logiken" (Langer, 2008, S. 15), die diesen Veränderungsprozessen zugrunde liegen. Allerdings wird auch festgehalten, dass es noch einer Präzisierung der theoretischen Kategorien sowie geeigneter Instrumente bedarf, mit der Formen des Zusammenwirkens von Akteuren auf und zwischen verschiedenen formalen Ebenen des Bildungssystems erfasst werden können (Kussau & Brüsemeister, 2007, S. 31f.). In Bezug auf die Ebenen, auf denen Akteure angesiedelt sind, sowie deren Handlungslogiken wird von einer funktionalen Differenzierung gesellschaftlicher Teilsysteme ausgegangen (ebd., S. 33).[3]

In der Educational-Governance-Forschung wird zwischen individuellen und kollektiven Akteure unterschieden (ebd., S. 26): Als individuelle Akteure gelten im Schulsystem beispielsweise Eltern, Schüler und Lehrer. Unter kollektiven Akteuren werden hingegen solche organisierte Akteure verstanden, die die spezifischen Präferenzen ihrer Mitglieder berücksichtigen müssen um handlungsfähig zu sein, z.B. Verwaltungen. Eine der zentralen Annahmen der Educational Governance ist, dass diese kollektiven Akteure in Bezug auf ihre formalen Zuständigkeiten hierarchisch organisiert sind, aber in Bezug auf die ‚Erledigung' von Aufgaben hierarchieebenenübergreifend arbeiten, und zwar, indem sie ihre Handlungen koordinieren (ebd., S. 32). Kollektive Akteure folgen zudem kohärenten Handlungslogiken. Diese Logiken wiederum unterscheiden sich mit der Zugehörigkeit zu einem Teilsystem und beziehen sich auf unterschiedliche Maßstäbe der Akteure, z.B. ökonomische, pädagogische, wissenschaftliche usw., also durch differente Relevanz- und Evaluationskriterien oder voneinander abweichende Handlungserfordernisse (ebd., S. 33).

Auch wenn den Akteuren im Mehrebenensystem des Bildungswesens unter der Prämisse ihrer Interdependenz sowohl horizontale als auch vertikale Beziehungen attestiert werden, zeichnet sich damit insgesamt – so denken wir – ein Akteursbegriff ab, der sich

---

2   Aufgehoben werden kann die Differenz letztlich nicht, da die Entscheidungskompetenzen in formaler Hinsicht unverändert bleiben (Ladeur, 2007).

3   Diese systemtheoretische Perspektive bringt es mit sich, von der Unwahrscheinlichkeit gelingender Kommunikation ausgehen zu müssen (Luhmann, 1984).

eher nach Handlungsfeldern ausdifferenziert und dabei z.B. von Lehrern auf der einen Seite und Verwaltungsbeamten auf der anderen Seite ausgeht (Fend, 2006). Unter der Annahme, dass diese unterstellte Kohärenz differenzierungsbedürftig ist, werden wir nun einen anderen Blick auf diese kollektiven Akteure werfen. Aufgrund unserer Beobachtungen (Bormann & Krikser, 2009) gehen wir davon aus, dass Akteure unterschiedlicher ‚Provenienz' variable Koalitionen eingehen und möchten prüfen, inwiefern das ACF eine geeignete Heuristik darstellt, das diese Differenzierungen präzisiert: Worauf beruhen diese Differenzen? Sind diese statisch oder veränderbar? Wie konstituieren sich auf dieser Basis kollektive Akteure?

In der erziehungswissenschaftlichen Governance-Forschung bisher nicht rezipiert, bietet das ACF einen Interpretationsrahmen für die Bildung kollektiver Akteure und die Mechanismen deliberativer Aushandlungsprozesse.

2.2 Der Akteursbegriff im *Advocacy Coalition Framework* (ACF)

Hintergrund des ACF

Viele Studien der sozialwissenschaftlichen Innovationsforschung zeigen, dass Innovationen weder verordnet noch kopiert werden können (exemplarisch Euler & Sloane, 1998; Nickolaus & Gräsel, 2006). Vielmehr müssen sie als komplexe, dynamische Prozesse aufgefasst werden. Innovationen bzw. bildungspolitische Inhalte mit einem Neuheitscharakter erfordern von den kollektiven Akteuren in ihrem jeweiligen Reformkontext das permanente Neuabstimmen des politischen Kurses sowie ihrer dafür erforderlichen Handlungen, damit die betreffende Innovation ‚aufgenommen' werden kann.

Das *Advocacy Coalition Framework* wurde in den 1980er Jahren erstmals publiziert (Sabatier, 1988) und erfuhr seitdem eine Reihe von empirischen Anwendungen und Modifikationen (Sabatier & Jenkins-Smith, 1993; Weible, Sabatier & McQueen, 2009). Sabatier beabsichtigte, den als unzulänglich wahrgenommenen, linearen Vorstellungen von Innovationsprozessen ein komplexeres Modell entgegenzusetzen. Wenngleich auch unmittelbar plausibel können Innovationsprozesse, so Sabatier, nicht hinreichend genau in Phasenmodellen der Entscheidungsprozesse abgebildet werden: Es bleibe ebenso unklar, wann und aufgrund welcher Bedingungen ein Übergang von einer Phase in die andere stattfindet. Zudem verleite eine solche Heuristik zu einer simplifizierenden Betrachtung einzelner Phasen (Sabatier, 1988). Statt Phasen zu betrachten, konzentrierte sich Sabatier auf die an Innovationsprozessen beteiligten Akteurskonstellationen. Grundsätzlich wird im ACF davon ausgegangen, dass kollektive Akteure sich aufgrund gemeinsamer Überzeugungen, Ziele, Ressourcen und Praktiken zu variablen Koalitionen zusammenschließen, die innerhalb eines gemeinsamen Einflussbereichs entstehen.

Unter der Annahme, dass der Transfer von Innovationen auf interdependente Akteurskonstellationen angewiesen ist, ist die Perspektive des ACF – so denken wir – insofern auch für Governanceanalysen aufschlussreich, wenn es um den Transfer bildungspolitischer Innovationen geht.

Zentrale Annahmen und Elemente des ACF

Im ACF wird von folgenden Grundannahmen ausgegangen (Sabatier, 1988; Sabatier & Jenkins-Smith, 1993; Weible et al., 2009):

- Das zu untersuchende *policy subsystem* besteht aus Akteuren, die sich aktiv mit einem Policy-Problem (*issue*) auseinandersetzen.

- Veränderungen beruhen auf Prozessen des *policy learning*.

- *Policy learning* kann durch Faktoren ausgelöst werden, die außerhalb des beobachteten *policy subsystem* liegen.

- Policy-Wandel (*policy change*) ist in Zeiträumen von ca. 10 Jahren am besten zu beobachten.

In diesen Annahmen sind bereits Hinweise auf die Elemente enthalten, die für Prozesse des Wandels verantwortlich sind. Diese Grundelemente werden als *policy subsystems*, *belief systems* von Koalitionen sowie *policy learning*[4] bezeichnet.

Policy subsystem: Im ACF gruppieren sich die Akteure aufgrund gemeinsamer Überzeugungen und Werte, die sie in Bezug auf den Policy-Gegenstand, d.h. ein Thema oder Problem, das als relevant erachtet wird, haben. Es interagieren also in einem *policy subsystem* Akteure mit unterschiedlichen institutionellen Hintergründen miteinander.

Belief systems: Innerhalb eines solchen *policy subsystem* gruppieren sich Akteure hinsichtlich ihrer *belief systems* – das sind i.S. des ACF gewissermaßen bewegliche Überzeugungssysteme, vor deren Hintergrund Akteure Probleme identifizieren, Informationen bewerten, Maßnahmen ergreifen – bezüglich eines Themas oder Problems, das sie gemeinsam betrifft oder bei dessen Bearbeitung sie auf gemeinsame Ressourcen zurückgreifen. Angenommen wird dabei, dass a) diese Überzeugungen unterschiedlich stabil sind und b) sich je nach Thema oder Problem unterschiedliche Akteurskonstellationen (*advocacy coalitions*) bilden. Es sind diese Koalitionen, die durch ihr Handeln zu Veränderungen beitragen und dabei mit anderen Koalitionen um Deutungshoheit, Einfluss, Ressourcen etc. konkurrieren.

Belief systems werden hinsichtlich dreier unterschiedlicher Elemente differenziert, die Einfluss auf die Bildung von Koalitionen haben. Hinsichtlich ihrer Veränderbarkeit unterliegen die Elemente von *belief systems* gewissermaßen einer Hierarchie: *Core beliefs* stellen paradigmatische Grundüberzeugungen dar. Diese entsprechen im Wesentlichen dem Begriff der ‚Intentionen‘, wie er im Kontext der Educational Governance-Literatur verwendet wird (vgl. Altrichter & Heinrich, 2007, S. 69ff.). Diese sind fast nicht veränderbar und können somit als Grundwerte bezeichnet werden, die im Aushandlungsprozess nicht zur Disposition stehen. Auf individueller Ebene würde eine Veränderung der *core beliefs* z.B. einer religiösen Konvertierung entsprechen. *Policy beliefs* schließen Überzeugungen zu Handlungsstrategien in einem bestimmten Politikfeld ein. Diese Überzeugungen sind zwar nicht paradigmatischer Natur, aber trotzdem nur schwer ver-

---

4   Das *policy learning* würde einen eigenständigen Beitrag verdienen; wir werden hier nicht darauf weiter eingehen.

änderbar. Die *secondary aspects* schließlich beziehen sich auf Mittel, Instrumente und Wege, mit denen eine solche Strategie realisiert werden soll. Sie sind durchaus verhandelbar, da ihre Umsetzung für das Erreichen des Koalitionsziels als nachgeordnet erachtet wird (Sabatier & Jenkins-Smith, 1993). Der Aushandlungsprozess zwischen den unterschiedlichen Akteursgruppen (*advocacy coalitions*) erfordert Modifikationen hinsichtlich der *policy beliefs* und der *secondary aspects*. Das ACF erklärt diese im Wesentlichen durch zwei Faktoren. Zum einen beeinflussen relativ stabile Parameter das *policy subsystem*, indem sie direkten Einfluss auf die Akzeptanz des intendierten Policy-Wandels haben und für die Verteilung von Ressourcen auf die verschiedenen Koalitionen verantwortlich sind (Geld, Personal, etc.). Andererseits kann diese Ordnung durch externe Systemereignisse (z.B. Änderung gesetzlicher Richtlinien, veränderte Umweltbedingungen etc.) beeinflusst werden. Ebenso können unter diesen externen Systemereignissen die Resultate von Aushandlungsprozessen gefasst werden, die z.B. auf anderen Systemebenen stattfinden.

Policy learning bezeichnet Veränderungen im jeweiligen Feld, die durch die Interaktion unterschiedlicher Koalitionen angestoßen werden. Diese Veränderungen werden auf Prozesse des kollektiven Lernens zurückgeführt, das somit als langsame Neuordnung von Überzeugungen, Zielen, Maßnahmen und Mitteln innerhalb von Koalitionen oder auch innerhalb eines *policy subsystems* konzipiert ist.

Das ACF erklärt kollektive Akteure also nicht auf der Basis ihrer Zugehörigkeit zu Institutionen, sondern auf der Basis institutionsübergreifender Überzeugungen, die die Akteure repräsentieren. Die Perspektive auf das Mehrebenensystem ist im ACF demnach ebenso gegeben wie in der Educational-Governance-Forschung. Statt allerdings auf der Annahme eines funktional differenzierten und hierarchisch angeordneten Mehrebenensystems anzusetzen, geht das ACF davon aus, dass sich in den Koalitionen Akteure zusammenfinden, die mit unterschiedlichen Ressourcen ausgestattet sind, die sie aber in Bezug auf die ‚gemeinsame Sache' interdependent und koordiniert zum Einsatz bringen.[5] Abbildung 1 veranschaulicht den Prozess des Policy-Wandels und dessen Einflussfaktoren.

Der folgende Abschnitt sondiert, inwiefern die Elemente und insbesondere Akteurskonstellationen aus der Perspektive des ACF empirisch rekonstruiert werden können.

3. Zur Rekonstruktion von Akteuren aus der Perspektive des ACF

Das für die vorliegende Analyse genutzte Material stammt aus einem trinationalen Forschungs- und Entwicklungsprojekt zum Transfer von Indikatoren für Bildung für nachhaltige Entwicklung (s. auch Bormann & Krikser, 2009). Im Rahmen dieses Projekts wurden insgesamt 18 leitfadengestützte, qualitative Interviews durchgeführt. Die Auswahl der befragten Experten folgte der konzeptionellen Vorannahme, dass die jeweiligen Einstellungen und Anforderungen hinsichtlich eines zu erarbeitenden Indikatorensets je

---

5   Das klingt nach einem Vorgang, der rational und intentional verläuft. Diese Perspektive wird jedoch mit diskursanalytischen Verfahren, die seit geraumer Zeit im Kontext der policy-Analyse angewendet werden, durchbrochen (Hajer, 2006).

nach institutioneller Zugehörigkeit variieren. So wurden jeweils sechs Interviewpartner aus folgenden Akteursgruppen ausgewählt: Wissenschaft / Forschung, Zivilgesellschaft sowie Politik / Administration.

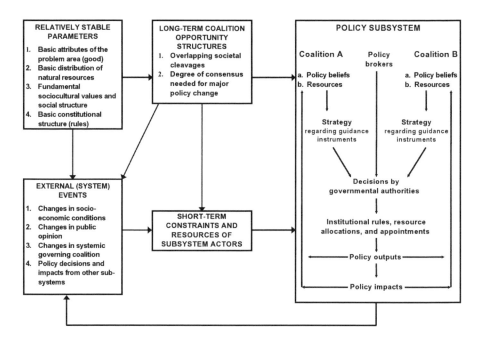

Quelle: Weible, Sabatier & McQueen, 2009, S. 123

Abb. 1: *Advocacy Coalition Framework*

Die Analyse der Interviews erfolgte qualitativ-inhaltsanalytisch unter der Fragestellung, welche Bedingungen die Experten bezüglich des Transfers des für den Bereich der Bildung für nachhaltige Entwicklung (BNE) potentiell innovativen Steuerungsinstruments sowie den damit verbundenen Zielen wiedergeben. Dabei stellte sich heraus, dass sich aufgrund der Überzeugungen bezüglich der Entwicklung und der Anwendung von Indikatoren unterschiedliche Konstellationen ergaben (Bormann & Krikser, 2009). Auf dieser Beobachtung baut der vorliegende Beitrag auf. Das vorliegende Datenmaterial wird erneut in den Blick genommen (Fischbach, 2009) und dahingehend untersucht, inwieweit die Konstitution kollektiver Akteure unter funktionalistischen Prämissen erfolgt.

3.1   Aussagen des Materials vor dem Hintergrund des ACF

Aus dem Material der 18 Interviews wurden 24 förderliche und 17 hinderliche Bedingungen des Indikatorentransfers extrahiert. Eine Zuordnung einzelner Transferbedingungen zu überwiegend einer der drei Akteursgruppen ‚Wissenschaft', ‚Administration' oder ‚zivilgesellschaftliche Akteure' war nicht möglich. Die hier kursorisch vorgeführte Auswertung stützt sich auf die ACF-Elemente *policy beliefs* und *secondary aspects*.[6] Die explorative, qualitative Auswertung des vorliegenden Datenmaterials stärkt die Annahme, dass sich die Akteurskonstellationen nicht institutionsspezifisch ergeben, sondern dass deren Konstitution ‚quer' zu institutionellen Zugehörigkeiten erfolgt. Zudem scheinen sich in Hinblick auf die *policy beliefs* und die *secondary aspects* unterschiedliche – und auf die Zugehörigkeit zu Institutionen bezogene: ungleiche – Akteurskonstellationen abzuzeichnen.

Policy beliefs und *secondary aspects* werden im Folgenden einmal in Hinblick auf förderliche und einmal in Hinblick auf hemmende Faktoren dargestellt. Stellvertretend für die *policy beliefs* steht im Folgenden die Kategorie ‚Gewinnerkoalition', stellvertretend für die Kategorie *secondary aspects* die Kategorie ‚Innovationsdiskurs'. Innerhalb der förderlichen Faktoren wurden weiterhin u.a. folgende Kategorien den *policy beliefs* zugeordnet: ‚Autonomie in Entscheidungsprozessen', ‚Planbarkeit', ‚Zukunftsbezug der Innovation', ‚Passung des Innovationsprozesses an unterschiedliche Rationalitäten' sowie ‚Akzeptanz des Innovationskonzeptes'. Den *secondary aspects* wurden u.a. die Kategorien ‚Orientierung an Anderen', ‚Belohnungen', ‚klare Datengrundlage für Entscheidungsprozesse', ‚technische Voraussetzungen', ‚kollektives Lernen', ‚Vernetzung" und die „Generierung neuer Erkenntnisse' zugeordnet.

Förderliche Faktoren

Auf dem Wege eines Innovationsdiskurses konstituieren sich Gewinnerkoalitionen, so die aus dem Material rekonstruierte Annahme, mit denen der Transfer möglich wird.

Für die Kategorie ‚Innovationsdiskurs' galt die Kodieranweisung, jene Äußerungen zu identifizieren, die sich auf Facetten der Kommunikation zwischen und innerhalb der Akteursgruppen beziehen. In der Kategorie ‚Gewinnerkoalition' wurden Äußerungen erfasst, die sich auf kollektive Maßnahmen zur Zielerreichung beziehen.

Die Kategorie ‚Innovationsdiskurs' enthält die meisten Kodings des gesamten Kategoriensystems, was auf ihre große Bedeutung bei allen Akteuren schließen lässt. Folgende Beispiele wurden ausgewählt, um den Sachverhalt zu verdeutlichen:

> „Dadurch, dass Ende der 90er Jahre auch die internationalen Indikatoren kamen, wurden große Teile der bildungspolitischen Diskussion, die wir zurzeit in Deutschland haben – über Qualität usw. – überhaupt erst ermöglicht" (A4, 5-5).

Deutlich wird hier, dass diskursive Aushandlungsprozesse einen Anlass benötigen. Der oben beschriebene, internationale Trend zum indikatorengestützten Monitoring stellt im dargestellten Zusammenhang den Anlass für einen thematisch umfassenderen Diskurs

---

6 Die Befragten äußerten durchweg ein deutliches Interesse an der Entwicklung von Indikatoren für Bildung für nachhaltige Entwicklung und stellten die Relevanz dieses Unterfangens nicht in Frage. Aufgrund der systematischen Auswahl der Interviewpartner und um die Fragestellung beantworten zu können (Identifikation von Transferbedingungen von Indikatoren für Bildung für nachhaltige Entwicklung) wurde bei der hier vorgeführten Analyse davon ausgegangen, dass im analysierten Material keine wesentlichen Unterschiede in den paradigmatischen Grundüberzeugungen der Akteure aufgefunden werden. Unterstellt wurde also, dass die Gruppe der Befragten einem gemeinsamen *core belief* folgen.

zum Thema ‚Qualität im Bildungswesen' dar. Bezogen auf die Notwendigkeit eines solchen Diskurses bemerkt ein Experte:

> „Weil der Diskurs natürlich, wenn man Innovationen fördern möchte, sehr wichtig ist. Ich glaube, man müsste diese Institutionen und die entscheidenden Akteure in diesen Institutionen vielleicht einmal zusammen bringen und mit denen die Frage diskutieren" (I4 8-8).

Ein Teil der befragten Experten hält Aushandlungsprozesse in einer bestimmten Phase der ‚Indikatorisierung' für eine grundlegende Voraussetzung für den Transfer und die spätere Anwendung von Indikatoren:

> „Ich glaube, die Kollegen hätten auch ein Interesse an dem Austausch, weil es diesen ja faktisch gar nicht gibt. [...] Wir [haben] festgestellt, dass der Diskurs nach der Föderalismusreform zwischen Bundesministerialangehörigen und Landesministerialbediensteten faktisch einfach nicht mehr statt findet. Es gibt da keinen Diskurs in diesem Sinne. Und der scheint mir gewünscht zu sein" (I4, 10-10).

Die hier dargestellten *policy beliefs* und *secondary aspects* enthalten auf das Policy-Feld bezogene Zielvorstellungen der Akteure: Die Aussagen veranschaulichen Überzeugungen zu Voraussetzungen und Strategien für die Akzeptanz von Indikatoren im Feld der Bildung für nachhaltige Entwicklung. Sie illustrieren, dass dem Diskurs die Funktion zugewiesen wird, durchaus vorhandene unterschiedliche Positionen und Geltungsansprüche zu integrieren. Treffen Akteure mit unterschiedlichen Zielvorstellungen aufeinander, werden Verhandlungen initiiert, in deren Rahmen Entscheidungsprozesse forciert werden. So werden Indikatoren als Mittel betrachtet, um eine Auseinandersetzung darüber zu ermöglichen, welche Ziele über den (mit den Indikatoren abgebildeten) beschriebenen Ist-Zustand erreicht werden sollen. Diese im Material breit bestätigte Vorstellung zum Innovationstransfer entspricht so den *policy beliefs* und wird in Aushandlungsprozessen nicht zur Disposition gestellt. Sie stellt somit eine Schnittstelle zwischen verschiedenen Akteuren dar. Unterschiede bestehen allerdings hinsichtlich der secondary aspects, etwa in Hinblick auf die Frage nach dem Zeitpunkt, wann diese Aushandlungen initiiert werden sollen (Bormann & Krikser, 2009).

Neben der Kategorie ‚Innovationsdiskurs' wurde in den Interviews die Kategorie ‚Gewinnerkoalitionen' identifiziert. Wie das folgende Beispiel illustriert, wurden diese ebenfalls als positiv für den Innovationstransfer erachtet:

> „Man muss eher schauen, dass man eine Gewinnerkoalition herstellt, als dass man Scheinkonflikte weiter bedient und das Erstbeschriebene wäre eher ein Scheinkonflikt" (I4, 12-12).

Die diskursiven Aushandlungsprozesse sind von Konflikten begleitet; als integrierender Faktor kann aber die gemeinsame Idee, die gemeinsame Vorstellung vom durchzusetzenden Konzept gelten:

„Bei denen, die solchen Qualitätsentwicklungsmodellen eher affin gegenüberstehen, werden sie eine wohlmöglich auch fruchtbare Arbeit mit solchen Indikatoren finden. Diese fruchtbare Arbeit kann dabei sehr unterschiedlich aussehen" (FE6, 18-18).

Hier gaben die Befragten Hinweise, die auf eine Kompromissbereitschaft schließen lassen und insofern die *secondary aspects* betreffen. Die Strategien der Akteure können durchaus unterschiedlich sein. Sie werden sogar als ‚stark variierend' (FE6, 18-18) bezeichnet – das gemeinsame übergeordnete Ziel bleibt davon aber unberührt. Gewinnerkoalitionen zeichnen sich anscheinend dadurch aus, dass sie in der Lage sind, die unterschiedlichen *secondary aspects* der Akteure zu integrieren und gemeinsame *policy beliefs* zu identifizieren, denen – im Kontext des Materials – die Einstellung zu ‚Qualitätsentwicklungsmodellen' entspräche.

Diese Kategorie speist sich aus Aussagen von Mitgliedern aus allen drei vorab definierten Akteursgruppen. Daraus ist ersichtlich, dass die hier angesprochenen Teilaspekte der Handlungssysteme jeweiliger kollektiver Akteure nicht eindeutig einer institutionellen Zugehörigkeit zugeordnet werden können.

Hinderliche Faktoren

Nun sollen hinderliche Faktoren des Innovationstransfers am Beispiel der Kategorien ‚Transferstörung' und ‚unterschiedliche Rationalitäten' vorgestellt werden.

Die Kategorie ‚unterschiedliche Rationalitäten' enthält Äußerungen, die sich auf unterschiedliche Interessen, Intentionen und Handlungen der Akteure beziehen. Äußerungen, die einen nicht erfolgreichen Transfer auf Eigenschaften des Transferprozesses als solchen zurückführen, werden in der Kategorie ‚Transferstörung' zusammengefasst. Die Kategorie ‚Transferstörung' entspricht einem *policy belief*: Es kommt zum Ausdruck, dass für den nicht oder nur unzureichend stattfindenden Innovationstransfer eine Störung des Transferprozesses selbst verantwortlich ist. Ein Grund für eine solche Transferstörung können die o.g. „unterschiedlichen Rationalitäten" der beteiligten Akteure sein. Diese können daher, durch ihren Bezug zu den Mitteln und Maßnahmen einer *policy*-Strategie, zu den *secondary aspects* gezählt werden.

In Bezug auf hinderliche Faktoren können den *policy beliefs* darüber hinaus noch weitere negative Transferbedingungen zugeordnet werden. Dies sind u.a. die Kategorien ‚Verhaftung im Moment', ‚widersprüchliche Anforderungen', ‚Ressourcenaufwand', ‚abstraktes Innovationskonzept' und ‚implizite Ablehnung'. Die Kategorien ‚ausgeprägte Hierarchien', ‚negative Öffentlichkeit', ‚top-down Entscheidungen' und ‚kein kollektives Lernen' u.a. werden aufgrund ihres Bezugs zu Mitteln und Maßnahmen den *secondary aspects* zugeordnet.

Das Interviewmaterial zeigt, dass die Initiierung von Aushandlungsprozessen zwar grundsätzlich für förderlich gehalten wird. Doch gelten Aushandlungsprozesse den Befragten nicht als Selbstzweck. Vielmehr wird die Notwendigkeit, einen solchen zu initiieren, differenziert: Zwar wird die Überzeugung geteilt, dass Aushandlungsprozesse eine sinnvolle Strategie darstellen, aber bezüglich des Zeitpunkts und des Umfangs der Einbindung von Akteuren bestehen Unterschiede. Darüber hinaus werden „unterschiedliche

Rationalitäten" der Akteure teilweise als negativ wahrgenommen, da sie ggf. den an sich als förderlich betrachteten Aushandlungsprozess verhindern:

> „[D]ie Vertreterinnen und Vertreter, die man involviert, sind ja wieder nur einzelne Vertreterinnen und Vertreter mit sehr spezifischen und individuellen Ansichten hierüber. Das fängt schon damit an, dass sie bei einer solchen Integration der Akteurinnen und Akteure oftmals diejenigen, die systematische Skepsis gegen solche Entwicklungsmodelle haben, gar nicht erreichen" (FE6, 20-20).

Deutlich wurde die Kategorie ‚Transferstörungen' repräsentiert. ‚Transferstörungen' treten dann auf, wenn innovative Inhalte von einer konzeptionellen in eine praktische Ebene übersetzt werden sollen:

> „BNE im Leitbild sagte ich schon, [...] in der Umsetzung das hinzukriegen, ist wahrscheinlich eine weit größere Anstrengung" (A3, 30-30).

Diese Kategorie wurde von Vertretern aller drei vorab definierten Akteursgruppen ‚Wissenschaft', ‚Administration' und ‚zivilgesellschaftliche Akteure' hindurch bedient. Zusätzliche Kodings sollen die Kategorie weiter verdeutlichen:

> „Sie können [...] nicht bedingungslos irgendwelche neuen Probleme generieren, sondern sind an diese Ebene gebunden, wo Politik eben handelt" (FE5, 28-28),

und:

> „Mein Eindruck ist halt von der praktischen Politik her, wir machen schöne Konzepte, aber die laufen im Grunde genommen auf dem Nebengleis" (A1, 36-36).

Unterschiedliche Rationalitäten führen dazu, so kann zusammengefasst werden, dass die Situations- und Strategieanalyse bei den verschiedenen Akteursgruppen unterschiedlich verläuft. Die Akteure des BNE-Feldes erachten jeweils unterschiedliche Strategien der Qualitätsentwicklung (z.B. Qualitätsentwicklung durch indikatorenbasiertes Monitoring von Bildungsbereichen vs. durch Personalentwicklung an Schulen) für richtig und interpretieren die durch Indikatoren gelieferten Informationen hinsichtlich ihrer Nutzbarkeit für die jeweiligen Strategien unterschiedlich.

Hier wird deutlich, dass auf der Grundlage unterschiedlicher *policy beliefs* mehrere ‚Evidenzen' um die Deutungshoheit konkurrieren. In der Logik des ACF (vgl. Abbildung 1) führt diese Situation durch *policy learning* zu unterschiedlichen Überzeugungen in Bezug auf das *policy subsystem*, auf deren Basis unterschiedliche Zielerreichungsstrategien, also *secondary aspects*, entworfen werden. Diese unterschiedlichen Überzeugungen sind nicht verhandelbar – und damit nicht in eine Gewinnerkoalition integrierbar.

Zusammenfassung

Die lediglich kursorischen Ausführungen zu den Ergebnissen einer Sekundäranalyse zeigen, dass sich die *policy beliefs* und *secondary aspects* im Material rekonstruieren lassen. So werden hinsichtlich der gemeinsamen Grundüberzeugung, Indikatoren auch für den hier ausgewählten Gegenstandsbereich ‚Bildung für nachhaltige Entwicklung' zu entwickeln und anzuwenden, verschiedene Strategien für förderlich gehalten – ebenso wie in Bezug auf die Maßnahmen zur Realisierung dieser Strategien. Zudem zeigte sich, dass die hier exemplarisch berichtete Strategie der Herstellung einer „Gewinnerkoalition" von Akteuren mit unterschiedlicher institutioneller Zugehörigkeit präferiert wird. Die Annahme des ACF, dass sich Akteurskonstellationen anlässlich ihrer wahrnehmungs-, denk- und handlungsstrukturierenden Überzeugungen konstituieren, konnte bei dieser Exploration also gezeigt werden.

Nun kann festgehalten werden: Die Herstellung einer ‚Gewinnerkoalition' entspricht einer Zielerreichungsstrategie. Zusammen mit den ‚Transferstörungen' können diese Kategorien den *policy beliefs* zugeordnet werden. Die Kategorien ‚Innovationsdiskurs' und ‚unterschiedliche Rationalitäten' entsprechen hingegen den *secondary aspects*. Damit wird der Innovationsdiskurs als Mittel zur Zielerreichung eingeordnet, wobei „unterschiedliche Rationalitäten" der Akteure überwunden werden.

4. Diskussion und Ausblick

Dieser Beitrag beabsichtigte, den im Kontext der Educational Governance-Forschung verwendeten Begriff des Akteurs zu rekonstruieren, zu hinterfragen und mit dem *Advocacy Coalition Framework* von Sabatier einen Ansatz vorzustellen, der für die Analyse von Akteurskonstellationen im Zusammenhang mit Prozessen des Innovationstransfers fruchtbar erscheint.

Das ACF versteht sich als quasi-universale Heuristik für ganz unterschiedliche Politikfelder, womit es auch auf Forschungsgegenstände der Bildungsforschung übertragbar ist.[7] Zudem scheint es geeignet, um Faktoren dynamischer Aushandlungsprozesse im Kontext von (geplanten) Veränderungen zu rekonstruieren. Weitere Untersuchungen müssen das noch systematisch erhärten. Wenn es zuverlässig gelingt, mit dieser Heuristik Schnittmengen und Diskrepanzen hinsichtlich grundlegender Strategien und Maßnahmen verschiedener Akteure zu identifizieren, ist es auf diesem Weg möglich, *advocacy coalitions* zu rekonstruieren. Wenngleich formal bestehende Hierarchien nicht ignoriert werden dürfen, stehen sich in solchen *advocacy coalitions* beispielsweise nicht ‚die' Aufsichtsbehörden und ‚die' ausführenden Instanzen gegenüber. Vielmehr lassen sich Akteurskonstellationen differentiell als Verhandlungssysteme darstellen, die an einer ‚gemeinsamen Sache' arbeiten, sich aber bzgl. ihrer Ziele, Strategien und Mittel in zeitlicher (z.B. wann soll Beteiligung an Aushandlungsprozessen stattfinden?), sachlicher (z.B. wie soll der Aushandlungsprozess initiiert werden?) oder sozialer Hinsicht (z.B. wer soll daran beteiligt werden?) voneinander unterscheiden. Bestehende Unterschiede

---

7　Voraussetzung für die Übertragbarkeit des ACF ist die deliberative Konstitution betreffender Politikfelder (vgl. für das Bildungssystem Schützeichel & Brüsemeister, 2004).

können so als mehr oder weniger substanziell und somit als mehr oder weniger verhandelbar identifiziert werden. Wenn es gelingt, unterschiedliche, hinsichtlich der *policy beliefs* und *secondary aspects* jeweils kohärente *advocacy coalitions* zu rekonstruieren, ist es perspektivisch auch möglich, deren Verhandlungsspielräume zu identifizieren und zu differenzieren.

In inhaltlicher Perspektive wurde deutlich, dass die Existenz unterschiedlicher Rationalitäten von Akteuren im Aushandlungsprozess auf unterschiedliche Koalitionen mit unterschiedlichen Werte- und Überzeugungssystemen schließen lässt. Deutlich sind die Hinweise im Material, die die Rahmenbedingungen für die Initiierung eines diskursiven Aushandlungsprozesses zwischen einzelnen Koalitionen hervorheben: Sie sind es, die einen Aushandlungsprozess erst ermöglichen, ihn grundsätzlich verhindern oder ihn aber im laufenden Diskurs abbrechen. Die Anerkennung der Variabilität der Überzeugungen von kollektiven Akteuren, jenseits einer eindeutigen institutioneller Zuordnung, birgt Implikationen für die evidenzbasierte Entwicklung und Steuerung. Hinsichtlich der Mehrebenen-Konstruktion des Bildungswesens werden interdependente Wirkungen von Wissen, als externe Faktoren repräsentiert, die wiederum eigene „Anschlusslogiken" (Zedler, 1983) erzeugen und entweder unterstützend oder hemmend auf die eigene *issue* einwirken können.

In methodischer Hinsicht muss die Anwendung des ACF für die Analyse von Prozessen der Educational Governance künftig systematisch weiterentwickelt werden. Dabei sollten längsschnittliche Designs erprobt werden, mit denen über einen längeren Zeitraum hinweg untersucht wird, welche Einstellungen der *policy beliefs* und *secondary aspects* konstant geblieben, welche mit welchen Akteuren ‚verhandelt' werden, wie sie sich verändern und welche Auswirkungen dies auf das untersuchte Feld hat. Über diese analytische Identifikation gemeinsamer Absichten, Maßnahmen oder Ressourcen lassen sich (perspektivisch) Transferstrategien entwickeln, bei denen die verschiedenen Ressourcen und Absichten ganz unterschiedlicher Akteure in Bezug auf die ‚gemeinsame Sache', um die es geht, in Einklang gebracht werden. Diese Perspektive scheint aus unserer Sicht bei der Weiterentwicklung der Educational Governance-Perspektive ausbaufähig zu sein.

Literatur

Altrichter, H., Brüsemeister, T. & Wissinger, J. (2007). Einleitung. In H. Altrichter, T. Brüsemeister & J. Wissinger (Hrsg.), *Educational Governance. Handlungskoordination und Steuerung im Bildungssystem* (S. 9–14). Wiesbaden: VS Verlag für Sozialwissenschaften.

Altrichter, H. & Heinrich, M. (2007). Kategorien der Governance-Analyse und Transformationen der Systemsteuerung in Österreich. In H. Altrichter, T. Brüsemeister & J. Wissinger (Hrsg.), *Educational Governance. Handlungskoordination und Steuerung im Bildungssystem* (S. 55–103). Wiesbaden: VS Verlag für Sozialwissenschaften.

Benz, A. (2004). Governance – Modebegriff oder nützliches sozialwissenschaftliches Konzept? In A. Benz (Hrsg.), *Governance – Regieren in komplexen Systemen* (S. 11–29). Wiesbaden: VS Verlag für Sozialwissenschaften.

Benz, A., Lütz, S., Schimank, U. & Simonis, A. (2006). Einleitung. In A. Benz, S. Lütz, U. Schimank & A. Simonis (Hrsg.), *Handbuch Governance. Theoretische Grundlagen und empirische Anwendungsfelder* (S. 9–25). Wiesbaden: VS Verlag für Sozialwissenschaften.

Bormann, I. & Krikser, T. (2009). Indikatoren als spezifische Wissensform und ihre handlungskoordinierende Bedeutung. In W. Böttcher, J. N. Dicke & H. Ziegler (Hrsg.), *Evidenzbasierte Bildung. Wirkungsevaluation in Bildungspolitik und pädagogischer Praxis* (S. 47–58). Münster: Waxmann.

Dose, N. (2008). Governance als problemorientierte Steuerung. Steuerung angesichts alter Probleme und neuer Herausforderungen. In G. F. Schuppert & M. Zürn (Hrsg.), *Governance in einer sich wandelnden Welt* (S. 77–94). Wiesbaden: VS Verlag für Sozialwissenschaften.

Euler, D. & Sloane, P. F. E. (1998). Implementation als Problem der Modellversuchsforschung. *Unterrichtswissenschaft, 26* (4), 312–326.

Fischbach, R. (2009). *Organisation, Wissen und Diskurs. Transferbedingungen im bildungspolitischen Innovationsprozess.* Unveröffentlichte Masterthesis, Freie Universität Berlin: Berlin.

Flick, U. (1991). Wissen, Regeln, Handeln. Individuelle und soziale Modelle der Repräsentation von Erfahrungswissen als Basis regelgeleiteten Handelns. In G. Jüttemann (Hrsg.), *Individuelle und soziale Regeln des Handelns: Beiträge zur Weiterentwicklung geisteswissenschaftlicher Ansätze in der Psychologie* (S. 23–33). Heidelberg: Asanger.

Gräsel, C. & Parchmann, I. (2004). Implementationsforschung – oder: der steinige Weg, Unterricht zu verändern. *Unterrichtswissenschaft, 32* (3),196–214.

Hajer, M. (2006). Argumentative Diskursanalyse. Auf der Suche nach Koalitionen, Praktiken und Bedeutung. In R. Keller, A. Hirseland, W. Schneider & W. Viehöver (Hrsg.), *Handbuch sozialwissenschaftliche Diskursanalyse. Band 2: Forschungspraxis* (S. 271–299). Wiesbaden: VS Verlag für Sozialwissenschaften.

Heinrich, M. (2007). *Governance in der Schulentwicklung. Von der Autonomie zur evaluationsbasierten Steuerung.* Wiesbaden: VS Verlag für Sozialwissenschaften.

Heinrich, M. (2008). Von der Steuerung zu Aushandlungsprozessen als neue Form der Handlungskoordination. In R. Langer (Hrsg.), *Warum tun die das? Governanceanalysen zum Steuerungshandeln in der Schulentwicklung* (S. 31–49). Wiesbaden: VS Verlag für Sozialwissenschaften

Jäger, M. (2004). *Transfer von Schulentwicklungsprojekten.* Wiesbaden: VS Verlag für Sozialwissenschaften.

Kussau, J. (2008). Governance der Schule im Kontext von Interdependenzen und sozialem Wissen. In T. Brüsemeister & K. D. Eubel (Hrsg.), *Evaluation, Wissen und Nichtwissen.* (S. 203–232) Wiesbaden: VS Verlag für Sozialwissenschaften.

Kussau, J. & Brüsemeister, T. (2007). Zur Analyse der Handlungskoordination im Mehrebenensystem der Schule. In H. Altrichter, T. Brüsemeister & J. Wissinger (Hrsg.), *Educational Governance – Handlungskoordination und Steuerung im Bildungssystem* (S. 15–54). Wiesbaden: VS Verlag für Sozialwissenschaften.

Ladeur, M. (2007). The Role of Contracts and Networks in Public Governance: The Importance of the 'Social Epistemology' of Decision Making. *Indiana Journal of Global Legal Studies 14* (2), 329–353.

Lange, S. & Schimank, U. (2004). Governance und gesellschaftliche Integration. In S. Lange & U. Schimank (Hrsg.), *Governance und gesellschaftliche Integration,* Reihe Governance Bd. 2 (S. 9–44). Wiesbaden: VS Verlag für Sozialwissenschaften.

Luhmann, N. (1984). *Soziale Systeme. Grundriss einer allgemeinen Theorie.* Frankfurt: Suhrkamp.

Mayntz, R. (2004). Governance im modernen Staat. In A. Benz (Hrsg.), *Governance – Regieren in komplexen Regelsystemen. Eine Einführung* (S. 66–75). Wiesbaden: VS Verlag für Sozialwissenschaften.

Nickolaus, R. & Gräsel, C. (Hrsg.). (2006). *Innovation und Transfer-Expertisen zur Transferforschung.* Baltmannsweiler: Schneider Verlag Hohengehren.

Rogers, E. M. (2003). *Diffusion of innovations* (5th ed.). New York: Free Press.

Sabatier, P. A. (1988). An Advocacy Coalition Framework of Policy Change and the Role of Policy-Oriented Learning Therein. *Policy Sciences, 21* (1), 129–168.

Sabatier, P. A. (1993). Advocacy-Koalitionen, Policy-Wandel und Policy-Lernen. Eine Alternative zur Phasenheuristik. In A. Héritier (Hrsg.), *Policy-Analyse. Kritik und Neuorientierung. Politische Vierteljahresschrift 34, Sonderheft 24* (S. 116–148). Opladen: Westdeutscher Verlag.

Sabatier, P. A. & Jenkins-Smith, H. (Hrsg.). (1993). *Policy Change and Learning: An Advocacy Coalition Approach.* Boulder: Westview Press.

Schimank, U. (2007). Die Governance- Perspektive. Analytisches Potential und anstehende konzeptionelle Fragen. In H. Altrichter, T. Brüsemeister & J. Wissinger (Hrsg.), *Educational Governance. Handlungskoordination und Steuerung im Bildungssystem* (S. 231–260). Wiesbaden: VS Verlag für Sozialwissenschaften.

Schützeichel, R. & Brüsemeister, T. (Hrsg.). (2004). *Die beratene Gesellschaft. Zur gesellschaftlichen Bedeutung von Beratung.* Wiesbaden: VS Verlag für Sozialwissenschaften.

Weible, C., Sabatier, P. A., McQueen, K. (2009). Themes and Variations: Taking Stock of the Advocacy Coalition Framework. *The Policy Studies Journal, 37* (1), 121–140.

Zedler, H. P. (1983*). Zur Logik von Legitimationsproblemen. Möglichkeiten der Begründung von Normen.* München: Kösel Verlag.

Autorinnen und Autoren

Altrichter, Herbert, o. Univ.Prof. Dr. phil., Professor für Pädagogik und Pädagogische Psychologie an der Johannes-Kepler-Universität Linz. Arbeitsschwerpunkte: Schulentwicklung und Governance des Bildungswesens, Evaluation, qualitative Forschungsmethoden, neue Lernformen, Lehrerbildung. E-Mail: herbert.altrichter@jku.at

Bachmann, Heinz, Dr. phil., Dozent an der Pädagogischen Hochschule Zürich, Zentren Unterricht und Lernen: Psychologie, Leiter des Zertifikatslehrgangs Hochschuldidaktik. Aktuelle Forschungsprojekte: Best Practice in der Hochschullehre und Verläufe von Lehrveranstaltungen an der Zürcherischen Fachhochschule bei Einführung der Bologna-Studiengänge - eine Baseline Studie. E-Mail: heinz.bachmann@phzh.ch

Berkemeyer, Nils, Dr. phil., Dipl.-Päd., Erstes und Zweites Staatsexamen für das Lehramt für die Primarstufe, Akademischer Rat auf Zeit am Institut für Schulentwicklungsforschung der TU Dortmund, Projektleitung „Schulen im Team". Arbeitsgebiete: Schulentwicklungsforschung, Steuerung im Schulsystem, Netzwerke im Bildungsbereich. E-Mail: berkemeyer@ifs.tu-dortmund.de

Biesta, Gert, Prof. Dr., Professor of Education and Director of Research at the Stirling Institute of Education, University of Stirling, UK, and Visiting Professor for Education and Democratic Citizenship at Mälardalen University, Sweden. Editor of Studies in Philosophy and Education. E-Mail: gert.biesta@stir.ac.uk

Böttcher, Wolfgang, Dr. rer. pol. habil., Professor für Erziehungswissenschaft mit den Schwerpunkten Qualitätsentwicklung und Evaluation in Einrichtungen des Bildungs- und Sozialwesens. Westfälische Wilhelms-Universität Münster. Arbeitsschwerpunkte: Bildungsmarketing und -management, Bildungssoziologie, Mikroökonomie des Bildungswesens, empirische Wirkungsforschung. E-Mail: wolfgang.boettcher@uni muenster.de

Böttger-Beer, Manuela, M.A. Soziologie/Kulturwissenschaften, Referentin im Sächsischen Bildungsinstitut (SBI), Arbeitsschwerpunkte: Definition und Messung von Qualität, Qualitätsmanagement, Qualitätssicherung und -entwicklung im Schulwesen. E-Mail: manuela.boettger-beer@sbi.smk.sachsen.de

Bormann, Inka, Dr. habil., wissenschaftliche Assistentin an der Freien Universität Berlin. Arbeitsschwerpunkte: Innovations- und Transferforschung im Feld der Bildung und Erziehung, Steuerungsmodelle und -instrumente im Bildungswesen. E-Mail: inka. bormann@fu-berlin.de

Bos, Wilfried, Prof. Dr., Direktor des Instituts für Schulentwicklungsforschung (TU Dortmund). Arbeitsschwerpunkte: Evaluation und Qualitätssicherung im Bildungswesen und der Internationalen Bildungsforschung. Er war u.a. am MPIfB Berlin und den Universitäten Münster, Taiwan und Hamburg tätig. E-Mail: officebos@ifs.tu-dortmund.de

Darge, Kerstin, Dipl.-Päd., wissenschaftliche Mitarbeiterin am Lehrstuhl für Empirische Schulforschung mit dem Schwerpunkt quantitative Methoden an der Universität zu Köln. E-Mail: kerstin.darge@uni-koeln.de

Demmer, Marianne, Stellvertretende Vorsitzende der Gewerkschaft Erziehung und Wissenschaft (GEW), zuständig für den Bereich allgemein bildende Schulen. Bis 1997 Lehrerin in Grund-, Haupt- und Sonderschulen für Lernbehinderte. E-Mail: marianne. demmer@gew.de

Dicke, Jan Nikolas, Wissenschaftlicher Mitarbeiter des Arbeitsbereichs „Qualitätsentwicklung und Evaluierung" der Westfälischen Wilhelms-Universität Münster. Arbeitsschwerpunkte: Steuerung im Bildungswesen, Bildungsstandards und Curriculumentwicklung, Chancengleichheit im Bildungswesen. E-Mail: jan.dicke@uni-muenster.de

Diemer, Tobias, Erstes Staatsexamen für die Fächer Deutsch und Philosophie, Wissenschaftlicher Mitarbeiter an der Freien Universität Berlin, DFG-Forschungsprojekt „Folgen zentraler Lernstandserhebung für die Schulentwicklung und Lehrerprofessionalisierung". Arbeitsschwerpunkte: Neue Steuerung im Schulsystem, organisationstheoretische Grundlagen schulischer Steuerung, demokratiepädagogische Schulentwicklung, zeichentheoretische Grundlagen der Verwendung von Text und Bild im Unterricht. E-Mail: diemer@zedat.fu-berlin.de

Emmerich, Marcus, Dr. phil., Oberassistent am Lehrstuhl für Theorie und Empirie schulischer Bildungsprozesse / Institut für Erziehungswissenschaft der Universität Zürich, Arbeitsschwerpunkte: Regionalisierung und Netzwerke im Schulwesen, Schule als Organisation, Steuerungsstrategien im Erziehungssystem. E-Mail: memmerich@ife.uzh.ch

Feldhoff, Tobias, Dipl.-Päd., Wissenschaftlicher Mitarbeiter der Pädagogischen Hochschule Zentralschweiz Zug mit den Arbeitsschwerpunkten Schulentwicklung – insb. Organisationales Lernen und schulische Steuergruppen, Steuerung von Schulsystemen, Educational Governance und quantitative Forschung. E-Mail: tobias.feldhoff@phz.ch

Feller, Gisela, Dr. phil., Wissenschaftliche Direktorin am Bundesinstitut für Berufsbildung in Bonn, Abteilung „Sozialwissenschaftliche Grundlagen der Berufsbildung", Arbeitsbereich „Berufsbildungsangebot und -nachfrage / Bildungsbeteiligung". Arbeitsschwerpunkte: Qualifikationsforschung/Konzeption und Auswertung von Erhebungen zur Aus- und Weiterbildung in Betrieben, Schulen u.a. Institutionen. E-Mail: gil.feller@t-online.de

Fischbach, Robert, M.A., wissenschaftlicher Mitarbeiter am Arbeitsbereich Erziehungswissenschaftliche Zukunftsforschung der Freien Universität Berlin. Arbeitsschwerpunkte: Innovations-, Transfer- und Zukunftsforschung, Educational Governance, nachhaltige Regionalentwicklung. E-Mail: robert.fischbach@fu-berlin.de

Frais, Michael, PH Zürich, Leitung der Evaluationsstelle ESOB (Evaluationen in Schule, Organisation und Bildung) sowie Dozent in den Abteilungen Forschung und Entwicklung sowie Weiterbildung und Nachdiplomstudien. Arbeitsschwerpunkte: wirkungsorientierte Prozesssteuerung von Evaluationsprojekten, Technologie und Wissenstransfer an der Schnittstelle zwischen Theorie und Praxis, Evaluation und Optimierung von Bildungsprozessen, Entwicklung von Evaluationsdesigns in verschiedenen Feldern der Bildung und des Lernens, Schulentwicklung sowie Evaluationsforschung. E-Mail: michael.frais@phzh.ch

Heinrich, Martin, Univ.-Prof. Dr. phil. habil., 1. und 2. Staatsexamen, Professor für Bildungsforschung an der Leibniz Universität Hannover, zuvor an den Universitäten Essen, Frankfurt a.M., Münster, Linz, Wuppertal, Arbeitsschwerpunkte: Steuerung, Governance, Schulentwicklung, Bildungsgerechtigkeit. E-Mail: martin.heinrich@iew.phil.uni-hannover.de

Hofer, Monika, Mag. phil., Wissenschaftliche Mitarbeiterin an Forschungseinheit für LehrerInnenbildung am Institut für Bildungswissenschaft an der Universität Wien, Arbeitsschwerpunkte: LehrerInnenbildung, Professionalisierungsforschung, Schulpädagogik und vergleichende Erziehungswissenschaft. E-Mail: monika.hofer@univie.ac.at

Hogrebe, Nina, Erstes Staatsexamen für das Lehramt der Sekundarstufen I und II, Wissenschaftliche Mitarbeiterin am Institut für Erziehungswissenschaft der Westfälischen Wilhems-Universität Münster, Arbeitsbereich „Qualitätsentwicklung und Evaluierung". Arbeitsschwerpunkte: Evaluation in Einrichtungen des Bildungs- und Sozialwesens, Bildungsökonomie, Bildungsmarketing, Steuerung und Finanzierung im Bildungswesen, frühkindliche Bildung, Erziehung und Betreuung. E-Mail: nina.hogrebe@uni-muenster.de

Huber, Stephan Gerhard, Prof. Dr., Leiter des Instituts für Bildungsmanagement und Bildungsökonomie (IBB) der Pädagogischen Hochschule Zentralschweiz (PHZ), Zug. Arbeitsschwerpunkte: Organisationspädagogik, Systemberatung, Bildungsmanagement, Schulqualität, Schulentwicklung, Schulmanagement, Professionalisierung von Lehrkräften und von pädagogischem Führungspersonal und international-vergleichende Bildungsforschung. E-Mail: Steph@nHuber.com

Jüttner, Ann-Kathrin, M.A., Wissenschaftliche Mitarbeiterin u. Doktorandin im vom Forschungsverbund „Frühkindliche Bildung u. Entwicklung" Niedersachsen geförderten Projekt „Sprachförderung für Migrantenkinder im Elementarbereich – Evaluation unterschiedlicher Sprachförderkonzepte in niedersächsischen Kindertagesstätten" am Institut für Erziehungswissenschaft der TU Braunschweig. E-Mail: Ann-Kathrin.Juettner@sowi.uni-goettingen.de

Keune, Miriam Sharon, Dipl.-Päd., Wissenschaftliche Mitarbeiterin des Arbeitsbereichs „Berufspädagogik" der Westfälischen Wilhelms-Universität Münster. Arbeitsschwerpunkte: Schul- und Unterrichtsqualität, Schul- und Unterrichtsentwicklung, Schulinspektion sowie Evaluation in Einrichtungen des Bildungs- und Sozialwesens. E-Mail: miriam.keune@uni-muenster.de

Koch, Erik, Dr. phil., Dipl.-Psych., Referatsleiter Grundlagen der Evaluation am Sächsischen Bildungsinstitut (SBI). Arbeitsschwerpunkte: Systemische Einordnung der externen Evaluation, theoretische Grundlagen der Unterrichtsbeobachtung, qualitative Wirkungsanalysen, Konzepte zur Verbindung von Theorie und Praxis. E-Mail: erik.koch@sbi.smk.sachsen.de

Koch, Katja, Prof. Dr., Professorin für Schulpädagogik am Institut für Erziehungswissenschaft der Technischen Universität Braunschweig. Arbeitsschwerpunkte: Institutionelle Übergänge, Mehrsprachigkeit und Heterogenität im Elementar- und Primarbereich. E-Mail: katja.koch@tu-bs.de

König, Johannes, Dr., Wissenschaftlicher Assistent der Humboldt-Universität zu Berlin, zurzeit Vertretung der Professur Empirische Schulforschung mit dem Schwerpunkt quantitative Methoden an der Universität zu Köln. Arbeitsschwerpunkte: Lehrerausbildung (z.B. fachübergreifendes, pädagogisches Wissen angehender Lehrkräfte) und Schulforschung (z.B. Schul- und Klassenklima, Schul- und Schulformeffekte, leistungsnahe Persönlichkeitsmerkmale von Schülerinnen und Schülern). E-Mail: johannes.koenig@hu-berlin.de

Krikser, Thomas, Dipl.-Pol., Doktorand der Nachwuchsforschergruppe CIVILand am Leibniz-Zentrum für Agrarlandschaftsforschung (ZALF). Gefördert im Rahmen der Sozial-Ökologischen Forschung (SÖF). Visiting Scholar am Gund-Institute for Ecological Economics, University of Vermont. Schwerpunkte: Evaluation, emp. Sozialforschung. E-Mail: thomas.krikser@zalf.de

Kuper, Harm, Univ.-Prof. Dr., Professor für Weiterbildung und Bildungsmanagement an der Freien Universität Berlin, Themen: Erziehungswissenschaftliche Institutions- und Organisationsforschung, Evaluation, Weiterbildung. E-Mail: harm.kuper@fu-berlin.de

Mabry, Linda, Prof. Dr., Professor of Education, Washington State University Vancouver; President-elect of the Oregon Program Evaluators Network, Past member of the Board of Directors, American Evaluation Association, Chair of the AEA task force on Educational Accountability, Member of the AEA task force on High-Stakes Testing, Past member of the Board of Trustees, National Center for the Improvement of Educational Assessment. E-Mail: mabryl@vancouver.wsu.edu

Middendorf, William, Dr. päd., Leiter der Hauptabteilung Schule und Erziehung im Bischöflichen Generalvikariat Münster, Lehrbeauftragter am Institut für Erziehungswissenschaft der Universität Münster. E-Mail: W.Middendorf@uni-muenster.de

Müller, Anja, Diplom-Sozialpädagogin, Wissenschaftliche Mitarbeiterin der Fachhochschule Jena im Bereich Gender in der akademischen Lehre. E-Mail: Anja.Mueller@fh-jena.de

Nagy, Gertrud, Mag. Dr., ehemals Schulentwicklungsberaterin und Hauptschulleiterin in Oberösterreich; Studium der Erziehungswissenschaft in Salzburg; freiberufliche wissenschaftliche Mitarbeiterin (Schwerpunkt: Schul- und Unterrichtsforschung) am Institut für Pädagogik und Psychologie der Johannes Kepler Universität Linz. E-Mail: gerti.nagy@aon.at

Olschewsky, Christin, Dipl.-Päd., Mitarbeiterin im Projekt „Service4Home" an der Ruhr-Universität Bochum. Arbeitsgebiete: Auswirkungen des demographischen Wandels, Verbindung von Technikakzeptanz und Dienstleistungsbedarfen. E-Mail: Christin.Olschewsky@rub.de.

Opielka, Michael, Prof. Dr. habil., Dipl. Päd., seit 2000 Professor für Sozialpolitik an der Fachhochschule Jena, zuletzt u.a. Visiting Scholar School of Social Welfare UC Berkeley (2004–2005), Rektor der Alanus Hochschule für Kunst und Gesellschaft in Alfter (1997–2000), Abteilungsleiter am Staatsinstitut für Familienforschung an der Universität Bamberg. E-Mail: michael.opielka@isoe.org

Otto, Johanna, M. A., Mitarbeiterin im Projekt „Schulen im Team – Transferregion Dortmund" am Institut für Schulentwicklungsforschung der TU Dortmund. Arbeitsgebiete: Schulentwicklungsforschung. E-Mail: Otto@ifs.tu-dortmund.de

Radisch, Falk, Dr., seit September 2008 wissenschaftlicher Mitarbeiter und stellvertretender Leiter des Instituts für Bildungsmanagement und Bildungsökonomie der Pädagogischen Hochschule Zug. Arbeitsschwerpunkte: Institutionelle Aspekte von Bildungsqualität, Ganztagsschule, Large Scale Assessement, Effizienz im Bildungswesen, Bildungsökonomie, Schuleffektivität, Evaluationsforschung, Quantitativ-empirische Forschungsmethoden.

Retzl, Martin, Mag., Wissenschaftlicher Mitarbeiter am Institut für Bildungswissenschaft der Universität Wien, Lehramt für Hauptschulen, derzeit: Schulentwicklung (Koordination des Projekts „Schullandschaften"). E-Mail: martin.retzl@univie.ac.at

Sommer, Norbert, Dr. habil., Regierungsschulrat an der Niedersächsischen Schulinspektion, Lehrbeauftragter am Institut für Kognitive Mathematik der Universität Osnabrück – Mathematiklehrerausbildung, Betreuung empirischer Untersuchungen, nach dem Lehrerstudium lange tätig als Realschullehrer. E-Mail: norbert.sommer@nschi.niedersachsen.de

Stöhr, Cora, Schulfachliche Mitarbeiterin Niedersächsische Schulinspektion, Grund-Haupt- und Realschullehrerin. E-Mail: cora@frenetisch.com

Strietholt, Rolf, Dipl.-Päd., Wissenschaftlicher Mitarbeiter am Institut für Schulentwicklungsforschung (TU Dortmund) und bei der Research School Education and Capabilities. Arbeitsschwerpunkte: Vergleichende Bildungsforschung, Sekundäranalysen von Schulleistungsstudien und quantitative Methoden. E-Mail: strietholt@ifs.tu-dortmund.de

Thomas, Diana, Diplom-Sozialwirtin, Schulentwicklungsberaterin. Arbeitsschwerpunkte: Evaluation, Schulentwicklung, Teamentwicklung. E-Mail: Diana.Thomas@lschb-os.niedersachsen.de

Ulber, Daniela, Prof. Dr., Professorin für Institutionsentwicklung und Management an der Hochschule für Angewandte Wissenschaften Hamburg. E-Mail: daniela-marianne.ulber@haw-hamburg.de

Vaccaro, Didier, Dipl. Psych., Referent in der Qualitätsagentur am Staatsinstitut für Schulqualität und Bildungsforschung. Arbeitsschwerpunkt: Evaluation. E-Mail: didier.vaccaro@isb.bayern.de

Zalenska, Lesya, Wissenschaftliche Mitarbeiterin am der TU Bergakademie Freiberg, Fakultät für Wirtschaftswissenschaften, Lehrstuhl für Allgemeine Betriebswirtschaftslehre, speziell Unternehmensführung und Personalwesen. Arbeitsschwerpunkte: Unternehmensführung und Personalwesen. E-Mail: lesya.zalenska@cc.tu-freiberg.de